KB119308

민주 민족
독립 언론 人

*서예가 김성장의 작품

일러두기

1. 청암 송건호 선생의 글은 일부 맞춤법 외에는 원문을 되도록 살렸다.

2. 신문과 잡지 이름, 논문, 시, 노래의 제목 등은 홑화살괄호(〈 〉)로 구분했으나 괄호 없이 그대로 두거나 일부는 홑따옴표(' ')로 구분한 경우도 있다.

3. 책 제목은 겹화살괄호(《 》)로 구분했다.

4. 칼럼, 기사, 잡지기고문, 방송 프로그램 등은 주로 홑따옴표(' ')를 사용하여 구분했으며 홑화살괄호를 사용한 경우도 있다.

청암
송건호

青巖

~《청암 송건호》 발간에 즈음하여 ~

다시 청암 송건호 선생을 생각합니다.

참 언론인의 사표인 청암 선생을 기리는 것은 그저 과거를 추억하기 위해서가 아닙니다. 날이 갈수록 언론 신뢰도는 떨어지고 있습니다. 기성 언론을 향해 등 돌리는 독자들은 해마다 늘고 있습니다.

"근로자, 농민, 돈 없고 이름도 없는 가난한 사람들을 대변하는 것이 새 신문의 사명입니다."

청암 선생이 1987년 10월 '새 신문(한겨레신문) 창간선언대회'에서 한 말씀이 다시 한 번 폐부를 찌릅니다. 오늘 겪는 언론의 위상 격하는 기성 언론이 없는 자의 편이 아니라 있는 자, 가진 자의 편에 서 있다는 독자들의 냉정한 평가 때문입니다. 민주주의의 기반이 돼야 할 언론이 되레 민주주의 퇴행을 야기하는 일도 드물지 않게 일어나고 있습니다.

하늘나라에 계신 청암 선생을 '책'으로라도 다시 불러내는 일은 오늘을 사는 많은 언론인들에게 부끄러운 일입니다.

그러나 선생이 걸어간 길을 이어가려는 절박한 채찍질입니다. 청암 선생을 통해 이 땅의 언론인들도 어제를 되짚어 오늘을 진단하고, 내일의 방향을 가늠하며, 선생의 유지를 부여잡고 나아가기를 바랍니다.

청암 선생이 걸어온 삶은 우리 사회 표상이었습니다.

언론인으로서뿐만 아니라 학자로서, 운동가로서 한국 현대사에 큰 족적을 남겼습니다. 1953년 대한통신사를 시작으로 조선일보, 한국일보, 경향신문, 동아일보, 한겨레에 이르기까지 청암 선생이 남긴 발자국과 걸어가신 길은 이 땅의 지식인 모두에게 귀감이었습니다.

독재권력에 항거하다 해직된 기자들과 함께 자유언론투쟁을 하는 가운데서도, 청암 선생은 《한국민족주의의 탐구》, 《한국민족주의론》, 《해방전후사의 인식》(공저) 등 우리 사회의 현실과 갈 길을 보여준 주옥 같은 저서를 남겼습니다.

청암 선생은 그 어떤 권력에도, 그 어떤 금력에도 굴하지 않았습니다.

권부의 요직도, 정치적 입신도, 그 어떤 물질적 유혹도 선생의 올곧은 기개와 청렴한 시선을 사로잡을 수 없었습니다.

펜을 뺏고 길거리로 내몰아도, 무자비한 매질도 청암 선생의 지조를 꺾을 수 없었습니다. 선생은 폭압적인 전두환 군사독재정권 아래 19일간 혹독한 고문을 당하면서도 온 몸을 던졌습니다. 이 땅의 민주화를 위한 '행동하는 양심'이었습니다.

청암 선생이 일군 수많은 업적 가운데 한겨레신문 창간은 세계 언론사는 물론 한국 현대사의 이정표였습니다. 청암 선생이 1993년 7월 공인으로 남긴 마지막 글인 '언론계를 떠나면서'에는 한겨레신문에 대한 애정과 기대가 그대로 녹아 있습니다.

"말년에 한겨레신문을 국민 여러분의 힘으로 창간하게 된 것은 나의 평생 가장 보람 있는 일이었다. 앞으로도 한겨레신문에는 어려운 일이 많을 것이나 주주•독자 여러분의 단결된 힘으로 참된 언론을 바라는 국민의 기대에 어긋나지 않게 한겨레신문이 성장하기를 바라 마지 않는다."

한겨레신문 창간호가 1988년 5월 14일 윤전기 롤러를 타고 세상에 나오자 청암 선생은 한겨레신문 기자들을 향해 "무슨 문제든지 여러분이 쓰고 싶고 말하고 싶은 것을 다 쓰십시오. 그러나 표현은 조심하십시오. 권력의 함정에 빠지지 않고 국민의 지지를 받는 신문을 만들려면 우리가 그만큼 연구해야 합니다"라고 말했습니다.

그로부터 30년이 흘렀습니다. 자본은 여전히 언론을 옥죄고, 정직하지 못한 뉴스가 세상을 어지럽힙니다. 때로는 불의한 가진 자들에 의해, 때로는 공인의 자세를 망각한 언론인들로 인해, 때로는 무능한 언론인들로 인해 30년이란 세월 동안 한국의 언론은 단 한걸음이라도 전진한 것인지 스스로 되묻는 상황이 전개되고 있습니다.

자신에게 더욱 엄격했고, 진실 추구라는 사명 앞에서 누구보다도 겸손했던 청암 선생이 그립습니다.

"권력과 대자본으로부터 독립된 매체만이 언론의 자주성을 실천할 수 있다"는 청암 선생의 말씀을 다시 한 번 되새기며, 숱한 역경 속에서도 진실을 찾아 전하려는 이 땅의 지식인들에게 《청암 송건호》가 용기를 주고 침로가 되기를 기대합니다. 그리하여 진실의 빛이 거짓의 어둠을 몰아내고, 평화가 갈등과 전쟁을 잠재우는 새 시대를 열어 가기를 소망합니다.

2018년 12월
한겨레신문사 대표이사 사장 양상우

∽ 발간사 ∾

"우리는 떨리는 감격으로 오늘 이 창간호를 만들었다."

송건호 선생이 쓴 한겨레신문 창간사는 이렇게 시작합니다. 흔히 듣는 수사로 여길 수도 있겠습니다마는, 선생의 일생을 제대로 들여다 본 사람만이 그 사무친 감정을 오롯이 느낄 수 있을 것입니다. 참다운 언론을 열망하던 선생에게 새 신문은 가장 큰 삶의 보람이며, 상기된 얼굴로 창간호를 펼치던 그날은 그의 인생에서 가장 빛나던 때였습니다. 선생이 쌓은 사회적 공신력이 한겨레 창간의 큰 디딤돌이 되었다는 사실을 우리는 기억하고 있습니다.

한겨레 창간 30돌과 선생의 17주기에 즈음하여 나온 이 책은 선생을 찾아가는 여정입니다.

나라 없는 서러움에 눈물짓던 소년이 민족의식에 눈뜨고, 분단과 전쟁에 절망하던 청년이 민족의 활로를 고민하고, 열정으로 충만하던 논객이 민족 지성으로 거듭나고, 착실하던 세대주가 민주주의를 부르짖고, 거리의 언론인이 국민주 신문의 대표가 되기까지, 선생의 생애를 새롭게 확인하여 정리하고 틈을 메워서 뒷사람들에게 전하고 싶었습니다.

선생은 언론계에 입문하면서부터 평생 '언론의 독립'을 일관되게 주장했습니다. 양심과 철학이 빈곤하면서 지도세력을 자처하는 자들을 준엄하게 심판하고, 세상의 시비곡직을 가렸습니다. 냉전의식에 맞서 분단 상황을 민족사의 높은 차원에서 반성하고, 우리 민족이 진정으로 살 길을 냉철하게 탐구하는 '참된 지성'이 필요하다고 역설했습니다.

그리고 본분을 지키며 그 누구보다 성실하여 언론인의 사표로 남았습니다. 학구적인 자세로 정진하면서 한국언론사 분야에서는 명저를 남겼고, 부족한 자료와 열악한 집필 환경에도 불구하고 한국현대사 연구에도 한 획을 그었습니다.

권위주의 정권 시기, 폭력과 고난으로 짓눌리면서도 선생은 민주주의의 회복과 언론민주화를 외쳤던 저항언론인이며 언제나 자신의 안락 대신 대의를 따랐습니다.

선생은 겸손하고 거짓이 없던 인격자였습니다. 언론인이란 지위를 이용하여 권세와 이익을 구하지 않았습니다. 압박과 회유 앞에서 양심과 지조를 지켰고, 생활고에 시달리면서도 직필을 꺾지 않았습니다.

늘 역사 앞에서 언론인으로서 지식인으로서 그리고 한 사람으로 어떻게 살아야할지를 성찰했고, 더러운 이름을 남기지 않으려 자신의 신념과 결단에 따라 역사의 길을 걸었던 선생은 고절한 선비이며, 시대의 지사이자 의인이셨습니다.

이 책이 선생의 삶과 정신을 온전하게 담았다고 감히 자신할 수는 없습니다만, 독자들이 책갈피를 넘길 때마다 송건호 선생의 참 모습을 만날 수 있으리라 기대해 봅니다.

"송 선생님" 하고 부르면 지금이라도 빙그레 웃어 줄 것만 같은데, 강직하면서도 온화하던 그 모습을 못 본 지도 벌써 17년이 흘렀습니다. 가없이 그립고 아쉽기만 합니다. 부족하지만 이 책을 선생의 영전에 올리며 다시 한 번 명복을 빕니다.

끝으로, 이 책의 발간 취지를 반기며 적극적으로 지원한 양상우 한겨레신문사 대표이사께 깊이 감사드립니다. 아울러 흔쾌히 출판을 맡아 아름다운 책을 만든 이상훈 한겨레출판 사장의 고마움도 오래 간직하겠습니다.

2018년 12월
청암언론문화재단 이사장 이해동

⌁ 머리말 ⌁

한겨레신문사는 한겨레 창간 30주년을 기념하여 초대 사장이던 청암 송건호(靑巖 宋建鎬) 선생의 삶을 기억하고 정신을 되새기고자 이 책을 펴낸다. 선생의 17주기를 앞두고, 언론인의 사표·민족지성·해직기자의 대부·저항언론인이라고 불리며 신문 창간을 주도하던 그 이름을 다시 부르는 이유는 세월이 갈수록 선생이 우리 사회와 언론계에 남긴 자취가 뚜렷하기 때문이다.

선생은 1980년 신군부가 자행한 고문의 후유증을 앓았고, 재야인사로서 민주언론운동과 한겨레 창간을 이끄는 동안 오랜 세월 말할 수 없는 정신적 고통을 감내해야 했다. 그 결과 60대 중반부터 건강이 급격하게 나빠지다가 결국 파킨슨증후군으로 전신마비의 고통 속에서 2001년 12월 타계했다. 선생이 자서전이나 대담집을 남기지 못한 점은 한국 현대사·언론사·지성사의 크나큰 손실이 아닐 수 없다.

그동안 《송건호 전집》이 2002년 발간되고, 작가 정지아의 《나는 역사의 길을 걷고 싶다》와 언론인 김삼웅의 《송건호 평전》이 나왔다. 그럼에도 이 책을 더하는 것은 선생의 일생을 대중들이 쉽게 알 수 있는 일대기가 필요했고, 세월이 흘러도 가치 높은 글을 남기고자 함이며, 과거 신문 잡지 검색과 원문 열람이 가능해지면서 청암과 관련한 새로운 자료가 나와 이를 정리하기 위해서이다.

이 책은 9부로 나뉜다.

1부 '송건호의 삶'은 그의 일대기이다. 남긴 글· 언론보도· 인터뷰와 대담 등 여러 자료를 활용하여 선생의 삶을 재구성했다. 그동안 1975년 동아일보 광고 사태 이후의 삶은 조명을 받았으나 상대적으로 청소년기, 청년기, 언론계 입문기, 경향신문과 조선일보 시기에 대한 언급이 부족했는데 이번 기회에 보충할 수 있었다. 또한 언론인으로서 민주화운동에 헌신하고 대통령직선제를 도입한 1987년 개헌에 기여한 점도 기록했다. 그리고 선생의 글과 인터뷰에서 발견한 사실 관계의 오류를 바로잡은 것은 이 책의 성과이다.

2부 '나를 말한다'에서는 선생이 자신에 대해서 남긴 기록을 모았다. 권위주의 정권 아래서 선생은 자전적 기록을 충분히 남기지 않았지만, 그 중에서도 중요한 글을 뽑아 옮겼다.

3부 '송건호를 말한다'에는 오랜 세월 선생과 교류한 김언호 한길사 대표의 글 '나는 역사의 길을 걷고 싶다'를 실었다. 2009년 나온 《책의 공화국에서》에 먼저 실렸고, 이 책을 위해 김 대표가 글을 다시 매만졌다. '송건호 의장을 말한다'는 이완기, 김태진, 김삼웅, 서중석의 좌담으로 이 속에서 선생의 여러 면모를 발견할 수 있다. 민주언론운동협의회에서 같이 일했던 최민희의 추억담, 장남 송준용의 글에서도 선생의 인품이 드러난다.

4부 '민주·민족·독립언론인'에는 선생이 쓴 언론 분야의 글을 수록했다. 특히 한국언론사에서 꼭 기억해야할 한겨레신문 창간사와 〈말〉 창간사를 넣었다. 편집권 독립을 일찍이 내세우며 1969년 발표한 '언론의 자유와 편집의 자주성'에도 주목해야 한다. 4부에서는 언론인 인생 내내 일관되게 '언론의 독립'을 주창했던 선생의 선구자적인 통찰과 실천이 빛난다.

5부 '민족지성'은 지성인 송건호의 정신이 드러나는 대목이다. 선생은 지식인으로서 언론인으로 어떻게 살아야 하는지를 거듭 말했고 그 언행이 일치했다. 그가 양심과 지조를 지킬 수 있었던 까닭은 글 속에서 드러나듯 끊임없는 사색과 번민을 거쳤기 때문이다. 역사 앞에서, 분단과 전쟁이라는 비극 속에서 새로운 민족주의의 확립을 모색하던 선생의 고민이 글 속에 절절히 배어 있다. 민족에 대한 사랑은 필연적으로 질곡의 원인인 분단체제 극복을 위한 고민으로 나아간 것을 발견할 수 있다. 67년 발표한 '한국지식인론'은 지식인 사회를 정면 비판한 글로서 60년대 주요 논쟁의 하나로 꼽힌다. 여기서 비판정신으로 충만하던 40대 초반의 논객을 만나는 것도 이 책을 읽는 즐거움이다.

6부 '현대사 연구의 개척자'에서는 명저 《해방전후사의 인식》의 총론격인 '해방의 민족사적 인식'이 돋보인다. 《한국현대인물사론》의 머리말은 선생의 역사관을 짐작할 수 있는 글로서 독자들의 일독을 권한다. 《의열단》은 금기어였던 의열단과 약산 김원봉에 대한 관심을 불러일으킨 책이다. 1960년 4·19혁명 이후 발표한 '한국 보수주의의 병리'는 반공을 내세우며 철학이 빈곤한 보수세력을 해부한 글로서 그의 탁견을 보게 된다. 1980년 5월 14일 발표한 '지식인 134인 시국선언문'에서는 사회 참여형 지식인이던 선생의 목소리를 듣게 된다. 그가 기초한 이 선언문은 1980년 봄 시국이 혼란하던 시기 우리 사회가 나아갈 길을 제시한 문장으로 기억해야 할 것이다.

7부 '송건호에게 묻다'에 실린 서중석 교수와의 대담은 청암에 대한 소중한 기록이다. 이 대담이 없었다면 선생의 삶에서 여러 시기가 공백으로 남았을 것이다. 1987년 10월 무렵 창간을 준비하면서 응한 인터뷰 '새 신문을 내고야 말겠다'는 한겨레 창간 과정에 대한 증언이며 시대적 과업을 완수하겠다는 굳은 신념은 감동을 일으킨다.

8부에서는 약력 그리고 저서·칼럼과 신문기사·《송건호 전집》에 실리지 않은 글·관련 자료들의 목록을 정리했다. 또한 사후 기념사업을 소개하고 '송건호언론상'의 수상자 선정 사유를 수록했다. 8부는 선생을 연구하는 데 많은 도움이 되리라 기대한다.

9부에서는 선생의 일생을 사진으로 정리했고, 그동안 공개되지 않은 사진도 넣었다.

물론 이 책의 한계도 있다. 무엇보다도 선생이 집필한 무기명 논설들을 가려낼 수 없기에 싣지 못해서 아쉬움이 크다. 선생의 삶을 더 발굴하고 복원하는 것은 후배들의 몫이다. 그의 삶과 사상에 대한 체계적인 연구도 이어져야 한다. 이는 미래의 연구자에게 맡기고자 한다. 대신 그들을 위해 이 책이 인간 송건호에 대한 충실한 안내서가 될 수 있기를 희망한다. 마지막으로 선생의 일대기와 자료 정리는 청암언론문화재단이 담당했음을 밝혀 둔다.

차례 ✈

1부 · 송건호의 삶

2부 · 나를 말한다

3부 · 송건호를 말한다

4부 · 민주 · 민족 · 독립언론인

1부

송건호의 삶

송건호의 삶

　청암 송건호(靑巖 宋建鎬)는 1926년 음력 9월 27일 (호적상 양력 27년 9월 27일) 지금의 충청북도 옥천군 군북면 증약리 비야마을에서 아버지 송재찬과 어머니 박재호의 3남 5녀 중 차남으로 태어났다. 외세의 침략으로 나라가 기울자 증조부는 '왜놈들 보기 싫다'며 가족을 이끌고 두메산골로 들어왔고, 부지런하던 조부가 재산을 일궈서 살림살이는 넉넉했다. 어질고 남과 다툴 줄 모르던 부친은 세상사를 멀리하며 어른 모시기와 농사에만 전념했고, 너그럽고 인심이 후해 여장부로 불리던 어머니는 아들에게 정성을 다하며 관리로 출세하기를 기대했다.

　신작로에서 10리가량 떨어진 그곳에서는 바깥소식을 몰랐다. 어쩌다 순사나 양복 입은 사람을 보면 주민들은 경계하다가 도망쳐 숨기까지 했다. 어려서 한학을 배우다가 아홉 살에 증약사립보통학교에 입학하며 신학문을 접했고 다음 해 충남 대덕군 동명공립보통학교(현 대전 동명초등학교)로 옮겼다. 기차 기적소리와 전깃불에 놀라던 산골 소년은 비로소 더 넓은 세상을 알게 된다. 37년 중일전쟁이 터지자 침략을 찬양하는 군국주의 교육을 받으며 때때로 전장으로 향하는 군인을 환송하러 끌려 다녔다. 자신이 일본 국민이라고 믿었던 그는 군가를 부르며 전쟁놀이를 하다가 승전보가 들리면 만세를 외쳤다.

일제를 위해 국방헌금을 바치라며 닦달하던 관리들의 횡포를 견디다 못한 집안이 39년 대전으로 이사하면서, 욱정공립심상소학교(현 대전신흥초등학교) 6학년으로 전학했고, 이때부터 고서점에 자주 들러 책읽기를 즐겼다. 여기서 경성의 상급학교로 진학하리라 결심하게 된다.

민족의식에 눈 뜨다

한성상업학교(현 서울 한성고등학교)의 제2본과(5년제)로 입학하게 되자 열다섯 살이던 40년 3월 경성으로 올라와 하숙을 시작했다. 어쩌다 때를 놓치면 밥 챙겨달라는 말도 못하고 굶던 숫기 없는 소년에게 서울 살이는 외롭고 힘들었다. 세상물정 모르고 어리숙하던 그는 아는 사람도 없는 서울에서 혼자 돌아다니다 고향 생각이 간절해지면 연희전문학교 뒷산에서 노래를 부르며 향수를 달래곤 했다. 이때부터 독서에 더욱 빠져들어 거의 매일 몇 시간씩 걸어서 안국정(안국동)과 본정(충무로)으로 책방 순례를 다녔다. 특히 학생에게 관대하던 견지정(견지동) 삼중당서점에 자주 들러 책과 잡지를 탐독했다.

철도국에 다니던 팔촌형님 덕분에 어려서 조선인과 일본인이 다른 민족이란 걸 알았지만, 일본이 우리나라라고 생각했기에 식민지배를 받는 줄도 몰랐고 독립이란 말도 듣지 못했다. 41년 12월 일본이 진주만을 공격하며 태평양전쟁을 시작하자 일본의 승리를 진심으로 기원했다. 하지만 3학년이 되어 진학을 준비하던 중 비로소 자신이 '반도인'으로 불리며 차별 받는 걸 깨달았고, 몇몇 뜻있는 조선인 교사의 가르침 속에서 민족의 현실에 눈뜨게 된다. 특히 박준영 선생은 '우리 민족이 식민통치를 받고 있으니 반드시 일본을 몰아내고 독립해야 한다'고 가르쳤다. 박 선생은 훗날 월북했다. 실업학교에 다니는 조선인 학생이 대학에 진학하는 것이 거의 불가능하다는 걸 알게 되면서 청암은 하루 빨리 해방되어 사람대접을 받기를 소망했고, 현실의 한계를 받아들이고 졸업 후 만주나 일본으로 가는 구상도 했다.

한글이 금지되고 농민은 공출로 시달리고 청장년은 징병과 징용으로 끌려가도, 인생과 세상이 으레 그러러니 여기며 슬픔도 억울함도 몰랐던 그는 이 때부터 반항심이 생겨 학교에서는 일본말 대신 입을 닫았고 뜻이 통하는 친구들과 몰래 조선말로 대화했다. 혈기가 넘치던 당시에는 일본인과 맞붙기 위해 운동도 열심히 했다. 그는 길에서 일본인을 만나면 길을 막고 기싸움을 벌였는데, 한번은 50대 신사를 노려보다가 '건방진 조센진'이라는 말도 들었다. 소년은 주먹 좀 쓰는 조선인 학생들과 자주 어울렸고 골목길에서 일본 학생들을 만나면 먼저 때리고 도망가며 가슴의 울분을 달랬다.

열세 살까지는 '조선어독본' 수업이 있어서 그나마 한글을 읽을 수 있었다. 조선이 왜 망했는지 궁금하던 그는 역사를 알고자 조선어 소설을 찾아 나섰다. 학생을 감시하고자 하숙방을 뒤지던 순사의 눈을 피해 늦은 밤 이광수의 《흙》,《유정》 같은 소설을 몰래 읽었고 현진건을 좋아했다. 이 덕분에 또래에 비해 한글을 자유롭게 읽고 쓸 수 있었고, 시간이 갈수록 가난과 무지 속에 신음하는 식민지의 현실을 자각하며 가슴 속에 민족의식을 키워나갔다.

노골적인 차별대우와 민족문화 말살에 분노하던 그는 광적인 애국주의 교육에 반발했고, 일제를 찬양하는 영화를 강제로 보다가 나라 없는 신세가 서러워 극장 구석에서 눈물을 삼켰다. 전시체제가 계속되자 식량이 늘 부족해서 책을 읽다 밥 먹는 대목이 나오면 먹는 상상을 하며 허기를 달래곤 했다.

전시동원체제로 들어서면서 거리에는 '악마와 짐승 같은 미국과 영국을 죽이자'고 선동하는 포스터가 난무했다. 선배들의 입대 소식이 들리면 '나도 머지않아 일본군대로 끌려가겠구나' 하는 두려움이 앞섰다. 간혹 일본군의 소년비행병으로 자진입대 하는 친구도 있었다. 그럴 때면 학교는 환송행사를 여는 한편 그 길에 동참하라고 학생들을 부추겼다. 전쟁이 길어질수록 거리와 신문 라디오에는 '천황폐하 만세, 대일본제국 만세'를 외치는 소리뿐이었다. 44년 10월 중순부터 그는 근로봉사라는 이름 아래 수원비행장 건설에 동원되어 한 달 반 동안 임시숙소에서 집단 합숙을 하며 노역에 시달렸다. 일제에 대한 증오감에 휩싸인 그는 밤이면 막사에서 감시병의 눈을 피해 학생들에게 민족의식을 일깨우는 연설을 했다.

일제는 전쟁 수행을 위해 학생들을 12월에 조기 졸업시켰다. 이후 고향에 내려온 그는 조선인을 가혹하게 수탈하며 전쟁터로 내모는 일제의 잔혹함에 분노하면서 새날이 오리라는 희망을 잃지 않았다. 주재소와 면사무소 관리들은 해군 입대를 강요했지만 이를 거부하고 일본군의 식량을 관리하는 창고에서 근무하며 버텼다. 45년 8월 15일 잡음이 심한 라디오로 일본이 항복했다는 소식을 듣자 트럭에 올라 옥천시장을 누비며 미친 듯이 만세를 외쳤다.

해방과 전쟁의 소용돌이 속에서

완장을 찬 치안대가 돌아다녔지만 주둔하던 일본군이 바로 무장을 풀지는 않았다. 숨죽이던 친일파들은 치안대에 뒷돈을 대며 안전을 도모했고 나아가 일본인들이 남기고 가는 재산을 몰래 사들였다. 해방은 왔다지만 세상이 크게 변한 건 없었다. 식량 창고에서 나온 청암은 고향집으로 돌아가 한글 일기를 쓰며 옛 교과서를 꺼내 영어 공부를 시작했다.

45년 12월이 다될 무렵 그는 간절히 원하던 대학진학을 위해 화물차로 상경해 종로 화신백화점 뒤에 있던 이문여관에 방을 잡고 입시를 준비했다. 빈민들과 함께했던 기독교계 사회운동가인 가가와 도요히코의 책《사선을 넘어서》를 읽고 가장 큰 감명을 받았던 그는 연희전문 신학과에 지원했지만 문턱을 넘지 못했다. 문제지에 나온 크리스마스 이브가 무슨 날인지도 몰랐던 그가 신학을 전공하기엔 기독교적 소양이 부족했고, 기질적으로도 신앙과는 거리가 멀었다. 하지만 그가 청소년 시기부터 이상주의자적 기질이 강했다고 짐작할 수 있다. 다음 해인 46년 2월 경성법학전문학교에 입학하게 된다. 신학과 진학에 실패하자 오기가 발동해서 이 학교에 지원했지만 특별한 동기는 없었다. 해방 직후 대학교육은 허술하여 교재도 없이 강의를 받아 적는 수준이었고, 밥벌이가 급했던 학생들은 출석에도 소홀했다. 그도 거의 수업에 참석하지 않았다고 한다. 식민지배를 위한 기능을 가르쳤던 상업학교를 졸업했을 뿐 그는 제대로 고등교육을 받지 못한 세대에 속하지만, 이 시기 영어 공부에 매진하고 일본어 서적으로 지적단련을 하며 독학형 지식인으로 성장했다.

46년 여름부터는 고학을 시작했다. 집안 형편이 기울자 자립하리라 마음먹고 신문배달, 막노동, 번역 일에 나섰고 토건회사에 다니기도 했다. 생활이 조금 안정되자 번 돈 일부를 떼어 본가로 보낼 수 있었다.

청암의 기억에 따르면 이 당시 학생들은 범람하는 서구사조를 탐구하겠다는 지식욕이 강했으며 상당수는 사상에 몰두했다. 이들은 공부와 학교에는 관심이 없었고 서로 만나면 사상과 정치 토론에 열을 올렸다. 거리에는 온갖 색깔의 정당 사회단체들이 붙인 선동적인 벽보가 넘쳤고, 곳곳에서 열리는 집회와 강연장은 열기로 뜨거웠다. 학생들은 무엇인가 하나의 이데올로기를 신봉했고 그리고 점차 정치적으로 변해갔다.

46년 9월부터 '국립대학안 반대운동'이 일어났다. 이 운동은 해를 넘기면서 좌우익의 이념 대리전으로 변했다. 그는 앞장서지는 않았지만 반대에 동조하다가 47년 5월 제적된 것으로 보인다. 48년 4월 김구가 남북협상을 위해 평양을 다녀오던 무렵, 청암은 신문을 거의 안 읽고 정치와 남북통일문제에 별 관심이 없었다고 한다. 자신이 남보다 철이 늦게 들었다고 했는데, 기질상 사회 현실에 거리를 뒀는지 아니면 고학을 하느라 그랬는지는 불분명하다. 48년 8월 복교가 허용되자 국립 서울대학교 법과대학 행정학과로 편입한다.

청년은 해방 이후 친일파와 민족반역자들이 처벌 받는 대신 권력과 부를 누리는 모습에 분노했고, 49년 6월 김구의 암살과 장례식을 보면서 현실에 실망하고 이승만 정권에 환멸을 느꼈다. 그는 점차 세상사를 지켜보며 민족의 현실과 앞날을 고민하는 동시에 사회주의와 좌익운동에도 관심을 둔 것으로 보인다.

이념이 극단적으로 대립하고 사회가 혼란하던 미군정기와 남한 정부 수립기에 그가 누구와 교류하고 어떤 생각과 행동을 했는지는 명확하지 않다. 사색형이던 그는 이 시기를 침묵하는 관찰자로서 보낸 듯하다.

그가 남긴 개인 기록의 행간을 읽다보면 한국전쟁이 발발하자 옥천에 머물던 청암이 '국민방위군'에 편성되었다고 짐작할 수 있다. 51년 1월 부산으로 이동하라는 명령을 받고 가던 중 대열에서 나와 집으로 돌아왔는데 그 이유는 알 수 없다.

무모한 계획에 따라 창설된 국민방위군은 겨울철 보급부족과 군내 부패로 인해 수많은 아사자와 동사자를 낳았고, 결국 국회의 결의에 따라 5월 해체되었다.

이후 그는 전쟁 기간 동안 서울 철도국에서 근무하면서 현실에 낙담하고 번민에 시달렸다. 52년 10월의 일기에 '험난한 오늘 현실사회에 너무나 외롭고 무력함에 내 가슴까지 아프도록 슬퍼진다'고 당시 심경을 기록했다. 청년 시절 소설가를 꿈꾸던 그의 일기 중 '52년 4월 신문사에 원고를 투고했다'는 대목이 있다. 전쟁 통에도 글을 쓰는 직업을 꾸준히 준비한 것으로 보인다.

강원도 춘천 출신으로 충남 조치원여중 교사였던 이정순과 중매로 만나 53년 1월 28일 청주 향교에서 결혼식을 올렸다. 청암이 생활하던 철도국 관사의 방 한 칸에다 신접살림을 차렸는데, 부인은 "대학 다니는 사람이 그렇게까지 가난할 줄은 몰랐다"고 말했다.

기자에서 논객으로

청암은 중단했던 학업을 마치고자 53년 복교한 다음, 재학 중이던 그해 봄 대한통신사 기자 공채를 통해 언론계에 입문했다. 새벽마다 샘물을 떠놓고 자식 잘되기를 빌었던 어머니는 고위 관리가 되기를 소망했지만 그는 기자의 길을 택했다. 54년 조선일보 외신부가 새로 생기자 이리로 옮겨 일하면서 학업을 병행했다.

문인이 되고자 습작을 하며 소설에 심취했던 그가 기자가 된 이유를 상세히 밝힌 적은 없다. 20대 초에는 세상사에 별다른 관심이 없었던 그가 언론계로 간 것도 의외지만, 점차 문학보다는 현실에 무게 중심을 두게 된 것 같다.

분단된 조국에서 관리를 하지 않겠다던 그에게는 책을 읽고 글을 쓸 수 있는 언론인이 어울렸다. 훗날 그는 '20대의 젊은 나이로 조선일보 외신부에서 일하고 있을 때에는 미래에 대한 희망으로 벅차 있었다. 나의 모든 열정을 통일조국 아래 바치리라 마음먹었다. 나는 젊고 통일은 멀지 않을 것으로 낙관하고 있었다. 그러나 이것은 내 환상에 지나지 않았다 통일은 멀고 내 인생을 짧았다'라는 회고를 남겼다. 분단과 전쟁이라는 비극을 겪으며 언론인으로서 통일에 기여하고자 했고, 이를 위해 국제정세를 판단할 수 있는 외신부를 선호했다고 볼 수 있다.

6개월 수습기간은 무급인데다 급여도 박해서 신혼살림은 처음부터 힘들었다. 11월에 맏딸 희진이 태어나자 생활고를 견디다 못한 부인이 딸을 데리고 옥천 시댁으로 내려가면서 수년간 부부는 생이별을 했다.

55년 5월 13일자 동아일보에 실린 기고문 '커뮤니케이션의 자유와 유언비어—언론활동의 정상·비정상의 두 측면'에서 그는 '언론자유의 보장만이 유언비어의 위험을 제거할 수 있다'는 논지를 펼쳤는데, 일찍부터 언론의 자유에 관심을 기울인 것을 알 수 있다. 같은 해 고려대가 '민족문화 전통탐구의 현대적 의의'라는 논제를 걸고 개최한 '개교 50주년 기념 현상논문 모집'에서 대학생부 1등을 차지했다. 고대신문 86~92호에 연재된 이 논문에서 '8·15 후의 이 민족에 한때 유물론적 사상이 유행되고 미국문화가 아닌 〈양키—이즘〉에 민족적 가치체계가 전면적으로 붕괴되어 민족적 정신이 부패일로(腐敗一路)를 걷는 것도 사상적인 정체성(停滯性)에 기인하는 것이 아닐까'하는 문제의식을 밝히며 '가치체계의 재건립을 위하여 서구의 과학적 정신을 도입하여 민족문화를 현대화해야 한다'고 결론 내렸다. 20대와 30대 초반에 청암이 썼다고 알려진 글이 거의 없는데, 위의 논문을 통해 그의 생각의 추이를 엿

볼 수 있다. 분단이 낳은 전쟁의 참상을 경험한 그는 급진적인 이념과 맹목적인 외래 지향보다는 주체적이고 합리적인 민족주의를 세우는 데 우리 민족의 활로가 있다는 답을 얻은 것으로 보인다.

다시 서울로 올라온 부인은 열심히 돈을 모았다. 이 고지식한 내근 기자에게 급여와 원고료 말고는 돈 생길 일이 없었다. 아끼고 아껴 어렵게 효창동에 전세방을 얻었다. 글쓰기에 몰두하던 그는 이사도 아내에게 맡겼다가 퇴근길에 원망을 들었다.

청암은 취재부서보다는 내근직인 외신기자를 선호했다. 학구적인 자세로 정진하던 그는 현실에 편승하여 지성을 상실하는 것을 경계하여, 가급적이면 칼럼도 쓰지 않았고 논리정연하고 객관적인 글을 지향했다.

조선일보에 재직하던 57년 7월 '변화하는 전쟁개념—핵무기가 던진 몇 가지 문제점'을 8회, 8월에는 '애국심의 한국적 과제'를 4회, 10월에는 '현대정치와 데마고기(선전선동)—민주주의의 옹호를 위하여'를 3회에 걸쳐 연재했다. 신문기사라기보다는 짧은 논문에 가까운데, 한 가지 주제에 천착하여 학술적인 글을 선호하던 젊은 그를 발견하게 된다.

58년 장기영 사장의 제안을 받아 한국일보 외신부에서 차장이면서 데스크를 맡았다. 당시 같은 부서에서 국제면 편집을 하던 정경희(1회 송건호언론상 수상자)는 그를 온화하고 치밀했던 학구적인 선비로 기억한다. 8기 수습기자로 58년 입사한 김영희(중앙일보 대기자)에 따르면, 송 차장은 그의 기사를 꼼꼼하게 다듬는 한편 외국서적을 추천하며 독서에 전념하라고 채근하던 선배였다. 59년 자유신문 외신부장, 60년 세계일보 조사부를 잠시 거쳐 6월 35세에 한국일보 논설위원으로 발탁되었다. 취재보다는 논설과 평론이 그의 성향과 맞았다. 1960년 4·19혁명 이후 발표한 '한국 보수주의의 병리'는 보수세력을 해부한 글로 '반공을 내세우지만 철학은 빈곤하며, 외국과 비교하여 정치적인 전통이 없다'고 진단했다. 이 평가는 그가 우리 사회 주류세력을 바라보는 시각이며, 합리적인 사회참여형 지성의 확립을 주장했던 이유이기도 했다. 61년에는 민국일보에 잠시 몸을 담았다가 한국일보 논설위원으로 돌아갔다. 언론사를 옮겨 다니는 것은 그 시절 흔한 일이었다. 언론인 천관우는 "당시에는 언론 환경이 열악해서 젊은 언론인들 사이에서는 이직이 일종의 유행 같은 것"이었다고 풀이한다. 힘들게 살던 청암은 월급이 밀리지 않고 처우가 나은 곳을 찾아다닐 수밖에 없었다. 61년 5월 박정희 소장이 주도하는 군사쿠데타가 일어났다. 군부는 계엄령을 내리고 포고 제1호에서 언론이 계엄군의 사전검열을 받도록 강제했고, 5월에는 혁신계 신문이던 민족일보를 폐간한 다음 12월에 사장 조용수를 사형에 처했다. 특히 포고 11호에 따라 신문과 통신의 시설기준을 강화하여 대규모로 언론사 등록을 취소했다. 군사정권이 들어서면서 언론은 움츠러들었다.

이 당시는 신문이 제대로 하지 못하던 언론의 역할을 〈사상계〉, 〈정경연구〉 〈세대〉 등의 종합교양지가 대신했는데, 여기에 부지런히 기고하며 청암은 신진 논객으로 필명을 알리기 시작했다. 독서와 글쓰기를 통해 온축된 그의 능력이 서서히 드러나고 있었다.

63년 〈사상계〉 10월호 '새로운 지도세력의 대망(待望)'에서 한국의 보수주의자들은 친일적 지식인과 지주들에 그 뿌리가 있다는 사실을 지적했고, 이어 11월호에 '민족지성의 반성과 비판–한국지성인론'을 게재하며 지식인들의 무기력, 무지조, 무사상을 꼬집었다. 64년 〈사상계〉 10월호에 실린 '곡필언론사–망국 변호론에서 3·15부정선거 옹호론까지'는 언론인과 지식인문제를 직접적으로 거론했는데, 대중들은 이 글에서 그들의 일그러진 민낯을 볼 수 있었다. 특히 이 글은 친일행적을 밝힌 선구적인 시도로서 임종국의 《친일문학론》보다도 2년 앞선다. 64년 〈청맥〉 11월호에 발표한 시론 '지성의 사회참여'에서는 '지성은 현실인식 능력이며, 지금 이곳의 현실을 인식하고 모순과 곤란을 극복하는 것이 사회과학의 임무이다. 사회과학은 관념성에서 벗어나야 한다'고 주장했다. 군사정권 초기에 청암은 논란이 될 만한 글을 거침없이 발표하며 신진 논객으로서 주목 받게 된다.

경향신문 시기

청암이 경향신문으로 옮긴 시기는 불분명하지만 62년 7월부터 지면에서 그 이름을 볼 수 있다. 63년 박정희 국가재건최고회의 의장이 군정을 연장하겠다는 '3·16특별성명'을 발표하자, 구속을 각오하고 이에 반대하는 사설을 집필했지만 회사의 반대로 지면에 나가지 못했다. 그해 10월 박정희는 5대 대통령에 취임한다.

이 시기 중앙정보부는 '여적(餘滴)'이라는 연재 칼럼의 내용을 문제 삼아 청암을 여러 차례 안가로 연행하여 취조했다. 당시 30대 후반이던 그는 옆방에서 흘러나오는 구타 소리와 비명에도 주눅 들지 않고, 조사 도중 짜장면을 한 그릇 더 시켜달라는 호기를 부리기도 했다.

필설은 예리했지만 동료들은 그를 순진한 사람으로 기억한다. 당시 주필이 청암을 무시하고 따돌렸는데, 어느 날 주필실 문 앞에서 낮은 목소리로 '아무개 나쁜 놈' 하며 그가 상기된 얼굴로 분노를 삭히고 있었다. 그 모습을 본 논설위원 이어령은 송 위원이 화를 낼 때도 어린아이 같았다고 했다.

64년 '한국신문연구소'의 〈신문평론〉 창간호부터 67년 24권까지 편집위원으로 참여했다. 마흔이 되기 전에 신문계에서 실력과 인품을 인정받았다고 미뤄 짐작할 수 있다(이후 75년 5월 54호부터 76년 12월 73호까지 편집위원을 맡았다. 76년 11월호부터 〈신문과 방송〉으로 제호가 변경되어 현재는 한국언론진흥재단에서 발행하고 있다).

65년 4월 한국신문편집인협회 보도자유위원이 되고 같은 달 중견 지성인의 모임인 근역학회(槿域學會)에 간사로 참여했다. 이 학회는 '우리 사회의 비정상적인 사태에 도전하여 사리의 시비를 가려내고 혁신된 새 사회를 향해 전진한다'고 창립취지를 밝혔다. 당대 지식인들과 활발하게 교류하며 비판적 지성의 날을 세우던 30대 그의 모습이 엿보인다.

65년 봄 〈정경연구〉에 기고한 '정치자금과 재벌'에서는 정경유착으로 특혜를 받아 급성장한 재벌문제를 정면으로 다루면서 정경유착의 청산과 정치자금의 합리화를 요구했다. 청암은 계속 입바른 소리로 정권을 비판하며 불편한 관계를 이어갔다.

정치와 사회는 여전히 혼란했다. 64년 한일협정 반대시위가 전국에서 일어나자 6월 3일에는 비상계엄령이 내려졌고, '언론윤리위원회법' 제정과 관련하여 정권과 언론계는 대립으로 치달았다. 군사정권은 언론 길들이기에 나서 폭력을 행사하며 공포를 조장했다. 6월 6일에는 공수특전단 장교 7명이 무장을 하고 동아일보사를 난입했고, 65년 9월에는 동아일보 편집국장 대리의 집 대문이 폭파되고, 동아방송 제작과장이 괴한 네 명에게 끌려가 폭행을 당하는 등 언론의 수난기였다. 청암은 신문편집인협회와 기자협회가 구성한 공동특별대책위원회에 참여하여 문제해결에 나서기도 했다.

이제 박 정권은 비판적 논조를 견지하던 경향신문을 표적으로 삼았다. 65년 5월 이준구 사장을 반공법 위반 혐의로 구속한 다음 경영권을 포기하라고 겁박했지만 이 사장이 완강히 거부하자, 중앙정보부는 강제 매각을 위한 공작에 들어갔다. 경향이 절체절명의 위기에 놓였던 그 해 12월 그는 40세에 20대 편집국장을 수락했다.

정보부는 매각을 위해 정권이 자행하는 부도덕한 행위를 보도하지 말도록 강요했고, 기관원 오륙 명이 신문사에 상주하며 제작을 감시하고 방해했다. 하루하루 팽팽한 긴장 속에 청암은 매각을 막기 위해 사주 집안과 함께 저항했다. 강제매각이 임박하던 66년 1월 22일자 신문 1면 '토요논단'에서 정당과 정치인의 망국적 파벌근성을 지적하며 '한국의 보수주의가 정강정책과 비전이 없으며, 정치인은 주체성이 없다'고 신랄하게 비판했다. 1월 25일 경향신문사가 강제로 경매 처분되자 청암은 한국신문발행인협회와 편집인협회에 진상조사를 청원하며 부당한 권력행사를 고발했다. 경향이 내보낸 경매 관련 기사가 문제가 되자 1월 30일 중앙정보부로 소환되어 12시간 동안 문초를 당했다. 그는 중앙정보부장 김형욱과 설전을 벌였고, 김 부장으로부터 박 대통령과 적당히 타협하라는 말을 들었다. 훗날 김형욱은 '송건호라는 강직한 언론인이 있어, 경향신문을 매각하기가 쉽지 않다'고 했다.

청암 덕분에 헐값에 신문사를 넘기는 것을 면했다. 사주는 고마운 마음에 따로 거액이 담긴 가방을 줬지만 그는 이 돈을 직원들과 나눠가졌다. 이를 두고 사주는 무척 섭섭하게 여겼다고 한다. 편집국장 시기, 문화공보부 장관이 각 신문사 편집국장을 오찬에 초청하여 관행처럼 돈봉투를 돌렸지만 청암은 받을 이유가 없다며 거절했다. 촌지가 일상화 되어 기자들 사이에서는 문제의식조차 희박하던 시절, 그는 이런 비뚤어진 관행을 거부한 선구자이기도 하다.

66년 4월 5일 열린 신문편집인협회 총회에서 보도자유위원회 위원으로 다시 선출되며 경향신문을 떠났다.

조선일보 시기

경향이 매각되자 새 자리를 고민했다. 청암은 66년 5월경 조선일보 논설위원으로 자리를 옮겼다. 경향 사태를 거치면서 정보기관은 이제 그를 주시하기 시작했다. 신문에 비판적인 사설이 나오면 정보부는 매번 그를 필자로 지목하고 추궁하곤 했다. 그해 9월 '김두한 의원 국회 오물투척 사건'이 일어나자, 김 의원만 비판하자는 최석채 주필과 의견 대립이 생겼고, 청암은 이 사건의 원인 제공자인 정부의 책임도 지적해야 한다고 주장했다. 69년 초반까지는 조선일보에서 근무한 그가 이 일을 계기로 직장을 옮겼다고 회고했는데, 당시 주필과 다소 불편하게 지낸 것으로 보인다. 하지만 최 주필과 인간적인 신뢰는 놓지 않았다. 80년대 지인들도 재야인사인 청암을 멀리하던 시절, 그를 위해 딸의 취직을 주선하던 최 주필의 마음 씀씀이를 두고두고 고마워했다.

논객으로서 청암은 나날이 원숙해졌다. 〈정경연구〉 67년 9월호에 기고한 '한국 지식인론'에서 '지식인이 단순한 박식에 그치지 않고 사상가의 자세를 갖추려면 지금 이 땅이 요청하는 과제에 정면으로 대결할 만한 용기와 투지를 가져야 한다'고 주장했다. 지식인의 풍토와 상황, 지식인과 지성, 지식인과 현실참여 등의 문제를 광범위하게 거론하면서 대학교수 특히 사회과학자들의 학문자세를 비판하고, '교수들의 학문을 통한 현실참여'를 강조했다. 이에 안해균 서울대 교수가 10월호에 이 주장에 중대한 오류가 있다고 반박하자, 다시 11월호 '한국지식인 재론'에서 안 교수의 '무감각'을 개탄했다. 지식인 사회에서 화제가 된 이 논박은 60년대 주요 논쟁 중의 하나로 평가된다. 지식층을 정조준하고, 다소 직정적인 언사까지 구사했던 청암은 40대에 들어서면서 자신감과 열정으로 충만해지고 있었다.

68년 2월 서베를린 신생국언론연구원(서베를린 신문연구소)의 초청을 받아 서베를린, 파리, 런던 등을 방문하고 7월 1일 귀국했다. 그는 서구의 언론을 연구하는 동시에 특파원 자격으로 미국과 월맹의 파리회담을 취재하여 송고했다. 월남전에 개입한 한국에게는 이 회담의 진행과정이 매우 중요해서 현지 취재기는 1면에 자주 실렸다. 그리고 때마침 시작된 '68혁명'의 격랑 속에서 유럽의 학생운동과 사회변동을 관찰하며 넉 달 넘게 바쁜 나날을 보냈다. 69년 출간한 공저 《스튜던트 파우어》에는 청암의 당시 체험이 생생히 담겨 있다. 그는 이 기간 동안 이념의 다양성과 사상의 자유를 경험하며 문화적 충격을 받았다. 파리 대학은 무질서했고 사방에 과격한 성명서, 선언문, 격문이 붙어 있었다. 《모택동 어록》이 팔리고 호치민과 체 게바라의 인기가 드높았다. 공산주의와 아나키즘을 칭송하고 추구하는 움직임도 눈길을 끌었다. 씻지 않는 대학가의 히피족도 이해할 수 없었다. 기성권위과 가치관이 철저하게 배격되는 현실이 놀랍기만 했다. 특히, 당시 분단국이던 서독 정부를 과감하게 비판하던 언론의 모습은 그를 일깨웠다. '분단국이라는 이유로 언론자유를 제한하는 일이 정당화 될 수 없으며, 오히려 언론이 더욱 정치권력을 견제 감시해야 한다'는 것을 자각하게 된다. 이 여정은 40대 초반에 들어선 청암의 견문을 넓히고 지적으로 자극한 동시에 변방에서 온 빈국의 지식인이라는 한계를 절감하게 했다.

당시 논설위원들은 술 담배를 하지 않고 조용하면서도 원칙과 고집이 뚜렷하던 그를 '송 진사'라고 불렀다. 넉넉하지 않던 청암은 마음으로라도 남의 어려움을 보살폈다. 서울대 법대 양호민 교수가 정권의 외압으로 교수직을 잃게 되자 조선일보 논설위원 자리를 권유했다. 부산일보에서 이직했던 박노경은 "청암이 나의 외로운 처지를 알고 제일 많이 배려했다"고 회고했다.

69년 2월에 신문편집인협회 보도자유위원으로 다시 선출된다.

동아일보 시기

동아일보가 필진을 보강하기 위해 적극적으로 논객들은 영입하자 청암도 이에 응했다. 동아일보 논설위원으로 출근을 시작하던 69년 3월에도 여전히 정국은 혼란했다. 박정희의 3선 연임을 허용하는 개헌이 추진되자 6월부터 반대운동이 본격적으로 진행됐지만 언론은 실상을 외면했다. 대부분의 신문은 사실상 개헌을 지지했고, 일부는 의견을 밝히지 않았다. 10월 17일 투표에서 개헌안이 통과되자, 청암은 언론의 행태에 분노를 표시한다. 11월 한국기자협회가 발행하는 〈저널리즘〉 창간호에 기고한 '신문과 사설과 사회'에서 '중대 문제일수록 떳떳이 찬성도, 떳떳이 반대도 하지 못하는 것이 오늘날 한국 언론이 지닌 가장 큰 병폐가 아닌가 한다. 우리나라 신문사의 사시란 사(社)의 한낱 간판에 불과할 뿐 사의 그때그때의 사정, 때로는 발행인의 사정에 따라 적당히 변하는 것이 사설이 아닌가 한다'라고 시론을 펼쳤다.

이 시기 그는 편집권의 독립에 대한 소신도 밝히기 시작했다. 편집권은 경영권의 일부라는 시각이 보편적이던 시절 69년 〈신문편집인협회보〉를 통해 '신문은 신문인의 책임 하에 신문인의 양식에 의해 만들어져야 하며, 편집의 자주성이 제도적으로 확립되지 않으면 안 된다'라며 시대를 앞선 주장을 펼쳤다. 69년 11월말 신문편집인협회가 주최한 세미나에서도 "언론의 책임을 강조하는 사회적 분위기와 발행인이 행사하는 지나친 편집권 간섭 때문에 언론계 전반이 무기력해지고 언론인이 샐러리맨으로 전락한다"고 개탄했다.

6차 개헌 이후부터 청와대는 신문사 정치 담당 논설위원들을 정기적으로 만나 민심을 듣고 자문을 구하는 자리를 마련했다. 정권에 비판적이던 청암은 동아일보를 대표하여 참석했다. 박정희는 언론인을 우대하기도 했지만 한편으로는 적대시하고 경멸했다. 오늘은 이 말을 하다가도 이득이 생긴다면 돌변하는 행태를 비웃었고, 위력에 고개 숙이는 모습을 보며 기개가 없다고 평했다. 하지만 박정희는 "송건호 위원의 식견과 지사적 몸가짐에 호감을 가졌다"고 당시 대통령 비서실장이던 김정렴은 회고한다.

대통령을 사석에서 정기적으로 만나는 것은 매우 드문 기회였다. 참석자들은 대통령에게 청탁을 하고 이런저런 구실로 지원금을 받기도 했다. 사사로운 부탁을 하지 않던 청암에게 박정희가 소원을 묻자 "포항제철소 견학을 원한다"는 순진한 대답을 했다는 일화도 있다. 유혹이 없지는 않았다. 이 모임에 나갈 무렵 그의 빈한한 처지를 알던 서울시장이 용산구 이촌동 한강맨션아파트에 입주할 수 있도록 돕겠다고 했다. 당시 온수가 24시간 나오는 이 아파트는 장안의 화제가 될 정도로 선망의 대상이었다. 흑석동 18평 낡은 집에서 여덟 식구가 살던 시절, 이 제안은 뿌리치기 힘든 유혹이었다. 청암은 "이 아파트를 받았더라면 일생일대의 오점을 남길 뻔 했다"고 두고두고 말했다.

아홉 살 위였던 박정희는 주흥이 오르면 자신을 비판하는 청암에게 농을 걸었고 어깨동무를 하면 친근감을 표시했다. 청암도 이 과정에서 친분을 쌓았지만 72년 10월 유신체제가 들어서면서 정책자문이 무의미하다고 느끼고는 더 이상 모임에 나가지 않았다.

70년 12월 동아일보 수습기자로 입사한 정연주는 신입교육 중 송 위원이 "기자의 자질로 호기심을 첫손에 꼽으며 통속잡지까지 훑어야 한다"고 당부하던 모습이 의외였다고 기억한다. 선비로 불렸던 청암이지만 관심 영역은 대중문화, 인기소설, 황색저널리즘부터 시작하여 잡다하다는 평을 받을 만하다. 집필했던 칼럼과 토막글 그리고 참여했던 수많은 토론과 좌담을 보면 사회현상과 일상생활까지 세세하게 관찰했다는 것을 알 수 있다. 국제 정세에 몰두하던 그는 북한의 주장을 듣기 위해 이불 속에서 단파라디오로 북한 방송을 청취하기도 했다.

68년 '신동아 필화사건'이 생긴 후 동아일보의 펜도 무뎌졌다. 71년 3월 26일 서울대생들이 사옥 앞에서 권력에 굴종하는 언론의 행태를 비판하자 이에 자극을 받은 젊은 기자들은 4월 15일 사장과 간부들의 만류에도 불구하고 '언론자유수호선언'을 발표했다. 선언대회에는 기자들과 문제의식을 공유한 청암이 논설위원으로서 참여했다. 하지만 선언이 실천으로 발전하지는 못했다.

71년 2월 2년 임기의 편집인협회 보도자유위원에 선출된 청암은 동아일보사 부설 "안보 및 통일문제 조사연구소장"도 겸임하게 된다. 9월부터는 이산가족 상봉을 위한 남북적십자 예비회담이 열리면서 남북 긴장완화의 조짐이 보이기 시작했다. 이에 앞서 청암은 8월 9일 '민주수호청년협의회'가 주최한 강연회에서 "국가보안법과 반공법을 국제정세 변화에 따라 개정해야 하며, 형법 등 관계법과 중복된 조항도 정리해야 한다"는 소신을 밝혔다. 〈신동아〉 10월호 '통일 논의의 한계와 반공법'이라는 글에서는 반공법과 국가보안법의 반시대성을 비판하며 '통일론을 연구하고 논의하는 데 더 많은 자유를 보장해야 한다'고 주장했다. '반공, 멸공만이 살 길'이라고 정권이 강조하던 시절, 이러한 주장은 위험했고 그는 문장 하나에도 고심에 고심을 거듭해야 했다. 71년 4월 7대 대통령선거와 5월 8대 국회의원 선거 결과 집권층에 대한 민심 이반이 뚜렷해지자, 수세에 몰린 정권은 안보위기를 내세우며 12월 6일 국가비상사태를 선언하고, 언론 통제의 수위를 높여갔다.

72년 '7·4남북공동성명'이 발표되고 9월과 10월 남북적십자 본 회담이 열리자 청암은 남한적십자대표단 자문위원으로 위촉되어 판문점을 거쳐 평양을 두 차례 방문했다. 사진 촬영을 즐겼던 그는 김일성 생가와 혁명가극 피바다 공연을 필름에 남겼다. '한계가 있는 방문이지만 편견을 떠나 객관적으로 바라볼 때 통일의 기초를 닦을 수 있다'고 평했다. 72년 10월 17일 비상조치가 발표되면서 유신체제가 들어섰다. 무엇보다 대통령간접선거가 시행되고 의회의 권한이 제한되었다. 12월 27일에는 제4공화국이 출범했다. 10월 유신이 발표된 날부터는 기관원이 편집국에 상주하면서 사전검열을 자행했다.

청암은 73년 2월 9일 한국신문편집인협회 임원총회에서 2년 임기의 보도자유위원장으로 선출되었고, 73년과 74년 한국신문윤리위원회 위원이 된다. 그리고 75년 1월 편집인협회 운영위원을 맡았다. 어느덧 그는 신문계에서는 중추적인 역할을 하고 있었다. 73년 8월에는 동아일보 수석논설위원에 임명된다.

73년 8월에는 김대중납치사건이 있었다. 대학가와 재야에서 시작된 유신철폐 운동을 보도할 수 없었던 동아일보 기자들은 11월 20일 2차, 12월 3일 3차 언론자유수호선언을 발표했지만 현실의 벽 앞에서 좌절해야 했다. 73년 12월에 들어서면서 '개헌청원 100만인 서명운동'은 큰 호응을 얻었다. 유신체제에 대한 정면도전으로 인식한 정권은 74년 1월부터 긴급조치 1, 2호를 발동했고, 4월 3일에는 '전국민주청년학생총연맹사건(민청학련 사건)' 발표와 함께 긴급조치 4호가 나왔다. 이어 23일 '인민혁명당 재건위원회 사건'을 발표하는 등 폭압적인 통치가 이어졌다.

74년 봄 '박영복 금융사기사건'이 발생하자 국민들은 그 규모에 경악했다. 청암은 4월 30일자 신문에 이 사건이 권력형 부정임을 명백히 규정했지만 조사는 졸속으로 끝났다. 갈수록 언론은 무기력해졌고 그의 고민도 나날이 깊어갔다.

서슬 퍼런 유신체제 아래서 발행부수와 영향력 면에서 으뜸가던 동아일보는 정권과 긴장관계 속에 있었다. 74년 정치적으로 어려웠던 시기 편집국장을 하겠다는 사람이 없었다. 정권의 압박도 견디기 힘들었지만 사주와 기자 사이도 중재해야 했고, 편집국 내부에서는 자유언론 실천 동참파와 비동참파의 관계도 조정해야 하는 어려운 자리였다.

74년 9월 청암이 편집국장에 임명되자 기자들도 환영했다. 그는 후배들에게 출입처 기자단의 간사를 맡지 말도록 부탁했다. 간사를 하다가 정계로 관청으로 진출하는 경우를 자주 봤기 때문이다. 특히 73년 국회의원에 출마할 수 있는 특권을 언론인이 누리게 되고, 정부 12개 부처에 대변인 제도가 신설되자 기자들이 대거 언론계를 떠났다. 기자사회가 채찍과 당근 앞에서 동요하고 있었다. 이 시기 그는 기자의 본분을 강조하면서 스스로도 모범을 보였다. 편집국장 전용차량을 몰던 운전기사는 그 좋은 자리에 있으면서도 한몫 챙기지 않던 그를 답답하게 여겼다고 한다. 회사 차량을 사적으로 이용하는 법도 없었다.

그가 이끈 편집국은 민주화운동을 보도하고 사회의 부조리와 병폐를 고발했다. 석유파동으로 유가는 급등하고 물가는 치솟아 서민들의 삶이 벼랑으로 내몰리던 당시, 9월 상류층 부인들이 밀수한 보석을 사들인 혐의로 구속되자 정권은 보도를 막았다. 이 때 송 국장은 '이런 일도 보도하지 못하면 언론의 존재이유가 없다'며 이를 기사화했다가 중앙정보부에 연행되어 폭언을 듣고 뺨을 맞는 수모를 겪었다. 10월 19일 문화공보부는 언론사에 '보도한계지침'을 내려서 대학가 동향, 종교계 민권운동 등 정권에 불리한 보도를 금지했지만, 이를 어기고 서울대 학생시위를 보도하자 정보부는 23일 청암을 다시 연행했다.

더 이상 참지 못한 기자들이 '10·24 자유언론실천선언'을 발표하고 행동에 들어가자 학생시위 소식이 작게나마 실리면서 지면이 변했다. 하지만 이에 만족할 수 없던 기자들은 더 나아가 보도의 근본적인 변화를 요구했고 사측은 이를 말렸다. 대립이 격해지면서 급기야 11월 12일자 신문이 나오지 못했다. 청암이 중재에 나서 13일자 신문에서부터 유신체제를 반대하는 대학가 시위와 재야소식이 실리기 시작했다. 이에 용기를 얻은 다른 언론사들도 언론자유를 외쳤다.

이 선언이 사회적 쟁점이 되자 여러 사회단체들이 적극 지지하고 나섰다. 유신체제가 위태롭다고 느낀 정권이 12월부터 기업에게 광고를 집행하지 말도록 압력을 넣는 '광고 탄압'을 시작하자, 재야단체의 항의 성명이 나왔고 국민들의 지지광고가 광고면을 채우기 시작했다. 이러한 격려 앞에서 청암은 "국민들의 성원에 대해서 엄청난 책임을 통감하며, 진실로 정도 외에는 갈 길이 없다는 것을 느낀다"고 말했다. 청암은 75년 초 〈신동아〉가 주최한 '언론 자유와 민주주의'라는 좌담회에서 "사실을 국민과 정부에 알리는 것은 언론의 자유가 아니라 의무"라는 점을 분명히 하며 자유언론운동을 지지했다.

동아일보는 3월 8일 경영난을 이유로 기자 18명의 해임을 시작으로 10일에도 추가 해임을 단행했다. 회사의 강경책에 맞서 제작거부에 들어갔던 기자들은 3월 17일 강제해산 되고 내몰린 기자, 프로듀서, 아나운서들은 18일 '동아자유언론수호투쟁위원회(동아투위)'를 결성하고 투쟁을 시작했다. 청암은 이에 앞서 사장에게 이 사태의 해결을 눈물로 호소했지만 막을 수 없었다. 3월 15일 제출한 사표는 27일 수리되었다.

당시 그를 비판하는 사람도 있었다. 신문사가 위기인데 경영진의 신임을 받던 편집국장이 회사를 추슬러야 마땅하다는 의견도 있었다. 신문사가 있어야 기자도 있다는 말도 들렸다. 하지만 청암에게는 인생이 걸린 중대한 결단이었다. 언론에 입문하지 22년, 이제 필명 높은 시대의 논객으로서 현역으로 일할 수 있는 시간도 적지 않게 남아 있었다. 하지만 그는 더 이상 언론에 희망이 없다는 것을 알았다. 사실보도조차 할 수 없는 신문사에 남는다는 것은 그의 신념과 맞지 않았다. 이제 언론사가 언론인을 보호하지 못한다는 것을 절감하는 마당에, 자리에 남아 후배들의 해직을 외면할 수는 없었다. 다시는 신문계로 돌아가지 않으리라. 고향 옥천 아버지의 묘 앞에 엎드리자 뜨거운 눈물이 흘렀다.

재야 언론인이 되다

지천명의 나이에 무직자가 된 그에게 당장 급한 것은 생계였다. 대학생부터 열한 살 먹은 막내까지 여섯 아이를 먹이고 가르쳐야 하는데 이렇다 할 재산도 저축도 없었다. 언론계로 돌아가지 않겠다는 청암이 할 수 있는 일은 글 쓰기와 강의였다.

청탁 모르고 살던 그에게 구직은 고역이었다. 상대의 눈치만 보다가 말도 못 꺼내고 돌아선 적도 여러 번인데다, 지인들도 정권과 맞서는 그와 만나는 걸 피했다. 신세가 처량해서 울고 싶은 심정이 되자, 이때 처음으로 술 못 마시는 자신을 한탄했다. 매일 먹고사는 걱정이 머리를 떠나지 않다가 불안은 이제 공 포로 엄습했다. 가슴이 두근거리고 어지러워 토하고 일어서지도 못했다. "여보 나 좀 어떻게 해 봐." 하며 부인을 불러댔다. 일종의 공황장애였다. 시간이 갈 수록 '사람이 죽으라는 법은 없구나.' 하며 마음이 안정되기는 했지만 불안은 10년 가까이 그를 괴롭혔다. 이 시기 그의 버팀목은 부인 이정순이었다.

해직기자들도 3개월간 시위하며 항의했지만 정권과 동아일보사는 그대로 였다. 세상은 무심했고 시간은 흘렀다. 청암은 저술, 강의, 강연으로 간신히 생계를 꾸려갔다.

75년 1월 《민족지성의 탐구》가 출간되자 바로 베스트셀러 목록에 올랐다. 그가 '민족지성'이라 불리게 된 계기이기도 하다. 20여 년간 언론계와 지성계 의 파수꾼으로서 그는 책의 서문에서 '언론이고 지식인 문제이고 간에 그 밑 바닥에는 일관된 자세가 견지되어 있다는 사실만은 분명히 밝혀두고 싶다. 그것은 민족에 대한 긍지와 지식인으로서의 양식을 추구한 점이라고 할 수 있다'고 심경을 밝혔다. 76년 3월 펴낸 《단절시대의 가교》도 반응이 좋았다. 필명은 올라가도 원고료와 인세는 턱없이 부족했다.

이 무렵 한동안 노모와 같이 살았다. 노환으로 누워 지내던 어머니 곁에 서 무직자 아들은 밥상머리에 앉아 손가락에 굳은살이 생기도록 원고지를 채워 나갔다. 글쓰기가 밥벌이가 되자 이제는 고된 노동으로 변했다. 76년 12 월 모친은 청암을 걱정하며 눈을 감았고, 그는 글을 마감하느라 임종하지 못 한 자신을 자책했다.

삶은 고단했지만 저술가로서 그에게 실직은 또 다른 기회였다. 시간이 없어 구상만 하던 연구와 집필을 시도할 수 있었다. 이 시기 〈신문평론〉에 '신문문체의 변천사, 사설로 본 언론투쟁사' 등의 주제로 글을 기고하면서 언론사를 정리했고, 잡지와 주간지의 문제점을 지적하는 등 언론인이란 정체성을 잊지 않았다. 특히 77년 〈신문평론〉 통권 83호에 기고한 '언론비평의 제도화를 제의한다'라는 글에서 '언론기업이 처한 정치경제적 여건이 언론의 논리에 충실할 수 없는 현실'을 비판하며, '언론을 위해서는 공개적인 신문비평이 있어야 한다'고 주장했다.

동아일보에서 나오자 박정희는 그동안 고생했으니 이제 청와대로 오라고 그를 불렀지만 가지 않았다. 거절하는 그를 두고 대통령은 '솔직히 가장 소신 있는 언론인'이라고 평했다. 이후 정권은 끊임없이 압박하면서도 집요하게 회유했다. 대학에 압력을 넣어 박봉의 시간강사 자리마저 끊었고, 밥줄인 원고 청탁도 못 받게 했다. 77년 봄부터는 대학가 강연도 막혀서 집안 형편이 말이 아니었다. 셋째 딸은 대학 진학을 포기했고, 겨울을 앞두고 쌀가마와 연탄을 들이고 김장을 마쳐야 겨우 안심할 수 있었다. 청암의 필명을 사겠다는 제안도 받았다. 원하는 글을 쓰면 거액을 주겠다는 유혹도 없지 않았지만 양심을 접고 거짓된 글을 쓸 수 없었다. 역사 앞에 그리고 자식들에게 더러운 이름을 남기지 않으리라 거듭 다짐했다. 부인이 가장 든든한 동지였다. 아이들의 옷까지 지어서 입히며 씀씀이를 줄였고 때로는 돈을 변통해 오기도 했다. 이정순은 힘든 나날을 견디면서 남편이 소신껏 살도록 격려했다. 정권은 계속해서 장관, 유신정우회 국회의원 자리를 제시하면서 그의 지조를 꺾으려 했지만, 매번 "나는 행정가가 아닌 언론인"이라고 말하며 단호하게 뿌리쳤다. 하지만 어느 날인가 제안을 받고 귀가하던 길에 전봇대를 붙잡고 울었다. 편한 길을 앞에 두고 험난한 역사의 길을 가겠다는 그도 끝없는 생활고 앞에서는 외롭고 약한 가장이었다.

청암에게 정권 유지에 꼭 필요한 기능이 있어서 찾은 것은 아니다. 다만 지조의 상징이던 그를 변절시키면 지식인 사회 특히 언론인과 해직기자들을 흔들 수 있다고 판단했기 때문이 아닐까 추측해 본다.

75년 5월 13일 긴급조치 9호가 선포되면서 민주주의와 법치는 실종되고 초헌법적인 긴급조치가 굴종과 침묵을 강요했다. 해직언론인들이 민주화 없이는 언론자유도 없다는 사실을 자각하게 되자 언론자유운동은 반독재민주화운동으로 나아갔다. 유신체제 아래서 빈번해지는 인권침해에 대응하고자 한국기독교교회협의회가 주도한 '한국인권운동협의회'가 78년 1월 출범했고 청암은 부회장으로 참여했다. 이때부터는 끊임없는 감시와 미행에 시달렸다. 산이든 다방이든 감시원이 붙었고 도청도 있었다. 집 전화로 통화를 시작하면 잠시 뒤부터 잡음이 들리고 감도가 나빠지는 것을 경험했고, 이는 93년 김영삼 정부가 들어서고 나서야 멈췄다. 가족들은 정보기관이 사생활까지 속속들이 안다는 사실에 몸서리쳤다.

77년 무렵에는 크리스챤아카데미가 발행하던 〈월간 대화〉의 주필로 일했다. 당시 이 월간지는 보도가 힘든 시사문제를 언급했는데, 10월호에 해직기자 정연주의 편지글 '언론계 선배·동료들에게'를 게재했다가 긴급조치 9호 위반으로 등록취소 당했다.

청암은 재야운동에 참여하면서부터 함석헌, 장준하, 법정, 안병무 등 당대의 지식인들과 본격적으로 교류를 시작했다. 특히 기독교계 인사들과 자주 만났고, 〈기독교사상〉의 주요 필자 중 한 명이 된다. 그를 걱정하던 안병무는 원고료를 받을 수 있도록 일감을 주며 위로했다.

원래 청암은 종교에 대하여 비판적이었고 종교생활을 하지 않았다. 1970년 1월 열렸던 '아직도 기독교는 의미가 있는가'를 주제로 한 공개세미나에서 청암은 "비판을 생명으로 하는 지식인은 절대가치를 추구하는 기독교를 믿을 수 없으며, 기독교의 사랑도 본질상 아름답긴 하지만 악을 증오해야 할 젊은이에게 방해가 되고 현실적 개혁에 역효과를 줄 위험성이 커 오늘의 한국사회에서 기독교는 의미가 없다"고 주장한 적이 있었다. 그랬던 그도 유신체제에 맞서는 기독교인들의 용기와 헌신에 깊은 감동을 받으며 종교를 새롭게 인식하게 된다.

77년 나온 《한국민족주의의 탐구》도 좋은 평을 받았다. 79년에는 그의 주저인 《한국현대사론》이 나왔다. 청암은 '살아가는 것이 하도 힘들어, 도대체 우리 선인들은 어려운 상황을 어떻게 극복하고 살아왔는가가 무엇보다 알고 싶어서' 이 연구를 시작했다고 서문에서 밝혔다. 이 역작은 개화기부터 해방 이후 분단시대의 출발 시기까지를 고찰했는데, 특히 사학계가 외면하던 1930년부터 45년까지 15년 동안 식민지의 시대상을 추적하여 일제의 억압, 이에 맞선 저항 그리고 친일행적을 기록했다. 이 책은 현대사 부문에서 언론인이 집필한 통사로서는 최초라고 볼 수 있다. 현대사 전문가 서중석은 한국 현대사는 사학자가 아닌 언론인이 개척했다고 평가한다.

79년 10월 발간된 공저 《해방전후사의 인식》에 청암은 총론격인 '해방의 민족사적 인식'을 기고했고, 이 책은 현대사에 대한 대중의 관심을 촉발했다. 출간 직후에는 금서로 묶였지만 대학가에서 큰 인기를 누리며 장기 베스트셀러 올랐고, 대학생과 지식층의 필독서로 꼽히며 80년대 들어서도 큰 영향을 미쳤다.

어둡던 시기 청암은 동아투위 해직기자들과 교류하며 그들을 위로하고 다독였다. 아끼던 젊은 기자들이 경력도 쌓기 전에 펜을 놓게 되어 가슴 아팠고, 자유언론운동을 하면서 겪는 고초를 걱정했다. 언제부터인가 그는 '해직 기자의 대부'로 불리고 있었다.

79년에 나온 〈동아투위 소식〉 중 '한국언론의 정통성'이란 글에서 한국 언론이 권력에 완전 예속되어 독립성을 상실했다고 진단하고, 자유언론과 언론기업이 대결하는 현상을 우려했고, 언론기업과 정권이 유착하는 현실을 고발했다. 〈동아투위 소식〉 10·24 다섯 돌 특집호의 '언론주권의 회복'이란 글에서는 '언론자유란 언론의 독립을 뜻하며 신문인들의 양식과 판단에 따라 신문을 제작하여 외부의 간섭을 거부하는 것'이라는 점을 다시 확인했다.

10월 26일 박정희가 피살되고, 12월 12일 전두환이 주도하는 신군부가 권력을 잡게 되면서 70년대가 저물었다.

80년, 짧았던 봄은 가고 옥고를 겪다

민주화의 훈풍이 불면서 서울의 봄 내내 그도 짧은 자유를 누렸다. 청암은 바빠졌다. 저서들은 호평을 받았고, 인기 강사로서 강연 요청이 끊이지 않았다. 모든 것이 불투명하던 당시, 그는 시국을 분석하고 시대적 과제를 제시하는 한편 언론문제에 대해서도 언급했다. 4월에는 대구, 부산, 전주 등을 돌면서 순회강연에도 나섰다.

3월 17일 서울YMCA에서 시민을 대상으로 '각계각층의 다양한 의견을 고루 반영하기 위해서는 신문의 편집권이 독립되어야 한다. 한국언론은 쉽사리 권력과 밀착, 이익을 취하다가도 어떠한 계기로 권력이 무너지면 자신이 살아남기 위해 죽은 권력에 매질을 하고 새로운 권력에는 추파를 던진다'는 취지로 강연했다. 4월 8일 신문의 날 기념 강연에서는 '새 헌법에는 반드시 언론사의 편집권 독립을 보장해야 한다.'고 역설하며 언론의 개혁을 열망했다.

하지만 실권을 장악한 신군부와 민주주의를 외치는 시민 사이에서 시국은 혼란하고 미래는 불투명했다. 청암은 3월이 되자 장을병, 서남동, 유인호, 백낙청과 만나 '나라가 나아갈 방향을 제시하는 것은 지식인의 책무'라는 인식을 같이하고, 모임을 만들어 시국선언을 하기로 한다. 선언문의 기초는 논설에 능한 청암이 맡았다. 이 선언문에서 비상계엄령의 즉각 해제, 학문과 발표의 자유 보장, 대학의 자율성을 보장, 언론의 독립과 자유 보장 그리고 근로자의 생계 대책을 세우고 노동기본권을 보장할 것을 촉구했다. 청암과 동지들이 5월 15일 '지식인 134인 시국선언문'을 발표하자마자 신군부는 탄압을 시작했고, 이 선언문은 그를 옭아매는 올가미가 되었다.

비상계엄이 전국으로 확대된 5월 17일 밤 수사관들이 집을 덮쳤다. 대문 두드리는 소리에 체포를 직감한 그는 급히 담을 넘어 빠져나왔다가 사흘 만에 남영동 치안본부 대공분실로 끌려갔다. 반정부 인사 중 악질이라고 예상하던 수사관들은 청암의 온화한 모습에 놀랐지만 취조는 가혹했다. 5월 20일부터 19일의 조사기간 동안 "정치인 김대중의 돈을 받아 동아투위에 전달했냐"고 물었고, 이를 시인할 때까지 을러대며 매질을 퍼부었다. 그는 기절을 반복하다가 죽음의 공포 앞에서 거짓 자백을 했다. 조사를 마치자 6월 7일에는 청암의 눈을 가리고 남산 중앙정보부 지하 2층으로 이송했다. 밤낮을 분간할 수 없는 지하 감방에서 머리카락이 한 줌씩 빠졌고 한 달 사이에 백발로 변했다. 아무것도 할 수 없는 좁은 독방에 갇혀, 잡힌 이유도 앞날도 알 수 없는 불안한 시간이 지속되면서 청암은 잠을 이루지 못해 미칠 지경이었다. 수면제라도 달라고 사정했지만 자살에 사용된다는 이유로 얻지 못했다. 여기서 자신이 내란음모에 가담한 죄인이라는 말을 처음 듣게 되는데, 이는 민주인사들을 탄압하기 위한 신군부의 음모였다. 7월 14일 서대문형무소로 이감되고서야 안부를 몰라 애태우던 가족들에게 그의 소식이 전해졌다. 첫 면회에서 청암과 부인은 말문이 막혀 서로 바라만 봤다.

8월 27일 전두환이 11대 대통령에 취임했다.

재판은 8월에 시작했고 1심 판결 후 이어진 항소심에서 육군계엄고등군법회의는 11월 3일 징역 2년을 선고했다. 죄명은 계엄법 위반이었다. 재판 후 곧바로 남한산성 육군형무소로 이감되었다가 11월 6일 형집행정지로 풀려나, 성긴 백발에 앙상한 몸이 되어 가족에게 돌아갔다. 12월 예정된 맏딸의 결혼식에 참석할 수 있어서 그나마 다행이었다.

청암은 이 시기에 대해서는 말을 아꼈다. 자신의 경험을 무용담처럼 펼칠 만도 하지만 그러기에는 정신적 충격과 상처가 컸다. 특히 김대중에게 불리한 자백을 했다는 미안함이 마음의 짐으로 남았던 까닭에, 노년의 병석에서도 "나 때문에 억울한 사람이 죽을 뻔 했다"고 자책하곤 했다.

역사를 생각하며 암울한 현실을 견디다

이제 반정부 인사로 낙인 찍혀 특별 감시를 받는 처지가 되었다. 80년 11월

5일 '정치풍토쇄신을 위한 특별조치법'이 공포된 다음, 12일 청암은 정치활동 규제자 811명에 포함된다. 어기면 엄벌에 처한다는 위협을 받으며, 정치·사회 활동은 물론 집회에서 연설조차 할 수 없던 암울한 나날이었다.

85년 11월에 나온 수상집 《살아가며 고생하며》에는 80년대 초반 쓴 글들이 실렸는데 '이제는 여생을 사는 삶이며 큰 과오 없이 사는 것이 남은 소원이며, 다시 태어나도 같은 길을 걸을 것이고 후회는 없다'는 대목에서 그의 쓸쓸한 심경을 엿볼 수 있다. 하지만 '투철한 역사의식을 가진 사람이라면 하나의 이데올로기에 불과한 시대적 가치나 사상을 결코 맹신하거나 추종하는 일은 없을 것이다'라며 역사에 대한 믿음과 흔들리지 않는 신념을 밝혔다.

급한 것은 치료였다. 재야인사에 호의적이던 원자력병원 이장규 박사가 그를 성심껏 보살폈다. 검사를 받아도 이상은 없다는데 허리와 팔의 통증은 여전했고 깜빡깜빡 졸기 시작했다. 옥고를 치르면서 몸이 상했다는 신호였지만, 훗날 그에게 닥칠 병마를 미리 내다볼 수는 없었다.

81년부터 그는 독서와 집필에 전념했다. 권력은 숨죽이고 살라 했지만 그는 조용히 펜을 버리고 별렀고, 현대사 연구는 깊이를 더해갔다. 81년 9월 〈마당〉 창간호에 '민족해방·민중·지도노선'을 게재하는 것을 시작으로 김구, 여운형, 김창숙, 안재홍 등의 인물론을 연재했다. 당시 그의 울적한 심사를 헤아리고 위로할 수 있는 이는 역사 속 인물들이었다. 특히 고문을 받아 앉은뱅이가 된 독립운동가 심산 김창숙이 남긴 '심산유고(心山遺稿)'를 읽다가 감격했고, 도봉산 자락에 있는 묘소에 들러서는 엎드려 울기도 했다.

대외활동을 못하던 시절, 생활고와 고독 속에서 청암에게 위로가 된 것은 산이다. 82년 봄부터 '거시기산악회'에 가입했다. 이돈명, 리영희. 변형윤, 김진균, 박현채, 유인호, 이호철, 백낙청 등 야인들과 산에 올라 웃고 이야기를 나누면 답답하던 마음이 후련해졌다. 말수가 없던 그도 이들 앞에서는 수다스럽기조차 했다. 청암은 산행 길에 자주 요구르트를 돌렸고, 하산길에 유쾌한 마음으로 맥주라도 두어 잔 하고는 불콰해져 꾸벅꾸벅 졸았다.

83년 7월 중순부터 10월초까지 미국과 서독의 YMCA 초청을 받아 외유를 했고, 이 기간 중이던 8월 12일 특별복권 된다. 이 해에 중요한 논문 한 편을 완성했다. 〈역사와 기독교〉 제7집에 게재된 '한국현대언론사론'에서 해방 후 한국언론사를 고찰했는데, 이 분야에서 이 정도 분량과 깊이를 가진 논문은, 언론인으로서는 청암이 최초로 집필했다고 볼 수 있다.

역작 《한국현대인물사론》은 84년 봄에 나왔다. 이 책의 진가를 인정받아 86년 6월 제1회 심산상을 수상하게 된다. 85년 12월 펴낸 《의열단》은 자료가 부족하여 연구의 한계는 있었지만 그동안 금지어였던 약산 김원봉과 의열단을 대중적으로 알리는 계기가 되었다.

청암은 전두환 정권 시기에도 서울시장 고문, 민족통일중앙협의회 등으로 오라는 제의를 10번 정도 받았다고 기억한다.

민주언론운동에 앞장서다

신군부가 들어서면서 언론계도 시련을 겪었다. 80년 7월에는 언론인 강제해직, 12월에는 언론사 통폐합에 따른 대량해직이 발생했다. 80년 12월 제정된 '언론기본법'은 언론의 설립을 등록제로 하되, 공적책임을 반복하여 현저하게 위반할 경우 등록을 취소할 수 있도록 규정했다. 또한 언론사의 수를 줄이고 신규 일간지 허가를 통제했다. 청암은 이를 악법이라고 불렀다.

전두환 정권은 정권 유지를 위해서는 정보와 여론 조작이 중요하다고 인식하여, 문화공보부에 '홍보조정실'을 설치한 다음 언론사의 편집과 제작에 본격적으로 관여하기 시작했다. 청암은 이에 순응한 언론기업들이 정권과 야합하여 '권언복합체'를 이룬다고 예리하게 진단하는 동시에 이러한 언론사를 '제도언론'이라고 부르기도 했다. 그는 이미 79년 발표한 '언론의 독립과 자유'라는 글에서 '언론기업이 권력과 결탁하고 특혜로 막대한 재정지원을 받는다든지 또는 권력을 배경으로 여러 사업을 벌여 하나의 기업집단을 형성한다면, 언론기업의 독립성은 이미 상실되고 따라서 언론자유는 침해되고 만다. 권력에 예속된 언론기업은 평상시엔 권력에 아부굴종하여 곡필을 일삼다가 일단 그 권력이 물러서면, 시체에 매질하는 격으로 이제까지 결탁하고 있던 그 권력의 지난날의 온갖 치부를 들추고 비난 공격을 일삼아서 마치자기들이 민중의 편인 것처럼 자신을 위장하는 한편 또 새로운 권력에 접근, 추파를 던지며 이권을 물색한다'는 문제의식을 우리 사회에 던진 바 있었다. 그의 우려는 시간이 지날수록 현실이 되고 있었다.

정권의 억압에 맞서 학생운동이 조직화 되면서 반발도 강해졌다. 한국의 인권문제를 우려하던 미국과 국제사회의 압력에 직면하자, 정부는 한 걸음 물러나 83년 12월 '학원자율화 조치'를 발표한 다음 공안 관련자를 석방하고 복권시키는 등 유화책을 폈다. 청암도 84년 2월 정치활동 금지 조치에서 풀려나면서 한숨 돌릴 수 있었다. 84년 5월 '민주화추진협의회(민추협)'가 결성되는 등 민주화운동의 바람이 일면서 9월에는 민주통일민중운동연합(민통련, 의장 문익환)이 출범했다.

84년 봄이 되자 새로운 언론운동 단체를 만들기 위해 해직기자와 출판인들이 모였다. 이들은 청암을 찾았다. 당시 재야에는 언론운동을 이끌만한 선배가 드물어 50대 후반에 이미 그는 후배들의 버팀목이자 희망이었다. 정권의 매서운 감시를 받던 그는 재야단체의 대표로 나서는 결단을 하며 가늠하기 힘든 큰 용기를 보였다. 80년 5월의 그 끔찍했던 기억이 생생했지만 시대의 부름에 따라 그는 가시밭길을 택했다. 자신의 생계유지도 어렵던 시절이었다.

12월 19일 장충동 베네딕트 수도원에서 민주언론운동협의회(언협) 창립총회가 어렵게 열렸다. 언협은 '참다운 민주·민족언론의 창조, 언론민주화 운동, 민주화운동과의 연대'를 천명했다. 이어서 언협의 기관지인 〈말〉의 창간호를 85년 6월 발행했다. 청암은 창간사에서 '말다운 말의 회복'을 약속하며 '저항과 투쟁의 길'에 나서겠다고 다짐했다. 〈말〉은 나오자마자 입소문을 타고 선풍적인 인기를 얻었다. 운동단체의 선전물과 달리 객관적이고 수준 높은 기사가 돋보였는데, 언론의 기본에 충실하자는 원칙을 청암이 엄격하게 적용했기 때문이다. 〈말〉은 제도권 언론이 보도하지 않던 국내 사건과 외신을 알리고 동향을 분석했으며, 무엇보다도 억눌리고 소외된 자들을 대변했다. 발간할 때마다 발행인들은 구류 처분을 받았고 때로는 의장이던 청암이 경찰서로 연행되기도 했다.

85년 2월 국회의원 총선거 결과 여소야대의 국면이 되자 학생운동과 민주화운동은 더욱 활발해졌고, 마침내 '대통령직선제 개헌'을 요구하는 목소리가 나왔다.

85년 학생운동을 억누르기 위하여 정부가 '학원안정법' 제정을 시도하자 청암은 39개 재야단체의 결성체인 '학원안정법 반대투쟁 전국위원회' 공동위원장으로서 이를 반민주적인 악법으로 규정하고 민추협과 함께 저지하는 데 일조했다. 8월 12일에는 '출판자유 수호를 위한 우리의 주장'에 서명하며 지식인을 통제하는 당국에 맞섰다. 그가 재야운동의 지도자로 나서자 탄압이 강해지면서 가택연금도 일상화되었다. 홍제동 성당에서 '오늘의 언론'이란 강연을 하려던 그는 9월 26일 가택연금을 당했고, 10월 7일에도 집회 참석 못하도록 가택연금 당했으며, 11월 7일 혜화동 성당에서 열리는 '고문 등 사례 보고대회'에도 가지 못하고 가택연금을 당했다. 85년 10월 해직기자 신홍범이 연행되자 언협 회원들과 철야농성을 하며 조직을 지켰고, 12월에는 '창작과비평사'의 출판사 등록취소에 항의하여 3일 동안 농성을 벌이는 등 편할 날이 없었다.

청암은 기관지를 통해 재야나 기층 민중들의 움직임을 보도하는 것이 언론단체인 언협의 역할이라고 그 한계를 분명히 했다. 그래서 혈기 왕성하던 젊은 간사들과 상충하기도 했고, 재야에서 언협이 다소 소극적이라는 비판을 듣기도 했다. 당시 묵묵히 할 일만 하는 청암을 낮춰 보는 사람도 있었다. 〈말〉지 기자였던 최민희는 마당발이던 다른 재야인사들에 비해 청암이 답답하게 보일 때도 있었다고 고백했다. 하지만 세월이 지나 되돌아보니 그는 외부에 휘둘리지 않고 항상 그 자리에서 일관된 삶을 살았다고 말한다.

주머니가 가볍던 언협 사람들을 위해 식사를 마치면 자기가 계산하겠다고 나섰지만 가끔은 '혹시 돈 좀 없나?'하며 미안해하던 청암의 표정을 기억하는 최민희는 언젠가 역촌동 자택에 들렀다가 칫솔모가 벌어지지 말라고 집게로 집어둘 정도로 궁핍했던 생활을 알고는 가슴 아파했다.

이 시기 그를 만났던 해직기자는 청암이 후배들을 볼 때마다 생계대책을 물어보며 지나칠 정도로 걱정했는데, 그 모습에서 오랜 기간 퇴적된 불안감과 조심성을 읽는 동시에 굶어도 그릇된 일을 하지 않는다는 딸각발이 선비정신을 볼 수 있었다고 한다.

86년 3월 6일 경찰이 민통련 행사장을 봉쇄하자 청암은 백기완 등과 행사장 외부에서 '개헌을 위한 범국민 서명운동선언'을 발표하며 개헌을 촉구했다. 5월 '5·3인천사태'가 발생하자 당국은 공안정국을 조성하며 운동권을 매섭게 탄압했다. 특히 민통련을 배후로 지목하고 주요 단체의 간부 129명을 대거 구속했다. 다음해 2월까지 공안사건이 연이어 발생하며 재야세력은 큰 타격을 입게 된다.

이에 굴하지 않고 6월 24일 청암은 함석헌, 계훈제, 박형규, 안병무 등 재야인사 10명의 명의로 '개헌정국을 보는 우리의 입장'이라는 성명을 발표하고 개헌을 통한 대통령직접선거제 실시를 요구했다. 이는 정권의 역린을 건드리는 위험한 저항이었다. 80년대 청암은 재야 언론계의 대표로서 많은 집회와 모임에 참석해야 했다. 그때마다 야만적 폭력의 기억이 늘 그를 불안하게 했다. 시국모임에 나갈 때는 바로 연행될 것을 각오하고, 쓰던 칫솔을 가지고 다녔다고 한다.

전두환 정권은 언론을 치밀하게 통제했다. 국민들은 왜곡된 보도를 접하며 진실을 알 수 없었다. 참다못한 재야단체는 85년부터 민추협과 한국기독교교회협의회가 중심이 되어 'TV 시청료 거부운동'을 벌일 지경이었다. 86년 6월 발생한 '부천서 성고문 사건'이 7월 세간에 알려지자 여론은 들끓었지만 언론은 제대로 보도하지 않았다. 국민들은 무기력한 언론의 이면에 언론통제의 기준이 되는 '보도지침'이 있다는 사실을 몰랐다.

언협은 한국일보 김주언 기자가 어렵게 입수한 보도지침을 세상에 알리기로 하고 비밀리에 작업에 들어갔다. 재야세력이 위축되어 어느 때보다 힘든 시기에 청암은 의장으로 보도지침 폭로를 승인하여 후배들에게 힘을 보탰다. 마침내 86년 9월 〈말〉 특집호에서 보도지침이 세상에 모습을 드러냈다. 9월 9일 청암은 천주교 정의구현사제단과 명동성당에서 공동기자회견을 열어 정권의 비도덕성과 반민주성을 국내외에 알렸다. 외신도 적극 활용하여 이 뉴스는 세계적인 화제가 되었다.

실상이 낱낱이 밝혀지자 시민들은 큰 충격을 받았고 언론에 대한 불신은 더 커졌다. 9월 23일 청암은 민추협 및 재야인사들과 함께 '시청료 거부 및 자유언론 공동대책위원회'를 결성하고 범국민적 연대와 투쟁에 들어갔다.

궁지에 몰린 정권은 강경하게 나왔다. 언협 사무실은 압수수색으로 엉망이 되고 청암은 연행되었다. 수배 명단에 오른 간부들이 장기간 도피 생활에 들어가자 사무실을 찾는 사람조차 없어 적막했다. 언협은 다시 존립의 위기에 빠졌다. 〈말〉지 발행에 대하여 내부에서도 의견이 갈렸다. 보도치침 폭로에 이어 다시 〈말〉을 낸다면 언협의 회생이 어려울 수도 있으니 소나기를 우선 피하자는 의견도 일리는 있었다. 이때 청암은 이런 일로 굴복해서는 조직을 지킬 수 없다며 "운동단체는 〈말〉을 내야한다. 그게 언협의 존재 이유다. 반대하려는 사람은 나오지 말라"고 단호하게 말했다. 결국 12월 9호, 다음 해 3월 10호, 5월 11호가 발행될 때마다 압수수색을 당했지만 청암은 견뎌냈다. 이 시기 그는 젊은 기자들이 다치지 않도록 꼼꼼하게 원고를 고치고 다듬었다. 이는 자식을 걱정하는 아버지의 모습이었다. 언협은 약식 출판물인 〈말 소식지〉를 만들어 시국에 발 빠르게 대응했다. 〈말〉과 〈말 소식지〉는 87년 6월 항쟁까지 민주화진영의 홍보물로서 중요한 역할을 담당하게 된다.

갈 길은 멀고 힘들지만 곁에는 늘 동지들이 있었다. 86년 11월 1일 지인들은 화갑을 축하하며 기념문집을 헌정하여 그를 위로했다. 청암도 장문의 글 '고행 12년, 이런 일 저런 일'을 실었다. 이 회고는 드물게 그의 속내를 드러낸

기록이다.

11월 8일 경찰이 민통련을 해산하라고 명령하자 10일 부의장이던 청암은 민통련 간부들과 성명서를 통해 투쟁의 의지를 밝혔고, 농성을 주도했다는 혐의로 22일 경찰에 연행되어 불구속 입건된다. 정권의 거친 공세 앞에 재야 세력은 하루하루 힘들게 버텨야 했다. 80년대 그와 언론운동을 했던 한 해직 기자는 청암이 겉으로는 유약해 보이지만, 대의나 원칙에서는 놀랍게도 흔들리지 않았다고 전하며, 그 깊은 내면의 힘이야말로 그의 진면목이라고 평했다. 그리고 송 선생이 꼿꼿했기에 수많은 시련 앞에서도 저항언론의 불씨가 살아남을 수 있었다는 말을 덧붙였다.

그 시절 이미 재야의 원로가 된 청암은 자신보다 남들을 챙겼다. 없는 형편이지만 연말에는 호주머니를 털어서 언협에서 일하는 사람들에게 몇 만원씩을 돌렸고, 보도지침을 폭로한 김주언 기자가 구속되자 그 부인에게도 약간의 돈을 주며 절대 용기를 잃지 말라고 위로했다.

늘 소탈하던 그를 편히 여긴 후배들도 있었다. 언협의 동지였던 자유실천 문인협의회(자실)의 문인들이 한 여성가수와 자주 어울렸는데, 시인 김정환은 그녀가 일하던 술집에 함께 가자고 졸랐지만 청암은 늘 고개를 저었다. 한번은 어렵사리 모시고 갔더니 청암이 뭣 하러 이런 데 오느냐고 호통을 치던 기억이 난다고 그는 웃는다.

청암은 늘 후배들에게 세 가지를 강조했다. 첫째, 술 담배 하지 말라고 했다. 언론계의 인재들이 건강을 잃는 모습을 자주 봤기 때문이다. 특히 언론계에서 오랜 기간 교류하던 애주가 홍승면이 83년 암으로 일찍 별세하자 상심이 컸다. 그리고 벌이가 적은 기자들이 술과 유흥을 즐기다 보면 필연적으로 접대와 돈봉투를 받게 되고 이는 기자의 타락으로 이어진다며 경계했다. 둘째, 정치하지 말라고 신신당부했다. 기자는 기자의 길을 가야한다고 거듭 타일렀다. 셋째 책을 많이 보고 항상 연구하라고 했다. 여론을 주도하는 기자가 전문성이 없고 필력이 달리는 것은 직무유기라고 여겼다. 다감하던 그도 본분에서 벗어난 언론인을 보면 고개를 외로 돌렸다. 청암은 언론인이란 지위를 징검다리 삼아서 출세와 이익을 구하지 말라고 했고 평생 이 말을 지켰다.

개헌과 민주화를 이끌어 내다

87년 1월 14일 서울대생 박종철이 물고문으로 사망하자 정권의 폭력과 야만성에 대한 분노가 터져 나왔다. '2·7 박종철 군 추도회'와 '3·3 고문규탄범국민대행진'을 앞두고 청암은 그 전날부터 가택연금에 처해졌다.

87년 4월 언협 3차 총회에서 청암은 다시 의장으로 선출되었고 '민주언론에 대해 박해와 탄압은 계속되지만 기꺼이 이와 같은 수난을 감수하겠다'는 결의문을 발표했다.

위기를 직감한 전두환 정권이 '4·13호헌 조치'를 발표하며 대통령간접선거제를 유지하겠다고 하자 민심은 이반했다. 정권은 전투경찰과 최루탄을 앞세우며 폭력으로 저항을 억누르기에 급급했다. 4월 22일 청암은 문익환, 함석헌, 박형규, 계훈제 등 재야인사들과 '정부의 폭력적인 호헌 조치를 저지하고 민주개헌을 관철을 위한 국민운동을 염원하며 무기한 농성에 들어간다'고 발표했다. 청암은 5월 15일에도 가택연금을 당하는 등 시국집회가 열리면 형사들이 집으로 찾아와 그를 지켰다.

5월 18일 '박종철 군 고문치사 사건'이 조작된 사실이 폭로되자 국민의 분노는 정권에 저항하는 용기로 변했다. 군사정권을 끝낼 수 있는 희망이 보이기 시작했다. 5월 23일 청암은 민주화운동 동지들과 '박종철 군 고문살인 은폐조작규탄 범국민대회 준비위원회'를 발족하고 공동위원장을 맡아 6월 10일 규탄대회를 개최한다고 발표했다. 27일에는 '호헌철폐 및 민주헌법쟁취 국민운동본부'가 결성되면서 청암은 상임공동대표를 맡았다. 그리고 6월 9일 시위 중 연세대생 이한열이 최루탄에 피격된다.

국민운동본부는 급박하게 돌아갔다. 계훈제 등 간부가 구속되자 청암은 사흘간 철야농성을 벌였다. 운동본부는 호헌철폐, 6·10대회 구속자 석방 등

4개항을 촉구하며 26일 '국민평화대행진'을 강행하겠다고 정권을 압박했다.

국민적 저항에 굴복한 집권당이 6월 29일 대통령직선제로 헌법을 개정하겠다는 발표를 하면서 민주화를 위한 청암의 희생과 헌신이 결실을 맺었다. 그리고 개인적으로는 7월 9일 다른 재야인사들과 함께 사면 복권된다.

이제 청암은 언론문제의 제도적 해결에 나섰다. 8월 5일에는 민주당사에서 열린 토론회에 참석하여 언협 회원들과 함께 해직기자 복직, 신문사 시설기준 철폐, 편집권 독립 등을 강력히 촉구하며 개헌 협상에서 언론자유보장이 핵심이라고 주장했다.

그리고 11월 언론계의 족쇄였던 '언론기본법'의 폐지를 마침내 이끌어냈다.

청암은 70, 80년대 저항언론인으로 재야 언론운동을 이끌었고, 개헌을 통한 대통령직선제를 관철시킴으로써 민주화운동사에 큰 족적을 남겼다.

한겨레신문 창간을 주도하다

새 신문을 준비하던 해직기자들은 87년 7월 중순 청암을 찾아가 창간작업의 대표를 맡아 줄 것을 부탁했다. 이러한 큰일을 이루려면 공신력 높은 인물이 전면에 나서야 하는데, 자유언론을 향한 신념이 투철하고 민주언론운동을 이끌던 그가 적임자로 꼽혔다.

새 신문 발간은 해직기자들이 오랜 세월 궁구해온 화두였지만, 신문업이 의지만으로는 불가능하다는 것을 누구보다 잘 알던 청암은 신중했다. 이 계획을 언협 실행위원회로 넘겼고, '새 언론 창설연구위원회'가 활동을 시작했다. 9월 23일 '새 신문 창간 발의자 총회'에서 창간위원회 위원장으로서 발의문을 발표하며, 동지들과 정치권력과 특정자본으로부터 독립된 신문을 만들기 위하여 국민의 정성을 모아 창간자금을 마련하기로 결의했다.

그는 힘을 실어줄 사회 각층의 원로와 명망가를 찾아 나섰다. 젊은 시절 조선어학회 사건으로 고초를 겪었던 구순의 노학자 이희승은 병석에서 청암의 굳은 의지를 확인하고서야 지지 성명서에 서명을 했다. 창간 발기인 모집은 전국적인 호응을 얻어 3천 명을 금방 넘겼다. 그해 10월 29일 대통령직선제를 도입하는 개헌안이 국민투표로 통과된 다음날인 30일 명동 YWCA 대강당에서 '한겨레신문 창간 발기 선언대회'를 개최했다. 참된 언론을 바라는 시민과 민주화운동 세력이 집결했던 이 날, 그는 참된 언론을 만들겠다는 결의를 다지며 각계각층의 동참을 호소했다.

청암은 김영삼과 김대중의 동시 출마를 막고자 10월 31일 각계인사들과 야당 대통령 후보 단일화 촉구 성명을 발표하는 한편, 강연회를 다니며 후보 단일화를 거듭 요청하는 바쁜 나날을 보냈다. 당시 그는 창간과 정권교체라는 큰 과제를 떠안고 살았다.

창간의 성패는 자본금 마련에 달려 있었다. 11월 2일부터 모금활동에 들어갔고 중순부터 서울을 중심으로 〈한겨레신문 소식〉을 배포하기 시작했다. 청암도 거리에서 섰다.

12월 14일 한겨레신문주식회사 창립총회에서 초대 대표이사 및 발행인에 선임되었다. 그 스스로도 자신은 한겨레의 상징적인 존재란 것을 잘 알고 있었기에, 사장이라고 불리는 게 어색하고 불편하다고 했다.

이틀 후 여당 노태우 후보가 13대 대통령으로 당선되자 정권교체를 희망하는 이들은 정신적 공황에 빠졌다. 역설적으로 이때부터 모금에 불이 붙어 전 국민을 대상으로 하는 사회운동으로 번졌다. 전국 30여개 도시에 창간후원회가 생기자 청암은 전국의 여관방을 전전하며 목이 쉬도록 창간의 시대적 당위성을 역설했다. 그의 목소리를 듣겠다면 작은 모임이라도 마다하지 않고 찾아가 주주가 되도록 권유했다. 이 시기 청암의 사회적 공신력이 그 진가를 발휘했다. 그의 삶과 사람됨을 믿고 시민들은 이 불투명한 사업에 돈을 내고 힘을 보탰다.

신문업에 정통한 인사들은 "한겨레가 성공하면 내 손에 장을 지진다"며 코웃음을 쳤다. 신문업은 사실상 고가의 윤전기를 들여야 하는 장치산업이자 취재부터 배달까지 인력이 많이 필요한 사업이다. 청암도 신문 만들기가 이렇게 어려운 줄 몰랐다면서 고충을 토로했지만, 마지막 기회라 생각하고 심혈을 기울였다. 여기서 중단한다면 이는 국민에 대한 배반이었다. 88년 2월 드디어 자본금 50억 원을 모으는 데 성공했다.

창간은 고난의 연속이었다. 할 일은 무수한데 문화공보부마저 일간지등록증 발급을 지연하며 애를 먹었다. 청암은 이 처사에 항의하러 3월 중순 장관을 찾아가 따지기도 했다. 제작공정을 획기적으로 줄이는 일도 모험이었고, 중고 윤전기도 안심할 수 없었다. 창간호를 찍던 5월 14일 오후 신앙심 깊은 직원은 윤전기 앞에서 간절한 기도를 올렸다. 마침내 창간호가 나왔다. 임직원들의 열정과 헌신이 없었다면 불가능했다. 창간호를 받아 들고 그 누구보다 가슴 벅찼던 청암은 '국민의 참된 대변지가 되겠다'고 맹세했다.

그날 저녁 청암은 편집국에서 기자들에게 "무슨 문제든지 여러분이 쓰고 싶고 말하고 싶은 것을 다 쓰십시오"라고 말하며 일생의 신념이던 편집권 보장을 다시 한 번 확인했다. 15일부터는 논설위원도 겸임했다.

편집, 경영 모든 부문에서 정권에게 발목이 잡혀 곤욕을 치르지 않을까 노심초사했다. 약점이 될까봐 대출 받는 것조차 주저하던 시절이었다. 게다가 정작 신문주식회사를 운영할 인력은 부족했다. 실무경험이 적어 현안을 해결하는 데 급급했고 임기응변식으로 버텨갔다. 현실에 기초하지 않고 이상론을 앞세우다 혼선도 나왔고 갈등도 생겼다.

월급과 원고료를 부인에게 건네주고 나면 평생 집안 살림에 관여하지 않던 청암에게 한겨레신문 경영은 참으로 어려운 과제였다. 현실과 맞서기엔 열정만으로는 부족했다. 정권은 이 신문을 불온시 했고, 어떤 이는 매도하고 모욕했다. 경영은 나날이 어려워졌고 창간 이래 한겨레는 만성적인 적자에서 벗어나지 못했다. 88년 7억7천만 원, 89년 17억4천만 원, 90년 13억9천만 원의 적자가 이어졌다. 기적이라고 불릴 만큼 적은 자본으로 창간에는 성공했지만, 그 대가는 시련의 연속이었다. 위기가 다가오자, 회사를 떠나려는 이사의 손을 잡고는 시키는 대로 할 테니 신문사를 살려달라고 울먹이며 간청하기도 했다.

자신의 삶처럼 청암은 늘 절약을 강조했다. 큰돈을 만져본 적 없던 그는 자금 지출 결재가 올라오면 숫자를 거듭 확인하며 직원들에게 자네만 믿는 다며, 주주들의 돈이므로 허투루 쓰면 안 된다고 거듭 당부했다.

창간 전에는 대기업 광고 대신 의견광고, 군소광고를 유치하여 대자본으 로부터 독립하겠다는 그림도 그렸다. 하지만 꿈은 밥이 되지 않았다. 자립하 지 못하는 신문사가 주창하는 언론자유는 허망한 구호라고 경험은 가르쳤 다. 청암도 광고영업에 나섰다. 광고주가 될 만한 기업가를 만나면 어렵게 광 고게재를 부탁하거나, 머뭇거리다가 백두산 사진을 한 점씩 선물로 두고 왔 다고 광고 영업자들은 기억한다. 파스퇴르유업 대표를 만났을 때는 지금까 지 집에서 받던 우유를 끊고 파스퇴르 우유를 마시겠다고 하고는 이 약속을 지켰다.

광고, 판매, 발송, 제작, 관리 등 어느 하나 쉬운 일이 없었다. 대표이사로 서 그는 수많은 걱정에 짓눌렸다. 책도 읽지 못하고 글도 쓰지 못하는 세월이 이어졌다. 활발하던 집필도 주춤해졌다. 참석해야 할 행사와 모임이 많았고, 주주와 독자가 요청하면 달려갔고 결혼주례도 거절하지 않았다. 그사이 그 는 조금씩 시들어갔다.

대표로서 청암은 외로웠다. 정작 자신의 고뇌를 털어놓고 마음을 나눌 선 배나 친구가 없었다. 나이차가 많이 나는 그를 후배들은 존경했지만 쉽게 다 가가지는 않았다. 때로는 같이 점심 먹을 사람이 없어 난처한 적도 있었다. 그는 사람들에게 흔히 설렁탕을 샀다. 사장이 고작 설렁탕이냐고 오해했던 사람도 있었지만 대표라고 특별히 더 받는 것도 없던 그에게는 최선의 대접이 었다.

편집권 독립과 언론자유를 수호하다

창간호가 나오자 이제는 이 신문을 지키는 일이 남았다. 청암은 정권이 강제 폐간 시킬 수도 있다는 불안에 시달렸다. 61년 목도한 민족일보의 최후를 생각하면 기우라고 할 수도 없었다. 오죽했으면 100호를 내고 나서 자축연을 할 정도였다.

그는 사실에 입각한 진실보도가 우선이라는 원칙을 강조했고, 특정 정치 세력을 대변하지 않아야 한다는 신념 또한 확고했다. 창간을 지지한 어느 정치인이 한겨레에 각별한 애정을 표시하자 청암은 오히려 그가 무안할 정도로 거리를 유지했다.

창간 당시 구상한대로 편집국장 직선제를 도입하여 편집과 경영의 분리를 보장했다. 한겨레가 본보기가 되어 이 제도는 그 후 여러 언론사가 채택했다. 친분이 깊던 지인이 대기업 관련 기사를 빼달라고 어렵사리 청탁을 해도 "사장 할애비라도 기사를 건드릴 수는 없다"고 단언하며 편집권에 개입하지 않았다.

88년 11월 '1980년 언론사 통폐합 관련 국회청문회'에 참고인으로 참석하여, 이 청문회에 해당 언론기업의 발행인이 나와 증언해야만 진실 규명이 가능하다고 발언했다. 나아가 권언 유착을 막기 위해 언론사는 언론만 경영하도록 하는 법과 현역 언론인의 권력 참여를 금지하는 법을 제정해야 한다며 평생의 소신을 밝혔다.

방북취재를 기획했다는 이유로 89년 4월 12일 리영희 논설고문이 구속되자, 18일 사원총회에서 청암은 "우리 신문에 대한 탄압은 이미 예상했던 일이며, 신문이야말로 가장 좋은 투쟁수단이라는 점을 명심해 더 좋은 신문을 만들도록 힘써 달라"고 당부하며 흔들리지 않았다.

이 사건과 관련하여 장윤환 편집위원장과 정태기 이사에 대한 구인영장이 발부되자, 4월 20일 신문사에서 열린 '민주언론수호 결의대회'에서 "권력에 의한 언론탄압은 결코 불명예가 아니며 이번 사태는 오히려 신문발전의 역사적 계기가 될 것이므로 희망찬 마음으로 두 분을 보내드리자"고 말하며 직원들을 격려했다.

청암은 5월 15일 창간 1돌 기념식에서 '지난 한 해는 멀고도 험난한 가시밭길이었다. 권력과 대자본으로부터 독립된 매체만이 언론의 자주성을 실천할 수 있다는 진리를 다시 한 번 깨달았다'고 소회를 밝힌 후, '앞으로도 민주화되고 통일된 후에도 민족의 신문으로 소임을 다하겠다'고 다짐했다.

그해 다시 중대한 사태가 발생했다. 89년 2월 윤재걸 기자가 평민당 국회의원 서경원의 실정법 위반 사실을 알고도, 취재원 보호를 위해 이를 보도하지 않았다. 안기부는 국가보안법상 불고지죄를 적용하여 신문사 편집국에 보관 중인 자료와 취재수첩을 제출하라고 했으나 청암과 한겨레는 거절했다. 7월 12일 편집국이 압수수색까지 당했지만 결국 이 사건은 흐지부지 되었다. 이날 수색 후, 오전에 열린 '언론자유 유린 규탄대회'에서 청암은 "현 정권은 지금 민주화 세력에 밀리면 정권을 잃는다는 위기감으로 힘으로 모든 것을 밀어붙이고 있으나 그 힘은 오래가지 못할 것"이라고 말하며, "우리의 싸움이 이제부터 시작"이라고 선언했다.

언론생활 내내 언론 탄압과 맞섰던 청암은 변함없는 모습으로 후배들에게 용기를 불어넣으며 언론독립을 지켰고 타협하지 않았다. 청암의 정신은 지금도 한겨레신문에 면면히 흐르고 있다.

40년 언론인 인생을 마무리하다

고문 후유증에 시달리던 청암은 창간 초기부터 다리를 절며 계단을 오르내렸고 날씨가 궂으면 통증을 호소했다. 회의 중에 때로는 입사 면접에서도 졸았고 기억력도 예전 같지 않았다. 처음에는 황당해 하던 직원들도 점차 그의 건강을 염려하기 시작했다.

정치, 언론, 대학, 노동, 교육, 출판, 시민단체 등 사회 각 분야에서 다양한 경력을 거쳐 입사했던 직원들은 개성이 강하고 비판적이고 열정적이었다. 그리고 조급했다. 신문의 논조, 편집 방향에서부터 경영, 나아가 한겨레의 역할과 소명에까지 의견이 달랐다. 활발한 토론과 의견 제시는 순기능도 있었지만 대립과 분열을 낳았다. 때로는 신문사의 주도권을 놓고 파벌이 나뉘기도 했다. 성명서와 대자보가 빈번한 가운데 서로 상처를 주고받았고 어떤 이는 견디지 못하고 떠났다. 국민의 참다운 대변지를 만들겠다는 일념뿐인 청암에게 주주, 독자, 직원들의 다양한 주장과 요구를 조정하는 일은 버겁기만 했다. 이 시기 그는 감당하기 힘든 정신적 고통을 가족들에게 자주 하소연했다. 청암은 사내문제를 정확히 파악하지 못했다. 욕심 없고 순진하기조차 한 그가 복잡하고 미묘한 사내 갈등의 원인과 구성원들의 다양한 욕구를 제대로 꿰뚫어봤을 리 없다.

그가 대표로서 강단 있게 결정하고 이끌어가지 못해서 실망하는 이도 있었다. 하지만 청암이 독단적으로 판단하고 구성원들에게 강요했다면 오히려 상황이 악화되었을 것이라고 보는 사람도 있다. 청암에게 이런 능력을 기대하기 보다는 창간 초기부터 상징적 존재로 활동할 수 있도록 배려를 했어야 한다며 후회하는 후배들도 있다. 하지만 그러기에는 당시의 한겨레인들은 젊었고 존립의 위기 앞에서 마음의 여유도 없었다. 청암을 평가하는 시각은 달라도 그가 사심 없고 대의를 우선시했다는 점을 의심하는 이는 없다.

91년 당시 한겨레신문사는 창간위원회가 이사 후보를 추천하면 주주총회의 의결을 거쳐서 사원 동의 투표에서 확정하는 독특한 임원 선출제도를 운영하고 있었다. 3월 정기주주총회에서 청암을 대표이사로 하는 새 이사진이 출범했지만 4월 8일 열린 투표에서 통과되지 못했다. 이사회 구성을 놓고 사내 논쟁이 격렬해지는 가운데 청암이 사내업무를 직접 책임지지 않고 대신 대표이사 회장을 맡는 방향으로 가닥이 잡혔다. 91년 8월 1일자 신문부터 발행인의 자리에서 내려온다.

92년 9월 심포지엄 참석을 위해 일본에 다녀 온 다음부터 움직임이 눈에 띄게 불편해졌다. 가족들은 그를 모시고 용하다는 이를 찾아다녔지만 병세는 호전되지 않았다. 그의 93년도 수첩을 보면 글씨는 흔들리고 뜻을 알 수 없는 메모들이 나타나기 시작했다.

93년 6월 그는 대표이사에서 물러나 비상임 고문으로 추대되었다.

93년 7월 구술로 작성한 '언론계를 떠나면서'는 그가 공인으로서 남긴 마지막 글이다. '말년에 한겨레신문을 국민 여러분의 힘으로 창간하게 된 것은 나의 평생 가장 보람 있는 일이었다'고 회상하며, '앞으로도 한겨레신문에는 어려운 일이 많을 것이나 주주·독자 여러분의 단결된 힘으로 참된 언론을 바라는 국민의 기대에 어긋나지 않게 한겨레신문이 성장하기를 바라마지 않는다'는 기원과 축복을 보내며 청암은 40년 언론인 인생을 마무리했다.

언론인의 사표로 남다

병세는 빠르게 나빠졌다. 94년 말 무렵에는 혼자 걷지 못했고 96년부터는 점점 대화도 힘들어졌다. 아들에게 업혀 다니며 민간요법에도 기대를 걸었지만 진행을 막을 수 없었다. 청암이 고문 때문에 몸이 크게 상한 것도 주요한 원인이지만, 조심스럽고 여리던 그가 평생 스트레스에 노출된 점에도 주목해야 한다. 현직 언론인 시절의 긴장, 재야인사로서 16년 이상 지속된 감시, 미행, 도청, 협박, 생활고 그리고 한겨레 창간과 초기의 간난신고는 그를 조금씩 허물었다.

96년 9월 3일 자신이 기증한 책으로 만든 청암문고가 문을 열자 청암은 불편한 몸을 바퀴의자에 싣고 편집국과 한겨레신문사를 한바퀴 돌았다. 이것이 한겨레와 마지막 인사였다.

몸은 점점 약해져 음식을 삼키는 것도 힘들어지기 시작했다. 97년 7월 음식이 기도를 막아 죽음의 문턱까지 갔던 청암은 입원 중 폐렴이 악화되면서 목으로 가래를 빼내고 옆구리를 통해 호스로 영양을 공급했다. 이 무렵 파킨슨증후군이란 확진을 받았다. 평생 그의 결정을 존중하고 지지하던 부인은 마지막 순간까지 옆에서 그를 지켰다.

육신은 점점 나무처럼 변해갔고, 눈을 감고 있는 날들이 많아졌다. 새로운 소식을 듣거나 오랫동안 못 본 사람이 찾아오면 눈을 번쩍 뜨고 깜빡였다. 끝없는 침묵 속에서 그의 정신은 병든 몸에 갇혀 있었다.

99년 11월 언론문화 창달과 언론민주화에 기여한 공로로 금관문화훈장을 병석에서 받았다. 후배들의 안타까운 축하를 받았지만 정작 그는 한마디도 할 수 없었다. 그해 기자협회보에서 전국 신문 방송 통신사의 편집 보도국장과 언론학 교수를 상대로 설문조사를 한 결과 '20세기 최고언론인'으로 위암 장지연과 함께 선정되었다.

2001년 12월 21일 청암이 세상을 떠나자, 수많은 언론계 인사들과 사회 각계각층의 애도를 받으며 장례는 4일간 사회장으로 열렸다. 정부는 언론문화 창달, 언론민주화 및 통일운동의 초석을 다진 점과 현대사 연구활동에 기여한 공적을 기려 국민훈장 무궁화장을 추서했다.

장례위원장 한승헌은 "청빈의 어려움, 직필의 어려움, 박해·수난의 어려움 등 이 세상의 온갖 고난 풍파를 이겨내시고, 선비의 길, 지사의 길, 언론인의 길, 의인의 길을 걸어오셨습니다"라며 청암의 일생을 평했고, 박형규 목사는 "송 선생, 아주 가시지는 마시고 어떠한 폭력과 기만으로도 꺾을 수 없는 겨레의 양심으로 살아서 우리들 곁에 머무소서"라는 조사로 그와 이별을 고했다.

청암은 2001년 12월 24일 국립5·18민주묘지에 안장되어 영면에 들었다.

~ 2부 ~
나를 말한다

나의 좌우명

옛날 사람들에게는 '좌우명'이라는 것이 따로 있었는지 모르나 요즘 사람들은 오히려 그런 것이 없이 사는 데에 특징이 있는 것도 같다. 그저 마음 내키는 대로, 기분 움직이는 대로 아무 것에도 구애받지 않고 살아가는 곳에 현대인의 철학이 있는지도 모른다. 특히 젊은 세대일수록 그런 경향이 강해 보인다.

그러나 나이 40이 넘고, 자식들이 하나 둘 생기면서 내 자신의 인생관에 약간의 변화가 일어났다. 문필가란 돈도 없고 권력도 없는 형편없는 존재다. 그러나 얄궂게도 이름 석 자만은 세상에 널리 알려져 있으니 직업치고는 고약한 직업이 이것이다. 이러한 생각에서 나는 이름 석 자가 바로 내 재산이라는 사실을 알았고 먼 훗날 내 자식들이 성장한 뒤에도 아무개 자식이라고 할 때, 그들이 떳떳할 수 있는 '재산' 이름-이름 석 자-을 남겨놓자는 생각을 굳히게 되었다.

그래서 나는 글을 쓸 때마다 항상 30년, 40년 후에 과연 이 글이 어떤 평가를 받을 것인가 라는 생각과, 또 그러한 먼 훗날에도 욕을 먹지 않는 글을 쓰겠다는 마음을 다짐하곤 한다.

'호랑이는 죽어서 가죽을 남기지만 사람은 죽어서 이름을 남긴다'는 옛사람 말대로, 크게는 이 민족을 위해서 작게는 내 자식들을 위해서 어찌 '더러운 이름'을 남길 수야 있겠느냐 라는 점을 생각해 본다.

–《소크라테스의 행복》, 동광출판사, 1979년, 168~169쪽

*청암은 기자 시절부터 한겨레신문사 퇴임 때까지, 해마다 취재수첩 첫 장에 안중근 의사의 유훈을 적었다. '인내와 노력 이 두 가지만 있으면 이 세상에 못할 일이 없다. 인내야말로 환희에 이르는 길이다.' 이 유훈은 야나콥스의 글을 인용한 것으로 보인다.

나의 젊은 시절

　아버지는 78세에 정든 고향을 떠나 서울 원효로 어느 일본인 적산가옥에서 돌아가셨다. 아버지를 생각하면 어려서 아버지와 접촉이 많았던 어린 시절이 생각나고, 해방 뒤 몇 해 동안은 가까이에서 아버지를 모실 기회가 있었으므로 내 나이 60세가 된 오늘에 와서 생각하면 '아버지도 이제는 먼 옛날 분이 되었구나.' 하고 생각하게 된다. 아버지는 이렇다 할 특징이 없는 분이었다. 따라서 유별나게 기록될 만한 일을 하신 것도 없지만, 세상 사람의 비난을 살 일은 하시지 않고 그냥 평범하게 사시다 돌아가셨다. 남에게 악행은 고사하고 싫은 소리 한마디 못하시는 분이라 파란 많은 시대였지만, 아무 일 없이 80세에 가까운 수를 누리시고 돌아가셨다.

　내가 어렸을 적에 우리 집은 아주 깊은 산골에 있었다. '비야골'이라는 곳인데 신작로에서 십 몇 리나 떨어져 있고 주위도 높은 산에 둘러싸여 마을 서쪽만 겨우 밖으로 트인 깊은 '두메산골'이었다. 나라가 망하자 증조할아버지께서 "왜놈들 보기 싫다"고 당신의 호를 '하곡'이라 짓고 이 깊은 산중으로 이사하신 것이다. 우리 집은 그런대로 밥술이나 먹는 살림을 했다. 할아버지가 이재에 밝으셔서 당신의 평생 동안 땅을 사들여서 아버지는 그 덕분에 생활에는 별 걱정 없이 사신 듯하다. 그때가 한창 개화기인데도 할아버지나 아버지는 민족의 운명을 개척하기 위해 신학문을 배워 개화한다거나 할 야심이나 욕망이 있지도 않았고, 그저 증조부께서 이사 온 이 깊은 산골 '비야골'에서 농사를 지으며 살다 돌아가셨다. 할아버지가 돌아가신 때는 1931년으로 기억된다. 그때의 내 나이는 겨우 대여섯 살쯤이었기 때문에 그때의 일이 아물아물하게나마 기억에 남아 있다. 할아버지는 60세에 돌아가셨는데 약을 쓰기보다는 무당이나 점쟁이를 불러 병을 고치려 하다가 지금 같으면 좀 더 수를 누리실 나이였는데도 일찍 돌아가신 듯하다. 결국 아버지가 개화를 안 한 탓이었다고 볼 수밖에 없다.

그 무렵의 내 기억으로는 아침저녁으로 아버지가 상복을 입으시고 할아버지 궤연에서 "아이고, 아이고" 하고 곡을 하시던 모습이 머리에 남아 있다. 아버지와 어머니는 그저 아무런 특징도 없는 시골의 보통 농부였으며 평생을 통해 한 일이 있다면 조상님들 봉제사하는 일뿐이었다. 그래서 아버지나 어머니가 이 세상에 태어난 것은 오로지 조상님 제사 모시는 일 때문이라고 말해도 지나치지 않은 듯하다.

나도 9세에 비야골에서 십 리 남짓 떨어진 면사무소 소재지의 사립학교에 입학했다. 신작로도 없고 기차도 구경하지 못한 곳에서 자란 아홉 살 된 소년은 공부를 하다 기적소리에 기겁을 하고 "기차소리다"라고 저도 모르게 크게 소리치다 선생님에게 꾸중들은 일도 있었다. 지금은 부산행 열차를 타고 대전에서 옥천으로 가다보면 한 중간쯤 되는 곳에 증약이라는 곳이 있는데, 바로 이곳에 내가 옛날에 1년 남짓 통학한 사립학교가 있었다. 아버지는 나를 공부시켜 훌륭한 사람으로 만들겠다거나 신학문을 가르치겠다거나 하는 자녀교육에 대한 어떤 특별한 야심이나 계획이 있어서가 아니라 "남들이 자식을 학교에 보내니까 나도 보낸다"는 막연한 생각을 하신 것 같다.

지금 생각하면 나도 그 사립학교에서 꽤 공부를 잘하는 아이였던 듯하다. 나는 아버지보다 어머니의 성격을 많이 닮은 것 같다. 그래서 내가 철들면서부터 독서를 좋아했던 것도 짐작건대 어머니를 닮았기 때문일 것이다.

할아버지는 땅을 얼마쯤 남기고 돌아가셨다. 그리고 집에서 농사를 짓기는 했지만 이웃 면에도 땅이 조금 있어서 소작을 주었는데, 가을에 추수 때면 도지(도조)를 가져오는 사람들이 자주 들락거렸다. 때로는 흉작이라며 도지를 좀 깎아달라고 조르는 일이 자주 있었는데, 그때마다 아버지는 그들의 요구를 거절하지 못하고 다 들어주었다. 소작인들은 대부분이 아버지를 좋아했는데, 아버지가 마음이 유하다는 소문이 나서 깍쟁이 소작인은 흉년이니 그해의 도지를 아주 없애달라고 떼쓰기도 했다.

할아버지는 일찍 돌아가셨으나 할머니는 1946년 4월 78세로 돌아가셨으니 꽤 장수를 하신 셈이다. 할머니께서 살아계실 때에 아버지는 여름과 가을에 한두 번씩 염소를 잡아 해드렸다. 할머니는 위장이 좋지 않아서 "먹은 음식이 뱃속에서 되살아난다" 하시며 늘 고생하셨는데, 내 기억으로는 염소를 몇 마리 잡수신 뒤로는 그런 말 하시는 것을 들은 적이 없다. 부모님을 봉양하고 조상께 봉제사하고 자식 키우고 농사짓고 조용히 시골 골짜기에서 사는 것이 아버지의 생활태도였다. 지금 생각해보면 아버지는 상당히 효자였는데, 할머니께 평생을 두고 싫은 소리 한마디 하시는 것을 들은 적이 없다.

그때에 우리 집에 자주 다니는 박 면장이라는 분이 있었다. 아버지와 상당히 친하게 사귀시던 분인데 아버지는 늘 그 박영돈 씨를 칭찬하셨다. 참 성실하고 양심 있는 분이며 좋은 집안이라고 칭찬을 하셨다. 내 국민학교 때의 일이라서 그분의 집안이 좋다는 것은 무엇을 의미하는지를 몰랐다. 나중에 안 일이지만 그분은 박규수의 증손자였다. 박규수는 중국에 사신으로 갔다가 거기서 과학문명의 발달을 보고 그것을 한국에 소개한 선각자랄 수 있는 분이다. 박규수의 선대에도 《연암일기》를 쓴 사람으로 유명한 박지원이란 분이 있는데, 그래서 지금 후손들이 그분들과 같이 시대의 앞을 내다보는 이름 있는 분인지는 모르겠다. 그는 우리 집에 자주 다니며 이런 이야기 저런 이야기로 즐기다가 저녁 무렵에야 돌아가곤 했다. 그는 면장이었는데 스스로가 면장이 되려고 해서 된 것이 아니라 개항—이것은 일본의 요구를 받아들인 개항—에 공이 큰 사람의 후손이니 그만큼 대우를 잘해주어야 한다는 일본사람 나름대로의 인사였던 것 같다. 그는 원체 후덕한 분이라 동네사람들에게 후한 일만 하다 몇 해 뒤에 면장직을 내놓은 것으로 안다.

아버지를 생각하면 요즈음도 일제 말기에 있었던 기억들이 새로워진다. 그때 그곳의 시골면장이나 주재소 사람들은 기부를 하라고 졸라대는 것이 보통이 아니었다. 아버지는 친일을 하지 않았다. 그래서 면이나 주재소에서 기부금을 내라고 졸라대는 바람에—지금 생각하면 국방헌금이 아니었던가 싶은데— 견디다 못해 1939년에 마침내 대전으로 이사를 하지 않으면 안 되었다. 대전으로 이사하면 그 일을 면할 수 있지 않을까 해서 그랬다.

나는 이사 때문에 대전 묵정국민학교 6학년으로 전학했는데 그곳은 조선인학교였다. 시골의 국민학교에서 도시의 국민학교로 옮긴 것은 내 평생에 있어서 대단한 변화였다.

이한기라는 분의 지도를 받으며 1년 동안 대전에서 공부하였는데, 무슨 까닭인지 지방의 중학에 진학하지 않고 서울에 와서 사립 상업학교에 입학했다. 지금 생각하면 이것은 나에게 큰 영향을 주었다. 이 사립 상업학교에는 훌륭한 분이 많았다. 나도 그분들의 감화로 비로소 민족에 눈을 뜨고 학문에 눈을 뜨고 앞으로 훌륭한 사람이 되어야겠다는 꿈을 가질 수 있었다. 서울의 북아현동에서 5년 동안 하숙생활을 하면서 나는 엄청난 발전과 변화를 했다.

별 수입 없이 생활하는 것은 힘든 일이었다. 나는 그때 무엇보다도 학자금 문제가 걱정거리였다. 하여간 서울에서의 내 생활은 북아현동에 하숙하면서 여러 가지 많은 책을 읽었던 기억이 난다. 그때 대전 우리 집 생활은 해방을 4~5년 앞두면서 점점 어려워졌다. 사정은 잘 몰랐지만 아버지가 별로 이재에 밝지 못하고 또 하시는 일도 별로 없었기 때문에 생활이 점점 어려워질 수밖에 없었던 듯하다. 그래서 서울의 하숙생활도 식량이 부족해서 배가 고팠으니, 방학 때에 대전의 집에 돌아오면 며칠 동안 주린 배를 채우느라 한 끼에 두 사발씩을 먹어치우곤 했다.

　나는 독서를 좋아하여 어디를 가나 고서점을 뒤지는 일이 일과였다. 서울
에서는 안국동과 본정동(지금의 충무로)을 샅샅이 뒤져 그때로서도 어느 정도
'진서'라고 할 만한 책을 구하기도 했다. 그래서 나에게는 책값이 늘 모자랐
다. 아버지에게 이런 구실 저런 핑계를 대서 없는 줄을 알면서도 졸라대면 어
느 때는 당신 지갑 속의 몇 푼 안 되는 돈까지 톡톡 털어 내어주곤 하셨다. 5
년 동안의 대전생활은 생활난으로 고생이 심했던 시기였다. 이때는 누구라
할 것 없이 식량 부족으로 고생이 심할 때였다.

　그러다가 1944년 여름에 다시 우리 집은 옥천 산속인 비야골로 되돌아갔
다. 내가 1940년 3월 14세의 나이로 처음으로 아버지를 따라 서울에 유학하
러 왔을 때 나는 지금의 연세대학교 근처인 연희동에 사는 어느 친척집에서
하숙했다. 별로 똑똑하지 못한 열네 살의 어린 자식을 서울에 혼자 두는 것
이 걱정이 되신 모양이었던지, 처음에 아버지의 외가와 무엇이 된다는 윤치
호를 외가라 부르는 안국동 아무개 씨의 집에 갔다가 거절당하고 연희동 친
척집을 찾은 것이다. 연희동에 하숙하고 있을 때 나는 학교에서 돌아오면 가
방을 하숙방에 던져놓고 산에 올라 붉게 물든 서쪽 하늘을 바라보며 고향 생
각을 간절히 하곤 했다. 이럴 때면 연희전문학교(지금의 연세대학교) 학생들이
학교 뒷산의 솔밭 속을 서성대며 역시 고향을 그리는 노래를 부르고 있었다.

　　　고향 눈 부슬부슬 내리는 아침,
　　　어머님 작별하던 정거장에서
　　　눈물로 맹세하온 사나이 결심,
　　　한시런들 잊으리까, 잊으오리까?
　　　어머님, 안심하소서.

　솔밭 속에서 고향을 그리는 이러한 노랫소리가 들려올 때는 견딜 수 없게

고향 생각이 났다. 한 번은 여름방학 때에 고향을 가면서 두서너 정거장이나 앞두고 내릴 짐을 챙기고 차에서 내려갈 준비를 서둔다고 고향 동무들이 비웃은 일도 있었다.

내가 서울에 유학 올 때는 열네 살 난 소년이었으므로 아버지는 이불 보따리와 책 꾸러미 그리고 쌀가마니를 신촌역에 배달해서 하숙집으로 찾아왔다. 40년 전의 신촌은 지금과는 달리 황량했으며, 신촌역에서 연희동 고개를 넘어 한참 걸어야 하숙집에 갈 수 있었는데 지금은 이곳이 전부 연세대캠퍼스 구역이 되었다.

아버지는 가끔 서울에 올라오셨다. 그럴 때면 어머니가 마련해주신 인절미와 앞으로 먹을 쌀 대여섯 말과 이것저것 내의를 가지고 오셨다. 하루 이틀을 한 방에서 주무시고 떠나실 때는 신촌역에서 차를 함께 타고 서울역까지 갔다. 아버지는 그냥 기차 안에 계시고 나는 차에서 내려 학교로 가야 했다. 한 번은 아버지와 어머니가 모두 올라오셨다 신촌까지 같이 와서는, 두 분은 고향으로 가시고 나는 차에서 내려 손을 흔들며 개찰구로 나가버렸는데, 열다섯 살 난 어린 것을 서울에 남겨두고 떠나는 마음이 어찌나 안됐던지 훗날 어머니는 그때 이야기를 하시다가 눈물을 지으셨다. 졸업할 무렵인데 1944년 12월 말쯤으로 기억된다. 가을 내내 근로봉사라는 것을 하고 12월에 조기방학을 하게 되자—아마 정확히 12월 23일이 아니었던가 싶은데— 냉기가 서리는 하숙방에서 아버지와 나는 새우잠을 잔 뒤 이불 보따리와 책가방, 책상들을 큼직하게 싸서 용달차를 불러 서울역으로 향했다. 나는 2학년 때에 이곳 북아현동의 학교 근처로 하숙을 옮겨 3년 동안 내내 한집에서만 하숙생활을 했다. 하숙집 식구들하고도 거의 한 가족이나 다름없이 지냈다. 빙판 위를 조심조심 서울역 구내에까지 와서 짐을 소화물로 부치고 밤이 되어서야 기차에 올랐다. 대전행 완행열차는 그 무렵에는 꼭 4시간이나 걸렸다. 좁은 자리에 앉아서 다리도 못 펴고 4시간 동안을 고생하다가 대전역에 닿아 역 근처에 있는 싸구려 하숙방에서 또 새우잠을 자야만 했다. 그리고 다음

날 아침 마차에 짐을 싣고 저녁나절에야 그리는 시골집으로 온 기억이 난다. 그때 아버지의 연세는 60세쯤으로 지금의 나와 비슷한 나이가 아닌가 짐작된다.

그 뒤에 8·15해방을 맞이하고 나는 다시 서울의 용산역 근처에 있는 철도관사에서 하숙을 했다. 지긋지긋한 하숙생활이 또 시작된 것이다. 아버지가 또 나를 데리고 서울로 올라오셨는데, 마침 용산 근처에 사는 친척 되는 분을 찾아 방을 구해 짐을 옮기고 나서 내 용산생활이 시작되었던 것이다.

나는 주변머리가 없어 부모님으로부터 중학교 2~3학년이 될 때까지 혼자 하숙을 옮길 줄을 모른다는 불신을 받았으니, 그때마다 시골에서 아버지가 올라와 내 가방과 책상을 용달에 싣고 이집 저집을 찾아다니며 하숙을 구해주셨다.

자기 아버지가 무섭다고 가까이 앉아 있기 싫다고 말하는 아이들도 있었으나 나는 아버지가 무섭다거나 싫다거나 거북하거나 하는 일이 전혀 없었다. 아버지는 나에게 다정한 벗과 같았다. 아버지는 일찍이 자식인 나에게 역정을 내시는 일이 없었다. 그러나 아버지와 어머니가 다투시는 것을 어렸을 때 가끔 볼 때가 있었다. 어머니가 무어라고 불평을 하시면 아버지는 아무 말 없이 그냥 문을 열고 밖으로 나가버렸다. 그러면 부부싸움이 되지 않는다. 나는 지금껏 아버지와 어머니가 언성을 높이고 싸우는 것을 못 보았다. 아버지가 늘 피해버리고, 그래서 시비가 되지 않았다. 마음이 착하시고 남에게 싫은 소리 한마디 못하시는 아버지, 나도 아버지가 참 유하고 착했다는 것을 지금도 기억하고 있다.

해방이 된 다음 해 여름부터인가 나는 고학을 시작했다. 신문배달도 하고 번역도 하고 어떤 토건회사에 근무도 했는데, 한창 젊은 나이라 피곤한 줄을 몰랐다. 그때만 해도 서울대학교의 등록금이라야 만 원도 채 안 되었기 때문에 등록금을 마련하는 일은 조금도 힘들지 않았다.

나는 길을 걸으며 영어단어를 외우거나 전차 속에서 책을 읽었으며, 일도 열심히 하고 고단하면 아무 데서나 쓰러져 잤다. 그땐 우리 집의 경제형편이 넉넉지 못했다. 아버지는 60세가 넘으시고 아버지보다 3세 위이신 어머니는 더욱 노인이기 때문에 돈으로 일꾼을 사서 농사를 지을 수밖에 없어서 내가 그 영농자금을 보내드려야만 했다. 열심히 신문을 배달하면 등록금은 물론이려니와 숙식문제도 해결되고 집에 얼마 안 되는 돈이나마 부쳐드릴 수가 있었다. 이런 생활이 어느 정도 계속되었다. 그러다가 1948년부터는 동료 몇몇과 자취를 했다. 먹을 쌀은 이제 내가 직접 시골에서 갖다 나르고, 용돈도 내가 마련해서 쓰고, 집의 영농자금도 내가 보내드리는, 힘겹지만 그러나 즐거운 생활을 했다. 이제 그때 동고동락했던 친구들이 지금은 다 어디에서 무엇을 하고 있는지 궁금하다.

　1951년 1월 여드렛날의 일로 기억된다. 6·25 때 우리 고장의 청·장년들은 모두 며칠 동안 먹을 양식을 메고 부산으로 피난하라는 명령이 내려졌다. 나는 그때 잠시 동안 시골인 고향에 와 있을 때라 마을 청년들과 함께 옥천·이원·영동을 거쳐 부산까지 가지 않으면 안 되었다.

　피난을 떠나기 전날 밤에 나는 사랑방에서 아버지와 함께 잤는데 몹시 피곤해서 눕자마자 잠이 들었다. 그런데 한밤중에 나는 눈을 떴다. 어디선가 소리를 죽여서 훌쩍거리는 울음소리가 들려오는 것이었다. 나는 정신을 바짝 차렸다. 어디에서 들리는 울음소리인가 궁금해서 가만히 살펴보니, 그것은 자고 계신 줄로만 알았던 아버지의 울음소리였다. 나는 아버지가 눈물을 흘리며 우시는 것은 할머니가 돌아가셨을 때에 꼭 한 번밖에 본 일이 없었다. 그런데 좀처럼 우는 얼굴을 보이지 않는 아버지가 훌쩍훌쩍 울고 계셨다. 내 신경은 갑자기 긴장되었다. 아버지가 왜 울고 계실까 생각했다. 아버지는 혼잣말로 중얼거리고 계셨다. "다 키운 자식을 잃는구나." 아버지는 자꾸 같은 말을 되풀이하며 그때마다 혼자서 흐느끼곤 하셨다. 남에게 싫은 소리 한번 못하시는 아버지! 그래서 8·15해방 뒤의 온갖 어려움 속에서 우리 가족 8남매가 아무 탈 없이 무사할 수 있었던 것은 모두 아버지의 착한 마음씨와 어머니의 두터운 신앙심 때문이 아닐까 늘 감사하게 생각한다.

1966년의 어느 겨울날에 시골에 계시는 아버지를 형이 모시고 서울로 왔다. 그때 아버지는 찬 공기를 쐬어 그런지 그때부터 두 다리를 쓰지 못하고 고생이 심하였다. 아버지는 형님 댁에 계셨다. 나와 아내는 일요일만 되면 늘 빠짐없이 고기와 신경통약을 사가지고 형님 댁으로 문안을 드리러 갔다. 별로 말이 없으셨고 그때 이미 언어장애까지 있었지만 아버지의 얼굴에는 기쁜 빛이 엿보였다. 둘째 아들이 며느리와 함께 찾아뵙는 것이 그렇게 기쁠 수가 없었던 모양이다.

1966년 이른 봄에 나는 서독신문연구소로 서너 달쯤의 여정으로 연수를 받으러 떠났다. 그러다가 월말에 와보니 아버지는 거의 청력을 잃고 있었다. 무슨 말을 해도 알아듣지를 못했다. 일요일마다 약과 고기를 사들고 원효로로 아버지를 찾아갔으나 아버지의 병환은 좀처럼 회복되지 않았다. 예전에 자식을 보려고 추운 겨울날 자주 상경하신 것이 병환의 원인이 된 것이다. 신경통이 심해지더니 관절염으로 악화되었다. 그리고 약효가 있다는, 모양이 대추씨같이 생긴 약을 드렸는데 그 약은 약효는 있으나 많이 먹으면 몸에 해롭다는 것을 모르고, 내가 없는 동안에 누군가가 약의 양에 꼼꼼하게 신경을 쓰지 않고 한꺼번에 약을 많이 드려서 마침내는 청력마저도 거의 잃은 것이다.

그래서 1970년 1월에 아버지는 78세를 일기로 눈을 감으셨다. 내가 어렸을 때 병이 심해 눈을 뜨지 못한 일이 있었다. 그때 아버지는 눈자라기인 나를 안고 개울가로 나가 혀로 눈곱을 핥고 또 핥아 마침내 눈을 뜨게 하셨다는 이야기를 들었다. 눈곱이 잔뜩 끼어 눈을 뜨지 못할 정도로 병균이 묻은 눈을 혀로 핥고 핥아 맑은 물로 눈곱을 떼어냈다는 것은 부모와 자식 사이가 아니면 못할 일이다. 아버지의 사랑은 그렇게 간절했다.

옛날 분은 다 그러하지만 내 부모님은 연애도 한 번 못하고 남의 중신으로 인연을 맺고, 평생을 아기자기한 정도 없이 층층시하에서 어른들 눈치 보며 살다 마흔 살을 넘기고, 그 뒤로는 자식 키우느라 부부의 정도 나누지도 못하고 마침내 앞서거니 뒤서거니 돌아가셨다.

아버지는 자식이 큰 벼슬을 하거나 돈을 많이 벌 것을 바란 적이 없었다. 아버지는 내가 〈동아일보〉의 논설위원으로 일하고 있을 때 돌아가셨다. 나는 그분이 운명하는 순간을 지켜보았다. 눈을 감자 이내 몸의 혈색이 달라지고 흙색으로 변하면서 점점 오그라드는 것같이 몸이 작아졌다. 어머니도 아버지가 돌아가신 뒤에 외롭게 6년을 더 사시다가 아버지의 뒤를 따르셨다. "어렸을 때 시골원님들의 행차가 그렇게 요란하고 좋아 보이더라." 하시며 자식들 가운데 한 명이라도 고을원님이 나왔으면 하는 것이 어머니의 소원이었는데, 내가 '원님' 아닌 '신문기자'라는 못난 직업을 가진 것부터가 85세 잡수신 어머니가 이해할 수 없는 일이었다. 게다가 내가 그나마 몇 해 뒤에 '실직'이 되자 당신께서는 어린 것 여섯을 데리고 어떻게 살아가나 하는 것이 자나깨나 걱정이시다가 자식 잘되는 것도 못 보시고, 내가 직장을 떠난 지 1년 반만인 1976년 동짓달 어느 추운 겨울날에 조용히 눈을 감으셨다.

나는 어머니가 위독하시다는 전화를 받고도, 쓰다 남은 원고를 마치고 가려다가 마침내 임종조차 못 봐 지금껏 한이 된다. 이미 다 이 세상을 뜨신 아버지 어머니 두 분은 지극히 평범한, 그러니까 행복관이 여느 사람이나 마찬가지인 분들이었다. 그런 행복의 소원을 풀어드리지도 못하고 돌아가시게 했으니 이보다 더한 불효가 또 있을까싶다. 충청남도 동명묘동의 쓸쓸한 산길에 묻혀 계신 부모님의 성묘를 할 때마다 무릎을 꿇고 죄스러운 마음으로 남몰래 눈물짓곤 한다.

−《송건호 전집》제18권, 한길사, 2002년, 235∼245쪽.
《한나라 한겨레를 향하여》, 풀빛, 1989년.
〈샘이 깊은 물〉, 1986년 11월호

50대와 10대:
두 세대가 걸어온 시대적 배경

어두웠던 50대의 소년시절

　오늘날처럼 세대 간의 간격이 심각한 때는 없는 것 같다. 4·19 이후 세대의 대립이 의식되기는 했으나, 그 대립은 다분히 정치적이었으므로 일상적인 생활면에서는 기성세대·새 세대 간의 대립의식이 심하지 않았고 문제 되지도 않았다.

　그러나 지금은 이 차이가 가정·학교·거리 할 것 없이 일상적인 생활면에서까지 그 차이를 실감하게 되었다. 이러한 차이가 '청년문화' 시비로 나타났는지도 모르나, 하여간 대부분 기성세대는 오늘의 젊은이들의 생활태도와 가치관에 일종의 불신감을 느끼고 있다. 그렇다고 어느 쪽이 옳고 그르다고 시비해서 해결될 문제도 아니다. 그 시대 시대의 특징은 그 시대 시대의 청년이 가장 민감하게 받아들이고 감화를 받기 때문에, 문제는 세대 자체에 있다기보다 그 시대의 상황 또는 성격에 있다고 보아야 한다.

　이런 점에서 오늘의 세대와 어제의 세대를 비교해보려면 어제의 세대는 어떤 역사적 상황 속에서 살았고 오늘의 세대는 어떠한 상황 속에서 살고 있는가를 시대적으로 비교해보는 것이 가장 손쉬운 첩경이 아닌가 한다. 앞으로 40년 전과 지금의 사회상황을 비교하면서 젊은이들이 각각 어떤 영향을 받고 퍼스낼리티가 형성되었는가를 생각해볼까 한다.

지금의 40, 50대는 대부분이 농촌에서 자라났다. 여기 지극히 평범한 A의 성장과정을 더듬으면서 기성세대의 의식이 일반적으로 어떻게 형성되었는가를 알아보려고 한다. 그는 1920년대 후반에 어느 시골에서 태어났다. 물론 그의 정신성장에 도움이 될 만한 문화적 혜택이 시골에는 없었고, 산속에서 밖으로 나가면 넓은 세상이 있다는 것도, 또 공부를 해서 장차 훌륭한 사람이 되라고 타일러주는 사람도 없었다. 그가 어린 시절에 맨 처음으로 대한 서적 같은 것은 신소설이었다. 동네청년들이 나무를 한 짐 해다 30리 밖에 있는 읍에 가서 팔아 1, 2전 하던 신소설 책을 사서 밤에 사랑방에서 읽는 것을 구경한 것이 처음이다. 《춘향전》《유충렬전(劉忠烈傳)》《옥루몽(玉樓夢)》《장끼전》 《심청전》 같은 것이 있었고, 《추월색(秋月色)》《장한몽(長恨夢)》 같은 새 시대의 남녀 사랑을 그린 책도 있었다. 물론 읽지도 못했으나 마을청년들이 주고받던 말 중에 정님이·영창이·심순애 같은 신소설 주인공들을 기억한다.

좀 커서 마을에서 20리 떨어진 곳의 보통학교에 들어갔다. 6학년쯤 되면 20 전후의 청년들이 많았고 장가를 들어 아이 아버지들이 적지 않았다. 학교는 20리 길을 왕복해야 하고, 학교에서 돌아오면 소를 끌고 풀을 뜯거나 개울에 가서 놀거나 산에 올랐다. 마을 사이에 왕래가 잦게 된 것은 8·15해방과 6·25를 전후해서였다.

그 무렵은 마을과 마을 사이에도 일 없이는 왕래가 드물었고 이웃마을을 타동(他洞)이라 불러 지금의 타도(他道) 이상의 거리감을 느꼈고, 그때 어린이들은 지금에 비해 엄청나게 순진했다고 할까 무식했다고 할까, 그만큼 의식 구조면에서 지금하고는 큰 차이가 있었다. 돈이 귀했던 때문인지 물자가 귀했던 탓인지 학용품을 굉장히 아끼고 절약했다. 도화지 한 장을 가지고 벌벌 떨었고, 연필 한 자루를 오래오래 아껴 썼다. 물자에 대한 절약관념이 너무나 심했던 때문인지, 옛날 어린이들은 거의가 경제생활에 막연한 어떤 욕구불만 속에 살아왔다. 지금의 50, 60대 기업인사회에 호화주택이나, 무엇이든지 최고가 아니면 만족하지 못하는 풍조가 생긴 것은 어린 시절의 물자에 대한 욕구불만 또는 궁핍감이 잠재해 있다가 폭발한 때문이 아닌가 하는 것을 느낀다. 그러나 오늘의 10대 젊은이들에게는 최고가 아니면 안 된다는 이른바 최고병(最高病)이 50, 60대처럼 심하지 않다. 물자에 대한 절약관념에서 구세대와 새 세대 간에는 약간 대조적인 현상이 보인다. 즉 지금 10대에게는 절약의 관념이 거의 없다. 절약의 미덕을 느끼지 않는다. 오히려 낭비의 미덕을 느끼고 있는 것이 아닌가 생각될 때조차 있다.

50대는 어린 시절이 대체로 어두웠다. 책이라고는 교과서가 대부분이며 지금처럼 어린이 잡지나 만화 같은 것을 보지 못했다.

집에 와서도 독서라야 교과서 정도며 일반적으로 보고 듣는 것이 적었다. 텔레비전은 물론 라디오·어린이 잡지·만화 등 거의 아무것도 없었다. 순진무구한 이들에게 매일같이 주입된 것은 이른바 일본의 군국주의사상뿐이었다. A가 겨우 보통학교(지금의 국민학교)에 입학하고 있을 때 중일전쟁이 터졌다. 매일같이 수많은 일본군이 창고차에 가득 실려 대륙으로 끝없이 이동되고 있었다.

극한상황 속의 반응

A는 열흘이 멀다 하고 10여 리 밖에 있는 정거장에 일본군을 '환송'하러 끌려나갔다. 학교에서는 매일 일본군가를 배우기에 바빴다. 공부시간에는 일본선생한테서 일본군이 중국에서 승리를 거두고 있다는 이야기를 들었다. 학교 운동장에서는 면내 청년들이 경방단(警防團)의 군사훈련을 했다. 때때로 누런 군복을 입은 일본군들이 학교 주변 산에서 훈련하기도 했다.

군국주의 색채가 점차 짙어졌다. 어린이들은 학교에서나 집에 와서나 일본 군가를 즐겨 불렀다. 그리고 마을아이들끼리 모여서 전쟁 시늉을 했다.

이렇게 대부분 어린이들이 거의 모두 군국주의적 일본정신 분위기 속에 성장해갔다. 그러나 이러한 A의 생활에 커다란 변화가 생겼다. 14세 때 도시로 나와 중학교에 다니게 된 것이다. 그는 도시 중학교에서 새로운 세상을 발견했다. 중학교에서 비로소 자신과 일본사람은 다른 민족이라는 사실을 발견했고, 선생님 중에 일본에 은근히 불만을 품은 분도 있다는 것을 발견했다. 일본국민이라는 종전의 생각과 한국인이라는 새 자각 사이에 한 1년 동안 갈등이 계속되었다. 그는 이런 갈등 속에서 대학에 진학하는 데 한국인이 큰 차별을 받고 있다는 사실을 깨닫게 되었다. 실망도 했으나 이 실망은 점차 일본에 대한 반감으로 변했다. 그러나 이러한 반일감정 속에서도 일상적으로 읽는 책은 일본군국주의를 찬양하거나 일본민족이 우수하다거나 일본역사가 자랑스럽다거나, 또는 일본의 천황제도는 세계에서 자랑스러운 제도라는 등, 일본정신의 교육에서 벗어나지 못해 정신적인 혼미·통일성을 잃은 민족의식 속에서 헤매고 있었다.

그때의 대부분 사람들은 가부간 민족에 대한 무엇인가의 관심을 갖지 않을 수 없었다. 꼭 가지려고 해서 가졌다기보다 일상적인 사회생활에서 자기가 '반도인(한국인)'이라는 차별대우를 받는 데서 생기는 관념이었다. 일인들에 의해 차별대우를 받고 있었기 때문에 그런 의식이 절로 생겼던 것이다.

이런 점에서 보면 지금의 10대에 비해서는 40, 50대가 훨씬 민족의식이 짙었다고 할 수 있을는지 모른다. 그러나 일인들의 이러한 차별 속에서 그때의 한국인들은 두 가지 반응을 보였다. 첫째는 차별대우가 심할수록 더욱 반일감정이 강해지고 민족의식이 강해지는 층과, 차라리 일본에 적극 협력하거나 영합해서 차별 속에서나마 좀 더 나은 생활을 해보자는 층이다.

이념 지향적인 성장

A가 중학 3, 4학년이 되고 좀 철들 무렵에는 일본군국주의의 횡포는 형용할 수 없이 심했고, 그럴수록 한국인들을 들볶았고 그럴수록 일본에 대한 반응도 뚜렷이 갈라지기 시작했다. 대부분 한국 사람들은 한국민족을 들볶는 일본을 내심 증오했으나, 잔인하고 그때만 해도 강력하게 보인 일본에 저항

할 용기를 갖지 못하고 침묵 속에 참고 있었다. 다만 일부 소수만이 일본에 아부 친일행동을 했으며 표면은 이들이 시대를 좌우하는 듯이 보였고, 이들의 말·행동이 한국민족의 다수 의견·다수 행동인 듯이 보였다. 이들은 친일행동을 하는 가운데 일본군국주의 사상이 몸에 배게 됐다. 8·15해방 후 미군정·이승만 정권 밑에서도 친일 요소가 제거되지 않고, 사회적으로 일본 잔재들이 남아 그 잔재들로 곤욕을 치르지 않을 수 없었고, 민주주의 신장에 지장을 주었다.

젊은이들이 일본 치하에서 이것저것 일본의 영향을 받은 것은 사실이나 그들의 대부분이 반일경향을 띠게 되고 민족주의적 색채를 갖게 된 것은 일본의 심한 차별대우와 민족문화 말살에 분노한 결과였다. 일본은 태평양전쟁의 말기에 패색이 짙은 전세(戰勢)를 만회하기 위해 젊은이들에게 광적인 애국주의 교육을 시켰고, 영화를 통해 이것을 보급했다. 그러나 자신이 일본인이 아닌 것을 이미 알고 있었던 A는 일본의 애국사상 고취가 치열해질수록 더욱 자기 민족에 대한 사랑이 강해졌다.

〈남해에 지는 꽃다발〉〈왕정복귀〉〈말레이의 하리마왕(王)〉 등 일본사상을 고취하는 영화를 보면서 자기는 사랑할 나라조차 없구나 싶어 어두운 극장 구석에서 혼자 눈물진 일도 있었다. 그때의 젊은이들이 일반적으로 강한 민족 지향적 또는 이념 지향적 색채가 짙었다는 것은, 당시의 시대적 상황으로 보아 그렇게 되지 않을 수 없었다. 이 점은 오늘날의 젊은 세대 상당수가 이른바 '청년문화'에 물들고 있는 것과는 큰 대조를 이루고 있다고 할 수 있을지도 모른다.

개인에 따라 다소의 차이는 있으나 40, 50대가 걸어온 정신 성장과정, 독서과정에는 비슷한 성향을 보였다. 처음에는 대부분이 잡지나 일본학생들이 읽는 일반 독서에 머물렀다. 그러나 중학에 입학하면서 한국소설에 눈을 떴다. 일제하에서는 한글이 말할 수 없는 푸대접을 받아 일부 한글학자와 소설가를 제외하고는 한글을 쓰는 사람이 적었다.

교육을 받은 사람들조차 한글을 아끼고 한글을 소중히 여기는 사람이 많지 않은 것 같았다. 특히 1940년 〈동아일보〉 〈조선일보〉 등 한글신문이 강제 폐간당한 후로는 한글의 수난이 우심(尤甚)했다. 그러나 표면적으로 한글이 푸대접을 받을수록 중학생 이상 젊은이들의 한글에 대한 사모는 더욱 열렬했다.

A가 처음으로 한글소설에 눈을 뜬 것은 아마 중학 3학년 때가 아니었던가 한다. 일제 말엽인 그때는 웬만한 책이 거의 불온시당하고 있을 무렵인데, 어떤 경로를 거쳤는지 이광수(李光洙)의 《흙》을 입수했다. 《흙》은 책점에서도 살 수 없었고 남에게 추천도 못했다. 내선일체를 떠들던 그 무렵 한국농촌의 헐벗고 굶주린 참상을 그린 소설을 내버려둘 리 없었다. 때문에 《흙》을 읽는 많은 학생들은 하숙방의 이불 속에 감추어두고 밤이 깊어서야 꺼내 읽곤 했다. 《흙》은 분명히 젊은 학생들에게 자기의 민족 현실을 눈뜨게 하는 데 결정적 구실을 했다. 《흙》은 일본어 독서만을 하고 있던 많은 학생들을 새로운 신세계에 눈뜨게 했다. 패망 직전 A는 춘원의 《이순신(李舜臣)》《단종애사(端宗哀史)》《가실(嘉實)》 등을 열독했고, 특히 《가실》에 대해서는 동료들 사이에 돌려가며 읽었다. 중학생들의 독서경향은 춘원에서 김동인(金東仁)·이효석(李孝石)·상허(尙虛)·박종화(朴鍾和) 등으로 옮겨갔다. 중학 3학년이 되면서 군인이나 정치가의 전기(傳記)에 관심이 쏠려 나폴레옹·비스마르크·히틀러·무솔리니 같은 전기에서 일본의 명치(明治)시대 군인·정치인 전기에 관심이 갔다. 일본인들의 전기를 통해서 한말(韓末) 당시의 비참한 민족의 운명을 다소나마 알 수 있었다.

왕성한 독서와 의식의 확장

사회에 눈뜨게 된 것은 어느 기독교 전도자의 체험기인 《사선을 넘어서》를 읽은 후였다. 이 사회에는 가난한 사람과 돈 많은 사람이 있고, 그것이 결코 정의에 의한 차등이 아니라는 사실을 깨달았다. 그 무렵 안국동에는 지금보다도 많은 고서점이 있었다. 한때는 《사선을 넘어서》의 저자의 책이면 무엇이

든지 탐독하기도 했다. 하루는 충무로 4가 구석진 어느 책점에서 《대학강의
록》을 한 질 발견했다.

1930년경에 출판된 책이었다. 강의록은 대학에 못 가는 청년들에게 대학
교육을 통신으로 가르치는 일종의 통신교과서였으나 A는 이 강의록에서 처
음으로 민주주의·의회정치·사회민주주의라는 것을 알았다. 패전 한두 해
를 앞두고 일본군국주의가 마지막 발악을 할 무렵 이런 책을 발견했다는 것
은 중학생의 몸으로 흥분하기에 충분했다. A는 이 강의록을 밤 이슥할 때까
지 뒤적이며 민주주의가 어떤 것이며 의회정치·정당정치가 어떻고, 사회주
의가 어째서 제창되는가를 깨달을 수가 있었다.

"귀축미영(鬼畜米英)을 깨물어 죽여라." 하며 거리마다 포스터를 붙이고, 미
국을 악마처럼 선전하던 그 무렵 민주주의가 어떤 것인가를 접하게 된 것은
중학생에게는 굉장한 발견이나 다름없었다.

그 무렵의 소년은 이성에 관심을 둘 만한 환경에 있지 못했다. 그러나 이성
간의 애정심리 같은 것은 역시 막을 수 없었던 것 같다. 지금은 없어졌지만,
안국동 로터리에서 관훈동으로 들어가자면 왼편에 삼중당(三中堂)이라는 고
서점이 있었다. 지금 출판사업을 하고 있는 삼중당이 그 무렵에는 안국동에
서 큰 고서점을 차리고 있었고 드나드는 중학생을 관대히 대해주어 A는 학교
가 끝나면 이곳에 가서 공짜로 잡지를 읽는 것을 일과처럼 삼았다. 대개가 성
인 잡지여서 내용이 남녀의 애정에 관한 소설이 많았으나 몇 년을 두고 수없
이 읽었다. 그 무렵 잊을 수 없는 소설로 《제2의 키스》라는 소설이 있었다. 일
본의 저명한 연애소설가의 작품으로, 우리나라로 치면 정비석(鄭飛石) 씨에
상당한다고 할까. 이 소설을 중학 2학년 땐가 읽고 큰 충격을 받았다. 지금으
로 보면 유치하고 단순하기 말할 수 없는 스토리였다. 한 대학생이 자기가 좋
아하는 여성인 줄 잘못 알고 키스를 해서 상대방 여성의 구애 속에 고민한다
는 지극히 평범한 이야기였으나 키스를 한다는 장면이 소설에 나왔다는 것이
그 무렵의 중학생에게는 놀라움과 흥분을 일으키기에 족했다. 그때로서는

꽤 유명한 소설이었으니까 50 전후의 세대는 거의 기억하고 있는 소설이다.

그때 서울의 번화가 하면 지금의 충무로였다. 그러나 젊은 미혼남녀가 동행하는 일은 거의 볼 수 없었다. 어쩌다 젊은 부부가 같이 다녀도 이목을 끌 정도였다. 그래서 그 무렵의 학생연애는 거의 비밀로 했다. 지금 생각하면 참 기막힐 일이다. 남녀학생의 교제가 자유로워진 지금 A같이 무의미하고 재미없이 소년·청년시절을 보낸 40, 50대들은 그래서 지금의 젊은이들을 내심 한없이 부러워하면서도 한편에서는 미성년 남녀학생들의 교제를 위험시하는 사고를 버리지 못하고 있다. 지금 10대들한테서는 물론, 일고의 가치도 없는 고루한 사상이라고 일축을 당하겠으나, 40, 50대는 아직도 어릴 때 형성된 남녀 간의 성윤리에서 벗어나지 못하고 있다. 젊어서 너무 성윤리가 억눌려 있었으므로 성인이 된 후 여성관계가 좋지 않은 사람이 많으나, 지금 젊은이들처럼 아무런 죄의식 없이 공공연히 사귀지 못하고 여전히 은근히 숨어서 사귀는 버릇이 남아 있는 것은 재미있는 현상이다.

8·15해방 후 30년간의 변화란 너무나 급격했다. 그래서 지금 50, 60대는 정신적으로, 특히 윤리적으로 지금의 시대에 거의 적응을 못하고 있다. 그들은 격변하는 세태 앞에 당황하고, 청소년의 '탈선과 무궤도'를 개탄하고 이른바 선도(善導)를 외치고 있으나 그들의 선도가 지금의 10대 앞에 완전히 무력한 것은 말할 것도 없다. 50대의 생각이 옳으냐 10대의 생각이 옳으냐는 일률적으로 말하기 어렵다. 다만 그들은 서로 상대방의 사고나 가치관을 이해하지 못하고 이해하려고 노력하지도 않고 있다. 50대의 사고가 수직형이라면 지금 10대의 사고는 다분히 수평형이다. 50대가 내부 지향적이라면 10대는 현실 지향·외부 지향적이다. 사고의 논리가 크게 다르기 때문에 교차되기가 어렵다. 여기에서 아마 세대 간의 갈등이 있는 것인지도 모른다.

10대의 생활과 의식

지금 가장 큰 사회적 걱정은 청소년의 선도문제라고 한다. 사실 해마다 10

대의 범죄가 늘어나고, 탈선사고가 그치지 않고 그만큼 선도도 각계각층에서 요란스럽게 논의되고 있으나 좀처럼 청소년의 탈선이 줄어들고 있지는 않은 것 같다. 많은 기성인들은 요즘의 젊은이들이 그만큼 타락되었고 길을 잘못 든 탓이라고 개탄하고 있다. 시대가 그만큼 어지러운 탓이라고 말하는 사람도 있다. 성인들이 요즘 유행인 '청년문화'에 부정적인 반응을 보이고 있는 것도 청년들의 생활을 불건전하다고 보기 때문이다. 그런데 좀 각도를 달리해서 보면, 성인들은 청소년들을 전적으로 자기들 기준에서 판단하고 비판하고 있다는 것을 발견한다. 특히 50대 이상 세대가 10대의 생활에 거의 전적으로 부정적 반응을 보이고 있는 것은 10대의 생활을 자기들의 가치기준에서 보기 때문이다. 말하자면 50·60대는 10대를, 10대는 50·60대를, 서로 이해하려는 노력이 적다. 이러한 이해를 위한 노력 없이 10대가 선도될 리는 없고, 10대가 구세대에 순응할 리도 없다. 10대를 이해하는 길은 10대의 입장에 서서 그들의 생활, 사고방식을 일단 받아들여 그 위에서 10대와 더불어 생각하는 데 있고 거기서 그들을 지도할 수도 있을 것이다.

10대 생활과 의식 상황을 기성세대와 대조하는 속에서 몇 가지 특징을 찾아내볼까 한다. 10대라고 해도 자라나는 환경에 따라 또 교육 정도에 따라 제각기 다르겠으나, 하지만 그들이 기성세대 아닌 10대라는 점에서 무엇인가 공통점이 있지 않을 수 없다.

10대의 도시 지향성

지금 10대의 가장 두드러진 특징 중의 하나는, 그들이 환경의 여하에 관계없이 도시 지향적 사고와 생활을 하고 있다는 점이다. 옛날에는 마을 사이에 조차 이웃과의 왕래가 적은 채 폐쇄적 생활을 해왔다. 마을에서 자라는 10대들은 따라서 대체로 구심적(求心的) 생활성향이 있었고, 성장한 후에도 마을에 대한 강한 향수를 느껴 일종의 '마음의 고향' 같은 것을 간직하고 있었다. 성장한 후에도 이 마을의 고향에는 변함이 없고, 오늘날 도시에서 활동하는 대부분 기성층(旣成層)은 직업과 생활은 달라도 제각기 이 마음의 고향의 큰 정신적 영향 아래 살고 있다. 몸은 비록 도시의 먼지 속에 바쁜 생활을 하면서도, 오히려 그럴수록 어릴 때 자란 농촌생활, 자연 속의 아름다움에 향수를 느끼는 세대다. 이들은 본질적으로 농촌 향수적 또는 자연 지향적 생활과, 그곳에서 생기는 미의식(美意識)이나 가치관의 영향에서 벗어나지 못하고 있다.

그러나 지금의 10대는 도시는 물론 농촌의 어린이들조차 모두가 도시 지향적이다. 마을 앞에 미끄러지듯 달리는 고속버스에 도시를 그리는 꿈을 꾸고, 모든 유행과 아름다움과 인생의 미래조차 도시에 있는 듯이 생각한다. 고향 하면 빨리 떠나야 할 곳, 못난 자만이 남아 있는 곳이라는 생각이 성장하는 아이들 머릿속에 박혀 있다. 그러나 도시엔 고향이 없다. 코스모폴리탄이라고 할까, 도시에서 자라는 아이들은 더욱 말할 것 없다.

도시 지향적이라는 것은 자연을 등진다는 것이고, 구심적이 아니라 원심적이라는 것이고, 자연적이 아니라 인위적이라는 것을 뜻한다. 현대 아이들은 따라서 불안이 정상이고 변화가 정상이며, 정신적 부랑아라고도 말할 수 있다.

농촌에서 자란 아이들이 좀 나이가 들면 너나없이 도시를 찾아 농촌을 등지고 도시를 향한 꿈속에서 헤매고 있다. 현대의 10대는 도시·농촌 할 것 없이 정신적 방랑아라고 말해도 과언이 아니다. 이것이 현대 10대 생활의 한 단면이다.

솔직한 현실주의

지금 10대의 가장 두드러진 사고의 하나는 모든 문제를 타산적으로 생각한다는 점이다. 이 타산적이라는 것은 흔히 생각하기 쉬운 금전문제에 민감하다는 뜻만이 아니다. 이로우냐 그렇지 않으냐 하는 점에서 생각하고 행동한다는 것이다. 이런 점에서 50대 이상의 기성세대하고는 큰 차이를 보이고 있다. 구세대는 사회문제를 먼저 윤리·도덕적 견지에서 옳고 그르다는 평가를 한다. 공리적 사고와 윤리적 사고는 이래서 사사건건 충돌한다. 그들은 평행선을 그을 뿐 좀처럼 교차란 기대할 수 없다. 윤리·도덕적 사고는 판단이 명분적(名分的)이라는 데 특징이 있다.

명분·체면이 앞서다 보면 현실과 맞지 않을 때가 있으며, 구세대는 위선적인 경우가 많다. 이 점이 10대와는 매우 대조적이다. 한국인이 외국에 가서 외국인과 어울릴 때 이 사고의 차이에서 가끔 당황할 때가 있다. 외국인 친구가 점심이나 저녁을 먹으러 가자고 권유하면 대개의 한국인은 그가 한턱내려고 가자는 것이 아닌가 생각을 한다. 그러나 가자고는 했지만 그 외국인 친구는 자기가 먹은 값만 착착 치르고는 나와버려 한국인을 어리둥절케 한다. 한국에서는 직장동료끼리 점심을 먹으러 가도 누군가가 한 사람이 지불하지, 이른바 '더치페이'라는 현상은 보기 어렵다.

그런데 이 더치페이 현상이 10대사회에는 제법 보급되고 있다. 그만큼 사물을 판단하고 처리하는 방법이 드라이하며 합리적으로 변하고 있다. 옛날 형제들은 어려서 네 것 내 것 없이 자랐다. 형은 동생에 늘 양보하고 학용품도 같이 사용하고 형제 사이에 소유에 대한 관심이 적었다. 그러나 지금 10대는 네 것은 네 것, 내 것은 내 것이라는 소유관념이 뚜렷하다. 단돈 10원이라도 주고받으면 그곳에서 대차(貸借)관계가 성립되고, 언젠가는 반드시 갚아야 하고, 갚는 것이 당연한 것으로 생각되고 있다. 그렇다고 이들 사이에 형제간의 우애가 부족한 때문은 아니다. 그것이 당연한 일로 생각되고 있다는 데에 구세대하고 다른 점이 있는 것이다. 개인주의 사상이 보다 철저해졌다고 할까.

인간관계에서도 비슷한 경향을 볼 수 있다. 학교에서 담임선생일 때는 깍듯이 인사를 하다가도 담임을 떠나면 그 후부터는 어쩌다 노상에서 만나도 슬쩍 외면하고 인사를 피한다. 인사할 필요성이 없어졌다고 보는 것이다. 중

고등학교 선생한테 비슷한 말을 여러 번 들은 일이 있다. 10대는 저희들이 납득할 수 없는 권위란 인정하지 않는다. 이 박사가 국부(國父)를 자처하고, 또 일부 그의 추종자들이 그렇게 하기를 요구했지만, '국부'인 이승만 노인을 타도한 것이 학생이었다는 것은 주목할 일이다.

옛날엔 절약을 미덕으로 알았다. 먹고 싶은 것도, 입고 싶은 것도 참고 돈을 절약하는 것을 미덕으로 알았고 또 그런 생활을 하는 사람이 많았다.

그러나 지금 절약이 미덕이라는 풍조는 크게 무력해졌다. 너도나도 소비를 미덕으로 생각하게 됐다. 아침부터 밤까지 라디오나 TV의 광고가 소비를 권장하기 때문만도 아니다. 노는 것은 그 다음의 일을 위해서만 의의가 있다고 생각하는 10대는 거의 없다. 지금은 노동과 레크리에이션의 관계를 전과는 좀 다르게 보고 있다. 일은 해서 무엇하나? 일 자체에 보람이 있기 때문인가, 그렇지 않다. 돈을 벌어 인생을 엔조이하자는 데 목적이 있다고 생각한다. 10대와 50대 사이에는 근로와 엔조이를 대하는 자세가 크게 다르다.

사고의 수평성

지금 10대는 자기 방에 라디오를 틀어놓고 공부를 한다. 소란한 팝송소리를 들어야 오히려 마음이 안정되는 것이다. 공부를 위해 심산유곡으로 입산한 구세대에 비하면 엄청난 변화라고 하지 않을 수 없다. 한말로 50대를 활자세대라고 한다면 오늘의 10대는 시청각세대라고 할 수 있을 것이다. 지금 우리 사회에는 TV와 트랜지스터가 무서울 정도의 속도로 보급되고 있다. 시골 방방곡곡 트랜지스터 없는 마을이 드물고, 지금은 읍·군 소재지까지 TV가 점차 보급되고 있다. 한말로 지금의 10대는 트랜지스터에서 TV의 세대로 변해가고 있다. 50대는 거의 모든 지식을 활자를 통해 얻었다. 그러나 지금의 10대는 활자보다 TV나 라디오 아니면 만화를 통해 얻는 양이 늘어났다. 활자 미디어하곤 아주 이질적인 지식을 매일같이 대량으로 받아들이고 있다. 10대가 구세대와 질적으로 달라지고 있다. 사회에서는 지금의 10대가 구세대와 다르다는 점을 지적은 하고 있으나 그들이 '활자세대'하고 행동양식이나 사고 방식 면에서 달라져가는 점이 많다는 것에는 관심을 두지 않는 것 같다. 외국의 어느 학자가 지금의 젊은이들은 남의 나라 사람이나 다름없다고 말했다는 것은 귀담아들을 만한 말이다.

우선 10대의 사고에는 논리적 훈련이 거의 무의미해지고 있다. 지금의 10대는 구세대에 비해 변화의 템포가 빠른 시대에 살고 있고, 그만큼 이것저것 많은 것의 다양한 속에서 살고 있다. 사고생활에도 비슷한 변화가 일어나고 있다. 라디오를 들으며 공부하는 10대의 생태가 이것을 잘 설명해준다. 그들은 수험공부를 하면서, 라디오에 약간 재미있는 표현이나 멜로디가 나오면 순간적으로 그쪽에 관심을 기울였다가 다시 의식을 참고서에 돌린다. 아무런 저항 없이 거의 무의식중에 순간적인 변화에 적응을 시킨다. 광고 속에 자라나는 10대는 활자세대와 달리 이질(異質)이라는 것이 없이 모든 것이 평등하고 같다. 논리적 훈련이 된 활자세대는 하나의 문제를 따라서 생각하는 버릇이 있어 이물(異物)의 침입은 참기 어려운 혼란을 일으키나, 처음부터 단편적인 이것저것 문제와 장면의 쉴 새 없는 변화 속에 자란 10대에게는 그러한 끝없는 변화가 오히려 정상이며, 모든 것이 같은 가치를 갖고 있다. 10대에게는 '절대'라는 것이 없다. 수평형 사고를 여기에서 발견한다. 10대는 논리적이라기보다 탈논리적이다. 감각적이라고도 말할 수 있다. 활자세대는 논리나 형식에 사로잡혀 있다. 윗사람에게는 말솜씨에 조심이 있어야 하고, 의복을 단정히 입어야 한다고 이것저것 들어왔다. 이런 강제의 반동으로 지금의 10대는 논리니 상식이니 하는 것을 벗어던지고 활달하고 자유로운 사고와 행동을 추구하게 됐다.

옛날엔 나이 많은 세대가 많은 것을 알았고 따라서 젊은이들을 지도했다. 그러나 변화가 빠른 현대사회는 이 변화에 적응을 잘하는 10대가 오히려 더 많은 것을 안다. 교과서는 낡은 지식이다. 현대의 지식은 교과서나 학교의 지식이 아니라 거리에서 사회에서 보다 많이 얻는다. 교과서가 아닌 트랜지스터·TV·만화 등 매스 미디어가 10대의 산 교과서가 되고 있다. 맥루한은 "지금의 6세 어린이는 60세 할아버지보다 더 많은 것을 알고 있다"고 했다. 지금의 유치원·국민학교 어린이들이 사회적·일상적인 생생한 지식을 60세 할아버지보다 더 많이 알고 있다는 것은 우리가 평소 얼마든지 보고 있다.

찰스 라이히라는 예일대학 교수는 유명한 『미국의 녹색혁명』이라는 책에서 이른바 '의식 3형인간(意識三型人間)'을 1, 2형과 구별하여 다음과 같이 말하고 있다. 1형은 19세기 미국에 있었던 유형으로 자기 이익·명예를 맹렬히 좇는 사람들이다. 제2형은 20세기 전반기부터 급격히 생긴 관리사회에 맞는 유형으로 체제 속에서 자기의 권력이나 지위·보수를 지향하는 사람이다. 큰 기업체 안의 엘리트가 이런 부류에 속한다. 20세기 후반기부터 생긴 3형은 관리사회에서 자기를 향상시키기보다 먼저 자기 자신을 위해 있는 대로 충실하려는 인간형이라고 했다. 이런 형은 TV환경에 의한 단편적 사고의 성장 등이 원인이기도 하나, 오늘의 관리사회가 공해를 늘리고 인간을 소외시킨다는 위기감하고도 깊은 관계가 있다고 했다. 의식 3형의 인간은 자기 자신이 생각한 것을 자기가 바라는 방식으로 표현하고, 자기에 충실한 행동이 남이 무어라 말하든 가장 인간다운 생활태도라고 생각한다고 했다. 이러한 형이 아직 크게 보급되고 있는 것은 아니다. 점차 그러한 방향으로 기울어지고 있는 징조가 보이고 있는 것이다.

게임으로서의 섹스관

1971년 1월의 〈루크〉지는 〈미국의 가족〉이라는 특집에서, 두 젊은이의 동서생활(同棲生活)을 그리고 있다. 결혼이라는 형식을 집어치우고 동서하고 있는 그들은 이런 말을 하고 있다. "옛날 사람들은 사랑이라는 형식에만 관심을 지나치게 갖고 사랑의 행위 자체는 문제시하지 않았다. 사랑은 독점이나 구속이 아니라 '해방적'이 되어야 한다"고 했다. 혼인식 없는 동서생활, 혼전모(婚前母)가 점점 늘고 있는 우리 사회에서도 무관심할 수 없는 말이다. 가치의 다원화시대라고 할 지금, 자기의 생각만이 유일하게 옳다고 할 수는 없고, 특히 젊은이들의 무궤도하게 보이는 섹스관에서 우리는 무엇을 발견할 수 있을까?

지금까지의 세대는 섹스를 두 가지 모순된 방향에서 보아왔다. 하나는 섹스는 더러운 것, 입에 올릴 수 없는 것이라는 관념이고, 또 하나는 섹스는 자손의 번영과 관계가 있는 신성한 행위라는 해석이다. 그러나 지금 젊은 세대 간에 번지고 있는 일반적인 섹스관은 엔조이하기 위한 것이며, 따라서 그들에게는 일종의 게임이나 다름없는 것이 되고 있다. 게임이란 1 대 1로 숨어서 하는 것이 아니라 여럿이 함께 즐기는 것이 바람직스럽다고 생각한다.

현대의 한 특징으로 인간관계에 있어서의 구별감이 희미해져간다는 점을 들 수 있다. 부자간이 친구처럼 변하고, 남녀의 구별도 흐릿해졌다. 우선 입는 옷부터 점점 구분하기 어렵게 되고, 가정에서 남편이 부엌에 들어가 가사를 돌보아도 조금도 이상하지 않게 됐다. 대신 여자들이 자녀의 학교 출입·동회·구청사무·가옥수리 등 이제까지 남자들이 하는 일을 하게 됐다. 섹스가 게임처럼 변하게 된 것도 이러한 남녀의 동등화와 깊은 관계가 있는지 모른다.

섹스 행위는 부끄러운 것, 비밀로 하는 일이라고 생각해온 구세대의 관념으로는 젊은이들의 이런 생각과 행동을 이해하지 못한다. 종래의 관념에서 보면 지금은 성도덕의 타락시대라고 하지 않을 수 없다. 섹스가 자손을 생산하는 의무라는 지난 생각에서 벗어나 이것을 인생의 즐거운 게임이라고 보는 것이 지금의 성윤리(性倫理)다. 젊은이들의 이러한 '탈섹스화'를 도덕의 타락이 아니라 새로운 성윤리의 탄생이라고 보는 사람들이 있다. '괘씸하다' '묵인할 수 없다'고 개탄만 한다고 이런 풍조가 시정되지는 않는다. 확실히 혼전모(婚前母) 문제가 더욱 심각한 사회문제화되고 있는 지금, 젊은 세대 간에 일부 번지고 있는 새로운 섹스관은 주목을 요할 경향이다. 금지만 가지고 그들의 생활을 지도할 수는 없다. 여기에는 감정이입 방식을 취하는 것이 더욱 효과적이다. "섹스문제는 개인이 알아서 할 일이다. 그러나 그 결과 얻어지는 임신문제, 무서운 성병문제를 생각해본 일이 있는가. 그것을 생각하면 걱정이다"라고 타이르는 것이 효과적이다. 이미 절대적 가치관이나 구성도덕률(舊性道德律) 같은 기성의 테두리 속에 묶어둘 수는 없게 되었다. 시대와 환경이 크게 달라지고 있다는 것을 알아야 한다.

그러나 이러한 풍조에 저항을 느끼는 젊은 세대가 있다는 것은 믿음직한 일이다. 다만 자각적 젊은이들은 그 수효가 소수에 불과하고 아메리카적 문명권에 있는 우리 사회는 그 후진성에도 불구하고 미국문명의 병폐적 풍조가 무서운 속도와 힘으로 번지고 있다는 것에 무관심해서는 안 되겠다.

-《송건호 전집》 제19권, 한길사, 2002년, 37~53쪽.
《민중과 민족》, 대방출판사, 1986년.
〈여성동아〉, 1974년

*이 글에 나오는 A는 송건호 자신이다.

이 땅의 신문기자, 고행의 12년

신문사를 떠나다

신문사에 사표를 제출한 다음날 아침 상 앞에서 아내와 얼굴을 맞대고 앉은 것은 참으로 멋쩍은 일이었다. 밥을 먹기가 무섭게 대문을 열고 나가는 것이 사회생활을 시작한 지 20여 년 간 습관처럼 되어 있는 생활이 하루아침에 중단되어 이제 갈 곳 없는 몸이 되고 보니 어쩐지 기분이 허전하고 마음이 안정되지 않았다. 모든 것을 툴툴 털고 직장을 떠난 지금 어제까지의 일이 모두 꿈만 같았다.

15일 아침, 정확히 말해 1975년 3월 15일 아침에 사직원을 써서 집에 들른 동료사원 R에게 전하고 그 길로 고향으로 아버지 성묘를 가기 위해 집을 나섰다. 이제 나이도 50이 된 지금 이런 식으로 신문사를 그만둔 내가 다시 다른 직장에 들어갈 기회가 있을 것 같지 않아 마지막으로 돌아가신 아버지께 경위를 보고드릴 겸 산소를 찾기로 마음먹은 것이다. 용산역 앞에서 훈련공습경보를 만나 한참 동안 길가에서 대피하고 있다가 다시 버스를 타고 점심나절이 되어서야 T시에서 내려 다시 시골 버스로 갈아타고 30여 분 달린 다음 버스에서 내려 요골마을을 거쳐 한참 올라가 아버지 산소 앞에 섰다. 이른 봄의 산 공기는 아직도 찼다. 인기척 하나 없는 산허리에 홀로 쓸쓸히 누위 계시는 아버지 산소 앞에 나는 무릎을 꿇었다.

"아버지, 제가 왔습니다. 건호가 왔습니다."

산소 앞 흙은 얼음처럼 찼고 겨우내 얼었던 땅이 이제 녹기 시작해서인지 맑은 날씨인데도 질퍽질퍽했다. 아버지 산소 앞에 머리를 수그릴 때마다 70이 넘도록 농사일에 고생하신 아버지 생각, 그리고 목이 몹시 타는 어느 여름날 아버지는 석유를 소주로 알고 사발에 부어 그만 쭉 들이키셨다는 이야기가 생겨났다. 석유는 마셔도 큰 탈이 없는 듯 아버지가 그 일로 고생하셨다는 이야기는 못 들었으나 자식 된 입장에서 생각하면 소주 대신 석유를 들이키셨다는 아버지께 늘 죄송하다는 마음이 떠나지 않았다. 그런데 오늘 따라 직장을 그만두고 찾아뵙는 심정으로는 그 일이 더욱 죄송스럽게만 생각되었다.

'이제 고생문이 환히 열려 앞날이 어떻게 될지 모르는 자식의 길을 인도해 주십시오' 하고 나는 빌 수밖에 없었다. 성묘를 끝내고 잔디 위에 앉아 사방을 훑어보니 자주 찾아오는 곳은 아니면서도 고향은 역시 반갑고, 늘 보는 산이며 개울이 그렇게 정다울 수가 없었다. 점심시간이 한참 지났는데도 시장하지가 않았다.

산을 내려와 버스를 기다리며 40년 전 다니던 고향의 보통학교 길을 쳐다보니 옛날이 새삼스럽게 그리워졌다. 시골버스는 30분 만에 한 대씩 오는 것인지 한참 만에 먼지를 풍기며 정거하는 버스를 타고 T시로 나와 그곳에서 다시 고속버스로 갈아타고 서울에 닿은 것은 밤 9시가 되어서였다. 집으로 오는 차 안에서 R을 만났으나 아무 말도 하지 않았다.

16일 아침에는 일찍 신문사에 나갔다. 회사에서 만나자는 연락이 왔다고 한다. 14일 밤 나는 동료인 R국장에게 회사를 그만두어야겠다는 뜻을 말하고 그의 반응을 살폈으나 그는 나와 행동을 같이할 눈치가 아니어서 같이 그만두자고 강권할 수 없어 나 혼자 회사를 뜨기로 했다. 25년 가까이 다닌 언론인이라는 직업을 이런 식으로 내놓는 것이 한편 어쩐지 서글프게 느껴지기도 했으나 이미 회사에서는 다수의 기자들을 해임할 결심인 듯 보여 더 이상 편집국에 머물러 있을 수가 없었다. 국장은 나를 포함해 세 명이 있었으나 회사를 그만둘 눈치가 없어 하는 수 없이 나 혼자 사직하기로 마음먹은 것이다.

사장이나 주필하고는 가깝다면 매우 가까운 사이였다. 그간 성심껏 일했고 사장이나 주필도 나를 각별히 생각하고 신임해주었다. 개인적으로 이들에게 원한을 가질 아무런 이유도, 더욱이 신문사를 그만둘 이유는 아무것도 없었다. 그러나 만약 회사에 그냥 남아 있다면 하나둘도 아니고 수십 명을 내 이름으로 해임해야 한다는 것을 생각하니 양심상 도저히 그 자리에 그냥 눌러 있을 수가 없었다. 약 130여 명 중 거의 50여 명을 내 이름으로 해임한다는 것은 죽으면 죽었지 할 수 없는 일이었다. 그들도 사랑하는 처자가 있고 설혹 방법상 다소의 이견이 있더라도 언론의 독립과 자유라는 어느 시대에 내놓아도 떳떳한 명분을 가지고 투쟁하는 그들을 해임할 수는 없었다. 따지고 보면 이번 파동도 그 발단은 나를 위해 생긴 일이 아니었던가. 1974년 10월 23일 수원농대에서 학생데모가 있었다. 교문을 박차고 시내로 진출했다는 수원 주재기자가 보내온 기사가 있었다. 정보기관원이 와서 그 기사를 내지 말라는 압력을 가했다. 나는 그의 압력을 거부하고 그 기사를 보도했다. 그리 크게 다룬 기사도 아니었다.

그러나 이것이 문제가 되어 나는 점심식사 후 기관원에 연행되었다. 이렇게 될 줄 알고 집으로 가서 셔츠를 두툼하게 입고 나왔다. 반드시 연행되어갈 것이라는 각오는 하고 있었다. 하오 세 시쯤 낯선 세 명의 기관원이 나를 차에 태우고 나갔다. 5·16 후 벌써 몇 번째 연행인가. 돈복은 없으면서도 관재구설수만은 그치지 않아 걸핏하면 연행되곤 했다. 언제 끌려가도 기분 나쁜 그 '연행'을 또 당한 것이다. 한번 가면 일찍 돌아와야 15시간은 조사받는다.

밤 12시가 다 되어 신문사에 돌아와 보니 200여 명의 기자들이 편집국에 모여 농성하고 있었다. 편집국뿐 아니라 출판국·방송국 기자들까지 다 참여하고 있었다. "왜 이렇게 고생들 하시오?" "내일 신문제작을 위해서라도 빨리 돌아가야 한다"고 농성하는 기자들을 서둘러 집으로 돌려보내고 나도 집으로 돌아왔다. 새벽 한 시가 넘어 있었다.

10월 24일 출근해서 정상적인 근무가 시작되었으나 9시쯤 편집국에 하나 둘 기자들이 모여들기 시작했다. 어쩐지 심상치 않을 것 같은 공기였다. 아니나 다를까 기자들이 '자유언론선언'을 하고 있다. 나는 모른 척하고 내 방으로 들어갔다.

기자들은 벌써 여러 번 이와 비슷한 선언을 했으나 그때마다 선언에 그치고 실효를 거두지 못했다. 그래서 이번만은 단단히 각오들을 하고 있는 것 같았다.

신문사 편집국에 출입하며 신문제작에 기관원이 관여하기 시작한 것은 1963년 전후부터라고 기억한다. 신문이 권력행사에 큰 지장이 된다고 본 때문이다. 그러나 이것은 일방적 생각일 수밖에 없었다. 신문에 문제가 있다고 생각하는 같은 논리로 신문의 입장에서 보면 집권자들에게 문제가 있었다. 더욱이 집권과정이 민의를 바탕으로 한 것이 아닐 때일수록 집권자는 국민을 불신하고 의혹의 눈으로 보며 물리적 힘으로 탄압하는 것을 유일한 통치방법인 것처럼 생각하게 된다.

언론자유가 절대적일 수는 없다. 악법도 법이라는 말을 우리는 자주 들어왔다. 과연 그런 것인지 검토해볼 여지가 있는 것이라고들 한다. 하물며 법질서 안에서 제작되는 신문에 대해서는 신문인이 주인이 되어야 하며 그 누구도 외부인이 신문제작에 관여할 수 없고 관여해서도 안 된다. 기자들이 자유언론을 주장하게 된 것은 법을 무시하는 언론자유를 주장하자는 것이 아니라 하등 법에 저촉됨이 없는 일상적인 신문제작에 대해서조차 외부의 기관원이 아침저녁으로 신문사 안에 무상출입하며 '빼라' '끼워라' '그런 식으로 보도하지 말라' '이 문제는 사설로 다루어야 한다'는 식으로 일일이 간섭해 견딜 수가 없었기 때문이다. 신문사는 특정정당을 무조건 지지해서도 안 되며 무조건 반대해서도 안 된다. 신문기자는 어느 정치세력을 위해서가 아니라 나라와 민족을 위하고 사회정의를 위해서 독립된 입장에서 공정히 신문을 제작해야 한다. 이것은 지극히 상식적인 기자의 자세다. 그러나 기자의 주장이 아무리 정당하다 해도 권력이 집권과정에 지장이 있다고 판단되면 신문사나 신문기자에 아무런 잘못이 없는 경우에도 권력을 발동해 신문기자가 불온하다느니 기사가 안보상 문제가 있다느니 트집 잡아 함부로 연행해 위협하고 고통을 주어 신문제작에 특정한 영향을 주려고 한다.

신문기업은 권력이 무서워 특별히 잘못도 없는 기자들을 불온시하고 '위계질서'가 어쩌고저쩌고하며 어쩌니 저쩌니 하며 당치도 않은 이유를 달아 대량해고를 서슴지 않는다. 기업주들의 언론에 대한 이 같은 반역행위는 결코 용서되지 않을 것이다. 역사의 심판을 면치 못할 것이다.

하여간 기자들은 제작거부, 공무국 점거 등 그들이 저항할 수 있는 모든 방법을 다 동원, 저항에 힘썼으나 중과부적이어서 1975년 3월 17일 힘으로 사내에서 축출되어 한때 세계의 관심을 모은 바 있는 '광고파동'이 일단 끝나고 말았다. 나는 3월 16일 신문사를 찾아가 사장과 주필에게 마지막 인사를 나누었다. 한때는 그렇게 가깝고 정다웠던 그들이었지만 일단 입장이 달라지고 보니 그렇게 냉랭할 수가 없었다. 나는 사장실에서 사장과 주필에게 "이와 같은 방법으로 문제를 수습하면 먼 20년 후엔 반드시 후회하게 될 것입니다"라고 울면서 재고를 간청했으나 두 사람은 내 말에 아무런 대꾸도 하지 않고 다만 저녁이나 같이하자고 했다. 그간 동고동락한 처지에 마지막 헤어지는 것이 피차 서글펐던 것이다.

그 길로 3층으로 올라왔다. 편집국과 공무국엔 상기된 기자들이 농성을 계속하고 있었다. 한때 내 사무실로 쓰고 있던 방에 그들을 몇몇 모아놓고 "내 능력으로는 어찌할 수가 없어 나는 신문사를 떠난다"고 하며 마지막 인사를 나누었다. 언론계 생활의 마지막이 될 작별임을 생각하니 눈물이 자꾸 흐르는 것을 막을 수가 없었다. 내 이야기를 들으며 그들도 함께 울었다. 하고 싶어서 이런 수단에 호소하는 것은 아니었을 것이다. 마지막 남은 유일한 방법이기에 이 방법을 택했을 것이다. 불행한 오늘의 언론현실, 민족현실을 생각하면 그렇게 슬퍼질 수밖에 없었다. 식사를 하는 자리는 서먹서먹했다. 집에 돌아와 시간을 보니 벌써 12시가 되어 있었다.

생활리듬이 깨진 새로운 생활이 시작되었다. 밥을 떠먹기 무섭게 달려가던 신문사, 내 온갖 젊음을 바쳐 만들어오던 신문제작에서 완전히 떨어져나와 하릴없이 안방귀신 노릇을 하게 되었다. 10여 일이 지난 3월 말께 해임발표가 있었다. 어느 일요일 나는 남은 짐을 정리하기 위해 신문사에 갔다.

텅 빈 편집국에 들러 신문조각이나 서류뭉치를 정리하고 차고에 전화를 걸었더니 대답이 시원치 않았다. 나에게 편의를 제공했다간 무슨 후환이 있을까 두려워한 때문인 것 같았다. 세상인심이 모두 이렇구나 생각했다. 이제 신문사하고는 완전히 인연이 끊어진 것이다. 만날 사람도 없고 할 말도 없다. 신문사 일을 아주 잊어버리자, 이렇게 마음먹었다. 그러나 며칠간은 내외 신기자들의 전화가 자주 걸려왔다. 그만두게 된 동기를 이야기해달라는 요청이었다. 그러나 자랑할 것이 무엇 있다고 이야기하나 싶어 거의 만나기를 사양했다. 국내신문이고 외신이고 도대체 신문사 문제로 취재대상이 되고 싶지 않았다.

며칠간은 하릴없이 집안에 앉아 있었다.

무엇인가를 잊은 사람 같았다. 해야 할 일을 않고 게으름을 피우고 있는 것도 같았다. 무엇 무엇을 할까? 한참 동안 궁리를 하다가 남산의 국립도서관에 가기로 했다. 거의 매일같이 나갔다. 도시락을 싸 가지고, 한창 직장에서 일할 시간인데도 또 학교에서 한창 수업을 받을 시간인데도 도서실에는 상당히 많은 젊은이들이 공부를 하고 있었다. 전 같으면 이런 곳에 올 생각도 못 하고 올 시간도 없었다.

한창 글을 쓰다 피로해진 눈으로 서울을 내려다보면 참으로 상쾌했다. 멀리 신문사도 보였다. 인생만사가 모두 부질없게만 보였다. 이런 때 담배라도 한 대 물어봤으면 하는 생각도 들었다.

약 10여 일 매일같이 개근하면서 서너 편의 글을 썼다. 하나는 독립신문 창간 이래 문제된 사설을 정리한 것이고, 하나는 80년간 우리 언론사에서 기사 쓰는 스타일을 연도별로 분류해보는 일이었다. 기회는 고사하고 이런 문제는 생각해보지도 않았던 문제들이다. 기자생활을 그만두고 오히려 신문에 대한 연구와 조사를 하게 되고 따라서 이것저것 새로운 문제의식도 생겨나게 되었다.

한 가지 소개하고 싶은 것은 3·1운동 후 창간된 몇몇 민간신문 중 〈동아일보〉의 사회면을 분석하면서 3·1운동 후의 사회사를 쓴 글이다. 한 180매쯤 되는 글이지만 퍽 재미있는 원고였다.

내가 직장을 그만둔 후 한 일주일쯤 되었을까. 언론계 선배 한 분이 서대문 적십자병원에 입원하고 있다는 소식에 문병 간 일이 있었다. 그 병실에서 나는 수북이 쌓인 일본신문을 읽다가 내가 언론계를 뜬 기사가 상당히 크게 이 신문 저 신문에 보도된 것을 보고 깜짝 놀랐다. 동아일보 사건이 이렇게까지 국제적 관심을 불러일으켰나 싶어 놀라웠다.

기자들은 매일같이 회사 앞에 출근하는 시위를 한다고 했다. 수십 명이 정문 양쪽에 도열해 서서 출입하는 사원들을 지켜본다는 것이다. 회사에 남아 있는 기자들은 어제까지의 동료들이 언론자유를 위해 싸우다 사에서 축출되어 매일같이 정문 앞에서 데모를 계속하고 있으니 아마 죽을 지경이었을 것이다. 그래서 일부 기자들은 차고를 통해 편집국에 들어가기도 하고 아예 새벽같이 일찍 나와 미리 사내에 들어가는 기자도 있었다고 한다.

생활리듬이 깨지고 갈 곳이 없어 방황하는 일부 기자들은 나한테로 자주 찾아왔다. 번역을 한다는 친구도 있고 출판사를 차린다는 친구도 있고 '동아일보자유언론수호투쟁위원회'—약해서 동아투위(동투)— 일을 보느라 아침부터 저녁까지 동분서주하는 친구들도 많았다. 동투는 모금을 해서 사무소 하나를 차려놓고 투쟁을 계속하고 있었다. 회원들은 언제나 그곳에 모여 이야기를 나누고 있었다. 일부는 〈진동아〉라는 유인물을 내기도 하고 《동아사태의 진상》이라는 조그마한 책자도 출판했다. 글 쓰는 사람들이라 자기들의 사건을 기록에 남기기 위해서였다.

동아보다 얼마 앞서 조선일보사에서도 30여 명의 기자들이 해고되었다. 사건의 발단은 동아의 경우보다 단순했다. 유신을 지지하는 모 유정회 국회의원들의 글이 나갈 때 기자를 대표한 P와 S기자가 편집국장에게 신문보도의 공정성으로 보아 유신을 찬성하는 글이 나가면 그것을 비판하는 글도 똑같이 소개해야 할 것 아니냐고 의견을 개진했다가 '위계질서문란'이니 '하극상'이니 해서 즉각 해임되는 충격적인 사건이 벌어졌다.

본래 불편부당을 사시로 내세우는 조선일보에서 그 사시에 충실하자는 말을 했다 해서 해고를 시켰으니 이 소식은 동아 기자들에게까지 큰 충격을 주었다. 조선에서는 동아의 경우와 달리 전원이 항의하고 제작을 거부했다.

한데 경영진과 기자 사이에 교량 구실을 하는 간부가 없어 사주와 기자의 관계가 이내 폭발했다. 아마 동아일보사에서 이른바 '즉각 추돌'을 피할 수 있었던 것은 기자와 사주의 사이를 조정해보려는 내 노력이 있었던 때문이 아닌가 한다. 그러나 문제를 수습하는 데 편집국장이라는 자리는 그렇게 실권이 강하지 못했다.

다만 기업주와 기자의 정면충돌에 방패구실을 한 것은 다행한 일이었다. 그러나 나도 신문사 측으로부터 참 많은 욕을 먹었다. 첫째, 사장과 주필의 신임과 심지어 총애까지 받았으면서도 신문사가 가장 어려울 때 그렇게 상의 한마디 없이 회사를 그만두는 사람이 어디 있는가, 배은망덕도 유분수지, 사의 간부로서 그렇게 무책임할 수 있느냐는 것이었다. 집에서 듣고 있자니 온갖 비난·비방이 다 들려왔다.

어느 날 노상에서 사장의 측근 한 사람을 우연히 만났다. 그의 말에 의하면 사장과의 의지 않느냐고 자기가 말한 적이 있다고 시인했다. 나는 그의 솔직한 답에 더 할 말이 없었다. 결국 가치판단의 문제였다.

내가 한 직장인이라는 점을 중시한다면 그들의 비난과 그 말이 모두 옳다. 그러나 언론이라는 막중한 영향을 미치는 직책의 특수성에 비추어 '직장에 충실할 것이냐?' '직업에 충실한 것이냐?'를 택해야 한다면 나는 단연 직업에 충실하겠다고 대답할 수밖에 없다. 이것은 나에게 주어진 숙명적인 비극일지 모른다. 그러나 나는 개인의 의리보다도 본분에 충실해야겠다는 결심이 강해 일부에서 퍼붓는 비난을 무릅쓰고 오늘과 같은 어려운 길을 택하게 되었다. 내가 스스로 택하고 원해서 걷는 길이기에 아무리 괴로워도 후회하고 싶은 생각도 없고 누구를 원망하고 싶은 생각도 없다. 각자 자기가 옳다는 길을 가면 되는 것이다. 모두 자기 책임 하에 말이다.

시련이 계속되다

직장을 그만두고 무직생활을 시작할 때 나는 이렇다 할 저축이 없었다. 흑석동 집에서 11년간 사는 동안 온갖 노력을 해서 약간 저축해놓은 돈은 40평 남짓한 지금의 역촌동 집으로 늘려오는 데 다소 보태 쓰고 이제 저축이라고는 없었다. 바로 이런 여유 없는 시기에 운 나쁘게 직장을 떠나지 않으면 안 되게 된 것이다.

그때 내 한 달 봉급이 20만 원이었고 6년간 근무했으므로 퇴직금이 120만 원 정도였다. 아마 이것이 장차 살아나가야 할 전 재산이었던 것 같다. 직장을 떠나 멍하니 집에 들어박혀 있으니 하루하루가 불안의 연속이었다. 무엇보다도 생활에 대한 걱정이 제일 앞섰다. 여섯 명의 자식들은 대학에서 국민학교까지 모두 다니고 있었다. 학비가 제일 많이 들 때였다.

한 달에 20만 원 봉급으로도 힘겨울 판인데 그나마 한 푼도 안 들어오게 되었으니 장차 생활대책을 어떻게 세워야 하는가. 이런 생각 저런 생각을 하면 밤에 잠이 오지 않았다. 생활에 대한 불안이 끊임없이 엄습해왔다. 어느 날 갑자기 두려워지곤 했다. 이럴 때면 나는 미친 듯이 서오릉 쪽으로 달려갔다. 숨이 차 헉헉하면서도 두려움은 떠나지 않았다.

담배나 술을 할 줄 아는 사람 같으면 술이나 마구 퍼마시고 인사불성이 되어 자고 싶은 생각도 들었다. 담배도 술도 못하는 나는 괴로움이나 앞날에 대한 불안을 피할 길이 없었다. 미친 사람처럼 산을 달리거나 심호흡을 하곤 했는데, 하여간 매일매일과 싸워 나가지 않으면 안 되었다.

직장을 떠난 지 몇 달이 지나니 생활에 대한 걱정, 즉 먹고사는 문제에 대한 본능적인 불안이 무엇보다도 극복해야 할 큰 문제였다. 나처럼 언론의 독립을 위해 회사에 불복종하고 그만둔 사람을 어느 직장에서 데려갈 것인가. 또 30년 가까이 기자생활만 해온, 그래서 50이 된 나 같은 사람을 데려간들 써먹을 데도 없었다. 주변 정세는 유신체제가 점점 엄중해져갔다.

1975년 5월인가 월남이 공산화되고, 긴급조치 9호가 발동되어 민주화의 앞날은 점점 암담해졌다. 권력당국의 주목을 받는 나를 찾아와주는 사람도 없었다. 기독교인이 아닌 나는 교단이라는 울타리도 없었다.

고민이라는 심리현상은 참 묘한 것이었다. 직장을 내놓은 1975년 한해는 거의 매일같이 불안이 따라붙었다. 견딜 수 없이 불안했다.

나는 지금 처음 고백하지만 생전 처음 구직운동에 나섰다. 써보지 않은 이력서를 몇 통 써 가지고 우선 찾아간 것이 P모였다. 내가 C일보 논설위원을 할 때 자주 찾아와 안면이 있고 사람됨도 무난하다고 생각되어 그 사람을 찾아보리라 마음먹고 어느 날 이력서 한 통을 호주머니에 넣고 그를 찾아갔다. 그는 당시 관제이긴 하나 민간의 큰 교육단체의 장을 하고 있었다. 그를 만나 학교 선생자리를 뚫어볼 생각이었다. 이미 몇 년 전 학교 강사생활을 몇 번 해본 일이 있고 또 평도 괜찮은 경험이 있어 교직생활로 방향을 아주 전향해볼 생각이었다. 그를 찾아가니 다행히 자리에 있었으며 그의 옆에는 나하고 그래도 한때 가깝다면 가깝다 할 Y대 철학교수 L이 앉아 있었다.

찾아온 목적을 말하고 힘 좀 써달라고 부탁하니 그는 학교 이야기는 않고 C신문사를 소개해줄 터이니 들어가볼 생각이 없느냐고 했다. C일보에선 나를 써줄 까닭도 없지만 언론계하고는 영영 인연을 끊고 방향전환을 해보겠다는 이에게 다른 신문도 아닌 C일보를 이야기해준다는 말에 나는 말도 않고 그 자리를 물러나왔다. L이 옆에서 구직하러 온 나를 물끄러미 쳐다보고 있는 것도 부끄러웠다.

첫째 시도는 이렇게 해서 실패했다. 다음날이던가, 나는 또 이력서를 호주머니에 넣고 돈암동 미아리고개를 넘어 S라고 하는 모 예술관계 전문대학을 찾아가볼 생각이었다. 이 학교에는 내 중학교 은사가 한 분 계시다는 것을 알고 있었다.

미아리고개를 넘어 산 중턱에 있는 학교를 바로 찾을 수 있었다. 그러나 차마 들어갈 용기가 나지 않았다. 나는 이력서를 호주머니에 넣은 채 학교 교문 앞 산 중턱에 앉아 미아리고개를 왔다 갔다 하는 자동차를 구경하고 있었다. 사람들은 아무 일도 없다는 듯이 수없이 왔다 갔다 했다.

때는 4월이라 날씨는 아직 쌀쌀했으나 맑고 화창했다. 우울하고 한없이 외롭기만 했다. 한때 그렇게 떠들썩하고 온 장안, 아니 전 세계의 관심을 끌고 있던 광고파동도 지나고 나니 언제 그런 날이 있었느냐는 듯, 또 한때는 이런저런 사람이 찾아와 위로도 해주고 격려도 해주었으나 그 모든 일이 일시적이었다. 며칠을 채 넘기기 전에 세상사람들은 모두 저 살기에 바빴다. 언제까지고 남의 일에 관심을 가질 여유가 없었다. 그렇게 바쁘고 정신이 없는 것이다.

한참 동안 앉아 이런 생각 저런 생각을 하다 다시 일어나 버스를 타고 집으로 돌아왔다. 아내가 어디를 갔다 왔느냐고 물었으나 아무 대답도 하지 않았다. 차마 구직하러 다닌다는 말은 하기가 싫었다.

언론계는 다시 돌아가지 않으리라. 유신을 위해 글을 쓸 수 없다고 결심한 이상 내가 신문사를 다시 들어갈 수는 없었다. 그러나 먹고는 살아야 했다. 그래서 궁리해낸 것이 학교 교직자가 되는 일이었다. 그러나 이것도 뜻대로 되지 않았다. 이력도 없거니와 당시 나 같은 문제인물을 써줄 학교도 없었다. 나는 자식 여섯 명을 거느린 한 가장으로서 먹고는 살아야 했다. 눈 딱 감고 몇 군데 더 찾아가보리라 마음먹었다. 구직운동은 정말 죽기보다 더 싫었으나 할 수 없었다.

한때 아주 가깝게 지낸 교수가 있었다. 그는 나와 신문사에서 논설도 쓰고 같이 어울려 사귀던 참으로 친한 사람이었다. 그를 찾아가보리라 마음먹었다. 그는 H대학 총장으로 있었다. 또 이력서를 들고 학교로 찾아갔다. 처음 찾아가는 학교였다. 그러나 총장은 입원중이라고 했다. 나는 깜짝 놀라 병원 이름을 알아가지고 나왔다. 벌써 10년 전 일이라 위치가 어디였는지 기억에 없으나 하여간 종이에 적힌 병원을 물어물어 찾아갔더니 2층에 입원하고 계시다 했다.

대단한 병은 아니었다. 곧 퇴원한다는 대답이었다. 그러나 한때 그렇게 친하게 사귄 그였건만 나를 대하는 태도가 반가운 눈치가 아니었다. 나는 입원 환자에게 구직 이야기를 하는 것이 옳은지 어쩐지 한참 망설이다가 그러나 먹고살아야 했기 때문에 마음을 굳게 먹고 이야기를 꺼냈다. 그러나 그는 아무 대꾸도 하지 않았다. 나는 더 조를 수도 없고 두 번 이야기할 용기도 없었다. 그대로 나올 수밖에 없었다. 아아, 괴롭다. 괴롭다. 50이 되어 구직하러 다녀야 하는 자신이 처량하게만 보이고 울고만 싶은 심정이었다.

아마 직장을 떠난 많은 기자들이 자기 집에 재산이 있는 기자가 아닌 한 모두 나와 같은 역경을 겪었을 것이다. 그래서 몇몇은 다시 신문사로 돌아갈 것을 결심한 것이다. 그 심정을 이해할 수 있을 것 같았다. 집에 돌아와서는 아내에게 일절 말을 하지 않았다. 아내는 아마 지금까지도 이런 사실을 모르고 있을 것이다. 이 글을 읽고서야 그런 일이 있었느냐며 놀랄 것이다. 괴로운 일도 지나고 나면 되레 아름다운 추억이 된다고 하지만, 그러나 그때의 나는 정말 우울하고 외롭기만 했다.

생각다 못한 나는 언론계로 돌아가자고 마음먹었다. 그러나 글을 안 쓰는 통신사 조사부 같은 곳으로 가보자! 이렇게 마음먹은 나는 어느 친구를 통해 이름 있는 통신사 사장의 의사를 타진해보았다. 공교롭게도 그곳 사장은 한때 신문사 시절에 인연이 없지 않았고 나와도 잘 아는 사이여서 내가 어떤 사람인지도 아는 장관 출신 사장이었다. 그러나 그도 결코 긍정적인 답을 않더라는 것이었다. 그 무렵 나를 채용하려면 아마도 청와대의 양해를 일단 받아와야 했을 것이다.

바로 이 무렵 나는 청와대로 들어와 자기를 도와달라는 대통령의 교섭을 받은 일이 있었으나 일언지하에 거절한 일이 있은 직후였다. 하여간 통신사 사장인 전직 장관이 청와대에 보고하면서까지 나를 채용해줄 까닭도 없고 보니 결국 나의 모든 구직운동은 실패로 돌아가고 말았다. 나는 다시는 구직운동을 않기로 마음먹었다. 1975년 한 해는 매일같이 먹고사는 문제로 불안이 계속되었다.

신문사 생활을 20년쯤 하면 대부분 경제기반을 마련한다는 것이 세상사람들이 기자라는 직업을 보는 인식이었다. 그러나 나는 도시 돈하고는 인연이 없는 사람인 것 같았다. 기자시절에는 외신부에서 내근만 하고 그나마 야근만 하다 보니 돈하고는 인연이 없었다. 그때 기자의 봉급이란 한심했다. 보통 직장의 반밖에는 되지 않았다. 보통 직장의 배가 되는 지금하고는 수입 면에서 천지의 차이가 있었다.

친구가 찾아와도 다방으로 안내할 돈이 궁색할 정도였다. 교통은 버스를 이용하고 점심은 도시락을 가져와 먹기도 했다. 1958년 내가 H일보 외신부 차장을 하고 있을 때, 나는 새벽 2~3시경 야근하고 돌아갈 때 언제나 그날의 통신지를 한 아름 안고 집으로 돌아왔다. 며칠간 모아두었다가 아내와 함께 동대문시장에 갖다 팔아 그 돈으로 쌀을 사 가지고 와서 생활에 보태 쓰곤 하였다. 그때 나는 사회부장으로 있는 S라고 하는 친구한테서 '종이장사'라는 비양을 들은 적이 있었다. 물론 당사자인 S는 집안도 부자고 외근하는 사회부장이라 별생각 없이 그런 말을 했겠지만, 또 지금쯤 모두 잊어버렸겠지만, 나는 30년이 넘는 지금까지도 이 모욕적인 말을 잊지 않고 있다.

나는 정말 그때 그런 식으로 생활을 꾸려 나가지 않으면 안 될 만큼 생활이 어려웠다. 내가 K신문사 논설위원으로 있을 때(1963년)의 일이었다. 친구 동생의 결혼식이 있었다. 아내가 자기도 굳이 가보고 싶다고 했다. 나는 내심 내키지 않았으나 거의 외출이라는 것을 안 해본 처로서는 가보고 싶었나 보다. 그러나 그는 예식장 입구에서 입장을 거절당했다. 행색이 초라한 여인을 결혼을 축하하러 온 손님으로 보지 않았던 것이다. 이날 나는 집에 돌아와 처와 한바탕 싸웠다. 아내의 입장으로는 남편의 무능이 이때처럼 원망스러울 때가 없었을 것이다. 아내는 내가 이런 글을 쓰는 것을 모르고 있다. 이런 창피스러운 사실이 밝혀지는 것을 그의 자존심은 허락지 않을 것이다.

20대에 신문기자가 되어 50대에 언론계를 떠났으나 30대 시절의 내 가정생활은 참 궁하게 살았다. 30대의 나는 쇠고기가 먹고 싶었다. 그러나 쇠고기를 살 돈이 없어 고기소원을 못 풀고, 40대가 되면서 점점 이름이 알려져 글도 쓰고 강연도 다니는 등 하여간 대외활동이 넓어지면서 수입이 늘고 생활에 다소 안정이 생겼으나, 결국 신문사를 떠나게 되어 궁한 생활이 또 시작되었다. '궁'자와 나는 무슨 인연이 있는지도 모르겠다. 요즘은 고기값도 비교적 헐해지고 또 무직으로 있지만 고기 먹을 기회도 전보다는 더 있는 편이지만, 나이 탓인지 쇠고기에 대한 식욕이 옛날 같지 않아 결국 쇠고기와 나는 인연이 없는 것만 같다.

구직운동을 단념한 어느 날 국민학교 친구를 배웅하고 방으로 돌아오다 갑자기 현기증이 일기 시작했다. 하늘이 땅이 되고 땅이 하늘이 되어 빙빙 돌기 시작했다. 나는 쓰러지려는 것을 정신을 차리고 기둥을 잡고, 눈을 감아 정신을 안정시키려 했다. 그러나 현기증은 더 심해만 갔다. 여전히 하늘과 땅이 왔다갔다 정신을 차릴 수가 없었다. 나는 아내를 불렀다.

"여보, 내가 왜 이러지? 어지러워 설 수가 없소!"

나는 방에 그냥 누웠다. 생전 처음 겪는 일이었다. 나는 아내를 연거푸 부르며 죽겠다고 소리를 질렀다. 그러나 현기증을 경험하지 못한 나는 허해서 그럴 것이라고 별 관심을 두지 않았다. 현기증이 이렇게 무서운 병인 줄을 미처 몰랐다. 견딜 수가 없었다. 나는 소리를 지르며 못 견디겠다고 아우성쳤다. 수면제를 사오라고 소리를 질렀다. 눈을 감았다. 그래도 하늘과 땅이 돌았다. 이런 상태로 한 시간만 가면 죽을 것만 같았다. 갑자기 구토증세를 느꼈다. 이내 나는 방바닥 가득히 토했다. 현기증이 심하면 구토증이 생긴다는 것을 나중에야 알았다. 현기증은 흔히 사업에 실패하고 절망 속에 방황하는 사람들에게 자주 일어나는 증상이라고 후에 들었다.

아내가 급히 사온 수면제를 마시고 그대로 쓰러져 잠이 들었다. 처음의 현기증은 이렇게 해서 무사히 넘길 수 있었다. 그 후 나는 이런 현기증을 또 한 번 경험했다. 아슬아슬한 위기를 이렇게 해서 무사히 넘겼다. 이 무렵 함께 직장을 떠난 편집국 기자들이 하나둘 찾아오는 일이 있었다. 한때 직장을 박차고 나오기는 했으나 몇 달 지나고 보니 그 고통이 보통이 아니라는 것을 경험하게 되었으며 그래서 다시 원 직장으로 돌아가겠다는 뜻을 말하고 내 반응을 보러 온 것이었다. 다시 돌아가는 문제를 상의하러 온 것이 아니라 이미 들어가기로 정해놓고 내 양해를 얻으러 온 것이었다.

나는 이미 그들의 상사도 아니고 또 그와 전에 개인적으로 친분이 깊었던 사이도 아니었다. 반년 남짓 편집국에서 함께 일했을 뿐이었다. 신문기자란 일반적으로 대학졸업자 중에서도 이해력이 빠르고 두뇌가 우수하며 또 자기의식도 갖고 있는 사람들이었다. 신문사는 공무원과 달리 상하의 이른바 위계질서가 엄하지 않았다. 그가 본 직장으로 돌아가는 문제를 나와 상의할 의무란 없었다. 또 '돌아가라' '돌아가지 말라'고 결정해줄 입장도 아니었다. 본인이 알아서 결정하면 되는 것이다.

그러면 기자가 왜 찾아와 이런 문제를 상의하는 것일까. 거기에는 심리적인 이유가 있었다. 언론자유를 외치며 큰소리치고 젊은 혈기로 회사를 박차고 나왔으나 막상 나오고 보니 그 고통이 생각한 것보다 훨씬 심해 견디다 못해 일종의 항복을 하고 돌아가는 것이었다.

그러나 머리 한구석에는 '항복'에 대한 부정적 심리가 있어 돌아가선 안 된다는 소리를 지르는 것이었다. 이성의 목소리였다. 그러나 이성을 따르자니 너무 고생스러워 여러 사정으로 돌아가지 않을 수 없다는 떳떳지 못한 결정을 하게 되는 것이다. 그는 돌아가는 것이 떳떳지 못하다는 것을 마음 한구석에선 알고 있었다. 바로 이와 같은 심리적 불안감을 나 같은 선배의 입을 통해 해소해보려는 것이었다. 그들이 나를 찾아오는 것은 이같이 들어가고 안 들어가고를 문의하자는 것이 아니라 자기의 가슴 한구석에 남아 있는 어쩐지 떳떳지 못한 자기의 결정에 동조를 얻음으로써 심리적 안정을 얻어보자는 특유의 심리작용임을 내가 모를 리 없었다. 언론자유를 위해 투쟁한 자기의 신념, 이것을 양심이라 할까? 만약 양심이라는 표현에 반발을 느낀다면 초지에 대한 수절—만약 수절이라는 말도 비위에 거슬린다면 고집이라도 좋다— 이것을 포기해야겠다는 생각이 생겼는데 여기에서 생기는 정신적 고통, 괴로움을 내 적극적 동의로 위안을 얻어보자는 일종의 자기 합리화를 위한 심리적 갈등의 표시라고 할 수 있을지도 모른다.

하여간 와서 이런 말 저런 말을 하다 예의 회사로 다시 돌아가겠다는 이야기를 꺼냈다. 나는 이런 때 "잘 생각해서 결정하라"고밖에 할 말이 없었다. 나는 그에게 이래라저래라 할 입장도 아니고 그가 내 말을 따라야 할 이유도 없었다. 우리의 고생은 누가 하래서 하는 것이 아니라 옳은 일이라고 믿고 자진해 택한 고생이니 고생하겠다는 결심이 없어지면 언제든지 방향전환을 하면 되는 것이다. 자진해서 택한 길이니 마음이 없어지면 그것으로 문제는 끝나는 것이다.

그 후에도 나는 가끔 이런 상의 아닌 상의를 받은 일이 있었다. 생각하면 오늘과 같은 정치상황 속에서 조그만 자기 본분을 지키는 일조차 이렇게 고통스럽고 어렵다는 것을 내 자신 몸소 경험한 것을 생각할 때, 그가 다시 직장에 돌아간다는 결심을 할 때까지 얼마나 생각하고 망설였을까. 직장을 떠난 지 3, 4개월 만에 몇몇이 다시 돌아갔다. 그러나 그들을 원망할 수도 욕할 수도 없었다. 하찮은 일 같지만 수절이란 이렇게 어렵다는 것을 알게 되었기 때문이다. 젊은 과부가 수절하기가 힘들다는 것은 예나 지금이나 매한가지일 것이다.

일제시대의 친일파는 누구에게나 욕먹는 자들이다. 그러나 나는 가끔 친일파의 입장에서 그들의 심정을 생각해볼 때가 있다. 일본이 망한다는 것은 상상조차 할 수 없었다. 세계 3대 강국의 하나고 역사상 일찍이 남의 나라에 져본 일이 없다고 큰소리치는 '대일본제국'의 치하에서 조선민족의 독립이란 상상도 못했다. 이러한 일제 말기의 그 암담했던 시절에 나는 중학생이었다. 남보다 다소 먼저 민족의식이니 정치의식 같은 것에 눈뜬 나는 그 당시의 암담했던 시절을 가끔 회상한다.

민족이라는 '민'자도 입에 올리지 못할 때였다. 반도인·조선인이라면 인간 이하의 차별대우·멸시를 받으면서도 일본인들은 입버릇처럼 일시동인(一視同仁)이라는 구호 아래 온갖 허위에 찬 교육과 선전을 되풀이하고 있을 때였다. 반도인들이 너나없이 일본에 협조하는 듯이 보였다. 민족의 양심은 어디로 갔는지 지난날의 이름 있다는 민족지도자들도 자발적으로 혹은 부득이 일본에 협조했다. 협조를 않고서는 세상에서 홀로 뒤처져 외롭게 살아야만 했다. 이런 상황 속에서는 항일은 고사하고 민족의 양심을 지키는 소극적인 일조차 지난한 일이었다.

이런 암담한 상황 속에서도 민족의 양심을 지킨 지사들이 있었는데 지금 하고는 비교도 안 되었다. 그러나 수절은 역시 어려운 모양으로, 8·15 후에 자유당에서 공화당으로 다시 민정당으로 권력이 바뀔 때마다 권력에 영합한 것이나 일제시대에 일제에 영합해 산 것이나 영합은 매한가지인 것처럼 보인다. 일제는 이민족이니 저항을 해야 하지만 자유당이나 공화당은 내 민족의 정부니 일제와 같이 볼 수 없다고 말하는 사람도 있었다. 이 말은 그럴듯하게도 들린다. 그러나 일제시대의 분위기를 어느 정도 알고 있는 사람이라면 8·15 후 자유당에서 공화당으로 그리고 민정당으로 일신의 부귀영화를 위해 해바라기처럼 이리 붙고 저리 붙고 하는 자들이 일제시대에 과연 항일을 할 수 있었을까? 8·15 해방 후 정권이 바뀔 때마다 여당에 붙어살던 자들은 거의 빠짐없이 8·15 전 친일파 출신이었다. 언제나 여당만을 하는 자들은 생리적으로 저항을 못하는 자들이며 이들에게는 8·15 전이나 후를 따질 필요가 없었다. 그러나 이러한 생리적 여당형 인물이 아니라 마음이 약해 견디지 못하고 굴복하는 심정은 동정의 여지가 있다. 뜻을 지킨다는 것은 그렇게 어려운 것 같다. 수절이 아무나 할 수 있을 만큼 쉬운 것이라면 수절이란 말 자체가 나오지도 않았을 것이다.

불안한 생활

내가 신문사를 그만두고 집에 있을 때 제일 먼저 나를 초청하고 위로해준 교수가 H대학의 L교수였고 다음이 D라는 여자대학 교수였다. 이때만 해도 대학 강연을 금하는 일은 없었다. 정권이 위기에 빠질수록 대학 출입이나 학생에 대한 강연이 까다로워졌다.

1975년 여름 H대학의 C교수한테서 전화가 왔다. 한번 만나자는 것이었다. 다음날 만났더니 2학기부터 시간강사로 나와달라는 것이었다. 대학 출강은 신문사에 있을 때 이미 서너 군데 강사로 나가 본 경험이 있어 새삼스러울 것은 없었으나, 직장이 없는 그때의 나로서는 이것저것 가릴 처지가 아니었고 강사료가 얼마냐를 따질 처지도 아니었다. 이리하여 나는 신문사를 떠난 지 거의 반년 만에 학교강사가 될 수 있었다. 일주일에 2일인가 출강했다. 정말 열심히 출근하고 열심히 강의했다. 아마 내 온갖 정열을 쏟았다 해도 과언이 아닐 것이다.

봉급은 한심했다. 봉급이라기보다는 한 시간에 얼마 준다는 식으로 계산하는데 한 달에 4만 원 정도는 되었을까. 교통비·점심값·책값을 따지면 4만 원 강사료도 때로 적자가 되는 경우도 있었다. 그러나 나는 그때의 즐거웠던 추억을 잊을 수가 없다.

신문사의 광고파동도 일단락되니 사람들의 관심은 점점 흐릿해져갔다. 한

때 통 소식이 없다가 시일이 흐르면서 하나둘 원고청탁도 시작되었다. 학교에 있는 지난날의 친구가 번역물을 소개해주었다. 일한다는 것은 즐거운 일이다. 1975년 여름 한동안은 그 일로 소일할 수 있었다.

그러나 이런 정도의 수입으로는 아이들 교육비는 고사하고 생활비도 부족했다. 가끔 아니 거의 매일같이 생활에 대한 불안이 나를 괴롭혔다. 그러나 이 괴로움이 서서히 양상을 달리해 나타나기 시작했다.

1975년 내가 신문사를 그만둔 첫해는 매일같이 불안이 나를 쉴 새 없이 괴롭혔다. 갑자기 두려워지기도 했다. 아이들 여섯을 데리고 어떻게 사나? 내 달은 어떻게 사나? 아니 내년에 어떻게 될까? 온갖 잡념이 거의 24시간 쉴 새 없이 나를 불안과 공포 속에 몰아넣었다. 그러나 1976년이 되고 다시 1977년이 되면서 처음 매일같이 집요하게 못살게 굴던 공포가 3, 4일에 한 번씩 찾아오는 것이었다. 3, 4일간은 전혀 아무것도 느끼지 못하고 별 탈 없이 있다가 어느 날 갑자기 불안·공포가 찾아왔다. 이런 때는 거의 미칠 것만 같았다. 이마에서 식은땀이 흘렀다. 내가 어쩌자고 이렇게 멍하니 있기만 하는가. 수입도 없고 하는 일도 없이 어떻게 살아나가나. 이런 일 저런 일을 생각하면 거의 미칠 것만 같았다. 훗날 깨달은 일이지만, 이 불안·공포가 사라진 것은 거의 3년이 지난 뒤의 일이었다. 7년이 지난 후에도 어쩌다 2, 3개월에 한 번 정도의 불안·공포는 상당히 심각했고 이마에서 진땀이 흐르는 정도였으나 3년이 지나고 4년이 넘고 1980년에 옥고를 치르고 나온 후부터는 이 불안이 어느새 사라지고 없었다.

직장을 뜬 지 거의 12년이 되는 지금은 이제 무직이 정상이 되고 내가 어떻게 매일매일을 출근이라는 구속된 생활을 했던가 싶어 되레 지금의 내 생활이 더없이 편안하다. 내일 당장 먹을 식량이 없어도 이제 불안·공포 따위로 떠는 일은 없게 되었다.

사람이란 환경에 적응하는 놀라운 힘이 있다는 것을 비로소 발견했다. 처음 구치소 생활을 시작할 때 그 더러운 식기·수저, 게다가 똥통을 옆에 놓고는 식사할 맛이 나지 않는다. 그래서 처음 며칠간은 그냥 굶고 지낸다. 그러나 이런 더러운 환경도 열흘이 되고 한 달이 넘으면서 이미 더럽다는 생각은 사라진다. 나중에는 구치소 관식이 구수해지기까지 하는 것이다. 환경에 대한 이 놀라운 적응력이 있다는 것은 특히 형무소 생활을 하는 사람에게는 얼마나 고마운 일인지 모른다.

1976년 12월 8일 어머니가 돌아가셨다. 어머니는 어릴 적에 본 고을 원님이 피리젓대를 불며 "어여꺼라, 어여꺼라!"를 외치며 위풍당당하게 지나가는 어마어마한 행차를 80이 넘도록 잊을 수가 없었던지, 사람은 태어나서 벼슬을 한번 해야 한다는 것이 거의 입버릇처럼 되어 있었다.

어머니는 내가 벼슬할 생각은 않고 '아무 쓸모도 없는' 신문기자 노릇하는 것을 못마땅해 하셨지만 말년에는 그나마 신문사도 내놓고 자식을 여섯이나 데리고 어떻게 살지가 무엇보다 큰 걱정인 듯 자나 깨나 손자 걱정인 듯이 보였다.

혼자 멍하니 앉아 계시다가 이 철없는 어린것들 앞날이 걱정이라며 갑자기 한숨을 내쉬기도 하셨다. 그럴 때마다 나는 속으로 빌었다. '어머니, 슬퍼하지 마세요!' 중학교 시절에 읽은 '아조우 히자시'라는 어느 사회운동가의 자서전이 생각났다. 자식이 출세할 것을 기다리던 부모가 엉뚱한 짓만 하는 아들을 보고 실망 낙담하는 데 대해 아들은 후일 자서전을 쓸 때 책 제목을 '아버지 슬퍼 마소서'라고 붙인 것을 기억한 나는 '어머니, 슬퍼 마소서' 하며 혼자 위안을 하기도 했다.

어머니는 86세의 고령으로 세상을 뜨셨다. 돌아가시는 순간까지 노모는 여섯 자녀를 거느리고도 돈 한 푼 못 버는 자식의 앞날을 걱정하며 눈을 감았다고 들었다. 그날 나는 원고 집필에 바빠 운명하는 자리에 임종도 못했다. 마지막 눈을 감는 순간 모든 자식들이 지켜보아야 도리인 줄 알면서도 조금만 더 쓰고 조금만 더 하다가 마침내 운명하셨다는 전화를 받고 급히 달려갔으나 어머니는 이미 싸늘하게 식은 시체로 변해 있었다. 지금도 그때 일을 생각하면 평생 잊히지 않는 불효에 가슴이 미어진다.

1976년의 연말도 나에게는 불행이 겹쳤다. 어머니가 돌아가시고 1년 남짓 그렇게 열심히 강의하던 H대학 시간강사 자리를 박정권의 압력으로 물러나게 된 것이다. 어느 날 신문방송학과 주임교수가 결코 학교의 본의는 아니나 새 학기에는 시간을 배당할 수 없으니 그리 알라는 것이었다. 이것은 당국의 압력 때문이며 학교도 이 압력을 거역할 수 없는 처지이니 미안할 뿐이라고 해명했다. 처음에는 당국의 압력이라는 말을 할 수가 없어서 사실은 지난 1년간의 강의내용, 태도, 학생들의 평 등을 면밀히 추적·조사해보았으나 하나도 흠잡을 데가 없어 하는 수 없이 학교당국의 고충을 털어놓는 것이라고 내 양해를 구했다. 실망스럽고 섭섭했으나 별도리가 없었다. 이 무렵 S대학에서도 시간으로 나와달라는 연락이 있었으나 연락만 한 번 왔을 뿐 그 후 영 소속이 없었다. 훗날 안 일이지만 나를 시간강사로 써도 좋으냐고 모 측에 문의한 일이 있었다고 한다. 내가 무슨 죄를 지었다고 시간강사 자리 하나도 못하게 방해하나 생각하니 기가 막혔다. 굶겨 항복시키자는 작전인가.

언론의 정도는 독립을 유지하는 데 있다. 내가 언론계에 있을 때 이런 일이 있었다.

5·16이 터졌을 때 신문이 '일부 군인 쿠데타' 이렇게 톱으로 보도했다. 이 일부 군인 쿠데타란 보도에 화가 난 쿠데타 주역 장교가 허리에 쌍권총을 차고 H일보사 사장실에 나타나 '당신 배때기에 철판을 깔았느냐'고 위협을 해서 사장이 정신을 잃게 만든 사건이 있었다. 그런데 이러한 그가 몇 년 후 반혁명혐의로 쇠고랑을 차고 재판을 받는 신세가 되었다. 그는 쇠고랑을 차고 법정에 들어서 취재를 하고자 모여 있는 기자들을 향해 손을 흔들며 "기자 양반들, 용기를 가지고 진실을 써주시오"라고 외쳤다. 진실을 썼다고 사장 배에다 철판 운운한 사람이 이제는 되레 진실을 쓰기 위해 용기를 가지라고 했다. 입장이 다르면 신문에 대한 기대가 이렇게 달라지는 것이다.

신문이 누구의 편도 안 들고 진실을 써야 한다는 이유가 여기에 있다. 언론이 독립을 유지해야 할 필요가 어디에 있는가를 설명해주는 재미있는 사건이었다.

기자는 절대로 권력의 하수인 노릇을 해서는 안 된다. 권력은 곧잘 자기들이 바로 국가인 것처럼 자처하지만 권력은 일시적인 것이다. 권력은 그 자리를 유지하고자 온갖 부정·불법을 자행한다. 그러므로 국민은 그들에게 무한의 자유를 방임할 수 없다. 언론은 야당에 속해도 안 되는 것처럼 권력의 하수인이 되어서도 안 된다. 그러나 권력은 언론이 자기 대변 구실을 하도록 압력을 가하고 이것을 거부하는 기자, 즉 언론의 본분을 지키려는 기자들을 적대시한다. 공화당정권이 동아투위를 적대시한 것은 이들이 자기들의 하수인 노릇을 안 하는 데 원인이 있었다.

내 집에서 그리 멀지 않은 곳에 언론계 선배 C씨가 살고 있었다. 나는 직장을 그만둔 후 괴롭거나 외로울 때에는 늘 그의 집을 찾아가곤 했다. 나는 술도 담배도 못해 그의 집엘 가면 가족이 반가워해주었다. 내가 술을 안 하는 사람이니 C씨가 술을 덜 들 것이라 기대하는 때문이었다. C씨는 내가 찾아가도 물론 주안상을 차려오게 하고는 소주를 마치 사이다 마시듯 들이키곤 자기의 평소 울분을 달래는 것이었다. 그는 나보다 언론계 선배고 직장도 조선·한국·동아 등에서 함께 일한 적이 있고 자유당 때부터 잘 알고 지내는 사이였다.

나보다 한 3년 전에 역시 언론계를 본의 아니게 떠난 사람이었다. 박정권이 점점 정치·경제적으로 국민의 지지를 상실하면서 언론계에 포악해지더니 유능한 그도 결국 언론계에서 쫓겨나고 말았다. 나보다 3년 앞서 언론계를 떠났으니 나보다 타율적인 실직생활의 선배가 되는 셈이었다. 이 C씨로 해서 나는 이른바 재야와 관련을 맺게 된 것이었다.

1977년 봄 아마 4월쯤 되었을까? 어느 날 나보고 서명을 하라고 무슨 용지를 내놓았다. 나는 그때 비로소 재야와 민주화운동이라는 것에 접근하기 시작했다. 물론 나도 그 문서에 도장을 찍었다. 이것이 내가 '재야'라는 사람들과 접촉하기 시작한 처음일 것이다. 물론 C씨의 권유로 도장을 찍고 이른바 재야의 민주화운동과 접촉하기 시작했지만 책임은 어디까지나 내게 있지 C 씨에게 있는 것은 아니었다. 내가 거절하면 그것으로 그칠 일이었다.

그러나 나는 흔연히 서명에 응했다. 나는 본래 정력이 없고 용기도 별로 없고 체력도 부족해 현실문제에 참여하는 것을 피하고 있었으므로 '민주수호국민협의회'에 관계하자는 제의도 사양·거절해왔다. 신문기자는 자기 본분을 지키며 언론의 독립을 유지해야 한다. 언론이 독립을 유지한다는 것은 곧 언론이 자유롭게 된다는 것을 뜻한다.

신문이 자립해야 한다는 것은 신문기자가 소신에 따라 신문을 제작하고 무엇을 반대하거나 찬성하더라도 기자의 양심에 따라 기자가 책임을 지고 한다는 것을 뜻한다. 현직에 있을 때 나는 여러 번 기관원에게 연행되어 조사를 받았다. 그러나 이러한 연행은 거의 신문사들이나 신문제작에 관련된 일 때문이었으며 그 밖의 일로 연행되거나 조사받은 일은 없었다.

신문사를 그만둔 후에도 나는 학교 강의를 하려고 노력했고 시간강사가 된 뒤에는 얼마 안 되는 강사료를 받으면서도 온갖 정력과 성의로 강의해 학생들로부터 신임을 받았다. 언론계를 떠난 이상 나는 이제 훌륭한 교수가 되어 자라는 학생들을 지도하는 모범적인 교육자가 되려고 노력하였다. 내가 언론계에 있을 때에는 열심이고 성실하며 옳은 길을 걷는 모범적이고 능력 있는 언론인으로서 신임을 얻고 있었다고 자부한다. 나는 어디를 가나 또 무엇을 하나 언제나 성의껏 일했기 때문에 신임을 얻었다. 내가 신문사를 옮긴 것도 그만큼 나를 끌어가려는 신문사가 있었기 때문이다.

그런데 교육자로서 그야말로 아무런 하자도 없었던 나는 정보기관의 압력에 의해 또다시 학교에서 쫓겨나고 또 다른 학교에서 교섭을 받고 승낙까지 했는데도 기관의 압력으로 알량한 시간강사 자리마저 얻을 수가 없게 되었다. 문제의 모 기관에서는 '기아작전'으로 나를 항복 시키자는 전술인 것 같았다.

그들은 내가 내 힘으로 하는 취직은 이렇게 음성적으로 방해하면서도 한편에서는 시치미를 떼고 자기들이 '자리'를 알선하는 것이었다. '자리'의 고하는 둘째 치고 나는 그 자리에 갈 수가 없었다. 그 자리는 나의 공적 자세를 근본에서 바꾸게 하는 자리며 나를 '변절자'로서 세상의 지탄의 대상이 되게 하는 자리였다.

일반적으로 5·16 후를 보면 특히 지식인의 정치참여 혹은 행정참여가 많았다. 이러한 지식인의 참여는 세상에서 지탄의 대상이 되었다. 후일 그가 참여했던 자리에서 일단 물러난 다음에도 그는 거의 그들 밑에서 남의 눈을 피해 사는 것이 보통이었다. 벼슬을 할 때에는 하늘을 찌를 듯한 세도를 부리다가도 그 자리를 떠난 후의 그의 초라함은 언제나 반비례하는 것 같았다. 세도가 당당할수록 그의 은퇴 후의 생활은 초라하고 그늘진 생활을 하는 것이다. 지식인의 사회참여 그 자체에 문제가 있는 것이 아니다. 만약 지식인이 정치나 또는 권력에 참여함으로써 자기의 가진 바 의견과 포부를 펼 기회가 있다면 권력참여를 나쁘다고 말할 수는 없을 것이다. 문제는 지식인의 현실참여가 가진 바 포부를 펴는 데 그 동기가 있는 것이 아니라 권력층이 이미 나아갈 길을 정해놓고 다만 그 길을 걷는 데 있었다. 미국이나 일본하고 다른 점이 이런 데서 발견되지 않는가 한다. 권력에 참여하는 것이 세상에서 대부분 일종의 '변절' 또는 '굴복'으로 비난의 대상이 되는 이유가 이런 데 있지 않은가 한다.

그러나 자기의 신조를 지키고자 할 때에는 박해가 따르게 마련이다. 나도 권력층의 초청을 거부한 결과 오갈 데가 없어지고 이러한 막다른 골목에서 결국 나갈 길이 '재야'로 가는 길밖에 없었다. 나같이 몸도 약하고 용기도 없고 아무런 야심조차 없는 지극히 평범한 보통사람이 '재야'인처럼 된 것은 박 정권의 끝없는 박해가 빚은 결과였다.

C씨는 술이 취하면 "나는 오래 살아야겠다. 오기로라도 오래 살아야겠다"고 늘 말하곤 했다. 한 달에 두어 번씩 C씨 집을 방문하는 것이 나에게는

더할 수 없는 위안이 되었다. 바로 이 무렵 언론계의 인물인 C사장이 어느 날 갑자기 별세했다. 그와는 여러모로 인연이 적지 않았다. 미운 정 고운 정 모두 든 사람이다. 물론 그를 비판하는 사람도 있었으나 모든 시비를 떠나 생각할 때 그는 하여간 언론계의 인물임에 틀림없었다. 그러나 그도 갔다. 가고 없으니 한때의 풍운아도 이제 역사 속의 인물이 된 셈이다.

동아일보에서 해고당한 기자들의 총수는 130여 명이나 되었다. 같은 무렵 역시 언론자유수호투쟁을 하다 조선일보사에서도 30여 명이 해직되고 한국일보사에서도 몇몇이 해직되었다. 그들은 학생이 아니라 제각기 가정을 지닌 가장이었다. 신문기자 생활도 그리 길지 않아 아직 필명도 알려져 있지 않은 30대가 대부분이었다. 그들에게는 그들대로 고민이 있고 어려움이 있었다. 상당수는 일반 기업체 같은 곳에 전직했으나 끝내 취직을 거부하고 자유업을 고수하고 있는 기자들도 있었다. 젊은이들이라 전직이 어느 정도 가능하나 그렇다고 아무 곳에나 가도 되는 것은 아니었다. 가능하면 자유업, 가령 집필이나 번역 같은 것을 하면서 자기의 순수성을 지키는 길이 바람직스럽다. 이것이 제일 좋으나 지극히 어려운, 본인이 자발적으로 택하는 길이며 남이 권고할 수 있는 것은 아니었다.

둘째는 자기 사업을 하는 방법이 있다. 아예 시장 장사꾼으로 나간 기자들도 몇몇 있으나 이것은 너무 길이 달라 신문기자라는 의식이 점점 없어질 염려가 있는 것이다. 자기 사업 중에서도 가장 무난한 것이 출판업이다. 언론자유를 위해 투쟁하다가 해고당한 기자가 총 200여 명쯤 되는 중에서 출판업을 시작한 젊은이들이 있어 1970년대 말부터 80년대에 걸쳐 엄중한 정치적 상황 속에서도 출판업계가 그만큼이나 활발해진 것은 이들의 공로가 컸다고 보아야 한다.

셋째는 기업체에 취직하는 길이 있다. 이러한 방향전환은 자기 사업 특히 출판업만은 못하나 그러나 대체로 무난한 방법이다. 다만 직장 일에 매여 살다보면 자연 점점 언론인으로서의 의식이 희박해질 염려가 있는 것이 흠이라 할까.

최근 일부에서 해직기자 출신으로 10년 가까이 기반을 닦아놓은 큰 기업체의 요직에서 스스로 물러나 재야에서 고생하는 옛 동지들에 합류·동참하는 놀라운 일이 생겼으며, 더욱 놀라운 것은 정부의 요직에서 일하고 있는 간부 공무원으로서 권양 등의 사건에 양심의 가책을 누를 길 없어 양심선언을 발표한 전 기자출신 공무원도 있다. 생활을 위해 부득이 취직을 하고 있었으나 양심상 느끼는 바 있어 자진 물러선 것이다. 감탄할 일이 아닐 수 없다.

여기까지는 무난한 길이다. 그러나 권력계통의 신문사나 방송국에 들어가는 것은 바람직하지 않다. 정부공무원이 되는 것은 물론이고, 일부는 정부 산하 연구기관에 들어가기도 했다.

학교에 들어가 공부를 계속해 학위를 딴 기자들도 있고 유학 간 친구들도 있었다. 일일이 따지자면 한정이 없으나 요는 자기하기에 달려 있다고 볼 수밖에 없다. 나이도 아직 젊고 능력은 제각기 상당히 갖추고 있고 신문기자로서 나아갈 길은 막혀 있으니 어차피 전직을 하지 않을 수 없었을 것이다.

2, 3년도 아니고 10년이 넘고 15년, 20년을 각오해야 할 판에 무엇인가 직업을 가리지 않을 수 없으니 해직기자로서 불가피한 탈출구였을 것이다. 그러나 그 무엇을 택하든 자기 초지를 굽히지 않고 지식인으로서의 양심을 고수해야 한다.

1977년경 A박사의 신학연구소에서 학생운동사를 쓰기로 했다. 그러나 써가는 도중에 학생운동사가 아닌 현대 일반사가 되어버렸다. 《한국현대사론》이라는 이름으로 출판된 이 책은 당초 계획과는 달리 일제 말 주로 1930년대부터 1945년 8·15까지의 현대사가 되었으나, 써가는 중에 점점 생각이 달라져 절망적인 일제 말의 암흑기에 우리 선인들이 그 어려운 상황 속에서 누가 어떻게 항일했으며, 누가 어떻게 수절했으며, 누가 왜 어떻게 부역·협력했는가가 몹시 궁금해 1940년 전후의 암흑기를 집중적으로 밝히려고 노력하였다. 살아가는 것이 하도 힘들어 도대체 우리 선인들은 어려운 상황을 어떻게 극복하고 살아왔는가가 무엇보다 알고 싶었다.

원고료를 받고 팔아넘긴 것으로 그 후 어떻게 되었는지 알 수 없으나 그러나 다소의 반응이 있었던 것 같다. 필자는 알다시피 사학자도 아니지만 사학자가 전혀 쓰지 않기 때문에 부득이 필자 같은 문외한의 손을 타게 되었다. 나는 이 책을 쓰면서 일제 하 우리 민족사의 윤곽을 어렴풋하게나마 잡을 수 있었다.

유신 전후의 암흑기

1978년 한 해 동안은 내내 감시와 미행을 당한 해였다. 이해는 유신독재가 점점 어려움에 빠져들어간 해였다. 박정권은 민주화를 외치는 사람들을 24시간 미행해서 아무 일도 못 하도록 감시하라고 지시한 것 같았다. 유신에 대한 저항세력은 이때만 해도 거의 기독교세력에 국한되어 있었다. 당시의 상황 속에선 기독교나 가톨릭 아니면 민주화운동이 거의 불가능했다. 기독교도가 아니었다면 무엇인가 구실을 붙여 즉각 구속할 수도 있겠으나, 구체적으로 사상이 보장된 기독교도이기에 아무리 인권과 민주화를 외치며 반정부운동을 해도 그들을 용공 혐의로 구속하는 것은 길게 보아 정부에 이로울 것이 없었다. 그래서 생각해낸 것이 24시간 미행·감시하는 방법이었던가 한다.

그런데 이 미행·감시의 대상에 내가 포함되어 있다는 것은 납득할 수 없는 일이었다. 나는 당시 동아투위나 조선투위가 동아일보나 조선일보에 대해 부당하고 철회를 요구하며 소송을 제기해 재판을 하였을 때 이 재판정에 변호인들 요구로 기자들을 위해 증언을 한 일이 있을 뿐이었다. 다만 나도 유신당국이 수차에 걸쳐 협조를 요청하고 어떤 때는 사령장까지 써 가지고 와서 취직을 강요했으나 그러한 요구나 회유에는 일절 응하지 않았다. 강연을 하거나 정부를 공격하는 일도 거의 없었다. 그러나 유신당국은 나까지도 24시간 감시·미행의 대상으로 삼고 집 앞에는 이른 아침부터 밤늦게까지 감시원이 지키고 있었다. 내가 외출을 하면 예외 없이 따라왔다. 극장을 가면 극장 안으로 따라오고 이른 아침 등산을 하면 산으로 따라왔다. 24시간 자유시간이 없었다.

철저하게 미행을 하면 그들이 회합을 못 하고 마침내 아무것도 못 할 것이라고 판단한 것이다. 하루는 담당기관원이 신부의 체통상 그럴 수가 있느냐고 모 신부에 대해 비난을 마구 퍼부었다. 무슨 이야긴가 했더니 역시 감시의 대상인 어느 신부가 뒷담을 뛰어넘어 감시기관원의 눈을 피해 외출을 했다고 해서 점잖은 신부의 체통으로 그럴 수가 있느냐고 비난이 대단했다. 겨 묻은 개가 뭐 묻은 개 흉본다는 옛 속담 그대로였다. 견딜 수 없게 불편하고 화가 치미는 사생활 침범이었다. 누구를 만나면 나를 따라다니는 그 묘한 사나이를 이상히 보았다. 그래서 아예 내 수행비서라고 소개할 때도 있었다. 대개는 눈치를 채고 기분 나빠하며 슬금슬금 피해버리기 일쑤였다. 특별히 무슨 죄가 있어서가 아니라 기관원이라고 알기만 하면 공연히 기분 나빠하며 사라져버리게 마련이었다. 1978년 한 해는 이런 식으로 보냈다.

이해에도 나에게 기억에 남을 두 가지 일이 있었다. 하나는 NCC인권위원회에 관계하게 된 일이고 또 하나는 〈씨올의 소리〉 편집위원이 된 사실이었다.

그때까지 나는 기독교와의 관계가 거의 없었다. 언젠가 지금은 외국에 나가 있는 G가 YMCA에서 기독교 문제에 대한 찬반토론이 있으니 수고스럽지만 하루 나와 비판하는 쪽 발언 좀 해달라는 부탁을 해왔다. 도시 기독교에 관심이 없었던 나는 특별히 기독교를 비판해야 할 이유도 없었으나 친구의 특별한 요청으로 별로 잘 알지도 못하는 주제에 시키는 대로 몇 마디 비판하는 발언을 한 일이 있었다. 그런데 발언 내용이 신문에 보도되었다. 물론 모르고 발언한 것이라 내용이 잘못된 것인지는 모르나 그 후부터가 문제였다. 전화가 온다, 사람이 찾아온다, 물론 전혀 일면식도 없는 사람들이었다. 와서는 내 앞에서 기도를 하지 않나, 설교를 하지 않나, 견딜 수 없게 볶아대는 바람에 내가 비명을 지른 적이 있었다. 기독교인, 특히 보수파 교인들의 끈질

기고 집요한 데에는 놀라지 않을 수 없었다. 그래서 그 후 G를 만나 당신 때문에 한때 혼이 났다고 그간의 일을 이야기했더니 그는 오히려 우스워 죽겠다는 듯이 소리 내어 웃는 것이 아닌가. 나는 이때 기독교인들과 처음 접촉을 했다. 물론 이 경험은 기독교에 대한 좋은 인상이 될 수가 없었다. 이 일은 1970년경이 아닌가 짐작된다.

그 후 1975년 봄의 일이다. 내가 일하는 신문사에 광고파동이 일어났고 많은 기자들이 해고되고 농성을 하고 한때 사내가 정신을 차릴 수 없을 정도로 어지러운 때가 있었다. 물론 신문사의 광고파동은 우선은 기자들의 문제며 외부사람, 더욱이 기독교인들과 직접 관계있는 문제는 아니었다. 기독교인이 전혀 걱정해주지 않는다고 해서 그들에게 서운히 생각할 이유도 없었다. 그런데 나는 이때 놀라운 경험을 했다. 자기들하고는 직접 상관이 없는 일인데도 제일 적극적으로 찾아와 기도하고 위로하고 격려하고 또 밤이면 노래——찬송가였던 듯하다——를 불러 농성하는 기자들을 위로해주는 것이었다. 농성하는 기자들을 위해 마실 것, 먹을 것을 가져오고 돈을 가져오고! 나는 놀라지 않을 수 없었다. 기독교가 이런 것인가, 내가 아는 기독교는 분명 이런 것이 아니었는데! 하고 나는 한편 놀라고 한편으로는 고마워했다. 기독교인에게 점점 호감을 갖기 시작했다. 1978년 봄 내게 NCC인권위원회 회원이 되어달라고 할 때 나로서는 이 부탁을 사양할 이유가 없었다. 다만 하도 오래된 일이라 언제 어디에서 누구의 부탁으로 인권위원이 되었는지가 기억나지 않는다.

이른바 광고파동에 가톨릭에서도 적극적인 관심과 지원을 아끼지 않은 것은 마찬가지였다.

1975년 설날을 며칠 앞둔 어느 날, 아마 30일이 아니었던가 기억되는데 5~6명의 신부가 신문사로 찾아와 2층 사장실에서 사장에게 무슨 간곡한 부탁을 하고 돌아간 일이 있었다. 당시의 나에게는 신부라는 사람이 목사 이상으로 낯선 분들이었다. 그 다음날인가, 아마 정월 초하루 신년특집호로 기억되는데 가톨릭에서 전면광고를 내주었다. 그 당시로서는 내용이 어마어마한 것이었다. 그 후 나는 명동성당에서 언론관계 강연을 했다. 신문사를 그만둔 해 아마 1975년 7, 8월경이 아니었던가 기억되고, 또 한 번은 1977년쯤 되었을까 그때도 명동성당에서 강연을 했고, 최근엔 1986년 5월쯤 역시 대성당에서 언론관계 강연을 했다. 나 같은 비교도에 대한 각별한 대우이니 고맙게 생각되었다. 명동성당에서 아마 문화관이 아니었던가 기억되는데 1971년쯤이었을 것이다. 그게 4월의 무슨 홍보주간이었던 것 같다. 역시 강연을 했는데 그때는 현직에 있을 때였다. 그래서 성당에 가면 옛날생각이 나곤 했다. 1978년에 인권위원이 되었으니 금년에 연 8년이나 하는 셈이며 이제 물러날 때도 되었다. 별로 하는 것도 없이 너무 오래 자리를 차지하고 있는 것 같아 미안한 감이 든다.

한국 기독교가 많이 변한 것은 사실이다. 그러나 그것은 내가 접촉하는 분들뿐이며 아직도 압도적 다수의 신도들 가운데에는 자기만 하나님의 구원을 받겠다는 철저한 이기주의자들이 많음을 부인할 수 없다. 이기주의자들일수록 종교가 정치에 관여해서는 안 된다고 주장하면서 권력층의 보호를 받고 마침내 뒤에서 결탁한다. 그들이 정치에 관여해서 안 된다고 주장하는 것은 비판하면 안 된다는 뜻이고 자기들은 그럴수록 정치권력과의 관계를 원만히 가진다. 그들은 종교도 정치에 관여해서는 안 된다고 해놓고 정치가 독재를 해도 관여 안 하고 또다시 일인들의 침략을 받아도 방관하고 결국 그들과 결탁한다는 뜻인지 알 수 없다. 종교가 보수적이 될수록 정치에 관여해선 안 된다고 주장하고 정권층의 보호와 지원을 받는다.

종교는 정치에 초연해야 한다고 하나 독재를 보고도 이른바 '초연함으로써' 독재를 측면에서 지지하는 결과가 되니 나쁜 의미에서는 가장 정치적 교단이 된다. 종교의 순수성을 주장하는 교단은 이런 점에서 가장 이기적이고 자기 기만적이 된다. 종교는 정치에 초연할 수 없다. 나는 정직하고 양심적인 종교인들하고만 사귀게 되었다. 그들은 종교가 정치에 초연해야 된다는 주장을 하지 않았다. 그들이야말로 순수하고 정직한 종교인들이다. 구원을 개인적 차원에서 민족적·사회적 차원으로 발전시키는 이런 분들이 점점 늘어나고 있는 것에 나는 만족하고 기뻐한다. 어떤 분은 우리 같은 비신도보다도 오히려 의식이 앞서 있는 분들까지 있어 흐뭇하고 놀라기까지 한다.

〈씨올의 소리〉에 관계하게 된 것은 내가 NCC와 관계를 갖게 된 지 상당한 시일이 지난 후 목요기도회 때 A교수의 권유를 받아서였다. 내가 함석헌 옹을 가까이 모시게 된 시초였다. 현직에 있을 때에도 내 글이 가끔 〈씨올의 소리〉에 실리고 또 원고 청탁을 받기도 했으나 직접 편집위원이 된 것은 이때부터의 일이다.

〈씨올의 소리〉 편집위원으로는 Y대학의 K교수, H대학의 A교수, K대학의 K교수 등이 있었다. 그러나 나에게 가장 인상 깊은 경험은 함석헌 옹을 가까이 모신 일이 아니었던가 한다. 함옹은 1일1식주의자였다.

1978년이 지나면서 그토록 나를 괴롭혔던 경제생활에 대한 불안이 점점 사라져가는 것 같았다. 이것은 생활형편이 나아진 때문이라기보다 인간에게 감춰진 탁월한 적응능력의 소산이었다. 매일같이 불안·초조하던 것이 2, 3일에 한 번씩, 1주일에 한 번씩 그리고 한두 달에 한 번씩 주기적으로 찾아오다가 1978년경부터는 거의 나타나지 않게 되었다. 1978년 후에도 어쩌다 갑자기 불안을 느낄 때가 있긴 했으나 그것은 몇 달에 한 번씩 잊어버린 듯하다가 생기는 심리현상이었으며 1980년대에 들어와서는 거의 없어지고 말았다. 직장생활에서 떠난 지 10년이 넘은 지금은 취직이라는 것에 되레 구속감 같은 것조차 느끼게 되어 직장을 갖고 싶은 생각이 나지 않는다.

1978년 1월 '인권운동협의회'가 결성되고 나도 관련하여 한두 번 나간 일이 있으나 그해 7월 다시 '민주주의국민연합'으로 확대·발전되었다. 1979년 3월 국민연합은 1974년에 결성되어 활동하다가 그 후 유명무실하게 된 '민주회복국민회의'와 합동하여 새로 '민주주의와 민족통일을 위한 국민연합'으로 확대·발전되었다.

1978년 10월 29일은 기자들이 '자유언론선언'을 한 지 만 4년이 되는 날이었다. 이날을 기념하기 위해 동아투위에서는 명동 한일관 3층에서 총회를 가졌다. 나는 C씨와 함께 초대받고 기념식에 참석하였다. 나는 그 자리에서 이런 이야기를 한 것으로 기억한다. "옛날 신라에 가실이라는 청년이 살았다. 그는 약혼녀와 머지않아 식을 올릴 약속이 되어 있었다. 그러나 고구려와 싸움이 벌어져 그는 징집되었고 전선에 투입되어 용감히 싸웠으나 고구려군에 포로가 되었다. 휴전 후 고구려 어느 가정의 처녀와 결혼을 하고 그 집에서 10여 년 가까이 살림을 했다. 그러나 그는 고향 신라에 남겨둔 약혼녀를 잊을 수 없어 어느 날 고구려를 탈출, 고향으로 돌아온다"는 이야기였다.

〈가실〉이라는 이 단편소설은 일제 말 아무리 민족정신을 잃고 일본의 황민이 되어도 결코 조선민족정신을 잊어서는 안 된다는 것을 암시하는 작품으로 청년들 간에 애독된 소설이었다. 이 가실이 이야기를 하면서, 우리가 비록 본의 아니게 언론계를 떠나 있으나 이 가실이 신라를 잊지 않은 것처럼 언론을 잊을 수가 있겠는가고 모여 있는 후배기자들과 이야기를 나누었다. 모임이 끝난 후 동투 회원 10명이 연행되어 징역을 살게 되었다. 이유는 당시 동아투위에서 발행하고 있던 유인물이 긴급조치 9호 위반이 된다는 것이었다. 그들 관련자들은 모조리 연행·구속되었다. 유언비어죄를 범했다는 것이다.

그들의 재판은 무더운 여름 내내 계속되었다. 나는 그들의 공판 때마다 가서 방청하였다. 그들의 법정태도는 당당하고 훌륭했다. 방청객들이 모두 감탄하였다. 그들은 자기들의 무죄를 주장하며 유신당국의 언론정책을 통박하였다.

기관원이 24시간 동안 철저하게 미행하는 일은 1979년 봄까지 계속되었다. 그러나 아무리 철저히 미행해도 별 소득이 없었다. 1979년 봄부터는 흐지부지되었다. 1979년 2월인가 《한국현대사론》이 출판되었다. 오랫동안 계약이 지연되었다가 2월에 나온 이 현대사론은 의외로 독서계에 많은 반응을 일으켜 출판되기가 무섭게 몇백 부가 팔렸다고 한다. 우리나라 사학계는 3·1 운동 이후의 항일운동에 관해서는 거의 논문을 발표하지 않고 기피하는 경향이 있어 필자의 현대사론이 잘 읽히는 것으로 보인다. 나도 이 책을 복역 중인 후배기자들에게 넣어주었다. 그때의 나로서는 영치금을 넣어줄 힘도 없고 내가 그들에게 할 수 있는 일은 그들에게 책을 넣어주는 일이었다. 그때 나는 극도로 경제적 곤궁에 허덕이고 있었다.

1978년이라는 해는 나에게 개인적으로 불행한 해였다. 지하실이 침수가 되어 장서가 대량 망가지고 처가 당뇨로 입원하게 되었다. 그렇게 억세게 일을 하던 처가 조금만 외출하고 돌아와도 기운이 없다고 쓰러지고 하는 것이 아무래도 심상치 않아 진찰을 했더니 당뇨가 많이 나온다는 것이었다. 당뇨병은 누구나 걸리는 병이 아니다. 체질적으로 당뇨병에 걸릴 체질이 따로 있다. 이런 사람이 심한 정신적 고민을 하든가 과로를 하면 당이 나오게 된다. 오래 입원하고 있을 수도 없어 퇴원했으나 물론 치료가 된 것은 아니었다.

처가 당뇨병 같은 것에 걸린 것은 물론 나 때문이라는 것을 나는 안다. 생각하면 나 같은 사람에게 시집와 고생만 하는 것이 속으로 미안하기 그지없다. 때로 부부싸움을 하다가도 이런 생각을 하고는 내가 양보할 때가 많다. 만약 왜 취직 않고 가족들 고생시키느냐고 바가지라도 긁는 아내였다면 아마 우리 부부생활은 계속되지 못했을 것이다. 그러나 처는 온갖 고생을 하면서도 나를 원망하는 일이 없어 나는 늘 아내에게 미안하게 생각한다.

1979년도 저물어갈 때였다. 10월만 되면 10·24기념행사가 있다. 이해도 10·24기념행사를 가졌는데, 지금 생각해도 납득이 안 가는 것은 '박정권 이후의 시대'에 대한 정세평가를 한 점이다. 물론 그때 박정권은 엄존해 있었고 민주화운동에 대해서도 전에 비해 더욱 '단호하게' 힘으로 탄압하고 있었다. 민중의 힘으로 박정권을 쓰러뜨릴 것 같지는 않았다. 공화당 사람들은 자신만만하기만 했다. 그런데 참 이상한 일이었다. 이때 해직기자들은 거의 이구동성으로 박정권 후의 일을 생각하고 있었으니 말이다. 박정권은 머지않아 쓰러질 것으로 보았다. 물론 뚜렷한 증거가 있는 것은 아니었다. 공화당은 자신만만하고 자기들이 망하리라고는 상상조차 않고 있었다. 그런데 10·24가 오고 박은 죽고 공화당정권은 쓰러지고 말았다. 사람에게는 육감이라는 것이 있다. 기자들의 육감은 더욱 날카롭다. 현직에 있지는 않았으나 오랫동안 기자생활 속에서 단련된 그들의 육감은 보통사람보다 몇 갑절 민감한 것이었다.

10월 27일 새벽 난데없이 전화가 걸려왔다. 친구에게서 온 전화였다. 방송을 들어보았느냐는 것이다. 박 대통령이 아무래도 사망한 것 같다는 것이었다. 26일 저녁, 그러니까 한 방의 총성과 함께 산천초목조차 떨게 하던 유신대통령이 사망하였다. 바로 그 시간에 나는 R과 저녁을 먹고 있었다. 그렇게 엄청난 사건이 일어나고 있으리라고는 상상도 못하고 있었다.

오랫동안의 유신철권정치에 자유를 갈구하던 민중에게 봄이 찾아온 것이었다.

10·26 후 나에게는 여기저기에서 강연 초청이 쇄도하기 시작했다. 내가 학교에서 마지막 강연을 할 수 있었던 것은 1977년 봄으로 기억된다. C대학 호국단에서 강연 의뢰가 왔다. 그땐 학생단체는 호국단밖에 없었으므로 학생들의 초청은 호국단 이름으로 왔다. 내가 대학에 가서 강연을 하기 시작한 것은 아마 1964년 전후부터로 기억된다. 그 후 학교에서 심심찮게 강연 초청이 왔다. 강연 스타일은 사람마다 다른데 나는 어느 쪽인가 하면 강의조 강연이었다. 강연을 하기 전에 꼭 메모를 해서 강의하는 것처럼 충실하게 했다. 하여간 수시로 대학에 가서 강연을 했다. 그러나 1977년 C대학에서의 강연을 마지막으로 나의 강연은 금지되었다. C대학에서도 못하게 금지했으나 학생들의 투쟁으로 강연을 할 수 있었다고 들었다. 그 후 대학에서의 강연을 거의 3년간 못하다가 10·26 후 전국에서 강연 의뢰가 많아졌다. 전국을 누비다시피 많은 강연을 하고 다녔다. 10·26 후엔 원고를 쓸 기회가 없었다.

관훈클럽 주최로 정치인 두 K씨의 강연이 있었으나 두 경우 다 지방강연

관계로 듣지 못했다. 그러나 정국은 이른바 '안개정국'이라는 말이 있었듯이 민주일정을 밝히라는 여론이 비등하였으나 계엄당국의 태도는 무엇인가 석연치 않다는 인상을 주었다.

국민여론이 한결같이 바라는 그 민주일정을 당국은 어물어물하면서 분명히 밝히지 않았다. 학교에서는 민주화를 요구하는 학생데모가 연일 격렬하게 벌어졌으나 당국은 계엄령을 해제할 눈치도 안 보이고 도대체 앞날이 불투명하기만 하여 '안개정국'이라는 말이 돌기도 했다.

'지식인 134인 시국선언'이 발표된 것도 이러한 시대상황 속에서였다. 시국선언문은 중론에 의해 내가 쓰게 되었다. 신문에서 사설을 많이 써보았기 때문에 필자로 적임자라는 것이었다.

나는 비교적 짧게 썼다. 첫째는 민주일정을 밝혀 민심을 안정시킬 것과 그밖에도 그 당시 사회언론이 주장하는 몇 가지 요구사항을 썼다. 준비위원들의 요구사항을 반영시킨 것이다. 200자 원고지 10여 매 정도의 분량이었다. 이 선언문 관계로 변호사·교수·문인·언론인·목사 등 15 내지 16명 정도가 어느 경양식집에서 수차 만났다. 그러나 이것이 계엄 하에 허가 없이 정치집회를 한 죄가 되어 구속될 줄은 상상도 못했다. 5월 15일 선언문은 발표되었다. 그러나 엄중한 계엄 하의 언론통제 속에서 이 선언문은 신문에 전혀 반영되지 않았다. 학생들은 민주화를 요구하여 13일부터 15일까지 격렬한 데모를 했다.

5월 15일에는 심한 고문으로 거의 폐인이 되었다고 소문이 자자했던 P씨의 면회를 한양대병원으로 갔다. 16일에는 덕성여대에 가서 강의했고 17일에는 한글학회에 가서 강연했다. 사회분위기가 심상치 않았다.

학생들의 데모는 일단 끝나고 당국의 반응을 기다리고 있었다. 5월 17일 밤 10시를 기해 계엄령이 제주도에까지 확대되면서 일제검거가 시작되었다. 그때까지 민주화운동을 하고 다닌 모든 지식인·청년·학생운동 주동자들 수백 명이 체포되었다.

옥고를 치르다

밤 열 시쯤 되었을까, 대문을 요란히 두드리는 소리가 들렸다. 나는 직감적으로 나를 연행하러온 기관원임을 알아차리고 집을 빠져나왔다. 그러나 내가 무엇 때문에 수사관의 추적을 받아야 하는지 알지 못했다. 나는 민주주의와 민족주의를 위한 강연을 하고 그에 관한 글을 쓴 일밖에 없었다. 우리나라 국시가 민주주의이므로 그 민주주의를 지키고자 주장했고, 참된 민족 자주와 민족의 긍지를 위해 좀 더 주체적이 되자고 주장한 말밖에 없었다.

이 땅에서 생을 받고 이 땅에서 죽어갈 내가 이 민족을 사랑하는 것은 당연하다. 내가 무엇 때문에 추적을 당해야 하는가를 어두운 밤길을 걸으며 생각하니 이 나라의 현실이 기막히고 마음은 한없이 무겁고 답답했다.

나는 3일 만에 추적하는 기관원에 잡히고 말았다. 나중에 안 일이지만 시골의 친척이나 사돈의 팔촌까지 수사대상이 되어 있었다. 나는 무엇 때문에 체포되고 연행되는지도 모른 채 기관원에 끌려갔다. 차는 서울역을 지나 삼각지를 향해 달리더니 모 기관으로 들어갔다.

내가 수사를 받은 것은 5월 20일부터 6월 7일까지 만 19일간이었다. 나는 그때의 체험을 통해 고백한다. 인간이란 육체적 고통을 참는 데는 한계가 있다는 것을. 만약 노련한 수사관이 연행해온 피의자한테서 모종의 자술을 받고자 한다면 100퍼센트 가능하다는 것을 체험했다.

수사관은 내가 전혀 알지도 못하고 하지도 않은 일을 시인하라고 강요했다. 물론 나는 완강히 거부했다. 그러나 그 거부는 오래 가지 못했다. 4일 만인가 나는 그들이 요구하는 대로 모든 것을 허위로 자백했다. 허위로라도 자백 안 하면 나는 그곳에서 맞아 죽거나 평생 불구자가 될 것 같았다.

나는 그들이 자백을 강요하는 그러한 행동을 하라고 해도 못할 그러한 위인이다. 나는 "이것은 거짓이다. 그러나 당신들이 필요로 하니 자술하겠다"고 하며 그들이 원하는 대로 자술서 아닌 자술서를 썼다.

그 후 나는 어느 지하실에 수감되어 K시인의 자술서라는 것을 읽어 보았다. 어느 수사관이 던져주며 읽으라고 했다. 내용은 자기가 "공산주의자며 대한민국을 한없이 증오한다"는 내용이었다. 내가 알기로 그는 독실한 가톨릭 신자로 알려진 시인인데 얼마나 당했기에 이런 자술서를 썼을까 싶어 고문이란 여자를 남자로 만드는 일 외에는 못할 일이 없겠다는 것을 깨달았다.

고문을 규탄하는 소리가 높다. 그래서 헌법에도 만약 자백이 피의사실의 유일한 증거일 때에는 이의 증거능력을 인정하지 않는다는 조항이 있는 이유도, 또 그런데도 고문이 없어지지 않고 있는 이유도 충분히 이해할 수 있을 것 같다. 최근 권양의 성고문이 말썽이 되고 있으나 수사당국의 입장에서 볼 땐 이렇게 편리한 수사방법이 없어질 리 없고 보니 민주주의가 소생하기 전에는 고문이 없어질 리 없다.

나는 이 자리를 빌려 이른바 양심선언이라는 것을 하고 싶다. 앞으로 내가 만약 수사기관에 연행되어 평소의 내 주장과 다른 주장이나 행위를 했다고 진술해도 그것이 내 본심에서 나온 것이 아니며 필시 육체적 고통을 못 견뎌 허위 진술한 것이라고 말이다. 나는 60이 되도록 글로 강연으로 내 사상을 이미 다 밝혔다. 나는 자기를 숨기지 않는다. 이 이상의 사상이나 행동은 누가 권해도 응하지 않는다. 나는 내 사상에 대해서만 책임을 질 것이다.

필리핀이 지금 민주화가 되고 그 나라를 한없이 부러워하는 사람이 있는가 하면 어떤 사람들은 그곳과 한국은 사정이 다르다고 기를 쓰고 강조했다. 강조하는 폼이 부자연스러울 정도였다. 그런데 이 필리핀의 어느 마닐라 호텔에서의 일이다. 한 한국 언론인이 가방 속에 돈 200 달러를 넣어둔 채 탐방 외출했다가 돌아와 보니 200달러가 없어졌다. 조사를 해보니 그 방에 들어간 사람은 청소부밖에 없었다. 물론 의심이 그 청소부에 가는 것은 당연했다. 그러나 필리핀 경찰은 그가 훔쳐갔다는 증거가 없다며 조사조차 하려고 하지 않았다. 자백을 유일한 증거로 삼는 수사 태도와 비교가 되는 수사관 태도였다.

허위자백을 하고 나니 그 집요하기만 한 수사도 없어졌다. 나는 두꺼운 창문 밖으로 멀리 삼각지를 쳐다보았다. 기적소리를 내며 기차가 지나갔다. 유유히 지나가는 자유시민이 신선처럼 부러워 보였다. 그 사람들은 얼마나 행복할까, 얼마나 자유스러운가. 만약 나에게 죄가 있다면 민주주의를 하자고 주장한 죄밖에는 아무리 생각해도 달리 범법행위가 생각나지 않았다. 민주주의를 싫어하는 사람들이 있는 한, 앞에서 애국을 말하고 뒤에서 도적질하는 사람들이 없어지지 않는 한 나의 수난도 그치지 않을 것만 같았다. 유유히 길을 걷는 저 시민들이 한없이 부럽기만 했다.

한 가지 위안은 그곳을 경비하던 보충병들이 내 이름을 알고 심지어 내 강연을 들었다는 젊은이도 있어 나를 위로해준 일이었다. 이 새끼! 개새끼! 소리를 들어가며 인간 이하의 대우를 받고 있는 그러한 상황 속에서는 마음이 약해지고 조그마한 인간적인 대우조차 눈물이 나올 정도로 고마운 법이다. 나는 지옥과 같은 그때의 19일간 학생들이 보여준 조그마한 그 위로가 일생토록 잊히지 않으며 이름도 성도 모르나 나에게 다소 인간다운 대우를 해준 어느 수사관을 잊을 수 없다.

1980년 6월 7일 담당수사관이 선생님은 이제 댁으로 돌아가십니다. 선생님 같은 저명인사는 운운하며 나를 위로했다. 수사관에게는 하나의 특징이 있다. 이 새끼, 개새끼 하다가도 금방 '선생님' '선생님' 한다. 보통사람이 모방할 수 없는 변화라고 할까.

그러나 한두 시간 후 갑자기 태도가 바뀌며 나가라고 했다. 얼굴을 수건으로 가리고 차를 태우고는 어디론지 달렸다. 잘은 모르나 올라가는 거 같았다. 이윽고 쾅하는 철문소리와 함께 컴컴한 모처로 끌려간 그곳에서 수건을 풀었다. 그곳 기관원에 인계하고는 20일 가까이 낯익은 담당수사관은 사라지고 남산 지하 2층으로 끌려가 어느 캄캄한 방에 수감되었다. 이곳에 수감되어 있으면 낮도 밤도 모르고 비가 오는지 해가 떴는지도 모르는 캄캄한 지하감방이다.

아아! 생각하면 기가 막혔다. 내가 무슨 죄를 지었단 말인가? 민주주의를 하자는 죄밖에 더 있나? 좀 더 떳떳이 한 민족으로서 자주적으로 살아보자고 민족주의를 주장한 죄밖에 더 있는가? 파리 한 마리도 죽이지 못하는 심약한 내가 무슨 죄를 지었다고 이렇게 하는가?

6월 7일 수감된 후 7월 14일까지 거의 40일간 이곳에 수감되어 있었다. 며칠 후 옆방에 L문인이 있고 반대 옆방에 시인 K가 수감되어 있음을 알았다. K의 다음 방에는 Y대학의 K교수가 수감되어 있었다.

수사는 이미 이곳에 옮겨오기 전에 다 끝나 있었으므로 이곳에서는 비교적 한가로웠다. 기약 없는 지하실 생활이 시작되었다. 수사가 끝나자 더 좁고 답답한 다른 지하감방으로 옮겨졌다. 수사관을 따라 이불을 메고 지나가며 옆방 L문인을 슬쩍 곁눈질하니 그는 담당수사관과 묵묵히 앉아 있었다.

침구 외에는 아무것도 없는 좁은 방, 한없이 외롭고 숨이 막히게 답답했다. 낮과 밤을 분간 못하니 날짜 가는 것을 알 수가 없었다. 나는 천장에 있는 무늬로 넣어주는 식사도수를 계산하며 날짜를 계산했다. 제일 고통스러운 것이 수면조절을 못하는 일이었다. 한숨 자다 일어나면 그것이 밤인지 낮인지 알 수가 없었다. 주위가 죽은 듯 조용한 것을 보면 밤은 밤인 것 같은데 그것이 새벽인지 초저녁인지를 알 수가 없었다. 감방 안엔 침구 외엔 아무것도 없어 소변은 천상 밖에 나가 볼 수밖에 없었다. 육중한 나무문짝이라 아무리 두들겨도 소리가 나지 않았다. 멀리 떨어져 있는 감시반원은 잠을 자다 화를 내며 문을 열어주었다. 하기야 그들도 무리가 아니다. 한두 번도 아니고 조금 있으면 또 문을 열어달라고 한다. 잠을 청하려고 하면 또 문을 두드리니 그들은 화를 버럭 냈다. 눈을 비비는 그들에게 어쩌다 "지금 몇 시입니까?" 하고 물으면 어떤 친구는 "그건 알아 무엇해!" 핀잔을 주며 대꾸도 하려 하지 않았다. 마음씨가 정말 고약하다. 간혹 친절히 대해주는 감시원도 있었다. 개중에는 내 이름을 알고 동정을 표시하는 친구도 있었다. 날짜 가는 것을 알지 못하는 생활, 낮인지 밤인지도 알 수 없는 지루하고 암담한 생활이 계속되었다.

지하감방에 있은 후부터 머리카락 빠지는 정도가 점점 심해졌다. 머리카락을 움켜쥐고 한번 훑으면 한 줌씩 나왔다. 이러다간 머리카락이 없어져 중 머리가 될지도 몰랐다. 몇 년이 지난 지금도 그 어두운 지하감방 안 어느 구석에는 그때 빠진 내 머리카락이 굴러다닐지도 모른다. 머리카락 말이 났으니 말이지, 서대문으로 온 뒤에도 매일같이 한줌씩 빠졌다. 그래서 가족이 영치해준 책갈피 속 222쪽에 한 올씩 넣어두기로 했다. 지금도 어쩌다 그때 내가 안에서 읽던 책 그 쪽수를 펴보면 그대로 머리카락이 남아 있는 것을 발견한다.

그 답답한 감방 안에도 즐거움은 있다. 하루 한 번씩 의사가 소위 왕진을 온다. 괴로운 곳은 없느냐는 것이다. 환자 보고 아픈 곳 없느냐고 묻는 것과 같다. 없는 것이 아니라 아픈 곳투성이다. 제일 고통스러운 것이 불면증과 소화불량이다. 수감자의 공통의 병이다. 그래서 너나없이 수면제를 달라는 요구다. 그러나 수면제는 주지 않는다. 한 알 두 알 모아 두었다가 10여 개가 되면 그것을 한꺼번에 삼키고는 자살을 시도하는 예가 있기 때문이라 한다. 하기야 이런 생활을 기약 없이 계속하느니 차라리 죽어버리는 편이 좋겠다고 생각할 만도 했다. 숨이 막힐 듯 좁은 방, 아무것도 없는 방!

이곳으로 옮기기 전에는 다섯 명의 수사관이 따라붙어 항상 감시하고 심문하는 생활이라 고통 속에서나마 시간 가는 줄을 알 수 있었다. 그러나 이곳에서는 할 일이 없었다. 철저하게 할 일이 없었다. 좁은 방 안을 왔다 갔다하다가 누웠다가 이런 일 저런 일 밖에 있을 때의 일을 생각하다가 그것도 끝나면 정말 할 일이 없었다. 무료한 하루하루의 연속이었다. 그러다가 수사관이 와서 이런 것 저런 것을 묻고 간다. 수사는 계속되는 것 같았다. 하루는 세수를 하러 나갔다가 같은 사건으로 들어와 있는 K대학 L교수를 만났다. 변소를 가나 세수를 하러 가나 헌병수사관이 한 사람씩 따라다니니까 동료와 만날 기회도, 더욱이 말할 기회도 없었다. 그런데 정말 우연히 L교수와 마주쳤다. 그렇게 반가울 수가 없었다. 평소에는 별로 가까이할 기회도 없던 사람이지만 같은 사건에 연루되고 보니 갑자기 정이 들었다. 묘한것이다. 그 L교수가 지나가며 한마디 남기고 갔다. "우리 죄명이 내란음모죄랍니다."

나는 귀를 의심했다. 상상도 못할 일이었다. 분명 '내란음모'라고 했겠다. 아무리 생각해도 납득이 가지 않았다. 자기 딴에는 그래도 사회를 안정시켜 보려고 한 것인데 '내란음모'라니 그것이 도대체 어떻게 된 것인가. 알다가도 모를 일이었다.

내가 완전 밀폐된 이 감방에 갇힌 후 꼭 보름쯤 후였을까. Y대학의 K교수와 H대학의 L교수가 어느 날 갑자기 없어졌다. 그렇게 허전할 수가 없었다. 나중에 안 일이지만 그들은 각각 출소한 것이었다. 세상에 그렇게 부러울 수가 없었다. 세상에 나간다. 자유의 몸이 된다. 꿈만 같은 이야기였다. 그러나 남아 있는 우리에게는 아무런 소식도 없었다.

통방이라는 것이 있다. 쥐구멍만 한 구멍을 내다보며 수화로 통화를 한다. 잘 보이지 않아 눈을 부릅뜨고 아무리 저쪽 수화를 주시해도 잘 보이지 않을 때 정말 미칠 것만 같았다. I목사는 그때까지도 수시로 끌려나가 조사를 받았다. 앞방의 I목사하고는 통방을 자주 시도했으나 번번이 실패했다. 두 사람이 통방에 성공한 것은 이 밀폐된 방에서 닭장처럼 된 곳으로 옮기자고 합의한 것뿐이다. 이리하여 보름 만에 I목사와 나는 그 답답한 밀폐실에서 닭장 감방으로 옮길 수 있었다. 닭장 감방은 감시하기에 편리하도록 약간 기역자형으로 되어 있어 통방하기에도 편리했다. 여기에는 공범들이 있어 마음의 위안이 되었다. 우선 옆방에 있는 I목사, K씨, K 전 의원 등이 있어 심심치 않았다.

수감날이 점점 끝나갔다. 일부는 출소했지만 일부 남아 있는 우리는 어디로 갈 것인가.

1980년 5월 20일 연행되어온 지 두 달 만인 7월 14일 나는 서대문형무소로 이감되었다. 압수당했던 보따리를 돌려받고 밖으로 나오라고 해서 오랜만에, 실로 오랜만에 지상으로 나왔다. 지프차에 실렸다.

헌병은 내가 이제까지 수감된 장소를 볼 수 없게 눈을 가린 채 차에 태우더니 거의 차바닥까지 머리를 짓눌렀다. 얼굴이 눌려 어디가 어딘지 분간할 수 없다가 머리를 들어도 좋다기에 머리를 들어 창밖을 내다보았다. 40여 일 만에 처음 대하는 지상의 천지는 눈이 부셔 거의 볼 수가 없었다. 그곳은 서울역이었다. 늘 왔다 갔다 하던 영천거리, 그러나 지금은 같은 길을 가기는 하되 집 쪽이 아니라 서대문구치소였다. 수없이 이 앞을 왔다 갔다 하면서도 나하고 저곳하고는 아무런 관계도 없는 곳이라 보았고 그래서 거의 관심조차 두지 않던 곳이 바로 내가 수감될 곳이 되었다.

수속을 밟는 곳에서 입고 온 옷을 전부 벗고 소지품을 전부 맡기고 그곳에서 주는 푸른 죄수복을 입고 가슴팍에 내 이름표를 크게 붙이고 이쪽저쪽으로 사진을 찍혔다. 지하감방에서도 사진을 찍히고 이곳에 와서도 사진을 찍혔다. 신문지상에서 가끔 간첩혐의자들이 이런 몸차림으로 찍힌 사진을 나도 이제 같은 몸차림으로 사진을 찍히는 신세가 된 것이다. 수속이 일단 끝난 다음 교도관에 끌려 9사로 안내되었다.

교도관의 첫말이 재미있었다.

"책만 자주 들어오더니 이제는 아예 저자까지 들어오는구먼요."

9사 북방 하층 33호실이 내가 수감될 방이었다. 한 평도 안 되는 좁은 방에 변기와 세숫물 담아 놓는 양동이, 음료수 담아두는 주전자가 가지런히 놓여 있었다.

7월 14일, 무더운 여름철이라 변기를 열어보니 구더기가 조금 과장하면 한 말쯤은 들끓고 있었다. 기겁을 한 나는 교도관에게 부탁해 일단 구더기를 청소했다. 학생이 수감되어 있다가 10여 일 전에 출소한 방이라고 한다. 찌는 듯이 더운 여름철 변기에 구더기가 득세하는 것도 무리가 아니었다.

9사는 1910년대에 조선의 식민지화에 성공한 일제가 항일투사들을 잡아 가두기 위해 세운 감옥이라고 했다. 항일투쟁의 피 어린 전통에 빛나는 서대문형무소에 수감되는 신세가 되었다.

멍하니 앉아 있으니 만감이 교차했다. 지난 5월 중순부터 바깥세상을 모르고 살아온 두 달간의 감금생활, 그간 세상은 엄청나게 변한 모양이었다. 천지가 뒤바뀐 것 같았다. 한 평도 못 되는 좁은 방, 이 구석 저 구석을 살펴보니 감옥생활을 한 오랜 수용죄수들의 고통스런 흔적이 남아 있었다. 어떻게 구했는지 연필 낙서자리가 참 많았다. 두꺼운 마룻바닥에는 무료를 달래기 위해선지 장기판이 새겨져 있었고 연필로 날짜를 기록해놓은 흔적도 남아 있었다. 아마 출소할 날을 하루씩 적어두며 기다렸을 어느 수인의 초조한 생활이 상상되었다. 수많은 항일투사들이 있던 감방이라고 했다.

저녁밥은 오후 4시면 먹는다. 8시면 취침해야 한다. 잘 시간을 알리는 나팔소리가 처량하게 들린다. 새벽 4시에 잠에서 깨어난다. 구치소 뒤쪽에 있는 산에 오른 새벽 등산객의 야호 소리가 들린다. 아아, 자유의 소리가 들린다. 내 자신이 새벽 등산생활을 오래 계속한 탓인지 그 야호 소리를 들으니 미칠 것같이 밖이 그리워졌다. 왜 내가 이런 고생을 해야 하나? 내가 무슨 잘못을 했나? 내란음모의 일당이 되었다니, 생각할수록 기가 막히고 알 수 없는 일이었다.

그러나 두 기관을 거쳐온 나로서는 서대문구치소(형무소) 생활은 낙원이나 진배없었다. 뒤쪽 철창으로 내다보면 푸른 하늘이 보이고 앞쪽 철창을 내다보면 앞줄 감방에다 2층 감방까지 보인다.

내 앞줄 감방에는 박이라고 하는 역시 내란음모혐의로 수감되어 있는 장군 칭호를 받는 사람이 있었다. 실례지만 이름도 처음이고 더욱이 장군이라고 알려진 사람이 아니었다. 얼굴을 유의해 보아도 낯선 사람이었다. 그런데 내란음모혐의라고 했다. 내 옆으로 두 번째 방에 H변호사가 수감되어 있었다. 바로 위의 2층에는 K 전 의원이 수감되어 있었다. 헌병이 배치되어 일상생활을 엄중히 감시했다. 일어서지도 못하게 했다. 앉아 있으라는 것이었다.

이곳 구치소에 와서 제일 고통스런 것이 식사 때였다. 들락날락하는 몇 명이 먹고 간 수저로 밥을 먹었다. 대나무로 만든 수저는 뭇 죄수들의 입안을 들락거리는 사이에 때가 묻고 고춧가루조차 묻어 정말 더러워 먹을 용기가 나지 않았다. 더러운데다 냄새까지 나는 수저와 식기로는 도저히 밥을 먹을 마음이 안 났다. 게다가 변기가 바로 옆에 있어 여름철의 변기냄새가 코를 찔렀다.

그러나 이것도 하루 이틀이다. 점점 시일이 지나면서 더러운 것도 구린내 나는 것도 모르게 되었다. 빠삐용처럼 나무문짝 아래 구멍으로 넣어주는 그곳 관식이 김이 무럭무럭 나서 구수하기조차 하고 먹을 만해졌다. 사람에게는 누구나 놀라운 적응력이 있다는 것을 또 한 번 깨달았다. 관식도 처음에는 더럽기만 하지만 콩이 들어 있어 구수한 맛조차 난다(이제 그 콩이 없어진다고 한다).

어느 날 담당관한테서 기쁜 소식이 왔다. 가족과의 연락이 가능하다는 것이었다. 그리고 아내가 넣어준 담요도 들어왔다. 담요를 어루만지며 나는 울었다. 2개월간 생사조차 모르던 가족들이 그간 얼마나 궁금해했을까. 세탁물도 내놓으라는 것이었다. 가족에게 전해준다는 것이었다. 5월 17일 집에서 입고 나와 거의 3개월간 이곳저곳 수사관의 손을 거치는 동안 땟국물에 전 옷을 둘둘 말아 담당관에게 맡겼다. 아내가 이 옷을 받아들고 얼마나 기막혀할까 싶었다.

그러나 구치소 당국의 이러한 배려는 거저 얻어진 배려가 아니었다. 왜 가족면회를 안 시켜주느냐고 구치소 당국에 항의해 겨우 얻어낸 소득이었다. 구치소 당국이 보여준 자발적 배려가 아니었다. 담요를 만져보니 아내의 얼굴을 대하는 것 같았다. 이때처럼 가족이 반갑고 아내가 고마운 때가 없었다.

7월 14일 서대문구치소로 옮겨온 지 거의 2주 만엔가 가족면회가 허용되었다. 헌병에게 인솔되어 접견실에 나가니 처가 기다리고 있었다. 가운데는 구멍이 뚫린 유리창이 있고 안과 밖에는 철망이 쳐 있어 손을 만져보기는커녕 말소리조차 잘 들리지 않았다. 이쪽저쪽에 마이크 장치가 있어 이 마이크로 겨우 대화가 가능했다. 그렇게 궁금하고 그렇게 보고 싶은 가족 소식에 접하니 아내 얼굴을 대해도 할 말이 없었다. 막상 만나니 멍해질 뿐이었다. 옆에 있는 교도관은 교도관대로 헌병은 헌병대로 대화 내용을 한 자 한 말도 빠뜨릴세라 열심히 적었다. 이래서 두 달간이나 생사도 모르고 모처럼 만난 아내였건만 한 말도 없이 시간이 지났다. 이제 시간이 되었다고 독촉이 성화같아 아내는 나가고 수감자인 나는 헌병에 끌려 들어왔다. 만나면 이렇게 아무런 할 말도 없으면서 매일같이 이 시간 되는 것이 기다려졌다.

구치소의 교도관이 박봉에 허덕이며 고생하는 것은 수감자와 거의 다를 것이 없다. 그들의 대부분은 이곳을 빠져나가는 것이 하나의 꿈이었다. 서기급 공무원시험에 응시하고자 밤낮을 가리지 않고 공부하는 교도관이 많았다.

우리는 나이도 있고 사회에서의 지위도 있고 이름도 다소 알려진 수감자라 별일 없었으나, 옆방에 수감된 소년범들은 때로 교도관들에게 심한 구타를 당하는 일이 종종 있었다. 개 패듯 하는 것을 보면 분노가 치솟을 때가 많았다. 물론 소년범의 대부분은 강도·절도·폭행 등 주로 파렴치범이 많아 보통 점잖게 다루어서는 안 된다는 반론도 있을 수 있겠으나, 개 패듯 하는 소년범들의 비명을 들을 땐 가슴이 미어지듯 아팠다. 이뿐 아니라 한 평 넓이도 안 되는 좁은 방에 4, 5명의 수감자들이 들어앉아 있으니 소년 수감자들끼리 싸움을 벌일 때도 잦았다. 옆방에서 격투가 벌어질 때에는 벽이 무너질 듯 쿵쿵 소리가 났다. 이럴 땐 나는 있는 힘을 다해 교도관을 불러 몇 호 방에서 싸움이 벌어졌다고 알려주곤 했다. 한 평도 안 되는 좁은 방안에서 싸움이 벌어지면 피하지도 못하고 맞아 죽는 일도 종종 있다고 했다.

기운 센 자가 약한 자를 사정없이 차고 치고 결국 죽이는 일까지 있다고 한다. 사회에서 나쁜 짓을 하다 들어온 소년들이 바른 사람이 되어 나가는 것이 아니라 되레 더욱 나쁜 짓을 배워나가는 예가 많다고 한다.

지금은 수용자가 많아져 어떤지 알 수 없으나 그때 정치범은 전부 독방에 수감되었다. 합방자에 나쁜 영향을 미칠 염려가 있는 때문이라 하였다. 처음에는 독방이 고통스러우나 좀 있어 보면 합방보다 독방이 훨씬 좋다는 것을 깨닫는다.

밖에서 바빠 독서할 시간이 없던 사람들은 형무소 안은 더없이 좋은 독서 장소다. 그러나 넣어주는 책을 보안과에서 일일이 검열해 넣기 때문에 검열에 통과 안 되는 책이 많았다. 학생 같으면 이런 기회를 이용해 어학 공부하는 것도 좋을 것이다.

그때그때 정치사정에 따라 다르기는 하나 우리 땐 가족면회가 매일 허용되었다. 앞방에 수감되어 있던 P장군은 대단한 애처가였다. 자기도 수감의 몸이면서도 부인 건강 걱정이 대단했다. 장군은 아침식사가 끝나면 한복으로 갈아입고 면회연락 오기를 기다린다. 면회가 끝날 시간쯤 되면 운동시간이다. 옛날엔 한 울 안에 10여 명씩 수감자를 넣고 운동을 시켰다 하나 우리 때에는 특히 정치범의 경우 한 울 안에 한 사람씩 수용시켜 한 20여 분간 운동을 하게 했다.

독립문에서 버스를 타고 지나다 보면 서대문구치소는 다만 정문만 보일 뿐 그곳 규모가 얼마나 되는지 짐작할 수가 없었다. 그러나 이곳 구치소에는 엄청난 인원이 수감되어 있었다. 구치소 안에는 여성 죄수들도 작업을 위해 가끔 열을 지어 지나간다. 젊은 여성들이다. 무엇 때문에 들어온 여성들인가 알아보았더니 곗돈을 떼먹었거나 간통죄로 들어온 여자들이 많다는 것이다.

서대문구치소에 수감된 후 처음 연행되어 수사당할 때 고문당한 허리에 통증이 생겨 점점 고통스러웠다. 구치소 안에도 의무실이 있긴 했다. 나도 그곳에서 약을 얻어먹었다. 불면증은 가셨으나 소화불량 증세는 여전했다. 그래서 식후에는 열심히 뛰고 단전호흡을 하고 실내에서 가능한 모든 운동을 다 했다.

앞방의 P장군은 특히 열심히 운동을 하는 축에 속했다. 땀을 뻘뻘 흘리면서 30분 이상 매일 열심히 운동을 하는 수감자였다. 해병대 출신이라 건강도 남달리 좋았던 것으로 기억된다. 그런데 이 P장군은 출소한 지 수년 후에 제일 먼저 세상을 떠났다. 그가 수감 중이면서도 자기보다 부인을 더 걱정했는데, 그가 죽었다는 소식에 문상을 가서 애통해하는 부인을 보니 P장군 생각이 더욱 간절했다.

1980년 8월 14일부턴가 공판이 시작되었다. 여러 번 출정을 해 재판을 받고 마지막으로 나는 3년 반 형을 구형받았다. 어처구니가 없었다. 내가 무엇을 했다고 3년 반이나 구형을 하는가. 그러나 정치인 K씨는 사형이 구형되었다. 그의 마지막 진술은 거의 백 분 정도 계속되었다. 나는 그의 마지막 진술을 들으며 울었다. 3년 반을 구형받은 나도 충격이 이렇게 큰데 사형을 구형받은 K씨의 심정을 생각하니 한 인간으로서 동정이 없을 수 없었다. 선고도 구형과 거의 같았다. 모든 재판이 척척 진행되어갔다. 가끔 재판부에 쪽지가 내려오기도 했다.

9월이 되면서 날씨가 선선해지기 시작했다. 같은 9사이지만 남쪽과 북쪽 감방의 온도차가 4, 5도나 된다고 한다. 나는 겨울을 지낼 준비를 해야 했다. 아내에게 부탁해 옛날에 입던 명주 바지저고리에 솜을 두둑이 넣어달라고 했다. 그리고 교도관과 싸우다시피 해 남쪽 감방으로 옮겼다.

9사 남쪽에 위치한 그 감방은 옛날 도산 안창호가 수감된 감방이라고도 하고 박 대통령을 살해한 김재규 중앙정보부장과 한패인 박모 대령이 사형집행될 때까지 수감된 감방이었다고도 한다. 벽에도 이런 낙서가 적혀 있었다.

'아아! 인생은 허무하다. 길어도 결코 죽어야 하는 인생, 이래도 한세상 저래도 한세상.'

대단히 비관적이며 절망적인 이 낙서는 아마 박모 대령이 사형집행을 기다리는 사이에 써놓은 낙서가 아닌가 싶었다. 2사 남쪽 감방으로 옮기니 창 아래 운동하는 모습이 보인다. 광주사태 기사를 썼다가 문제가 되어 재판을 받는 S도 보였다. 내가 광주사태를 처음 다소 구체적으로 들은 것은 8월 14일 재판정에서였다. 같이 재판을 받은 늦게 들어온 동료들 입에서 들을 수 있었다. 좀 늦게 들어온 친구들은 내용을 대체로 알고 있었으나 우리같이 일찍부터 구속된 사람은 내용을 거의 알 수 없었다. 구치소 안에 있으면 제일 궁금한 것이 밖의 세상에 관한 소식이다. 그러나 굶주린 이들에게 뉴스가 없으니 유언비어가 대단하다. 재소자 간에는 통방이 대유행이고 수화가 고도로 발달되어 있다. 8월 15일엔가는 대통령 취임식이 있다고 사과 두 개가 들어왔다. 예정대로 시국은 발전되어가는 것 같았다.

9월의 어느 날 추석을 맞게 됐다. 사과·배를 사서 남쪽을 향해 제물을 하여 놓고 돌아가신 아버지·어머니를 위해 제사를 지냈다. 예전 같으면 고향으로 성묘를 가는 날이다. 수사관한테 조사받을 때 망부의 이름을 대라고 할 때처럼 가슴이 아플 때가 없었다. 만약 아버지·어머니가 살아계셔 내가 수사기관에서 이렇게 조사받고 있다는 것을 아신다면 얼마나 걱정하실까 싶어 가슴이 미어지는 듯 아팠다. 오늘 추석을 맞으니 으레 지내야 할 다례며 성묘 생각이 나서 견딜 수 없었다. 간소하나마 제물을 차려놓고 무릎을 꿇고 절을 하니 하염없이 눈물이 흘러 주체할 수가 없었다. 무릎을 꿇은 채 한참 눈물을 흘리고 나니 마음이 다소 가벼워지고 죄송한 마음도 다소 가라앉았다.

날이 점점 서늘해지고 재판도 진행되어갔다. 9월이 가고 10월이 지나고 11월 4일엔가는 2심 선고가 있었다. 징역 2년이 선고되었다. 무엇 때문에 2년간의 징역살이를 해야 하는지 나 자신도 납득이 되지 않았다. 재판을 끝내고 뒤를 돌아보니 가족들의 아우성이 들렸다. K씨에 대해 2심에서도 역시 사형선고를 내린 데 대한 항의였다. 퇴장당하면서도 그들의 항의소리는 길게 길게 메아리쳤다. 나의 2년이란 사형선고에 비하면 아무것도 아니다. 거론의 대상조차 안 된다. 그러나 선고가 있은 뒤 가족석을 돌아보니 아내의 표정이 몹시도 우울해 보였다.

용산 군법정에서 서대문구치소로 와 늦게 점심을 들고 나니 육군형무소로 옮긴다는 소식이 전해졌다. 9사에 남아 있는 특히 나와 마주 보이는 곳에 수감돼 있는 K하고는 헤어지는 인사도 했다. 그는 겨우 갓 서른에 지나지 않았으나 교도소 경험이 세 번이나 되는 그런 점에서도 단연 나의 선배였다. 이

불을 짊어지고 육군형무소로 가는 차를 기다리는 장소에서 모처럼 같은 사건의 연루자들을 만날 수 있었다. Y교수 얼굴이 몹시도 창백해 보였다. 일부는 집행유예로 석방되었고 우리들만 육군형무소로 가게 된 데서 받은 충격이었는지도 모른다.

N형무소는 서대문구치소와는 딴판이었다. 외부세상과 완전히 차단되어 숨이 막힐 정도로 답답했다. 가족들은 이 먼 곳까지 매일같이 또 면회를 왔다. 면회실이 따로 있고 한 방에서 만날 수 있는 것이 서대문보다 좀 좋았다고 할까. 그러나 이곳은 가족면회소에 몇 사람의 군인 직원들이 감시하고 있었다.

서대문형무소에 큰딸이 면회 왔을 때 29세가 된 딸의 운명을 생각하고 울었다. 그러나 다행히 약혼이 성립되어 12월로 날짜를 잡았다. 아슬아슬한 29세 전의 결혼이었다. 딸 결혼날짜를 생각하니 밤잠이 오지 않았다. 11월 5일은 내 생일날이었다. 떡을 해 와 구속자 가족들끼리 나누어 먹고 나에게도 넣어주었다. 아내가 넣어준 떡을 이곳 형무소 경비병사에게 나누어주었다. 내가 석방된 날은 11월 6일이 아니었던가 한다. 꿈에 그리던 석방, 형무소의 출소, 그러나 막상 출소하는 심정은 담담하였다. 아직 수감되어 고생하는 사람들이 많이 남아 있기 때문인지도 몰랐다.

출옥 후 6년간의 생활

서대문구치소로 온 후 허리가 좋지 않아 약을 복용했다고는 앞에서 이야기했다. 형무소에서 나온 후에도 건강상태가 좋지 않아 지금은 고인이 된 이장규 박사의 진단을 받았으나 별 이상은 없다고 했다. 골병의 일종인데 이런 것이 엑스레이에 나타날 리가 없었다.

이장규 박사는 동아의 해직기자에 대해서도 각별한 관심을 보여주었다. 이 박사는 기자들이 동아일보에서 폭력으로 축출당한 후에 한 사람씩 전원의 건강진단을 해주신 일이 있고, 1979년에 옥고를 치른 동아투위 10명에 대해서도 출옥 후 전원 건강진단을 해주었다. 그러나 1984년인가 이 박사는 불행하게도 폐암으로 돌아갔다. 그때 미아리까지 조화를 들고 문상을 간 일이 있었지만 그분의 은혜를 잊을 수가 없다.

출옥 후 제일 신경을 쓴 것이 건강관리였다. 무슨 모임이 있을 때 나는 늘 졸았다. '가족'들은 나를 '고사리'라고 별명을 붙여 웃어대기까지 했다 한다. 이런 소문이 알려진 때문인지 해직된 언론계 후배들의 특별배려로 처와 나는 입원을 하고 종합진찰을 받았다. 동아투위 후배들이 자주 와서 보살펴주었다. 처와 나는 난생처음으로 종합진찰이라는 것을 받았다.

입원하고 있는 내내 후배들에게 미안한 마음 금할 수 없었다. 여러 가지 진찰을 해도 큰 탈이 없다는 말을 들었으나 무슨 까닭에서인지 지금도 허리와 팔이 아파 세수하는 데 불편을 느낀다. 아마 의학으로는 치료되지 않는 병인지도 모르겠다.

하여간 나는 매일 새벽 등산을 하고 1982년부터는 일요일 등산을 하기로 하고 문인 L씨의 주선으로 '거시기 산악회'에 참가하였다. 여름에는 아침 7시, 겨울에는 9시 이렇게 매 일요일마다 10여 명이 등산을 했다. 회원은 가지각색이었다. 교수·화가·변호사·언론인·세무사. 그러나 이날 하루는 즐거운 날이다. 등산이란 건강에도 좋을 뿐 아니라 심리적 발산처로도 다시없이 좋았다. 일주일 내내 집안에 박혀 있으면 답답증도 생기고 마음이 우울해지기도 하나, 이날 하루 동안 웃고 떠들고 허튼소리를 하고 나면 답답했던 가슴속이 한결 후련해진다. 일요일 등산은 몸의 건강 이상으로 심리생활의 활력소 구실을 한다.

일요일 등산은 다른 모든 것을 희생시키는 한이 있더라도 반드시 참가하고 있다. 취미치고는 가장 좋은 방법의 하나가 아닌가 한다. 레크레이션으로는 바둑·장기·낚시·테니스·골프·음주 등 여러 가지 방법이 있으나 역시 이 중에서도 등산보다 더 좋은 방법은 없는 것 같다.

산에 오르면 의외의 사람을 자주 만난다. 시내에서는 좀처럼 만날 기회가 없다가도 산에 오르면 의외로 반가운 사람을 만날 기회가 생긴다. 하루 종일 떠들고 허튼소리를 하다가 저녁 때 집에 돌아와 목욕을 하고 나면 그 이상 즐거움이 없다. 등산 때문에 태어났느냐고 아내의 핀잔을 들어도 나는 굳이 반대 않는다. 일요일만은 좀처럼 약속을 하지 않는다. 어떤 사람은 일요일 성당에 가자 교회에 나가자고 꾀는 사람도 있으나 실인즉 등산 때문에 이모든 것을 못하고 있다. 등산 때문에 교회나 성당에 못 간다니 말이 되느냐고 반박하면 물론 할 말이 없다. 변명이 안 되기 때문이다. 그러나 이것은 나에게 있어서는 엄연한 사실이다. 다만 이런 변명은 나에게만 통용되는 변명이므로 남에게는 절대로 변명으로 내세우지 않는다. 그냥 우물우물 답을 안할 뿐이다.

1983년 이른 봄엔가 외우(畏友) H형이 작고했다. 그는 대단한 재사로 자유당 때 전 언론계에 단연 빛났다. 그러나 특히 애주가로 거의 매일같이 술을 즐겼다. 술을 못하는 나는 그와 술자리를 같이할 기회는 거의 없었지만 그가 성실하고 타고난 재사로 특히 뛰어난 문장가였다는 점에서 그에게 경의를 표하고 있었다. 그의 글은 논리적이라기보다 단편에 뛰어났다.

그가 자유당 때 쓴 「모놀로그」나 「지평선」은 타의 추종을 불허했다. 그러나 그는 애주가였다. 근무가 끝나면 그냥 집에 돌아가는 법이 없었다. 누군가하고 어울려 한잔 나누어야만 집에 들어갔다. 나는 술을 못하는 편이라 이러한 그와 어울릴 기회가 없었지만 얼마 전에 타계한 선우휘 등은 그와 자주 술을 나눈 것으로 알고 있다. 술을 지나치게 좋아했기 때문인지는 몰라도 H나 S나 지금은 모두 타계하고 말았다. 그는 술을 폭음하는 편이 아니라 술잔을 놓고 즐겁게 이야기하는 것을 좋아했다.

그와 술을 같이 나눈 기억이 몇 번 있다. 한번은 1959년 가을 내가 『한국일보』에서 『자유신문』으로 옮겨 갈 당시 R과 셋이서 지금은 흔적조차 없어졌지만 남대문시장 바닥의 어느 술집에 가서 한잔 한 적이 있었다. 내가 『한국일보』를 떠난다고 하니까 섭섭하다고 한잔 나누자고 남대문시장 어느 주점으로 안내한 것이다. 때는 1959년 10월 말경쯤 될까. 자유당 말기 증상이 짙게 보이고 있었다. 만취된 채 거의 밤 12시가 되어 효창동 골목길 내 전셋집으로 허둥지둥 돌아갔던 기억이 난다. 또 한 번은 1981년 이른 봄 내가 형무소에서 나와 그가 근무하는 덕성여대에 들렀을 때 그와 함께 용산고등학교 못미처 후암동 어느 술집으로 갔다. 그는 미식가로 서울 어느 골목 어디쯤에 있는 곰탕을 잘하는 집, 설렁탕을 잘하는 집, 추탕이 맛있는 집을 잘 알고 있었다. 아마 이 집은 추탕이 맛있는 집이었던 것으로 기억된다.

그의 아들의 등록금을 낼 겸 이곳으로 왔다고 했다. 그의 아들이 벌써 고교를 졸업하고 서울공대 전자공학과를 나와 지금 대학원에 진학하고 있으니 세월이 빠르다는 것을 느낀다. 그가 인후암으로 고생한다는 이야기를 듣고 문병을 간 일이 있었다. 우유도 잘 넘어가지 않아 방사선치료를 받고 있다고 했는데 그가 자신이 인후암이라는 사실을 알고 있었는지 어떤지 궁금했다. 그때 우리를 영접해준 사람이 당시 서울공대 전자공학과생인 아들이었다. 이것이 마지막이 될지 어떨지 모른다는 생각이 들어 나올 때 H의 얼굴을 한번 더 바라보며 헤어졌다. 며칠 후 연세대 병원에 입원했다는 신문보도가 있었으나 내가 채 문병도 가기 전에 타계하고 말았으니 애석하였다. 문상을 갔다가 여러 사람을 만났다.

1984년 봄쯤 되었을까, 묘비를 세운다기에 갔다. 위치는 잊었으나 앞에는 강이 보이고 전망이 좋은 곳에 그의 묘가 있고 비문을 H라는 문인이 썼다고 했다. 그는 문인소질이 있어 문인하고도 교류가 잦았던 것으로 아나 우리처럼 이론적이거나 논리적인 사람하고는 질이 다소 달랐다.

하여간 H가 타계하고 얼마 있다가 나는 미국 YMCA 초청으로 뜻하지 않게도 미국을 방문할 기회가 생겼다. 나는 본래 미국하고는 별 인연이 없어 신문기자 현직으로 있을 때에도 미국을 방문할 기회가 없었으나 뜻밖의 기회가 생겨 7월 10일경 미국을 방문했다. 그리고 돌아온 것이 10월 3일경이니 거의 3개월간 미국 각지 교포를 찾아다니며 강연했고 9월 3일쯤 서독에 가서 한 보름쯤 있다가 9월 18일쯤 다시 미국으로 돌아와 LA를 거쳐 귀국했다.

　미국에 이민 간 한국인은 약 80만 명으로 추산되며 모두 열심히 일해 이민 온 지 10년쯤 된 사람들은 거의 경제적 토대를 잡고 있었다. 본래 이민 간 사람들은 이곳에서 중류 이상자가 많아 미국에 가서도 소수민족으로서는 비교적 경제적 안정을 이루고 있었다. 그러나 백인들의 인종차별이 심해 중류 이상이 되니까 미국인들의 차별이 점점 노골적으로 드러나 미국에서 토대를 잡은 사람일수록 오히려 반미성향이 엿보였다. 서울에 있을 때 고등학교 교편을 잡고 있던 내 친구는 LA에서 정원사로 생계를 유지하고 있었고, 뉴욕에서 서점을 경영하고 있는 친구는 미국에서는 장사를 해도 파출소를 비롯해 귀찮게 구는 자들이 없어 좋다고 미국 이민에 만족하고 있었다.

　나는 미국 이민을 좋지 않게 생각하고 있었다. 그러나 세계 어느 나라에 가도 동포가 살고 있다는 것은 결코 나쁠 것이 없었고 그곳에서 점차 토대를 잡고 사는 것은 기분 좋은 일이었다.

　한국에 살면 자기가 한국인이라는 사실에 무관심하게 마련이다. 그러나 이민을 가면 자기가 아무리 그 나라 시민권을 갖고 살아도 그곳 사람들은 자기를 코리언으로 대하지 미국인으로 대해주지 않는다. 시민권은 법률적인 문제고 일상적인 사회생활에서는 반드시 한국인으로 대해준다. 아무리 자기가 미국인이 되려 해도 미국인(백인)들은 반드시 한국인으로 대해주기 때문에 이민 간 사람들은 한국에 사는 한국인보다 더욱 자기가 한국인이라는 의식을 갖게 된다. 그래서 미국에 이민은 갔으면서도 한국의 문제에 대해 관심이 많아지고 평소 사귀는 것도 한국인끼리 하고만 사귄다. 문화와 풍토가 다른 사람끼리는 좀처럼 친하기가 어렵고 거의 제 나라 동족끼리만 사귄다.

　그래서 미국에 이민 온 한국인들은 고국의 정치상황에 일반적으로 관심이 많고 대부분 그러한 점에서 국내의 독재정권에 대해서 비판적이다. 미국에 이민 온 한국인들의 정치의식을 분류해보면 대단히 복잡한 데 놀라게 된다.

　1. 반공은 하되 고국의 군사독재에 반대하는 사람들

2. 민주주의를 지지는 하되 동족인 이북하고도 사이좋게 살아야 한다는 사람들

3. 민주주의자이면서도 한국보다 북한에 더 가까운 사람들

4. 명실상부하게 북한을 지지하는 사람들

5. 무조건 우리 현 정부를 지지하는 사람들. 이런 사람들은 현 정권의 지지라기보다 사업의 필요상 어떤 정권이 들어서도 그 정부를 지지하고 국내 출입을 자주 하는 사람들이다.

나는 약 3개월간 미국을 두루 다녀보면서 미국인이 마약 등으로 병들어가고 있는 것을 보았다. 다만 미국은 자연조건이 매우 혜택 받은 나라로 국토에 비해 인구밀도가 한국에서라면 300만 정도가 살고 있는 것과 같은 수준이다. 우리나라도 지금의 국토에 300만 정도가 살고 있다면 아마 미국 이상으로 윤택하게 살 수 있을 것이다. 미국이 강력하다는 것은 국민이 훌륭해서라기보다 미국 국토가 혜택 받고 기름진 땅, 즉 국토가 위대한 때문이라고 생각되었다.

독일에도 간호사로 간 한국 처녀들이 독일인과 결혼해 사는 경우가 상당수 있었다. 예외지만 보조 간호사로 갔다가 그곳에서 열심히 공부해 정치학 박사학위를 받아 그곳 독일 의사하고 결혼해 사는 여성도 있었다. 대단히 진보적 생각을 갖고 있었다.

독일의 사회제도는 좀 특이했다. 사장이나 의사라고 특별히 수입이 많은 것이 아니었다. 사장에게도 사장수당이 있고 의사에게도 의사수당이 있을 뿐 특별히 수입이 많은 것이 아니었다. 한국하고는 제도가 달랐다.

서독에서 수입이 제일 많은 직장인은 30대나 40대의 숙련공들이라고 한다. 내가 1968년 서독에 갔을 때와는 달리 서독 청년과 결혼해 안정된 생활을 하는 한국 간호사 출신 여성들이 많았으나 의사라고 해서 특히 한국처럼 수입이 많은 것은 아니었다. 한국에서 사장이나 의사라면 우선 수입 많은 사람으로 알려져 있는 것하고는 대조적이었다.

1984년 말 '민주언론운동협의회(언협)'가 결성되었다. 1975년 해직된 동아투위와 조선투위 회원과 1980년 8월을 전후해서 해직된 1천 명 가까운 기자들 중에서 '1980년도 해직언론인협의회'를 구성한 기자들을 중심으로 언협이 결성되었다. 민주언론을 지향하는 기자들이 출신사에 관계없이 모여들었다. 현직 기자들은 직접 가담하지 않았으나 많은 관심을 보였다.

1984년 12월 어느 날 장소를 구하지 못해 장충단 분도회관 지하실에서 재야인사들의 축하인사를 받으며 결성되었다. 동아투위, 조선투위, 1980년 해직기자협의회 그리고 출판계에서 대표를 한 사람씩 선출하고 그중 가장 연장자인 내가 우선 의장이 되었다. 사무국장엔 성유보 기자가 취임해 크고 작은 일을 돌보았다.

'언협'은 〈말〉이라고 하는 기관지를 출판하기로 했다. 1985년 봄에 창간호를 내놓았다. 재야 각 단체에서 나오는 그 많은 출판물의 하나에 지나지 않았으나 명색이 신문기자들이 만드는 출판물이라 어느 재야 출판물보다도 질적으로 우수해야 한다는 것이 우리들의 자부심이었으며 바로 이런 점에서 걱정도 되었다.

언론인은 누구에게도 또 어느 단체에도 종속되어 있지 않다. 종속된다면 그 단체나 개인의 기관지 아니면 대변지지 일반 신문이라고는 볼 수 없을 것이다. 그러한 의미에서 〈말〉은 독립적이다. 다만 〈말〉은 민중의 입장에서 점진적으로 민주주의를 지향하는 시각에서 제작되어야 할 것이다. 특별히 편파적이거나 사회질서를 어지럽히는 것도 아니었으나 무허가 출판물이라 해서 새 호가 나올 때마다 편집인이 연행되어 7일간의 구류를 살았다. 신청을 해도 허가를 해주지 않으면서 무허가 운운하는 것은 묘한 해석이다.

2호가 나왔을 때에는 출판인인 나도 서울시경 정보과원에게 연행되어 마포서에서 2일간 철야조사를 받고 나왔다. 그러나 편집인은 7일간의 구류를 살고 나왔다. 성유보·신홍범·최장학·김태홍 등이 두 번 혹은 한 번씩 구류를 살았다. 문공부는 불법이라 해서 그때마다 구류를 살게 하고 있지만, 연행 회원들은 우리야말로 참된 언론인으로서 십자가를 멘다는 자부심을 갖고 있었다.

지금 재야에는 수많은 출판물이 정기 혹은 부정기로 나오고 있다. 일찍이 이렇게 재야언론이 성황을 이룬 적은 없을 것이다. 이러한 유인물은 일반적으로 '민중언론'이라 일컬어지고 있다. 오늘의 언론이 제도의 틀에 묶여 참된 진실보도나 민중의 여론을 제대로 반영하지 못하기 때문에 제도언론이 국민의 불신과 지탄을 받고 그 결과 '민중언론'이 나오게 된 것이다. 그래서 당국은 시내의 모든 인쇄시설을 철저히 단속해 출판물의 인쇄를 봉쇄하려 하고 있다.

유치장에 면회를 갈 때마다 그 침침하고 어두운 유치장 생활을 하는 동료를 대해야 하는데 수감된 동료나 면회하는 동료들이나 비록 고난은 계속되어도 언론인으로서 떳떳하고 자랑스러운 자부심에 불타고 있었다. 이 땅에 민주언론이 꽃피는 그날까지 언론에 가해지는 시련은 계속될 것이다. 그러나 우리는 기꺼이 이 수난을 받아들일 것이다.

1985년엔 그간 동고동락하던 해직교수들이 복직되었다. 1975년 이후 그렇게 외롭던 재야생활이 해직교수들이 동참하면서 한때나마 위안이 되는 듯싶더니 한 4년 만엔가 그들은 원상회복되었다. 결국 그렇게 될 줄 알았지만 축하를 하면서도 한편에선 쓸쓸한 마음을 금할 수 없었다.

언론을 독점하면 천하를 장악한다고 믿는 사람들은 교수는 복직시켜도 언론인은 복직시키지 않는다. 언론의 자유와 독립을 주장하는 기자들이 언론계에 들어오는 것을 권력가들은 불안하게 생각하는 것이다. 말로는 어쩌고저쩌고 나라를 마치 혼자서 걱정하는 것 같지만 누리는 그 부귀와 영화가 위협받는 것을 보고만 있을 까닭이 없다. 언론의 독점은 권력자들이 마지막까지 틀어쥐고 놓지 않을 것이다. 따라서 언론자유 없는 민주화란 사상누각에 지나지 않는다. 교수들이 모두 현직으로 원상회복되어도 언론인은 아마 절대로 복직하지 못할 것이다. 민주화가 되지 않으면 이대로 살다가 늙어 죽는 길밖에 없다. 가진 바 능력을 살리지 못하고 몇몇 사람들의 부귀와 영화를 위해 희생당하는 불행한 시대에 태어난 운명이 서글프기도 했다. 그러나 이렇게 늙는 것을 슬퍼하지만은 않는다.

나는 50에 언론계를 떠났다. 하지만 능력을 채 발휘하기도 전에 30대에 본의 아니게 언론계를 떠난 젊은 후배들의 인생을 생각하면 가슴이 아프다. 나는 그간의 언론활동으로 언론계를 떠날 때에 이미 어느 정도의 기반을 마련하고 있었으며 이러한 기반이 그 후 내 무직생활에 적지 않은 도움이 된 것은 다행이었다. 하지만 언론인으로서 별로 경력을 쌓기도 전에 언론계를 떠난 후배들은 글 쓰는 자이면서도 글을 쓸 기회를 충분히 갖지 못했다. 어느 면에서 그들의 고통은 나보다도 절실하지 않았던가 한다.

직장을 떠난 해 어느 친구가 번역물을 소개해주어 첫해 여름은 이 책의 번역으로 그럭저럭 보낼 수 있었다. 평론집을 처음 출간한 것은 1975년 초였다. 어느 친구가 원고를 정음사에 소개했으나 그곳에서는 내 책을 낼 수 없다고 거절하는 바람에 창비사에서 출판해주었다.

그것이 《민족지성의 탐구》라는 책이었으며 꾸준히 팔린 것으로 알고 있다.

다음은 《단절시대의 가교》라는 평론집으로 지금은 없어진 어느 출판사에서 냈으나 이내 출판사가 없어지고 다음 출판사도 없어서 이 책은 끝내 빛을 못 보고 불행하게 되었다. 책 내용만이 중요한 것이 아니라 그것 못지않게 출판사도 중요하다는 것을 깨달았다.

1977년에는 동아투위 출신 김언호 형의 '한길사'에서 《한국민족주의의 탐구》라는 평론집을 출판했다. 이 무렵의 한길사는 김형 혼자 뛰는 초창기였다. 그는 대단히 부지런한 사람으로 출판사는 점차 크게 발전했다. 모두 추억에 남는 일들이다. 그 후엔 요청대로 자주 쓰고 또 그때그때 책도 많이 출판해 1986년 말 현재 15권이 넘는 저서를 내게 되었다. 이 밖에 몇 권이 더 출판될 것이고 또 몇 권이 계약 중에 있으나 계약을 이행하지 못해 마음이 괴롭다.

만약 내가 직장을 계속 다니고 있었다면 지금과 같이 비교적 많은 책을 저술하지는 못했을 것이다. 오늘과 같은 출판업적은 직장이 없다는 점이 오히려 힘이 된 것이 아닌가도 한다.

내가 20대의 젊은 나이로 C일보의 외신부에서 일하고 있을 때에는 미래에 대한 희망에 벅차 있었다. 나의 모든 정열을 통일조국 하에서 바치리라 마음먹었다. 나는 젊고 통일은 멀지 않을 것으로 낙관하고 있었다. 그러나 이것은 내 환상에 지나지 않았다. 통일은 멀고 내 인생은 짧았다. 나는 이제 만 60세가 되었으나 통일은 요원하다. 통일의 여건은 되레 더욱 어렵게만 되어가고 있다. 40년간 한반도에 구축된 정치·경제적 기득권층이 분단을 전제하여 점차 굳어가고 있기 때문이다. 이제 내 소원은 통일조국 하에서 일한다는 희망보다 통일을 보고 통일조국에서 눈감고 싶다는 욕구가 더욱 절실해지고 있다.

일찍이 문재린 목사는 통일되기 전에는 죽을 수 없다고 90고령까지 기다렸으나 통일은 안 되고 기다리다 지친 문 목사는 결국 세상을 떠나고 말았다. 그런 통일에 대한 문 목사의 집념은 사라지지 않고 당신의 두 눈으로 기필코 통일을 보고야 말겠다고 어느 청년에게 당신의 안구를 이식시키고 돌아갔다. 통일을 향한 애절한 염원이 어찌 문 목사만의 소원이겠는가. 문 목사의 한이 풀어지는 날은 수많은 우리 동포들의 한이 풀어지는 날이다.

언젠가 한 후배 동료가 이런 말을 했다.

"우리만 직장이 없습니다. 언제가 돼야 정상으로 돌아가는지 까마득합니다."

그는 '우리만'이라는 표현을 썼다. 나는 이 말을 듣고 가슴이 아팠다. 사회 각 분야에서 민주화운동을 하는 사람들은 많다. 그러나 생활의 터전까지 몽땅 빼앗긴 채 운동을 계속하는 사람들은 그의 개탄대로 그렇게 많은 것 같지는 않다. 해직기자들만이 12년간이나 제자리로 돌아가지 못하고 오늘날까지 고생하고 있다. 언젠가 한 기관원이 나에게 이런 말을 했다.

"선생은 아마 절대로 복직되지 않을 것입니다."

우리에게는 오늘의 이 민주화운동이 곧 자기 생활의 원상회복—정상화를 위한 기약 없는 싸움이기도 한 것이다.

−《송건호 전집》 제9권, 한길사, 2002년, 193~256쪽.
《한국현대언론사》, 삼민사, 1990년.
《청암 송건호 선생 화갑기념문집》, 두레, 1986년

상식의 길: 한 언론인의 비망록

진리와 상식

어떻게 살 것인가? 이 문제에 대한 해답은 나 자신이 아직 방황 중이라 내가 이야기하기보다 오히려 누구에겐가 듣고 싶은 심정이다. 이 문제는 인생의 출발점에 있는 젊은 세대들이 생각해야 할 문제 같은데 사실은 젊은이들보다 오히려 나이 먹은 사람들이 더 심각하고 고민 중인 것 같다.

'어떻게 살 것인가'를 생각해야 하는 사회는 시대적으로 불행한 사회요, 무엇인가 변화를 필요로 하는 시대, 종전대로의 타성적인 생활이 벽에 부딪힌 시대임을 뜻한다. 사람에 따라서는 젊어서부터 이상적(理想的)으로 인생관이 확립되어 불안·동요 같은 것이 없이 신념 있는 생활을 하는 사람도 있지만 어떤 사람들은 지금까지 비교적 무난하게 살아온 사람이 무슨 까닭인지 나이가 70 고령이 되어서도 남에게 지탄받을 생활로 변절해버리는 사람도 있다.

하여간 과도기적 성격의 시대에는 '인생론'이 유행하게 마련이고 다소라도 책임 있는 지위에 있는 사람일수록 그만큼 인생의 처신에 고민이 따르는 시대라고 할 수 있을 것이다.

개인적으로 볼 때 나는 60을 넘어선 지금처럼 인생을 이모저모 생각해본

적이 없다. 그리고 신문기자 생활을 그만두고 무력한 시민으로 살아가면서 우리나라 신문기자 생활이 얼마나 안이한 타성 속에 젖어 있는가를 발견하게 된다.

그간 직장 없이 집안에 들어앉아 있은 지 12년이 지났다. 들어가고 싶은 일자리도 없지만 막상 일자리가 생겨도 타의에 의해 물러나게 되니 지금은 아예 취직하기를 포기하고 있어 오히려 마음이 편하다. 내가 무슨 말 못할 죄를 지었기에 교통비도 안 되는 학교 시간강사 자리조차 못하게 되는지 알 수가 없다.

1976년 겨울, H대학을 그만둘 때는 학교당국자가 필자보고 미안하다는 말을 거듭하면서 본의가 아니니 그런 줄 알아달라고 양해를 구했으며, 1977년 여름 S대학은 출강도 한 번 못해보고 무슨 영문인지도 모른 채 못 나가게 되었다. 시간강사 자리 하나 못 다니게 된 것을 아까워하지는 않으나 시간강사로조차 출강할 수 없을 만큼 생존권을 빼앗겨야 할 이유가 무엇인지 알고 싶다. 그만한 죄가 있다면 죄가 있다고 누군가가 말해주었으면 좋겠다.

10년 전이나 지금이나 자신의 생각이나 사상에 변화가 있다고도 믿지 않는다. 자신이 변한 것이 아니라 세상이 변한 것이라고 나는 보고 있다.

일할 나이에 직장이 없다는 것은 누구에게나 고민이다. 그래서 나도 한때 취직이라는 것을 해보려고 노력한 일이 있었다. 55세에 정년퇴직한 사람이나 어쩌다 일자리를 잃은 사람이 실의에 빠지거나 좌불안석하는 것을 보았다. 충분히 이해가 되는 일이다. 아마 그렇게 되기를 바라는 사람들에 의해 나의 취직도 방해가 되었는지 모르겠다.

그러나 사람에게는 적응성이라는 것이 있다는 것을 12년간을 통해서 알게 됐다. 12년을 무직으로 있다 보니 무직 상태가 오히려 정상처럼 되어 만약 직장이 생겨 매일 아침 출근해야 한다면 어떻게 하나 싶을 정도로 지금의 생활에 만족을 느끼고 있다.

나는 옛날, 직장 없이 글을 쓰며 살아가는 문인들을 보고 저 사람들은 무슨 재미로 매일을 지내나 싶었는데 지금에 와서 비로소 문인들의 자유생활이 이해가 되고 오히려 그러한 생활이 매력조차 있으며 만약 이런 사람들에게 직장에 나가라고 한다면 '좀 봐 달라'고 애원할 것이 틀림없겠다는 생각도 든다.

나는 남들이 어떻게 보든, 혹 저 친구 곤란하게 됐다고 동정할 '고마운' 사람이 있을지 모르나, 그간 공부에 몰두할 수 있어 오늘의 고독 속에서 오히려 보람을 느끼는 생활을 즐기고 있다.

나는 지금까지 '상식'에서 벗어난 생활을 해본 적이 없다고 생각한다. 그런 점에서 나는 지극히 평범한 사람이다. 내 생활, 내 사상처럼 평범하고 상식적인 것이 없다고 나는 믿고 있다. 만약 누군가 나를 곤란한 사람이라고 본다면 그 사람이야말로 곤란한 사람이라고 생각한다. 나같이 평범하고 상식적인 사람이 곤란한 사람처럼 보인다면 지금의 시대가 상식에서 일탈한 곤란한 시대기 때문이지 내가 곤란하기 때문은 아니라고 스스로 믿고 있다.

나는 내가 무슨 인생론을 말하겠는가 하고 스스로 웃는다. 나는 그만한 나이도 안 됐고 그러한 진리를 터득하고 있지도 못하다. 만약 나더러 굳이 인생론을 말하라고 한다면 "상식적으로 생각하고 상식적으로 생활한다"고나 말할까.

'상식'이란 가장 건전한 사고라는 뜻이다. 누구에게나 수긍되고 납득이 되고 따라서 가장 이치에 맞는 생각·생활임을 말한다.

25년 기자생활에서 얻은 것

세상에서는 내가 직장을 떠난 것을 못마땅하게 보는 사람이 있다. 비난하는 사람도 있고 심지어 뒤에서 욕하는 사람도 있다. 별의별 말이 다 들려온다. 그러나 나는 지금껏 내가 잘못했다고는 보지 않는다. 할 말은 많지만 다 집어치우고 단 한마디만 말한다면 나는 상식적으로 생각하고 상식적으로 처신했을 뿐이라고 스스로 믿고 있다.

나는 25년 동안 기자 생활을 하면서 신문이란 어떻게 만드는가, 어떻게 보도할 것인가, 논설은 어떻게 쓰는가를 수없이 책에서 읽어왔고 선배에게서 들어왔다. 그래서 나도 수없이 그런 식의 글을 썼고 강연을 했고 좌담을 했고 대학에서 강의도 했다. 신문의 올바른 길, 신문기자의 올바른 정신과 자세가 무엇인가는 오늘날 이미 하나의 상식이 되어 있다.

신문기자뿐 아니라 사회인이 알고 학생이 알고 공무원들이 알고 있다. 신문을 어떻게 만드는 것인가는 이제 새삼스런 이야기가 아니다. 그만큼 벌써 상식이 되었다. 나는 상식적인 길을 걷고자 노력했을 뿐이다.

황매천(黃梅泉)은 조선이 일제에 병합(倂合)될 때, 500년간 선비를 양성했는데 지금 나라가 망하려는 판에 옳다고 배운 일을 위해 목숨을 바치는 선비가 한 사람도 없다면 되겠느냐면서 스스로 목숨을 끊었다.

물론 지금의 신문기자를 옛날의 선비에 비할 수는 없겠지만 해방 30년간 신문의 올바른 길이란 어떤 것이라고 귀가 아프도록 들어온 터에 그 신문의 옳은 것이 위기에 빠지고 이래서 되겠느냐고 저항하는 기자들이 나타났다고 할 때 그들을 성원은 못할망정 선배로서 어떻게 적대시할 수 있겠는가.

나는 근래 '언론자유'라는 말을 가급적 사용하지 않는다. 언론자유를 주장하는 사람들을 마치 법도 국가도 민족도 돌보지 않고 자유만 내세우는 사람들처럼 몰아붙이는 층이 있기 때문이다. 그래서 나는 언론자유라는 말보다도 '언론의 독립'이라는 말을 쓴다.

언론은 자유라고 하기보다 독립이 되어야 한다. 어떤 문제에 찬성을 하든지 반대를 하든지 또는 새로운 무슨 주장을 하든지 신문사 또는 방송국의 독립된 주장, 판단, 기자의 양식에 따라 결정되어야 하며 신문사 또는 방송국 밖의 어떤 압력에 의해서도 영향 받지 말아야 한다.

가장 이상적인 신문이란 외부의 어떤 압력이나 작용의 영향도 받음이 없이 기자의 양식—이것이 바로 상식이다—에 따라 제작되는 신문이다. 신문에 독립을 줄 수 없다고 말하는 사람이 있을지 모른다. 신문에 독립을 부여하면 어떤 신문이 나올지 겁이 난다고 말할는지 모른다. 그러나 한 가지 명백한 사실이 있다. 신문이 정도(正道)에서 벗어나고 탈선을 하는 것은 언제나 외부의 압력이나 외부와의 그릇된 관계에서 일어난다.

문제는 신문사 안에 있는 것이 아니라 외부에 있다는 것을 알아야 한다. 물론 신문에 100% 자유를 요구할 수는 없다. 하지만 최소한 법의 테두리 안에서는 어떠한 간섭도 압력도 받음이 없이 독립된 보도와 논평의 자유를 누려야 한다.

이러한 자유 속에는 물론 법을 비판할 수 있는 자유도 포함되어 있어야 한다. 법이라고 다 타당한 것은 아니며 법에 따라서는 정치색이 짙은 것도 있고 현실과 맞지 않는 법도 있다. 이러한 법은 언론에 의해 기탄없는 비판의 대상이 되어야 한다. 비판의 대상이 될 수 없는 법이란 있을 수 없고 있어서도 안된다. 만약 그런 법이 있다면 그것은 비판에 견뎌낼 만한 명분을 가지지 못한 법이라는 것을 자인하는 것이다.

지금 신문은 독립성을 상실하고 있다. 자기비판과 자기의 양식으로, 따라서 자기 책임 하에 신문을 만들지 못한다. 독립된 자유가 없는 신문은 책임도 질 수 없다.

나는 이러한 신문은 진정한 언론일 수 없다고 알고 있다. 이러한 내 비판은 지난 30년간 내가 철들면서 또 신문기자 생활을 하면서 수없이 배워왔고 들어왔고 또 읽어왔다. 진리는 항상 상식 속에 있다. 특히 신문의 진리는 상식을 떠나서는 있을 수 없다.

신문의 진리는 민중 속에 있다. 민중이 외면하는 신문은 제구실을 못하는 신문, 따라서 참된 신문이라고 할 수 없다. 내가 바라는 신문은 상식의 선에서 만들어지는 신문이다. 그 이상도 그 이하도 아니다. 지금 현직에서 일하고 있는 모든 언론인들도 아마 나의 이 같은 생각에 반대할 기자는 없을 것이다. 오늘날 우리 시대는 비단 언론뿐 아니라 거의 모든 분야가 상식의 선에서 일탈하고 있다는 느낌을 준다. 상식으로 돌아가야 한다. 모든 국민이, 민중이 옳다고 판단하고 믿는 그러한 길과 방향으로 가야 한다. 민중의 생각이 곧 상식이다.

나는 이 같은 내 주장에 모든 현직 언론인들이 동조하리라고 믿는다. 내가 이렇게 말하는 근거는 그들도 1974년 가을에 신문은 자유로워야겠다는 선언을 일제히 성명한 바가 있기 때문이다. 자유를 부르짖던 바로 그 기자들이 같은 직장에서 오히려 그때만도 더 못한 여건 속에서 신문을 계속 만들고 있기 때문에 그렇게 믿는 것이다.

신문기자는 이데올로기를 생산하는 지식인

신문기자도 지식인의 한 사람이다. 지식인이라고 하면 일반적으로 무엇인가 사회적 이데올로기의 생산자라 할 수 있다. 이 사회적 이데올로기의 생산자라는 점에서 볼 때 신문기자는 가장 대표적 지식인에 속할 것이다. 매일같이 사회문제를 보도하고 논평하는 것을 직업으로 삼고 있다는 점에서 신문기자는 다른 어느 지식인보다 이데올로기를 생산하고 있다.

지식이 왜 이데올로기적이냐 하는 문제를 생각해보자. 지식은 일반적으로 우리들 인간이 살고 있는 환경—사회에 대한 무엇인가를 인식하는 것이다. 환경 또는 사회를 어떻게 인식하느냐는 사람에 따라 제각기 다르다. 따라서 사람은 인생관이 다르고 사회관이 다르며 이렇게 인식이 서로 다르기 때문에 여론이 대립하게 마련이다. 그러면 왜 인생관·사회관이 달라지는 것일까? 그것은 사람의 입장이 서로 다르기 때문이다. 사람의 입장이란 민족적 주장도 있고 계층적 주장도 있고 연령적 입장도 있고 인종적 입장도 있을 것이다. 그러나 이렇게 많은 주장이 다르게 나타나는 것은 그 밑바닥에 이해관계의 차이—대립이 있다는 사실을 간과할 수 없다.

하여간 사람이 어떠한 입장에 있든 지식인에게는 그가 가지는 지식에 일정한 논리가 있다. 자기의 지식, 즉 자기의 사회관·정치관·민족관·경제관에는 그러한 형(形)이 성립될 수밖에 없는 논리가 있다. 논리가 없는 지식이란 있을 수 없다. 그러므로 지식에는 논리적 일관성이라는 것이 있게 마련이고 또 지식은 반드시 이러한 일관성을 필요로 한다.

가령 A라는 지식인이 어떠한 정치적 주장에 서 있다고 할 때, 그의 그러한 정치적 주장에는 그러한 주장에 설 수밖에 없는 정치관, 즉 하나의 논리가 있게 마련이다. 왜 자기가 그 같은 입장을 취하게 되었는가에 대한 이론이 있지 않으면 안 된다.

그의 그러한 주장이 윤리적으로 옳으냐 어떠냐는 별개 문제다. 최소한 지식인이라면 자기의 정치적 또는 언론적 입장에 대한 명확한 논리가 있어야 한다. 그가 그 같은 자기의 주장을 계속 지지하는 한 그는 자기의 논리에 불변하는 태도, 즉 논리적 일관성을 견지하는 것이다. 이것은 지식인으로서 상식에 속하는 일이며 새삼스럽게 문제시할 일이 못된다.

그런데 개항 후 100년간 우리 사회의 지식인사를 되돌아볼 때 한마디로 그들의 역사는 변절의 역사였다고 말할 수 있겠다. 여기에서 그들의 변절이 윤리적으로 나쁘다는 것을 말하자는 것이 아니다. 민족이 불행하면 그 민족의 지식인이 행복할 수가 없다. 민족이 수난의 길을 걸으면 그 민족의 지식인이 먼저 그 길을 걷는다. 이런 의미에서 불행한 민족에 태어난 이 땅의 지식인이 수난의 길을 걸어왔다는 것은 일면 동정의 여지가 없지 않다.

우리나라 지식인의 일생을 과정적으로 볼 때 30, 40대 전후에는 민족의 지식인으로서 항일을 하다가 40, 50대쯤 되면서 점차 친일로 기울어져 50대 이후에는 민족 앞에 지탄받을 죄과를 범하게 되는 길을 걸어왔다.

이러한 변절의 과정이 자발적이라고 하기보다 거의가 타율적으로 생긴 변절이라는 것은 말할 것도 없다. 일제의 가혹한 탄압에 견디다 못해, 살기 위한 판단으로 부일협력(附日協力)한다는 과정을 밟았다.

지식인의 변절에도 두 가지 반응태(反應態)가 있다. 하나는 살기 위해 본의 아닌 마지못한 부일이 있었고 또 하나는 적극적이고 자발적인 부일협력이 있었다. 춘원 이광수는 부득이한 부일이라기보다 자발적·적극적 부일이었다는 점에 특징이 있고 자기의 친일에 대해 그런대로 이론을 편 지식인에 속했다. 자발적이든 타율적이든 일제하의 부일은 당시의 상황으로 보아 여러모로 동정할 여지가 많다. 문제는 8·15 후 그들의 태도다.

사정이야 여하튼 민족을 배반하고 적에게 협조했다면 내 민족의 새 나라의 일꾼이 되기 위한 불가결한 전제로 지난날의 더러운 협조—이 협조가 지식인의 경우는 이데올로기적 협조였으니까—에 대한, 자기의 더러운 지난날의 반민족적 이데올로기에 대한 사상적 청산이 있어야 했다. 낡은 사상적 청산 없이 새 나라의 민족적 지식인이 될 수는 없다.

한데 이렇게 명백한 논리에 이 땅의 지식인은 그 태도가 실로 애매모호했다. 자기의 수치스런 따라서 하루 속히 청산해야 할, 일제 이데올로기에 대한 자기반성 내지 지양이 거의 없이 새 나라의 대열 속에 그대로 잠입해 들어왔다.

낡은 지성의 청산이라는 점에서 응당 자기비판이라는 형식으로 일제 이데올로기의 청산이 있어야 했다. 그러나 그들은 아무런 청산도 하지 않았고, 당시의 정치권력(이승만)이 오히려 이러한 친일적 잔재들을 두둔한 결과 새 나라에는 이들 부일 지식인들에 의해 몇 가지 바람직하지 못한 독소가 남았다.

첫째는 엄연한 새 나라면서도 문화적·정신적으로는 일본군국주의의 요소가 그대로 남게 됐다는 점이고, 둘째는 지식인으로서 견지(堅持)해야 할 지성의 일관성을 당연한 것으로 받아들이는 풍토가 조성되지 못했다는 것이다. 프랑스가 나치의 지배에서 해방되자 나치에 협력한 지식인과 그들의 이데올로기가 철저하게 청산되었던 사실과는 대조적이다. 그 결과 민족을 배반하고 부일협력한 지식인일수록 냉전에 편승한 세력에 자신을 깊숙이 잠입시켜 일신의 안보를 꾀하게 되고, 이 땅에 있어서의 냉전을 더욱 격화시키는 구실을 했다는 사실을 무시할 수 없다.

8·15 후 1948년까지 한반도에 들어온 냉전의 물결에 어느 나라에서보다도 재빠르게 편승하여 자기 세력 부식(扶植)을 위한 권력투쟁·사상투쟁을 격렬

하게 벌인 이면에는 부일 협력자들의 개인적 안보와 깊은 관계가 있었다는 사실을 간과할 수 없다.

일제하에서 8·15 후에 걸쳐 한국 지식인들이 식민치하의 이데올로기적 과오에 대한 어떤 분명한 해명·청산 같은 것이 없이 또 이렇다 할 심판 없이 새 나라에 참여할 수 있도록 방치한 것은 그 후의 이 나라 지식인들에게 '편승'을 하나의 풍토처럼 조성하는 데 결정적 계기를 마련했다.

민족언론은 신생국 언론의 사상성

일반적으로 언론은 객관적이어야 한다고 한다. 무엇이 옳고 그른가는 독자들에게 맡기고 언론은 우선 사실을 있는 그대로 알려야 한다는 것이다. 언론에 있어서의 이러한 객관주의는 특히 미국 저널리즘의 특징이며, 일반적으로 신생국에서는 이러한 객관주의로, AP나 UPI 같은 미국적 눈으로 사물을 보는 훈련을 받게 되었다.

그러나 언론의 이 객관주의는 '객관적'이라는 간판 밑에 지극히 교묘하게 강한 주관주의를 발휘한 것이 현실이다. 이 객관주의는 후진국 언론에 여러 가지 해독을 미쳤다. 객관주의는 기실 고도의 이데올로기성을 내포하고 있다.

객관주의에 의한 언론은 주관을 배제하므로 언론이 기능화하여 언론에서 사상성이 배제되고 수단화·도구화되어 언론은 필요에 따라 어떠한 사회 세력에도 봉사할 수 있는 한낱 테크닉으로 화한다. 언론의 도구화는 언론인의 샐러리맨 의식과 상승작용을 일으켜 요즘 많은 언론인들이 철저하게 사상성이 결여된 기능인이 되었다.

필요에 따라서는 '자유언론'을 요란스럽게 주장하다가도 때에 따라서는 바로 같은 펜으로 어떠한 사회집단의 어떠한 목적에도 동원되어 아무런 갈등도 느끼지 않고 봉사를 하는 것이 요즘 저널리스트의 의식이라는 평이 있다.

신생국의 언론은 사상성을 내포하는 것이 아니면 안 된다. 무엇이 옳고 그른가를 분명히 구분·인식해야 하며 옳은 것은 적극 주장하고 그른 것을 숨기지 않고 반대해야 한다. 신생국 언론일수록 고도의 사상성이 요청된다. 신생국 언론의 사상성이란 특히 민족언론을 뜻한다.

지금 우리 민족의 가장 절실한 염원은 통일이다. 통일이야말로 우리 민족이 가장 갈망하는 꿈이요 비원이다. 우리 언론은 민족통일을 지향하는 언론이 되어야 하고 그런 점에서 강한 민족의식을 가지고 민중에게 통일의식을 심어주어야 한다. 민족언론은 남북민족의 이질성보다도 동질성을 더욱 강조하며, 체제대립에서 오는 이질화는 일시적이요 민족의 동질성이야말로 본질적이라는 점이 강조되어야 한다.

민족언론은 민족의 자주·자립을 주장하며 강한 민족적 긍지와 자존심에 불타 있어야 한다. 민족언론은 온갖 사대주의·의타심을 배격하고 우리 문제는 우리 민족의 자력으로 해결해야 한다는 당당한 자부심에 불타 있어야 한다. 한미 간의 문제도 바로 이러한 사상을 가지고 논평되어야 한다.

민족언론은 사회과학적 이론이 바탕이 되어야 한다. 사회과학이 바탕이 된 언론만이 민족의 현실을 옳게 인식할 수 있고 옳은 길을 걸어갈 수 있게 한다.

언론인은 이런 점에서 사회과학 연구에 적극적이어야 하고 훌륭한 의미의 사상가가 되어야 한다. 신문기자라고 해서 한낱 기능인으로서 어느 때는 이런 글을, 또 어느 때는 저런 글을 쓰는 대서소 서기와 같은 사람이라고 생각해서는 안 된다.

신생국의 언론은 민주언론이 되어야 한다. 민족이 강한 에너지를 발휘하려면 민중이 강하게 결속해야 하며, 민중이 결속하려면 정치와 경제건설이 민주적이 되지 않으면 안 된다. 나라의 부(富)가 일부에만 편재해서는 안 되고 건설이라는 간판 밑에서 민중이 수탈대상이 되어서는 안 된다. 국민의 단결에는 민주주의가 불가결의 조건이다. 신생국 신문기자는 주체적 논리가 서 있어야 한다.

8·15해방이 되면서 우리 언론은 자유와 민주를 외치고 언론자유를 위협하는 온갖 권력악과 싸워왔다. 자유당 12년간의 언론은 자유와 민주를 위한 빛나는 투쟁의 연속이었고 4·19의 위대한 민중의 승리에는 언론의 힘이 절대적이었다는 것을 모르는 사람이 없을 것이다.

특히 5·16 후는 군정에서 언론윤리위법 파동으로, 다시 자유언론선언에서 오늘에 이르기까지 수난과 저항의 연속이었다. 지난 30년간의 이 나라 언론의 수난과 투쟁은 언론에 객관주의란 있을 수 없다는 것을 말해준다. 신문기자란 결코 한낱 기능직이 아니다. 신문기자는 민족주의자며 민주주의자며 따라서 그들은 다른 어느 지식인보다도 민중을 지도하는 사상가로서의 자부심과 책임감을 갖지 않으면 안 된다.

오늘날 너무나 많은 기자들이 스스로를 한낱 기능직으로 비하하며 민중을 저버린 현실 추종자로 유유낙낙하고 있음은 개탄해 마지않을 일이다. 한때 그토록 요란하던 '자유언론' 선언자들이 지금은 다 어디로 사라지고 현실 추종의 언론만이 내 세상인 듯 횡행하고 있음은 어찌된 일일까? 어제는 민주언론을 외치던 목소리가 오늘은 추종의 목소리로 변한 것을 라디오를 통해 들을 때 한없이 안타까운 마음을 달랠 길 없다.

신문기자는 매소부(賣笑夫)가 될 수 없고 팔방미인이 될 수 없다. 신문기자야말로 그 누구보다도 주체의식이 뚜렷해야 한다. 주체성을 버리고 이때는 이런 소리, 저때는 저런 소리를 하기에는 언론이 미치는 영향이 너무나 크다는 것을 깨달아야 할 때가 왔다.

—《송건호 전집》 제8권, 한길사, 2002년, 247~258쪽.
《민주언론 민족언론》, 두레, 1987년

언론계를 떠나면서

언론민주화운동을 위한 노력

나의 반세기에 걸친 언론계 생활은 한겨레로서 막을 고했다. 내가 언론계에 처음 들어간 것은 1940년대 지방 언론 생활을 제외하고 서울에서는 1953년 조선일보를 시발로 하였다. 그 후 한국일보, 경향신문, 자유신문, 민국일보, 다시 조선일보, 동아일보를 전전하다가 15년간의 공백기를 둔 후, 한겨레신문을 창간하여 몇 년간 근무하다가 물러나게 되었다. 그간 나는 5·16 군사독재 후 경향신문에서 구속당할 각오를 하고 군사독재 3년 연장에 대한 반대사설을 썼으나, 회사방침으로 발표를 하지 못하고 말았다. 나는 군사독재와 타협하지 않고 투쟁하다가 사주(이준구·전 신문편집인협회장)가 구속된 후, 나도 연행되어 며칠간 조사를 받았다. 그 후 회사가 중앙정보부의 소유가 됨으로써 나는 몇몇 신문사의 입사 권유를 뿌리치고 조선일보로 자리를 옮겼다. 그곳에서도 김두한 의원의 오물투척사건에 대한 사설문제로 나는 밀수를 두둔하는 정부도 비판해야 한다고 주장했다가 주필에게 용납이 안 되어 동아일보로 자리를 옮겼다. 그러나 이곳에서도 중앙정보부 직원의 출입을 반대하는 기자들의 '자유언론' 투쟁을 지지하고 언론계를 떠났다. 이것이 이른바 광고사태로 국민들에게 알려진 사건이다. 그 후 15년간 타의에 의해서 언론계를 떠나 재야 민주화운동을 하였다. 이때 나는 15여 권의 책을 저술하고 각 대학과 기독교계를 다니면서 강연을 하였다. 1979년 12·12 후 134인 '지식인 시국선언'을 발표하였다가 옥고를 치르기도 하였다.

1988년 5월 15일 많은 국민주주들의 도움을 받아 한겨레신문을 창간하였다. 나는 옥고를 치른 후 이대로 살다가 죽을 각오를 하고 있었으나, 국민의 덕분으로 다시 언론인 생활을 하게 된 것이다.

한겨레신문 창간과 나의 소신

한겨레신문은 국민의 힘으로 많은 주주·독자들의 참여에 의해서 창간되었다. 그 당시의 신문은 경영면에서 권력의 간섭을 받고 있었기 때문에 자기주장을 할 수 없었으므로 국민들도 이 점을 불만스럽게 생각하여 새로운 신문의 창간을 열망하고 있었다. 한겨레신문은 6만 명 이상의 주주들의 참여에 의해서 창간되었으므로 일반신문과는 달리 처음부터 권력과 대자본에서 독립하여 자주를 지향하고 민주주의와 통일을 사시로 내걸었다. 따라서 사내 운영도 다른 신문사와는 달리 철저하게 민주화를 지향하고 외부의 간섭을 배제하였다. 이 신문은 국민들의 비상한 관심과 언론계의 질시를 받기도 하였다.

한겨레신문을 운영해야 할 나의 방침은 '편집권 독립'을 존중하여 일체 신문제작에 간섭을 하지 않는 일이었다. 모여든 기자들도 신문다운 신문을 만들고자 결심한 젊은이들이 많았다. 신문사의 제작에 불만을 품은 외부에서는 주로 나에게 전화를 걸어 자기주장을 했으나, 나는 이와 같은 사실을 편집진에게 알리지 않고 내가 모두 그들의 비난을 받았다. 그들은 한겨레신문도 다른 신문사와 같이 사장 마음대로 신문 제작을 할 수 있다는 생각이었던 것 같다.

나는 한겨레신문의 경영구조가 다른 신문사와 달리 주주가 6만 명이 넘고 또 모여든 기자들이 거의 전부 언론자유를 갈망하고 있기 때문에 철저하게 자유를 존중하여 신문 제작은 당사자들의 판단에 맡겼다. 따라서 모든 사원들에게 자기 일을 누구의 간섭도 받음이 없이 자율적으로 해결토록 하였다.

따라서 나는 몇 년간의 신문사 생활 중 신문 제작에 일체 관여를 하지 않았다. 한겨레신문에 모여든 사람들은 경영에 경험이 없었기 때문에 미숙한 점이 없지 않았으나 모두들 그런대로 열심히 일을 하였다. 그러나 한 가지 문제가 있었다. 사내의 민주화와 자율이 존중되었기 때문에 위계질서가 제대로 서지 않는다는 비난과 파벌이 생겼다는 비난도 듣게 되었다. 창간 이후 들어온 사원들은 능력에 의해서 평가받고 해직 기자들은 해직기간 동안 어떠한 생활을 했는가가 평가기준이 되어야 한다는 것이 나의 생각이었다. 하여간 한겨레신문의 운영은 의욕대로는 되지 않고 경영이 점점 어려워져 갔다. 일간신문의 창간은 엄청난 자금이 필요하므로 200억 원의 자금이 모아지긴 했으나 최소한 1,000억 원은 있어야 한다는 것이 경험에서 발견된 점이었다. 200억 원 갖고 신문사를 경영하는 일은 참으로 어려웠다. 그래서 사원들은 보너스도 없고 수입도 타사의 반밖에 되지 않았으며, 기자들도 철저히 촌지를 거부하면서 신문 제작에 노력하였다. 한겨레신문의 창간으로 여러 가지 새로운 경험이 얻어졌고 이는 앞으로의 한국 언론 발전에 많은 도움이 될 것이다.

임시주총에 대한 나의 의견

이럭저럭 어려운 고비를 겪으면서 몇 년의 세월이 흘러 지난 6월 19일 회사 정관의 변동으로 임원 선임을 위한 임시주총을 열었다. 한겨레신문의 주총은 3만 명 이상의 주주들이 참여해야만 가능하기 때문에 직접 참여하는 주주를 제외하고는 대표이사 회장과 사장에게 주주들의 주총의결권을 위임하는 방법을 택하였다.

임시주총 전날 나는 한마디 상의도 없이 일방적으로 (선임한) 새로운 10명의 이사진 후보 명단을 알게 되었다. 그 후 나는 임시주총에 참여하지 않기로 결심하고 이 사실을 김태홍 이사에게 통고하였으나, 김두식 상무가 임시 주총에 참석하지 않으면 회의가 성립되지 않는다고 하여 나는 주총에 참여하여 임시주총을 성립시키고 10여 분 뒤 바로 퇴장하고 나왔다. 그러나 그 후 주총에 참석한 주주들이 새로 추천된 이사후보들이 불만이라고 하여 표결을 요구하고 표결을 실시한 결과, 주주들의 의견이 다수이고 회사안이 소수였으나, 주주들이 나에게 위임한 주총 의결권이 총 주식의 41%(임시주총 의결 주식의 79%)에 달하므로 내 의결권까지 계산하여 회사안을 통과시켰다고 한다. 그래서 주주들은 위임받은 주총 의결권을 다시 위임할 수 없다고 하면서 어째서 선생은 위임된 의결권을 또다시 위임해주었냐고 나에게 항의하였다. 나는 청천벽력과 같은 이 공박에 당황하여 주총 의결권을 누구에게도 위임한 바 없다고 답변하였다. 그 후 주주들은 나를 직접 찾아와서 회사에서 위임장을 복사해주지 않는다고 하면서 적어온 것을 제시하고 나에게 사실 여부를 확인하였다. 나는 주총 의결권을 다시 위임한 일도 없고 회사에서도 그러한 부탁을 한 일도 없다고 답변하였다. 내가 의결권을 사인하여 위임한 일이 없는데도 만일 위임장을 회사에서 가지고 있다면 필시 회사에서 위임장을 조작한 것이라고 생각할 수밖에 없다. 이것이 사실이라면 회사 현 경영진의 도덕성에 큰 문제가 있다고 볼 수밖에 없다. 그리고 나는 회사의 일방적인 고문 임명에 동의한 사실도 없다.

한겨레가 발전하는 길

한겨레신문은 자본이 부족하고 광고주들이 사상이 불온하다고 광고를 잘 주지 않기 때문에 경영이 어려워지고 있다. 게다가 사내에는 자유가 존중되는 나머지 위계질서가 제대로 서지 않고 파벌이 생겨서 인사문제 때마다 시비가 그치지 않는 폐단이 있다.

이와 같은 어려운 상황에서 한겨레신문이 발전하는 길은 주주들이 적극적으로 회사문제를 걱정해 주는 일이라고 생각하며, 사내에서는 파벌 현상을 없애고 적재적소로 인물을 배치하는 일이다.

또한 새로운 마음으로 창간 때의 정신으로 돌아가서 회사를 살리겠다는 열의를 가져야 한다. 한겨레신문은 일반신문과는 다르다는 것을 명심하고 진실을 알고자 하는 국민대중의 기대를 저버리는 일이 없도록 끊임없이 노력해야 할 것이다. 독자·주주 여러분들도 한겨레신문이 국민신문이라는 것을 잊지 말고 계속 성원해 주시기를 바라마지 않는다.

나는 평생토록 민족의 자주와 민주화를 위해서 끊임없이 노력을 해왔으며, 지나간 파란 많은 나의 언론계 생활을 생각하면 만감이 교차하는 심정이다.

말년에 한겨레신문을 국민 여러분의 힘으로 창간하게 된 것은 나의 평생 가장 보람 있는 일이었다.

앞으로도 한겨레신문에는 어려운 일이 많을 것이나 주주·독자 여러분의 단결된 힘으로 참된 언론을 바라는 국민의 기대에 어긋나지 않게 한겨레신문이 성장하기를 바라마지 않는다.

-'한겨레전국독자주주모임' 소식지, 1994년 1월 12일.
'한겨레전국독자주주모임' 특보, 1993년 7월 22일

＊이 글은 선생이 마지막 남긴 글이다. 몸이 불편한 선생의 말을 장남이 받아 적었다. 참된 언론을 열망하는 시민들의 고귀한 뜻과 정성에 힘입어 탄생한 한겨레신문사가 경영난과 내부갈등을 겪는 모습을 지켜보며, 선생이 느끼는 참담함과 고통이 글에 드러난다.

3부
송건호를 말한다

"나는 역사의 길을 걷고 싶다"

송건호 선생과의 만남과 대화, 송건호 선생의 책을 만들면서

김언호 한길사 대표

    송건호 선생은 다정다감했다. 어려운 처지의 사람들에게 동정을 아끼지 않았다. 체구가 큰 편은 아니었지만 연단에 서면 지사(志士)적인 정신과 논리를 힘차게 펼치는 웅변가가 되었다. 소박하고 다정다감했지만 권력과 타협하지 않았다. 권력의 강요에 결코 굴하지 않았다.

    1978년 추석 전날로 기억된다. 선생 댁은 은평구 역촌동이었고 우리 집은 불광동의 산동네 '독박골'이었다. 나는 시내에 나갔다가 집으로 가는 길이면 으레 댁으로 가서 선생을 뵙곤 했다. 선생은 그날 대문을 나서는 나의 손에 5만 원을 쥐어 주셨다. 그땐 한길사가 펴내는 책들이 잇따라 판금되면서 신간을 내는 것은 물론이고 생활을 꾸려나가는 것도 힘든 시절이었다. 시내에 조그만 사무실을 운영하기가 힘들어서 그걸 철수하고 우리 집 작은 거실을 편집실로 쓰던 때였다. 그날 선생은 아이들에게 조그마한 것이라도 사다주라는 말씀으로 나의 등을 밀었다. 그때는 선생의 생활도 참으로 어려운 시절이었다.

1975년 3월 〈동아일보〉 언론인 130여 명이 회사에서 해고당하는 이른바 '동아일보사태'가 벌어졌다. 선생은 이 젊은 언론인들의 자유언론운동에 뜻을 같이해 편집국장직을 사퇴했다. 당시 선생은 49세였다. 학교에 다니는 6남매를 둔 가장이었다. 선생은 언젠가 나에게 말했다. 대책 없는 '실직'은 현기증을 일으키는 '공포'였다고. 자유와 정의와 진실의 편에 서는 큰 언론인 송건호 선생의 다정하고 인간적인 이미지가 지금 나의 머리와 가슴에 각인되어 있다.

나는 동아일보사에서 송건호 선생을 선배로 모시고 함께 일한 적은 없다. 신문 쪽에서 일하다가 선생이 편집국장으로 부임했을 때 나는 월간지 〈신동아〉에서 일하고 있었다. 그러나 〈동아일보〉를 그만둔 이후 선생과 함께 역사와 현실을 토론하고 책을 만든 20여 년은 나와 한길사에게는 늘 훈훈하고 든든한 시절이었다. 늘 성원해주는 정신의 고향 같은 존재였다. 이런 선배를 필자·저자로 모실 수 있어서 나는 행복했다.

선생은 늘 나에게 '김형'이라고 불렀다. 다른 그 무엇보다도 책 만드는 일이 위대하다는 말씀으로 격려해주셨다. 1980년대에 송건호 선생과 진행한 이런저런 일들을 되돌아보면 나는 목이 멘다. 고단한 시대였지만 선생은 늘 희망을 말씀했고, 나는 그런 선생에게 우리 현대사에 대해서 물었고 글을 부탁했다. 선생은 자신의 이런저런 역사의 경험을 이야기해주었다. 선생의 글과 책은 이 민족 성원들에게 민주주의와 통일에 대한 희망과 신념을 고무시키는 것이었다.

우리는 늘 인사동 고서점에서 만났다

한길사는 1977년 9월 25일자로 송건호 선생의《한국민족주의의 탐구》를 '오늘의 사상신서' 제1권으로 펴내면서 출판을 시작했다. 한길사는 1990년대 초까지 172권의 '오늘의 사상신서'를 펴내게 되는데, 송건호 선생의《한국민족주의의 탐구》는 한길사의 지향과 성격을 상징적으로 보여주는 한 권의 책이었다.

1976년 12월 24일에 출판등록을 한 한길사는 그 후 우리의 민족문제와 민주주의 운동, 민족사를 중요한 주제로 삼고 그것을 책으로 기획해내게 된다. 미국에는 《여론(Public Opinion)》이란 고전적인 책을 저술한 언론인 월터 리프먼의 칼럼 '오늘과 내일'이 있었지만, 나는 '오늘'과 '오늘의 사상'을 중시하는 출판을 하고 싶었다.

1970년대와 1980년대에 송건호 선생과 나는 늘 인사동 고서점에서 만났다. 그 서점에서 두서너 시간씩 책을 뒤지다가 종로 뒷골목 식당으로 가서 저녁을 먹었다. 선생에게는 이곳저곳에서 강연을 요청해왔고, 나는 선생의 강연이 끝날 때쯤 강연장으로 가곤 했다. 강연이 끝나면 선생을 모시고 근처 설렁탕집으로 가서 저녁을 먹었다. 다시 찻집으로 자리를 옮겨 이야기를 나누었다. 우리 현대사에 대해 토론했고 시국에 대해서 이야기했다.

문제작을 써내는 저술가

1975년은 언론인 송건호의 삶의 역정에서 하나의 커다란 전환을 이룬다. '생활에 대한 공포' 속에서, 한 시대의 역사적 격동을 체험하면서, 한 언론인으로서 이 민족의 역사와 이 사회의 현실을 기록하고 비판해오던 그의 지성과 논리는 새로운 생명력을 찾게 되는 계기가 되었다.

한 지식인의 인식체계란 그가 살아가는 바로 그 시대의 역사적 삶의 실천과정에서 거듭 태어날 것이다. 한 지식인이란 그가 살아가는 그의 공동체적 상황에 가혹하게 내던져짐으로써 그 시대와 상황의 현실과 구조를 분명히 인식하게 되고, 그 상황을 극복하는 사상과 논리를 체득하게 될 것이다. 그 해 동아일보사를 스스로 퇴사한 그 이후의 일련의 역사적 실천과정 속에서 그의 논리와 지성은 한층 심화·발전되는 것이었다. 언론사의 현직에 몸담고 있지 않으면서도 그는 '대기자' 또는 '참언론인'으로서 경이로운 일을 하게 되는 것이었다.

송건호 선생은 1975년 현직을 떠남으로써 오히려 더 본격적이고 왕성한 저술 활동을 펴게 되고, 민족과 현실의 문제를 더 구조적으로 인식하려는 독자들에게 주목받기 시작했다. 1970년대와 1980년대라는 역사적 상황은 문제작을 써내는 저자 송건호로서 다시 탄생하게 되는 것이었다.

'한 권의 책'이란 어느 날 느닷없이 만들어지는 것이 아니라, 한 사회의 역사적 산물이라는 사실을 우리는 그에게서 다시 확인하게 된다. 한 권의 책이 역사 현실의 바깥 또는 개인의 담 안에 앉아 있는 문자인(文字人)에 의해 저술될 수도 있겠지만, 시대를 호흡하는 사람들에게 깊은 감동을 주는 저작이란 열정으로 당대의 현실을 만나는 실천적 인식으로 창출될 것이다. 저자로서 새롭게 등장한 송건호는 그 자신이 이 민족의 역사적 삶을 마다하지 않고, 그 현장에 서 있음으로써 가능했다 할 것이다.

일본 제국주의가 침략전쟁에 미쳐 있던 시기, 이 나라의 지도자들이 저 제국주의의 앞잡이로 변절해가던 시기에 그는 청소년이었다. 해방과 6·25를 청년시절에 겪었다. 젊은이들의 열정과 희생으로 이루어지는 4월혁명을 그는 논설기자로서 감격의 눈물을 흘리면서 목격했다. 그 감격이 채 가시기도 전에 5·16군사쿠데타를 만났다. 군인들의 민정참여, 한일회담 추진, 박정희 정권의 장기집권을 위한 개헌, 10월유신, 긴급조치와 박정희가 시해되는 10·26정변, 그것의 연장선상에 있는 군부의 5·17정변에도 그는 한 언론인으로 역사의 현장에 서 있었다.

손에는 책을 들고 있었다

언론인 송건호는 1926년 충북 옥천군 군북면 증약리 농가에서 태어났다. 은진이 본관이다. 아버지 송재찬(宋在瓚)은 서당에서 한문을 다소 익혔고 일본말을 독습으로 어느 정도 이해했다. 자식을 공부시킬 여유가 없었다. 중학 정도 마치고 농사일을 돌볼 것을 기대했다. 그러나 송건호는 서울로 와서 한성(漢城)상업학교에 입학했고 1944년 12월에 졸업했다. 1945년 2월 5년제 학교를 졸업할 예정이었으나 일제는 전쟁수행을 위해서 학생들을 앞당겨 졸업시켰다.

북아현동에서 하숙하면서 안국동, 충무로, 영천, 아현동 등 먼지 수북이 쌓인 고서점의 책더미를 뒤지고 다녔다. 이광수의 《흙》을 읽고 민족을 생각하게 되었다. 가가와 도요히코(賀川豊彦)의 《사선을 넘어서》(전3권)를 읽었다. 가가와는 빈민굴에 들어가 전도한 기독교인이다. 그는 가가와의 책을 읽으면서 사회 현실로서 빈민의 존재를 알게 되었다.

졸업 후 시골로 내려갔지만 손에서 책을 놓지 않았다. 일제의 경찰과 군청에서는 그에게 해군에 지원해 나가라고 강요했다. 이를 피해 옥천에 있는 일본군 식량창고에 들어가 사무원 노릇을 하다 8·15해방을 맞았다. 열아홉 살의 송건호는 거기서 일하면서 겁도 없이 사람들을 모아놓고 "조금만 참자"고 큰소리치기도 했다.

해방이 되자 집에서는 그에게 취직을 하라고 했다. 그러나 그는 공부를 해야 한다고 말씀드렸다. 12월 초순 서울로 올 때까지 영어를 집중적으로 공부했다. 한글로 작문을 해보기도 했다. 연세대 신학과에 응시했으나 떨어졌다. 경쟁자가 많아서라기보다는 기독교의 배경이 없다는 것이 낙방의 원인이었던 것 같았다. 그리하여 경성법학전문학교에 들어가게 된다.

학교는 1946년 2월에 개강했다. 자취하면서 신문배달에 노동판 일까지 하면서 공부했다. 집안에 여유가 없었던 것도 한 이유였지만 "내 힘으로 한다는 독한 마음으로" 그렇게 했다. 그러나 1946년 국립대학안 반대운동의 격랑으로 학교를 1년 쉬게 된다. 서울대학교가 국립대학이 되면서 그는 1948년에 법과대학에 입학하게 된다.

1950년 6·25가 터지면서 학업은 중단되었다. 1953년 수복 후에 2학년으로 복학했다. 학교가 제대로 운영될 수 없는 난리통이라, 학생들은 시험 칠 때만 각양각색의 복장으로 몰려드는 것이었다.

그는 학교 공부엔 당초부터 관심을 가지지 않았다. 청계천변 등의 헌책방을 뒤지면서 독서에 빠졌다. 1952년부터는 학생이면서 직장에 나갔다. 교통부 촉탁으로 들어가 한글을 영문으로 번역하는 일을 했다. 1953년에 대한통신의 외신부에 들어감으로써 직장을 하나 더 가지게 되었다. 한성고등학교 영어강사 노릇까지 했다. 교통부는 힘들어 곧 그만두었지만 영어강사는 1958년까지 계속했다.

여러 사건 속에서 신문사들을 옮겼다

송건호는 여러 신문사를 거쳤다. 해방의 기쁨이 식기도 전에 분단되고, 또 전쟁이 일어나고 하면서 언론과 언론기관이 자리를 제대로 잡을 여건도 안 되었고 그럴 경황도 없었다. 그가 여러 언론기관을 전전했던 것도 부침하는 시대의 풍경 바로 그것이었다. 1954년 〈대한통신〉에서 〈조선일보〉 외신부로 옮겼고, 1958년에는 한국일보사의 창립자 장기영의 요청으로 〈한국일보〉 외신부로, 다시 1959년에는 〈자유신문〉 외신부장으로 옮겨 앉았다. 1960년 6월엔 〈한국일보〉 논설위원으로 갔다. 1962년에는 〈민국일보〉 논설위원으로, 몇 달 있다가 다시 〈한국일보〉 논설위원, 1963년 3월에 〈경향신문〉 논설위원으로 옮겼다.

1963년 박정희 군사정권은 그들의 이른바 '혁명공약'을 뒤엎고 군정연장을 발표했다. 험악한 분위기였다. 그것의 부당함을 알고 있었지만 겁이 나서 아무도 사설을 쓰려고 하지 않았다. 그는 "구속당할 각오로" 200자 원고지 15매에 군정연장을 반대한다는 사설을 썼다. 그러나 이 사설은 1주일 동안 묵혀 있다가 나가지 못하고 말았다. 이때 중앙정보부장은 김형욱이었다.

1965년 8월에 논설주간이 되었다. 다시 편집국장직을 맡는다. 편집국장에 취임하면서 "신문의 정도를 걷자! 문제가 생기면 모든 책임을 국장에게 맡겨라"고 선언했다. 그러나 정부에 강력한 비판논조를 펴던 〈경향신문〉은 1966년 4월 다른 기업인에게 판권이 넘어갔다. 그는 5월 1일 〈조선일보〉 논설위원으로 가기까지 '신문의 독립과 자유'를 위해 분투했다. 1964년에는 일본에서 교포가 발행하던 〈한양〉지 10월호에 '한국과 미국'이란 글을 기고했는데, 그것이 문제가 되어 이 잡지의 국내 배포가 금지된 적도 있었다.

1969년 3월 〈동아일보〉로 옮긴다. 그 무렵 김두한 의원이 국회에서 답변하는 각료들의 답변이 불성실하다면서 오물을 투척한 사건이 일어났다. 〈조선일보〉주필은 무조건 그것이 나쁘다는 식으로 사설을 쓰라 했지만, 그는 오물 투척도 나쁘지만 소신 없는 각료들의 태도가 더 문제라고 주장하여 갈등을 빚고 있었던 데다, 1968년 말 월간지 〈신동아〉의 차관기사 관계로 〈동아일보〉정치담당 논설위원이 자리를 물러나게 되어 그 역할을 요구해왔다.

1971년에는 이른바 비상사태가 선언된다. 선생은 이를 비판하는 사설을 썼다가 연행된다. 1972년에는 〈동아일보〉의 통일문제연구소 책임을 맡게 된다. 이해 7월 4일에 7·4남북공동성명이 발표되고 9월에 남북적십자회담 자문위원으로 평양에 간다. 1973년에는 수석논설위원이 되고 1974년 9월에 편집국장직을 맡게 된다.

이 무렵 〈동아일보〉는 노동조합 사건으로 소연했다. 회사는 노조파동을 수습하려고 그를 편집국장에 앉혔다. 그러나 1974년 10월 24일 '10·24자유언론실천선언'이 전개되고 이어 백지광고 파동이 벌어진다. 1975년 3월 17일에는 결국 기자·PD 등 130여 명의 언론인들이 강제 축출되는 동아일보사태가 벌어진다.

송건호 선생은 "인사권을 다짐받지 않고 편집국을 맡은 것이 큰 실수였다"고 뒷날 그때를 회고했다. "부하 기자들의 목을 치면서 더 이상 자리를 지킬 수 없다. 이렇게 하면 역사의 심판을 받을 것이다"라면서 편집국장직을 스스로 사퇴하고 말았던 것이다.

통일 지향의 민족언론

33~34세 때부터 신진비평가로 활약한 언론인 송건호는 '언론의 자유'가 아니라 '언론의 독립'을 중시했다. 언론은 그 어떤 정치적인 개인이나 세력 또

는 어떤 기업으로부터 영향받지 않는 '독립'된 위치에서 주체적으로 현상을 보도하고 비판해야 한다. 정부가 잘하면 잘한다고 '독립된 위치에서' 격려하고, 또 잘못하면 주체적으로 비판해야 한다. 그는 1960년대의 경제개발계획을 '사쿠라' 소리를 들으면서도 적극적·긍정적으로 보았지만, 그 방법은 크게 비판했다. 전두환 군부의 5·17정변 후 '내란을 선동'했다 하여 구속되고 고문받는 수난을 당하기도 했지만, "나는 언제나 기자다. 어떤 정치권력과도 관련되지 않는다"고 단언했다. "언론인이 어느 한편에 소속되면 그 생명은 그날로 끝장난다"는 것이 그의 언론철학이었다.

한 언론인으로서 송건호는 누구보다도 많은 언론론(言論論)을 썼다. 《민족지성의 탐구》(1975)의 70퍼센트가 그렇고, 《한국민족주의의 탐구》(1977), 《민중과 민족》(1981, 당초에는 《단절시대의 가교》라는 이름으로 출간되었다) 등에서도 언론은 늘 그의 논의의 대상이었다. 한국기독교사회문제연구원에서 펴낸 《언론과 사회》에 200자 원고지 900매나 되는 분량으로 〈한국현대언론사론〉을 발표한 바 있는데, 이 '언론사론'은 1945년부터 1980년까지의 이 땅의 언론사를 정리했다. 그밖에 〈기자협회보〉 등에 발표했던 언론관계의 글이 2천여 매나 된다. 이들 글에서 끊임없이 언론의 민주사회적 사명, 민족적 사명을 역설하고 있다는 사실은 바로 한 언론인으로서 그 스스로의 자세정립이자 이 땅의 언론이 그만큼 다사다난한 시절에 좌절하고 고뇌하고 있음을 설명하는 것이었다.

송건호의 언론관은 시대의 역사적 상황에 뿌리를 박고 있었다. 이 분단시대에 언론의 길이 무엇인지를, 특히 1970년대 중반 이후부터 소리 높여 주장하고 있었다.

1978년에 나는 15인의 에세이집 《어떻게 살 것인가》를 기획했다. '어떻게 살 것인가'는 그 시대 우리들의 화두였다. 나 스스로에게 묻는 질문이었다. 송건호 선생은 이 에세이집에 기고한 '상식의 길: 한 언론인의 비망록'에서 스스로의 자세를 말했다.

지금 우리 민족의 가장 절실한 염원은 통일이다. 우리 언론은 민족통일을 지향해야 하고 그런 점에서 강한 민족의식을 가지고 민중에게 통일의식을 심어주어야 한다. 민족언론은 남북민족의 이질성보다도 동질성을 더욱 강조하여야 하며, 체제 대립에서 오는 이질화는 일시적이요 민족의 동질성이야말로 본질적이라는 점이 강조되어야 한다.

민족언론은 민족의 자주·자립을 주장하며 강한 민족적 긍지와 자존심에 불타 있어야 한다. 민족언론은 사회과학적 이론이 바탕이 되어 있어야 한다. 사회과학이 바탕이 된 언론만이 민족의 현실을 옳게 인식할 수 있고 옳은 길을 걸어갈 수 있다.

이런 의미에서 언론인은 사상가가 되어야 한다. 신문기자라고 해서 한낱 재능인으로서, 어느 때는 이런 글을 어느 때는 저런 글을 쓰는 대서소 서기와 같은 사람이라고 생각해서는 안 된다.

1980년 4월 7일자 〈대학신문〉(서울대)에 기고한 '분단하의 민족언론'에서 선생은 80년대 언론이 통일을 위한 르네상스의 선봉이 되어야 한다면서 다음과 같이 주장했다.

앞으로 이 땅의 언론은 국제냉전 하의 하수인(사대주의)으로서가 아니라 자기 민족의 생존을 위해 보다 민족이익에 용감해야 한다. 이데올로기가 다르고 체제가 달라도 우리는 같은 민족이며 따라서 동질성은 본질적이고 이질화는 일시적이며 표면적이고 부분적이라는 민족 본래의 자각을 불어넣어야 한다. 같은 동족끼리 누구의 하수인이 되어 무엇 때문에 언제까지 반목하고 경원시해야 하는가.

언론은 '자유'를 뛰어넘는 '실천'의 개념이 요구된다. 자기 사회의 내부적 자유, 자기 사회의 민주화의 구체적 실천뿐 아니라 외부로부터의 자유와 해방이 아울러 확보되어야 한다. 선생은 제3세계적 시각에서 서구 자본주의국가의 저널리즘이 내세우는 보편타당성을 비판했다. 이른바 서구에서 주장되는 언론의 자유와 뉴스의 객관성을 문제삼는 것이었다.

이 객관주의가 제3세계의 민족언론을 잠식하는 무서운 무기가 되고 있다는 사실을 간과해서는 안 된다. 객관주의에 물든 언론인일수록 몰이념·몰민족적이며 주어진 정치적 여건에 순종하고 봉사하고 있다는 것은 이미 우리들이 주지하는 바와 같다. 민족언론을 지향하는 언론인들은 따라서 언론에 있어서의 객관주의·보편주의와 이론적인 투쟁을 벌여 극복하지 않으면 안 된다.

−1982년에 간행된 《범하 이돈명 선생 회갑기념문집》에 수록된 〈저널리즘과 휴머니즘〉

'지금 이곳의' 역사에 대한 관심

언론인 송건호의 지적 탐구영역은 바로 '언론행위' 그것으로 수렴된다. "신문기자는 민족주의자이며, 민주주의자이며, 민중을 지도하는 사상가로서 자부심과 책임을 갖지 않으면 안 된다"《어떻게 살 것인가》고 인식한다. 한 언론인으로서 그에게 요구되는 당위를 성찰하고 실천하는 과정에서 이 땅의 현대사를 읽고 연구하는 것이었다. 그에게 언론은 곧 역사다. 그의 언론관에 일관되어 흐르는 바가 바로 '언론의 역사성'이다. 그러나 그가 뜻하는 역사성은 현실과 유리되어 있는 죽은 역사가 아니라 '오늘에 살아 있는 역사'다.

지금 이곳의 입장에 서야 한다. '지금 이곳'의 입장이라는 것은 바꾸어 말해 하나의 '역사적 입장'에 선다는 것을 의미한다. '역사적 입장'이라는 것은 '주체적'이라는 뜻이며, 동시에 '민족적 입장'이라는 뜻과 통한다.
언론인이 주어진 사실의 그 전모와 의미를 보도하려면, 뚜렷한 역사의식에 입각하지 않으면 안 된다. 자기의 주체적 입장, 민족적 입장에서 보도해야 한다. 역사의식에 투철한 사람일수록 민족의식이 뚜렷하며 후퇴 아닌 전진적 자세를 취한다. 뚜렷한 역사의식은 지금 생성하는 오늘의 사실에 대한 해석·평가의 기준이 될 뿐만 아니라 지나간 사실들에 대한 해석·평가·의미를 찾는 가치기준이 되고 시대에 대한 전망에 있어서도 하나의 방향을 제시한다.

—《민족지성의 탐구》

'지금 이곳'에 대한 관심은, 우리의 현대사 또는 당대사에 대한 제도권 지식사회 구성원과 달리, 그를 현대사 연구 및 저술에 나서게 했다. 그는 언론인이라는 '자유분방함'으로 학계의 '금기구역'에 뛰어들었다. 일제강점기의 민족사·민족운동사를 다룬 《한국현대사론》의 저작은 그 일환이었다. 1930년대와 1940년대의 일제통치사에 대한 서술조차도 하나의 금기에 속했던 것이 '해방된' 이 땅의 현실이었다. 그러나 그는 "민중을 주체로 하는 역사"(《한국현대사론》의 머리말)로서, 이 시기의 민중항쟁사를 과감하게 써낸 것이다. 한국신학연구소를 운영하던 민중신학자 안병무 박사의 지원과 요청으로 쓰여진 이 책의 서론에서 선생은 현대사 연구의 당위성을 다음과 같이 천명했다.

신생국 사학계는 국사 연구의 첫 과제가 자기 민족이 어찌하여 이웃 나라의 식민지로 전락했으며, 식민지로서 그들로부터 어떠한 통치를 받아왔으며, 자기 민족이 외세통치에 어떤 저항을 했고, 또 한편 민족 속에서 누가 동족을 배반, 식민종주국에 충성을 바쳤으며, 그들이 왜 민족으로서의 구실을 못하고 외세에 영합하게 되었는가, 그리고 신생국으로서 낡은 식민주의 잔재를 청산하는 길은 무엇이며, 만약 식민주의 잔재가 오래도록 남아 있다면 그 이유는 무엇이며, 그 잔재와 싸우는 길은 무엇인가 등이 연구되지 않으면 안 된다. 신생국으로서 진정 자주의식에 불타 있으면 그럴수록 근대·현대사 연구의 필요성을 더욱 느끼게 한다.

우리의 현대 민족사 또는 현대 민족운동사는 해방이 되었건만 민족과 국토의 분단으로 그리고 이데올로기의 갈등으로 그것에 대한 정당한 인식과 타당한 서술을 실로 어렵게 했다. 분단의 비극은 우리의 현대사 서술에 그대로 반영되었다. 그러나 이러한 제약조건에도 불구하고 1970년대 초·중반부터 그것에 대한 정당한 인식작업이 이 땅의 뜻있는 지식인들과 젊은 연구자들에 의해 시도되었다. 정치적 상황의 악화 속에서도 오히려 진지하게 연구되었고 또 상당한 성과를 거두고 있었다. 일제강점기의 역사뿐만 아니라 '해방 전후의 역사인식'으로 발전하고 있었다.

《해방전후사의 인식》을 기획하면서

1977년에 《한국민족주의 탐구》를 출간한 이후 나는 송건호 선생을 매일 만났다. 선생과의 만남은 곧 어떤 책을 펴낼 것인가라는 주제를 토론하는 것이었다. 유신권력이란 궁극적으로는 몰락할 수밖에 없다는 이야기를 나누기도 했다. 이런 과정에서 나는 《해방전후사의 인식》을 기획하게 된다.

1979년 10월 15일, 대통령 박정희가 측근 김재규에 의해 시해되는 10·26정변이 일어나기 11일 전에 '역사적인 한 권의 책'이 되는 《해방전후사의 인식》 제1권이 탄생하는 것이었다. 8·15해방이 되었건만 민족과 국가는 자주독립하지 못하고 남과 북으로 분단되어 전쟁까지 하게 되는 비극의 역사를 겪은 우리 현대사에 대해 나는 묻고 싶었다.

왜 분단이 되었을까?

흔히 외세에 의해 분단되었다고 하는데, 과연 그랬을까?

분단되지 않고 자주독립할 수 없었을까?

나는 동시대의 지식인들에게 이런 문제를 함께 규명해보자는 주제를 던졌다. 이런 문제의식을 나는 송건호 선생에게 말씀드렸고 선생은 정말 좋은 구상이라면서 직접 한 편을 쓰겠다고 했다. 선생의 〈해방의 민족사적 인식〉은 이렇게 해서 집필되는데, 나는 1979년 7월 초순에 넘겨받은 선생의 이 글을 읽고 감동했다. 이런 수준과 내용의 글들이라면 책이 자신 있다고 생각했다.

나는 송건호 선생의 많은 논설·논문 가운데 〈해방의 민족사적 인식〉이 대표적인 글의 하나라고 평가하고 싶다.

　　제국주의 일본의 식민통치에서 해방된 것은 틀림없었으나 해방의 날이라고 하는 바로 8월 15일을 계기로 남에는 미군이, 북에는 소련군이 진주하여 국토와 민족의 분열이 시작되었고, 이 분열로 말미암아 6·25라는 민족사상(民族史上) 일찍이 볼 수 없었던 동족상잔을 빚고 그 후 30년간 남북 간의 대립은 날로 심화되어 엄청난 파괴력을 가진 막강한 군사력이 상호 대립하여 언제 또 6·25보다 더 파괴적인 동족상잔이 빚어질지 모르는 불안하고 긴장된 상태가 지속되고 있다. 이 통에 민주주의가 시련을 겪고 민족의 에너지는 그 대부분이 동족상잔을 위한 새로운 군사력을 위해 소모되고 있는 가운데 지루하고 암담한 하루하루를 보내고 있는 것이 이른바 '해방된' 이 민족의 현실이다.

　　민족의 '해방'은 선생의 주제였다. 민족의 자주적인 힘에 의해 해방되지 못함으로써 그 이후의 민족사는 왜곡되고, 민족주의와 민주주의도 시련을 겪고 있다는 것이 그의 인식이고 신념이었다. 그가 발표한 글 대부분이 민족의 '자주'와 '해방'을 주제로 삼고 있다. 해방 전후사와 해방 이후사에 대한 논술에 그는 '민족주의 사관'을 철저하게 적용시키고 있다. 그의 역사논술은 따라서 '과학으로서의 역사'라기보다 '가치로서의 역사'라고 할 수 있다.

　　지난날이나 오늘날이나 자주적이 못 되는 민족은 반드시 사대주의자들의 득세를 가져와 민족윤리와 민족양심을 타락시키고, 민족내분을 격화시키고 빈부차를 확대시키며 부패와 독재를 자행하여 민중을 고난의 구렁으로 몰아넣게 된다. 민족의 참된 자주성은 광범한 민중이 주체로서 역사에 참여할 때에만 실현되며, 바로 이러한 여건 하에서만 민주주의는 꽃피는 것이다. 이런 관점에서 이미 30년이 지난 '8·15'의 재조명은 바로 오늘을 위한 연구라고 하지 않을 수 없다.

8·15 직후에는 분단이 고정된 것도 아니고 어떤 주의가 지배적인 것도 아니었다는 것이 그의 역사인식이었다. 우리 민족은 무한한 가능성 앞에 놓여 있었다. 이 민족의 가능성을 무산시킨 가장 큰 요인을 그는 냉전에 편승한 이승만 노선 또는 친일지주세력으로 이루어진 한민당 노선에서 찾고 있다. 《한국민족주의론》(창작과비평사, 1982)에 수록된 〈8·15 후의 한국민족주의〉에서 그는 단호하게 말하고 있다.

외세를 배경으로 한 냉전편승세력은 민족 일부에 싹트기 시작한 민족주의 운동을 궁지로 몰아넣어 설 땅을 잃게 하고 1948년 8월 마침내 단독정부를 세워 이들 자주세력을 남북으로 흩어지게 하고 혹은 좌절시키기도 하여 그 후에는 존재조차 사라지고 만다.

냉전에 편승하여, 친일지주세력의 엄호 하에 권력을 잡은 이승만과 그 추종자들은 '민족의 자주·통일정부 수립'이라는 위대한 명분을 내걸고 또 몸으로 실천하는 김구를 1946년 6월 25일 한 현역군인을 시켜 숨지게 했다. 김구의 비극 그것은 냉전파에 의해 무참히 쓰러지는 민족자주세력의 비극을 상징하는 것이기도 했다.

통일로 완결되는 한국 민족주의

송건호 선생은 한국의 민족주의에 대해 그 누구보다도 많은 글을 썼다. 그의 책과 글 어디에든 '민족' 또는 '민족주의'가 주제어로 등장한다. 그러나 그의 민족주의는 철저하게 '가치 지향적'이다. 그 스스로 역사 현장에서의 실천적 과정에서 인식하는 그런 것이다. 긴 글 〈한국민족주의의 탐구〉는 저간의 선생의 개인적 삶과 사회적 삶으로부터 이루어진 생각을 종합하는 것으로 보인다. 그러나 선생은 여러 여건으로 그의 생각을 다 쓰지 못했다고 나에게 말한 적이 있다.

그는 민족주의의 역사적 발전유형으로서 ①서구 근대국가에서의 자본형

(資本型) 민족주의, ②파시즘 제국주의에서의 병영형(兵營型) 민족주의, ③제3세계에서의 민중형(民衆型) 민족주의로 나눈다. 그는 한국 민족주의의 방향을 제3세계의 '민중형 민족주의'에서 모색한다. 이 민중형 민족주의는 외세로부터의 '진정한 해방'과 국내의 '민주주의 확립'이라는 두 차원에서 비로소 가능해진다. 이 글은 '한길산문정신' 제16권으로 간행된 《민족통일을 위하여》(한길사, 1986)에 수록되었다.

민중형 민족운동은 결코 추상적이며 관념적 구호의 운동이 아니고, 반드시 구체적 과제를 위한 운동의 형태로 나타난다. 현실에서 출발해 현실로 돌아오는, 즉 언제나 현실과 밀착된 운동이다. 단순히 화랑정신이니, 3·1정신이니 하는 막연하고 추상적인 지난날의 영광을 강조함으로써 민족운동의 내용이나 과제가 공허한 관념구호로 호도되지 않는다.

그러나 해방 이후 이 땅의 이른바 지도세력의 성격은 민중형 민족주의와는 거리가 먼 것이었다.

대내적으로는 지난날 일제와 타협하여 자신의 사회경제적 기득권을 유지한, 다분히 일본의 병영형 민족주의의 잔재를 그대로 보존한 세력이며, 대외적으로는 민족주의에 이미 부정적인 발전을 보인 자본형 민족주의국인 미국의 지원 밑에서 민족의 진로를 찾은 세력이다. 한국 민족의 진로가 해외의존형의 길을 택하지 않을 수 없었다는 것은 한국과 밀접히 제휴한 우방이 자본형과 병영형 두 국가주의 나라였다는 점에서 이해할 수 있다.

한국 민족주의는 궁극적으로 '통일'에서 제대로 자리 잡는다

한국 민족주의를 논할 때, 통일문제를 제외하고는 논의 그 자체가 의미를 가지지 않는다. 송건호 선생은 특히 한 민족의 진정한 해방과 참다운 독립을 위해서는 경제적 자립이 전제되어야 한다고 강조한다. 해외의존형 경제가 아니라 민족자존형 경제가 돼야 한다고 주장한다. '건설'도 해외의존형이 아니라 통일지향의 건설을 해야 한다는 것이다. "경제성장도 해외의존이 지나치면 통일문제가 그만큼 복잡해진다. 분단 속에서 이권이 있다고 생각하고 안주하는 사고(思考)가 생기는 건설은 민족경제의 건설이라고 할 수가 없다"는 것이다.

송건호 선생은 1972년 남북적십자회담의 자문위원으로 평양에 다녀올 때만 해도 통일문제를 그렇게 절실하게 받아들이지 못했다고 나에게 말한 바 있다. 그러나 통일에 대한 생각은 1980년대에 들어서면서 확신이 되었다. 그는 7·4남북공동성명을 높이 평가한다.

1950년대와 1960년대 초까지 송건호 선생은 서구의 것들을 열심히 읽고 또 이야기했다. 그러나 4월혁명을 지나면서 생각을 달리하게 된다. 1967년 〈한국지식인론〉(《민족지성의 탐구》에 수록)을 발표함으로써 거센 찬반양론을 불러일으켰다. '한 사회과학도로서의 반성'이라는 부제를 달고 있는 이 장문의 에세이에서 선생은 미국 등지에서 연구하고 돌아온 학자들의 민족 현실에 대한 반역사성·몰역사성을 신랄하게 비판하고 있다. 사회과학적 가치 및 역사적 전통과 가치를 배제하는 미국의 학문 태도를 비판하면서, 기계적인 지식인이 아니라 한 시대의 역사적 현실에 대한 지성을 겸비한 실천성을 요구한다. 선생은 "한국의 지식인, 특히 사회과학도가 가져야 할 기본 성격이 역사적·전체적·경험적이라는 세 요소"라고 지적하면서 이것은 바로 실천적 인식과 관련된다고 했다.

학문세계가 현실을 무시하고 초연하게 따로 있는 것처럼 생각하고 막연히 선진 외국학설을 소개·나열하는 것으로 자기의 권위를 찾고, 기껏 현실분석이라고 해야 외국학설을 적용하여, 외국이론으로써 우리의 현실을 보는 것을 유일한 현실인식인 것처럼 말한다면, 이 땅의 위기상황은 도저히 객관적 분석이 될 수 없다.

1960년대 초부터 한국의 지식인들은 박정희의 5·16군사정권에 대거 참여하기 시작했다. 송건호 선생은 "이 땅의 지식인이 사회참여에만 열중하고 문제의 핵심인 '지성'의 사회참여에 대해선 너무 등한시한 감이 많았다"고 분석하면서, "단순한 '기능적 지식인'으로서가 아니라 현실의 역사적 본질을 꿰뚫는 '지성적 자세'가 필요하다"고 했다.

사회과학의 역사는 형극의 길이었다. '참된 현실'을 분석·폭로하고 새로운 역사를 창조하려는 아카데미즘은, 현상을 유지하려는 낡은 기성세력에 의해 혐오·기피당하고 억압·탄압을 받는다. '참된 현실'을 폭로하고 모순을 적출하는 것은 아카데미즘으로서 매우 큰 용기를 필요로 한다.

선생은 지식인 또는 지성인의 지조를 매우 중시한다. "지조와 논리를 파는 이른바 참여 지향적 지성 또는 현실을 은폐하고 합리화시키는 사이비지성"(《전환시대의 민족지성》)을 크게 비판한다. 사실 그에게도 이른바 '좋은 자리'로 갈 수 있는 기회와 요청이 여러 차례 있었지만, 그는 스스로 한 언론인으로서 한 지식인으로서의 자리를 결코 떠나지 않으면서 글쓰는 행위를 삶의 당연한 질서로 고수해왔다. 이러한 그의 삶과 삶의 철학은 그를 권위주의 정치체제를 거부하는 민주주의운동, 민족주의운동의 현장에 서게 했고, 글과 행동으로 말하고 실천하게 했다.

1984년 3월에 한길사가 펴낸 《한국현대인물사론》은 민족과 민중에 대한 지도자의 신뢰와 역사의식, 그 민족지도자가 민족과 민중에 대해 지조를 지켰는지를 기조(基調)로 하여 서술하고 있다. 이 땅의 현대사에 큰 흔적을 남긴 14명의 인물론을 편 이 책은 이들이 민족운동의 대의명분에 얼마나 투철하고 또 그 생각과 명분을 실천해 보였는지를 철저하게 가치 평가하는 차원에서 다루고 있다.

　　한 인물에 대한 평가의 기준 내지 근거는 '민주주의'뿐 아니라 '민족'이 되어
야 한다. 이 민족의 통일, 이 사회의 민주주의, 그리고 이 민족의 자주와 자유
와 관련시켜 문제 삼지 않으면 안 될 것이다. 이것이 바로 역사의 길이다.
　　역사의 길이란 형극의 길이자 수난의 길이다. 온갖 세속가치로부터 소외되
는 길이다. 따라서 사람들은 역사의 길을 택하지 않고, 그것이 옳다는 것을 알
면서도 현실의 길을 걷는다. 현실의 길은 안락의 길이자 세속적 영화의 길이
다. 현실의 길을 택하면서도 그것을 택한 사람들은 갖가지 '명분'을 내세운다.
그 길이 민족을 위하는 길이고, 독립을 위하는 길이며 통일을 위하는 길이라
고 강변한다.

역사의 길은 수난의 길

　　송건호 선생은 '지도자론'을 많이 썼다. 일반인과는 달리 지도자라면 당연
히 그에 상응하는 행동과 정신을 가다듬어야 한다고 했다. 일반인들이 살아
가기 위해 일제의 관리가 되었다고 그것을 '친일'했다고 할 수는 없지만, 지
도자라면 이야기는 달라진다는 것이다. 지도자란 "민족의 역사적 상황과 관
련시켜, 그가 역사의 길을 걸었는가, 아니면 현실의 길을 걸었는가"로 평가할
수 있다는 것이 그의 관점이다.
　　스스로 '현실의 길'이 아니라 '역사의 길'을 선택했지만 《한국현대인물사
론》에서 선생은 자못 감상적인 속내를 내비쳤다. '역사의 길'을 걷는 고단한
삶이 느껴진다.

　　산다는 것은 어렵다. 어려운 역사적 상황에서, 역사적 삶을 살아간다는 것
은 참으로 어렵다. 어떻게 사는 것이 참삶일까 하는 문제는 생각할수록 어려
워진다. 누군가가 이런 말을 했었다. 세상에는 옳은 길, 그른 길이 분명히 있

다. 그것은 현실적인 판단이다. 그러나 영원의 시간, 영겁의 속에서 되돌아보면 무엇이 옳고 그른 것인지 가치 판단하는 자체가 무의미하다. 영원 속에서는 모든 것이 무의미하고 무가치하다는 뜻인가. 그래서 되는 대로 살자는 것인가. 영원 속에서는 옳고 그른 것을 따지는 것이 한낱 부질없는 일일까.

출판인은 좋은 책 만드는 데 매진해야 한다

일제강점기 때 독립운동에 헌신했고 해방 후에는 이승만의 독재에 항거한 심산(心山) 김창숙(金昌淑) 선생 편을 쓸 때 눈물이 쏟아져 원고지를 적셨다고 어느 날 송건호 선생은 나에게 토로하기도 했다. 역사의 길을 걷는 삶은 그렇게 고단했기 때문일 것이다.

김진균 교수(서울대·사회학과)는 《한국현대인물사론》의 서평을 계간 〈오늘의 책〉(1984년 여름호)에 실었다. 김 교수는 "한 개인의 삶이 민족의 수난 앞에서 얼마나 고통스러운지를 감동 깊게 알려주고 있다"고 지적하면서 "이 땅의 어머니들이 자라나는 아기들에게 《홍길동전》처럼 들려주는 이야기책"이 됨 직하다고 했다. 《한국현대인물사론》으로 선생은 성균관대 심산사상연구회가 제정한 제1회 심산상(1986년 6월)을 수상했다.

1987년 5월 16일 토요일 오후 송건호 선생은 동숭동 흥사단 강당에서 '미국을 어떻게 볼 것인가'라는 주제로 강연했다. 나는 그날 강연을 끝낸 선생을 만나 저녁을 같이했다. 이 자리에서 선생은 나에게 진지하게 말씀했다.

출판인은 좋은 책 만드는 일에 매진해야 합니다. 그것이 출판인의 본업입니다.

직선개헌 서명운동에 관한 이야기가 나오자 선생은 그렇게 강조했다. 송건호 선생은 나에게 개헌서명 같은 데 참여할 것 없다고 단호하게 말씀했다.

〈한겨레신문〉은 민주주의와 민족통일을 추구한다

〈한겨레신문〉은 1980년대 한국인과 한국 사회가 만들어낸 탁월한 걸작품의 하나라고 할 수 있다. 자유언론·민족언론에 대한 간절한 국민적 소망이 단편적인 소망으로 그치지 않고 조직화·집단화되어 불가능할 것 같던 '국민신문'의 창간을 현실화시켰다. 〈한겨레신문〉의 창간 및 발행은 1980년대 한국 사회운동의 가장 놀라운 성과였다. 가히 역사적인 사건이었다.

1970년대와 1980년대 이 나라 언론운동의 상징으로서 변함없이 그 역할을 하고 있던 송건호 선생은 〈한겨레신문〉의 창설에서 상징적 역할을 해냈다. 〈한겨레신문〉의 창설을 구상하고 조직하고 실천해낸 구성원들과 그 창설을 뒷받침한 시민들의 운동은 민주화운동 또는 민족공동체운동의 새로운 가능성이자 시민운동의 경이로운 지평이라고까지 할 수 있다. 시민들의 고양된 사회의식과 더불어 새롭게 전개되는 언론운동, 국민들의 조직화를 통해 진전되는 언론운동의 중심으로서 〈한겨레신문〉이 창간되었고 그 중심에 언론인 송건호가 서 있었다. 나는 송건호 선생을 인터뷰해서 한길사가 펴내던 〈사회와 사상〉 1989년 11월호에 실었다. 언론인 송건호의 정신과 사상을 이해하는 데 중요한 문건이라고 나는 생각한다.

김언호(이하 김) 현재 우리 사회의 언론은 대단히 보수적인 입장을 견지하면서 진보적인 민중운동·민족운동을 사각시하고 있습니다. 체제언론·제도언론의 보수우익적 구조 속에서 〈한겨레신문〉은 이 땅의 언론사에 새로운 지향과 가능성을 제시하고 있습니다. 〈한겨레신문〉이 1988년 5월 15일에 창간된 이후 1년 반이 되었습니다. 그동안의 경험을 한마디로 표현하자면 어떻게 되겠습니까?

송건호(이하 송) "모든 것이 좋습니다. 다만 재정적인 어려움이 없지 않습니다. 신문이 현재 45만 부가 실제로 나가고 있고 독자수도 계속 늘어나고 있기 때문에 지금의 어려운 재정상태도 개선되리라 봅니다."

김 서울·지방 가릴 것 없이 최근에 신문사들이 많이 생겼습니다만, 〈한겨레신문〉을 제외하고는 그 보도·논평의 내용과 방향이 기존 신문들과 다를 바 없습니다. 한국 언론의 성격을 어떻게 규정할 수 있을까요?

송 "한국의 신문사들은 자유당 때만 해도 신문일만 했습니다. 그런데 5·16군사쿠데타 이후 각 신문사들은 언론기능만이 아니라 장사를 하기 시작했습니다. 정부도 언론기업을 육성해준다면서 이런저런 특혜를 주고 대신 언론을 장악하기 시작했습니다. 결국 언론기관들도 일반 기업과 다를 바 없이 되었습니다. 오늘의 언론기관은 언론기관이 아니라 장사꾼들입니다. 권력과 결탁한 장사꾼입니다."

김 이 땅의 언론기관들은 자본가 또는 가진 자가 되었다는 이야기고, 따라서 자본가나 가진 자의 편에서 정치문제·사회문제·민족문제를 바라보게 되었다는 말씀이겠습니다.

송 "오늘의 이 나라 신문들이 민중운동·민족운동을 부정적·비판적으로 보도·논평하는 것은 스스로의 성격 때문에, 이익을 유지·확산시키기 위해서 그 어떤 것도 마다하지 않는 기업적 성격 때문에 불가피한 현상이지요. 문익환 목사 사건이나 임수경 양 사건 등 민족문제와 연관되는 현상을 보도하는 태도를 보아 이 땅의 신문들은 민족의 통일도 원하지 않고 진정한 의미의 민주주의도 바라지 않는다고까지 말할 수 있습니다. 분단체제 속에서 잘 먹고 잘 사는데, 왜 통일을 바라겠습니까. 통일이 되면 그들의 기득권이 침해받지 않을까 우려하기 때문입니다. 제도언론들도 물론 통일을 말합니다. 그러나 이들의 민족문제에 관한 보도는 오히려 민족문제의 해결을 방해하는 결과를 가져오게 하기도 합니다."

김 〈한겨레신문〉이 지향하는 바를 요약해서 말씀해주십시오.

송 "첫째는 민족통일에 대해서 긍정적이고 민주주의를 옹호합니다. 우리가 추구하는 민주주의는 보수적인 것이 아니라 진보적이고 다수의 대중을 위하는 그런 것입니다. 기존 언론은 권력의 입장, 자본가의 입장, 가진 자의 입장에 섭니다. 그러나 우리는 국민대중의 입장에서 보도·논평합니다. 이런 입장에 서는 〈한겨레신문〉을 권력이나 자본가들은 용공적이다, 좌경적이다 하는 모양인데, 본질을 잘못 보고 있는 것이지요."

김 국민 다수의 참여로 창설된 〈한겨레신문〉은 참으로 엄청난 실험을 하고 있다고 생각됩니다. 세계언론사에 유례가 없는 신문으로서 그 창간정신에 부응해 나가기 위해서는, 신문을 만들어내는 구체적인 조직과 방식도 달라져야 되지 않을까 여겨집니다. 기존의 다른 언론기관들과는 그 조직과 기능이 어떻게 다릅니까?

송 "우리는 철저한 민주주의 제도를 도입해 실천해 나가고 있습니다. 〈한겨레신문〉의 주주가 6만 명인데, 사장인 나를 포함해서 모든 사원은 피고용자들입니다. 편집국은 편집국대로 편집위원장을 중심으로 하여 철저하게 자주적으로 해나갑니다. 다른 부서도 마찬가집니다. 편집국의 책임자를 편집위원장이라 하고 각 부의 책임자를 부장으로 하지 않고 위원이라 한 것도 편집국 기자들의 의사를 민주주의적으로 반영한다는 의미가 있습니다. 일사불란하지는 못하겠지만, 끊임없이 토론을 거쳐 민주적으로 결정·실행해나가기 때문에 능률적이라고까지는 못할지라도 민주적인 것은 사실입니다."

김 모금에 응한 주주의 의사는 어떻게 반영될 수 있을까요?

송 "주주들은 민주주의와 민족통일이라는 대원칙을 위해 보도·논평해달라는 기대로 주주가 된 것이지요. 구체적인 문제들에 대해서 이렇게 하라, 저렇게 하라고 하지는 않겠지요. 그러나 통일과 민주주의라는 대원칙에 어긋난다면 〈한겨레신문〉은 혹독한 비판을 받을 것이고 그 존재까지 위협받게 될 것입니다."

기자들의 양식에 따라 신문을 만든다

김 〈한겨레신문〉의 구성원들이 아무리 그렇게 하려고 해도, 오늘날 매스미디어라는 거대한 메커니즘 또는 그 구조적 성격으로 인해서 독자나 수용자의 접근을 어렵게 만드는 것도 사실입니다. 〈한겨레신문〉도 궁극적으로는 선택

된 사람들에 의해 선택적인 시각과 논리를 갖게 될 수밖에 없다고 보이기도 합니다. 주주가 6만 명이나 된다는 것은 벌써 익명성을 의미하고 그 익명성으로 스스로의 성격이 무력해지는 운명을 감수하지 않을 수 없지요. 이렇게 주주가 많은 경우 주주총회란 장치도 사실은 요식행위일 수밖에 없지 않나 합니다.

송 "〈한겨레신문〉이 주주나 독자의 기대를 저버릴 때는 당장 야단이 납니다. 우리가 일상으로 듣게 되는 소리는 〈한겨레신문〉이 이럴 수 있느냐는 겁니다. 편집위원장을 1년마다 직선으로 뽑는다든가 노조를 회사에서 장려해 조직한다든가 하는 일련의 일들이 어떻게 하면 신문 제작을 포함해서 모든 일을 민주적이고 합리적으로 처리해나갈 수 있을까 하는 노력의 일환입니다. 나 자신도 신문제작에 더러 불만이 없는 것도 아닙니다. 그래도 신문은 편집국의 기자들이 민주적이고 자율적으로 해나가야 된다는 우리의 기본입장을 관철시키려고 합니다. 신문의 보도태도에 대해 각계각층으로부터 온갖 주문이 옵니다. 지난번 이철규 군 시신의 컬러사진을 보도하라고 몰려와 농성까지 했습니다만 편집국이 독자적으로 판단하여 싣지 않았습니다. 부분적으로는 불만도 있고 또 문제가 없는 바도 아니겠지만, 결국 기자들 스스로의 이성적인 양식과 논리에 뒷받침되는 편집권의 독립을 통한 언론활동이 궁극적으로 소망스럽다는 사실을 우리는 고수할 겁니다."

김 신문이란 사람이 만드는 것이라고 생각됩니다. 〈한겨레신문〉에 주어지는 역할과 기대가 그만큼 범민중적이고 범국민적이기 때문에, 〈한겨레신문〉에 참여하는 사람들은 스스로의 책임감이 그만큼 중요하다는 사실을 원천적으로 인식할 필요가 있겠지요. 신문이란 좋은 뜻만 가지고 하루 이틀의 노력으로 잘 만들어지는 것은 아니고, 역사와 전통의 축적이 요구되겠지요. 〈한겨레신문〉은 역사가 짧지만 그래도 다른 신문보다 더 많은 역할을 요구받고 있기 때문에, 기자들은 당위 이상의 구체적 능력을 제고시켜야 한다는 여론도 상당히 있는 것 같습니다. 현재 〈한겨레신문〉에 주어지는 기대와 역할을 보다 잘 해내기 위해 조직적이고 의도적인 프로그램이라도 갖고 계시는지요?

송 "현재로서는 갖고 있지 못합니다. 그러나 부서별로나 내적으로는 그런 작업이 작은 차원에서 진행되지 않는 것은 아닙니다. 차츰 그런 문제에 관심을 가져야 된다고 생각됩니다."

남북 유엔 동시 가입

김 선생님 자신의 민족통일관을 다시 듣고 싶습니다.

송 "통일이 뭐 그리 꼭 필요하냐는 사람들이 있습니다. 이들은 기득권자들입니다. 우리의 통일은 전쟁을 해서 이룩할 수도 없는 것이고, 선거를 통해서는 현실적으로 더욱 불가능합니다. 선거에 진 쪽이 승복하지 않을 겁니다. 결국 양쪽의 체제를 존중하는 통일을 해야 합니다. 좀 더 구체적으로 말하면 남북의 기득권을 존중할 수밖에 없다는 겁니다. 현재 남한 정부는 유엔에 단독으로 가입하자고 합니다. 그러나 나는 남과 북이 유엔에 동시에 가입해도 좋다고 봅니다. 소련과 우크라이나가 유엔에 동시 가입하고 있습니다. 그러나 그것은 조건부입니다. 동시 가입하되 대내적으로는 하나로 얽어매야 한다는 겁니다. 상호의 체제와 기득권을 존중하는 얽어맴입니다. 대내적으로나 대외적으로 모두 따로따로 하면 영구분단입니다. 동시에 가입하되 외국군과 핵무기를 철수하고 평화협정을 남북이 체결해야 합니다. 냉전적 이데올로기를 강요하는 제도적 장치를 없애고, 상호 자유롭게 방문하게 해야 합니다. 국가연합이 되든 연방제가 되든, 무엇이 되려고 하면 제1조건으로 외국군이 나가야 합니다. 그래야 민족자주적으로 민족문제를 풀어나갈 수 있습니다. 북한의 통일정책도 사실은 상호의 기득권을 존중하자는 것이지요. 북한의 연방제란 대외적으로는 하나로 하고 대내적으로는 따로따로 하자는 것이니, 이건 분명히 기득권을 존중하자는 것 아닙니까."

김 〈한겨레신문〉이 미군의 철수를 사설 등의 공식적인 난을 통해 주장한 바 있습니까?

송 "미군철수 문제는 어떤 계기가 있어야 주장하게 되겠지요. 아직 공식으로는 입장을 밝힌 바 없습니다."

김 1980년대 후반에 와서 북한 바로알기운동이 민족운동의 일환으로 왕성하게 진행되고 있습니다만, 분단 지향적인 권력과 권력자들은 우리 민족공동체의 절반인 북한을 늘 부정적으로만 선전해왔고, 또 제대로 알려고 하면 가차 없는 탄압을 해왔습니다. 북한의 연방제통일안도 무조건 적화야욕이라는 등 원색적이고 폭력적인 용어를 동원해 비난해왔습니다. 우선 북한을 우리 민족공동체의 일환으로 바로 인식하는 작업이 참으로 요구되지 않나 합니다.

송 "권력은 북한에 대해서 연구할 자유를 늘 억압해왔지요. 젊은이들이 북한에 대해 관심을 갖거나 주체사상에 편향되고 있다고 정부에서는 말하고 있지만, 북한을 제대로 연구하게 하지 않으니까 그렇게 되는 것은 당연한 귀결이지요. 물론 북한의 정치사회도 많은 문제를 안고 있다고 생각됩니다."

김 지도적인 언론인으로서 선생님은 지금 우리 사회에서 가장 시급하게 해결되어야 할 과제를 무엇이라고 보십니까?

송 "분단 극복입니다. 우리의 모든 불행의 원인은 분단으로부터 옵니다. 나는 1945년 이후 우리 민족사회가 해야 할 세 가지 과제를 말합니다. 일제 식민잔재의 청산, 민족자주독립국가의 수립, 민주주의의 실현이라고 생각하고 있습니다. 민족분단은 우리 사회에 온갖 해악을 끼치고 있습니다. 남북의 군사대결로 인해서 민족사회의 엄청난 에너지가 낭비됩니다. 친일파가 득세하고 외세추종주의자들이 활개를 치는 현상이 벌어져 민족의 양심이 파괴되고 있습니다. 분단 이데올로기로 인해 학문의 자유가 억압됩니다. 군사대결체제는 국민을 일사불란하게 동원함으로써 민주주의가 꽃피지 못하고 있습니다. 동족에게 총부리를 대면서 우리를 지배했던 일본과 공동 군사훈련을 생각합니다. 이 모든 반역사적이고 반민족적인 것은 분단으로 합리화됩니다.

지금 젊은이들이 힘차게 통일운동을 펼쳐내고 있는 것은 기성 정치인이나 권력자들에게 민족문제·통일문제를 더 맡겨둘 수 없다고 생각하기 때문입니다. 나는 지금 계급문제도 중요하다고 생각하지만 분단 극복문제가 더 시급하다고 확신합니다."

민족통일에 대한 언론의 책임

김 통일문제에 있어서도 언론의 반민족적이고 반통일적인 태도가 가장 심각한 걸림돌인 듯합니다. 이 통일운동시대에 민족문제를 고뇌하고 민족통일의 지혜와 길을 여는 민족언론의 역할이 무엇보다 요구되지 않나 합니다.

송 "우리 사회의 언론은 가진 집단, 배부른 집단이 되어 권력과 밀착되어 있기 때문에, 통일을 원하지 않는 권력집단의 의사에 반하여 통일을 추구할 수 없습니다. 그러나 국내외적으로 국제정세가 통일 쪽으로 기운다면 하루아침에 통일을 해야 한다고 들고나올 것입니다. 어떤 정치인들은 유신정부에 그렇게 협조하다가, 전두환 정권에 그렇게 협조하다가, 국민적 투쟁으로 민주화가 어느 정도 진전되니까 마치 민주화운동의 기수처럼 행세합니다. 그러다가 공안정국의 바람이 조금 세게 부니까 그대로 움츠러들고 마는 기회주의적인 태도를 숨기지 못합니다."

김 1975년 동아일보사태로 언론계 일선에서 떠나 재야저술가로 활동하시다가 국민의 힘으로 만들어진 신문사의 사장이 되셨는데, 그 소감이 어떻습니까?

송 "나는 이렇게 살다가 죽을 수밖에 없다는 단념도 하고 또 각오도 했습니다. 나는 반통일적이고 반민족적·반민주적이라는 구호적인 말을 사실은 싫어합니다. 구호가 아니라 한 기자로서 구체적으로 설명하려고 합니다. 자유언론을 갈망하는 국민들의 힘이 〈한겨레신문〉을 만들어서 나를 대표로 앉혔는데, 나에게는 새로운 삶의 출발이자 한 언론인으로서 생의 마지막을 민족과 사회에 봉사할 수 있는 기회로 생각하고 있습니다."

김 〈한겨레신문〉은 그 성립 자체부터 특별한 사회적 조건이 주어지고 있기 때문에 다르겠지만, 자본주의사회에서의 언론이란 궁극적으로 그 집단과 그 자본의 이익을 반영하는 것이라고 생각합니다. 한국의 언론이 지금 권력에 따라가는 장사꾼이 되고 있다는 것은 어떻게 보면 전혀 이상한 현상이 아닐 겁니다. 사회의 공기라는 것을 한국의 신문들은 늘 들고나오지만 그것은 거짓말이지요. 자본의 사상, 권력의 논리를 합리화하자는 포장 이상의 것이 아닐 겁니다. 그러나 자본주의사회에서 개별 집단과 조직이 스스로의 이익을 위해 각자의 논리를 내세우고 표현수단을 갖는다는 것은 당연하고 바람직한 현상으로도 받아들여져야 된다고 생각됩니다. 문제는 스스로의 이익을 관철하기 위해 자기의 언론을 행사하더라도 사회적이고 보편적인 원칙과 철학에 어긋나지 않는 합법칙성 같은 것은 준수해야 한다는 것이지요. 상식에 어긋나는 편향성을 내보인다든가 터무니없는 주장을 펴면서 폭력적인 언어를 동원하고 있다는 데 우리 언론의 치명적인 결함이 있지 않나 합니다.

송 "다양한 목소리를 갖는 다양한 신문이 나오는 것은 참으로 바람직합니다. 그러나 우리 사회에서 흔히 우파를 자유민주주의를 추구하는 세력으로 보고 있는데, 한국의 우파는 기회주의자들입니다. 올바른 의미의 자유민주주의를 추구한다면 이런 식으로 나오지 않습니다. 우파 또는 우익이란 때로는 민족주의적인 색채도 보여주는데 이 땅의 우익이란 친일파·친미파라고 할 수 있습니다."

고문한 자들이 활개치고 다니는 사회

김 1980년대에 우리는 독재와 싸우면서 많은 것을 성취해냈습니다. 가파른 상황에서 그 상황을 극복해내는 사상과 운동역량을 창출해낸 것도 사실입니다만, 1980년대를 마감하는 이 시점에서 선생님은 오늘의 이 사회를 어떻게 보고 계십니까?

송 "이 사회는 자기의 소신과 양심에 따라 사는 사람을 소외시키고 기회를 포착해서 대세를 추종하는 사람들만이 출세하고 돈을 벌게 되어 있습니다. 근본적으로 이 사회는 비록 물질적 에너지는 넘치고 있을지 몰라도 도덕적으로 타락하고 있습니다. 민족문제에 소극적이라는 사실은 바로 민족적 도덕률을 내팽개치고 민족정기가 흐려지고 있다는 말입니다. 국력은 남쪽이 강하면서도 민족문제에 소홀한 반면, 북쪽은 여러 문제를 안고 있으면서도 민족문제 해결에 적극적이라는 사실에서 우리는 무언가를 생각하게 됩니다."

김 1980년대를 살아오시면서 개인적으로 가장 기억에 남는 일이라면 물론 〈한겨레신문〉을 창간하는 데 참여했다는 것이겠지만, 그 이외에는 무엇을 꼽을 수 있을까요. 5·17 직후 이른바 김대중 내란음모 사건에 강제로 연루되어 고문을 당하고 감옥을 산 것일까요?

송 "잡아가서 무조건 고문하는 바람에 허위 자백했지요. 나는 운동권 사람도 아니고 정치는 더욱 관심에 없습니다. 나는 늘 기자라고 생각하는데, 지난번 회사일로 광주에 가는 비행기 안에서 당시 나를 고문한 박모를 만났습니다. 당신이 때린 것이 지금도 아프다니까 그 친구는 김일성을 때려잡아야 하지 않습니까 하면서 딴전을 피우더군요."

김 무고한 사람들을 잡아다 고문한 자들이 출세를 하는 것이 우리 사회의 현실이라고도 하겠군요.

송 "그 친구, 당시는 계급이 경사라고 했는데 지금은 경위라고 합디다."

김 그렇게 고문을 당했지만 다시 일어나 국민의 신문인 〈한겨레신문〉의 대표가 되는 기적 같은 일이 전개되는 게 또한 우리 사회의 다른 모습이 아닙니까?

송 "이 나라 통치세력은 아직도 구시대의 낡은 생각을 갖고 있습니다. 시대와 역사의 변화를 따라가지 못하고 있습니다. 통치기구와 통치방식은 야만적인 일제 군국주의 시대 그대로입니다. 사정이 더 악화되었다고도 할 수 있습니다."

김 저 이름난 남영동에서 고문당하실 때 무엇이 머리에 떠올랐습니까?

송 "매일 두들겨 패는데, 이러다간 내가 여기서 죽고 말겠다는 생각이 들었습니다. 얼마나 억울한가, 어떻게 하든지 살아서 나가야 되겠다는 독한 생각을 하게 되었고, 우선 살기 위해 저들이 하라는 대로 허위 자백했습니다. 나는 고문을 당하면서, 여자를 남자로 만드는 것은 못할지 몰라도 무엇이든 다 할 수 있겠구나 하는 생각을 했습니다. 영양실조로 머리가 한 움큼씩 빠져나갔습니다. 권력을 유지하기 위해서 얼마나 반인간적인 짓을 자행하는지를 그 속에서 뼈저리게 느꼈습니다."

김 수많은 사람이 그렇게 고문을 당해도 보도되지 않습니다. 〈한겨레신문〉의 창간은 해직언론인들이 중심이 되어 구상되고 진전되었지만, 사실은 수난당하는 이 시대 민중들의 피맺힌 한이 그 원동력으로 작용했다고 생각됩니다만.

송 "나는 당초에 해직언론인들 사이에서 새 일간신문을 하나 만들자는 이야기가 나왔을 때 불가능하다고 했습니다. 일간신문은 대자본이 뒷받침되지 않으면 못 만들어요. 그러나 〈한겨레신문〉을 위한 모금운동이 전국에서 폭발적으로 일어난 것은 바른 소리 하는 신문에 대한 국민들의 간절한 염원이 반영된 것이라고 하겠습니다. 특히 대통령선거를 앞두고 양 김씨가 갈라섰습니다. 믿을 건 제소리 하는 신문밖에 없다는 생각을 국민들이 하게 되었고 따라서 〈한겨레신문〉의 창설작업은 가속화되었지요."

나는 '사장'이란 호칭이 싫어요

김 〈한겨레신문〉의 창설에 선생님께서는 참으로 중요한 상징적인 역할을 하지 않았나 생각됩니다.

송 "모금과정에서 송 아무개가 신문 한다니깐 응한다는 이야기를 듣기도 했습니다. 지금도 내가 사장으로 있지만, 구체적으로 일을 하는 것은 아니고 상징적인 일만 하지요. 약간의 조정역할도 하고……."

김 사장이란 이름이 어떻습니까. 직원들이 사장님이라고 부르면 어떤 느낌을 갖게 됩니까?

송 "나는 사장이란 소리가 아주 싫어요. 나를 좀 아는 친구들은 나를 사장이라고 하지 않고 선생이라고 해요. 난 사장이 딱 질색이에요."

김 현재 〈한겨레신문〉의 총 자본은 얼마나 됩니까?

"총 169억 원입니다. 국민들에게서 모금한 것이니 대단한 것이지요. 내년에는 공덕동에 마련한 부지에 사옥을 짓습니다. 지하 3층에 지상 7층입니다. 고속윤전기도 이미 새로 들여왔습니다. 〈한겨레신문〉의 새로운 시대가 열릴 겁니다."

김 일기를 쓰고 계십니까?

송 "전혀 안 씁니다. 5·17 직후에 잡혀갔을 때 탁상의 메모 가지고 그렇게 당했습니다. 이런 사람 저런 사람이 전화도 해오고 경우에 따라서는 집안 식구들의 이름을 적어놓기도 하는데, 이들이 어떤 사람이고 왜 전화했느냐면서 닦달했습니다. 일기까지도 못 쓰게 되는 것이 바로 이 시대의 참담한 현실입니다."

김 재야의 운동권 인사들에 대해서 한 말씀 하신다면······.

송 "재야 또는 운동권 인사들이 다 좋은 것은 아니지만, 비교적 정직하고 좋은 사람들입니다. 민족과 국가사회를 걱정합니다. 권력에 붙어먹는 사람들은 늘 권력에 붙어먹습니다. 일제강점기의 친일파는 자유당에 붙어먹었고, 다시 박정희 정권과 전두환 정권에 연결됩니다. 또 일제에 붙어먹던 자들이 해방이 되니까 미국에 아첨해 자기 이익을 도모합니다. 나는 늘 이야기합니다. 일제강점기 때 항일하고 수절하지 않았다고 다 비판할 수 없다고. 고등계 형사로 유명한 김태식이 먹고살기 위해 형사로 취직하는 것까지도 이해는 한다. 그러나 천황에게 폭탄을 던진 강우규 의사를 일본 형사가 못 찾고 있는데 1주일 동안 악착스럽게 수사해 잡은 것은 민족에 대한 반역행위라고 규정합니다. 해방 직후 반민특위에 의해 무기징역을 선고받은 김태식은 이승만에 의해 무죄 석방되고 말았지만, 이승만의 이 같은 행위는 어떤 언설로도 용납될 수 없습니다. 흔히 재야인사들에 대해 권력자들이나 권력에 붙어 있는 사람들이 현실을 모른다고 빈정거리지만, 저들이 현실에 사는 사람들이라면, 재야인사들은 대체로 역사에 사는 사람들이라고 할 수 있습니다."

이 시대가 나를 '투사'로 만들었다

김 지금은 〈한겨레신문〉의 발행인 겸 편집인이 되어 다르겠지만 사람들은 선생님을 재야인사 또는 운동가로 보기도 하는 것 같습니다만, 직접 뵙게 되면 투사적인 모습이라곤 전혀 없는데요.

송 "나는 천성적으로 투사가 될 수도 없고 운동가도 될 수 없습니다. 나는 가만히 놔두었으면 평범한 신문기자로 늙어 죽을 사람입니다. 이 경우 없는 시대가, 이 더러운 세상이, 나를 가만히 놔두질 않고 재야운동가로 만들었습니다. 나는 본의 아니게 투사 아닌 투사가 되었습니다. 나를 처음 보는 사람들은 당신이 정말 송건호냐고 물어요. 그렇다고 하면 의외라는 표정입니다. 1980년 정보부에서 수사받을 때 요원들이 당신이 정말 송건호냐고 물으면서 고개를 내저었습니다. 나뿐 아니라 지금 재야운동하는 사람들이 어디 본래부터 투사였습니까. 개인적으로 보면 한결같이 양같이 온순한 사람들입니다. 시대가 독하다 보니 사람들이 독해졌지요. 역사의식·민족의식·사회의식이란 시대적·역사적 상황이 만들어내는 것입니다. 그 상황에 주체적으로 대응하는 인간들이 역사와 현실에 살아 있는 사상과 학문을 창출해냅니다."

김 요즘도 재야집회 같은 데 참여하십니까?

송 "일체 나가지 않습니다. 언론인이란 모든 것으로부터 독립되어야 합니다. 〈한겨레신문〉은 그 어떤 집단과 세력으로부터도 독립되어야 하고 그러기 위해서는 나부터 모든 개인과 집단으로부터 해방되어야 합니다. 우리는 신문지면을 통해 자주적으로 말해야 합니다."

〈한겨레신문〉의 대표이사를 맡지 않았다면

〈한겨레신문〉의 오늘의 이론과 실천은 그때의 송건호 선생의 지향과 의지와는 어쩌면 달라져 있는 것일까. 신문 발행이 진행되면서 그 신문의 성격을 시종일관 유지한다는 것은 쉬운 일이 아닐 것이다. 시대의 달라짐에 따라 새로운 이론과 전략이 요구될 수도 있을 것이다. 〈한겨레신문〉이 국민들의 연대로 창간되던 그 시대와는 다른 상황에 우리 국가사회가 처하고 있기 때문일까.

국민들의 참여에 의한 새 언론 〈한겨레신문〉의 창간과 함께 송건호 선생은 신문사의 대표이사로서 일하게 되었지만, 선생은 대표이사를 맡아 하면서부터 고뇌도 많았다. 나는 선생이 〈한겨레신문〉의 대표이사가 되면서 자주 뵐 수 없게 되었지만, 이따금씩 뵐 때 선생의 얼굴에는 우수가 서려 있는 듯했다. 책도 제대로 읽지 못하고 본격적인 글을 쓸 수가 없어 안타깝다는 말씀도 했다. 사실 나는 해방 이후의 한국현대사를 크게 한번 써보시라고 계속 말씀드린 바도 있었다. 우리가 펴내고 있던 잡지 등에 연재를 시도했지만, 〈한겨레신문〉 창간일로 제대로 진전되지 못했다. 선생은 그 일을 늘 마음의 부채로 생각하고 있었다.

부질없는 일이지만, 나는 그때 선생이 신문을 창간하는 일에는 앞장서지만 대표이사직을 맡지 않았으면 하는 생각을 하기도 했다. 신문사의 경영이라는 것이 너무나 순수한 선생에게는 어울리지 않는 것 같기도 했다. 그랬다면 더 중요한 저술들도 써내지 않았을까.

송건호 선생은 1999년 기자협회보가 전국에 있는 신문·방송·통신사의 편집·보도국장과 언론학 교수를 상대로 설문조사한 결과 '20세기 한국의 최고 언론인'으로 위암 장지연 선생과 함께 선정된 바 있다.

1976년 유신권력은 한양대에 압력을 넣어 송건호 선생의 출강을 중단하게 하는 참으로 졸렬한 짓까지 했다. 1980년 전두환의 신군부는 '5·17 김대중 내란음모 사건'에 연루시켜 선생을 체포하고 고문했다. 정치와는 어떤 관련도 맺지 않는 '자유·독립언론인'을 말이다. 권력으로부터 자유롭고 경영으로부터 독립된 언론을 생애의 가치와 지향으로 삼던 언론인 송건호 선생은 그 고문에 견디지 못해 수사관이 시키는 대로 거짓진술을 해야 했다. 신군부에 의한 '고문의 후유증'으로 선생은 8년간 투병생활을 해야 했고, 2001년 12월 21일에 서거했다.

송건호 선생의 정신과 실천을 기리기 위해 '청암언론문화재단'이 2002년 1월에 창립되었다. 선생의 아호 청암(靑巖)을 따서 그 이름을 지었다. 이어 같은 해 청암언론문화재단은 한겨레신문사와 공동으로 송건호언론상을 제정했다. 장남 송준용 씨의 헌신이 뒷받침되고 있다.

매년 선생이 서거한 12월에 시상되는 제1회 송건호언론상은 〈한국일보〉 논설위원을 지낸 원로 언론인 정경희 선생에게 주어졌다. 제2회 송건호언론상은 독일 공영방송 ARD-NDR의 도쿄 특파원이었던 위르겐 힌츠페트 씨에게 주어졌는데, 그는 1980년 5월 광주민주화운동을 취재해 전 세계에 보도했다. 이어 사단법인 민주언론운동시민연합과 전북대 강준만 교수, 동아자유언론수호투쟁위원회, 〈민족일보〉 조용수 사장에게 주어졌다.

2002년 12월 선생의 서거 1주년을 맞아 한길사는 《송건호 전집》(전20권)을 펴냈다. 선생과 함께한 25년여, 선생으로부터의 배움과 은혜에 대한 출판인으로서의 나의 작은 보답이라고나 할까. 강만길·김언호·김태진·리영희·방정배·백낙청·성유보·이문영·이상희·이해동·정연주·한승헌이 편집위원으로 참여했다. 나는 간행사를 초하는 작업을 했다.

반민주적이고 반민족적인 엄혹한 상황에서, 그 상황을 극복하면서 개진해낸 선생의 치열한 정신과 사상과 논리는 오늘 새롭게 진전되고 있는 국가사회적 상황과 통일 지향적 민족공동체 운동의 역사적 전개와 더불어 한층 새롭게 우리들 가슴에 다가온다. 우리는 선생이 남긴 수다한 저술을 통해, 민족언론인·민주언론인·독립언론인 송건호의 참모습을 새롭게 인식하게 된다. 우리는 선생이 남긴 저술을 통해 언론인으로서뿐 아니라 시대정신을 구현하는 지식인으로서의 송건호를 새롭게 발견하게 된다. 선생은 현실과 결코 타협하지 않는 지식인의 진정한 정신과 행동을 스스로 보여주었다. 한 시대에 지식인이란 무엇이어야 하는가를, 특히 분단된 조국의 현실 속에서 진정한 민족지성이란 무엇인가를, 선생이 남긴 저술들을 통해 우리는 가슴 벅차게 체험하게 된다.

1980년 서울의 봄날 우리는 희망을 이야기했다

2008년 12월에 한길사는 '참언론인 송건호의 생각과 실천'을 이야기하는 책 《나는 역사의 길을 걷고 싶다》를 출간했다. 소설가 정지아 씨가 취재해 썼는데 선생의 7주기에 맞추었다. 언론인이자 역사학자인 송건호의 인간적인 이야기들을 담아냈다.

선생은 책을 늘 손에 들고 있었다. 가난한 언론인이었지만 선생은 늘 책을 구입했다. 그 1970년대와 1980년대에, 책 사는 것이 사모님께 미안해서, 귀가할 때 사들고 온 책을 마당 한구석이나 나무 밑에 놓아두었다가 나중에 집 안으로 갖고 온다는 말씀도 했다. 그렇게 사모은 책이 1만 5천 권이나 되었는데, 이 장서는 1996년 〈한겨레신문〉에 기증되었다. 〈한겨레신문〉은 청암문고로 이름지어 이용하고 있다.

송건호 선생의 고향 옥천은 정지용 시인의 고향으로도 널리 알려져 있다. 그러나 옥천에 〈옥천신문〉이 발행되고 있다는 사실에 나는 주목한다. 참언론인 송건호 선생과 연관지어봄직도 하다. 〈한겨레신문〉보다 한 해 뒤인 1989년에 지역 주민들의 모금으로 창간한 '작은신문' 〈주간 옥천신문〉은 참으로 의미 있다 할 것이다. 중앙의 거대신문에 대응하여 풀뿌리신문으로서 지역공동체와 지역문화운동을 펼치고 있음이 송건호 선생의 언론정신과 더불어 옥천을 우리는 새롭게 보게 되는 것이다.

나는 산과 들에 꽃이 피는 봄날엔 1980년 그 '서울의 봄'이 나의 머리에 선연히 떠오른다. 나라가 온통 민주주의를 향해 행진하던 봄날의 풍경은 아름다웠다. 꽃향기가 진동하는 화창한 5월의 그 봄날, 나는 송건호 선생과 희망을 이야기했다. 서대문 충정로의 기독교장로회 선교교육원에서 민주주의를 외치던 지식인 364인의 '선언'을 주도하던 송건호 선생을 도와 그 선언문을 찍어내던 그 봄날을 나는 기억하고 있다. 그해 서울의 봄은 새로운 역사가 움트던 계절이었다. 신군부에 의해 그 봄날의 싹은 짓밟혔지만, 민주주의와 자유의 정신은 결코 좌절할 수 없는 우리 모두의 희망이었다. 희망은 고난을 이기는 힘이었다.

해마다 봄이 오면 선생이 생각난다. 역사의 길을 걷고 싶다던 송건호 선생의 신념에 찬 말씀이 그리워진다. 자상하던 송건호 선생.

"우리나라의 겨울은 춥다. 흰 눈이 하늘을 덮고 영하 10도, 15도까지 내려가는 날은 정말 견디기 어렵게 춥다. 그러나 아무리 추위가 맹위를 떨쳐도 봄은 결코 멀지 않다는 것을 내다보아야 한다. 또 내다볼 줄 알고 참을 수 있는 인내와 용기가 있어야 한다. 겨울이 아무리 추워도 봄은 어김없이 오게 마련이다."

—김언호(한길사 대표), 계간 〈오늘의 책〉, 1984년 봄호, 한길사

*《책의 공화국에서》(한길사, 2009)에 실린 글을 수정하여 다시 수록했다.

송건호 의장을 말한다

진행 **이완기** 민언련 상임대표
정리 **박제선** 홍보부장
〈날자꾸나, 민언련〉, 2017년 6월호

민주언론시민연합은 보도지침 폭로 30주년을 맞은 작년부터 '보도지침을 폭로한 사람들'이라는 주제로 특별 인터뷰를 해 왔다. 보도지침을 폭로했던 과정을 통해 보도지침 폭로가 우리 언론과 민주주의에 끼친 효과가 무엇이 었는지를 돌아봤다. '보도지침을 폭로했던 사람'들이 보도지침 폭로 당시를 돌이키면서 공통으로 한 말이 있다. 바로 '송건호 의장이 있었기 때문에 보도 지침을 폭로할 수 있었다'는 것이다. 그래서 민주언론운동협의회 초대 의장 송건호 선생을 회고하는 특별 좌담 '송건호 의장을 말한다'를 마련했다.

좌담에는 이완기 상임대표가 사회를 맡고, 송건호 의장과 언론자유운동 을 함께한 김태진 언협 전 의장과 정상모 언협 3대 사무국장, 그리고 《송건호 평전》을 통해 송건호 의장의 삶을 정리한 바 있는 김삼웅 전 독립기념관장과 92년 겨울 〈역사비평〉에서 송건호 의장과 좌담을 진행한 인연이 있는 한국 근현대사 연구의 권위자 서중석 역사문제연구소 이사장(사진 오른쪽에서 두 번째)을 모셨다.

좌담은 지난(2017년-편집자) 6월 6일 오후 3시, 공덕동 민언련 사무실에서 열렸다. 언론인, 역사학자, 지성인이라는 송건호 의장의 다양한 면모를 확인하다 보니 3시간을 훌쩍 넘겨서까지 진행했다.

이완기 송건호 의장을 회고하는 좌담을 마련한 배경부터 말씀드리겠습니다. 지난해 우리 국민은 국정농단을 벌인 대통령을 좇아내고 정권을 교체했습니다. 이번 정권교체에서도 확인할 수 있었던 것처럼 우리 국민은 역사의 고비마다 큰 역할을 했습니다. 우리 현대사에는 민주주의를 향한 여러 투쟁이 있었습니다. 1986년 보도지침 폭로 또한 그 중 하나라고 생각합니다. 민언련은 작년 보도지침 폭로 30주년을 맞아 그 역사적 의미를 재조명하는 작업을 해왔습니다.

그 과정에서 언협 초대 의장이었던 송건호 선생이 여러 차례 거론되었습니다. 참 언론인으로서, 현대사를 연구한 역사가로서, 실천하는 지성인으로서 송건호 의장의 삶을 되새겨보는 것은 지금 현재 우리 언론과 민주주의를 완성해 나가는데 도움이 클 것이라는 생각을 했고 오늘 이렇게 자리를 마련하게 되었습니다. 우선 언론인으로서 송건호 의장에 대해 이야기를 나누었으면 합니다. 먼저 〈동아일보〉와 동아방송에서 함께 일했고, 언협 활동도 같이 한 김태진 의장께서 이야기를 시작해 주시지요.

김태진 송건호 의장은 여러 언론사를 다녔습니다. 송 의장께서 1965년에 〈경향신문〉 편집국장을 맡았습니다. 편집국장으로 취임하면서 "모든 책임은 편집국장인 내가 질 테니 정정당당히 기사를 작성하라"며 기자들을 독려했습니다.

그 무렵 마침 공보부 장관이 취임하면서 중앙 일간지 편집국장들을 오찬에 초청했습니다. 점심을 먹고 헤어지는데 장관 비서가 봉투를 내밀었다고 합니다. 그 자리에서 송 의장이 "내가 받을 이유가 없다"고 거절했다고 합니다. 나중에 기자들이 그 이야기를 전해 듣고서 신선한 충격을 받았습니다.

그 당시는 촌지가 일상적일 때였습니다. 송 의장의 촌지 거절은 촌지 안 받기 운동의 효시가 되었습니다. 송 의장이 〈한겨레신문〉을 창간할 때 기자들에게 제일 먼저 제안한 내용도 촌지 받지 않기 운동일 정도였습니다.

촌지는 일제강점기 때 조선총독부에서 기자들에게 주기 시작했다고 합니다. 이렇게 시작된 촌지 문화가 현재까지 언론계의 못된 관행이 되고 있습니다. 촌지 이야기를 더 하면 박정희 정권 시절, 1971년 대통령선거를 앞두고 한 해 전 1970년 8월엔가 정부에서 중앙일간지 정치부장 15명을 모아 동남아 여행을 보냅니다. 여행을 보내면서도 촌지가 상당히 많았나 봅니다. 정치부장들이 귀국길에 녹용을 사 왔는데, 들여온 녹용이 너무 많아 세관에서 적발할 수밖에 없었다고 합니다. 그런데 오히려 관세청장이 해고를 당합니다. 그리고 녹용을 많이 들고 온 정 모 정치부장은 이후에 국회의장 비서실장이 되었습니다. 당시 촌지를 스스럼없이 받았던 정치부장들이 제대로 된 언론활동을 했겠습니까. 이런 사례와 비교해 보면 송 의장이 얼마나 결백한 분이었는지를 확인할 수 있습니다.

송건호 의장의 청렴함은 〈경향신문〉 편집국장으로 일하던 1965년, 경향신문 공매 처분 사건에서도 확인할 수 있다. 〈경향신문〉 공매 처분 사건은 박정희 정권이 반독재 노선을 유지했던 경향신문을 압박하기 위해 사장 이준구를 반공법 위반으로 구속한 후, 이듬해인 1966년 1월, 은행 부채 4천6백만 원을 갚지 않았다는 이유로 〈경향신문〉을 공매 처분한 언론 탄압 사건이다.

사장 이준구가 감옥에 있는 상황이라 이러한 무거운 짐이 편집국장이었던 송건호의 두 어깨에 지워져 있었다. (중략) 송건호는 당시 중앙정보부장이었던 김형욱에게 붙들려가서 대통령과 적당히 타협하면 되지 않겠느냐는 말도 들었다. 그러나 그는 타협에 응하지 않았다. (중략) 이렇게 싸우면서도 송건호는 질 수밖에 없는 싸움이라는 것을 알고 있었다. 타협을 하느니 지는 쪽을 선택한 그는 마지막으로 경향신문의 값을 올려 받기 위해 노력했다. (중략) 결국 2

억 원에 넘어갈 뻔했던 경향신문은 송건호 덕분에 3억 원에 매각되었다. (중략) 경향신문이 매각된 후 사장 이준구는 송건호에게 4천만 원을 주었다. 2천만 원은 기자들에게 나눠주고 2천만 원은 송건호 개인에게 준 것이었다. (중략) 송건호는 당시 편집부국장이었던 김경래를 불러 보스턴백 두 개를 내놓았다. 보스턴백을 연 김경래의 눈이 휘둥그레졌다. 백마다 돈이 가득 들어 있었다. 이준구에게서 받은 2천만 원이었다. 김경래가 놀랄 만도 했다. 1974년 무렵 동아일보 일반기자 월급이 6, 7만원, 편집국장 월급이 20만 원이었다. 2천만 원이라면 편집국장 월급을 10년 가까이 고스란히 모아야 하는 어마어마한 액수였던 것이다. 김경래는 다시 각 국장과 부장을 편집국 숙직실로 불러 모았다. 당시 편집국 직원은 2, 30명. 위로의 돈 잔치가 열린 셈이다. 직원 전원이 두 달치 월급 정도를 받았다고 한다. 송건호에게 신세를 갚고 싶었던 이준구는 나중에 이 사실(편집자 주: 기자들에게 준 2천만 원에 더해 송 의장에게 사례한 2천만원까지 4천만 원 모두를 기자들에게 나눈 일)을 알고 무척 섭섭해했다는 후문이다.

−정지아, 《나는 역사의 길을 걷고 싶다−참언론인 송건호의 생각과 실천》, 한길사, 2008년, 120~124쪽

"내 손으로 기자들을 자를 수는 없다"

이완기 송 의장께서 〈동아일보〉 편집국장 시절 기자들의 자유언론실천선언을 지지하고 격려했습니다. 이후에 벌어진 대량 해직 등 언론탄압에도 저항했고요.

김태진 1974년 10월 24일 자유언론실천선언을 말하기 전에 몇 년 더 거슬러 올라가야 합니다. 1971년 4월 27일 대통령선거가 있었습니다. 그해 3월 26일 서울대 학생 20여 명 정도가 〈동아일보〉 앞에서 시위를 벌였습니다. 기자들 듣기에 모욕적인 말도 많았습니다. 기자들은 부끄러웠습니다. 그리고 자극을 받았습니다. 그래서 4월 15일 '양심에 따른 진실 보도', '부당한 압력 배격', '정보요원 출입 거부' 등의 결의를 담아 언론자유수호선언을 발표합니다. 〈동아일보〉 기자들의 언론자유수호선언은 다른 언론사에도 확대됩니다. 당시 대

통령 선거에서 김대중 후보가 박정희 대통령을 위협할 정도로 표를 얻었는 데, 기자들의 자유언론수호선언의 영향이 크지 않았나 생각합니다.

당시 기자들의 언론수호선언에 간부 중에 딱 2명만 참석해 기자들을 격려했습니다. 당시 논설위원이던 송건호 의장과 김중배 사회부장입니다. 해가 지나서 1972년 모든 자유를 빼앗은 박정희 유신시절이 시작됩니다. 74년 봄에 송 의장이 편집국장으로 취임합니다. 그해 9월 장관·국회의원·재벌 부인 등을 중심으로 한 귀금속 밀수 사건이 터집니다. 정부는 사건을 일체 보도하지 말라고 했습니다.

이완기 그때도 보도지침이 있었나 봅니다.

김태진 말 그대로 보도지침이죠. '보도하지 말라'는 엄명이었으니까요. 그런데 송 의장이 '이것조차 보도하지 않는다면 언론이 있어야 할 이유가 없다'며 사회면에 4단 크기로 보도(〈동아일보〉1974년 9월 12일자 3면)합니다. 〈동아일보〉만 보도했습니다. 그리고 송 국장은 중앙정보부에 연행됩니다. 처음에는 "선생님", "국장님" 부르다가 나중에는 "이 새끼야" 하면서 뺨까지 맞았다고 합니다. 당시 〈동아일보〉가 서울 시내 신문구독자의 64%라는 조사 결과도 있을 정도로 영향력이 있는 신문이었습니다. 그런 신문의 편집국장을 연행해 일개 중정 직원이 뺨을 때리는 시절이었습니다. 송 국장은 한 번 수모를 당하면 위축될 법도 한데, 그 후에도 기가 죽지 않고 여러 차례 중앙정보부에 끌려갔습니다.

그러다 결정적인 사건이 벌어집니다. 10월 23일 서울 농대 학생들이 수원 시내까지 진출해서 시위를 벌입니다. 시위 며칠 전 정부에서 '학생 데모 일체 보도하지 말라', '베트남 동향 보도하지 말라', '연탄 파동도 일체 보도하지 말라'는 보도지침을 내려보냈습니다.

그런데도 1단 크기지만 이를 보도했습니다. 그래서 송건호 편집국장과 지방부장, 사회부장이 연행되었습니다. 기자들은 연행에 항의해 퇴근하지 않고 편집국에서 철야농성을 벌였습니다. 새벽 1시 정도에 송건호 편집국장이 회사로 복귀했습니다. 그때는 통행금지 때문에 집에 돌아갈 수가 없죠. 농성을 지속하면서 다음 날(24일) 동아자유언론실천선언을 발표합니다. 그동안 준비하고 있던 것을 그날 밤샘 농성을 하며 자유언론실천선언을 구체화했다고 말할 수 있습니다.

김삼웅 귀금속 밀수 사건은 저도 송건호 선생 평전을 쓰면서 정리했습니다. 대학생들이 귀금속 밀수 사건을 제대로 보도하지 못하는 언론을 비판하며 '언론인들이여 손가락을 자르라'는 유인물을 뿌리며 시위를 벌였습니다. 유인물 내용에 '정치 기사는 청와대 눈치 보고 못 쓰고, 사회 기사는 부장 눈치 보고 못 쓰고, 경제 기사는 광고주 눈치 보고 못 쓴다'는 내용이 담겼습니다. 그런 시절이었습니다.

자유언론실천선언 발표의 계기가 된 1974년 10월 23일 서울농대 김상진 군의 자결 사건도 보도하지 못하게 했습니다. 그런데 송 국장이 "1단 기사로라도 실어라"라고 해서 보도가 됩니다. 기사는 긴급조치를 거부하는 1단 기사의 시초였습니다.

송건호 의장은 자유언론실천선언의 도화선이 된 10월 23일 연행을 다음과 같이 회고했다.

1974년 10월 23일 수원농대에서 학생데모가 있었다. 정보기관원이 와서 그 기사를 내지 말라는 압력을 가했다. 나는 그의 압력을 거부하고 그 기사를 보도했다. 그리 크게 다룬 기사도 아니었다. 그러나 이것이 문제가 되어 나는 점심식사 후 기관원에 연행되었다. 이렇게 될 줄 알고 집으로 가서 속옷을 두툼하게 입고 나왔다. 반드시 연행되어 갈 것이라는 각오를 하고 있었다. 하오 3시쯤 낯선 3인의 기관원이 나를 차에 태우고 나갔다. 5·16 후 벌써 몇 번째의 연행인가. 돈복은 없으면서도 관재구설수만은 그치지 않아 걸핏하면 연행되곤 했다. 언제 끌려가도 기분 나쁜 그 '연행'을 또 당한 것이다. 한번 가면 일찍 돌아와야 15시간은 조사받는다.

-송건호, 〈고행 12년, 이런 일 저런 일〉, 《한국현대언론사》, 삼민사, 1990년, 194〜195쪽

이완기 기자들이 자유언론실천선언을 하고 제한적이나마 동아일보 지면을 개선해 나갑니다. 그러던 중 백지 광고 사태가 터지고 시민들은 격려광고로 기자들을 응원했습니다. 그러나 동아일보는 결국 정부에 굴복했습니다. 다음 해(1975년) 기자들이 대거 쫓겨나고, 송 의장은 편집국장을 그만둡니다.

김태진 그랬죠. 조금 더 설명하겠습니다. 기자들 쫓겨나기 전으로 거슬러 올라가 봅시다. 자유언론실천선언 이후 1974년 12월부터 광고주들이 "이유는 묻지 말라"며 광고 동판을 회수해 갑니다. 다음 해 5월까지 광고가 빈 백지로 신문을 발행했습니다. 이 대표가 말한 동아일보 '백지 광고' 사태입니다. 그런데 독자들이 비어있는 지면에 격려광고를 내면서 기자들을 응원했습니다. 영국 〈가디언〉지는 격려 광고를 두고 '수많은 한국인이 신문을 펼쳐 들고 첫 번째로 읽는 정치적 개인 칼럼'이라고 보도했습니다.

홍승면 〈동아일보〉 논설주간이 1월 10일 일본 NHK 기자와 인터뷰를 했습니다. NHK 기자가 '광고 사태'의 배후를 질문합니다. 홍 국장은 "심증과 우리 기자들이 취재한 결과로 볼 때 판단은 하고 있다. 그러나 우리 정부, 형제들을 외국 언론을 통해 고발하고 싶지는 않다. 조금도 자랑거리가 되지 않기 때문"이라고 답합니다. 그러자 기자가 "권력과 타협 없이는 이 사태를 타개하기 어렵다고 보는데 대책은 무엇이냐"고 묻습니다.

홍 주간은 "별로 이렇다 할 자세를 가지고 있지는 않다. 다만 판매를 확장하는 데 노력하고 있다. 사실 동아일보는 지금 상당히 부수가 늘어나고 있다. 이런 추세대로라면 가까운 기간 안에 1백만 부 돌파는 무난하리라고 본다. 1백만 부만 돌파하면 광고 수입 없이도 현상유지는 가능하다. 만약 권력의 방해로 1백만 부 돌파 목표가 이루어질 수 없다면 신문발행인협회를 탈퇴하고 신문 구독료를 인상하는 방법을 생각해 볼 수 있다. 구독료를 인상

3부 • 송건호를 말한다 **209**

한다고 해서 독자가 줄어든다고는 생각하지 않는다. 다만 발행인협회를 탈퇴함으로써 신문용지를 구하는데 어려움이 생길 경우 신문 면수를 줄이는 것도 생각해 볼 수 있다. 〈동아일보〉 편집방침은 민족주의, 민주주의, 문화주의인데 이것은 동아일보 창간 이래의 사시(社是)이고 기본적인 편집방침이며 이 편집방침을 지키기 위해 경영이 있는 것이지 경영을 지키기 위해 편집방침이 흔들릴 수는 없다. 우리는 절대로 무릎을 꿇는 일은 없을 것"이라고 답합니다.

그러면서 홍 주간은 "격려 광고라는 명목으로 들어오는 돈 대부분을 살림살이가 별로 윤택하지 않은 국민들이 보내주고 있다. 이에 대해 우리는 어찌할 바를 모를 지경이다. 국민 앞에 삼가 고개를 숙인다. 정말로 우리 국민은 위대한 국민이다. 이 국민을 위하여 신문을 만들고 이 국민을 위하여 신문의 정도를 걷고자 하는 우리는 어쩌면 남들이 보는 바와는 달리 행복한 것이 아니겠는가"라고 답합니다. 홍승면 논설주간의 인터뷰 내용은 NHK만 보도한 것이 아니라 세계 많은 언론들이 인용 보도를 했습니다.

김삼웅 백지 광고 사태가 장기화하면서 사주가 권력에 굴복했습니다. 송 선생께서 〈동아일보〉 사주와 대화를 꽤 나누었다고 합니다. 송 선생은 "기자들을 해고하면 역사의 심판을 받는다"고 경고했습니다. 그래서 송건호 국장이 사직합니다.

김태진 그렇습니다. 3월 17일에 기자, 프로듀서, 아나운서 등을 대량 해고하기 전인, 1975년 2월 28일 동아일보 주주총회가 열립니다. 주주총회에서 권력에 절대로 굴복하지 않겠다고 선언한 홍승면 논설주간을 해고합니다. 〈동아일보〉 해직 사태의 최초 해고자는 홍승면 논설주간입니다. 홍 주간을 대신해 전 〈동아일보〉 주필로 있다가 필화 사건으로 해임되었던 이동욱을 임명했습니다. 그동안 이동욱 주필은 정부 산하 통일문제연구소 상임 간사였음을 생각할 때 이동욱 주필은 정부에서 파견한 사람이라고 봐야 합니다.

이 주필이 취임한 후 사원들에게 "회사 내 일체의 집회 금지, 유인물 살포

금지, 이를 어길 경우 해임"이라는 폭탄 발언을 했습니다. 그리고 며칠 지나지 않은 3월 8일 '경영상의 문제'라는 이유를 들어 기자 18명을 해고합니다. 그래서 기자들은 "우리 월급을 깎겠다. 최악의 경우 월급을 받지 않아도 되니 해고를 하지 말라"고 요구했습니다. 그런데 오히려 요구사항을 유인물로 만들어 배포했다는 이유로 기자협회 동아일보 분회장 장윤환 기자와 불순한 발언을 했다는 이유로 박지동 기자를 해고했습니다.

곡필은 하늘이 죽이고, 직필은 사람이 죽인다

김삼웅 송건호 선생은 1964년, 1965년 무렵부터 '곡필언론'에 대해 비판했습니다. 〈사상계〉 1964년 10월호에 '곡필언론사'라는 시론을 썼습니다. 제가 청년 시절 감명 깊게 읽은 글 중 하나입니다. 제가 나중에《한국곡필사》와《유신시대의 곡필》을 쓸 수 있었던 건 송 선생의 '곡필언론사' 덕분이었습니다.
당시 언론인들이 '정론'과 '직필', '자유언론'을 주로 고민할 때 송 선생은 잘못된 글을 쓰는 언론인과 지식인을 질타했습니다. 언론인 송건호를 이해하기 위해 '곡필언론사'를 한 번은 읽을 필요가 있습니다.
김태진 송건호 선생이 '곡필은 하늘이 죽이고, 직필은 사람이 죽인다'는 말씀을 한 기억이 납니다.
김삼웅 송 선생이 동아일보에 계실 때 편집국에 몇 번 가봤는데, 말씀하신 내용이 적힌 팻말을 본 기억이 있습니다.
김태진 맞아요.

'곡필언론사'에서 송건호 의장은 직필을 만나기 어려운 현실을 다음과 같이 지적했다.

지식인들은 다투어 곡필을 비웃고 그러한 지식인은 이미 지성인이 아니라고 단정하기를 서슴지 않는다. 그러나 직필하기가 얼마나 어렵고 얼마나 큰 용기가 필요한가에 대해서는 그다지 깊은 검토가 없는 듯하다. 현실을 지배하는 것은 대부분 조소의 대상인 바로 그 '곡필'이며 당연한 것처럼 생각되는 '직필'은 놀랄 만큼 읽어보기가 어렵다는 사실이다. 이것이 숨길 수 없는 한국의 현실이기도 하다.

-《송건호 전집-곡필과 언론》 제10권, 한길사, 2002년, 129쪽

'송 의장' 민주언론쟁취 투쟁의 선봉에 서다

이완기 자유언론실천선언에서 자연스럽게 보도지침 폭로로 화제가 넘어가게 되는데요, 보도지침 폭로 당시 신홍범, 김태홍, 김주언 선생이 구속되고 박우정 선생도 뒤늦게 구속됩니다. 그리고 사태 수습을 위해 정상모 선생이 언협 3대 사무국장을 맡게 되었습니다. 보도지침을 폭로할 때 송건호 의장은 어떤 역할을 하셨는지 궁금합니다.

정상모 개인적인 인연으로 송건호 의장은 제 주례 선생님이기도 합니다(웃음). 보도지침을 폭로했던 해인 1986년 5월, 정부는 '5·3 인천 시위'를 용공으로 몰면서 민주화 운동 진영에 극심한 탄압을 가합니다. 민통련을 비롯한 재야 단체의 활동이 거의 중단될 정도였습니다. 그러던 때에 언협이 보도지침을 폭로했습니다.

　신홍범, 김태홍, 김주언 세 분이 12월에 구속된 후에 언협 회원들이 구속 사태에 대한 대응을 논의하기 위해 모였습니다. 보도지침 폭로 이후 〈말〉지는 발행을 중단한 상태였습니다. 자연스럽게 〈말〉지 발행을 논의했습니다. 엄혹한 탄압 속에서 조직의 존폐까지도 걱정해야 하는 상황이었습니다. 소나기를 우선 피하고 나중을 도모하자는 입장과 어려울수록 진실을 알려야 한다는 의견이 부딪혔습니다. 상당히 큰 논란 끝에 〈말〉을 다시 내기로 합니다. 〈말〉 복간에 결정적으로 힘을 실어주신 분이 송건호 의장입니다.

이완기 당시 굉장히 위급한 상황에서 언협이라는 조직 보위를 위해 〈말〉 복간을 연기하자는 신중론이 있었고, 이럴 때일수록 〈말〉을 계속 발행하면서

〈말〉을 통해 재판에도 대응하자는 강경론이 있었던 것이죠?

김태진 나중에 이야기를 들어보니 당시 논쟁이 상당히 격렬했다고 그러더라고요.

정상모 그랬습니다. 송건호 의장은 성품이 온화한 분입니다. 평상시에 화를 내는 모습을 본 사람이 없을 겁니다. 그랬던 분이 〈말〉 복간을 논의할 때 처음 화내는 모습을 봤습니다. 광화문 어느 식당에서 회의했는데, 밖에서도 고함이 오갈 정도였습니다. 제 기억으로 송건호 의장이 그렇게 화를 낸 건 처음이었습니다.

당시 언협 1호 간사면서 〈말〉 기자였던 최민희 전 대표는 〈말〉 복간을 논의하던 당시를 다음과 같이 기억한다.

> 발행인이었던 김태홍이 구속된 후 다시 발행인을 맡고 있던 송건호는 뜻밖에 단호했다. 이만한 일로 주저앉아서는 조직이 보위되지 않는다는 것이었다. 반대쪽이 끝내 의견을 굽히지 않자 송건호가 단호한 어조로 말했다. "그렇게 겁이 나면 당신은 나오지 말아요!" 최민희는 깜짝 놀랐다. 송건호를 이해하게 된 것은 이때부터였다고 한다. (중략) 송건호는 겉으로 보기에 멋있는 사람이 아니었다. 꾸미는 말이나 행동도 할 줄 몰랐다. 그런 그가 젊고 혈기왕성한 최민희 눈에 멋있게 보였을 리 만무하다. 그러나 평범했던 송건호는 자신이 세운 원칙을 차마 버리지 못하고, 더 용감한 사람들조차 포기한 길을 끝까지 묵묵히 걸은 언론계의 큰 별이었다.
>
> ―정지아, 앞의 책, 한길사, 2008년, 344쪽

이완기 〈말〉은 1985년 창간호부터 '민주·민족·민중 언론을 향한 디딤돌'을 정체성으로 삼았습니다. 해직 기자들이 만든 단체여서인지, '새 언론' 창간을 목표로 삼았다고 보입니다.

정상모 〈말〉복간 논쟁 당시 신중론을 펴는 분들은 앞으로 유화국면이 펼쳐지면 새로운 언론을 만들 수 있으니 이를 예비하자고 주장했습니다. 그 후 언협은 1987년 무렵 새 언론 창간을 위한 논의기구를 구성해 실제 논의를 진행하기도 했습니다.

김태진 새로운 언론을 만들자는 이야기는 동아투위 초기부터 고민했습니다. 동아투위를 결성한 후 6개월 정도는 거의 매일 유인물을 만들어 각 대학과 단체에 배포했어요. 동아투위 결성 4주년이었던 1978년 10월 24일 10·24 4주년 기념식을 마치고 동아투위 회원 10명이 연행되는 '10·24 민권일지 사건'이 터졌습니다. 그때 구속되었던 안종필 동아투위 위원장이 면회 온 가족을 통해 '우리도 매체가 있어야 한다'는 메모를 보내오기도 했습니다.

이완기 해직 언론인들이 1984년 언협을 결성하게 된 궁극적 목표는 새로운 언론매체를 만드는 것이었던 것 같습니다. 그 뒤 〈말〉 창간, 보도지침 폭로 등 여러 형태의 싸움을 거쳐 마침내 새로운 언론 〈한겨레신문〉을 창간했습니다. 송건호 의장은 초대 사장을 맡으셨고요. 이 지점에서 송건호 의장의 당시 언론관은 무엇이었는지 이야기를 듣고 싶습니다.

역사학자들의 직무유기가 '현대사 연구가' 송건호를 낳다

김삼웅 송 선생은 언론인으로서 자유언론투쟁에만 시종하지 않고, 신채호와 최남선에 대한 인물론을 쓸 정도의 괄목할 만한 역사적 시야를 쌓았습니다. 송 선생의 독특한 점입니다.

저는 20대, 30대 청년 시절 독자로서 송건호 선생을 사숙했던 사람입니다. 이 책은 1977년 9월호 〈뿌리 깊은 나무〉입니다. 여기에 '신채호와 최남선'이라는 글을 기고했습니다. 당시 송 선생이 역사 관련 사론(史論)을 1년 정도 연재했습니다. 우리 근대사에서 역사학자들이 제구실을 못해 언론인들이 역사학자 역할을 대신했습니다. 일제강점기 신채호 선생, 박은식 선생이 대표적인 분이죠. 해방 후에는 송건호 선생과 천관우 선생이 그러한 역할을 했습니다. 그다음부터 오늘 나오신 서중석 선생이 역할을 하셨죠.

김태진 현대사 연구는 송건호 의장이 처음 아니었을까요? 그전에는 현대사 관련 책이 나오지 않았던 것으로 알고 있습니다.

서중석 현대사에 관한 논문이나 글은 적지 않지만 단독 저서는 주로 근대사 후기에 관해서 썼습니다. 송 선생은 일제 강점기 중에서도 일제 말기를 많이 다루었습니다. 이제 역사가로서 송 선생에 관해 이야기를 나누는 건가요?

이완기 자연스럽게 말씀을 나누시지요.

서중석 제가 1967년에 대학에 들어갔습니다. 그런데 '근대사는 학문이 아니다', '공부해서는 안 된다'는 분위기였습니다. 실제 근대사를 공부한 사람들도 주로 조선 말기를 연구했습니다. 윤병석 선생 같은 분이 독립운동과 관련한 뜻깊은 연구를 한 때도 70년대 이후입니다. 그 이전에는 독립운동에 대한 연구도 본격적으로 이루어지지 않았습니다. 그런 분위기에서 현대사 연구는 말할 것도 없습니다. 현대사에 관심 자체를 가져서는 안 된다는 것이 학계의 분위기이자 시대 분위기였습니다.

오히려 한국 근현대사 연구는 브루스 커밍스 등 미국과 일본과 같은 외국에서 이루어졌습니다. 그러다가 1975년 해방 30주년을 맞으면서 재일교포 한 분이 연구비를 후원해서 4권짜리 현대사 관련 책이 나왔어요. 그런데 송 선생은 이미 1960년대부터 현대사의 중요한 과제나 문제점을 지적했습니다. 현대사 연구에서 선구자 역할을 한 것입니다.

송 선생의 관심 분야는 언론에만 머물지 않고 사회과학, 지성의 문제, 지식인 문제까지 아주 폭넓었습니다. 특히 한국 아카데미즘의 한계도 콕 짚어서 비판했습니다. 학문은 현실과 무관할 수 없는데 아카데미즘을 내세우면서 현실을 외면했다고 지적하신 거지요. 진실한 학문이라면 '반항과 분노의 정신'을 가지고 현실에 접근해야 진실에 다가갈 수 있다는 말씀이었습니다. 진실을 제대로 말해야 민중에게 미래에 대한 비전을 줄 수 있다는 요지였습니다. 당시만 해도 민중이라는 말을 사용한 사람도 많지 않았습니다.

또한, "이 땅의 사회과학이 주체성을 망각하고 사대주의에 사로잡혀서 우리 역사와 문화를 천시하고 있다"라고 꼬집었습니다. 1970년대와 1980년대를 거쳐 1990년대 전반기까지 한국 사회과학계에서 뜻있는 분들이 많이 고민했던 주제를 1960년대에 이미 고민했던 겁니다. 이를 다시 말하면, 학문은 현실에 뿌리를 둬야 하고, 역사를 등한시해서는 안 된다는 의미입니다. 일제 말기에 민중들이 어떻게 살았고, 친일파가 무슨 짓을 저질렀고, 항일운동이 어떤 어려움 속에서 전개되었는지와 같은 우리 역사에 대한 깊은 이해가 있어야 사회과학을 비롯한 학문이 역할을 제대로 할 수 있다는 말씀입니다. 이렇듯 올바른 지성의 역할을 고민하면서 현대사의 주요 쟁점을 제시했습니다.

제가 또 하나 놀란 것은 송 선생이 궁핍한 생활을 하면서도 책을 좋아했다는 겁니다. 1970년대 초반만 해도 헌책방에 괜찮은 책들이 있을 때입니다. 언론사를 그만둔 후에 1970년대 후반부터 1980년대 초반에 걸쳐서 체계적인 역사 연구를 하신 것으로 보입니다. 주로 일제시기에 관심을 기울이셨지만, 조선 말기와 일제시기의 여러 쟁점과 항일운동까지도 많이 연구했습니다. 앞에서 말씀드렸듯이 1970년대 중반까지 1976년에 나온 책 4권을 제외하고 현대사에 관한 마땅한 책이 없다시피 했습니다. 그런데도 송건호 선생은 상당히 풍부한 연구를 해냈습니다.

1979년에 《해방전후사의 인식》이 나옵니다. 그 책은 송건호 선생이 쓴 '해방의 민족사적 인식'으로 시작합니다. 짧은 글이지만 해방 시기의 핵심적인 주제를 모두 다루었습니다. 현대사에 대한 큰 고민과 폭넓은 사유, 동서 지성에 대한 지대한 관심이 결합하면서 그러한 탁월한 통찰력이 나온 것 아닌가 생각합니다. 그리고 일제 말에 직접 겪은 경험이 더해져서 더욱 풍부할 수 있었다고 생각합니다. 일제 말부터 눈을 똑바로 뜨고 살려고 했던 것 아닌가 생각합니다.

김삼웅 서 교수께서 역사학자들이 현대사 연구를 외면하며 직무유기를 할 때, 송 선생이 이를 대신했다고 말씀했습니다. 그런 사례가 우리나라에만 있었던 것은 아닙니다. 나치 독일 시절에 히틀러가 집권한 후에 현대사 연구를 했던 학자들이 고대사나 중대사 연구로 연구 분야를 갈아탔습니다.

지식인의 반성을 촉구하다

이완기 송건호 의장은 사대주의를 배격하고 주체적인 역사관을 강조했습니다. 그런데 송 의장의 글을 읽다가 문득 독특한 언론관을 가지고 있을 수 있겠다는 생각을 한 적이 있습니다. 언론에서 객관성이라는 것 자체가 존재하기 어렵다고 보신 것 아닌가 하고 해석했습니다.

서중석 아마 이 대표께서 1960년대부터 불거진 '순수·참여 논쟁'에 대한 글을 보고 그렇게 생각하신 것 아닌가 싶습니다. 순수문학이니 순수 아카데미즘을 주장하던 세력이 문화계와 학계의 주류를 이루고 있었습니다. 저는 순수를 말하던 이들이 '순수'라는 말을 오히려 정치적으로 이용했다고 생각합니다. 송 선생은 그런 주장에 대해 "진실을 봐야 한다"고 반박했습니다. 예를 들면 어디에서 주는 내용을 그대로 받아쓰는 언론과 같은 순수라면 그것이 오히려 잘 못 하는 것 아니냐는 의미였을 겁니다. 그래서 송 선생은 '참여'를 강조합니다. "참여 없는 지성은 있을 수 없다"라고도 했습니다.

송건호 의장은 지성인의 역할에 고민이 많았다. 1975년 창작과비평사에서 펴낸 《민족지성의 탐구》에서 지식인이 갖춰야 할 조건으로 지식의 민족성·객관성·논리성·경험성을 제시하는 한편으로 지식인의 '역사성'과 '주체성'을 강조한다.

역사의식이란 무엇이냐? 그것은 비판의식이며 문제를 해결하는 실천의식이다. 과거를 미래로 전환시키는 현재 의식이다. 따라서 역사적 지성이란 인간의 역사적 존재를 해명하며 그것의 발전과 변화와 그 속에 포함된 법칙성 같은 것을 밝히는 지성이다. 역사적 지성은 추상적이 아니라 구체적이며, 사변적이 아니라 실천적이다. 이러한 지성은 당연히 주체적 지성으로서 나타난다. 남의 나라의 지성·방법론을 기계적으로 도입하는 것이 아니라 주체적 입장에서 실천적 과제로서 비판적으로 섭취하는 지성이다. 다시 말하면 한국 지식인은 '지금·이곳'의 역사적 특수성을 의식하는 속에서 세계의 지성을 보아야 한다. 이러한 주체적 자세에서만 세계적 시야에서 자신을 되돌아볼 수 있을 것이다.

–《송건호 전집–전환시대의 민족지성》 제6권, 한길사, 2002년, 86쪽

정상모 저널리즘 이론을 보면 객관성, 공정성 같은 개념이 있습니다. 저는 진실에 접근하는 방법의 하나로 객관성과 공정성을 바라보고 있습니다. 객관성과 공정성만 지킨다고 해서 그 자체가 진실이라고 볼 수는 없기 때문입니다. 문제는 진실을 위해서 어떻게 할 것인가를 고민해야 한다고 생각합니다. 송건호 의장이 말씀하셨던 근본적인 내용은 진실을 강조한 것이라고 봅니다. 어떻게 하면 문제의 본질을 꿰뚫어 민중이 진실을 볼 수 있게 할 것인가를 중요하게 생각한 것 같습니다. 〈한겨레신문〉에 계실 때 최고의 가치로 말씀했던 것도 진실이었습니다. 진실을 어떻게 전할 것이냐는 결국 편집권을 누가 가지고 있어야 하느냐로 이어집니다.

그래서 〈한겨레신문〉은 창간 당시 편집위원장(편집국장) 직선제를 마련합니다. 언론이 망가진 이유를 편집권이 독립되지 않아서라고 본 것이죠. 송 의장은 구성원인 기자들에게 편집권을 줘야 한다는 입장이었고 사장으로서 '절대로 신문 제작에 간섭하지 않는다, 인사에 관여하지 않는다'를 두 가지 원칙으로 밝히고 끝까지 지켰습니다. 〈한겨레신문〉의 편집위원장 직선제 이후에 다른 언론사들도 편집국장 직선제나 동의제를 도입했습니다.

국민 성금을 모아 창간한 한겨레의 편집위원장 직선제 도입은 송건호 의장의 평소 소신이었다. 송 의장은 '언론이 가야 할 길'이라는 글에서 언론자유를 이루기 위해 '다른 기업(자본)으로부터의 독립', '언론활동을 규제하는 언

론기본법·홍보정책실 폐지', '편집권 독립'을 들었다. 편집권 독립과 관련해서
는 미국형·유럽형·일본형의 형태가 있다며 한국에서 편집권 독립을 원한다
면 미국형이나 일본의 '편집강령' 형이 바람직할 것이라고 말했다.

> 신문이 현행 법질서 안에서 제작되는 한 기자가 주인이 되어야 하며 외부의
> 누구도 신문 제작에 관여하지 말아야 한다. (중략) '편집강령'이라고 해서 신문
> 제작에 관한 방침, 가령 정치·경제·문화·외교·국방 등 중요한 문제에 어떠한
> 입장을 취한다는 편집방침을 아주 구체적으로 소상하게 열거하여 이 방침에
> 따라 전사원이 참여하여 결정하며, 이미 결정된 '편집강령'에 대해서는 경영
> 진이나 노조도 함부로 바꾸지 못한다. (중략) 이들에겐 우리와 같이 '불편부당'
> '시시비비주의' '문화주의' 따위 애매한 이른바 '사시'를 내세워 독자들을 속이
> 며, 편집권이 기업주에게 있다고 주장하여 신문의 올바른 길을 이탈, 왜곡보
> 도를 일삼아 기업주 개인의 이권을 꾀하는 일이란 용납되지 않는다.
>
> ―《송건호 전집―곡필과 언론》 제10권, 한길사, 2002년, 175쪽

이완기 송건호 의장은 "우리 신문의 기사는 논설적이고, 사설은 해설적이다"
라는 말씀을 하셨습니다. 기사는 사실에 근거해서 작성하면 되고, 사설은 신
문사의 입장과 주장을 담아야 하는데 이게 뒤바뀌었다는 지적입니다. 그래
서 사설은 해야 할 주장을 못하고 눈치를 보고 빙빙 돌며 해설만 하고 있고,
기사는 중립이라는 이름으로 양시양비론에 머물고 있다는 비판이었다고 생
각합니다.

정상모 그렇죠. 객관성이나 중립이라는 이름 뒤에 숨어 있습니다. 진실을 말
하지 않고, 묘하게 왜곡을 하는 것이죠. 왜곡의 수단으로 객관성, 공정성, 불
편부당성을 이용하는 것에 불과합니다. 객관을 핑계 대며 숨지 말고, 진실을
정확하게 밝히라는 말씀일 것입니다.

김삼웅 송 선생이 1970년대에『드골 프랑스의 영광』을 썼습니다. 책에서 미국

의 종속에서 벗어나려던 드골의 민족주의를 높이 평가합니다. 70년대는 그런 내용을 글로 쓰기 쉽지 않은 시절이었습니다. 책을 내거나 글을 쓸 때는 언제 쓰느냐가 중요합니다. 해방 후에 독립 만세를 외치는 것은 아무런 의미가 없으니까요. 엄혹했던 독재 시절에 '의열단'을 주제로 책을 썼던 기개를 봐야 합니다. 왕성한 탐구열과 시대정신에 투철해지려는 노력이 결합하여 우수한 언론인이면서 동시에 탁월한 현대사 연구가라는 두 분야에서 일가를 이룰 수 있었다고 생각합니다.

백범 정신의 부활을 포착하다

서중석 덧붙여서 송 선생은 '인물론'을 많이 썼습니다. 1960년대에 백범 김구와 우남 이승만을 분석합니다. 김구 선생 장례식에 50만 인파가 참여했습니다. 50만 인파는 당시 민중들이 가지고 있었던 김구에 대한 존경심과 김구를 죽인 사람들에 대한 분노가 농축된 것입니다. 그런데 한편에서는 '안두희가 의인'이라는 벽보가 붙기도 했습니다. 냉전과 반공 이데올로기를 강화하려는 '이승만 노선'과 냉전을 거부하고 통일 독립국가를 수립하려고 했던 '김구 노선'의 대결로 볼 수 있습니다. 점점 반공과 냉전 논리가 세를 얻으면서 50년대에는 김구가 설 자리가 없어집니다. 독립운동가들은 1950년대 이승만 집권기에 어려움을 겪었습니다.

송 선생이 〈사상계〉 1968년 10월호 특집 '지도자론'에 '한국적 정치 지도자상의 현실과 이상'을 기고합니다. 4·19 혁명으로 이승만이 쫓겨난 후 김구 정신이 부활하기 시작합니다. 1960년대에 김구가 새롭게 부활했는데, 이를 송 선생이 예리하게 포착해 이를 '백범이즘의 부활'이라고 표현했습니다. 그 후 냉전과 반공 이데올로기를 강요한 박정희, 전두환 시절에도 '김구 죽이기'는 감히 시도하지 못했습니다. 김구 선생은 '독립운동의 거성'이자 '통일운동의 화신'으로 1960년대에 자리 잡고, 이후 우리 역사에서 김구 선생이 살아있게 됩니다. 송 선생은 김구, 이승만, 서재필 등 현대사의 주요 인물에 대해 글을 써서 1960년대에 김구 정신이 부활했음을 확인시켰습니다.

또 송 선생은 우리 역사가 어디에서부터 일그러졌는지를 적확하게 지적했습니다. 해방 후 미군정에 의해 친일파들이 재생해 활동했다는 것이지요. 송 선생은 친일파 문제를 우리 현대사에서 가장 중요한 주제로 붙잡고 씨름합니다. 다시 말하면 우리 현대사를 망쳐 놓은 세력이 누구냐는 질문입니다. 일제 시기에는 친일파가, 해방 이후에도 친일파와 그 후예들이 우리 역사를 얼룩지게 했다는 점을 강조하는 겁니다. 올바른 지적입니다. 사실 지난 정부 시절 국정교과서 논란도 친일파 문제와 연결이 된다고 볼 수 있습니다.

그러면서 분단문제도 함께 제기합니다. 역사 연구자들은 1980년대 중반까지도 분단문제를 건드린다는 것은 꿈도 꾸지 못했습니다. 반공 이데올로기가 압도하는 사회 분위기 때문이었습니다. 더 자세히 들어가면 해방 직후 반탁과 찬탁을 어떻게 평가할 것인가입니다. 반탁운동은 이승만 정권의 정통성이나 단정 수립을 합리화하는 주요 근거입니다. 그런데 송 선생은 반탁 운동에 상당히 비판적으로 접근합니다. 만일 해방된 우리 민족이 통일정부를 세우는 것이 목적이었다면, 반탁운동은 통일정부 수립 반대 방향으로 방향을 틀게 만든 것 아니냐는 질문입니다. 이승만과 박정희는 분단을 이용해 권력을 강화했습니다. 반공 이데올로기를 정당화시키는 논리가 바로 반탁입니다.

분단의 원인을 정확하게 지적하다

이완기 반탁, 찬탁 논쟁과 관련해서 송건호 의장은 모스크바 3상회의를 언급하면서 그 상세한 내용을 당시에 이성적으로 검토했어야 했는데, 그러지 못해 아쉽다는 말씀을 하셨습니다.

서중석 아주 중요한 지적입니다. 우리 교과서는 2천 년 대에 들어서야 모스크바 3상회의 결정을 그나마 객관적으로 기술하기 시작합니다. 그 이전에는 모스크바 3상회의 결정을 반공 이데올로기와 연결시켜 왜곡해 내용을 제대로 이해하지 못하게 했습니다.

모스크바 3상회의 결정은 제1항에 명시한 '한반도에서의 통일 임시정부 수립'이 주된 내용입니다. 그것과 함께 모스크바 3상회의 결정 3항에서 제시한 신탁통치는 장구한 역사에서 독립국가를 발전시켜온 우리 민족으로서는 받아들일 수 없지만, 모스크바에서 합의한 신탁통치는 유엔헌장에 있는 신탁통치와는 달리 그 내용이 결정된 것이 아니었습니다. 신탁통치 이전에 모스크바 3상회의 결정 제1항에 따라 우리 임시정부를 먼저 수립하고, 우리 임시정부와 미소공위가 협의해서 내용을 결정하는 것이었습니다. 그리고 5년 이내 한시적인 조건이었으므로 통일정부 수립의 과정으로 이해해야 할 측면이 있었습니다.

그래서 여운형도 3상회의 결정에 매우 많은 고민을 했고, 김규식도 "모스크바 3상회의 결정은 읽고 또 읽어야 한다"고 말하면서 먼저 임시정부를 수립하는 것이 아주 중요하다고 했습니다. 그다음에 신탁통치를 반대하면 된다고 강조했습니다. 모스크바 결정을 이행하지 않으면 오히려 분단이 되고, 분단이 되면 미소의 세력 각축장이 되면서 엄청난 민족적 위기를 맞을 수 있기 때문에 하루빨리 임시정부를 수립하기 위해 모두가 힘을 합치자는 것이 여운형과 김규식의 주장이었습니다.

정상모 반탁을 주장하는 이들이 독립국가의 주권을 생각한 사람들이고, 찬탁은 나라를 부정한 것으로 잘못 알고 있는 경우가 많습니다.

서중석 제가 청암 선생 회갑기념 논문집에 서동석이라는 필명으로 관련 주제를 다룬 적이 있습니다. '반탁 진영과 의견을 달리 한 김규식이나 여운형의 주장은 찬탁이 아닌 모스크바 3상회의 결정에 대한 지지였고 신탁통치에 대한 찬성이 아니었다'는 내용입니다. 이렇게 해석하지 않고, 김규식이나 여운형이 신탁통치에 찬성했다는 주장은 우익 진영에서 상대방을 공격하기 위한 논리로 사용한 것입니다.

사실 반탁투쟁에 1945년 12월 29일부터 친일파들이 대거 참여하기 시작합니다. 나쁘게 말하면 친일파들이 반탁을 통해서 애국자로 세탁하는 모습을 보였다고도 할 수 있습니다. 친일파들은 1946년에 들어서면서 반탁운동에 더욱 열심히 나섭니다. 반탁운동이 단독정부 수립 운동, 곧 단정운동으로 연결될 수 있었기 때문이죠.

이때 1945년 12월 27일 동아일보가 신탁통치와 관련해 오보를 냅니다. '소련은 신탁통치 주장, 소련의 구실은 38선 분할 점령, 미국은 즉시 독립주장'이라는 내용입니다. 그러면서 아주 복잡한 정국이 만들어졌습니다.

김삼웅 제가 해당 〈동아일보〉의 해당 오보(1945년 12월 27일 1면)와 해설기사, 국제면까지 확인해 봤습니다. 〈동아일보〉가 오보로 모스크바 3상회의 결정 중에서 독립국가를 수립할 수 있는 다른 방안은 제대로 국민에게 알려지지 않았습니다. 사실, 김구 선생처럼 30년 동안 해외에서 풍찬노숙하며 독립운동했던 분들 입장에서 내 나라를 세우려는 데 외세가 10년 또는 20년 신탁통치를 한다는 걸 받아들이기 어려웠을 것입니다. 그래서 송건호 선생은 김구 선생이 반탁이라는 입장을 보인 것에 대해 '민족의 자존심상 도저히 받아들일 수 없다는 순수한 민족의식이 더 강하게 작용했을 것'이라면서도 당시 국제정세를 정확히 판단하지는 못했다고 비판하기도 했습니다.

이완기 그래서 '이성적으로 검토해야 했다'고 주장하셨던 것 같습니다. 지금까지 송 의장의 언론인으로서의 자세, 그리고 역사관에 대해 말씀을 나눴습니다. 이제 지식인, 지성인으로서의 송건호 선생의 삶에 대해 알고 계신 내용이 있다면 소개를 부탁드립니다.

서중석 제가 1992년도에 역사문제연구소 사무실에서 송건호 선생과 인터뷰를 했습니다. 1975년 3월 사표를 쓰고 나오고 보니 "먹고사는 게 당장 걱정"이었다고 쓸쓸하게 말씀했어요. 집에 돈을 가져다줘야 저녁 식사를 할 수 있는데 그것도 쉽지 않았다고 했습니다. 그러면서 자녀들 학교 공부도 제대로 못 가르쳤다고 안타까워하더라고요. 대학 강사 노릇 하기도 힘들었다고 했습니다. 김삼웅 선생께서 평전에 쓰기도 했는데, 그런 중에도 헌책방을 참 많이 다니셨어요. 모아놓은 장서가 1만 5천 권이라고 들었습니다. 나중에 모두 한겨레신문사에 기증했다고 들었습니다.

시대는 속절없는 독서인을 거리의 사람으로 만들었다

정상모 언협 의장 하실 때도 틈만 나면 헌책방에 가서 좋은 책 찾아보는 것을 즐기셨습니다.

김삼웅 한 가지 숨은 이야기를 말씀드리면, 동아일보 그만두고 원고료 몇 푼으로 생활하면서도 헌책방 순례가 취미였다고 합니다. 책을 사서 집에 들고 들어가면 아내와 식구들 눈치가 보여서, 대문 밖에 슬쩍 놔두었다가 식구들이 잠들면 가지고 들어왔다고 사모님이 말씀하시더라고요. 그 무렵 청와대에서 입각 제의를 해오는데, 이를 단호하게 거부했습니다.

김태진 송 의장께서 〈동아일보〉 그만두고 리영희 교수가 주선해서 한양대에서 강사를 했는데, 압력으로 일 년도 못하고 그만뒀습니다. 김삼웅 선생이 말씀하셨던 입각 거부에 대해 제가 알고 있는 에피소드를 말씀드릴게요. 박정희의 입각 제안을 듣고 "나는 언론인이지 행정가가 아니"라고 거절했다고 합니다. 1991년 민언련 언론학교 1기 수강생들에게 강의하면서 '입각을 거절한 날 집 앞 전봇대를 붙들고 울었다'는 이야기를 했다고 합니다.

6남매의 아버지로서 흘린 눈물이었다고 생각합니다. 송 선생이 〈동아일보〉 논설위원으로 계실 때 칼럼을 통해 '언론인은 언론을 천직으로 알아야지, 언론을 징검다리 삼아 관계나 정계로 나가는 것은 진정한 언론인이 아니다'라고 꾸짖었습니다. 당신이 한 말을 그대로 실천했다는 생각이 듭니다.

김삼웅 송건호 선생이 보인 지식인으로서의 모습을 보면, 조선 후기 유림의 한 지파였던 양명학 계열에 대해 공부하지 않았나 싶습니다. 134인 지식인 시국선언, 언협 의장, 〈말〉지와 〈한겨레신문〉 창간과 같은 활동은 흔히 말하는 나약한 지식인이 행하기 어려운 실천력을 보여준 것입니다. 이런 면은 '지행합일'을 갖춘 양명학적인 모습입니다. 단순히 언론인, 사학자, 지식인이라는 단편적인 면을 뛰어 넘는 '행동하는 지성인'이라는 면모를 보여줬습니다. 후생들에 큰 교훈이 되는 삶이었다고 생각합니다.

김태진 1980년 5월 17일 전두환이 계엄령을 선포한 후 송건호 의장이 연행되었습니다. 심한 고문을 받으면서도 그들의 요구를 들어주지 않으니까 '악질'이라는 말까지 들었다고 합니다. 1980년에 그러한 고초를 겪으셨는데, 언협을 결성할 때 의장을 맡는 것도 웬만한 용기가 아니면 어려운 일이었다고 생각합니다. 〈말〉지를 낼 때마다 구류를 살아야 하고, 보도지침을 폭로한 후 〈말〉지 복간을 강하게 주장했던 것도, 송건호 의장 아니면 그럴 만한 분이 없지 않았을까 하는 생각이 듭니다.

김삼웅 그런 강단을 보여주며 평정심을 유지한 모습이 지식인의 전범이 아닌가 싶습니다.

정상모 보도지침을 폭로한 후에 정세가 엄혹하지 않았겠습니까. 당시 〈말〉지나 〈말소식〉을 낼 때 수사기관의 관심 중 하나가 인쇄소였습니다. 인쇄소는 극비였는데, 송건호 의장께서 "비밀은 나에게 말하지 마시오"라고 말했습니다. "나중에 고문을 받으면 견뎌 낼 장사 없어서 불기 때문에 차라리 말을 말라"는 것이었죠. 그런데 이런 말씀에 대해 조금만 더 생각하면 참 강단 있는 모습을 보인 것입니다. 만약 고문을 당할 때 요구하는 대로 진술을 하면 고문이 끝날 텐데, 정말 모르기 때문에 진술을 하고 싶어도 할 수가 없어 더 심한 고문을 당할 수도 있는 일이니까요.

김삼웅 그런 점은 의열단 정신인 것 같습니다. 송 선생께서 의열단에 대해서도 글을 쓰기도 했는데, 의열단원들이 그렇게 활동을 했습니다.

서중석 송건호 선생이 글을 쓰던 시절을 보면, 6월항쟁 이후 짧은 시간을 제외하면 그야말로 살얼음판을 걷는 시절이었습니다. 한 자 한 자 고민하면서 써야 했던 시절이었어요. 송 선생은 글을 쓸 때 울면서 쓸 때가 많았다고 말했습니다. 진실을 진실대로 쓸 수 없는 시절이었습니다. 같은 말도 뱅뱅 돌려서 써야 하는 참담한 현실에 대한 울분이 그분을 울게 한 것 아니겠는가 하는 생각이 듭니다.

반탁, 친일파, 분단과 분단을 고착화하려는 사대주의자들에 대한 비판은 곧 이승만, 박정희라는 정치권력에 대한 강렬한 비판의식이 수반되는 일이었습니다. 역사를 정리할 때는 더욱 큰 용기가 필요합니다. 일제시대 친일파들이 해방 이후 분단세력이 되어 단정운동을 폈고, 그리고 독재협력 세력이 됩니다.

2004년과 2005년경부터 이른바 뉴라이트 세력이 일부 언론과 수구 정당을 배경으로 삼아 활개를 치고 있습니다. 뉴라이트 주장의 핵심은 이승만을 건국 대통령의 위치에 올려놓자는 것입니다. 몇 년 동안 대한민국 정부 수립이냐, 대한민국 건국이냐를 가지고 소모적인 논쟁을 오랫동안 벌인 것도 이 부분과 연결됩니다. 1948년에 대한민국을 건국했다고 하면 이승만을 건국의 아버지로 강변할 수 있고, 친일파 문제도 상당 부분 '해결'할 수 있다고 판단하는 것 같아요. 이승만 추종자들 중에는 이승만을 건국 대통령으로 만들면 단정운동, 친일행위, 독재협력을 합리화할 수 있다는 속셈이 있는 것 아닌가 하는 생각이 듭니다.

이런 현상을 볼 때 송 선생의 이승만 비판이 이승만 추종자 비판에서 한걸음 더 나아가 뉴라이트 출현을 예상하고 통렬하게 비판한 것 아닌가 싶은 생각도 듭니다. 현재 지식인 상당수가 뉴라이트 주장에 제대로 된 비판을 못하는 것을 볼 때 송 선생을 다시 한번 깊게 생각하게 됩니다.

김삼웅 제가 평전에서 송 선생을 '언론 선비'라고 표현했습니다. 1960년대와 1970년대 박정희의 가장 강력한 비판자였던 언론인, 필화사건으로 고초를 겪었던 논객들이 박정희 정권과 이어 전두환 정권에 투항합니다. 어쩌면 언론계 동료였던 분들의 변절이었는데, 송 선생은 지조를 지켰습니다.

빈한한 생활을 견디면서 정론을 쓰고, 지식인의 전범을 보여줬습니다. 이런 바탕이 어디에서 기원한다고 봐야 하는지…. 혹시 그 부분에 대해서 가까이에서 모셨던 분들이 알고 계신 것이 없습니까?

정상모 송건호 의장의 궁핍한 생활은 최민희 전 대표에게 들은 적이 있습니다. 최 대표가 송건호 선생 댁을 여러 번 방문했는데, 칫솔을 집게로 눌러 놓은 것을 봤다고 했습니다. 그런 생활에서 권력의 유혹을 과감하게 뿌리치고, 자칫하면 고통으로 돌려받을 수도 있는데 지조를 지켰다는 것. 말씀하신 선비정신이라고 생각됩니다.

이완기 고은 선생이 《만인보》에서 송건호 선생을 이렇게 표현했습니다. '시대는 착실한 세대주를 지조의 사람으로 만들었다. 시대는 속절없는 독서인을 거리의 사람으로 만들었다. 시대는 조심스런 언론인을 역사의 인물로 만들었다.' 상식적인 시대에 나셨다면 어쩌면 평범한 분으로 살았을지도 모르겠습니다. 그리고 40년 동안 외식 한 번 제대로 못했다고 하는데 사실입니까?

김삼웅 자식들이 짜장면이 뭔지 몰랐다는 말은 들었습니다.

송건호 의장은 양심을 지키는 대신 정권의 핍박에 따른 궁핍을 감내해야 했다. 김삼웅 선생은 《송건호 평전》에서 '리영희 교수가 나이 예순이 넘어서야 비로소 온수가 나오는 집에 살게 되었을 만큼 가족의 희생을 감내했는데, 송건호 역시 그런 면에서는 난형난제였다'고 말했다. 정지아 작가는 송 의장이 감내한 숙명을 다음과 같이 표현했다.

나중에 이정순은 리영희 교수가 이사 간 산본 집에 초대받은 적이 있다. 경치 좋은 방에 서재가 마련되어 있었는데, 그걸 보는 순간 이정순은 핑그르르 눈물이 돌았다. 송건호는 평생 이런 서재 한 번 가져본 적이 없었던 것이다. 동아일보를 퇴직한 후 송건호는 식구들을 피해 이방 저 방 옮겨 다니며 밥상을 책상 삼아 글을 썼다. 그가 남긴 대부분의 글은 밥상 위에서 탄생했다.

―정지아, 앞의 책, 한길사, 2008년, 155~156쪽

언론과 검찰을 개혁해, 일그러진 역사를 바로잡아야 한다

이완기 많은 시간 많은 말씀을 나누어주셨습니다. 마지막으로 하실 말씀

이 있다면 부탁드립니다.

김태진 1974년 자유언론실천선언 이후 백지 광고사태, 그리고 기자 대량해직 당시 박정희 정권이 신문사에 준 특혜가 신문 면수를 늘려준 것이었습니다. 증면은 바로 광고수입을 늘려줬다는 말입니다. 광고수입을 늘렸다는 것은 언론이 자본권력에게도 의존하게 만드는 것이었죠. 여전히 광고에 의존하고 자본의 눈치를 볼 수밖에 없습니다. 이 문제를 어떻게 해결할 것인지가 고민입니다. 그렇지 않으면 40여 년 전에 주장했던 자유언론의 실현은 어렵다고 말할 수 있습니다.

정상모 맞습니다. 자본권력으로부터의 독립은 여전한 과제입니다.

김삼웅 1999년 기자협회보에서 전국의 신문 편집국장, 방송 보도국장, 언론학자들을 대상으로 20세기 가장 훌륭한 언론인을 뽑아달라고 물었습니다. 그래서 위암 장지연 선생과 청암 송건호 선생 두 분이 선정되었습니다. 친일 행위를 한 장지연 선생을 제외하면 20세기 가장 훌륭한 언론인은 송건호 선생뿐이라고 할 수 있습니다.

우리나라의 적폐를 거두고 정상국가로 서기 위해서는 언론과 검찰이 제 기능을 하면 된다고 생각합니다. 박근혜·최순실 국정농단 사건에 확인했듯이 감시 기능이 제대로 작동해야 하기 때문이죠. 새 정부가 출범했으니 적폐 중 적폐인 언론을 개혁하기 위해 민언련 회원들이 노력해 주세요.

서중석 이완기 대표를 비롯해 민언련 활동하는 분들이 적극적으로 나서 주세요. 특히 공영방송이 제 역할을 할 수 있게 노력해 주시면 좋겠습니다.

김태진 김삼웅 선생께서 언론과 검찰이 제 기능을 해야 한다고 말했는데, 1971년 사법파동이 있었습니다. 7월 28일 서울지검 이규명 검사가 뇌물 수수 혐의를 이유로 들어 이범열 부장판사와 최공웅 배석판사, 이남영 서기에게 구속영장을 신청한 것으로 시작한 사건입니다.

제주도 모 중학교 교장이 재일동포로부터 90만 엔을 기부 받아 학교 건물을 지었는데 검찰은 '그 돈이 조총련계 자금'이라며 교장을 국가보안법 위반으로 기소해 재판 중이었습니다. 그런데 이 사건 관련 증인이 현지 수사기관의 방해로 서울 법원에 출장을 올 수 없었다고 합니다. 그래서 재판부는 변호사의 요청으로 출장 심문을 위해 제주도에 다녀옵니다. 검찰이 이를 '재판부가 왕복 비행기 삯과 술 접대 등 10만 원 가량의 향응을 받았다'고 트집을 잡았습니다. 당시 형사사건의 경우 신청한 당사자 측이 부담하는 것이 관례였다고 합니다.

입건된 두 판사는 강직한 판사로 정평이 나 있었고 구속영장 청구 전 6개월 동안 반공법 위반 등의 재판에서 19건의 무죄 및 선고유예 판결을 내린 소신 판사였습니다. 그래서 검찰 수사를 무위로 돌린 판사를 혼내주려는 의도가 담겨 있다고 볼 수 있습니다. 따라서 법원은 검찰이 요청한 구속영장을 1, 2차 모두 기각했습니다. 그리고 판사들의 집단 사표 제출이 일어나 사법부가 마비되는 상태까지 갔습니다.

제가 1차 구속영장이 발부되었던 다음 날 변호사이며 공화당 초대 총재였던 정구영 씨를 만났습니다. 정 씨는 "오늘날 행정부만 무제한으로 비대해졌고 가장 약체화한 사법부라는 점에 만감이 교차 한다"며 "사견으로는 이 사건이 반드시 구속해야만 처단할 수 있는 것이라고 생각하지 않는다"고 말했습니다. 또 "범행 사실이 사실로 밝혀진다고 해도 기소되어야만 할 것인가에는 의문"이라고도 했습니다.

당시 〈동아일보〉는 '사법부의 위기'라는 제목으로 이 사건을 사설로 다룹니다. 이 사설은 송 의장이 쓰신 것으로 알려져 있습니다. 현재 시사하는 바가 있다는 생각이 들어서 일부 내용을 읽어 보겠습니다.

검찰 당국이 형벌청구권을 남용하여 인권을 유린하고 있다는 비난을 듣기도 했다. 이러한 일이 검찰로서는 못마땅히 생각되었는지도 모른다. 그러나 열사람을 놓치는 한이 있더라도 한 사람의 인권을 유린해서는 안 된다고 하는 것이 법관들의 신조라고 한다면 무죄판결은 쉬워도 유죄판결은 어렵다고 보는 것이 법관들의 양식이라고 보아야 한다. (중략) 우리는 이번 파동을 계기로 사법부가 더욱 분발하여 오욕의 지난날을 깊이 반성하고 또 청산하여 사법부의 양심과 독립을 되찾는 결정적 계기로 삼아주기를 바라마지않는다. 사법부는 행정부의 시녀가 아니며 어떠한 압력도 이를 배제하고 소신과 양식을 지켜주지 않으면 안 된다.

-〈동아일보〉 1971년 8월 2일

현재 검찰이 귀담아들어야 할 말이라고 생각합니다. 그 당시에 이런 사설을 썼다는 게 지금 생각하면 어느 면에서는 상당히 고맙다는 생각마저 듭니다. 언론이 제 역할을 해야 검찰도 개혁할 수 있겠다 싶습니다.

송건호 의장이 "언론의 민주화는 다른 모든 분야의 민주화에 앞서 있어야 하는 핵심적인 문제라는 것을 깨달아야 한다"고 말했습니다. 지금도 다르지 않습니다.

우리가 잊지 말아야 할
'송건호'라는 사람

인터뷰어 **김경실**, 인터뷰이 **최민희**
〈날자꾸나, 민언련〉, 2017년 5월호

김경실 보도지침 사태 이후 〈말〉지를 다시 낼 때도 격한 논쟁이 있었죠.

최민희 1986년 9월에 보도지침 폭로를 하고부터는 조직이 가동이 안 되고, 석 달간 〈말〉지를 못 내다가 다음 해 3월경에 〈말〉지를 다시 내요 (〈말〉은 보도지침 특집호와 함께 제작했던 8호를 1986년 9월 30일에 내고, 9호를 그해 12월 31일에 냈다). 그때 굉장한 갈등이 있었죠. 〈말〉지를 계속 내야 이 조직이 계속 갈 수 있다는 쪽과, 지금 〈말〉지를 내면 안기부의 탄압 때문에 조직이 견딜 수 없을 테니 중단해야 한다는 쪽이 첨예하게 맞섰어요. 그럴 만도 했죠. 보도지침 내고 바로 다음 날 수사관들이 쇠파이프로 유리창을 깨고 들어왔으니까요. 그런데 그때도 임재경 선생님이 내자고 하셨고, 송건호 의장님이 해결하셨어요. 단호하게 내야된다고 하셨죠. 송건호 의장님의 매력이 그거예요. 평소에 되게 신중하세요. "언론인은 글을 써야지, 〈말〉지 기자는 글을 잘 써야지." 이 얘기만 하셨어요. 그런데 결정적인 순간에 딱 결단을 내리세요. "운동단체는 〈말〉지를 내야 된다. 그게 언협의 존재 이유다"라고 하시고, "이에 반대하려면 이제 언협에 오지 마시오." 그렇게 아주 단호하게 말씀하셨어요. 그 후로 다시 안 오신 분들이 계셔요. 가슴 아픈 부분이죠.

김경실 같은 생각을 하고 있어도 서로 다른 길을 선택해야 할 순간이 생기고, 그럴 때 단호한 결단을 내리기가 참 어렵기도 하고 고통스럽기도 하겠지요. 하지만 결정적인 순간에 결단을 할 수 있도록 해주시는 것도 어른들의 큰 덕목인 것 같아요.

최민희 송건호 의장님이 그런 일을 하셨어요. 결정적으로 보도지침을 낼 때, 보도지침 내고 조직이 어려울 때, 〈말〉지 다시 낼 때, 그때 그런 모습을 보여 주셨죠. 단순한 바람막이, 방패막이가 아니었어요. 조직이 가장 힘들고 어른의 결정이 필요할 때 진보적인 견해에 서서 젊은 사람들의 손을 들어주셨죠. 그리고 지금 또 하나 생각나는 게 보도지침 특별호 내고 모두 피신하고 저 혼자 있는데 송건호 의장님이 오셨어요. 그리고 다음 날 잡혀가서 하루 있다 나오셨는데 바로 회의 소집을 했어요. 실행위원회를. 그때 딱 세 분이 오셨어요. 송 의장님, 윤활식 선생님, 정상모 국장님. 바로 그 자리에서 다시 〈말〉지 재건이 시작된 거죠.

김경실 송건호 선생님은 언론계의 거목으로 알려져 있는데….

최민희 송건호 선생님은 언론계의 거목이라는 정도로만 말하면 안 돼요. 송건호라는 사람은 언론 운동에서 독특한 분이세요. 무슨 말이냐면, 해직기자 선배들 중에서 편집국장 자리까지 올라갔던 분은 송건호 선생님이 유일하세요. 송건호는 〈동아일보〉 편집국장이었어요. 그래서 1972년 우리 측 언론사 대표로 북한까지 간 분이에요. 이게 뭘 말 하냐면 언론계에서 출세할 데까지 다 하신 분이었어요. 그 다음에는 청와대 가는 것이 순서였어요. 이게 중요해요. 이분이 〈동아일보〉에서 해직된 게 아니에요. 사표를 쓰고 나온 거예요. 사주가 "젊은 기자들을 잘라라" 하니까 "올바른 얘기를 하는데 어떻게 자르냐?" 그리고 사표 내고 나오신 거예요. 그걸 언론계의 큰 거목 정도로 말하는 건 폄훼예요. 제도권에서 〈동아일보〉 편집국장이라는 건 국회의원 비례는 따놓은 자리예요. 그런 걸 안 하시고 나온 거예요. 그리고 공부를 하셨어요. 한국 근현대사를. 그래서 신탁통치에서 찬탁과 반탁을 가장 정확하게 정리를 해 놓으셨어요. 우리 현대사의 굴절의 시작을 해방 이후 찬탁과 반탁으로 보신 거죠. 그래서 '해방전후사의 인식'에서도 한 부분의 획을 그으신 거예요. 지식인으로서도 뛰어난 분이었어요.

그리고 신문사를 그만두고 나오니까 오랫동안 정권에서 회유가 들어왔어요. 박정희도 데려가려고 그랬고, 전두환도 그랬어요. 그걸 다 거절한 분이에요. 그게 왜 훌륭하냐. 박정희 때까지는 어른들이 다 지조를 지켰는데, 전두환 때 다 넘어가요. 왜냐. 1979년에 박정희가 죽고 80년에 민주화의 봄이 왔는데 이게 실패하니까 좌절해서 군부독재와 손잡아 버려요. 그래도 송건호는 타협하지 않고 남아 있었잖아요. 선비로서의 지조가 강직한 분이었어요. 또 후배들이 언협 한다고 했을 때 공부만 하겠다고 하고 같이 안 할 수도 있는데 그 군부독재 시절에 회장을 맡으신 거예요. 실재 〈말〉지에 제언도 계속 쓰셨어요. 진짜 훌륭한 분이세요. 생활도 너무 청렴했고 무엇보다 성실해서 회의에 빠지시는 일이 없었어요. 전 그런 점을 아주 높이 평가해요. 해직 기자들의 성실함.

김경실 네, 민주화를 위한 결기도 결기지만 정말 유능한 분들이 많으셨던 것 같아요.

아버지 '송건호'

송준용

내 아버지는 지금 파킨슨증후군이라는 불치의 병으로 8년째 투병 중에 있다. 나는 오늘도 병상에 누워 계신 아버지와 얼굴을 대하고 아버지 눈을 바라보며 대화를 한다. 그렇게 날카롭고 반짝거리던 눈빛은 어디로 가고 힘없는 아버지의 눈동자 속에서 아버지의 마음을 헤아려 본다.

정지된 사고 속에서 먼 옛날의 일들을 생각하실 아버지를 위해 라디오도 틀고, 오늘이 몇 월 며칠인지 날씨가 어떤지를 말씀드린다. 또한 최근에 일어난 중요한 사건들에 대해서도 말씀을 드린다. 매일같이 하는 일이지만 아버지의 반응이 희미해지는 것을 느낄 때마다 아들로서 아버지를 끝까지 보호해 드릴 것을 더욱 더 다짐하게 된다.

한없는 존경과 사랑을 아버지께 드리며 자식으로서 아버지에 관한 생각을 몇 자 적어 보기로 한다.

아버지께서는 평소 역사의 진실이나 사회의 논리에 앞서 인생의 올바른 자세가 앞서야 한다는 것을 항상 강조하셨다. 인생의 자세가 바르지 못하면 결코 역사의 진실을 깨닫지 못하며 오늘의 논리를 파악하지 못한다고 말씀하셨다. 진실과 논리를 파악하고 이해하는 것은 논리의 문제가 아니라 인간의 문제이며, 성실성이 바로 서 있지 않으면 비록 한 때는 옳은 이념을 가진 듯이 보여도 결국은 걷는 길에서 탈락하고 만다고 강조하셨다. 인간의 성실성이야말로 두가지 인생의 길 중에서 '현실의 길'이 아닌 '역사의 길'을 갈 수 있는 근본임을 자식들에게 늘 말씀하셨다.

아버지께서는 몇 가지 점에서 보통 사람과는 다른 품성을 갖고 계셨다.

첫째, 지극히 소박하고 검소하셨으며, 말과 행동에 전혀 꾸밈이 없으셨다. 개인적인 욕심이 전혀 없으셨기 때문에 어떤 자리에서도 거리낌 없이 자신의 소신을 당당히 밝히셨다. 남들이 몸을 사려야 하는 어려운 자리, 체면을 생각해야 하는 자리에서도 항상 당당하셨다.

둘째, 아버지께서는 늘 겸손하셨고 자신을 남 앞에 제일 먼저 드러내려고 하지 않으셨다. 자신이 있어야 할 자리에는 반드시 계셨지만 남들에게 주목받으려고 하지 않으셨다. 이러한 성품 역시 인생의 '현실의 길'에서는 출세할 수 없었을지 몰라도 '역사의 길'에서는 흔들리지 않는 일관된 지조 있는 삶을 사실 수 있었던 원천이 되었을 것이다.

마지막으로 아버지께서는 남에게는 관대하셨지만 자신에게는 지극히 가혹하셨다. 자신의 일에 대해서는 무척 엄격하셨고 글이나 말과 행동, 일의 처음과 끝, 또한 모든 면에서 겉과 속이 항상 같으셨다.

이러한 아버지 영향아래서 자란 나는 한 가지 특이한 습성이 생겼다. 사람을 판단할 때 그 사람의 현재의 주의, 주장도 중요하지만 그보다 더 중요한 것은 인간으로서의 참된 마음과 성실함을 더 중요하게 생각하게 된 것이다. 그리고 그 사람에 대한 최종 판단은 세상을 떠날 때까지 유보해야 한다는 것이다.

나는 아버지와 함께 살아온 어려운 삶에서 한 가지 평범한 사실을 몸으로 절실히 깨닫게 되었다. 나와 같은 보통 사람도 자신의 자존심과 주의, 주장을 지키고 당당하게 살아가기 위해서는 먼저 경제적인 기반을 튼튼히 해야 한다는 사실이었다. 아버지 주변의 많은 사람들이 경제적인 어려움 때문에 그리고 개인의 욕심 때문에 자신의 입장을 바꾸고 합리화하는 것을 많이 보았기 때문이었다. 여기서 한 가지 놓쳐서는 안될 중요한 사실은 이와 같은 어려운 경제적인 삶속에서도 끝까지 자신이 옳다고 생각하는 길을 걸으셨던 아버지도 대단하셨지만, 그에 못지않게 그러한 지조 있는 삶을 아버지가 사실 수 있도록 내조한 어머니의 희생적인 삶이 또한 가려져서는 안 될 것이다.

나는 다시 희미해져가는 아버지의 눈동자를 바라본다. 아버지의 눈을 바라보면서 나는 스스로 중요한 결심을 하게 된다. 자식들에게 떳떳한 아버지를 재산으로 남기신 아버지께 나 또한 떳떳한 아들로서 아버지 이름을 부끄럽게 하지 않고 자식들에게도 당당한 아버지로서 살아 갈 것을 말이다.

나에게는 자식으로서 아버지께 해드릴 마지막 과제가 있다. 이는 아버지의 삶을 정리하고, 아버지의 참된 삶과 정신이 사람들에게 기억될 수 있도록 하는 것이다.

어느덧 2001년 21세기가 시작되었다. 나는 어렸을 때 아버지가 지금의 내 나이 정도 되셨을 때 엉뚱한 상상을 하였던 적이 있다. 30년 후 21세기가 되면 '나는 어떤 사람이 되었을까', '아버지는 지금처럼 항상 건강한 모습으로 우리 곁에서 우리를 지키고 지켜볼 수 있을 것인가'하는 상상이었다. 그러나 세월은 무심하게 흐르고 그때의 아버지의 건강했던 모습은 빛바랜 한 장의 흑백사진으로 남게 되었다. 아버지께 좀더 잘해드리지 못한 것이 후회가 되며 기다려주지 않는 세월이 야속할 따름이다.

아들의 정신적 지주였던 아버지께 부족한 아들이 바치는 마지막 말로 글을 마무리하려 한다.

"아버님, 사랑하고 존경합니다. 아버님의 삶은 힘들었지만 아버님은 언론 인의 표상이셨고 모든 사람들의 기억 속에 그리고 역사 속에 영원히 남으실 것입니다."

＊2000년 3월 송건호 선생의 장남 송준용이 병상에 누운 아버지를 간호하며 쓴 글이다. (사)민주언론운동시민연합에서 격월로 발간하던 〈시민과 언론〉 2000년 5·6월호에 실렸다.

길 동무
송건호 선생 회갑에 부쳐

신경림

밤과 낮 먼 길을 달려
우리가 지치고 목말랐을 때
당신은 맑고 시원한 샘물로
우리 옆에 있다.
다시 길을 나서
진눈개비 도새바람 속에서
갈길 못 찾아 갈맬 때
당신은 말없이 길 가리키는
돌장승이 된다.
그러다 당신은
뇌성벽력이 된다,
채찍이 된다.

이제 돌아서자고
앞길은 더 어둡고 험하다고
우리가 어깨 늘어뜨리고
주춤거릴 때.
주저앉아 한숨쉴 때,
그러나 문득 우리는 본다,
우리의 길동무되어
팔을 끼고 가고 있는 당신을,
가장 험한 길에서
예사로운 길동무 되어
뒤섞여가고 있는 당신을.

*이 시는 1986년 나온 《청암 송건호선생 화갑기념문집》에 실렸다.

우리 시대의 언론인의 표상

김수환 추기경, 천주교 서울대교구 교구장

송건호 선생의 회갑을 진심으로 축하드립니다.

송 선생이야말로 우여와 곡절을 겪어 나오면서도 한 시대의 언론을 온 몸으로 감당하여 오셨으니 오늘을 맞는 우리 모두의 감회가 새롭습니다. 비록 타의에 의하여 일찍이 언론계를 쫓겨나셨으되 송 선생은 누구보다도 뚜렷하게 언론인의 표상으로 늘 우리 곁에 계셨고, 일자리와 붓을 빼앗겼으되 몸으로, 발로, 정신으로 언론활동을 계속하였으니 참 언론인의 자세가 어떠해야 되는가를 우리에게 보여주셨습니다. 그렇게 오직 언론인으로서의 한 길을 걸어오시기가 얼마나 힘들고 고생스러웠을까 하는 생각도 오늘에 해봅니다. 송 선생과 같은 길을 함께 걸어 온 어려운 시대의 동료들과 그리고 신산을 같이 하신 가족들에게도 존경과 감사와 위로의 말씀을 드리고 싶습니다.

송 선생이 보여주고 있는, 현대사의 자료를 발굴하여 굴절되고 왜곡된 역사를 바로잡으려고 하는 노력 역시 시대의 진실을 빛 속에 밝히는 귀중한 작업으로서 평가되고 오래 기억될 것입니다. 또한 어려운 시대를 살아오면서 송 선생은 그 시대의 아픔을 자신의 것으로 받아들이고, 때로는 맞부딪쳐 투옥을 당하기까지 하였으니 자신의 60평생이 곧 현대사의 각인이요, 자신이 겪은 아픔이 곧 우리 민족이 겪은 아픔이었습니다.

이제 이 시대의 아픔을 함께 겪어 나오는 친지, 동료, 후학들이 송 선생의 곧은 뜻을 한 권의 문집으로 기리고자 한다는 소식을 듣고 고맙고 반가운 마음 금할 수 없습니다. 송 선생의 회갑을 맞이하여 이 시대의 한 가운데서도 이런 정성, 이런 훈훈함을 보게 됨은 또 하나의 기쁨이 아닐 수 없습니다. 이 땅에 정의가 강물처럼 흐르게 할 민주언론의 그 날이 하루 속히 오기를 기원하면서 송 선생이 아무쪼록 건강하시어 계속 건필 휘두르시기 바랍니다.

*이 글은 1986년 나온 《청암 송건호선생 화갑기념문집》에 실렸다.

～ 4부 ～

민주·민족·독립언론인

〈한겨레신문〉 창간사

송건호 본사 발행인

우리는 떨리는 감격으로 오늘 이 창간호를 만들었다. 세계에서 일찍이 유례를 찾아볼 수 없는 국민모금에 의한 신문 창간 소식이 알려지자 그간 수십 명의 외신기자들이 찾아왔고, 우리 역시 억누를 수 없는 감격으로 전혀 새로운 신문의 제작에 창조적 긴장과 흥분으로 이날을 맞이하였다.

한겨레신문의 모든 주주들은 결코 돈이 남아돌아 투자한 것이 아니요, 신문다운 신문, 진실로 국민대중의 입장을 대변해주는 참된 신문을 갈망한 나머지 없는 호주머니 돈을 털어 투자한 어려운 시민층이므로 이 신문은 개인 이익에서 벗어나지 못하는 재래의 모든 신문과는 달리 오로지 국민대중의 이익과 주장을 대변하는 그런 뜻에서 참된 국민신문임을 자임한다.

이와 같은 점을 염두에 두고 우리는 다음과 같은 원칙에서 앞으로 새 신문을 제작하고자 한다.

첫째, 한겨레신문은 결코 어느 특정 정당이나 정치세력을 지지하거나 반대하는 것을 목적으로 하지 않을 것이며, 절대 독립된 입장 즉 국민대중의 입장에서 장차의 정치·경제·문화·사회문제들을 보도하고 논평할 것이다.

왜 이 같은 점들을 강조하느냐 하면 지금까지 거의 모든 신문들이말로는 중립 운운하면서 현실로는 언제나 주로 권력의 견해를 반영하고, 한때는 유신체제를 지지하다가도 전두환 정권이 들어서자 어느새 유신을 매도하고, 새시대 새질서를 강조하고, 노태우 정권이 들어서자 일제히 이제까지 우러러 모시던 전정권을 매도하는, 하룻밤 사이에 표변하는 자주성 없는 그 제작 태도야말로 사회 혼란을 조장하는 지극히 위험한 언론으로 보지 않을 수 없기 때문이다.

우리가 특별히 야당 여당 할 것 없이 어떠한 정치세력과도 특별히 가까이 하지도 않고, 특별히 적대시하지도 않고 오로지 국민대중의 이익과 주장만을 대변하겠다는 이유가 여기에 있는 것이다.

재래 신문사의 많은 언론인들이 이렇게 표변하는 까닭은 그 원인을 그들의 윤리도덕에서 찾을 것이 아니라 오늘의 한국언론기업의 구성이 이미 순수성을 잃고 독립성을 상실하고 있기 때문이다.

한겨레신문이 정치세력 앞에 공정할 수 있는 힘은 무엇보다도 신문사의 자본구성이 국민대중을 바탕으로 삼고 있기 때문이다.

우리는 한겨레신문이 정치적으로 절대 자주독립적임을 거듭 밝히고자 한다.

둘째, 한겨레신문은 절대로 특정사상을 무조건 지지하거나 반대하지 않을 것이며, 시종일관 이 나라의 민주주의 실현을 위해 분투노력할 것이다.

우리는 오늘의 현실에서 크게 벗어나지 않는 범위 안에서 사상적으로 자유로운 입장임을 거듭 밝힌다.

한겨레신문이 이 사회에 민주주의 기본질서를 확립하고자 하는 염원 외에는 어떠한 사상이나 이념과도 까닭 없이 가까이하거나 멀리하지 않을 것을 밝히고자 하는 것이다.

그간 우리나라는 일부 정치군인들이 쿠데타로 정권을 탈취, 고도성장을 이루어 놓았다고 구가하고 있으나, 안으로는 빈부의 차를 심화시키고 밖으로는 예속적 경제구조를 굳혀, 성장이 되면 될수록 오히려 사회불안이 조성된다는 지극히 위험한 상황에 놓여 있다.

반항적인 민중이 경제성장이 되면 될수록 더욱 거세게 저항하는 이유가 여기에 있음을 간과해서는 안 된다.

이제까지 집권자들은 이러한 불안정을 경제정책의 민주화로 개혁할 생각은 않고, 안보를 강조하여 반항하는 민중을 탄압하는가하면 한편에서는 각종 구실로 언론자유를 억압하여 정보를 독점하고, 그 뒤에서는 권력을 휘둘러 부정과 도둑질을 자행하여 당대에 천문학적인 치부를 하는 것이 이제까지 우리나라 권력의 일반적 행태였다.

자유롭고 독립된 언론은 따라서 권력의 방종과 부패를 막고 국민의 민권을 신장하여 사회안정을 기할 수 있는 가장 믿을 수 있는 운동이랄 것이다.

이 나라의 민주화는 남북 간의 관계개선을 위해서 특히 동족의 군사대결을 지양하고 통일을 이룩하는 데 있어 절대적인 조건이 될 것이다.

치부를 위해 광분하는 자일수록 남북 간의 군사대결을 필요로 하고, 그럴수록 안보를 강조하고, 정보를 독점하여 독재를 자행하는 것이 이제까지 이 나라의 독재정권의 특징이기도 했다.

따라서 민주화는 남북문제의 해결에 불가결의 조건이 되나 한편 남북관계의 개선은 민주화를 위해 불가결의 조건이 된다는 것을 깨달아야 한다. 민주화와 남북관계의 개선은 떼어서 생각할 수 없는 한 가지 문제의 표리를 이루고 있다는 것을 깨달아야 한다.

남북통일 문제는 전민족의 이해관계와 직결된 생사가 걸린 문제로서, 어느 누구도 이를 독점할 수 없으며, 이런 뜻에서도 민주화는 기필코 실현되어야 한다.

한겨레신문은 따라서 이 나라에 이제까지 이데올로기로서만 이용되어온 민주주의와 자유로운 언론을 실현하기 위해 앞장서 노력할 것이다.

신문사에는 자기 봉급의 절반도 안 되는 수입을 감수하고, 참된 신문기자가 되어보겠다고 기성 타 신문사에서 옮겨온 야심적인 기자들이 수십 명에 달하고, 다른 어느 신문사보다도 치열한 경쟁을 뚫고 합격한 유능한 수습사원들이 수두룩하고, 그리고 온갖 어려움을 무릅쓰고 십여 년간 신문다운 신문을 만들어 보겠다고 온갖 고난을 참고 오늘까지 견뎌온 수십 명의 해직기자들이 중심이 되어 제작에 참여하고 있으므로, 한겨레신문의 등장은 틀림없이 타성과 안일 속에 젖어 있는 기성 언론계에 크나큰 충격과 파문을 일으켜 한국 언론에 하나의 획기적 전기를 가져올 것으로 믿어 의심치 않는다.

한겨레신문의 3만 명에 달하는 주주들은 참된 신문을 만들어 보겠다는 일념으로 가난한 호주머니를 털어 투자를 했다. 그러나 이와 같은 염원은 오늘날 4천만 전체 국민 대중의 꿈이지 한겨레 주주들만의 꿈이겠는가.

한겨레신문은 실로 4천만 국민의 염원을 일신에 안고 있다 해서 과언이 아니다. 따라서 한겨레는 기성언론과는 달리 집권층이 아닌 국민대중의 입장에서 나라의 정치 경제 사회 문화를 위에서가 아니라 밑에서 볼 것이다. 기성언론과는 시각을 달리 할 것이다.

5월 15일 창간일을 맞아 밤잠을 설치고 창간준비에 심혈을 바친 3백여 사원들의 노고를 만천하의 독자들에게 알리며, 참된 언론을 지향하는 한겨레신문에 뜨거운 격려와 성원을 보내 주시기를 손 모아 빌고자 한다.

-〈한겨레신문〉 창간호 1면, 1988년 5월 15일

〈말〉 창간사:
진정한 말의 회복을 위하여

오늘 우리 이 시대 참다운 언론운동을 향한 디딤돌로서 〈말〉을 내놓는다. '말다운 말의 회복'. 진실을 알고자 하는 다수의 민중들에게 이 명제는 절실한 염원이다. 오늘의 우리말은 우리말 본래의 건강성을 오염시키는 무리들에 의하여 있어야 할 자리를 올바로 찾지 못한 채 심각히 표류하고 있다. 거짓과 허위, 유언비어가 마치 이 시대를 대변하는 언어인 양 또 하나의 폭력으로 군림하고 있음은 우리가 처해 있는 숨길 수 없는 현실이다.

이런 맥락에서 갖가지 제약 속에서 어렵게 출범한 〈말〉은 우리 시대 말다운 말의 회복을 위한 싸움이 결코 단순치 않음을 예감한다. 하지만 그것이 언론다운 언론을 모색하기 위한 우리 민주언론운동협의회에게 부여된 절대적 과제라면 〈말〉은 우리 앞에 놓여 있는 거대한 암초와의 싸움을 마다하지 않을 것이다.

〈말〉은 그 자체 자유롭고 독립적이기를 바란다. 〈말〉은 어느 누구의 사사로운 소유물이 아니며 오직 민족과 국가의, 역사적 발전적 시각을 대변하는 문자 그대로의 공공기관이 될 것이다.

어떤 사람들은 오늘의 언론이 어려운 여건 속에서도 상당히 제 구실을 한다고 평가한다. 이런 평가는 언론계의 내막을 모르는 순진한, 그리고 크게 잘못된 언론관이다. 오늘의 언론기관은 이미 지난날과는 달리 권력과 이권을 주고받는 깊은 유착관계에 있다. 따라서 기업주들은 과거처럼 좋은 신문을 만들어 국민으로부터 신뢰도 받고 기업적으로도 발전하겠다는 생각보다는 신문을 방패로 이것저것 특혜를 얻고자 신문을 권력안보의 봉사수단으로 바치는 철저한 반언론적 반사회적 기관으로 타락되어 있다.

오늘의 언론이 다소 제 구실을 하는 듯이 보이는 까닭은 지난 2·12선거 결과에 당황한 권력당국이 여론을 일시적으로 호도하고자 언론통제의 폭을 약간 누그러뜨린 지극히 전술적인 후퇴의 소산이며 사태가 바뀌어지면 하룻밤 사이에 선거 전(前)상태로 언제든지 바뀌어질 수 있는 일시적 현상이다. 언론자유란 언론인의 저항과 투쟁으로 쟁취하는 것이며 권력당국의 배려에서 해결될 수는 없다. 제도의 틀 속에서 유유낙낙하는 현역 언론인의 일시적이고 형식적인 노력의 결과가 아님을 깨달아야 한다.

언론기업은 독립되어 있어야 한다. 오늘 한국에서와 같이 언론기업이 타 기업과 그리고 권력과 구조적으로 유착·종속되어 있다면 언론은 공정성을 잃고 권력에 아부를 일삼게 되며 정치적 상황이 바뀔 때마다 언론은 이제까지 봉사한 권력에 매질을 가하지만 새 권력에 굴종 아부한다. 일정한 원칙이 없이 그때그때 권력의 대세에 영합하는 데 급급하다면 이러한 언론은 혼란을 조장하는 지극히 위험한 반사회적 악영향을 미친다는 것을 깨달아야 한다.

우리는 참된 민주언론을 구조적으로 지향하는 시점에서 제도언론은 적어도 다음과 같은 몇 가지 점을 시정하여야 할 것이라고 생각한다.

첫째, 언론기업은 타 기업과의 경영적 유대를 끊고 기업 면에서 완전 독립적이어야 한다.

둘째, 권력당국은 언론활동을 억압·규제하기 위해 지난날 국보위에서 일방적으로 제정한「언론기본법」을 전면 폐기하여야 한다.

셋째, 신문 제작은 신문인에게 일임하며 당국은 법질서 안에서 제작되는 신문에 대해 일절 관여하지 말고, 기관원의 신문사 출입도 중지되어야 한다.

넷째, 권력당국은 언론을 천직으로 섬기는 신문인들을 존중해야 하며 무절제하게 기자들을 권력진영에 기용, 언론계 질서를 어지럽히는 일을 삼가야 한다.

새로운 언론의 진정한 모습을 창출하기 위한 모임인 「민주언론운동협의회」는 여러 가지 어려움을 무릅쓰고 오늘 보는 바와 같은 소책자 〈말〉을 내놓았다. 안팎의 제약으로 소책자 〈말〉의 보급은 크게 제한될 수밖에 없을 것이다.

그러나 우리는 언론이 제 구실을 못하고 있는 오늘의 상황 속에서 참된 언론이란 어떤 것이며 어떤 것이 되어야 하는가를 보여주겠다는 의욕을 갖고 이 책자를 제작하였다.

한국 언론도 어언 90년의 기나긴 역사를 갖고 있으며 이 90년 역사 속에서 한국 언론은 민족과 민주를 위해 고난의 전통을 계승하고 있다. 우리 언협이 발간하는 〈말〉은 바로 90년 전통을 이어받은 주역임을 자부한다.

우리는 앞으로 사회 각 분야에 진실보도를 위해 발전하는 역사의 시각에서 현지를 답사, 구체적이며 생생한 보도에 힘쓸 것이다.

국민 대중을 위한 참된 진실보도란 구체적으로 어떤 것인가를 독자 여러분은 제도언론의 보도와 비교하면서 읽을 수 있을 것이다. 민중을 위한 진실보도, 사회정의를 위한 진실보도를 위해 우리는 줄기찬 노력을 계속할 것이다. 전 세계의 독자 여러분의 전폭적인 성원을 기대하면서 우선 창간의 인사를 드리고자 한다.

민주언론운동협의회 의장 송건호

－〈말〉 창간호, 1985년 6월 15일

《보도지침》 머리말

　「보도지침」에 관한 자료집을 엮어 한 권의 책으로 내게 된 것을 진심으로 기쁘게 생각한다. 우리나라 언론 제작에 권력기관이 관여하게 된 것은 1963년 5·16 군사쿠데타 후 한일회담을 앞두고 협상 반대를 봉쇄하는 한편 회담을 성공시키겠다는 다분히 정치적 성격이 강한 언론통제였다.

　박정권의 권력 위기가 심화되면서 그들은 72년 이른바 '유신'체제를 선포하고 신문 제작에 대한 관여를 본격적으로 시작했다. 그들의 이 같은 제작 관여에 저항하여 언론의 자유와 독립을 위해 싸운 사건이 1975년 봄 대량 기자 해고로 나타났다.

　80년 쿠데타로 전두환 정권이 들어서기는 했으나 이미 군사통치의 위기가 더욱 심화되어 보통 수단으로는 정권유지가 어렵게 되자 전정권은 이른바 홍보조정실을 설치하여 제작에 대한 관여를 본격적으로 시작했다. 이런 점에서 80년대는 우리나라 언론사의 한 암흑기라고도 할 수 있겠다. 그러나 언론기업들은 권언복합체를 이루고 언론통제가 이미 제도화의 단계에까지 이르러 이때부터 언론은 어느덧 '제도언론'이라 지칭 받게 되었다.

　80년대의 언론통제는 비단 정치적 범위에 머물지 않고 집권층의 시시콜콜한 일상 하항에 이르기까지 가령 '크게 돋보이게 보도'하라는 따위에 이르기까지 제작에 대한 관여를 강화하였다. 그러나 제도언론 측에서는, 자유민주사회를 표방하는 사회에서는 도저히 상상조차 할 수 없는 이런 통제에 아무런 저항 없이 유유낙낙 순종하여 점차 국민대중의 한국 언론에 대한 불신과 불만을 높여 갔다.

참다 참지 못한 재야 언론단체인 민주언론운동협의회(언협)가 이 사실을 세상에 폭로하여 여기에 정보를 제공한 한국일보 김주언 기자와 언협 사무국장 김태홍 씨, 언협 간부 신홍범 씨가 옥고를 치르게 되었다. 세상에 공개된 이른바 「보도지침」을 폭로한 이 〈말〉특집호는 사회에 엄청난 충격을 주었다. 국내에서는 여전히 엄중한 언론통제로 제대로 알려지지 않았으나 국제적으로는 큰 파문을 던지고 용기 있는 이들 3인에 대한 재판과정도 국제사회에 크게 보도되었다.

3인은 권력의 재판을 받았다. 그러나 역사는 반드시 이들을 재판한 권력에 대한 심판을 할 것이며, 역사 앞에 누가 진정 떳떳하고 역사의 승리자가 될 것인가를 보여 줄 것이다.

책에 수록된 내용은 10개월간에 가까운 「보도지침」의 내용과 여기에 관련 재판을 받은 3인의 전·현직 언론인의 재판기록이다. 기록을 보면 재판에 임하는 관계자들의 태도가 잘 나타나 있다. 형을 주장하는 권력 측과 재판을 받고 있는 피고 언론인들의 태도가 얼마나 대조적인가를 발견하게 될 것이다. 진정 누가 재판을 받아야 하며 누가 재판자가 되어야 하는가를 보여 주고 있다.

90년의 결코 짧지 않은 한국언론사에 길이 빛날 이 재판기록은 분명 한국 언론을 위한 자랑스러운 기록이 될 것이다. 이 기록으로 한국 언론은 자유를 누릴 자격이 있고 결코 노예민족이 아니라는 것을 보여 주고 있다.

나는 「보도지침」에 관한 자료가 하나의 책이 되어 세상에 공개되는 것을 한 언론인으로서 진심으로 기뻐해 마지않는다. 물론 이 자료집을 칭찬해달라고 부탁하지는 않는다. 다만 이 나라의 민주화에 관심이 있는 인사라면 그가 학생이든 언론 관계 학자이든 일반 근로자이든 일반 지식인이든 간에 상관없이 누구나 한번 읽어 주기 바란다. 민주화란 이 같이 힘든 투쟁의 소산이며 권력자는 민주주의를 결코 거저 주지 않는다는 것을 아울러 생각해 주기 바란다.

-《보도지침》, 두레, 1988년

신문과 진실

진실보도의 어려움

길가에서 택시 운전사들이 다투고 있다. 차가 서로 스쳐 차체가 우그러졌는데 누구에게 잘못이 있느냐로 시비를 하고 있는 것이다. 그러나 두 사람 말이 서로 일리가 있는 것 같아 어느 쪽 말이 옳은지 분간하기가 어렵다. 우리들이 일상생활에서 얼마든지 볼 수 있는 사소한 광경이다.

신문에는 거의 날마다 몇 건의 교통사고가 보도되고 우리들은 아무런 의심 없이 그 기사내용을 사실로 받아들이고 있으나 지금 예에서 본 바와 같이 하찮게 보이는 교통사고 보도에서조차 엄격히 따질 때 진실보도가 어렵다는 것을 발견한다.

무엇이 진실이냐는 참으로 어려운 문제다. 단순한 교통사고조차 진실보도가 이처럼 어렵다면 진실보도가 무엇보다도 필요한 정치적·경제적·사회적으로 큰 사건이나 큰 문제일수록 진실보도가 더욱 어렵다는 것은 두말할 필요가 없다. 사람들은 아무런 의심 없이, 또 신문기자 자신들조차 진실보도를 자명한 것처럼 생각하고 또 말하고 있으나 문제를 좀 더 파고들어가 생각해보면 생각할수록 독자들에게 진실보도를 하기가 극히 어려운 일이라는 것을 통감하지 않을 수 없다.

'진실'이란 어느 사건 또는 어느 문제에 대해 있는 그대로의 사실을 말한다. 그러나 있는 그대로란 무엇인가. 어떤 사실을 막론하고 존재하는 모든 사실은 그 존재가 다원적이다. 꼭 진실을 알아야 할 중요한 사실일수록 그 존재는 더욱 복잡하고 얽혀 있어 일면만 보고는 그 사실의 진실을 이해하지 못한다. 위에서 인용한 교통사고의 경우도 시비하는 두 운전사의 말을 이쪽저쪽 다 듣지 않고는 공정하고 옳은 판단을 할 수 없다. 따라서 언론에 있어 '진실'이란 첫째, 사물을 부분만 보지 말고 전체를 보지 않으면 안 된다는 것을 뜻한다. 따라서 '진실'이 알려지는 것을 두려워하는 사람들은 신문이 사건이나 문제를 전체적으로 또는 그 전모를 밝히는 것을 저지하기 위해 자기들에게 유리한 부분만을 '클로즈업'시켜 과장선전하기도 하고 불리한 면은 이를 은폐하여 알리지 않거나 보도되는 것을 저지하려고 한다. 이와 같이 부정확한 보도는 우선 일방적이며 편파적인 보도임을 말한다.

논평에서도 진실한 논평을 하려면 이런 측면 저런 측면을 다 같이 검토하고 거기에서 공정한 판단과 결론을 내려야 한다. 공정한 논평에 있어 가장 중요한 점은 사고의 자유로운 활동이다. 자기에게 불리하다고 해서 문제를 그런 식으로 생각하면 못쓴다거나 또는 이 문제는 이런 방향, 이런 각도로만 생각해야 하며 그 밖의 각도로 생각해서는 안 된다고 주장한다면 이것이 곧 진실과 반대되는 곡필논평(曲筆論評)임은 말할 것도 없다.

따라서 곡필을 하기 위해서는 사고(思考)를 포기하지 않으면 안 된다. 곡필은 어느 선 이상은 생각을 하지 않는다는 데 그 특징이 있다. 자유롭게 다각도의 사고를 하면 진실이 밝혀지기 때문이다.

둘째, 언론에 있어 '진실한 보도와 논평'을 하기 위해서는 사물을 역사적으로 관찰할 줄 아는 안목이 있어야 한다. 어떠한 사물을 옳게 보도하거나 논평할 수 있게 하려면 그 사물의 의미 또는 가치를 올바르게 평가할 수 있어야 한다. 사물의 가치는 역사의 발전에 따라 달라진다. 오늘날 인정받았던 가치가 내일에는 부정되고 오늘 부정된 가치도 내일에는 평가를 받는다. 따라서 사물을 옳게 평가하려면 항상 새로운 가치, 발전하는 새 날을 위한 가치의 입장에서 평가해야 한다. 어떠한 가치에 서서 사물을 보느냐에 따라 사람의 안목은 결정된다. 안목이 있는 사람이란 발전하는 새로운 가치의 입장에서 사물을 볼 줄 아는 사람을 말한다. 이렇게 말하면 사람치고 누가 발전하는 입장의 가치를 거부하겠느냐고 말할 사람이 있겠지만 사회적 가치란 사회적 이해와 밀접한 관계가 있다. 자기의 이해관계에 따라 사물을 보는 입장이 서로 달라진다. 어떤 사람에게는 긍정적 가치도 어떤 사람에게는 부정적 가치가 된다. 이것은 이해관계가 서로 다르기 때문이다. 자기의 입장, 자기의 이해관계의 입장에 서서 사물을 보기 때문에 같은 사물, 같은 문제인데도 보는 관점이 서로 달라 견해차가 생긴다. 따라서 사물을 볼 때에는 소수의 이익이 아니라 다수의 이익, 퇴보의 가치가 아니라 발전하는 가치의 입장에 서서 판단하고 평가해야 한다는 이유가 여기에 있다.

셋째, 사물을 볼 때에는 어느 면이 더 중요하고 어느 면이 덜 중요하다는 점을 똑똑히 식별할 줄 알아야 한다. 사실(事實)은 그 존재가 다원적이라고 했다. 교통사고가 발생했을 때 가장 중요한 점은 사고의 원인이 무엇인가이다. 버스가 전복했는데 차체가 어느 만큼 파손됐느냐는 그리 큰 문제가 아니다. 사건이 발생했을 때 가장 중요한 면이 그 사건의 근거가 되고 그렇지 않은 면이 그 사건의 조건이 된다. 따라서 사물을 옳게 이해하려면 그 사물의 어느 측면이 근거가 되고 또 조건이 되는가를 예리하게 식별할 줄 알아야 한다. 근거와 조건을 어떻게 잡느냐에 따라 한 문제 또는 사건의 이해가 크게 달라지고 이미지가 전혀 달라진다.

보도기사에는 '리드'라는 것이 있다. 그 보도의 가장 중요한 부분을 '리드'로 하여 기사를 작성한다. 그런데 기사의 어느 부분을 리드로 잡느냐에 따라 기사가 독자에 미치는 영향이 크게 달라진다. 사물의 어느 면이 중요한가는 관심도에 따라 다르며 관심도는 이해관계에 따라 달라진다. 특히 외신을 다루어보면 같은 사건인데도 입장에 따라, 즉 기자의 국적에 따라 리드가 제각기 달라 사건을 보는 눈에 묘한 차이점이 있다는 것을 발견한다. 월남(越南)의 최후를 보도하는 각국의 신문을 볼 때 이것을 더욱 절실히 느낄 것이다. 반공진영의 나라와 공산국가의 신문 사이에 월남사태를 보는 눈이 다른 것은 말할 것도 없고 같은 반공진영의 나라에서도 보도에 있어 역점을 두는 측면이 나라에 따라 다르다는 점을 발견했을 것이다.

객관과 주관의 차이

사실을 가장 정확하게 보도하려면 기사를 객관적으로 써야 한다는 말이 있다. 있는 그대로를 조금도 주관을 섞지 않고 기사를 써야만 정확한 보도가 된다는 것이다. 그러나 '객관적'이라는 표현은 좀 주의해서 이해하지 않으면 안 된다. 왜냐하면 가장 정확하고 올바른 보도일수록 기사가 이른바 객관적이기보다 오히려 훌륭한 의미에서 주관적이기 때문이다. 사태를 가장 정확하게 알리는 보도일수록 주관적이 되어야 한다는 이론은 얼핏 납득하기 어려운 말 같기도 하다. 그러나 구체적 예를 들면서 설명해보면 조금도 모순이 아니라는 것을 깨달을 것이다.

윤봉길(尹奉吉) 의사가 1931년 중국 상해에서 일제 시라카와(白川) 대장 등을 폭사시킨 테러사건을 예로 들어보자. 만약 정확한 보도라는 것이 주관을 전혀 개입시키지 않은 거울같이 보이는 그대로를 보도하는 것을 의미한다면, 윤 의사는 일본군의 엄숙한 대식전을 피바다로 물들인 엄청난 살인적 '테러리스트'라고 볼 수밖에 없을 것이다. 신문은 마땅히 윤 의사를 규탄하는 보도를 하지 않을 수 없게 될 것이다. 그러나 이러한 보도가 사건을 정확히 알리는 보도가 될 수 없다는 것은 긴 설명이 필요 없다. 윤 의사의 장거는 우선 역사적으로 이해되지 않으면 안 된다. 일본이 한국을 식민지로 삼고 있다는 사실, 그리고 식민지제도라는 것이 인류역사상 배격·규탄돼야 할 역사적 유제(遺制)라는 판단이 앞서야 하고 이러한 역사적 가치판단뿐 아니라 윤 의사의 장거 당시 국내의 삼천만 동포가 일제의 착취와 탄압 아래 얼마나 신음하고 있었느냐를 윤 의사의 '테러'행위와 관련시켜 보지 않으면 안 된다. 사건을 전체적·역사적 근거와 조건을 식별하는 입장에서 보지 않으면 안 된다. 이러한 판단 위에 서야만 이 사건의 핵심이 어디에 있는가를 비로소 파악할 수 있을 것이다.

윤 의사의 테러행위를 정확히 이해하는 데 있어서는 사건이 이와 같이 수많은 다른 사실들과 횡적·종적(역사적)으로 얽혀 있다는 점을 우선 알지 않으면 안 된다. 한 사건을 정확히 보도하는 데 있어 만약 이와 같이 풍부한 학문적 지식이 필요하다면 이것을 고도의 의미에 있어 주관적 보도라고 보지 않을 수 없다. 정확한 보도활동에서는 고도의 사회과학적 소양, 이밖에 문학적·철학적 소양까지도 필요하다는 것을 깨닫게 됐다. 미국이 낳은 세계적 대기자 올솝(올소프) 형제가 훌륭하고 정확한 보도는 본래 가장 주관적인 것이라고 한 것도 이러한 점을 지적해 말한 것으로 보아야 할 것이다. 윤 의사의 '테러'행위라는 좀 극단적 예를 든 것이 적절치 못하다고 할는지 모르나 가장 정확한 보도가 필요하다고 생각되는 사실일수록 진실을 전달하려면 오히려 고도의 주관적 보도를 통해 그것이 가능하다는 것을 깨닫지 않으면 안 된다.

신문이 진실보도를 해야 한다는 것은 새삼스런 설명이 필요 없는 당연한 이야기다. 그러나 사람들은 진실보도를 하고 안 하고의 문제가 전적으로 보도활동에 종사하는 기자들의 양심문제라고 보는 경향이 있다. 기자가 정의감에 불타 있으면 진실보도에 과감하고 그렇지 않으면 곡필을 휘두른다는 것이다. 또는 좀 좋게 말해서 취재기술의 미숙에서 진실보도를 못한다는 견해가 있다. 어느 편이나 다 같이 진실보도를 하고 안 하고는 보도활동에 종사하는 기자 쪽에 책임이 있다고 보고 있는 점에서는 다를 바 없다. 그러나 이것은 지극히 피상적 견해임을 면치 못한다.

물론 진실보도를 하고 안 하고의 책임이 기자 쪽에 있다는 말 자체에 잘못이 있다는 것은 아니다. 다만 진실보도가 안 되는 이유를 전적으로 기자들의 윤리문제로 해소시켜버리는 것은 신문 제작의 현실을 모르는 불충분한 견해라는 것이다. 정확한 보도를 하기 위해서는 문제를 부분적이 아니라 전체적으로 봐야 하고, 역사적으로 새로운 가치의 편에서 봐야 하며 무엇이 근거이며 무엇이 조건인가를 명확히 해야 한다고 했다. 그런데 이러한 준칙(準則)을 강조하는 까닭은, 문제를 전체가 아닌 부분만 보고 새로운 것 대신 낡은 역사적 가치의 측면에서 보고 근거를 조건으로 조건을 근거로, 즉 중요한 점과 그렇지 않은 점을 뒤바꾸어 보는 데는 그만한 이유가 있기 때문이다. 대학의 신방과에서 배우는 것처럼 기사작성의 기술이 미숙하기 때문이 아니라 근본적으로는 특정문제를 보도하는 데 있어 어떻게 보도하느냐에 따라 이해관계가 크게 좌우되기 때문이다.

"진실보도가 아니다"라고 할 때 그 보도가 A를 B라고 보도하는 것이 아님은 말할 것도 없다. 현대 신문이 이렇게 졸렬한 거짓말 보도를 하는 예는 지극히 드물다. 사실에 입각해 보도하면서도 어느 특정면을 특히 클로즈업시킨다든지, 발전적이 아니고 낡고 소수를 위한 전시대적 가치의 편에서 보도한다든지, 중요한 점이 아닌 면을 중요한 것처럼 클로즈업시킨다든지 하는 것은 모두 무엇인가 이해관계가 깊게 얽혀 있기 때문이다. 즉 세상에서 중요한 문제로 보고 또 정확한 보도가 필요하다고 기대되는 보도일수록 진실을 보도하지 못하도록 필사적인 압력을 가하려는 외부세력이 있다는 것을 잊어서는 안 된다.

나쁜 것은 나쁘다고, 시정할 것은 시정해야 한다고 보도하고 논평하는 것이 진실한 언론임을 의미한다면 진실한 언론은 부조리를 개혁하려는 다분히 현실 부정적·현실 지양적 언론이 될 수밖에 없다. 이와 반대로 만약 곡필이 부조리한 현실을 추종하는 것을 의미한다면, 표면상 온전하고 긍정적이며 따라서 건설적으로까지 보이는 것은 '진실의 언론'이라기보다 '곡필의 언론'이며, 그것은 더욱 그럴싸하게 보이게 마련이다.

진실보도를 하려는 언론은 항상 현실 비판적이며 때로 현실부정의 모습을 취하기 때문에 진실의 언론일수록 '파괴적 언론'으로 당시의 권력에 의해 탄압받기 일쑤다. 그러므로 진실보도는 일반적으로 수난의 길을 걷게 마련이다. 권력에 저항하여 진실을 위해 살기는 어렵다. 양심적이고자 하는 신문 또는 언론인이 때로 형극의 길과 고독의 길을 걸어야 하는 이유가 여기에 있다.

―《송건호 전집》 제8권, 한길사, 2002년, 109~115쪽.
《민주언론 민족언론》, 두레, 1987년, 83~88쪽

언론자율이란 무엇인가

자유와 언론

　지난 연말 정부가 민의에 바탕을 둔 행정을 하겠다고 발언을 했고, 특히 언론문제를 언급, "언론의 자율적 활동을 존중할 것이며" "달라지는 것을 피부로 느끼게 될 것이다"라고 말하여 언론계의 큰 주목을 끈 바 있다. 정부의 이 같은 언명에 언론계에서는 '자율적 활동'이란 구체적으로 어떠한 활동을 의미하며 언론자율은 언론자유와 어떻게 구별되어야 하는가에 대해 궁금히 생각하는 기자들이 많았다. 사실 자율이라는 말은 그 개념이 다소 모호하다.

　만약 자율이 언론활동을 언론인 스스로의 양식에 따라 행하고 외부의 간섭을 배제하는 것을 의미한다면 자율이란 자유활동과 본질적으로 다를 것이 없겠고 따라서 자율이라고 하기보다 차라리 언론자유라고 표현하는 것이 더 어울릴 것이며, 그렇다면 당국은 언론의 자율활동을 존중한다고 하기보다 자유활동을 존중한다고 언명했어야 하지 않았을까 생각된다. 사리(事理)가 이러한데도 당국이 자유라고 하지 않고 굳이 자율활동을 존중하다고 말한 것은 자율과 자유는 본질적으로 동일하다고 생각하는 언론계와는 다소 견해를 달리하는 때문이 아닌가 생각한다. 만약 당국과 언론계가 언론자율이라는 뜻을 서로 다르게 생각하고, 이렇게 다르게 생각하는 것이 그대로 계속된다면 언젠가는 또 언론계와 당국이 이런저런 문제에 견해차를 보이고 석연치 않은 관계가 쌓이고 쌓여 불신의 관계로 악화되지 않을까 하는 점을 염려하지 않을 수 없다. 따라서 신문 제작에서의 자율적 활동이란 구체적으로 무엇을 의미하는가를 언론계나 당국이 다 같이 납득할 수 있도록 분명히 해두는 것이 좋을 것 같다.

지금 언론계와 당국은 약간 묘한 관계에 놓여 있다. "당국의 언론정책이 작년에 비해 다소 달라진 것 같은 인상을 주고 있으며 일상적인 신문 제작에 대한 이른바 '관여'에서도 양상이 달라지고 있다는 감을 주는 면도 없지 않으냐" 그렇다고 언론계와 당국이 허물없이 서로 이해하는 사이로 관계가 개선되었느냐 하면 그렇지는 않은 것 같다. 신문의 일상적 제작을 둘러싼 언론계와 당국과의 이 같은 새로운 양상에도 불구하고 언론계의 당국에 대한 긴장은 아직도 풀리지 않고 있다. 긴장을 하고 있다는 것은 양자 간에 충분한 납득을 서로 하고 있지 않다는 것을 의미한다.

이렇게 서로 납득하지 못하고 있는 이유는 첫째, 당국의 언론정책이 누차의 자율존중 언명에도 불구하고 한때의 '지나친 간섭시대'에 비해 그 경도(硬度)가 별로 달라진 게 없다고 판단하는 때문이며, 둘째는 자율활동이 무엇을 의미하는가 등에 관해 언론계와 당국 사이에 대화 같은 게 거의 없다는 데 큰 이유가 있는 것이 아닌가 한다.

최근 문공당국이 언론과의 사이에 있는 시국관의 차이를 해소시키기 위해 수시로 대화를 나누겠다고 말하고 있으므로 앞으로의 움직임에 기대를 걸어보아야겠으나 대화가 보다 순조롭게 이루어지도록 하기 위해서는 언론자율이란 무엇을 의미하며, 언론자율이 보다 건전한 것이 되기 위해서는 당국이나 언론계가 다 같이 어떻게 해야 할 것인가에 대해 몇 가지 생각해보아야 할 문제점이 있을 것 같다.

당국이 언론계에 대해 자유를 존중한다고 하지 않고 자율적 활동을 존중하겠다고 말한 것은 짐작컨대 몇 가지 이유가 있는 것 같다. 당국은 언론에 관한 무엇인가 언명이 있을 때마다 언제나 언론의 책임을 강조하고 윤리를 강조하며 품위를 주장한다. 신문에 무제한의 자유를 줄 수는 없고 신문의 방종을 내버려둘 수도 없다는 말을 한다.

일찍이 절대적 자유도 무제한의 자유도 누려본 일이 없는 언론계로서는 당국으로부터 '절대적'이니 '무제한'이니 하는 말을 들을 때마다 도대체 언론 계가 언제 절대적이며 무제한의 자유를 누린 일이 있는가 하고 반문하고 싶은 충동을 느끼지만 당국이 이런 말을 되풀이 강조하는 심정만은 그런대로 이해 못하는 것도 아니다. 이것은 그만큼 언론이 '책임'과 윤리를 지켜주었으면 하는 소망을 강하게 표시한 것이라고 볼 수 있겠다.

당국이 언론자유라는 말 대신 '언론의 자율활동'이라는 표현을 쓴 것도 언론에 대해 밖의 간섭이 있기 전에 스스로의 자각에 의해 신문의 책임과 윤리의 중요성을 인식해달라는 강한 의사표시로 해석할 수 있겠다.

자율과 자유가 외부의 간섭을 배제한다는 점에서는 다를 것이 없지만 역점을 어디에다 두느냐에 따라 의미가 약간씩 달라질 수 있다. 자유라는 것은 외부의 간섭을 배제한다는 점에 역점을 두고 있으나 자율은 외부의 간섭은 배제하되 스스로의 규제, 즉 책임과 윤리를 강조한다는 점에 역점을 두고 있는 것 같다. 이렇게 역점을 어디에 두느냐에 따라 이것을 해석하는 측의 태도도 달라지게 되는 것이 아닌가 한다.

자유라는 말에는 크게 보아 두 가지 뜻이 포함되어 있는 것 같다. 하나는 '상태적 자유'고 다른 하나는 '당위적 자유'다. 상태적 자유라고 하는 것은 형식적·행동적 자유를 의미한다. 즉 내가 노래하고 싶을 때 노래하고 말하고 싶을 때 말하고 먹고 싶을 때 먹을 수 있는 자유를 말한다. 행동이나 상태에 있어서 자유로운 것을 의미한다. 따라서 이것을 언론활동에 적용한다면 보도하고 싶고 논평하고 싶은 것은 무엇이든 누구의 간섭도 받음이 없이 자유롭게 보도하고 논평할 수 있는 자유를 말한다. 이러한 자유는 절대적 자유를 뜻하며 오로지 신문의 입장만을 무조건 주장하는 자유에 속한다. 당국에서 언론의 절대적 자유란 있을 수 없다고 말할 때의 자유는 바로 이런 자유를 뜻하는 것이다.

한편 '당위적 자유'는 이런 상태적 자유를 뜻하지 않고 어떤 가치를 실현하고자 하는 자유를 뜻한다. 가령 대중의 복지를 위해 소득의 윤리적 재조정을 주장할 수 있는 자유, 권력의 부패를 정화하고자 하는 자유, 국민의 기본권을 보장·옹호하고자 하는 자유, 이렇게 목적이나 가치를 지향코자 할 때의 언론활동을 말한다. 어느 나라나 언론자유란 상태적 자유이기보다 당위적 자유이어야 한다는 것은 긴 설명이 필요 없다. 특히 신생국·개발도상국에서 자유를 말할 때는 이 당위적 자유를 의미하여야 함은 다시 말할 것도 없다.

그러나 현실적으로 볼 때 자유를 받아들이는 태도가 나라에 따라 시대에 따라 제각기 다르다. 즉 자유란 추상적인 것이 아니고 구체적 가치라는 것을 깨닫게 된다. 특히 선진국과 후진국에서는 언론자유의 양상이 상당한 차이를 보이고 있다. 선진국의 언론은 균형 속에서 자유를 찾으려 하고 후진국에서는 주로 어떠한 가치실현을 위한 보다 더 목적 지향적 자유라 할 수 있다. 구체적 예를 들어 설명한다면 미국의 경우 월남전에 관한 비밀을 폭로한 〈뉴욕 타임스〉의 캠페인, 오키나와 반환을 둘러싼 미·일 정부 간의 비밀을 폭로한 일본 〈마이니치신문〉의 캠페인은 모두 권력과의 대결 속에서 자유를 신장하려고 한 예에 속한다. 이들의 언론에는 자유의식이 보다 더 강하게 나타나 있다. 즉 언론활동과 행정부의 권력이 대결하여 그 대결 속에서 어떠한 균형을 찾고자 하고 또 찾고 있는 자유다.

이러한 대결의 자유에는 자율의식보다 감시와 견제의식이 강하게 발동한다. 종국적으로는 균형이 이루어지지만 그 과정에서는 때로 상당히 심각한 대립양상까지 보인다. 이러한 선진국의 언론자유는 상태적 자유까지 누리고 있으며 따라서 언론으로 말할 때는 언론계는 물론 정부 당국까지도 자유라는 말을 서슴지 않고 쓰고 있다. 선진국의 언론도 물론 가치 지향적이라는 점에서는 다른 나라와 다름이 없지만 과정이 다분히 상태자유에 역점을 두고 있다는 점이 특징이다.

이러한 선진국의 '자유'에 대해 후진국에서는 같은 자유라도 보다 더 규제적 성격을 요구한다. 언론자유라는 말을 주저하고 자율이라는 말을 좋아하는 이유도 여기에 있다. 후진국에서 이와 같이 자유 대신 자율이라는 표현을 택하는 까닭은 나라의 상황이 자유를 구가할 수 있는 선진국과는 다르다는 점이 지적되고 있다. 나라의 사정이 어려우므로 상태적 자유와 같은 무질서 혼란의 과정을 밟는 가운데에서 가치를 추구하기보다 당위적 자유를 추구하는 의식을 강하게 갖는 가운데 가치추구를 하는 것이 바람직하다는 것이다. 여기에서 나오는 말이 언론의 '책임'이며 '윤리'이며 따라서 자유 대신 '자율'이라는 말이다. 당국이 언론의 자율적 활동을 주장한다는 말도 여기에서 나오고 있다.

자율의 상대성

그러나 자율이 무엇인가에 대해 당국과 언론계가 반드시 같은 생각을 하고 있지는 않다. 어떻게 자율하느냐 하는 문제는 나라의 현실을 어떻게 보느냐에 따라 큰 차이가 있다. 오늘날 언론의 고민은 여기에 있다 해도 과언이 아니다.

당국이 생각하는 언론의 자율은 당국에 협조하는 언론, 적어도 당국이 하는 일에 방해가 되지 않는 언론을 생각하고 있지 않은가 한다. 자유라는 말 대신 자율이라는 표현을 하고 있는 까닭도 언론의 이 협조성을 의식하고 하는 말이다. 나라의 상황이 선진국과 다른 여건 아래서 선진국의 언론자유를 누릴 수는 없다는 이론이다. 언론의 건전성 여부를 당국자들은 정부에 대한 협조도 여하에 기준을 두려고 한다. 이와 같이 언론의 자율 기준은 보다 더 정부 중심적이다. 이것은 당국이 보는 현실이 유일한 현실이라고 보는 데서 생기는 언론관이다.

일반적으로 관료들은 자기가 보는 현실이 지배적 현실이라고 보는 경향이 있다. 그러나 이들도 따지고 들어가면 평범한 하나의 사람에 지나지 않는다. 그들은 '정부'라는 입장에서 말하고 있으므로 당국의 말로서 권위가 있지만 실제를 따지자면 그곳에서 일하는 몇몇 계원의 말에 지나지 않는다. 그들은 보직(補職)을 받다보니 우연히도 그 자리에 앉게 된 것뿐이며 자기 하는 일을 특별히 연구한 것도 아니고 특별히 많이 아는 전문가도 아니다. 이들의 말이 다만 당국자의 말이라는 데서 어떤 권위가 있는 것처럼 들릴 뿐이다.

따라서 이들이 보는 현실이 언제나 반드시 옳은 것도 아니고 전체를 볼 수 있는 능력을 갖고 있는 것도 아니다. 이들의 하는 일에 시행착오가 수없이 생기고 있는 것이 그것을 잘 설명해준다. 그러므로 언론활동에서 당국이 하는 말을 비판하거나 협조하지 않는 언론을 마치 불온언론이나 되는 듯이 적대시하고 심지어 반국가적인 언론인 듯이 규탄하려는 까닭은 담당 공무원이 보는 현실이 유일한 현실인 것처럼 착각하는 데서 생기는 통폐다. 일반적으로 정치가 미숙한 후진국일수록 행정만능이며 관료만능이다. 선진국 사회는 다원론적이다.

어떤 단체나 기관이나 개인이 절대적이라고는 보지 않고 여러 단체·기관·개인을 다원론적으로 보고 대한다. 따라서 이들은 상대방의 독자성 또는 그들의 기능을 존중하고 자기 존재나 생각이 전부라고는 보지 않는다. 즉 상대방의 독자성을 존중하는 한편 자기 존재, 자기 기능의 한계를 인정한다.

언론과 당국 간에 불신이나 적대감이 있다는 것은 당국자들이 자기가 보는 현실이 유일한 현실인 것처럼 과대망상하고 자기 입장이 나라와 국민을 대표하는 유일한 입장인 양 착각하는 데서 생긴다. 바꾸어 말하면 행정권한의 비대화, 거기에서 생기는 자기 입장의 전체화가 언론과 행정과의 간격을 초래한다. 행정의 이러한 자기중심적인 시국관은 한편 언론의 자기중심적인 시국관과 맞설 때 타협 없는 적대관계가 생길 수 있다. 물론 이러한 불신관계는 표면화되지 않는 것을 상례로 한다. 언론이란 국민에 미치는 영향력이 크기는 하나 그 자체 물리적 힘을 행사하지 못하므로 적대관계가 있을 경우 당장 불리한 것은 일반적으로 언론 쪽이다.

그러나 만약 언론의 다수가 자발적으로 협조를 하지 않은 상황이라면 정치가 반성을 하지 않으면 안 된다. 언론은 대체로 국민의 일반적 여론을 반영하는 것을 통례로 한다. 때문에 만약 언론의 자발적 이해나 협조를 얻지 못하는 상황이라면 국민 다수로부터 자발적 협조나 이해를 얻지 못하는 때문이 아닌가를 일단 자성해야 한다.

정치는 일반적으로 독선에 빠지기 쉽다. 언론의 자발적 협조가 없으면 정치는 언론의 그러한 태도를 건전하지 못하거나 또는 값싼 인기영합(人氣迎合)에 지나지 않는다고 보는 경향이 있다. 이것은 지극히 위험한 사고다. 정치란 본질에 있어 하나의 권력 현상이므로 아집(我執)이나 주관에 사로잡히기 쉽고 따라서 사회 현상을 자기에게 편리한 대로 해석하고 판단하기 쉽다. 이렇게 지나친 주관화 경향은 상황의 옳은 판단·평가를 하는 데 지장을 준다. 그러므로 정치권력은 자신을 때때로 객관화시켜 볼 필요가 있다. 자기 입장에서 자기 위주로만 보지 말고 언론의 입장이나 또는 제3자의 입장에서 자기를 보는 여유와 슬기가 있어야 한다는 것이다. 이것은 정치권력의 탈선을 막고 자제를 하는 데 필요한 자세다.

언론이 국가적 또는 사회적 현실을 생각지 않고 언론의 입장에서만 상황을 판단하는 것이 옳지 않듯이 정치권력이 자기 입장에서만 상황을 판단하는 것은 바람직하지 않다. 자기 입장의 상대성이라는 것을 받아들여야 한다. 언론에 있어서 자율적 활동이란 것도 상대적으로 이해해야 한다. 언론의 책임 또는 윤리란 언론활동에 자유가 있고 자기가 옳다고 생각한 대로 신문제작을 할 수 있는 여건에 있을 때에 한해서 자율이 필요해지고 자율에 의미가 있고 자율이 문제될 수 있다. 만약 언론이 옳다고 생각하는 대로 보도하지 못하고 논평하지 못할 때에는 언론에 자율을 요구하는 것이 우스워진다. 자유가 없는 곳에는 본질적으로 책임을 추궁할 수 없고 자율을 요구할 수도 없다. 언론에 자율을 요구할 생각이면 먼저 자유가 있는가 없는가부터 검토해보라는 말이 나오게 된다.

대화의 상대성과 한계성

'민의에 의한 정치'에 이어 '대화정치'라는 말이 나돈 일이 있다. 어떻게 보면 다르게도 보이나 사실은 한 가지 자세의 다른 단계라고 할 수 있다. 민의에 따라 정치를 하기 위해서는 민의가 무엇인가를 먼저 알아야 하며 민의를 알기 위해서는 민중의 말을 들어야 한다. 즉 여론에 귀를 기울여야 한다. 여론이 무엇인가를 아는 적극적 방법은 그들의 말을 단지 듣는 데 그치지 않고 그들과 대화를 나누어야 한다. 서로 생각하는 바를 주고받아야 한다.

나는 이렇게 생각하는데 당신은 이 문제를 어떻게 생각하는가 서로 이야기를 주고받아야 한다. 대화를 나눈다고 당장 서로 의견이 같아지지는 않을 것이다. 하지만 어느 점에 의견이 같고 다르다는 것이 뚜렷해진다. 문제의 소재를 알게 된다. 이와 같이 서로의 입장이 뚜렷해진다는 것은 대화에서 얻어지는 소득이다. 문제를 풀어나갈 수 있는 시발점이 생긴다. 그러나 대화를 하는 데 문제되는 것은 누구와 누가 어떤 문제로 대화를 할 것인가, 대화를 한다면 어떠한 방법 또는 경로를 통할 것인가라는 문제가 제기된다.

우선 내 나라가 잘 되기를 바라는 같은 민족·동포면 누구나 대화의 대상이 된다. 물론 같은 민족이라도 나라를 배반하고 일신의 부귀영화에만 골몰하는 자와는 이야기가 안 된다. 그런 자는 기회만 있으면 언제든지 나라를 버리고 일신의 안락을 찾아 무엇이든지 할 수 있는 자들이다. 그러나 조국의 번영과 민주주의의 신장을 원하는 사람이면 비록 다소의 의견차는 있더라도 공동의 광장에 서 있는 국민들이라고 말할 수 있다.

그러나 이렇게 뜻이 같다고 해서 그들 사이에 조국을 부강하게 만드는 방법·절차·협력체제에 관해서 견해가 완전히 동일할 수는 없다. 여러 가지 의견이 있을 수 있다. 하나의 의견밖에 허용되지 않는 독재사회가 아닌 민주사회에서는 여러 가지 의견이 나오는 것이 자연스럽다. 같은 광장에 있으면서도 방법이나 기술 면에서 이것저것 견해가 다를 때 대화의 필요성이 생긴다. 나라에 대한 사랑, 민주주의에 대한 신뢰에 같은 생각을 가지고 있다면 그것으로서 공동의 광장에 서 있는 것이다. 방법이나 기술 면에서 생각이 같지 않다고 광장이 다르다고 말할 수는 없다. 커다란 광장에 같이 서 있으면서도 제각기 다른 견해를 가졌을 때 대화의 필요성이 커진다. 견해를 달리한다고 대화의 필요성이 없다고 생각하면 그것은 일종의 독선이다. 민주주의적 가치관은 다원적이며 상대적이다. 특정한 가치에 절대성을 인정하지 않는다는 데에 민주주의적 가치의 특징이 있다. 어느 특정한 방법이나 기술이나 절차가 유일한 가치를 지니고 있다고 생각할 수 없다.

나라를 사랑하는 방법에 견해를 달리한다고 대화의 이유나 필요가 없다고 보지 말아야 한다. 대화에는 겸허해야 하고 가치의 상대성을 존중해야 한다.

대화에 허심탄회해야 한다는 것은 탁 터놓고 이야기하는 것이다. 상대의 의견은 들으려 하지 않고 자기주장만을 내세우는 것은 정상적인 대화라 할 수 없다. 대화는 서로 생각을 주고받는 가운데 성립되는 것이며 어느 한쪽 생각을 다른 한쪽에 일방적으로 강요하려 하거나 상대방의 생각을 자기 생각과 같은 것으로 만들기 위한 일방통로적인 설득이 아니다. 따라서 대화는 서로의 생각을 자유롭게 말할 수 있어야 한다.

대화를 한다고 하면서 어떤 이야기는 대화의 올바른 대상으로 삼을 수 있으나 어떤 문제는 대상으로 삼을 수 없다는 식의 대화는 참된 대화라고 할 수 없다. 피차 석연치 않은 점, 불만스러운 점, 좀 더 이야기하고 싶은 점, 하여간 대화를 나누는 쌍방에 다 같이 큰 관심의 대상이 되고 큰 이해관계가 있는 문제는 무엇이든지 빠짐없이 서로 의견교환을 할 수 있어야 한다. 국민 간에 크게 이해관계가 있고 따라서 널리 관심대상이 되어 있는 문제가 전혀 대화의 대상이 되지 않든가 대화의 대상이 되는 것을 기피하는 일이 있다면 대화에서 얻을 수 있는 상호이해를 바라기 힘들 것이다. 마땅히 대화의 대상이 돼야 할 문제가 논의되지 않거나 기피되는 것은 그런 문제가 논의되는 것이 불리하다고 누군가에 의해 기피되기 때문이다.

마땅히 논의돼야 할 문제가 논의되지 않고 외면되거나 제외된다면 쌍방 간에 이해를 가져오기는 어렵다. 이해가 없고 따라서 마음으로부터의 협조가 이루어지지 않고서 그들의 관계가 원만할 리 없다. 크게 말하면 안정을 기대할 수 없다. 행복과 발전이 '안정'을 터전으로 한다면 대화의 기피는 개인을 위해서나 사회를 위해서나 불행한 일이다.

대화를 어떠한 방법으로 하느냐라는 문제는 일률적으로 말할 수 없다. 민주주의사회일수록 다양하다. 그러나 일반적으로 대화의 가장 바람직한 광장은 신문이다. 개인 간에도 대화를 가질 수 있으나 가능한 다수의 사람들이 공동의 관심사에 관한 의견을 나눌 수 있는 '광장'은 신문이다. 신문이 사회의 각계각층의 생각과 주장을 공정히 보도하고 반대의견도 똑같이 소개해서 모든 사람들이 어떠한 문제들이 누구에 의해서 찬성되고 반대되고 그들 간에 어떠한 상이점이 있으며 공통점이 있는가를 알릴 때 신문처럼 좋은 대화의 광장이 없을 것이다.

대화의 광장으로서 신문의 구실이 크면 클수록 신문의 책임은 크며, 신문은 광장으로서의 구실을 함에 있어 더욱 신중을 기하지 않으면 안 된다. 대화의 광장으로서 가지는 영향력이 큰 만큼 신문제작자들이 광장을 아끼고 소중히 여겨야 함은 물론 여기에 참여하는 모든 인사들도 광장을 존중할 줄 알아야 한다. 광장을 존중할 줄 모르는 것은 대화의 중요성을 인정하지 않는 때문이다. 대화에 관심이 적다는 것은 문제의 공정한 그리고 합리적 해결에 성의가 부족한 때문이라고 볼 수밖에 없다. 민주사회일수록 대화의 광장으로서 신문은 존중되어야 한다.

그런데 이 광장을 존중한다는 것은 알기 쉽게 말해 신문을 존중하는 것이다. 신문의 존중이란 되풀이 말할 것도 없이 신문의 자유, 신문의 자율적 활동을 존중하고 제작활동에 간여·방해하지 않는 것이다.

－《송건호 전집》 제10권, 한길사, 2002년, 187~197쪽.
《민족지성의 탐구》, 창작과비평사, 1975년.
〈저널리즘〉, 1974년

언론의 자유와 편집의 자주성

언론자유를 말로 주장하기는 쉬우나 그것이 일상활동에서 구체적으로 어떻게 실천될 것인가 하는 문제에 들어가서는 쉽사리 대답이 나오기 어렵다. 까닭은 우리나라에서는 일반적으로 언론자유 문제가 추상적으로 논의되는 폐단이 있기 때문이다. 언론자유가 주장될 때 흔히 뒤따르는 말로 그에 대한 책임이 강조되기 일쑤이나, 문제는 이 자유가 오늘의 상황 속에서 구체적으로 어떻게 살려져야 할 것인가 하는 하나의 실천적 과제로서 먼저 제기되어야 한다. 언론자유는 다른 모든 자유가 그러하듯이 그 구체적 과제가 주어진 사회적 상황 속에서 규정된다.

오늘 우리 언론계가 처해 있는 언론자유를 위한 문제점은 취재·논평의 분야에서 경영 면에 이르기까지 다기(多岐)에 이르고 있으나 우선 일선 언론인들의 현실적 활동의 차원에 문제를 국한시켜본다면 첫째 봉착되는 것이 보도전선에서의 제약이다. 뉴스 가치가 있는 사실이면 법이 허용하는 한에서 기자들은 아무런 제약이나 간섭도 받음이 없이 이것을 보도할 수 있는 자유가 있어야 한다. 그러나 현실적인 취재, 보도전선에서는 사회 각 분야에 터부비슷한 것이 깔려 있어 법하고는 상관없이 보도되기도 하고 보도 안 되기도 한다. 모든 사실이 전부 보도될 수 있는 것은 아니나 법의 제약이 아닌 다른 외적 조건에 의해 어떤 것은 보도되기도 하고 어떤 것은 보도 안 되기도 하며 또 어떤 사실은 어떤 각도에서는 보도될 수 있어도 어떤 각도에선 보도되지가 않는다면 이것은 언론자유를 저해하는 하나의 요소가 된다.

보도의 제약이 단순한 양(量)의 제약이 아니요, 사실의 성격에 따라서 보도의 여부나 보도의 앵글이 제약을 받는다면 이러한 제약을 배제하기 위한 언론자유는 이미 단순한 양의 문제가 아니라 하나의 질적 자유에 속한다.

논평전선에서도 비슷한 경우를 생각할 수 있다. 어떤 문제는 논평의 대상이 될 수 있고 어떤 문제는 논평 대상이 되지 않으며 또 이 문제는 이런 각도에서 논평될 수는 있어도 이런 각도에서는 논평되지 않는다든지 또 그것이 논자의 소신 아닌 다른 조건에 의해 영향을 받는다면 또한 언론자유의 저해요소가 된다. 언론자유가 이처럼 소재의 선택이나 논평의 앵글 등이 문제가 되는 상황에서는 그 자유도 단순한 양의 신장에 그칠 수 없는 자유의 질적 지양(止揚)이 문제되지 않을 수 없다. 그런데 언론자유가 단순한 양의 신장으로서 제기된다면 거기에 비례해 강조되는 것이 언론의 책임문제다.

우리나라 언론자유가 특히 '책임'문제와 관련되어 강조되는 까닭은 우리나라 언론이 지닌 성격에서 불가피하게 연유된 결과이며 이러한 상황은 우리나라 언론이 너무 기업의식의 강한 영향 아래 있기 때문이다.

신문의 기업의식이 강해지면 질수록 상품 관념이 앞서 한 부라도 더 많이 팔기 위해 사회 각층에 고루고루 침투할 필요성이 절실해진다. 이와 같은 관념에서 만들어지는 상품으로서의 신문은 기자의 양식으로서는 바람직한 제작이 아니다.

상품으로서의 신문이 좋아하는 뉴스는 독자의 생활세계보다 그들의 심리세계, 즉 호기심을 촉발하는 사실들이며 정치기사 같은 것도 적절한 차원이 아닌 대중의 보편적 호기심을 촉발하는 각도에서 보도되는 것을 원한다. 문제성 있는 기사보다 '사건기사'일수록 환영받는 까닭이 여기에 있다. 언론자유에 책임이 강조되는 이유는 신문 제작이 사건기사 위주일수록 더욱 그러하다. 기사가 사건 위주가 될수록 유명인을 비롯한 개인의 프라이버시 침범이 있기 쉬우며 흔히 언론의 횡포로밖에 보이지 않는 이러한 자유의 방종으로부터 개인의 프라이버시를 보호할 필요성이 느껴지기 때문이다. 신문의 기업화란 신문으로서 피할 수 없는 과정이기는 하나 기업의식이 왕성하면 할수록 신문의 기능은 상대적으로 저속화되어간다. 그러나 오늘날 한국 신문의 기업화에서 문제되어야 할 점이 있다면 기업화 그 자체보다도 오히려 일보전진해서 신문이 기업의 일종 방패화(防牌化)되어가고 있는 점이 아닌가 한다. 신문의 기업화는 그 자체 신문의 저속화를 촉구한다고 했지만 그것이 기업의 방패로 화하는 경우 신문은 저속화에 그치지 않고 타락의 길로 들어가게 마련이다. 오늘날 한국 신문에 위기가 있다면 이와 같은 추세 속에 있다고 보지 않으면 안 된다. 따라서 이 땅에서 제기되는 언론자유의 문제는 책임의 강조에서 그치기에는 너무나 질적으로 복잡한 상황 속에 놓여 있다는 것을 알아야 한다.

언론자유가 방종에 흐르고 있다고 주장하는 사람들은 대개 무엇인가 신문의 '피해자'들이라고 볼 수 있다. 그러나 신문의 '방종'은 언론의 기업화의식에 따라다니는 신문의 저속화가 가져오는 필연적 소산이며 신문기자의 퍼스낼리티에서 근원이 찾아지는 문제가 아니며 해결책이 있는 것도 아니다.

참된 언론자유를 희구하려면 따라서 그 조건이 외부에만 있지 않고 기업화의 성격에서도 찾아야 한다. 오히려 언론자유를 저해하는 외부조건을 배제하거나 그것과 싸우기 위해서는 현 단계로 보아 내부조건의 지양부터 있지 않으면 안 되겠다는 것을 느낀다.

신문기업은 대체로 신문편집이 기업에 예속되기를 원하며 그것이 자주성을 원한다거나 발언권의 강화를 주장할 경우 불안을 느끼는지도 모른다. 그러나 이것은 기업의 한낱 기우이며 오히려 편집은 신문인들에게 일임하는 것이 현명한 처사라는 점을 말하고 싶다. 신문이 기업화된다는 것과 기업에 예속된다는 것은 구분되어야 한다. 신문이 기계화되고 대규모화하려면 기업화되지 않을 수 없다.

그러나 기업화된다는 것은 기업이 신문 제작의 책임까지 진다는 것을 의미하지 않는다. 신문 제작이 기업의 예속화 내지 그것의 방패처럼 된다면 동시에 신문 제작에서 생기는 모든 책임까지도 기업이 떠맡게 된다는 논리가 성립된다.

오늘날의 신문 운영은 그 자체가 기업화된 데 그치지 않고 신문기업이 방계기업(傍系企業)도 겸영하고 있어 신문 제작은 결과적으로 일련의 기업체계 전체에 책임이 돌아가게 된다. 거꾸로 기업체에 과오가 있을 경우 신문 경영에도 영향을 주어 편집에 직접 파급되게 마련이다. 이러한 책임의 연쇄파급은 어느 모로 보나 무의미한 타격이며 합리적 경영방식이 아니다. 그러므로 이러한 조건 하의 신문 경영일수록 편집방침이 무사주의(無事主義)로 기울어지고, 독자의 안일한 심리세계에 영합하여 '문제성' 기사를 기피하고 '화제기사'에 비중을 두게 된다. 신문이 현실의 거울이며 역사의 기록이라고 볼 때 신문 제작이 문제성을 떠나서 화제와 사건 위주로 기울어질 경우 그러한 신문 제작이 독자들을 일종의 위치 감각 상실자로 만드는 책임은 크다고 보지 않을 수 없다.

신문이 자유를 남용하고 있다는 비난을 면하고 차분하게 독자와 더불어 보다 좋은 내일을 위하여 오늘의 현실을 비판하고 극복하는 진정 언론의 양식이 바람직한 신문을 제작하려면 신문이 기업의식의 중압에서 벗어나서 신문인의 책임 아래 신문인의 양식에 의해 만들어져야 할 것이다. 신문인의 자주성이란 신문의 기업화를 배제하는 것이 아님은 말할 것도 없다. 기업은 기업대로 신문은 신문대로 기능적 주체성을 유지하여 신문이 신문인의 책임 아래 만들어지며 누구에게도 책임을 전가하지 않고 누구의 작용도 받지 않는다는 것이다. 편집의 자주성이란 말로만 되는 것이 아니다. 그것은 먼저 제도적으로 확립되지 않으면 안 된다. 기업이 제작에 관여하는 한계는 오직 '사시(社是)'에 관련되는 문제에만 국한시키고 일상적 제작에서는 그 책임이 전적으로 면제되어야 하며 해방되어야 할 것이다.

이와 같은 제도가 구체적으로 어떻게 마련될 것이냐의 기술적 문제는 앞으로의 연구과제이겠으나 국민이 국시에 따라 사회생활을 하듯 언론인들은 사시에 따라 신문 제작을 하면 그것으로 족하다. 필자는 이것을 언론의 자유라고 표현하기보다 본래의 기능을 향한 신문의 한 단계 발전이라고 보고 싶다.

-《송건호 전집》 제10권, 한길사, 2002년, 163～167쪽.
《민족지성의 탐구》, 창작과비평사, 1974년.
〈신문편집인협회보〉, 1969년

*당시 '편집권은 경영권의 일부'라는 시각이 일반적이던 시절, 선생은 1969년 〈신문편집인협회보〉에 기고한 이 글에서 '신문은 신문인의 책임 하에 신문인의 양식에 의해 만들어져야 하며, 편집의 자주성이 제도적으로 확립되지 않으면 안 된다'라며 시대를 앞선 주장을 펼쳤다.

신문의 길

한국 언론의 올바른 길

신문이 올바른 길을 걷는다는 것은 편집권의 독립이라는 좁은 뜻으로서 보다 신문기업 전체의 자세와 형태를 포함해서 하는 말이다. 신문의 가장 바람직한 길은 편집권의 독립이라는 점에서보다 기업 전체의 자세를 고찰하는 데서 보다 완벽한 태세를 갖출 수 있기 때문이다. 다만 신문의 바람직한 길을 논할 때 흔히 편집권의 독립이라고 말하는 까닭은 기업인보다도 신문기자가 신문의 올바른 길에 보다 충실하다고 보기 때문일 것이다. 이런 점에서 나는 한국 언론의 올바른 길을 논함에 있어 비단 편집국만이 아니라 언론기업 전체를 고찰하고자 한다.

신문이 독립되고 자유로운 보도논평을 하기 위해서는 일반적으로 편집국이 독립되어 있어야 한다. 그러나 현실적으로 자유롭고 독립된 신문 제작을 하기 위해서는 편집국 밖으로부터의 간섭이나 압력을 배제하여야 하는데 외부의 간섭과 압력은 주로 세 군데에서 가해진다. 첫째는 권력으로부터의 압력이고, 둘째는 대광고주로부터의 압력이며, 셋째는 신문기업주로부터의 압력이다. 첫째와 둘째는 외부의 압력이고, 셋째는 내부의 압력이지만 이 세 가지 압력은 서로 밀접히 관련되어 있어 근원을 따지자면 하나다. 그리고 외부의 간섭은 통틀어 기득권을 지키고자 하는 압력이며 공정한 보도를 함으로써 시정과 개혁을 하려 하는 언론 본래의 기능을 방해하고 종전과 같은 특권을 계속 유지하고자 하는 데 언론탄압의 동기가 있으며, 위 세 가지 압력은 서로 따로따로 떨어져 있는 것처럼 보이지만 근본은 기득권을 지키고자 하는 점에서는 서로 같고 이런 점에서 그들은 서로 깊은 관련을 맺고 있다고 볼 수 있겠다.

한국 언론은 8·15 후 45년간 규모 면에서는 장족의 발전을 이룩했으나 그 성장과정에서 외부세력과의 깊은 관련으로 해서 독립을 크게 상실하여 고유한 언론의 기능 면에서는 외형상의 큰 발전에도 불구하고 크게 후퇴했다고 보지 않을 수 없다. 한국 언론이 지금 고민에 차 있는 것은 바로 이 외부간섭 때문이며 더욱 심각한 문제는 외부압력에 대한 내부의 굴복으로서가 아니라 외부압력에 대한 내부의 호응이라는 양상을 보이고 있어 한국 언론의 고민은 심각해졌다고 아니할 수 없다. 필자는「한국 언론의 바람직한 길」을 논함에 있어 학계의 추상적인 이론으로서가 아니라 30여 년간 자신이 몸담아온 한국 언론의 역사를 체험을 통해서 고찰해보고자 한다. 필자의 이와 같은 생각은, 언론에 대한 이론적 고찰은 상당한 연구가 되어 있으므로 학계에서 부족한 현실적 고찰로써 부족함을 보충하려 하기 때문이다.

호국언론, 이권을 통한 결탁의 결과물

지금으로부터 45년 전 한국 사회가 일제로부터 해방되었을 때 우리 언론계는 상당한 자유를 누릴 수 있었다. 그러나 이 자유에는 세 가지 특징과 조건이 있었다. 첫째는 언론이 우후죽순처럼 많이 창간되었으나 기업 면에서 볼 때에는 수공업단계에 지나지 않았고 기업이라고 할 만한 정도가 되지 못했다. 많은 창간신문들은 인쇄시설이 없어 일제가 남기고 간 빈약한 시설이나 또는 총독부의 어용대변지로서 발행된 〈매일신보〉 등의 시설을 빌려 겨우 신문을 인쇄하는 형편이었다. 따라서 기업적으로 볼 때 이 당시의 언론은 전 기업적 언론이라고 말할 수 있을 것 같다.

둘째는 당시 모든 신문은 신문 고유의 기능인 보도·논평보다도 특정 이데올로기의 선전에 치중한 감이 있었다. 통속적으로 말하면 좌익지 아니면 우익지였다. 즉 이 당시의 신문은 정상적 의미의 언론으로서보다도 이데올로기 선전기관이라는 성격을 강하게 띠고 있었다. 이러한 언론은 정상적인 신문이라기보다도 정치적 이데올로기의 기관지라고 보는 편이 옳은 것 같다. 따라서 해방 3년간의 미군정 당시의 언론활동은 대단히 활발한 것같이 보였으나 오늘날 보는 바와 같은 상업주의적 신문은 아니었다.

셋째, 미군정 3년간의 언론은 무제한의 자유를 누리고 있었던 것처럼 알려지고 있으나 사실은 그렇지 않았다. 이 당시의 통치기관인 미군정청에 대한 비판은 철저히 봉쇄되어 있었다. 미군정청의 통치를 비판했다가 폐간된 신문이 얼마든지 있었기 때문이다. 물론 지금의 언론 상황에서 볼 때에는 당시 언론이 상당한 자유를 누리고 있었다고도 말할 수 있을지 모르나 어느 면에서 보면, 즉 집권세력—미군정—을 비판할 수 없다는 점에서는 오히려 지금이 훨씬 자유롭다고 말할 수 있겠다. 미군정 3년이 지난 다음 이승만 정권이 새로 탄생됐으나 언론정책 면에서는 미군정의 노선을 그냥 답습한 데 지나지 않고 보다 강력한 반공정책을 추진하는 데 있어 언론은 적극적인 협조를 아끼지 않았다. 이승만 정권이 수립되면서 단정을 반대하고 통일을 주장하는 논조의 신문들, 즉 중간파적인 논조의 신문들은 모두 폐간되고 이승만 정권의 단정을 지지하고 반공을 표방하는 신문 〈동아일보〉〈조선일보〉 등 몇몇 친체제신문을 제외하고는 모두 폐간되었다. 이것이 1940년 후 5년간 한국 언론의 특징이었다.

1953년 이른 봄 필자는 수복 전의 서울에서 처음으로 언론계에 발을 디뎠다. 당시 필자는 일제시대 이래의 전통 있는 신문사라고 하는 모일보에 입사했으나 당시 편집국 기자의 총수는 50명을 넘지 않았다. 이 무렵의 언론계는 크게 세 가지 특징이 있었다. 첫째는 모든 언론이 체제 지향적 신문이기는 했으나 다만 D지는 철저한 친체제적이면서도 이승만 세력에 버림을 받아 그 감정으로 이승만 정권을 반대하고 야당인 민주당의 구파와 가까운 논조를 보이고 있었다. K지는 이와 반대로 야당인 민주당의 신파를 대변하는 이승만 정권의 비판지였다. 이에 대해서 C일보는 신파도 구파도 아닌 독립된 보도·논평을 하고 있어 세상에서는 이 신문을 중립적인 신문이라고 말했다. 그러나 이 당시의 신문은 경제적으로나 정치적으로 비교적 독립 상태를 유지하고 있었으므로 국내 정치문제 논평에서는 상대적인 자유를 누릴 수 있었다.

그러나 특히 6·25 직후라는 시대 상황으로 해서 철저하게 반공 지향적이었고 이승만 개인의 고집으로 반일적인 논조를 취했다. 이승만의 반일 정책은 역사적으로 평할 때 사이비 반일이라는 비판을 들었다. 그는 나라 안에서는 과거의 친일세력을 자기 정치기반으로 삼고 김구 등 민족세력을 불신하고 군국주의에 물든 친일세력을 옹호하면서도 대외적으로 반일을 외치고 평화선을 선포하는 등 일본에 강한 적대감을 보였으므로 세상에서는 그를 반일 정치인으로 보는 사람도 있었으나, 한편에서는 그의 반일이 사이비며 이승만이야말로 구군국주의를 감싸온 친일세력의 두목으로 보는 견해도 있었다.

하여간 이 당시 언론은 언론기업으로서는 지극히 소규모적이고 앞서 말한 바와 같이 편집국 기자들도 50명 내외에 지나지 않았으나 신문기업이 정치·경제로부터 일부이기는 했으나 어느 정도의 독립을 유지하고 있어 국내 정치 면에서는 상대적 자유를 누릴 수 있었다. 1959년 〈경향신문〉 폐간은 민주당 신파에 타격을 가하기 위해 그 대변지인 경향신문을 폐간하려는 것이었지 단순히 언론에 대한 탄압이라고 보기 어려웠다. 하여간 1950년대의 한국 언론은 다소 상업주의적 양상을 보이는 듯했으나 아직도 기업적인 성장은 이루지 못하였고 언론기업으로서는 초보적 단계였다.

한국 언론이 기업적인 성장을 하기 시작한 것은 1961년 쿠데타 이후였다.

박정희 군사정권은 계엄으로 엄격한 언론통제를 가하는 한편 서서히 언론기업에 대한 권력의 지원을 시작했다. 그 과정을 다음에 약술하기로 한다. 1964년 박정권은 한일국교정상화의 타결을 앞두고 언론윤리위원회법이라는 것을 제정·통과시켰다. 이에 대해서 전국 일간지 26개사 중 〈동아일보〉 〈조선일보〉 〈경향신문〉 〈대구매일〉 등 4개사가 반대했고 〈대한일보〉사가 기권했으며, 나머지 21개사는 정부에 굴복하였다. 박정권은 '언론기관에 대한 정부 특혜조치에 대한 것'이라는 것을 결의하고 반대 5개사에 대한 모든 특혜와 협조를 중단하였다.

1964년의 언론파동은 한국언론사상 빛나는 투쟁을 보였으나 바로 이때부터 한국 언론기업은 서서히 전면적으로 박정권에 종속되기 시작했다. 1965년 한 신문은 정부에 반대한 사주가 차출되고 신문기업이 권력 측에 넘어갔으며 모조간신문은 호텔경영과 관련, 정부로부터 현금차관이라는 특혜를 입어 어느덧 지난날의 비판 자세를 상실하고 권력에 포섭되고 말았다.

모지방지는 경영주인 가톨릭 신부가 권력에 포섭되어 독립성을 상실하게 되었고, 모석간지는 1969년의 월간잡지 사건으로 기업주가 권력에 굴복하게 되었으며 1975년 광고사태 후 언론기업은 완전히 권력에 포섭되었다. 이러는 한편 언론기업은 권력의 정책적인 특혜를 입어 모든 기업이 언론기업 밖의 타 기업에 진출하여 언론기업의 순수성을 잃고 말았다. 가령 D일보는 일가친척 간에 대경영주가 있어 이것과 연결되었고, 석간 C일보는 창간부터 큰 재벌의 일익을 담당하였고, 조간 C일보는 큰 관광호텔과 인쇄소를 소유하고 있으며, H일보는 4개의 자매일간지에다 10여 개의 크고 작은 계열기업을 거느리게 되었다. 전두환 정권 때에 서울의 주요 언론은 박정권에 이어 이같이 언론과 관계없는 타 기업에 진출케 할 기회를 주어 특혜로써 이들의 언론 활동을 장악하였다. 일부 사회여론은 이 같은 권언유착의 사실을 잘 모르고 정권의 언론탄압에 기인하는 것으로 오해하는 측도 있었으나 호국언론의 현실은 위에서 본 바 같은 기업구성으로 보아 탄압에 의한 부득이한 협조라기보다도 이권을 통한 결탁에서 생긴 자진협조라는 인상을 강하게 풍기고 있다.

한겨레신문의 등장

언론이 기업 면에서 이같이 권력과 유착관계를 이루게 된 한편 언론인도 권력에 대량 참여함으로써 오늘날 기성언론계에는 다수의 간부 언론인들이 권력 지향적 성향을 보이게 되었다. 기자는 누구를 막론하고 자기 직업에 충실해야 하며 직업을 수단으로써 이용하기보다 천직으로 알고 충실히 일해야 한다는 마음가짐으로만 훌륭한 직업인이 될 수 있고 그 길에서 대성할 수 있다.

그런데 한국의 언론계에는 1960년대부터 특히 1970년대에 들어서 언론을 출세의 발판으로 이용하려는 성향이 생기게 되었다. 1950년 자유당 시절에는 대부분 언론인들이 언론을 천직으로 삼고 언론을 발판으로 출세하려는 기자들을 볼 수 없었다. 언론계는 비교적 순수한 풍토 속에서 훌륭한 언론인이 되려고 고생하는 젊고 유능한 기자들이 많았다. 그러던 것이 1970년대에 들어와서부터는 언론을 이용해서 정계와 관계에 진출하려는 풍토가 발생해 많은 언론인들이 자천·타천의 형식으로 이른바 출세하는 기자들이 생기게 되었다.

이런 풍토는 비단 언론계뿐 아니라 지식인사회의 일반적 성향으로 발전되어 교육계 특히 대학사회에는 젊은 교수들 사이에 관계에 진출하려는 성향이 번져 많은 젊은 교수들이 정계나 관계에 진출하여 학계의 순수성을 오염시켰다. 물론 양심적 학자들이 학계를 지키는 바람직한 면도 있으나 관계와 정계에 진출하려는 일부 학자들로 말미암아 학계가 점차 오염되어가고 있다는 비난도 없지 않았다. 특히 언론계에는 권력에 의한 탄압만 있는 것이 아니라, 권력에 자진 협조하는 언론기업이나 언론인이 없지 않다는 것을 시인해야 하며 이 점을 부끄럽게 생각해야 할 것이다. 탄압에 의해서가 아니라 자진

협조로 언론계의 자주성이 위협받고 있음이 오늘의 현실이다.

제5공화국에 들어와 솟아오르는 민주화의 열기로 집권층이 부분적으로 민주화의 방향으로 양보하는 태도를 보였고 그 결과로 제5공화국 때의 각종 언론악법이 폐기되기도 했으나 시설기준을 강화시켜 막대한 재산을 가지지 않고는 신문을 발간할 수 없게 만들어 일반 국민의 신문발간은 사실상 불가능해졌다.

'언론자유'란 본래 보도의 자유와 함께 출판의 자유가 있어야 하는 것인데 시설기준으로 출판의 자유를 엄격히 제한한다면 언론자유란 사실상 없다고 할 수밖에 없다.

또 한 가지 간과할 수 없는 것은 신문을 발간하는 데는 윤전기를 갖추도록 되어 있는데, 윤전기의 국내생산이 불가능하므로 부득불 수입할 수밖에 없으나 수입을 하려면 그 절차로 상공부의 허가를 받아야 하므로 신문의 발간은 결과적으로 정부의 허가제라고 하는 것이 옳은 것 같다. 6공화국 하에서 수많은 새 신문이 창간 또는 복간되었다고는 하나 신문의 성격 면에서는 대동소이 거의 친여적이라고 할 수 있다. 이것은 재산 있는 인사만이 신문을 창간할 수 있도록 시설기준을 엄격히 설정해놓았기 때문이다. 출판의 자유가 없이는 언론자유가 존중되어 있다고 볼 수 없다. 이러한 시대적 배경 속에서 국민모금으로 창간된 〈한겨레신문〉이 나타나게 된 것이다. 즉 〈한겨레신문〉과 같이 권력으로부터 독립된 자주적인 신문이 나오게 된 것은 오늘의 언론이 출판의 자유에 의해서 자유롭게 창간된 것이 아니라, 상당히 많은 재산가만이 신문을 창간할 수 있고 곧 이렇게 창간된 신문은 거의가 친여적인 성향이 농후할 수밖에 없기 때문이다.

〈한겨레신문〉은 50억의 창간기금으로 신문을 발간하였으나 50억 원 가지고는 계속 신문을 발간하기 어렵기 때문에 부득이 100억 원의 모금을 다시 시작하지 않을 수 없었다. 이것은 6공화국 하에서의 신문 창간이 얼마나 많은 자금을 필요로 하고 있는가를 말해준다. 하여간 재산가 개인의 투자로 신문을 창간하는 일반적인 방법을 택하지 않고 국민모금에 의한, 재래의 신문기업과는 전혀 다른 자본구성으로 신문사가 설립되었으므로 〈한겨레신문〉은 다른 신문과는 달리 객관적이고 공정한 보도·논평을 할 수 있으며 신문운영에서도 민주적이며 자유로운 운영을 할 수 있어 다른 신문과는 성격을 달리하고 있다.

높아진 국민의식으로 각 언론사마다 노조가 결성되어 공정보도를 위해서 감시와 견제를 하고 있으므로 한국 언론은 결코 평탄하지는 않을 것이나 점차 올바른 길로 나아가리라는 기대를 할 수 있다.

−《송건호 전집》제10권, 한길사, 2002년, 177∼184쪽.
〈사회과학〉제28권 제2호, 성균관대학교 사회과학연구소, 1989년

제도언론에서 독립언론으로

진정한 여론과 위장된 여론

민주주의가 존중되고 있느냐 어떠냐를 저울질하는 가장 중요한 기준의 하나는 여론이 활발히 일고 있느냐 어떠냐, 그리고 그 여론이 어느 만큼 존중되고 있느냐에 크게 의존한다. 독재사회에서는 무엇보다도 여론이 자유롭게 일지 못하고 있다는 점이 특징이다.

여론이라는 것은 사회 각 계층의 이해관계를 반영한다. 민주사회든 독재사회든 서로 이해를 달리하는 집단이 살고 있는 것이고, 여론이란 이해를 달리하는 이들 집단 각자의 주장이다.

사회란(특히 민주사회는) 다양한 것이다. 따라서 여론도 다양한 것이 정상이다. 여론이 없거나 활발하지 못하다는 것은 권력에 의해 여론이 규제받거나 통제받기 때문이다.

여론은 직접으로 발현되는 경우도 있고 간접으로 발현되는 경우도 있다. 직접 발현된다는 것은 데모나 그 밖에 벽보·집회 등의 방법에 의하는 것이고, 간접 발현의 경우는 신문·라디오·TV 또는 국회의 토론과정에서 나타난다. 이중에서도 신문·TV 등 매스 미디어가 여론의 발표기관으로서는 매우 중요한 기능을 발휘한다.

민주주의사회에서는 언론활동이 자유로워야 한다. 즉 언론기관이 어느 특정 계층에 종속되어 그 계층의 이익만을 대변하면 언론의 독립은 상실되고, 공정하고 치우치지 않는 자유로운 여론을 반영하지 못한다. 때문에 언론자유의 첫째 조건은 언론의 독립이 보장되어 있느냐 어떠냐에 달려 있다.

언론의 자유를 구속하거나 탄압한다는 것은 힘센 자가 자기의 기득권을 지키기 위해 자기 집단의 이익과 상반되는 계층의 이익을 봉쇄하여 사회적 이권을 독점하거나 계속 그 독점 상태를 유지하는 데 목적이 있다. 이와는 반대로 민주주의가 존중되는 사회에서는 반대여론에 대해, 아니 반대여론이기 때문에 오히려 더욱 그 의견의 개진을 존중하고 자유롭게 여론이 나타나는 것을 개방한다. 민주주의의 척도는 다름 아닌 반대여론을 평등하게 존중한다는 것에서 찾을 수 있다.

민주주의가 존중되지 않고 따라서 여론이 활발히 나타나지 못하는 사회에서는 여론이 신문·라디오·TV 같은 정상 미디어를 통해 나타나지 못하고 보이지 않는 경로를 통해 은밀히 사람의 입에서 입으로 전파되는 현상이 생긴다. 이러한 여론을 잠재여론(covert opinion)이라고 한다. 이 같은 잠재여론이 활발한 사회는 언론자유가 없는 때문이며, 이러한 사회를 우리는 민주주의 사회라고 할 수 없음은 말할 것도 없다. 그러나 민도(民度)가 고도로 높아진 현대의 대중 민주주의사회에서는 독재체제가 아닌 한, 공공연히 언론탄압을 안 한다. 안 한다기보다 못한다. 그러나 집권자는 자기가 장악하고 있는 정치권력을 계속 잡고 있으려고 갖은 수단을 다 쓴다. 이런 정치사회에서는 언론을 자유롭게 발전시키고 이것을 정치에 반영시키려고 하지 않고 오히려 여론이 자기에게 유리하게 전개되도록 여론을 조작하려 한다.

지배층은 매스 미디어의 기업주와 밀착해서 국민의 정치의식을 마비시키는 특정 이데올로기를 주입하거나 아예 탈(脫)이데올로기로 유도한다. 가장 손쉬운 방법은 소비문화를 대량 살포함으로써 주로 젊은 세대의 논리적 사고력과 비판의식을 마비시키고, 합리적 사고력을 거세·약화시킴으로써 이른바 '강제 없는 동조'를 통해서 대중의 저항력을 무력화시키려고 한다. 지배층에 의한 이러한 교화정책(indoctrination)은 현대 정치사회에서는 정도의 차이는 있어도 어디에서나 볼 수 있는 현상이다.

나라의 위기를 강조함으로써 지배층의 이익과 상치되는 여론의 환기를 엄중히 규제하고 한편에서는 방송 또는 각종 주간지·여성지 등을 통해 젊은이들에게 주로 섹스·사치의식을 집요하게 살포한다. 이것은 일종의 '강제 없는 훈치(indoctrination)'의 현대판이다. 지배층이 노리는 바는 자기들에게 이렇다 할 저항과 반대 없이 순순히 순종해주는 것이다. 물론 이러한 세련된 방법은 비교적 안정되고 또 민주주의를 간판으로 내세우고 있는 나라에서 볼 수 있는 방법이다. 이와는 달리 사회위기가 점차 심화되고 정권유지를 위한 독재성향이 점점 노골화되고 있는 곳에서는 '위장된 조종' 같은 방법은 이미 사용되지 못하고 정말 '노골적인 탄압책'을 쓰게 된다.

첫째, 주요한 매스 미디어를 국유화하고 지배자가 원하는 특정 이데올로기나 지배자의 정통성을 주입하는 선전활동을 강화한다. 둘째는 언론규제법을 제정하고 반대여론을 봉쇄하기 위해 사회의 안녕과 질서를 강조하는 한편 반대여론은 질서를 해친다는 명분으로 강압한다. 그러나 이같이 관권의 힘으로 자유로운 활동이 억압되는 사회에서는 여론이 이중성을 띠게 되어 사회의 불안은 오히려 가중된다.

5·16쿠데타 이후 이 나라의 언론사(여론사)를 되돌아보면 대체로 세 단계로 나누어진다. 제1단계는 1960년대, 제2단계는 1972년 이후부터 1979년까지의 유신시대, 제3단계는 1980년부터 1987년 현재까지라고 할 수 있다. 제1단계는 집권자의 여론과 이에 대항하는 민중의 여론이 대결한 시대라고 말할 수 있다. 이미 1960년대부터 민중의 자유로운 여론 발현이 점차 강압당했으나 강압을 받으면서도 민중의 여론은 지배층에 의해 조작된 여론과 정면 대결했다. 그러나 민중의 여론은 1964년의 언론윤리위원회법 파동에서 표면상 일단 승리한 듯이 보였으나 언론기업인들이 권력 앞에 굴복함으로써 민중언

론은 점차 거점을 상실해갔다. 1969년 이른바 '신동아사건'으로 〈동아일보〉기업주가 권력당국에 굴복함으로써 여론은 사실상 패배하였다.

1972년의 유신체제는 민중언론의 패배라는 사실과 무관하지 않았다. 민중의 자연스러운 여론 형성이 긴급조치법 발동에 의해 봉쇄되었다. 그러나 1979년 10·26사태까지 억압의 체제 속에서도 굴하지 않고 민중언론의 저항은 계속되었다. '동아투위' '조선투위'와 같은 재야언론인의 활동은 지배자의 여론에 대한 민중의 여론을 대변했다는 데에 그 역사적 의미를 갖는 것이다.

10·26 이후 한동안 약간의 '봄'을 누렸으나 언론기본법의 제정, 민간방송의 국영화 조치에 따라 여론의 상황은 커다란 변화를 가져왔다. 특히 1980년 5·17사태 후 정치상황이 악화되면서 민중의 여론은 거의 봉쇄되었다.

지난 1980년은 유언비어의 전성시대였다. '유비(流蜚)통신,' 즉 '유언비어(流言蜚語)통신'이라는 출처불명의 소문이 꼬리를 물고 일어났다. 이해 12월 말에는 이른바 언론기본법이 새롭게 제정되고 TV와 라디오 등 민간 미디어가 모두 국영화됨으로써 민중의 여론은 사실상 압살당하고 말았다.

사회는 정보에 굶주렸다. 격변하는 상황 속에서 무엇이 어떻게 진전되어 가는지 민중의 궁금증이 전혀 풀리지 않아 그들은 뉴스에 대한 갈증을 유비통신에 의지했다. 유언비어는 일반적으로 출처가 애매하고 신빙성이 약하면서도 뉴스에 굶주린 대중은 그것의 진위(眞僞)를 가릴 여유도 없이 통째로 삼켜버린다.

1980년은 '유비통신'이 지배한 1년이라고 말할 수 있다. 이 1980년은 여론이란 무엇이며, 언론이란 어떻게 해야 하며, 정부의 언론정책 내지 여론정책은 어떻게 하는 것이 바람직한가를 반성하게 하는 절호의 한 해였다.

여론과 유언비어의 정체

사람은 누구나 일정한 환경 속에 살고 있다. 그들은 살기 위해 자기를 둘러싸고 있는 환경에 관한 정보를 얻고 여기에 대응해나간다. 현대인이 그 누구를 막론하고 정보를 필요로 한다는 것은 단순한 호기심의 발동만이 아니라 살고자 하는 의지의 발동이라고 보아야 한다. 이리하여 우리는 아침저녁으로 신문·라디오·TV를 대하게 되며, 만약 단 하루라도 이러한 미디어와 떨어져 있으면 말할 수 없는 궁금증을 느끼게 되고 나아가 정보에 굶주림을 느끼게 된다. 신문과 라디오와 TV는 우리의 귀와 눈의 구실을 한다. 사람들은 단 하루도 눈과 귀의 기능이 정지되면 살 수가 없다. 사람들은 불안과 공포를 느낀다. 민중은 이러한 상황에서 단순히 정보의 결핍으로 그 이상의 불안을 느끼게 된다. 즉 무엇인가 비상한 위기의 상황이라고 받아들인다. 그리고 이러한 위기상황 속에서 무엇인가 변화를 예상한다.

정상적 상황에 대한 적응에만 익숙해 있는 사람에게 변화된 새로운 환경에 대한 불안은 이중으로 증대한다. 이러한 때. "정부를 믿고 침착하라"는 요구는 이미 설득력을 잃게 된다. 위기상황에 놓여 있다고 생각될 때 침착하게 정부를 믿기는커녕 지금까지 침착하게 정부를 믿고 있던 사람들조차 오히려 정부를 믿지 않게 된다. 그리고 환경의 변화에 대한 정보를 더욱 갈망하게 된다. 사람은 배가 고플 때일수록 아무것이나 마구 먹게 된다. 좋고 나쁜 것을 가릴 여지가 없을 만큼 식욕이 왕성해진다. 이와 똑같이 보도에 굶주린 사람은 그것이 사실인지 아닌지를 분간하기 전에 우선 받아들이기에 바쁘다. 정상적 상황에서라면 일소에 부칠 단순한 풍문도 그것을 진짜 사실처럼 무조건 받아들인다.

보도기능의 마비에는 자연적인 재액(災厄)으로 인한 것도 있지만 정치적 강제에 의한 경우도 있다. 특히 정치적 강제, 즉 권력이 언론통제를 강화할 경우 불안은 더욱 가중된다. 자연적 재액에 의한 경우, 그 사회가 모순을 잉태하고 있어 불평불만이 많은 사회에서의 불안은 그렇지 않은 사회보다도 더욱 심각해진다. 그러나 정보가 어느 때보다도 절실한 때일수록 권력은 더욱 보도통제를 강화하려고 한다. 굶주림에 먹을 것을 절실히 구하고 있을 때 밥을 가진 사람이 오히려 밥을 주지 않으려는 것이나 다름없다.

그러면 이렇게 허기진 사람이 먹기 쉬운 음식(보도)은 무엇인가? 그것은 사람의 입에서 입으로 비밀리에 유포되는 유언비어다. 유언(流言)은 공개적이 아니고 비밀스럽게, 공식이 아니고 비공식 루트를 통해 나돌기 때문에 오히려 유포속도가 더 빠르다. 유언비어는 흔히 근거 없는 낭설, 특히 권력당국에 의해 무시되고 단속의 대상이 되지만, 이것은 보도기능이 비정상일 때 보도에 대한 욕구를 충족시켜주는 일종의 보도다. 신문이 제대로 구실을 못하면 못할수록 그 틈을 메워주는 것이 유언비어다. 언론통제가 심하면 심할수록 신문에 대한 신뢰는 줄어들고 유언비어에 대한 신뢰는 반비례로 커진다. 유언비어는 또한 민중 속에서 발생할 뿐만 아니라 정치권력과 대립하는 것이다.

일반적으로 보도와 유언비어를 구분하는 기준은 보도가 사실인 데 반해 유언비어는 근거가 없는 낭설로서 믿을 수 없다는 점이다. 그러면 보도에 있어서 사실이란 무엇인가. 세 가지로 나누어보자.

첫째는 모든 사람이 접근해서 확인할 수 있는 사실이다. 그러나 모든 사람들이 접근해서 보고 듣고 할 수 있는 사실은 보도의 대상이 못 된다. 둘째는 감각으로 파악할 수 없는 사실이다. 가령 물가가 20%나 올랐다 할 때의 사실은 물리적 존재가 아니므로 그 존재 여부를 확인할 수 없는 것이다. 셋째는 미국에 혹서(酷暑)가 밀어닥쳐 100명이 죽었다고 할 때, 이것은 물론 가치가 있는 정보다. 이중 신문·라디오에서 보도가치가 있는 것은 둘째와 셋째다. 그러나 둘째와 셋째는 우리 힘으로 당장 진실 여부를 확인할 수 없는 사실이다.

우리가 보도를 사실로 받아들이는 것은 그 보도를 우리의 귀와 눈으로 확인할 수 있기 때문이 아니라 그것을 사실로 받아들이는 일종의 신뢰에 의한 것이라는 것을 발견하게 된다. 신문보도를 믿는 것은 사실을 확인해서가 아니라 일종의 신뢰행위에 의해서 이루어진다. 그런데 신문·TV·라디오에 대한 불신은 언론에 대한 불신에 그치지 않고 권력에 대한 불신으로 발전한다. 즉 언론을 불신하는 민심은 정부를 불신하는 민심과 통한다. 언론에 자유가 없는 사회는 마지막 희망조차 없는 사회라는 것을 깨닫게 된다. 그러나 만약 그 사회가 견고한 신뢰로 뭉쳐 있다면 비록 유언비어가 우연한 기회에 생기게 되더라도 결코 위력을 발휘하지 못할 것이다. 권력은 유언비어를 믿지 말라고 아우성치지만 유언비어의 위력이 커지느냐의 문제는 민중에 책임이 있는 것이 아니라 정부가 신뢰를 받는 정부냐 아니냐에 달려 있다고 해야 할 것이다.

권력이 보도를 통제하고자 하는 까닭은 목적이 보도 자체에 있는 것이 아니다. 바람직하지 않은 보도에서 바람직하지 않은 여론이 나타나는 것을 두려워하기 때문이다. 통제사회에서 권력에 바람직한 여론은 아무런 거리낌 없이 자신의 정체를 드러낸다. 그러나 권력에 바람직하지 않은 여론은 결코 자신을 현재화하지 않는다. 유언비어의 형태를 취해 지하로 유포된다. 유언비어라고 해서 아무것이나 덮어놓고 유포되는 것은 아니다. 사회에 많은 관심을 끌 때, 권력당국의 엄한 통제로 궁금증이 충족되지 못할 때 유포된다. 언론통제와 유언비어의 양은 정비례한다고 볼 수 있을 것이다.

여론이 자유롭게 표면에 나타나는 사회는 표면상 그로 말미암아 시끄러운 듯 보여도 사회엔 명랑성이 돌고 신뢰와 희망이 감돌 것이다. 그러나 여론이 현재화하지 못하고 지하로 자주 숨어들어가는 사회는 표면상 조용한 듯이 보여도 사회는 항상 불안과 울분이 가득 차 어딘지 심상치 않은 공기가 감돌게 된다. 이러한 사회일수록 이웃끼리도 못 믿고 말조심을 하게 되고 의심하고 불신한다. 이러한 사회는 언제나 폭발의 위험성을 내포하고 있다.

4월 혁명 직전의 고요함, 그것은 실로 폭풍전야의 고요함이었다. 잠재여론의 누적이 커지면 커질수록 폭발력도 맹렬해진다. 폭발력을 지닌 이러한 고요함은 5년이 돼도 10년이 지나도 그 상태가 계속되며 결코 소멸되지는 않을 것이다.

만약 유언비어의 발생과 유포를 막고자 한다면 무엇보다도 필요한 것은 민중의 신뢰를 얻는 것이다. 만약 유언비어가 사회에 나돌고 있으면 정부는 이 것을 하나의 여론으로, 아직 밖에 나타나지 않은 잠재여론으로 재빨리 받아들일 줄 알아야 한다.

유언비어를 하나의 여론으로 받아들이는 것은 첫째, 국민을 위해 필요하고 둘째, 집권자 자신을 위해 필요하다. 권력에 그만한 성의와 슬기가 있다면 유언비어는 마침내 사회에서 자취를 감추고 말 것이다. 유언비어를 재빨리 알아내고 그것을 국민의 한 여론으로 국정에 반영하는 것이 정치인의 책임이요, 그것을 잘할 수 있는 정치인이 훌륭한 민주적 정치인이다.

이른바 군중(群衆)은 흔히 파괴적이며 공중(公衆)은 흔히 생산적인 존재로 생각되고 있다. 그러나 민중을 파괴적으로 만드느냐 생산적으로 만드느냐는 민중 자신에게 달려 있지 않고 권력의 언론정책이 어떠하냐에 달려 있다는 것을 깨달아야 한다. 언론자유화가 허용된 사회에서는, 권력은 항상 자기들의 잘못이나 결함을 지적당하기 때문에 불쾌하겠지만 반성과 개선과 시정을 위해 노력할 것이다. 그러나 비판이 허용되지 않는 사회에서는 참된 여론은 모두 잠재하고 가식의 여론, 조작된 여론만이 표면의 세계를 지배하게 될 것이다. 권력자는 어디를 가나 열렬한 환영을 받고 가는 곳에서마다 "잘돼갑니다"라는 칭찬을 듣게 되어, 그는 점점 자만심이 생기게 되고 간혹 잘못돼 간다는 비판을 듣게 되면 권력은 그러한 언론을 불온한 것으로 경원시한다.

정치가 민중과 점점 유리되어가는 것은 바로 이런 시기다. 처음에는 잘못을 시정할 수도 있다. 하지만 어느 정도를 넘어서면 시정이나 개선의 기회를 잃어 권력은 내심 불안이 커져 민중을 더욱 의심하게 되고 조그마한 비판이나 불만 표시에도 가혹한 탄압을 가하게 되며, 심지어는 사건을 조작해서라도 반대파를 제거하려고 한다.

모든 여론이 잠재하고 '찬양의 여론'만 판치는 이러한 증상은 오히려 표면적으로 조용하다. 이것이 바로 폭풍전야의 고요함이다. 일제 말이나 자유당 말기에 우리는 기분 나쁠 정도로 조용했던 자유 없는 평온을 경험했다. 민주주의와 언론자유는 정치인을 위해서나 민중을 위해서나 종국적으로 필요하고 유익하다는 것을 깨달아야 할 때가 바로 지금이다.

언론과 권력의 유착

5·16 후 이 나라의 언론사를 세 단계로 나눌 수 있다고 했고, 1980년 5·17 이후는 제3단계에 해당한다고 했다. 그런데 도대체 지난 24년간 이 땅의 언론사에서 언론의 자유가 왜 점점 줄어들고 신문이 신문 구실을 못하게 됐을까. 만약 제구실을 못하게 됐다면 어떤 점에서 어떻게 제구실을 못하게 됐는가.

민주주의가 실현되는 미국은 언론기관이 국가에 의해 운영되지 않는다. 보도와 논평이 저마다 자유로워 언론활동이 다양하다. 일본의 경우 NHK는 반관반민 경영체로 엄정독립, 공정한 보도와 논평을 위해 힘쓰고 있다. 그 밖의 TV방송이나 신문 발행은 모두 민간경영이며 제작은 독립된 자유를 누리고 있다. 그러나 한국은 오늘날 미국이나 일본하고는 체계가 크게 다르다.

1970년대까지 한국의 매스 미디어 체계는 관민공존(官民共存)이었다. 〈서울신문〉만이 정부기관지였고, 나머지 〈경향신문〉〈동아일보〉〈조선일보〉〈중앙일보〉〈한국일보〉 등은 민간경영으로 대체로 정부 영향 하에 있긴 했으나 편집인의 자세 여하에 따라서 정부에 제한된 범위 안에서나마 비판기능이 다소 살아남아 있었다. 물론 권력당국의 비위에 거슬리는 보도와 논평을 했을 땐 연행조사를 받기는 했으나 그래도 때때로 저항하면서 보도와 논평을 폈다. 그러던 것이 1975년 봄 〈동아일보〉의 이른바 광고파동 후 언론계는 거의 유신당국에 순종하게 되었다. 기자들의 미약한 저항이 간간히 있었으나 한국의 언론은 이미 자유사회의 체제라고는 말할 수 없게 되었다.

그런데 여기에서 우리가 한 가지 짚고 넘어가야 할 대목은, 언론이 이같이 자유와 독립성을 잃게 된 것은 그 책임이 전적으로 권력당국의 억압과 규제에 의해서만 이루어진 것이 아니었다는 사실과, 또 언론기업이 권력당국과 유착하여 언론기업 스스로가 언론의 자유를 적대시하는 기현상을 보여주었다는 것이다. 물론 이와 같은 변화는 일조일석에 이루어진 것이 아니고 공화당 치하에서, 권력과 언론의 대립 갈등에서 언론이 패배하는 과정에서 이루어진 것이었다.

5·16쿠데타 후 집권자들의 엄중한 언론통제가 시작되었으나 4·19의 여세를 업은 언론계는 쿠데타 집권자들의 탄압에 호락호락 넘어가지 않았다. 그러나 1962년 쿠데타 세력이 발표한 새로운 언론정책을 계기로 언론기업은 점차 권력당국의 '지원 하'에 들어가기 시작했다.

또 하나는 신문들이 그때까지의 보도 위주의 제작에서 '해설'과 '교양' 위주로 제작방침을 전환시켰다. 그러한 취지에 맞게 하루 두 번의 조석간제를 단간제(單刊制)로 바꾸고 뉴스의 양을 크게 줄이고 이른바 해설과 교양 위주로 질적 변화를 가져왔다. 이것은 쿠데타 집권세력의 지극히 교묘한 언론세력 거세정책이었다. 언론의 영향력을 약화시키는 한편 재정적으로 권력당국에 예속시키는 정책으로 나아간 것이다. 이리하여 1963년 3월 16일의 군정 4년 연장 성명, 그리고 1964년의 이른바 언론윤리위법 반대투쟁 때 언론기업은 이미 지난날의 패기를 잃고 중앙의〈동아일보〉〈조선일보〉〈경향신문〉, 대구의 가톨릭계인〈매일신문〉만이 반대의사를 표시하는 데 그쳤다.

1967년 야당인 신민당이 IPI 등에 언론탄압 실태에 관한 소명서를 보내기로 하고 언론계에 대해서는 용기와 신념을 갖고 자유를 위해 싸워달라는 격려문을 보내기로 했다. 그러나 일단 이 사실이 알려지자 언론계는 고마워하기는커녕 일제히 일어나 신민당을 공격하여 언론계를 격려하려는 신민당을 큰 곤경에 빠지게 하였다. 언론이 이미 박정권에 굴복하고 있었다는 것을 의미한다. 이때〈동아일보〉만이 신민당을 공격하지 않은, 그렇다고 신민당에 동조하지도 않은 애매한 태도를 취한 유일한 신문이었다. 그러나 1968년 이른바 '신동아사건'이라는 것이 일어나〈동아일보〉는 그 기업주가 권력당국에 완전히 굴복하는 계기가 되었고, 1969년 박정권의 3선 개헌 때 어느 한 신문도 이 부당한 개헌을 반대하지 못했다. 〈동아일보〉만이 겨우 3선 개헌을 찬성할 수 없다는 기록을 남기기 위한 사설을 쓴 데 그쳤다. 그리고 1971년 12월 박정권은 '비상사태선언'을 했고 이 때〈동아일보〉기업주가 사설문제로 수사당국에 연행당한 일이 있은 후 한국의 언론기업주들은 한 사람도 빠지지 않고 권력당국에 굴복하고 말았던 것이다.

이 땅의 언론이 그 찬란한 전통에도 불구하고 이같이 허무하게 권력에 굴복한 것은 단순한 굴복만이 아니라 다분히 '야합'의 인상이 짙었다. 그것은 1966년 한일국교정상화가 시작된 후 일본을 비롯한 여러 나라의 외자(外資)가 '언론기업의 근대화'를 위해 정부의 지불보증으로 들어와 권력과 언론의 유착이 깊어지기 시작했고, 1970년대부터는 '권·언복합체'라는 새로운 현상이 나타나게 되었다. 언론기업은 독립성을 상실하고 기업주가 언론자유를 스스로 포기했으며 권력과 일체가 되어 기자들의 언론활동을 감시하기 시작했다. 1970년대부터는 기자들에 의한 언론자유운동이 정권에 대항하기 전에 기업주들과 싸우지 않으면 안 된다는 기막힌 현상이 생겨난 것이다.

1967년 봄 공화당이 3선 개헌을 위해 의석 3분의 2를 획득하기 위한 부정선거 준비에 바쁠 때 함석헌이 '언론의 게릴라전'을 제창한 것도 이러한 상황에서의 일이었고, 1970년대에 들어서면서 언론에 대한 국민의 불만은 날로 높아져 시위 과정에서 언론 규탄의 소리가 높아졌는가 하면 대학에서는 언론 화형식이 거행되기도 했다. 1974년 10월 24일 기자들의 '자유언론 실천선언'은 이와 같은 배경 속에서 나왔다.

기업주들은 권력당국과 깊숙이 유착해 언론 규탄의 소리가 아무리 높아도 이미 여론에 호응할 수가 없었다. 급기야 〈동아일보〉의 광고탄압으로까지 번져 기업주는 한편에서는 신문노조가 두렵고 한편에선 권력의 탄압이 두려워 130여 명에 달하는 언론인을 대량 파면하는 한국 언론사상 유례를 찾아볼 수 없는 폭거를 범했다. 언론자유를 주장하는 기자들을 언론기업주가 대량 해고한다는 이 전대미문의 사건이 일어난 후 이 땅의 언론은 사실상 그 기능을 잃고 국민의 신임을 상실하였다. 1970년대 후반의 5년간에 걸쳐 한국 언론은 이미 그 정통성을 상실하게 되었던 것이다.

그러나 상황은 더욱 악화되었다. 1980년의 5·17사태를 맞아 700여 명의 언론인들이 언론계에서 대량 추방되는 등 한국 언론은 사상 유례를 볼 수 없는 일대 시련과 변혁을 겪었다. MBC 등 정부 입장을 대변하는 TV와 라디오 방송국을 제외하고는 모두 국유화되었다. 시청 미디어의 민간경영이 사실상 사라지고 정부경영 하에 보도와 논평이 일원화되었다. 신문의 경우, 〈신아일보〉와 지방지·경제지 등 상당수가 폐간 또는 흡수되는 한편 한국언론사상 초유의 언론기본법이 제정되어 언론활동은 엄중한 규제를 받게 되었다.

총 57조 부칙 4조로 되어 있으며 이 나라 언론사상 유례를 찾아볼 수 없는 이 언론기본법은 한마디로 보도와 논평활동에 대한 규제에 있어서 법원이 아닌 행정부의 권한이 대폭 강화되었다는 것이다. 권력당국을 강하게 비판하는 언론기관은 법원이 아닌 행정부의 재량으로도 폐간조치가 가능하게 되어 있어 언론활동이 치명적인 위축을 당하지 않을 수 없게 된 것이다.

1980년 이후의 언론은 법질서를 어기고 안 어기고의 문제가 아니라 권력당국의 뜻을 어기고는 제작할 수 없다는 것이 현실이 되었다. 법질서가 문제가 아니라 권력당국이 신문을 어떻게 활용하느냐가 신문 제작의 기준이 되었다.

1980년 8월경 언론계에서는 700여 명이 이런저런 이유로 해고되었다. 개중에는 언론자유를 주장하고 자주성이 결여된 신문 제작을 거부하다 해고당한 기자도 있었지만 부정부패 케이스를 비롯해 해고 이유가 뚜렷한 사고로 신문사에서 쫓겨난 경우도 없지 않았다. 하여간 1980년 여름, 언론계에선 700명이 넘는 언론인이 타의에 의해 대량 해고되었다.

1980년대에 집권당국은 '새 시대 새 질서'를 제창했다. 한때 이것만이 살길이라던 유신체제는 박정희 대통령이 살해당하는 것과 함께 무가치한 것으로 되고 말았다. 1970년대까지 언론의 바람직한 형(型)은 '독립자유언론'이었으나 1980년대 새 시대 새 질서 하에서는 '동참언론'이 언론의 공식 목표가 되었다. '자유언론'에서 '동참언론'으로 바뀐 것이다. 이것은 1948년 정부수립 후 처음 맞는 새로운 언론상(言論像)이라 할 수 있다. 이 새로운 언론상 하에서는 실정법에 저촉되느냐 어떠냐가 문제가 되기보다 정치·경제·문화·사회분야 할 것 없이 정부 당국의 뜻에서 벗어난 신문 제작은 용납되지 않는다는 것이 특징이 되었다. '동참언론'관에서 보면 이러한 신문이 당연하고 바람직한 언론이겠으나 종전의 '독립자유언론'관에서 보면 일종의 '어용언론' '체제언론'이라 할 수밖에 없다. 이러한 언론에도 물론 비평활동이 없지는 않으나 그것은 어디까지나 권력당국의 묵인을 전제로 하는 언론 제작이다. 언론의 고유기능을 잃은, 따라서 이미 신뢰할 수 없는 언론이라고 볼 수밖에 없다. 보도해서는 안 되고 논평해서는 안 되는 사실은 절대로 보도도 논평도 하지 못하는 것이 오늘의 신문이다.

제도언론에서 독립언론으로

언론이 옳은 길을 가기 위해서는 무엇보다도 기자들의 책임을 요구한다. 언론이라는 직업은 말할 것도 없이 사회에 가장 큰 영향력을 미친다. 다른 직업과는 달리 봉급만 받으면 어떠한 신문을 만들어도 좋다는 식의 무책임한 기자가 되어서는 안 된다. 그러한 기자는 자신을 망치고 나라와 국민을 망치는 결과가 될 것이다.

우리가 다 아는 바와 같이 1970년대는 유신체제시대였다. "유신만이 살길이다"라고 너나없이 말하고, 만약 조금이라도 유신을 비판하는 사람이 있으면 그는 당장 나라의 역적이나 된 것처럼 비난과 공격을 받았다. 천지는 유신일색이었다. 언론계에도 유신주의자들이 적지 않았다. 단순히 강요된 신문 제작이 아니라 진정 '유신이 나라의 살길'이라고 생각하는 기자들도 적지 않았다. 정치 현실에 뛰어든 언론인도 적지 않았다. 특히 유신 말기 언론계는 유신 일색으로 충만해 있었다.

신문기자도 국민의 한 사람이라면 어떤 정치 신념을 갖는다고 해서 나쁠 것은 없다. 그러나 일단 10·26사태를 겪고 상황이 크게 바뀌어 '새 시대 새 질서'가 제창되자 유신 일색이던 언론계가 어느새 '새 시대 새 질서'의 천지로 변했다. 어제의 언론계는 '유신' 천지이던 것이 오늘은 '새 시대 새 질서'의 천지로 변했다.

단 몇 사람이라도 "그래도 유신의 길은 아니라"라고 고집하는, 아니 주장하는 언론인이 나왔으면 했다. 그러나 그러한 언론인은 단 한사람도 나오지 않았다. 언론인이 이렇게 조변석개(朝變夕改)해서야 되겠는가.

그러나 되돌아보면 이것으로 언론인을 욕하기는 어렵다. 지난 40년간의 언론사는 수난의 40년이었다. 얼마나 많은 언론인이 돈을 버는 것도 출세를 하는 것도 아니면서 권력자들에 의해 수난을 당했는가. 역대 집권자에 의해 언론인들은 헤아릴 수 없는 숱한 우롱의 대상이 되었다. 그래서 오늘의 언론인들은 언론인이기를 포기하고 기능인으로 자처하고 그러한 기능직에 만족해하는 듯이 보인다. 효율적으로 이용되기만 하면 출세하고 명성을 떨치기만 하면 그것으로 만족하는 것 같다. 이미 언론계를 떠난 지 10년이 되는 필자는 오늘날 현장에서 뛰는 기자들의 어려움을 동정한다. 그러나 그러면서도 언론이 한 시대에 미치는 영향이 얼마나 막강한가를 반성하라고 말하고 싶다. 일신의 안락을 위해 어제는 이런 말을, 오늘은 이런 말을 해도 좋단 말인가. 언론기관이 국민에게 미치는 영향을 생각하면 소름이 끼칠 일이 아닌가.

언론인은 기능인으로 만족할 수는 없다. 언론인은 누구에 예속되어서는 안 될 것이다. 오로지 국가와 국민의 대변자가 되어야 하며 어떤 이익단체나 정치단체에도 예속되어서는 안 될 것이다. 아무리 봉급을 받고 일은 할망정 오늘은 이런 말을 하고 내일은 저런 말을 하는 기자가 되어서는 안 된다.

바야흐로 우리의 내외정세는 무엇인가 새로운 변화의 조짐이 보인다. 이제 언론인들은 새로운 언론상을 정립하는 것이 절실해질 것이다. 그것은 '독립된 언론인'의 자세를 가졌으면 하는 것이다. 오로지 국가와 국민을 위한 민주주의를 지향하는 언론인, 민족주의를 지향하는 언론인, 이 길을 위해서는 누구에게도 예속을 거부하는 독립된 언론인이 되어야 한다.

언론인이라고 해서 정치를 하지 말라는 법은 없고 언론인이라고 해서 여당을 지지하지 말라는 법도, 야당을 지지하지 말라는 법도 없다. 그러나 그러한 길은 민간상업신문이 아닌 당기관지에 가서 일하면 되고 또 기자를 그만두고 정당에 들어가면 좋다. 신문기자 생활을 하는 이상 기자는 정치적으로 '절대독립'하고 '국가적 양심'에서 기사를 쓰고 평론하는 신념이 요구되는 것이다.

'동참언론'이 바람직한 명분을 가지는 언론이 되기 위해서는 두 가지 전제조건이 제기된다. 하나는 국가와 정부는 별개가 아니라 하나라는 사실이 설명·납득되어야 한다. 왜냐하면 우리가 인식하고 있는 언론기관은 국가와 정부는 별개의 것이라는 논리를 전제로 하기 때문이다. 또 하나는 사회는 모든 성원 간에 이해의 갈등이 없고 따라서 동질사회일 때에 한해서만 동참언론은 명분이 있다. 만약 사회에 이해를 달리하는 각 성원이 살고 있고 정부가 이중 특정 사람들의 이해를 대변한다고 한다면 이런 논리로는 동참언론은 설득력이 없어진다.

사회가 이해의 다원성을 전제로 한 것이라면 '동참언론'보다 '독립자유언론'이 보다 설득력 있을 것이다. 진정 국가가 발전하고 국민이 서로 갈등을 조정하고 민주적 번영을 누리려면 언론은 '동참'보다는 오히려 정부로부터 '독립과 자유'를 누리는 '민주언론'이 되어야 하기 때문이다.

미국·영국·프랑스·서독·일본 등의 언론은, 국가와 정부는 별개의 것이고 사회는 각 성원 간에 이해가 서로 달라 갈등이 생기게 마련이므로 이런 사회에서 바람직한 언론은 '동참언론'이 아니라 '독립자유언론'이 되어야 한다고 인식하고 있고 또 그렇게 기능하고 있다. 이런 나라들에서는 아무리 정부가 보도되고 논평되는 것이 곤란하다고 절실히 생각하는 사실이라 해도 언론이 자기의 양식에 따라 보도하는 것이 국가와 민족에 유익하다고 생각할 땐 아무런 두려움 없이 보도하고 논평할 수 있는 자유를 누리고 있는 것이다.

이것이 바로 한국 언론과 저들의 언론이 다른 점이다. 그리고 이것이 1960년대 언론과 그 이후의 언론, 특히 1980년대 언론이 다른 점이라 할 것이다. 1980년대 언론을 특히 재야언론인들이 '제도언론'이라고 칭하는 이유도 여기에 있다.

1970년대 전반까지는 엄중한 규제가 없는 것은 아니었으나 언론인들은 여전히 바람직한 언론상을 '동참'아닌 '자유언론'에 두었으며 따라서 때때로 부분적인 언론인들의 저항이 있었다. 그러나 특히 10·26 후의 '제도언론'체제 하에서는 언론의 저항은 제도적으로 봉쇄되어 있기 때문에 지극히 평온하다.

오늘의 우리나라 언론계 상황은 일종의 과도기에 있다고 하겠다. 공식적으로 지향하는 바는 '동참언론'이나 아직 이 '동참언론'이 체질화되지 않아 '동참'과 '독립'의 두 가지 언론관이 때때로 갈등을 일으키는 단계라고 할까. 그 제작의 몇 가지 실례를 일반적인 시각에서 예시해보기로 한다.

한 사실이 발생했을 때 이것을 전혀 무시해버리는 제작 방법이다. 그 사실의 보도가 불리하다고 생각될 때 그런 일이 없었던 것처럼 아주 무시해버리는 것이다. 이와 대조적인 방법은 바람직한 사건을 크게 보도·논평하는 방법이 있다. 일찍이 히틀러는 "지옥을 천당으로, 천당을 지옥으로" 만들 수 있는 것이 신문과 라디오의 힘이라고 했는데 이 같은 힘은 바로 위와 같은 조작된 신문보도로 목적을 달성할 수 있을 것이다.

그러나 엄연히 있는 사실을 없는 듯이 무시하고 보도를 하지 않는다면 사회에 유언비어가 끊임없이 생길 것이다. 1980년도의 '유비통신'의 각종 소문을 기억해보면 이해될 것이다.

그래서 생겨난 방법이 깎고 다듬는 보도 방식이다. 사실이란, 특히 그 사실이 정치·경제적으로 의미가 클수록 그 구조는 다원적이다. 이 다원적 구조를 가진 사실은 어느 특정 면을 클로즈업시키면(뉴스 제작에서는 이것을 리드라고 하지만) 동일한 사실도 독자에게는 전혀 다른 이미지의 사실로 받아들여 진다. 한 가지 사실이 그것을 어떻게 다루느냐에 따라 독자에게 그 문제가 얼마나 상반된 의미로 받아들여지나 하는 것은 국내문제든 국제문제든 관계없이 두드러지게 드러난다.

저마다 같은 사실을 다루면서도 한국과 일본이 서로 다르고 한국과 소련 또는 한국과 중공이 제각기 다르게 보도한다.

동일한 사실을 그렇게 서로 다르게 보도할 수 있는 것은 언론인이 무엇을 그 사실의 핵심으로 삼느냐, 즉 '리드'를 어디에 두느냐에 따라 크게 달라질 수 있기 때문이다. 기자는 결코 허위를 보도하지 않으면서도 자유자재로 권력이 원하는 방향으로 독자들을 유인할 수 있다.

또 어떤 사건에 관한 일련의 사실을 보도하는 데 있어 어느 부분은 보도하고 어느 부분은 묵살하거나 외면하는 방법도 있다. 이것은 리드의 조작과는 성격이 다소 다르지만 비슷한 수법이다. 가령 어느 사실을 보도할 때 대립하고 있는 두 집단 중 어느 한쪽 입장은 대대적으로 보도 아닌 선전을 해주고 다른 한쪽은 전혀 무시하거나 왜곡 보도한다. 또 어느 부정사건을 다룰 때 그 사건의 어느 부분, 가령 부정의 일부 또는 범인의 가족성분이나 정치적 배경 같은 것을 알면서 의도적으로 은폐하고 보도하지 않는 방법도 있다. 국내문제에서 위와 같이 보도태도가 편파적인 것은 언론이 국민과 국가를 위하기보다 특정집단의 이익을 대변하기 때문이다.

가장 문제되는 보도는 사실을 조작하는 것이다. 있지도 않은 일을 사실처럼 허위조작해 보도하는 것인데 이것은 특정집단의 이익을 지켜주기 위해 언론의 정도를 저버리고 언론의 탈을 쓰고서 국민을 오도하는 일종의 범죄행위다. 활자에는 사람들을 믿게 하는 일종의 마력이 있다. 이 마력을 십분 발휘해서 종국적으로 나라를 파멸로 이끌어가는 가증한 범죄행위다. 이러한 범죄행위가 그럴듯한 명분으로 태연히 범해지는 것이 현대의 매스 미디어다.

그리하여 민주국가에서는 언론기업인이 일단 언론사업에 손댄 이상 다른 사업에는 절대 손대지 않는 것을 관례로 한다. 그러나 우리나라에서는 언론기본법이 언론활동을 그렇게 엄중히 규제하면서도 언론기업인의 기업활동은 무제한 자유를 허용하고 있다.

일반 독자들은 바쁜 시간에 쫓겨 살기 때문에 보도기사를 일일이 다 읽지 않고 대체로 표제를 훑어보는 것으로 그치는 독자가 많다. 이런 독자들을 원하는 방향으로 여론을 유도하는 것이 표제조작이다. 기사 중 사실의 중요부분이 아닌 부분을 표제로 뽑는 것이다. 이러한 방법은 TV나 라디오에서 일상적으로 이용하는 것이다.

언론이 갖가지 지능적 방법을 동원해 독자들의 여론을 원하는 방향으로 유도하든가 또는 특정여론을 조작하는 정도는 매스 미디어의 기술이 고도로 발달한 현대의 상황에서 그다지 어렵지 않게 목적을 달할 수 있다. 그러나 사회적 이해를 달리하고 의견과 여론이 서로 다른 상황 속에서 여론의 통제는 사회 불만과 불안을 조장하고 언론에 대한 불신을 높일 것이다. 이러한 상황 속에서 한국의 언론과 여론은 대체로 크게 두 갈래로 나누어져 있다. 한편에서는 신문과 TV방송을 통해 권력당국에 바람직한 또는 최소한도 그들의 묵인을 받는 보도와 논평(여론)을 하고, 또 한편에서는 권력당국에 바람직하지 않은 사실 또는 여론은 신문이나 TV방송을 통하지 못하고 각종 단체 또는 기독교 단체의 각종 유인물을 통해 전해지거나 그것도 어려울 때는 예의 유언비어라는 형식을 통해 국민들 속에 전파되는 것이다.

유언비어의 양 또는 그것이 미치는 영향은 정상적인 미디어를 통해 전해지는 뉴스가 어느 정도 사회의 여론을 대변하고 있는가 하는 정도와 정비례한다. 만약 사회적인 미디어가 전파하는 사실이 사실대로 보도·논평되지 않거나 또는 한술 더 떠서 진실이 왜곡 보도되는 사례가 있다고 항의하는 소리가 높아지면 사회에 아직도 각종 유인물이나 유언비어가 나돌고 그것이 영향력을 가질 수 있는 여지가 상당한 정도로 남아 있다는 것을 뜻한다.

최근 각종 민간단체에서는 특히 신문과 TV에 대한 불만과 비난의 소리가 높다. 이것은 자기들에 관련된 보도가 사실대로 보도되지 않든가 또는 진실이 왜곡 보도되는 사례가 있다고 판단하는 때문이고 각종 민간단체에서는 자구책으로 정기성을 띠는 보도형 유인물을 내기도 하고 부정기적으로 그때그때 필요한 유인물을 통해 자기들의 입장을 밝히는 활동이 눈에 띄게 두드러졌다. 널리 애창되는 가요의 일부 가사를 바꾸어 그것을 부르게 하는 대항수단도 취하고 있다.

어느 시대 어느 정권을 막론하고 그 정부가 안정을 유지하려면 권력당국은 자기들이 하고 싶은 일을 완전히 다해야 한다고 욕심을 부려서는 안 된다. 권력의 논리는 그렇게 나아가기를 원할 것이다. 그러나 이러한 논리에 집착하면 집착할수록 국내 상황은 물론 국제관계에까지 오히려 불만이 배가될 것이고 종국적으로는 심각한 위험신호가 될 것이다.

하고 싶은 일을 다 하지 못하고 참고 자제하는 가운데 안정을 바랄 수 있을 것이다. 바로 이런 때일수록 정부의 현명한 언론정책이 바람직하다. 민중언론과 유언비어를 정상적인 언론에 흡수할 수 있다면 정부의 언론정책은 그것으로 성공이라 할 수 있을 것이다.

-《송건호 전집》 제8권, 한길사, 2002년, 53~73쪽.
《민주언론 민족언론》, 두레, 1987년, 37~54쪽

곡필언론이란 어떤 것인가

사회적 이해관계의 대변

현대인은 거의 하루도 빼놓지 않고 신문을 읽는다. 그리고 독자들은 누구를 막론하고 올바른 논평과 정확한 보도를 읽기 원한다. 바꾸어 말하면 신문독자들은 곡필(曲筆)을 싫어하고 직필(直筆)을 바란다. 그러나 곡필이 무엇이고 직필이 어떤 것인가를 모른다. 모른다고 하기보다 구체적으로 알려고 하지 않는다. 곡필이라면 사실을 왜곡하고 직필은 사실을 사실대로 옳게 보도하고 평론하는 것이라는 정도로 알고 있다. 깊이 따져보려는 경향이 없다. 그러나 신문의 영향력이 큰 오늘날엔 무엇이 직필이고 무엇이 곡필인가를 분명히 식별하여 신문을 옳게 읽을 수 있는 안목을 기르지 않으면 안 된다.

곡필과 직필은 흔히 생각되듯 식별하기가 그렇게 쉽지 않다. 세상에서는 곡필이나 직필을 주로 신문기자의 인간적 성실성이나 양식(良識)같은 다분히 개인의 윤리적 차원에서 구명하려는 경향이 있으나, 먼저 알아두어야 할 점은 직필이니 곡필이니 하는 문제는 논자의 개인적 차원이나 윤리적 차원에서 볼 문제가 아니라는 점이다.

사람은 누구나 고립되어 있는 것이 아니고 무엇인가 사회적 입장에 서 있다. 따라서 그의 주장도 그의 사회적 존재와 무관하지 않다. 즉 그의 주장은 그의 개인적 주장으로서보다도 그의 배경인 일정한 사회적 이해관계의 대변이라는 점을 깨달아야 한다. 그러므로 어느 누군가의 주장이 만약 곡필이라면 그러한 주장을 하는 논자의 인간성보다도 그가 대변하는 사회적 근거가 어떠한 부정이나 부패 같은 요인을 품고 있다고 보아야 한다. 즉 곡필의 뒤에는 그러한 곡필을 주장하지 않을 수 없는 부정·부패의 사회적 근거가 있다는 사실을 간과해서는 안 된다. 바꾸어 말하면 일정한 곡필에는 그것에 상응하는 일정한 사회적 부정이 그것의 근거로 존재한다고 말할 수 있다.

그런데 세상에서는 곡필이라면 흔히 파괴적이고 부정적인 글처럼, 또 직필이라면 건설적이며 긍정적인 글인 것처럼 생각하는 사람이 있다. 이론적으로는 일단 납득할 수 있는 이해태도다.

그러나 현실사회에서는 오히려 곡필일수록 '질서'를 부르짖고 '건설'을 주장하며 직필일수록 '파괴적'이고 '부정적'인 '불건전한' 언론으로 배척당하는 예가 많다. 또 곡필일수록 다수의견이고 정론일수록 소수의견인 경우가 많다. 사실 일상 언론생활에서 곡필을 서슴지 않고 휘두르는 언론인도 언론의 윤리·책임을 논하고 언론인의 바람직한 자세란 무엇인가를 태연자약하게 설교하는 것을 본다. 이것은 그가 이중인격자기 때문이라기보다 곡필에도 곡필 나름의 논리가 있고 주장이 있기 때문이다. 곡필을 단지 사실을 왜곡하는 위장논리라고만 보는 것은 큰 인식 부족이다. A를 가리켜 B라고 주장하는 것을 곡필이라고 보는 시대는 이미 지나갔다.

곡필을 사회적 근거를 가진 하나의 이해관계의 반영이라고 본다면, 곡필 역시 현실에 대한 하나의 인식이며 그들 나름의 하나의 해결책이 된다는 것을 알아야 한다. 곡필과 직필은 그렇게 쉽사리 식별되는 논리가 아니다. 어느 것이 정론이고 어느 것이 곡필인가는 때로 노련한 언론인들조차 혼동하기 쉽다. 그러면 정론이란 무엇이고 곡필은 무엇인가.

곡필의 기묘한 논리

필자는 우연한 기회에 지난 50년간에 걸친 곡필의 지난날을 더듬어 보면서 곡필이란 과연 기묘한 논리의 위장 속에 정체를 감추고 있다는 것을 발견했다. 곡필은 예외 없이 반민주적인 부패권력을 사회적 배경으로 가진다. 즉 민중의 지탄을 받는 집권세력의 부패나 실정(失政)을 변론하는 속에서 곡필이 생긴다.

곡필의 첫째 과제는 민중의 여론이 더 악화되지 않도록 그들의 관심을 문제의 핵심에서 딴 곳으로 옮겨놓든가 심리적 좌절이나 위축을 노려 개인의 행복에 호소하는 것이다. 얼핏 보아 논리정연하고 성실한 듯이 보이기까지 하는 곳에 곡필의 특색이 있다. 곡필이 가장 자주 쓰는 수법의 하나에 사회의 안녕질서를 내세우는 방법이 있다. 질서가 깨지면 사회가 불안해지고 사회가 불안하면 민심이 동요하며 민심이 동요하면 단결이 깨진다고 한다. 단결이 깨질 때 적이 침입한다는 논법을 쓴다. 왜 민중이 불만을 터뜨리게 됐는가. 그 원인에는 눈을 가리고 민중이 질서를 문란케 한다는 점만을 클로즈업시킨다.

만약 민중이 동요한다면 왜 민중이 동요하게 되었는가 그 원인부터 따져야 한다. 그런데 곡필은 이러한 원인에 대해서는 외면하고 오직 동요하는 민중만을 나무라고 질서를 강조한다. 사태의 움직임을 전체적으로 볼 때 비로소 한 사건의 원인이 어디에 있는가를 알게 되고 문제 해결의 방법도 찾을 수 있다. 그런데 곡필은 사실을 분리 단편화시킴으로써 두 사실의 인과관계를 절단하고 민중의 불평불만을 불법으로 몰아 그들의 항의나 시위를 폭동으로 몰아붙이는 방법을 쓴다. 곡필일수록 외적(外敵)의 위험성을 과장 보도한다. 나라 밖 몇 킬로 거리에서 적이 우리를 노리고 있다. 적을 눈앞에 두고 소란을 피우는 것은 결국 이적행위가 된다고 위협한다. 적을 눈앞에 두고도 부정부패를 일삼고 일신의 영화에 눈이 먼 나머지 실정과 반민주적 정치를 자행하는 자기들 자신의 책임—이것이 진짜 문제지만——에 대해서는 정작 언급을 꺼린다. 규탄 받아야 할 자는 자기들 자신이라는 사실은 외면하고 엉뚱하게도 민중만을 불법으로, 폭동으로 모든 것이 곡필이 잘 쓰는 논법이다.

곡필의 또 하나 논리는 사람의 사회적 존재를 개인적·가장적 존재로 환원시켜 개인의 본분에 호소하는 방법이다. 도저히 성사될 가망도 없는 독립(또는 민주화)을 위해 투쟁한다는 것은 일신과 가정의 파멸을 가져올 뿐이니 그런 망상을 버리고 각자 자기의 본분을 지키고 충실하라는 논법이다. 직장인은 직장으로, 학생은 학원으로, 노동자는 공장으로 우선 돌아가야 한다는 설득이다. 본분론(本分論)의 설득은 인간의 가장 약한 점을 찌르자는 것이다.

곡필의 특색은 한마디로 합리화의 이론이다. 그러나 곡필의 합리화 논리는 진정한 합리화가 아니라 사이비 합리화다. 한 문제, 한 사건을 제대로 파악하고 이것을 합리적으로 해결하고 수습하려면 문제를 부분적이 아니라 전체적으로 보아야 한다. 학업에 전념하라는 설득 자체는 옳은 말이다. 그러나 공부에 전념할 수 있는 여건이 파괴되고 위협받고 있어 전념할 수 없다는 사실은 외면한다. 6·10만세운동·광주학생운동 때 당시 총독부 기관지 『매일신보』는 조선 학생들에게 학업에 전념하라고 매일같이 논진(論陳)을 폈다. 일제의 식민 치하에서 노예교육을 받고 있는 상황에 대해서는 외면했던 것이다. 문제를 전체적으로 보지 않고 현실을 단편화하여 사고의 논리를 절단시키는 수법이다.

그러나 곡필도 현실문제에 대한 하나의 해결책을 제시하고 있다. 하지만 곡필의 해결책과 직필의 해결책은 질적으로 다르다. 곡필의 해결책은 참된 해결이 아니라 위장된 사이비 해결이다. 곡필이 의도하는 바는 근본적으로 부정(不正)한 기득권의 유지에 목적이 있으므로 그들이 주장하는 해결책은 해결이 아니라 수습에 그친다. 곡필이 즐겨 사회의 안녕질서를 내세우는 이유가 여기에 있다. 물론 질서를 내세우는 것이 언제나 곡필이라고 일률적으로 말할 수는 없으나 현재 영화를 누리고 있는 사람들에게는 현상을 근본적으로 개혁하기보다 어떤 형태로든지 현상을 유지하는 것이 자기들에게 절대 필요하기 때문이다.

곡필의 논리가 본질적으로 부정적이기보다 긍정적이며, 파괴적이기보다 건설적인 것처럼 보이는 이유가 여기에 있다. 이와 반대로 직필은 부정이나 부패 또는 반민주와 싸워야 하기 때문에 자연히 현상 비판적이 되며, 따라서 현상 유지파에게는 파괴적인 것처럼 보이게 마련이다. 직필은 비상한 용기가 필요하며 높은 식견이 있어야 한다. 정론이 비극과 수난을 겪게 되고 따라서 언제나 소수의견에 머무를 수밖에 없는 이유가 여기에 있다.

하나의 글이 곡필이냐 직필이냐를 식별하려면 그것이 어떠한 사회세력을 배경으로 삼고 있느냐를 따지지 않으면 안 된다. 그리고 그 세력이 민주적이냐 아니냐를 식별하기 위해서는 훌륭한 역사의식을 가지지 않으면 안 된다. 곡필은 식별하기 어렵고 직필은 쓰기 어렵다. 곡필은 하늘, 즉 역사가 죽인다 지만 직필은 사람, 즉 권력한테 죽는다고 한다. 그만큼 글을 쓴다는 것은 어렵다.

곡필이 사람들에 의해 그렇게 거부되고 있으면서도 현실적으로는 곡필이 사라지기는커녕 오히려 언제나 '건설적' 언론으로서 '다수의견의 우세'를 보이고 있는 까닭도 여기에 있다. 일제 하 36년간 일제의 식민통치를 합리화한 『매일신보』의 언론활동, 8·15 후 12년간 자유당의 반민주·부패정치를 합리화한 일부 언론이 곡필의 전형이라 할 것이다.

민주언론의 사명은 위장논리 속에 숨어 반민주·부패권력을 대변하는 곡필의 정체를 폭로하는 데 있다. 자유언론의 앞길이 결코 탄탄한 대로가 될 수 없는 운명이 여기에 있다.

-《송건호 전집》 제8권, 한길사, 2002년, 209~214쪽.
《민주언론 민족언론》, 두레, 1987년, 164~168쪽

편집권 시비

자본과 경영의 분리

신문은 그것이 국가나 사회에 미치는 영향력 때문에 다른 기업에 비해 공공성이 크다. 신문이 누구에 의해서도 사용(私用)되어서는 안 된다는 이유가 바로 여기에 있다. 그러나 신문이 주식회사라는 조직형태를 지니고 있는 한 회사의 경영권은 기업주에게 있다. 일상적인 신문제작은 국장·부장에게 권한이 위임되고 있으나 최종적인 결정권을 가지고 있는 것은 기업주다. 이른바 편집권을 경영권의 일부라고 생각하는 사회에서는 당연한 일로 받아들여지고 있다.

그러나 지난 몇 년간의 경험을 통해서 언론계를 볼 때 신문 제작이라는, 국가사회에 막중한 영향을 미치는 권한을 과연 기업주라는 어느 한 사람의 결정에 위임해서 좋은 것인지 크나큰 회의를 자아내게 하고 있다. 일반적으로 개인의 소유권에 입각해 편집권이 좌우되는 경영방식이 이루어질 경우 신문 편집은 흔히 기업주 개인의 자의에 의해 결정되기 쉽다. 국가나 사회의 움직임에 커다란 영향력을 미치고 또한 중요한 사명을 지닌 언론기관이 오로지 개인의 소유에 속하고 있다는 이유만으로 그 소유자의 개인적인 이익을 위해 악용된다든지 또는 공공의 이익에 충실하려는 편집국 기자들의 다수의견에 반해 외부의 특정 정치권력과 결탁을 했을 경우, 이것이 신문에 기대되고 있는 공공성을 짓밟고 국가·사회에 위해(危害)를 끼치는 행위가 됨은 긴 설명이 필요 없다. 더욱이 기업주가 신문 경영을 가업으로 대대손손 세습하게 되면 신문사업의 사회적 책임을 잊고 마치 그 기업이 자기 개인소유인 양 착각하고 공공에 배치되는 방향으로 신문 제작을 할 위험성이 커진다.

이러한 이유로 최근 공공성이 강하고 사회나 국가에 대한 영향력이 큰 신문사의 경영에 있어서 기업주의 발언권이 무제한일 수 없다는 사상이 커져가고 있다. 그래서 유럽의 저널리즘에 있어서는 자본과 경영의 분리가 대세를 이루고 있다. 이러한 경향으로 서독의 일부 신문에서처럼 일반 기자들도 어느 정도 신문사의 경영에 참여할 수 있는 기회가 열리게 되었다. 즉 기자의 해임, 편집국장·부국장·부장의 임명, 해임 등에 기자위원회가 어느 정도 발언권을 가지게 된 것이다.

기업주가 신문사의 경영을 마음대로 좌우한다는 경영방식은 미국이나 영국 같은 나라에 아직 남아 있으나 영국에서는 최근에 들어서 점차 영국인 특유의 수정 경향을 보이고 있다. 가령 런던의 〈더 타임스〉나 〈맨체스터 가디언〉이 채용하고 있는 주주권의 신탁방식, 즉 사주의 주주권 행사를 공정한 제3자에게 위임한다는 방식이 그것이다. 이러한 방법은 언론의 독립, 인사의 공정을 기하기 위해 취해진 것이다.

〈더 타임스〉는 1967년 이후 톰슨 경의 지배 하에 들어갔으나 대주주인 톰슨 경은 신문의 편집에 전혀 간섭하지 않고 있다. 그가 지배하는 영국 신문 중에는 〈더 타임스〉나 〈선데이 타임스〉 같은 고급지도 있고 이름조차 알려지지 않은 지방지도 있으며, 논조가 보수적인 것도 있고 진보적인 것도 있다. 이는 대주주인 톰슨 경의 정치사상의 영향을 거의 받고 있지 않다는 것을 말해준다.

한때 영국의 신문왕이었던 세실 킹은 대중지인 〈데일리 밀러〉지의 사주였으나 사주로서의 권력을 남용해 자신의 사진을 겸한 기사를 게재케 한 일이 있었다. 사주의 이러한 권력남용을 반대하여 동사(同社) 기자들은 경영진까지 동원해서 1968년 마침내 그를 사로부터 추방하고 말았다. 영국의 언론은 전반적으로 구식 경영방식을 채택하고 있으나 이와 같이 점차 기업주의 권력 남용을 제한하는 방향으로 나아가고 있다.

미국의 언론은 〈뉴욕 타임스〉의 설즈버거 일가나 〈워싱턴 포스트〉의 그레이엄 여사처럼 사주가 신문 경영에 절대적인 권력을 장악하고 사주의 의향에 반하는 신문은 만들지 못하는 신문이 있다. 그러나 미국에서 사주가 이같이 절대적인 권력을 가지고 있으면서도 편집국 기자와의 사이에 이렇다 할 마찰의 기색을 보이지 않고 있는 것은 사주가 일선기자 이상으로 저널리즘 정신에 투철하기 때문이다. 일반적으로 미국이나 영국에서는 언론기업주들이 다른 기업에 간여하지 않고 오로지 신문기업에만 정열을 쏟고 있기 때문에 그들은 편집국 기자나 다름없이 저널리즘에 그만큼 순수할 수 있다는 특징이 있다.

서독의 언론도 대체로 영국과 비슷한 상황이라고 할 수 있다. 〈디벨트〉 등 몇 개의 신문을 발행하는 악셀 슈프링거의 경우처럼 아직도 대주주인 사주가 절대적인 권한을 가지고 편집의 기본방침을 정하고 그 테두리 안에서 편집을 시키는 방식을 취하고 있다. 그러나 서독은 프랑스의 영향을 받아 기자들의 발언권이 점차 커가고 있다. 〈슈테른〉처럼 기자들의 경영참가를 인정하고 있는 출판사도 생기고, 〈프랑크푸르터 알게마이네 차이퉁〉처럼 기자 출신 중역이 회사 경영의 중추적 역할을 하고 있는 신문사도 생겼다.

최근에는 서독의 많은 신문들이 사주와 편집국 기자들 사이에 이른바 편집권의 귀속을 둘러싸고 대립이 생겼다. 그 후 서독에서는 사주와 편집담당자들 사이의 관계를 명문으로 규정하는 문제를 협의 중에 있다. 이러한 움직임과 함께 서독에서는 사회민주당이나 자유민주당과 같은 보수당에서조차 사주와 기자의 관계를 법으로 규정해야 한다는 운동이 시작되었다. 서독신문발행인협회와 편집인협회 사이에 협상이 진행된 논점을 보면 대체로 세 가지 차원에서 문제가 검토되고 있다.

첫째, 신문의 정치적 성격, 가령 자유주의체제냐 혁신주의체제냐 하는 문제는 사주가 정할 소관사항이라는 결론에 도달한 것 같다. 우리나라 신문에서의 '사시'와 비슷한 것이라고 할까.

둘째, 그때그때 제기되는, 그러나 상당히 국가의 방향에 영향을 주는 기본정책에 대한 태도, 가령 동방정책·군축문제·EC문제 같은 정책에 어떠한 입장·논조로 임하느냐는 문제 등에 대해서는 사주와 편집자 사이의 협의로 정의한다는 의견과 편집진영만의 판단으로 정해야 한다는 양론이 있다.

셋째, 일상적인 지면 제작에 대한 결정권은 전적으로 편집자들의 결정사항으로 되어 있다. 최근의 서독 언론계 상황을 잘 알 수 없으나 많은 사에서 사주와 기자의 관계가 노사협약 같은 형식으로 명문화되어가고 있는 것 같다. 그러나 이에 못지않게 중요한 논점은 사의 경영, 특히 편집진영의 인사문제에 있는데 이 문제는 기자위원회 같은 데서 사주의 일방적 결정에 반발, 협의결정사항으로 해야 한다는 의견이 강하게 대두되고, 현실적으로 그러한 방향으로 나아가고 있는 것 같다.

프랑스에서는 고급 권위지인 〈르몽드〉 〈피가로〉 〈렉스프레스〉 같은 신문사에서 대주주의 권력남용을 봉쇄하기 위해 여러 가지 방법이 연구되고 있고 또 대체로 그러한 연구가 성공을 보이고 있다. 가령 〈피가로〉사에서는 최근 자본과 경영의 관계가 완전히 분리되었다. 물론 이렇게 되기까지에는 오랜 시일의 투쟁이 있었다. 신협정에 의하면 신문은 주주가 아닌 별도의 관리회사가 운영하도록 되어 있는데 실제로는 집행위원회(5명)가 운영하고 그것을 관리위원회(12명)가 감시한다. 집행위원장은 주필이 취임하나 대외적으로는 동시에 사장이며 집행위원에는 기자 출신이 한 사람 포함된다.

〈르몽드〉의 경우는 1951년 정부에 대한 비판적 논조가 도화선이 되어 편집국장이 경질되는 사태가 벌어졌으나 기자들이 일제히 국장을 지지하고 프랑스 노동법 제23조의 이른바 '양심조항'에 의거해서 주주들의 퇴진을 요구하는 한편, 보상금을 요구하는 전술로 나와 마침내 주주들이 기자 전원으로 구성된 '편집자단' 설립에 동의하고 주식의 28.58%를 이 '편집자단'에 양도하기로 합의했다. '편집자단'은 25% 이상의 주식을 갖게 되어 신문사 운영의 중요한 결정에 참여할 수 있게 되었다. 이 〈르몽드〉 사건에서 특기할 것은 '편집권 참여'가 가능하게 되었다는 점이다. 1971년에는 〈르몽드〉의 협약이 개정되어 '편집자단'은 자본금의 40%를 차지하게 되었다.

국민의 알 권리

신문에 있어서의 이른바 '편집권'이란 바꾸어 말하면 국민의 알 권리와 밀접한 관계가 있다. 신문 제작을 오로지 언론인의 입장에서 보고 그 입장에서 관철시키자는 것이 편집자의 입장이라면 신문 제작을 신문인이 아닌 기업인의 입장에서 보고 기업의 이익을 위해서 신문 제작을 해야 한다는 것이 기업인의 입장이다. 편집권이 경영권의 일부라고 강변하는 것은 바로 기업인이 신문을 사물시(私物視)하는 사고에서 생긴 부당한 이론이라는 사상이 커가고 있다.

1975년의 우리나라 언론계 파동은 여러 가지 측면에서 한국 언론사상 중요한 의미가 있는 사건이었다. 1975년의 언론계 파동은 일단 기업주의 승리로 끝난 것처럼 되어 일부 신문사에서는 기자들이 대량 해고되고 일부 신문사에서는 언론의 정도를 주장하던 기자들이 외부세력과 결탁한 기업주에게 패배, 그들에게 완전 굴종하는 형식으로 낙착된 듯이 보이고 있다. 그러나 한국 언론계의 파란은 앞으로 언젠가 다시 본격적으로 벌어질 것이 예상되며 이 투쟁은 한국 언론이 정상을 되찾느냐, 아니면 긴 전통에서 탈락하여 사이비 언론·어용 언론으로 전락하느냐의 갈림길에 서게 되었다.

1975년의 언론계 파동은 이 땅의 언론기업이 질적으로 새로운 단계에서 새로운 기능을 갖게 되었다는 것을 말해준다. 일제 치하를 포함해 한국 언론은 형극의 길을 걸어왔다. 그때그때의 정치권력에 의해 여러 가지 이유로 언론활동이 봉쇄당했다. 그러나 똑같은 언론의 수난이면서도 1975년의 파동과 그 이전의 수난 사이엔 커다란 질적 차이를 보이고 있다. 1975년을 계기로 언론기업주들은 이미 고유한 저널리즘 정신에서 이탈, 완전히 외부권력의 시녀가 되어 저널리즘과 저널리스트를 적대시하게 되었다.

언론의 자유, 즉 신문인의 양식과 신문인의 책임 하에 신문을 제작한다는 주장은 그 전제조건으로 첫째 필요한 것이 기업으로서의 독립이다. 신문기업이 외부의 특정 정치권력에 예속된다든지 언론과 직접 관계없는 다른 기업과 손을 잡아 그러한 기업과 이해관계로 얽혀 있다면 신문의 독립은 이미 위협을 받는다. 선진국에서는 언론기업이 절대로 다른 기업에 손대지 않으며 다른 기업을 받아들이지도 않는다. 언론기업의 독립을 지키기 위해서다. 영국의 〈타임스〉, 프랑스의 〈르몽드〉, 미국의 〈뉴욕 타임스〉, 일본의 〈아사히〉, 서독의 〈디벨트〉 같은 권위지는 물론 2류·3류지에 이르기까지 언론기업은 절대 다른 기업과 관계를 갖지 않는다. 모두 신문의 독립을 지키기 위해서다.

우리나라 언론기업도 지나간 긴 언론사로 볼 때 이 점에 있어선 비교적 순수했다. 8·15 후 오랫동안 한국 언론이 제구실을 할 수 있었던 것도 바로 언론기업의 이러한 순수성 때문이었다. 그러나 이렇게 비교적 순수했던 언론기업이 1965년 전후부터 점점 흐려지기 시작했다. 외국에서는 일종의 터부처럼 되어 있는 언론기업에 대한 타 기업 침투가 우리나라에서는 문호가 완전 개방되어 있다. 타 기업이 언론에 손을 대기도 하고 언론기업이 타 기업에 손을 뻗치기도 해서 언론기업은 완전 무방비도시처럼 그 독립성·순수성이 짓밟혔다. 이리하여 이 땅의 언론기업은 반세기가 넘는 영광스런 전통에서 점차 탈락되어갔다.

언론이 그 독립성을 상실하는 과정에는 두 가지 함정이 있다. 하나는 외부적 작용(압력)에 의해 와해되는 경우고 또 하나는 내부에서 자체 와해되는 경우다. 한국 언론은 그 긴 전통이 외부의 압력에 대한 저항 속에서 자라났다. 빛나는 투쟁 경력이 여기에서 형성되었다. 그러나 지금 한국 언론은 내부에서의 저항이 붕괴되고 있다. 언론사상 일찍이 없었던 수난을 겪으면서도 기업주들은 저항은 고사하고 외부와 결탁하여 자유를 부르짖는 기자들을 오히려 적대시하고 자진해서 자유를 포기하는 추태를 부리게 되었다. 편집국과 경영진이 같이 수난을 겪는 것이 아니라 외부와 결탁하고 언론자유를 박멸하고자 기를 쓰고 있는 것이 오늘날 이 땅 언론기업들의 숨김없는 정체라는 비난이 높다. 1970년대에 들어서면서 한국 언론은 새로운 단계에 들어섰다. 그 단계란 자유를 자진해서 포기하는 단계가 되었다는 것이다.

자유를 지향하는 기자들이 외부와 투쟁하기에 앞서 내부 경영진과의 싸움이 더욱 절박하게 된 이유가 여기에 있다. 오늘의 신문이 제구실을 못하고 독자의 불신을 사고 있는 것은 외부의 압력을 탓하기 전에 외부에 영합하여 자유를 자진해서 포기하는 기업의 구조적 체질에 문제가 있다. 오늘날 경영진의 일부는 자유를 부르짖는 운동을 오히려 기피하고 두려워하는 경향마저 생기고 있다.

국가와 사회에 막대한 영향을 미치는 언론기관이 개인의 기업형태로 운영되고 있기 때문에 개인의 이권보호를 위해 국민과 사회의 자유가 희생당하고 있는 것이다. 유럽에서 이른바 편집권을 기업주에게 일임하지 않고 사회의 공기(公器)답게 제작진에 상당한 발언권을 주고 또 신탁경영의 방향으로 기울어지고 있는 이유도 기업주에게 이른바 편집권이 독점되었을 경우 생기는 국가적·사회적 해악을 막자는 데 이유의 일단이 있음은 말할 것도 없다.

그러면 편집권문제는 어떻게 해결되어야 할 것인가. 알고 있듯이 우리나라 신문사는 각각 사시라는 것을 표방하고 있고 지난 몇십 년간의 언론활동에서 제각기 독특한 전통적 분위기를 형성하고 있다. 따라서 신문사는 이 같은 사시와 분위기 속에 형성된 전통을 사회—수백만 독자대중—에 대한 하나의 공약으로서 객관화시키고 이 공약을 경영진이고 편집진이고 일방적으로 개정할 수 없게 하며 또 다 같이 책임을 지고 수호한다는 방침을 세우자는 것이 그 하나다.

본래 사시란 사주가 결정한 것이나 이 사시를 보고 사시에 따라 그간 형성된 전통에 공명(共鳴)하여 입사한 것이 기자였다. 사시, 즉 공약을 국민 앞에 객관화시킨다는 것은 경영진이나 편집진이 사시를 사물시(私物視)하지 않고 그것을 성실하게 지켜나간다는 뜻이 포함되어 있다. 혹 신문사 중에 사시가 뚜렷하지 않다고 생각되면 사시를 다시 제정해도 무방할 것이다. 다만 일단 결정된 사시에 대해서는 경영진이라 해도 일방적으로 바꿀 수 없도록 해야 한다. 1975년 봄의 언론계 파동은 사주가 수많은 독자와 편집진의 의사를 무시하고 일방적으로 사시를 배반한 데서 발생한 것이다. 프랑스 노동법 제23조에는 '양심조항'이라는 것이 있다. 신문의 편집방침(사시)에 중요한 변화가 생겨 기자가 자기의 양심을 관철할 수 없게 되었을 경우 기자들은 사주에게 상당한 보상금을 청구할 권리가 보장되어 있다. 1951년 〈르몽드〉 사건 때 기자들은 제23조에 의거, 경영진과 투쟁했던 것이다.

　　1975년 봄 한국 언론계의 파동은 프랑스 노동법에 따른다면 사주가 명백히 제23조를 위반했다. 뿐만 아니라 기자들의 정당한 항의에 집단해임이라는 폭거로 맞선 것이다. 사주가 외부 압력에 의해 사시가 유린당하는 위기를 맞고도 그 외부에 대해서는 저항하려 하지 않고 오히려 외부와 결탁하고 신문의 전통을 수호하려는 기자들을 대량 해임한 것이다. 사주가 이렇게까지 변질된 것은 언론기업이 내부에서 붕괴되고 재벌화된 대기업의 한 예속기업으로 전락된 데에 가장 큰 이유가 있다. 그러므로 한국 언론이 본래의 기능으로 되돌아가기 위해서는 첫째, 언론을 예속기업적 위치에서 독립기업으로 확립시켜야 한다. 만약 언론이 타 기업에서 독립하여 완전자립을 하고 자주적 운영을 한다면 기업주가 편집권을 소유한다 해도 미국의 〈뉴욕 타임스〉나 〈워싱턴 포스트〉 또는 일본의 〈아사히신문〉처럼 경영진과 기자 사이에 본질적 대립이 생겨나지 않을 것이다. 자유당 시절의 〈조선일보〉이나 〈동아일보〉에서는 편집권을 둘러싼 경영진과 기자와의 대립·반목이란 상상도 못했던 일이다.

둘째는 신문의 사시와 편집방침의 수호에 기자들이 발언권을 가져야 한다. 프랑스처럼 '편집자단'도 좋고 '기자위원회'도 좋고 기협분회의 개편도 좋고 명칭은 무어라도 상관없다. 신문의 제작방침을 사주의 일방적 해석과 권한사항으로 일임해서는 안 되겠다는 것이다. 기업인으로서의 사주는 이미 그 사회경제적 여건으로 해서 사시에 따라 소신대로 신문을 제작하기가 어렵다. 그들에게 이른바 편집권을 일임하면 외부의 작용에 영향을 받게 마련이다. 그러므로 편집자단이 사주의 대외적 허약성을 보완해주어야 한다. 만약 사주가 단순한 장사꾼이 아니라 참된 신문인으로서의 정신이 다소라도 남아 있다면 이른바 편집권을 둘러싸고 편집국 기자들과 대립·반목해야 할 이유란 없는 것이다. 오히려 신뢰와 화목 속에 난국을 극복해나갈 수 있을 것이다.

-《송건호 전집》 제8권, 한길사, 2002년, 195~203쪽.
《민주언론 민족언론》, 두레, 1987년

우리의 언론 현실과 민주화의 길

권력과 정보의 독점

사람은 무엇이든 어떠한 행위를 하려고 할 때 이에 관한 여러 가지 정보를 나름대로 이모저모 입수하고 판단한 다음에 실천에 옮기는 것이 일반적인 경향이다. 한 예로 옷을 한 벌 사려 할 때도 요즘 시세는 어떤가, 유행하는 '디자인'은 무엇인가, 어디에 옷을 파는 상점이 있는가 등 여러 가지를 알아본 다음에 사게 된다.

그런데 이때 사람들의 정보입수에 큰 구실을 하는 것이 언론이다. 언론은 우리 주변의 정치·경제·문화·사회생활에 관한 움직임을 매일같이 보도로 알려준다. 학교시절에는 교과서라는 것이 따로 있지만 사회생활을 하는 사람들에게는 교과서가 따로 없고, 있다면 신문뿐이다.

신문은 사회생활을 하는 사람에게 거의 교과서나 다름없는 구실을 한다. 신문은 사회생활의 일종의 정신적 양식이라고도 할 수 있다. 밥을 먹지 않고는 육체생활을 할 수 없듯이 매스 미디어를 통한 정보에 접하지 않고는 정신생활, 바꾸어 말해서 사회생활을 할 수가 없다. 그러므로 사회를 지배하고자 하는 자는 먼저 언론, 즉 정보를 지배하고자 한다.

만약 어떠한 정치인이 권력을 잡았으나 사회가 불안정하고 국민의 신임을 얻지 못해 불안을 느낄 때에는 그럴수록 대중의 정보활동을 통제하려고 한다. 따라서 권력과 언론의 관계를 분석하는 속에서 사람들은 그 정치가 민주정치인가 독재정치인가를 분간할 수 있다. 이런 관점에서 우리는 오늘의 한국 언론과 정치를 이해해야 한다고 본다.

오늘의 한국 언론을 이해하려면 먼저 1980년 8월 이후 권력당국의 언론에 대한 일련의 강경조치를 살펴볼 필요가 있다. 현 집권당국은 10·26사태로 박정희가 불의에 살해되자, 1980년 봄 실권을 장악하고 언론에 대해 일련의 강력한 통제를 실시하기 시작했다. 이 언론통제는 계엄 하의 언론 사전검열과 같이 일시적인 것이 아니라, 그것이 제도화됐다는 점이 특징이라 할 수 있다.

우선 8월을 전후해 약 680여 명에 달하는 언론인이 해직 내지 투옥되었다. 이 680여 명 중에는 기자의 지방주재제 폐지와 5·17사태에 저항하다 파면 혹은 투옥된 기자들이 포함되어 있다.

둘째는 전파미디어의 국유화 조치다. 우리나라 언론계에는 본래 동아·동양·문화(정부계)와 같은 민간방송이 있었으나 1980년 말을 기해 이 모든 민간방송사가 정부관리, 즉 실질적으로는 민정당 정권의 대변기관이 되고 말았다. 이밖에 동양TV가 있었으나 이 TV도 KBS로 통합·흡수되어 모든 전파미디어가 정부 대변 구실을 하게 되었다. 셋째로 언론계에 본래부터 있었던 합동·동양이라는 2대 민간통신사와 이 밖에 크고 작은 수많은 특수 전문통신사가 있었는데 거의 모두 폐간되고 합동·동양 양대 통신사는 '연합통신'이라는 정부관리 하의 대변통신사로 통합·발족되었다. 이러는 한편 각 도에 원칙적으로 한 개의 신문만을 남기고 나머지는 모두 폐간시키고 말았다. 이른바 언론사의 통폐합 조치로 기자들이 대량 해고되었다. 한 도에 한 개 신문이라는 조치는 일제 말 일본인들이 식민지 한국에 실시한 바 있는 제도며 아마 이러한 선례에서 힌트를 얻은 것인지도 모른다.

다음은 지방주재 기자제를 없애버렸다. 가령 〈동아일보〉나 〈조선일보〉에서는 각 지방에 신문사 직속의 주재기자를 상주시켰으나 이 제도를 없앰으

로써 지방주재 기자들이 각 사(社)마다 대량 해고되었다. 다만 중앙의 정부
계 연합통신사 기자만이 지방에 주재할 수 있고 그 도의 유일한 신문사가 주
재기자를 상주할 수 있게 하였다. 따라서 서울시민들은 관영 연합통신을 통
해서만 전국의 사정을 알 수 있게 되었다.

다음으로 유신정권 하에서 생긴 프레스카드제의 존속·강화와 새로 '홍보
조정실'을 신설·강화하였다. 프레스카드제란 담당출입처에 드나들며 취재
를 할 때 신문사에서 이를 허용하는 것이 아니고 담당출입처, 즉 행정부당국
이 출입취재권을 주도록 되어 있다. 만약 이 출입증(프레스카드)이 없으면 출
입이 모두 거절당하는 것이다. 따라서 행정당국에서 바람직하지 않은 기사
—비판적 기사—를 썼다고 판단될 경우 그 기자는 즉각 출입을 거절당할 수
있다.

마지막으로 꼭 언급하고 넘어가야 할 점은 '홍보조정실'이라는 기관이 신
설·강화된 점이다. 이 '홍보조정실'—조정실이란 어감이 좋지 않다고 생각했
음인지 '홍보정책실'로 개칭되었으나—에서 하는 일이란 행정부의 지시에 따
라 각 신문사에 그날그날의 제작방침을 시달하는 것이다. 가령 무슨 무슨 사
실은 발표 불가, 또 무슨 사실은 절대 발표하지 말 것, 무슨 기사는 돋보이게
보도할 것, 그리고 무엇 무엇에 관한 기사는 특히 크게 톱기사로 보도할 것
등으로 그날그날 제작방침을 시달하는 것이다.

이에 그치지 않고 '언론연구원'이라는 기관이 문공부 소속으로 설치되어
각 신문사의 기자들을 의무적으로 훈련시키고 안보의식을 주입시켜 새로
운 언론관을 형성하게 하였다. 이러한 기자훈련을 하는 언론이 동참언론(同
參言論)이라는 것인데, 동참언론이란 언론이 결코 정부와 떨어진 존재가 아
니라 정부와 운명을 같이해야 할 밀접한 관계에 있다는 점을 강조하는 것이
다. 정부가 망하고서 어찌 언론이 있을 수 있느냐는 논리다. 이때 당국이 반
드시 내세우는 예는 월남 패망에 관한 교훈이다. 정부가 온갖 힘을 다해 활
동했으나 나라가 망하고 보니 남는 것이 무엇이 있느냐는 것이다. 정부가 있

고서 언론자유도 있다는 것이다. 그러나 이 논리는 커다란 잘못을 범하고 있다.

정부 주장대로 정부나 언론—국민—은 한 배에 타고 있는 것이 사실이다. 그러므로 배가 침몰하면 다 망한다는 것도 이해할 수 있다. 그래서 언론은 언론의 독립이니 자유니 떠들지 말고 정부를 돕는 동참언론이 되라는 것이다. 하지만 이것은 논리의 왜곡이다.

이 논리는 그럴듯하나 사실은 크게 잘못된 언론관이다. 나라를 바다 위에 떠 있는 배에 비유한다면 정부는 사공이고 언론은 그 배에 승선하고 있는 승객의 한 사람이며 정부의 비판자·감시자다. 만약 사공이 노를 잘못 저으면 배는 침몰하고 만다. 그러므로 국민은 자기들의 생명과 재산의 보호를 떠맡고 있는 사공—정부—을 항상 비판하고 감시하고 견제해서 배가 제대로 운항되도록 인도해야 한다. 신문은 어디까지나 선장인 사공이 올바르게 항해하도록 조언하는 것이 근본 직책이다.

그러나 신문이 조언하는 경우는 정부가 선의의 통치를 할 때의 이야기고 만약 선장인 사공이 도저히 묵과할 수 없는 잘못을 범한다면, 즉 자기의 사리를 추구하기 위해 승객들을 괴롭히거나 항해를 잘못하는 경우에는 승객의 기능이 단지 조언에만 그칠 수는 없다. 선장을 비난하고 사공일을 그만두라고 요구할 수도 있는 것이다. 왜냐하면 한배에 타고 있기 때문에 사공이 노를 잘못 저으면 사공은 물론이고 같은 배에 탄 다른 수많은 승객들까지 한꺼번에 침몰돼버리기 때문이다. 선장이란 승객과는 달리 여러 가지 권한이 많고 이권이 개재해 있어 만약 사공이 자기가 맡은 막중한 책임은 돌보지 않고 이권에 눈이 어두워 못된 짓을 일삼는다면 승객의 한 사람인 언론인은 그러한 나쁜 사공을 방관만 하고 있을 수는 없는 것이다. 언론과 정부는 사실 한 배에 타고 있는 운명공동체다. 그러나 바로 그렇기 때문에 언론은 사공인 정부를 언제나 감시하고 비판하고 견제함으로써 사공의 탈선을 막아야 한다. 부득이한 경우엔 사공의 교체도 주장할 수 있어야 한다.

5·16과 5·17의 차이점

앞에서 분석했듯이 5·17 후에는 언론에 대해 전에 없이 강력한 통제를 가했다. 이때부터 일부 비판자들은 이러한 언론을 '제도언론'이라고 부르기 시작했다. 그러나 5·16 후와는 차이점이 있었다. 5·16이나 5·17이나 다같이 군인의 정치개입임에는 다를 바가 없으나, 5·16 당시에는 계엄 하의 언론검열이라는 점 외에는 사실상 다른 점이 별로 없었고 다만 5·16 일 년 후인 1962년 8월에 그때까지 복간제였던 신문을 단간제로 바꾼 것뿐이었다. 즉 한 신문이 조간·석간을 모두 발간하고 있었으나 8월 이후부터는 조간 아니면 석간의 단간제로 변경된 것이다. 당시의 새로운 언론정책은 신문이 너무 보도 위주로 제작되는 것보다 해설과 교양 위주로 나아가는 것이 좋겠다는 취지였다. 당시 군사정부는 조간·석간으로 보도가 너무 홍수처럼 쏟아져나오는 것에 고통을 느끼고 한 신문이 하루 한 번만 보도하면 될 것 아니냐는 생각에서였다. 이것 외에는 언론인들에게 특히 기억에 남을 만한 새로운 언론통제가 없었다.

그러나 그로부터 19년째인 5·17 집권시에는 5·16 당시와는 비교가 안될 만큼 엄중한 언론통제가 있었음은 이미 위에서 소개한 바 있다.

그러면 같은 군사통치인데 어찌하여 5·16에는 언론통제가 심하지 않았고 5·17에는 그토록 엄중한 언론통제를 하지 않으면 안 되었던가? 5·16 주역은 민주적이고 5·17 주역은 그만큼 민주적이 못 되어 그렇단 말인가.

물론 그렇지 않다. 이 원인은 5·16과 5·17 주역들의 인간적인 성격을 규명하는 데서 밝혀지지는 않을 것이다. 여기에는 다음과 같이 매우 큰 시대적 배경의 차이가 있었다는 것을 고려하지 않으면 안 된다.

첫째, 5·16은 4·19라는 1년간에 걸친 정치적 혼란이 앞서 있었다. 자유당 정권의 횡포가 4·19로 해서 쓰러졌으나 민주당 정권의 무능·부패로 4·19 이후는 자유의 향유라기보다 혼란의 연속이었다. 많은 사람들은 민주당의 무능에 염증을 느끼고 무엇인가 강력한 지도력을 기대하는 사회적 분위기가 있었다. 5·16쿠데타는 이런 점에서 틀림없이 일부 국민들의 환영의 대상이 되었다.

그러나 5·17은 그렇지 않았다. 국민들은 공화당의 독재와 횡포에 19년간 시달려온 결과 모두 하나같이 자유를 희구했다. 10·26 후 한때나마 서울의 봄이라고 하던 시절, 사람들은 얼마나 자유를 환영하고 만족해했던가. 사람들은 군사독재를 싫어했고 자유를 갈구했다. 이러한 시대적 사회분위기를 무시하고 또다시 비슷한 강권통치가 나타나는 것을 국민들이 환영할 까닭이 없었다. 이 같은 국민심리를 무시하고 종전과 다름없는 힘의 통치를 계속하려 할 때 강력한 언론통제는 불가피할 수밖에 없었다.

둘째, 5·16은 무혈이었고 5·17은 광주사태를 비롯해 국민의 저항을 억압하고 집권하지 않을 수 없었다. 유혈과정을 통해 집권한 다음은 국민의 불만과 저항을 수습하기 위해 여론을 통세하지 않을 수 없었고 그 결과 위에서 소개한 바와 같은 각종의 엄중한 언론정책을 쓰지 않을 수 없었던 것이다.

셋째, 5·16과 5·17은 절대적 여건이 크게 달랐다. 즉 5·16은 자유당 정권이 아무런 건설도 한 일이 없었고 미국의 경제원조로 10여 년 간 나라살림을 꾸려오다 망했으므로 5·16 주역들의 이른바 '건설'은 무(無)에서 출발할 수밖에 없었다.

그들이 집권한 후 약 10년간 외채를 도입하여 의욕적으로 건설을 할 수 있었던 것도 그들이 이와 같이 '무'에서 출발했기 때문이다. 그러나 그로부터 18년이 지난 5·17은 출발부터 5·16과 사정이 전혀 달랐다. 10·26이라는 비극이 일어났다는 것 자체가 박정권의 잘못된 경제건설정책의 결과였으며, 바로 이 같은 잘못된 경제정책의 결과를 그냥 그대로 인수해서 집권한 민정당정권이 안정을 유지하기란 당초부터 무리였다.

10·26 당시 박정권은 180억 달러의 외채와 극도로 피폐한 농촌, 일본에 구

조적인 경제예속, 빈부차의 심화로 사회불안은 만성화의 상태였다.

따라서 5·16은 당초 국민으로부터 이렇다 할 저항을 받음이 없이 무혈쿠데타에 성공했으나, 5·17은 자유와 민주주의를 갈구하는 민중의 의사를 무시하고 10·26 전이나 다름없는 강권통치를 계속하려 했으므로 민중의 심한 반발에 봉착했던 것이며, 5·17 주역들은 부득불 광주사태와 같은 유혈의 대가를 치르지 않을 수 없었다.

광주 유혈의 희생자가 얼마인가부터 현격한 견해차가 있을 뿐 아니라 광주를 중심으로 한 호남주민들의 가슴에 박힌 '한'은 좀처럼 풀리지 않고 아마 50년이 지나고 100년이 지나도 대를 이어가면서 '한'을 간직할 것이다. 이 사실을 5·17 주역들은 이해하지 못하고 있는 것 같다. 이것은 호남의 불행, 5·17 주역들만의 불행이 아니라 한민족 전체의 비극이 아닐 수 없다. 왜냐하면 5·17 주체는 민주화에 스스로 한계가 있을 수밖에 없기 때문이다.

하여간 오늘날 민중의 의식은 놀랄 정도로 높아졌다. 학생들의 의식화는 기성세대로 하여금 우려를 자아낼 만큼 격렬해졌으며, 이러한 의식화는 약화되기는커녕 되레 해마다 저변확대를 더해가고 있다. 노동자·농민계층의 의식화 또한 괄목할 만한 변화를 보였을 뿐만 아니라 그간 언론계·운동권학생·해직교수 등은 날로 의식화가 확대되어 이제 1980년 5·17 당시와는 비교할 수 없을 만큼 질량 면에서 성장하여 아무리 강경한 집권층의 탄압도 종전과 같은 강경책만으로는 수습이 어렵게 되었다. 물론 현 정권의 태도로 보아 양보란 있을 수 없고 예의 '단호하고' 의연한 수습으로 나올 것은 예측하기 어렵지 않다.

그러나 청년학생들은 국가보안법에 의한 5년, 10년의 장기선고에도 두려움 없이 재판을 거부하는 데 그치지 않았으며 정치적 현실에 저항하는 분신자살이 엄청난 수에 달했다는 놀라운 사실을 집권층은 알아야 할 것이다.

아무리 강경책을 쓰고 또 쓴다 해도 당하는 사람은 수천 명에 달해 끝이 없는 반면 처벌을 가하는 측은 당사자가 정해져 있어 몇몇에 불과하므로 수천 명의 이름 없는, 징역도 제적도 두려워하지 않는 젊은 층이 해마다 수천 명씩 새로 나타난다는 것은 집권자로서 견딜 수 없는 고통이 아닐 수 없을 것이다.

게다가 1980년 5·17 당시와는 달리 미국도 해마다 1,800억 달러 상당의 막대한 수입초과와 해마다 달라지는 경제적 곤경 때문에 이제 전과 같이 미국에 원조를 기대하기도 어렵고, 미국경제가 되레 한국 등에 수입개방 압력을 가하는 등 전과 사정이 현저히 달라져 한국의 젊은 층에 반미감정을 유발하고 있다. 또한 미국과 중공 간의 관계가 점차 예상할 수 없는 방향으로 기울어지고 소련도 국내사정의 변화와 더불어 대미관계의 변화가 예상되어 미국의 대한정책도 달라질 가능성을 보이고 있다.

그런데 오늘날 민정당의 정치·경제정책은 한낱 5·16의 연장에 불과하기에 거의 26년간 군사독재에 신음해온 국민은 자유민주주의를 갈구하게 되었다. 게다가 고도성장을 하였다고 자찬하고 있으나 그 건설이 크게 보아 대외예속적이요, 안으로는 빈부차가 심화되어 이러한 구조적인 불균형이 5·16 이래 오늘까지 지속되어 일종의 한계에 다다랐다는 감을 주고 있다. 그러나 정부당국은 이것을 정책적으로 시정하려고는 하지 않으면서 이러한 구조적 불균형의 소산인 청년학생들의 반미의식화에 강경일변도로 임하고 있어 사회는 날로 위기가 심화되어가고 있다. 학생들의 반정부 의식화를 저지하려면 먼저 사회의 구조적인 불균형을 정책적으로 시정하여 — 민주화에 노력하여 — 반정부 성향을 근원부터 제거해야 하나 지금 같아서는 정책적 시정노력이 있는 것 같지 않아 앞으로 사태가 더욱 악화될 것이 우려된다.

1980년대의 언론통제 상황

5·16과 5·17의 시대적 배경이 이와 같이 현저한 차이를 보이고 있으므로 5·16 직후의 언론정책과 5·17 직후의 언론정책에는 커다란 차이점이 있을 수밖에 없다. 이제 오늘의 신문 제작 상황을 구체적으로 분석해보기로 한다

(오늘의 신문은 당국의 '보도지침'에 따라 제작되고 있다는 것을 염두에 두어야 한다).

　첫째는 보도하지 않는다는 방법이 있다. 이것은 권력자의 커다란 부정사실이나 커다란 실정 등 국민에게 알리는 것이 좋지 않다고 생각되는 사실을 보도금지시킴으로써 국민이 전혀 모르게 하는 방법이다. 가령 현 정권의 아무개가 돈을 얼마 먹었다든지, 엄청난 부정사건 뒤에는 권력과 아무개가 관련되어 있다든지 또는 재야나 반정부 학생의 데모에서 어떠한 구호가 나왔다는 등의 사실을 알리지 않는 방법이다. 우리가 혹 미국이나 일본 등지를 방문할 때 그곳에서 발간되는 교포신문에 서울에서는 듣지도 보지도 못하던 깜짝 놀랄 사실들이 대문짝같이 특보로 보도되는 것을 읽을 때가 있다. 이것이 바로 서울의 언론이 얼마나 통제받고 있는가를 말해주는 실례다. 가령 종로 기독교회관에는 NCC(기독교교회협의회)가 있고 인권운동을 벌이고 있는데 가끔 이들 단체에서 어떤 중요한 문제를 가지고 기자회견을 할 때가 있다. 많은 기자들이 와서 기자회견에 참석해서 열심히 기사를 써 간다. 그러나 그날 석간에는 이에 관한 기사가 약속이나 한 듯이 한 줄도 나오지 않는 때가 종종 있다. 이런 보도가 실리는 것이 별로 달갑지 않다고 보고 당국이 '보도지침'을 통해 국민에게 알리는 것을 금하기 때문에 한 줄도 신문에 나오지 않는 것이다. 이렇게 단편적인 기사가 나오고 안 나오고 하는 경우도 있지만 어떤 중대한 문제, 가령 우리 민족의 생존에 관한 문제, 예를 들어 우리 한반도가 주변 열강의 전략을 위해 핵기지가 되었다는 사실, 따라서 우리 민족 남북 6천만이 살아남기 위해서는 무엇을 어떻게 해야 하느냐는 등 실로 가장 중요한 문제가 거의 신문에 반영되지 않는다. 소련의 '체르노빌' 핵발전소의 폭발로 수천 킬로 떨어진 시베리아 동방의 한반도에서조차 방사능 낙진이 한때 두려움의 대상이 되면서도 한반도에 축적된 열강의 수많은 핵폭탄과 우리를 겨냥하고 있는 핵무기가 6천만 민족을 멸살할 위험에 대해서는 거의 거론되지 않는다. 그런데 권력당국이 필요하다고 생각되는 어떤 문제에 대해서는 사실·해설·보도기사 등을 총동원해 국민의 관심과 여론을 특정 방향으로 유도하는 예가 얼마든지 있다.

다음에는 보도는 하되 전부 보도하지 않고 특정 부분에 치중해 보도하는 방법이 있다. 사실이란, 특히 그 사실이 정치·경제와 같은 중대문제일수록 그 사실의 구조도 다원적이다. 그 사실을 어느 쪽에서 보느냐에 따라 그 사실을 받아들이는 독자의 반응도 전혀 달라진다. 알기 쉬운 예로 남산을 어느 쪽에서 바라보느냐에 따라 그 모양은 크게 다를 것이다. 한 가지 사실을 가지고서도 미국이 보는 시각, 일본이 보는 시각, 우리나라가 보는 시각이 저마다 다를 수 있다는 것은 우리들이 경험한 바 많다. 이와 같이 다원적인 구조의 뉴스에서는 독자에게 제각기 달리 전달하는 일이 아주 손쉬운 일이지만 이 밖에도 여러 가지 방법이 있어 독자들을 우롱할 수 있다.

가령 어느 사회단체가 정부당국에 항의하는 뜻에서 시위를 벌인다고 하자. 이때 치안당국이 이들을 저지하고자 함은 물론이다. 그런데 이때 어떤 신문은 시위세력과 이들을 저지하려는 경찰의 관계를 보도하는 태도가 크게 다를 수 있다. 시위자들의 억울한 사정을 자세하게 소개하고 이들이 왜 시위를 할 수밖에 없었는가, 그 경위를 수긍할 만큼 보도하고 치안당국이 이들의 요구를 어떻게 대했으며 시위진압을 위해 어떠한 수단을 썼는가를 보도한다면 이것은 일단의 독립된 민간신문의 보도태도라고 볼 수 있을 것이다.

그러나 만약 시위자들의 주장이 무엇이며 왜 이들이 시위라는 방법에 호소하지 않으면 안 되었는가에 대해서는 한마디 언급도 없이 또 치안당국의 진압 결과 부상자가 얼마나 생기고 최루탄이 얼마나 독한가에 대한 언급도 없이 다만 치안담당 측의 피해만을 크게 보도한다면 이것은 권력당국의 대변지일 뿐 공정한 민간신문이라고 말할 수 없다.

이러한 시각에서 소위 일부 보도라는 방법이 생겨났다. 가령 시위자들의 구호를 소개하되 가장 중요한 것은 소개하지 않고 그다지 비중을 두고 주장하지 않는 구호를 도리어 대서특필한다면 독자들은 시위가 무엇 때문에 일어

낳는가에 대해 제대로 이해하지 못하고 그 시위를 사실과 전혀 다르게 이해하게 된다.

많은 지방기사 중에서도 어떤 사실은 외면하고 어떤 보도는 대서특필하는 방법이 있다. 민간통신이 없고 관영통신만 있다면 이러한 홍보 조작은 얼마든지 가능하다. 가령 대통령선거가 있을 때 청중의 수를 늘렸다 줄였다 할 수 있고 시위가 여러 곳에서 일어났어도 일어난 횟수나 지역을 적당히 가감할 수 있으며 내용도 적당히 추려서 보도하여 독자들을 오도할 수 있다.

언론의 자유가 만발하고 있다는 선진국에서는 기사를 쓸 때 '리드'라는 방법으로 독자인 국민들을 조종하기도 한다. 자기 나라나 자기 신문사에 가장 필요하다고 생각되는 부분(사실)을 맨 앞에 크게 보도함으로써 전체를 제각기 다르게 독자들에게 알리는 방법도 있다. 정치적으로 큰 사건일수록 신문은 '리드'를 조작함으로써 허위보도를 하지 않고 사실을 보도하면서도 이와 같이 독자 조종이 가능한 것이다. 진실보도의 허구 또는 이데올로기성이 여기에 있다.

일정한 사실이 발생했을 때는 반드시 원인이 있어서 결과가 생겨난다. 그런데 이 원인과 결과를 절단하여 결과만 가지고 떠들고 원인에 대해서는 전혀 말하지 않는 방법이 있다. 가령 학원에 시위가 자주 일어난다. 분명 불행한 일이고 없어져야 할 일이다. 그러나 학원소요가 왜 일어나는가에 대해서는 전혀 언급하지 않고 결과인 학원소요만 요란하게 보도하는 방법이 있다. 원인을 외면하고 결과만 가지고 떠들어 대면 책임소재는 호도할 수 있을지 모르나 학원소요는 제거되지 않을 것이다. 오늘의 학원소요의 보도태도에 있어 반성하는 바 있어야 할 것이다.

환자가 생기면 병이 무엇이며 왜 발병하게 되었는가 등 의사의 세밀한 진찰이 있어야 병을 치료할 수 있다. 진찰 없는 치료행위는 병을 되레 더욱 악화시킬 위험성만 커질 것이다. 오늘의 신문 보도태도는 이같이 진찰 없는 치료행위와 다를 것이 없다.

신문에는 가끔 '프레스 캠페인'이라는 것이 있다. 특정문제에 관해 어떤 경우는 전혀 보도조차 못하게 하는가 하면 어떤 일에는 사설·해설·보도로 온통 지면을 메우는 일이 있다. 일종의 적극적 유도라고 할 수 있을 것이다.

끝으로 현대의 신문독자는 제목만의 독자가 많다. 바쁜 생활에 기사내용을 일일이 다 읽지 못하는 때가 많다. 따라서 바쁜 독자는 기사내용을 못 읽고 표제만 훑어보는 경우가 많다. 그래서 표제를 가지고 독자들을 조종할 수 있다. 기사도 시각에 따라 내용이 달라진다고 했다. 그런데 달라지는 이 기사 중에서 또 그 일부를 뽑아 표제를 쓴다면 같은 사실인데도 독자에게 결과적으로 주는 영향은 정반대가 된다. 표제만 읽고 내용을 상세히 읽지 않는 독자에게는 표제를 어떻게 다느냐에 따라 미치는 영향이 이렇게도 저렇게도 달라질 수 있다.

지금의 신문통제는 옛날과 같이 일률적으로 하지 않는다. 대수롭지 않은 문제들은 어느 정도 신문의 재량에 맡긴다. 그래서 독자들에게 마치 신문 제작의 자유가 어느 정도 있는 듯한 인상을 준다. 그리고 난 다음 A지는 그래도 야당이다, B지도 그래서 불편부당한 신문이다 등의 그릇된 이미지를 심어 A지, B지 등에 어느 정도 독자의 신임을 얻게 한 다음 결정적인 순간에 그 신문을 이용한다. 이런 방법은 상당히 고도의 신문통제 방법이다.

이같이 오늘날의 신문은 완전히 통제 하에 들어가 있는데도 신문과 신문 기자는 언론의 독립과 자유를 위해 저항다운 저항을 안 하고 있다. 1964년 공화당 때 한일협정 조인을 앞두고 신문윤리위원회법이 제정된 바 있으나 언론계가 총궐기하여 반대한 결과 당시의 공화당 정권은 마침내 이 법의 시행을 보류한 바 있다.

그때는 언론이 이렇게 자유와 독립을 위해 저항정신에 불타 있었는데 지금은 그때에 비해 몇 배나 언론통제가 심한데도 더욱이 뒤에 언급하겠지만 언론기본법같이 언론사상 유례를 볼 수 없는 가공할 언론통제법이 있는데도 언론독립이나 자유를 주장하는 신문을 볼 수 없으니 실로 놀라운 일이 아닐 수 없다. 그러면 그 이유는 무엇인가?

여기에는 대체로 몇 가지 이유가 있다고 본다.

첫째는 언론기업이 권력을 위해 시녀화되어 있다는 점이다. 오늘의 언론기업은 유례를 볼 수 없을 만큼 권력과 밀착되어 있다. 지금은 언론기업주로서 언론자유와 독립을 주장하는 사람이 거의 없다. 되레 기자들 중에 혹 언론자유를 주장하고 편집국에서 작당해서 자유를 위해 저항이라도 하면 기업주는 그러한 기자들을 찬양은 고사하고 "네놈들은 신문사를 망칠 생각이냐?" 하며 그들을 인사조치하는 것이 상례가 되어 있다. 기업주는 언론자유를 지키는 것이 아니라 언론자유를 주장하는 기자가 있는가를 감시하는 역할을 하고 있다. 언론자유의 첫째 장애자는 권력이기 전에 신문사 기업주라는 이 기막힌 현실, 기막히다고 하기보다 슬픈 현실을 우리는 직시하여야 한다.

언론기본법(언기법)이라는 무서운 법이 있으나 정부당국은 이제껏 신문에 대해 이 법을 발동해 기자들을 처벌한 일이 없다. 왜냐하면 권력당국이 손대기 전에 먼저 기업주가 그런 기자를 인사조치 등으로 처벌하기 때문이다. 언젠가 국회에서 야당의원이 언기법을 폐지하라고 정부에 요구하자 당국자는 답하기를 아직껏 언기법에 어떤 하자가 있다는 것을 못 들었다고 시치미를 뗀 일이 있었다. 이 모든 원인이 권력과 언론기업의 밀착이 빚은 언론계의 비극이라 아니할 수 없다. 최근 언기법의 개폐가 논의되고 아마도 그중 일부가 개정될지 모르나 권력과 언론기업이 이같이 밀착·예속되어 있는 오늘의 언론구조가 개혁되지 않는 한 큰 의미가 없을 것이다. 오늘날과 같은 언론기업 구조 하에서는 언기법이 '만일'을 위해 있을 뿐이고 언론규제법이 있고 없고에 상관없이 권력과 언론은 한통속이 되어 국민을 우롱할 것이다.

그러나 하여간 언론기본법은 엄청난 언론악법이므로 우선 그 내용의 일부를 분석·소개해보는 것도 의미가 있을 것이다.

언기법은 우선 그 엄청난 각종 제한규정에 놀라지 않을 수 없다. 가령 신문사를 경영하는 기업주는 방송이나 TV를 겸영(兼營)할 수 없다(제12조)고 규정하고 있어 각 신문기업으로부터 민간TV나 라디오를 정부운영으로 흡수해버렸다. 언론자유를 구가하는 민주주의 선진국에서는 있을 수 없는 일이다.

선진국의 언론기업은 언론하고 아무런 관계없는 타 기업에 대해서만 겸영할 수 없도록 되어 있다. 신문기업주가 신문과 관계없는 타 기업에 손을 대면 그 기업을 위해 신문을 악용할 위험성이 있기 때문에 민주주의 선진국에서도 신문기업은 라디오나 TV와 같은 신문과 직접 관계있는 미디어는 겸영할 수 있어도 타 기업은 겸영하지 않는 것으로 되어 있다. 이것은 언론기업의 상식이다. 그런데 우리나라에서는 신문기업인이 TV나 방송을 겸영할 수 없다고 까다로운 규제를 하고 있으면서도 다른 종류의 기업은 얼마든지 손댈 수 있도록 개방하고 있다. 그래서 우리나라에서는 신문기업주치고 크고 작은 타 기업에 손대고 있지 않은 기업주가 없다. 대부분의 경우 우리나라 언론은 어느 한 대기업인의 다른 많은 계열기업 중 한 업체라는 기막힌 현실로 전락되어 있다. 그렇기 때문에 우리나라 언론은 언론의 정도를 걷는 기업인에 의해 경영되기보다 다른 많은 계열기업을 겸영하는 한 재벌이 그 계열기업을 지키기 위한 하나의 방패로 신문을 경영하게 되므로 신문의 정도를 걸을 수가 없다. 신문기업주들은 좋고 올바른 신문을 만들기보다 계열기업을 잘 운영하고 또 그런 기업들이 특혜를 누리기 위해 신문이 이용되는 것을 바람직스럽게 생각한다.

그들에게는 언론의 정도니 무어니 하는 것은 당초부터 관심 밖이며 어떻게 하면 신문을 권력에 봉사시켜 계열기업이 특혜를 누릴 수 있나부터 생각하니 이러고서 언론이 올바르게 제작될 까닭이 없고, 오늘의 언론이 지난날과 달리 변질·타락된 가장 큰 원인도 여기에서 생겨난 것이다. 거듭 말하거니와 이런 언론기업구조 하에서는 언기법의 몇몇 조항이 개정된다 해도—물론 반대할 이유는 없지만— 이렇다 할 개선이 되지 않을 것은 말할 것도 없다.

둘째는 언론자유나 독립을 주장하고 운동한 기자들을 포함해 680명의 기자들이 대량 해고되었다는 것이다. 언론의 독립과 자유를 위해 투쟁할 만한 기자들은 1980년 8월에 거의 다 축출된 것이다.

1975년 봄 유신 치하에서 〈동아일보〉〈조선일보〉〈한국일보〉 등의 신문사에서 추방된 기자들까지 합치면 900명에 가까우며 그간 몇몇이 복직되었다고는 하나 아직도 800여 명이 해직된 채 그대로 남아 있다. 이들의 복직이 논의될 때도 있었으나 그때마다 당국은 회사에서 알아서 해결하라고 발뺌을 하고 있다. 해직시킨 것이 누군데 신문사에서 알아서 처리하라는 것인가. 해직교수문제는 다 해결되었는데도 해직언론인을 복직시키지 않는 가장 큰 원인은 권력과 언론의 관계 때문이다.

권력기반이 허약하면 언론통제—정보독점—가 불가피하다고 했다. 지금의 권력은 언론의 협조 없이는 유지하기가 매우 어렵다. 따라서 언론의 독립과 자유를 주장하는 기자들을 언론계에 복직시킨다는 것은 극히 위험한 일이다. 가장 큰 원인은 교직자와 언론인이 권력과의 관계에서 다르다는 점이다. 이같이 언론기업의 종속화, 저항기자들의 대량해고에 이어 언론기본법의 제정 등으로 언론통제를 거의 제도화시켜버렸다. 그러나 정보독점이란 말처럼 그렇게 쉽지 않다. 정보란 복잡한 것이다. 정부에 불리한 보도라고 해서 그 모든 보도가 보안법이나 사회안녕질서·윤리라는 명분으로 단속할 수 있는 것이 아니라 권력에 크게 불리한 사실인데도 이것을 어떠한 법으로도 단속할 수 없는 경우도 얼마든지 있는 것이다. 그래서 언론인 회유와 '보도지침'이라는 방법이 생겨나게 되었다.

언론통제란 생각처럼 그렇게 단순한 것이 아니라고 했다. 진짜 국가안보를 위해서라면 명분이 뚜렷하고 따라서 보안법을 발동해 처벌한다 해도 불평의 소리가 없을 것이다. 그러나 나라정치가 잘못되어 부패가 점점 심해지면 여기에서 각종 사건이 생겨난다. 첫째는 보안법으로 다스려야만 할 사건이기는 하나 원인이 정치의 부패에 있는 경우가 있고 다음에는 정부에 대단히 불리한 사건이기는 하나 문제의 성질상 도저히 보안법으로 단속할 수 없는 사건들도 생겨난다. 정치가 부패하고—이번 범양상선사건이 보여주듯이— 사회가 혼란스러우면 그럴수록 정부에 불리한 각종 사건이 터지고 또 어떤 이유나 구실로도 보도관제를 하기가 어려운 사건들이 연이어 생겨난다. 어떠한 법조항으로도 단속할 수 없는 사실들이 속출하는 것이다. 1974년 가을, 이런 일이 있었다. 이것은 필자가 직접 경험한 사실이다. 특권층 여성들의 보석밀수사건이 터졌다. 돈은 남아돌고 쓸 곳은 별로 없고 그래서 이런 특권층 여성들이 보석을 밀수했으며 이것이 적발되어 MBC에서 한 번 보도한 적이 있었다. 세상이 발칵 뒤집혔다. 당국도 당황해 이를 보도관제하려고 했다. 그 논리는 이러했다. "만약 이 같은 사실이 보도되어 세상에 알려지면 대한민국 고관들이 극도로 부패되어 있다고 판단, 북괴의 남침을 유발할 가능성이 있다"는 것이다. 이런 논리가 타당성이 어느 만큼 있는지는 모르겠으나 누가 들어도 이것은 안보를 악용해 부패한 고관들을 두둔하는 것으로밖에 보이지 않으며, 이러한 안보논리에 저항하는 분위기가 높아갈 것이 틀림없다.

바로 이와 비슷한 예, 법과는 직접 관계가 없으나 크게 보도되어서는 안 되거나 보도관제되어야 할 사실들은 얼마든지 있게 마련이다. 정치가 잘못된 사회일수록 그런 사실들이 많아지고 이를 통제할 필요성이 절실해진다. 이런 경우 말을 듣지 않는 기자들을 다스리는 방법은 두 가지가 있다. 첫째는 인사조치하는 방법이고 또 하나는 회유하는 방법이다. 인사조치하는 방법은 경영주와 기자의 문제이기는 하나 역시 세상에서는 권력이 개입한 부당한 인사조치라는 소문이 돌아 바람직하지 않은 일이다. 따라서 자진해서 협조하도록 하는 방법이 가장 좋은 것이다. '보도지침'을 내리고 기자들이 지침에 순종케 하는 방법으로는 그들에게 여러 가지 특혜를 주어 회유하는 방법이 있다. 인사조치나 언기법이 '매'라고 친다면 특혜와 같은 방법은 '엿'이라고 할 수 있는 것이다.

1980년대에 들어와 기자들의 대우가 크게 개선된 것은 엄중한 단속과 함께 생각해볼 만한 문제다. 오늘날 기자들은 초봉이 40만 원에서 50만 원에 이른다. 재벌급 기업체의 봉급이 30만 원 내외인 것을 생각할 때 일반기업체

보다 엄청나게 많이 받는다. 내가 신문사에 있던 1975년만 해도 신문기자 봉급은 큰 기업체의 50% 정도밖에 되지 않았다. 그때 큰 기업체 신입사원 초봉이 10만 원 정도였다고 했으나 기자들은 5만 원 미만이었다. 50% 정도밖에 되지 않았던 것이 지금은 초봉액수가 정반대로 되어 신문기자는 월급을 가장 많이 받는 봉급자가 되었다. 옛날에 심한 경우에는, 물론 군소 신문사의 경우였으나, 기자신분증 하나 주고 봉급은 한푼도 주지 않고 되레 신분증을 발급해준 대가로 한 달에 얼마씩을 사장에게 갖다 바치게까지 했다.

옛날의 기자봉급을 생각하면 오늘의 기자들 봉급은 실로 꿈만 같다. 게다가 신문기자들은 연 보너스가 600퍼센트, 아니면 1천 퍼센트에 달해 가령 100만 원 봉급을 받는 기자라면 한 달 걸러 보너스까지 합쳐 200만 원씩 받는다는 계산이 된다. 200만 원이라는 돈을 받을 때에는 상당한 금액의 세금을 지불해야 할 것이다. 그러나 기자에게는 조세특혜라는 제도가 있다. 200만 원을 받아도 일반기업체 사원과는 달리 상당액의 세금을 공제받는다.

대부분의 신문사에서는 기자들의 자녀에게 장학금을 준다. 특히 대학등록금은 50~60만 원 정도가 되므로 장학금을 받는다는 것은 상당히 큰 혜택이 된다. 이 밖에 기자들에게는 기자협회 같은 단체를 통해 주택의 특혜를 주기도 하고 자동차 구입에서도 특혜를 준다. 최근 일부 사(社)에서는 점심을 무료로 제공하는 일도 생겼다. 하여간 신문기자들은 특혜가 많다. 신문기자는 외국여행이 잦으면서도 자기 돈 안 들이고 할 수 있다.

기자들은 언론인금고라는 것이 있어 거의 무이자나 다름없는 저리(低利)로 많은 융자를 받을 수 있다. 기자들에게는 또 출세의 대로가 열려 있다. 오늘날 국회에는 30명에 가까운 언론계 출신 의원이 있는가 하면 11대 국회까지 합치면 70명에 달한다고 한다. 이밖에 기자들은 각 방면에 많이 진출하여 눈부신 활동을 하고 있다. 가령 청와대 비서진, 장관, 신문사 사장, 정부 각 부처 대변인(이사관급) 등 헤아릴 수 없이 많은 기자들이 정부 각 분야 요직에 기용되어 활동하고 있다. 출세하고 싶은 사람은 모름지기 신문기자부터 하라고 권하고 싶다.

신문기자는 위에서 밝혔듯이 그같이 온갖 특혜 속에 살고 있으면서도 신문사에 남아 있는 것을 수치로 아는 풍토조차 생겼다. 똑똑한 기자는 모두 한자리씩 차지하고 쓰레기들만 있다, 팔리지 않고 언론계에 계속 남아 있다는 생각이 기자들 사이에 점점 늘어나고 있다는 사실을 알아야 한다. 그러면 언론기본법에 대한 분석을 다시 계속하기로 하겠다.

언기법은 현역기자들조차 드러내놓고 말만 안 할 뿐 모두 두려워하고 반대하며 폐기를 바라고 있다. 언기법은 죄의 유무가 사법부의 재판을 통해서가 아니라 행정부의 일방적 판단으로 유죄가 결정되는 조항이 많으며, 1907년 일제의 침략원흉 이토 히로부미가 역적 이완용을 시켜 제정했다는 광무신문지법과 흡사한 점이 많다는 평이다. 전문 57조 부칙 4조로 되어 있는 이 법은 자유당 때는 물론 독재로 악명 높았던 유신체제 하에서도 없던 행정부 만능의 법이며 언론자유를 짓밟는 무서운 악법이라는 평이다. 언기법 중에서 언급되지 않은 몇 가지 조항을 소개해보기로 하겠다.

제4조를 보면 "국가 또는 지방자치단체는 언론기업에 대해 조세상의 특혜나 재정상의 지원을 할 수 있다"고 되어 있는데 정부는 언론기업에 대해 '특혜'를 주어서는 안 된다.

오늘날과 같은 정치체제 하에서 정부의 특혜를 입는 언론기업은 정부의 대변자 구실을 하든가 아니면 비판활동을 못하게 된다. 이는 언론의 독립을 파괴하는 비민주조항이다. 게다가 지원을 일률적으로 한다는 것이 아니라 '할 수 있다'는 것인데 이것은 돈을 가지고 신문활동에 영향을 주자는 지극히 지능적인 조항이다. 이런 조항은 절대로 있어선 안 될 조항이다. 오늘날 언론이 제구실을 못하고 국민에게 진실보도를 못하는 가장 큰 원인 중 하나도 바로 이 정부의 '특혜'에 있다는 것을 잊어서는 안 된다.

제3조 4항을 보면 "언론은 공공질서를 문란케 하는 위법행위를 고무·찬양해서는 안 된다"고 했고 이와 같은 공적 책임을 반복하여, 즉 두 번 이상 현

저하게 위반하면 신문사의 등록을 취소하여 아주 없앨 수 있다고 했는데, 이 조항은 참으로 무서운 것이다. 도대체 공공질서란 무엇이며 '고무·찬양'이란 무엇인가? 권력자의 부정부패를 크게 보도하고 이를 규탄했을 때 공공질서가 문란이 안 된다는 보장이 없다. 악용할 수 있는 소지가 얼마든지 있다.

제7조에는 "압수될 것이라는 상당한 이유가 있는" 표현물이라고 말하고 있는데 압수되고 안 되고는 재판을 거쳐 판정하는 것이지 행정부에서 일방적으로 결정할 수 없다.

다음은 제12조의 이른바 "신문·방송의 겸영을 금지"한 조항인데 이것은 위에서 설명한 바 있으므로 중복을 피하겠다. 다만 이 제12조로 말미암아 오늘날 각 언론기업이 재벌의 계열회사 중의 하나로 전락되어 언론의 독립이 상실되었으며, 이 제12조가 한국 언론을 오늘과 같이 전반적으로 타락시킨 지극히 반언론적 조항임은 널리 알려진 사항이다. 언론기업은 다른 모든 기업으로부터 독립되어 있어야 하는 것이다.

제14조에는 언론기업에 "외국자금이 들어와서는 안 된다"는 조항이 있다. 이 조항 자체는 옳다. 그러나 이 조항은 복선이 깔린 조항이다. 이 조항으로 기독교방송(CBS)은 재정적으로 정부의 신세를 지지 않을 수 없게 됐다.

CBS를 이렇게 궁지로 몰아넣는 이유는 무엇보다도 CBS에 뉴스보도를 못하도록 하기 위한 저의가 들여다보이는 입법조치라는 비난이 높다. 외국 종교단체의 자금지원을 금지한다는 취지는 나름대로 이해 안 되는 것은 아니다. 하지만 뉴스방송을 금한다는 것은 납득할 수 없고 더욱이 상업광고까지 못하게 한다는 것은 이유야 어디에 있든 CBS를 재정적으로 항복시켜 독립을 못하게 하자는 속셈이 엿보인다. 이 모든 속셈은 1970년대 말 모든 민간방송이 당시의 유신정권에 굴복해 진실보도를 못하고 있을 때 CBS가 홀로 진실보도를 하여 유신정권을 곤경에 빠뜨린 적이 있었기 때문에 그런 곤경을 다시 겪지 않기 위해 뉴스방송을 금하고 재정적으로 궁지에 몰아넣어 정부지원에 예속시키려는 속셈이 있는 것이 아닌가 짐작된다.

제21조에는 이른바 '시설기준'이라는 것이 있는데, 이 '시설기준'은 구공화당 정권 때부터 마련되었으며 언론출판의 자유를 원천적으로 봉쇄하려는 데 입법의 목적이 있었던 것이다. 언론자유란 표현의 자유만이 아니라 출판의 자유가 있어야만 한다. 한데 정부는 이 시설기준을 두어 출판을 당초부터 못하게 했다. 신문이고 잡지고 정기간행물을 시설기준으로 묶어 발행 못하게 하는 것은 언론자유의 원천적인 봉쇄라고 하지 않을 수 없다. 언론자유는 표현의 자유뿐 아니라 출판의 자유가 밀접히 연관되어 있다. 출판의 자유를 봉쇄하려는 것은 정부비판의 자유를 봉쇄하는 구실도 한다. 제22조 3항에는 '범죄를 구성하는 내용'을 보도하지 말아야 한다고 되어 있는데 여기에서 '범죄를 구성하는 내용'이 재판을 거치지 않고 행정부가 일방적으로 결정한다는 데 문제가 있다. 행정부에서 악용할 수 있는 소지가 있는 조항이다. 더욱이 이를 보도했을 경우 징역 또는 벌금형에 처한다고 되어 있다.

한 가지 재미있는 것은 제57조에는 '양벌규정'이라는 것이 있어 "기자의 '잘못'에 대해 신문사의 대표도 처벌할 수 있다"고 되어 있는 점이다. 이 조항은 신문사 사장에 대해서도 신문 제작에 책임을 지게 해 정부 비판적 제작에 제동을 걸려고 하는 것인데 이러한 법조항에 오늘날 신문기업인들은 크게 불만이면서도 반대 한마디 못하고 있다. 그만큼 오늘날의 언론은 권력에 체제적으로 종속되어 있다. 이 밖에 방송에 대해서는 모든 방송과 TV가 정부 운영이면서도 '방송위원회' '방송자문위원회' '방송심의위원회' 등이 있어 방송이나 TV 프로의 내용이 철저하게 정부의 통제 하에 있음은 우리들이 다 아는 바와 같다.

오늘날 언론이 이와 같이 권력의 철저한 통제 하에 있어 라디오나 TV 프로의 내용이 편파보도에 치우칠 뿐 아니라 섹스 일변도로 흘러 젊은이의 이른바 의식화를 막는 데 큰 구실을 하고 있음은 우리들이 다 아는 바와 같다.

라디오나 TV의 내용이 구태의연한 남녀차별을 하고 있는데다 신입기자들을 채용하는 데도 심한 남녀차별을 한다는 비난을 받고 있으며, 어느 땐가 여대생들이 방송국에 찾아가 항의데모까지 한 것은 널리 알려진 사실이다.

이와 같이 현행 언기법은 언론사업과 그 활동의 자유를 신장하기 위해 제정된 것이 아니라 언론자유를 제약하고 정부에 일방적으로 협조하도록, 즉 정보를 권력당국이 독점하기 위해 국회도 아닌 국보위에서 국민의 의사와는 관계없이 일방적으로 제정한 것이다. 명색이 자유민주주의를 한다는 나라에서 이 같은 악법으로 정보를 독점하고 있으니 오늘날 양같이 온순한 언론계에서조차 이의 개폐를 요구하게 되었다.

그러나 이 언기법은 그간 언론을 규제하기 위해 별로 발동된 일이 없다. 왜냐하면 위에서도 언급했듯이 오늘의 한국 언론은 구조적으로 권력에 예속·밀착되어 순순히 권력당국의 통제에 순응하고 있기 때문이다. 오늘날 한국 언론이 살아날 길은 언기법을 폐기하는 문제 못지않게 언론기업의 구조적인 예속을 청산·극복하고 일대 개혁을 하는 데 있다. 그러면 이와 같이 빈사상태에 있는 한국 언론의 살길은 무엇인가?

민주언론의 길

언론의 독립은 민주주의를 지키는 가장 중요하고도 불가결한 조건이다. 언론만 자유를 확보하고 있으면 독재는 절대로 유지될 수 없고 민주주의는 반드시 승리하고 말 것이다. 독재자들이 정권을 유지하는 수단으로 정보를 독점하기 위해 먼저 언론의 독립을 파괴하고 언론자유를 죽이고 그럼으로써 모든 정보를 독점하려고 하는 것은 이 때문이다. 독재정치는 마지막까지 언론통제를 양보하지 않을 것이다. 따라서 민주주의를 쟁취하는 길은 언론의 독립, 언론의 자유를 쟁취하는 투쟁이며 사회정의를 위한 투쟁이 되어야 한다. 그만큼 언론자유는 민주화에 있어 없어선 안 될 첫째 조건이다.

언론이 민주화되려면 먼저 몇 가지 갖추어야 할 조건이 있으나 알아두어야 할 점은 언론의 민주화는 전반적인 민주화의 실현과 밀접한 관계가 있다는 점이다. 권력당국은 그들이 국민대중 속에 뿌리를 박지 못하고 있을수록 독재로 흐르고 그럴수록 정보를 독점하려고 하며 때문에 언론의 지배를 절대로 포기하지 않는다는 것이다.

이런 점에서 언론자유문제가 전반적인 민주화문제와 관계없이 실현될 것으로 기대하는 것은 망상이다. 권력당국은 아마 절대로 언론문제에 있어 양보하지 않을 것이다. 한때 양보하는 듯이 보여도 기회를 엿보고 반드시 반격을 가해올 것이다. 하여간 언론민주화에는 몇 가지 문제점이 있다. 그 문제점이란 무엇인가를 우선 규명해보아야 한다.

첫째, 1975년과 1980년 두 번에 걸쳐 부당하게 해고된 900여 명에 달하는 기자들을 무조건 복직시켜야 한다. 해직된 지 벌써 10년이 넘는 기자들 중에는 복직하라고 해도 이미 다른 사업 또는 분야에 진출하여—그들은 거의가 모두 유능한 인물들이니까— 제각기 상당한 기반을 닦은 사람들은 복직을 원치 않을지도 모른다. 그러나 언론민주화의 대전제인 이들의 명예로운 복직 허용 없이는 그 민주화가 거짓 민주화일 것이다. 복직하고 안 하고는 본인의 자유의사에 달려 있겠으나 하여간 그들의 명예도 모두 회복되어야 한다. 언론자유를 위해 권력에 저항한 그들의 행동이 정당했다는 명예회복이 있어야 한다. 900명에 달하는 기자들의 명예회복은 언론민주화를 위한 선결조건이다.

둘째, 언론자유의 가장 기본적 조건인 기업의 경제적·정치적 독립이다. 언론기업의 독립은 다른 모든 법제적 자유에 앞서 더욱 기본적인 조건이며 시간이 걸리더라도 반드시 실현하지 않으면 안 된다. 언론이 기업적으로 독립을 지킨다는 선을 구체적으로 말하면 어떠한 정치권력에도 또 어떠한 다른 기업에도 종속되지 않고 언론기업은 언제나 완전히 자주독립되어야 한다는 뜻이다.

자유당 시절에 언론기업은 적어도 서울 중앙에서는 어느 정도 독립을 유지하고 있었다. 자유당 때 언론이 상당히 자유로운 대여투쟁을 할 수 있었던 것도 언론기업이 독립되어 있었기 때문이다. 언론에도 기관지라는 것이 있다. 정당의 기관지, 각 기업체의 사보는 모두 그 정당이나 기업체의 이익을 대변한다. 그러나 민간지나 상업지의 경우, 언론은 완전 독립되어 있어야 한다. 오늘날의 언론이 독립되고 자유를 확보하려면 언론기업이 다른 계열기업에서 떨어져 나와 기업적인 독립체제를 갖추지 않으면 안 된다.

셋째, 언론을 규제하는 모든 악법, 특히 언론기본법이 폐기되어야 한다. 유신독재라 비난받았던 시대에도 언론관계법이 따로 없었다. 더욱이 오늘의 언기법은 그 성격에 있어 1907년 침략의 원흉 '이토 히로부미'가 역적 이완용에게 강요하여 제정해놓은 광무신문지법과 비슷한 점이 많다는 세평이다.

언기법에는 위헌조항이 있다는 비난도 있다. 유신 치하에도 없던 언기법을 그냥 두고서 이 나라의 언론민주화를 말할 수는 없다. 권력당국에서도 언기법을 아직 발동한 일이 없고 따라서 아직 그 하자를 발견하지 못하고 있다는 변명을 하고 있으나 당국이 별로 써먹지도 않는 언기법을 소중하게 보호하고 있는 까닭은, 만약 언론자유를 주장하는 기자들이라도 있으면 이 언기법을 발동해서 즉각 처치해버리자는 속셈이 있기 때문이다. 정보독점을 위해서 권력당국이 구조적·법제적으로 무기를 보유한다는 계산에서 갖추고 있는 일종의 무기에 속한다. 그러므로 비록 발동한 일이 없더라도 언기법은 반드시 개정이 아니라 폐기시키지 않으면 안 된다.

넷째, 편집권의 독립이다. 신문은 그 막강한 영향력으로 미루어 보더라도 오로지 민족과 국가와 국민을 위해 있는 것이며 어느 집단을 위해 있는 것이 아니다. 특정집단을 대변하는 데는 기관지나 사보라는 홍보수단이 별도로 있다. 여기에서 말하는 것은 일반국민을 상대로 하는 민간상업지의 경우다. 신문이나 TV, 라디오를 어떤 시각과 각도에서 취재·편집하는가의 권한을 말할 때 이것을 편집권이라고 한다. 이 편집권은 자본을 첫째로 꼽는 자본주의사회에서는 일반적으로 기업주, 즉 발행인에게 있는 것으로 되어 있다. 일단 긍정할 수 있는 이론이다. 그러나 막강한 사회적 영향력이 있는 신문·TV·라디오가 단지 자본이 있다고 해서 편집권을 기업주 개인의 일방적인 권한에 속하게 할 수 있을까. 만약 그가 막강한 영향력이 있는 그 신문·TV·라디오를 자의로 사용(私用)하더라도 편집권이 있다고 해서 방치해도 무방하단 말인가. 절대로 그럴 수는 없다. 편집권이 아무리 개인의 손에 있다 해도 그 개인이 마음대로 이것을 사용할 수는 없다. 편집권 문제는 이미 오래전부터 여러 나라에서 시비의 대상이 되어왔다.

편집권의 소유에 대해서는 선진 자유민주주의 국가에 몇 가지 유형이 있다. 첫째는 미국형 편집권, 둘째는 유럽형 편집권, 마지막으로 일본형(마이니치) 편집권의 세 가지 형이 있다. 이 세 가지 형을 차례로 설명하면서 한국은 이중 어느 쪽에 속하며 시정할 점이 있다면 어떠한 문제점이 있는가를 생각해보기로 한다.

미국에서는 편집권이 기업주에게 있는 것이 사실이다. 그러나 미국 신문기업주는 언론과 관계없는 다른 기업에 손을 대지 않고 언론기업인은 오로지 언론기업에만 충실하다.

따라서 미국 언론기업인들은 일반적으로 편집국 기자들과 특별한 경우를 제외하고는 이해충돌이 드물다. 물론 자본주의체제 유지라는 점은 뚜렷하지만 그 밖의 문제, 가령 기본권 문제 같은 분야에 대해서는 전혀 개입하지 않는다. 『워싱턴 포스트』 사주가 기자들이 무색할 만큼 정부에 대항하여 언론자유를 위해 투쟁한 것은 그 좋은 예라 할 것이다.

다음은 유럽형이다. 프랑스의 『르몽드』의 경우를 보면 신문사의 사장을 사원 중에서 선거로 선출한다. 선거인은 물론 사원이 된다. 따라서 사장과 사원 사이에 따로 구별이 있거나 대립이 있거나 하는 일이 없다. 사장과 사원 사이에 신분상의 차이가 없으므로 신문 편집을 둘러싸고 경영자와 사원 사이에 대립이 생기는 일이 드물고 간혹 견해차가 생기면 경영자와 사원단, 즉 노조 사이에 협의하여 조정한다. 이런 경영방식은 일본의 『아사히신문』의 경우도 비슷한 점이 있다.

마지막의 경우는 일본의 『마이니치신문』의 예에서 찾아볼 수 있다. 이 신문사에는 '편집강령'이라는 것이 있다. 신문이 어떤 방침으로 제작된다는 것을 아주 구체적으로 밝히는 것이다. 우리나라에서는 '사시'라는 것이 있어 신문 제작의 방침을 일반화해서 독자에게 보여주고 있으나 가령 '엄정중립'이니 '시시비비'니 '불편부당'이니 해서 막연한 방침을 내세우고는 실제에 있어서는 신문 제작을 마음대로 해 사주의 사리를 꾀하는 경우가 많다. 신문은 체질적으로 시대의 변화에 남달리 예민하다. 나쁘게 말하면 기회주의적이라고 할까. 가령 유신 치하에서 권력과 밀착해 유신을 가장 충실하게 지지·대변한 신문도 일단 정치권력이 바뀌면 하룻밤 사이에 태도가 돌변해 이미 쓰러진 정치권력을 무자비할 정도로 난도질해 자신(신문사)의 지난날 죄과를 면해보려는 속성이 있다.

신문이 독자대중의 지탄을 받게 되면 상업주의신문으로서는 사형선고를 받는 것이나 다름없으므로 신문은 이미 변한 새로운 정치상황에 적응, 살아남기 위해 이제까지 자기가 지지하고 동조했던 지난날의 정치권력자들의 온갖 죄상을 파헤치고 들추어내 그들을 역사의 죄인으로 만듦으로써 자기 죄과를 면해보려고 발버둥 치게 된다. 이것은 신문이 가지는 하나의 속성이며 반드시 사장이나 편집국 기자들의 기질, 가령 윤리·도덕문제하고는 직접 관계가 없다. 신문 자체가 본래 기회주의적 속성이 있기 때문이다. 신문이란 오늘을 위해 산다. 오늘을 살기 위해 과거를 비판하는 것이다.

만약 어떤 정치권력이 언론에 대해 심한 규제를 가해 그 신문이 권력에 협조했다면 그 협조가 자발적인 것이든 아니든 관계없이 새로운 정치변혁에 적응하고 살아남기 위해 지난날의 정치권력에 매질을 하는 것이다. 지난날 자기의 협조도가 크면 클수록 발뺌을 위해서도 지난날의 정치권력을 폭로·규탄하여 역사의 죄인으로 매장해버린다. 신문이 가지는 무서운 속성이므로 정치권력은 훗날 신문의 비판으로 역사의 죄인이 되지 않기 위해서도 신문규제를 너무 가혹하게 해서는 안 된다. 권력이란 언젠가는 내놓아야 하는 것이다. 그러므로 현명한 정치인이라면 권력에서 물러난 후의 자기와 자기 후손을 위해서도 지나친 언론규제를 안 하는 것이 현명한 처사일 것이다. 신문이 가지는 이러한 속성은 나라의 고금·동서를 막론한 것임을 알고 정치인들은 특히 명심하였으면 한다.

나폴레옹이 유배된 코르시카 섬에서 탈출해 본국으로 진격할 때 프랑스 신문이 처음에는 그를 악마라고 욕했다가 그가 파리로 진격해오자 황제폐하로 찬양했다는, 신문의 재빠른 기회주의적 속성이 자주 인용되는 것으로도 이해할 수 있을 것이다. 신문이 가지는 이와 같은 속성은 신문을 위해서나 정치권력을 위해서나 바람직한 일이 아니다.

따라서 각 신문사는 제각기 '편집강령'을 작성해서 정치·경제·문화면에서 신문의 성격을 독자대중에게 널리 공개하여 이른바 '돌변'하는 일이 없도록 해야 한다. 신문사를 위해서나 정치권력을 위해서나 서로 바람직한 일이다. 나는 이러한 관점에서 오늘날의 신문이 제각기 편집강령을 내걸고 신문마다 특색을 보여주었으면 한다.

영국은 민주주의의 모범적인 나라다. 따라서 영국의 신문제도를 참고해보는 것이 좋을 것이다. 영국의 신문왕 톰슨 경은 수많은 각종 신문을 경영하는 인사로 유명하나 그가 경영하는 신문은 저마다 제작의 특징이 있으며 사주인 톰슨 경은 거의 신문 제작에 관여하지 않는다는 것이다. 심지어 어떤 신문은 톰슨 경에 불리한 제작도 한다고 한다. 신문과 경영인, 신문과 정치의 관계에 하나의 모범이라 할 것이다.

우리나라에서도 사시를 없애고 '편집강령' 같은 것을 제정해서 세상에 신문의 성격을 미리 밝혀두는 것이 좋을 것 같다. 이 '편집강령'은 사주가 제정할 수도 있고 원한다면 사원들과 토론해서 제정해도 무방할 것이다. 하여간 일단 제정되고 독자에게 공표된 후에는 사주도 마음대로 바꾸지 못하고 편집강령을 준수하여야 하며 만약 편집강령을 개정할 필요가 있을 때에는 사주 단독 혹은 사원들과 협의해서 개정하며 반드시 그 내용을 공개해서 독자들에게 주지시킬 필요가 있다. 이것은 경영주와 편집자 간의 문제라기보다 신문과 독자의 문제며 모든 신문이 독자 앞에 정직한 신문이 되어야 하며 독자들을 속여서는 안 된다는 것을 뜻한다.

만약 여당을 지지할 입장이라면 독자들에게 솔직히 이 사실을 공개하면 되는 것이다. 사시로 '불편부당'을 내걸고 실제 제작에서는 권력을 대변하는 짓은 위에서 말한 대로 서로 불행할 뿐이다. 신문이라고 해서 여당을 대변하지 말라는 법은 없다. 미국의 신문이 선거철이 되면 '여' 혹은 '야'를 지지한다고 공언하는 경우와 같다. 국민에게는 마치 엄정중립인 듯이 민주주의를 지지하는 양하면서 지면 제작은 야당을 비방하고 여당을 두둔하여 국민을 속이는 일이 있어서는 안 된다 것이다. 지금 우리나라 신문을 볼 때 여당을 지지한다고 표방하는 신문은 하나도 없다. 그러나 현실적으로는 거의 모든 신문이 여당을 지지하고 있는 실정이다. 야당을 음해(陰害)하지 않는 신문이 없다. 그러나 한국의 독자들은 수준이 매우 높다. 이것을 모르지 않는다. 신문은 훗날 상황이 변한 후 지난날의 정치권력을 매질함으로써 오늘의 잘못을 모면하려는 것이다. 이것은 신문이 사회를 위하는 길이 아니다. 하고 싶은 말이 있으면 지금 할 것이며 훗날 하겠다는 마음을 가지지 말아야 한다. 1차적 책임은 어디까지나 신문인에게 있다. 누구에게 책임을 전가하지 말아야 한다.

필자는 앞서 신문의 기회주의적 속성을 지적하고 신문이 오늘을 위해 살기 때문에 부득이하다고 했다. 그러나 바로 그렇기 때문에 신문의 이러한 속성을 제도적으로 막아야 한다. 만약 신문사 사주가 권력에 영합하여 명예와 재산을 늘리고 세상이 변한 후 그 권력을 매질한다면 비록 이것이 신문의 속성이라 하더라도 좋은 일이 아닐 것이다. 그러므로 신문에 '편집강령' 같은 것이 있어 기업주도 신문을 마음대로 못한다면 언론계에는 거짓말하는 신문이 없어질 것이다. 얼마나 좋은 세상이 되겠는가.

오늘의 한국 언론이 사회에 온갖 해악을 끼치고 유언비어를 나돌게 하며 사회불안을 조성하고 진실보도를 하지 않으며 권력에 영합해 진실을 왜곡·

과장·편파보도·은폐를 일삼고 그래서 독자대중의 지탄을 받고 민주주의 발전을 저해하고 있다는 악평이 도는 것도 그 가장 큰 원인의 하나가 바로 언론인이 아닌 기업주에게 일방적으로 편집권을 독점시키고 있기 때문이다. 기자들이 지탄의 대상이 되고 있는 것도 책임의 일단은 기업주가 져야 한다.

마지막으로 민주주의사회에 있어서 언론에 대한 독자대중이 가지는 '반론권'에 대해 한마디 하고자 한다. 만약 독자들은 언론이 독자를 무시하고 정도를 이탈하여 왜곡·편파·과장·은폐 보도를 일삼는다면 이제까지와 같이 일방적으로 당하고만 있지 말고 그러한 언론사를 규탄·항의하고 구독과 시청을 거부하는, 민주주의사회에 있는 '반론권'을 행사해야 할 것이다. 언론이 권력 있는 줄만 알고 독자를 무시하며 독자에게 횡포를 부린다면 반론권은 마땅히 발동되어야 한다.

언론은 민주주의의 핵심이며 생명이다. 민주주의가 살아 있느냐 죽었느냐의 기준이 되는 척도가 바로 언론이다. 그러므로 독재권력일수록 언론의 독점적 지배를 포기하지 않을 것이다. 바로 그렇기 때문에 국민대중도 민주화운동이란 바로 언론자유를 위한 투쟁이라는 것을 명심해주었으면 좋겠다.

-《송건호 전집》 제8권, 한길사, 2002년, 21~51쪽.
《민주언론 민족언론》, 두레, 1987년

죽음 속에서 생을 찾고
영광을 얻었습니다

안(安)형!

이게 꿈이 아닙니까.

형이 세상을 떠나다니 믿어지지가 않는군요. 언제나 미소 지으며 말하던 형의 얼굴, 지금이라도 '안형'하고 부르면 웃으며 돌아볼 것 같은 형의 얼굴을 이제 영영 대할 길 없게 됐으니 아무래도 꿈만 같습니다. 왜 형만 먼저 떠나갔습니까. 5년간 같이 고생한 숱한 동료들을 남겨두고 왜 형만 혼자 떠나갔습니까.

남들은 복직이다. 복학이다. 복권이다 해서 이제 모두 정상으로 돌아간다고 희망에 들 차 있는데 이 모든 것을 버리고 왜 형만 혼자 떠났습니까. 형이나 우리 다 같이 하루도 잊지 못한 신문사 생활을 눈앞에 두고 형만 혼자 떠나다니, 아아! 하늘도 무심합니다.

그렇게도 건강하던 형이 뼈만 남은, 가슴이 아파 차마 정시(正視)할 수 없을 쇠약한 몸으로 병상에서 신음하던 형을 보며 나는 수없이 속으로 물어보았습니다. 그렇게도 씩씩하던 형이 왜 이렇게 처참할 꼴이 돼서 고통을 겪어야 합니까. 만약 형이 들어갈 아무런 이유 없는 그 옥고를 치르지 않았더라면 오늘의 형이 이렇게 비참해질 이유가 있겠습니까. 그러나 나는 또 속으로 물어보았습니다. 만약 형이 신문사에서 억울하게 쫓겨나지만 않았더라면 옥고를 치를 이유가 있었겠습니까.

결국 형이, 아니 수많은 자유언론의 전사들이 언론자유를 주장한 죄로 직장에서 쫓겨나지만 않았더라면 5년간의 그 지루하고 암담한 수난은 없었을 것 아닙니까.

안형! 그러나 형은 결국 옳았습니다. 형이 승리했습니다. 형이 목숨을 바쳐 지키려한 그 자유언론을, 이제는 형을 직장에서 내쫓던 사람들까지도, 형에게 수없이 박해를 가하던 사람들까지도 그것이 옳다는 것을 시인하게 되었으니까요.

안형! 형은 자유언론을 주장하는 것이 누구를 반대하거나 적대시하자는 것이 아니라고 했습니다. 자유언론이란 자기 직업에 충실하자는 것이요, 신문기자의 본령을 지킨다는 것은 그것이 곧 사회의 질서를 존중하는 것이 아닙니까. 그런데 이러한 형이 직장에서 쫓겨나야 하고 옥고를 치러야 하고 10·26사태 후 4개월이 넘었는데도 끝내 직장으로 돌아가지 못하고 한을 품은 채 저 세상으로 떠나가게 되었으니 아아, 형이여 정말 억울하고 원통합니다.(중략)

형이여, 한을 푸십시오. 형은 승리하셨습니다. 형이 옳았다는 것을 온 세상이 시인하게 되었습니다. 형은 죽음(死) 속에서 생(生)을 찾고 영광을 얻었습니다. 그러나 오늘 형의 영전에 모여 선 동아투위 동료들은 소리 없이 울고 있습니다. 생전, 형이 그렇게도 사랑하고 또 서로 의지해 싸우던 형의 동지들이 울고 있습니다. 5년이라는 암담한 수난 속에서 일찍 조민기 형을 잃고 이의직 형을 보내더니 오늘 또 다시 안 위원장을 보내게 되어 그들은 울고 있습니다.

형이시여, 이미 하늘에 계신 안형의 영혼이시여, 이 무능하고 죄 많은 송건호를 용서해 주십시오. 그리고 형의 동지들에게 다시 직장에 돌아가 언론의 정도를 걷고 이 민족의 희망찬 앞날에 민주주의와 조국통일의 믿음직스럽고 자랑스러운 역군이 되도록 그 앞길을 인도해 주옵소서.

안형의 영전에 눈물로써 삼가 명복을 빌고 기원하는 바입니다.

－《송건호 전집》 제10권, 한길사, 2002년, 636~365쪽.
〈동아투위소식〉 1980년 3월 17일 3쪽

＊동아자유언론수호투쟁위원회 2대 위원장이던 안종필 기자가 1980년 2월 29일 지병으로 별세하자 선생이 쓴 조사로 원제는 '死속에 生을 찾고 영광을 얻었습니다'이다.

~ 5부 ~

민족지성

살기 어려운 세상

직필과 곡필

살기가 힘들다는 것을 느낀다. 나이를 먹을수록 더욱 그러한 생각이 절실해진다. 그래서 가끔 '어떻게 살아나갈 것인가'를 걱정하게 된다. '어떻게 살 것인가'는 젊어서 생각해야 할 문제 같으나 나이가 들어서 이런 일로 고민해야 한다는 것은 개인을 위해서나 그러한 사회를 위해서나 불행한 일이 아닐 수 없다.

우리 사회는 민족이 시대에 눈뜨기 시작한 19세기 말엽부터 내외로 형극의 길을 걸어왔고, 그 안에 사는 개개인도 파란 많은 길을 걷지 않을 수 없었다. 형극의 길을 걸어온 때문인지, 이 사회에는 마지막 인생을 하직할 때 민족과 사회 앞에 부끄러움 없는 삶을 지내왔다고 할 사람이 지극히 드물다. 특히 정치·경제·문화계 할 것 없이 지도층 중에 흠 없이 깨끗하게 생을 마친 사람이란 거의 없다시피 하다. 지금 각계에서 지도적 인사라고 큰소리치는 사람 중에도 과거를 들추어보면 남 앞에 내놓을 수 없는 치부가 감추어져 있다는 것을 발견한다. 정말 '보람 있고 자랑스러운 한평생'을 지냈다고 부러워할 만한 인사가 드물다.

어려서는 엄벙덤벙 돼가는 대로 살아가는 것이 보통이다. 그러나 불혹(不

惑)이 넘고 지천(知天)의 나이가 되면 점점 자기 자신을 생각하고 어떻게 살아나갈 것인가 하는 처신의 문제를 생각하게 된다. 공자는 40에 불혹했다는데 50이 다 되도록 아직도 인생에 고민이 있다면 평범인은 할 수 없구나 싶어 탄식이 나온다.

신문기자란 물론 하찮은 직업이다. 존경은 고사하고 세상에서 멸시의 대상이 되어 있는 것이 지금의 신문기자다. 기자생활 20여 년이 넘으면서도 자신을 언론인으로서 자랑스럽게 느껴본 적이 거의 없는 터에 세상사람들한테서 존경과 신뢰를 받기를 기대할 수는 없다. 이렇게 비참한 처지에 있으면서도 그러한 속에서나마 죄를 덜 짓고 사는 생활, 선악을 식별할 수 있는 기자가 될 순 없을까를 생각하게 된다.

하몽(何夢) 이상협(李相協)하면 우리나라 언론사상 빼놓을 수 없는 인물이다. 기자로서도 뛰어난 재능이 있었을 뿐더러 한국 언론 50여 년간에 남긴 족적은 거의 추종을 불허할 만큼 미친바 영향이 컸다. 그만큼 언론인으로서 그의 생애는 시비가 많았다. 그런데 그는 만년에 "자식은 절대 신문기자를 안 시키겠다"는 말을 입버릇처럼 되풀이했다고 한다. 그의 후손들은 지금 건재하지만 그의 말대로 신문기자가 된 자녀는 한 사람도 없다. 신문기자란 그만큼 말이 많은 직업이다. 말이 많다기보다 옳은 기자 노릇하기가 어렵다. 글 쓰는 생활이란 참으로 책임이 무거운 직업이라는 것을 느낀다. 비단 우리 사회에서뿐 아니라 유럽에서도 그러한 듯하다.

나치가 프랑스에 침입, 파리를 몇 년간 점령하고 있었을 때 많은 프랑스인이 히틀러에 협력했다. 특히 기업인들은 나치에 협력, 전시인데도 막대한 치부를 했다. 한데도 세상에서는 기업인들의 이러한 반민족적 행위를 거의 알지 못했고 또 관심도 적었다. 그런데 이른바 나치 협력 지식인들은 프랑스가 점령 상태로부터 해방되었을 때 한 사람 빠짐없이 처형되었다. 기업인들의 치부행위는 남의 눈에 띄지 않는 곳에서 은밀히 행해지나 지식인들의 활동은 언제나 공개된 곳에서 행해진다. 특히 신문기자는 그의 활동이 활자로서 오래도록 남기 때문에 절대로 속일 수 없고 음성적으로 할 수도 없다. 그만큼 미치는 영향 또한 크다. 그러므로 신문기자는 언제나 반드시 자기의 믿는 바에 따라서 글을 써야 하며 어떤 다른 사정에 의해 마음에도 없는 글을 쓰는 일이 없어야 한다. 일시적 필요에 의해 글을 어떤 방편으로 이용하지 말아야 한다. 글은 활자로 후세에 남는다. 감출 수도 속일 수도 없다. 자기의 글에 대해서는 자기가 책임을 져야 한다.

그러나 그때그때의 시대적 여건을 무시하고 소신대로만 글을 쓸 수도 없다. 여기에 글 쓰는 사람의 고민이 있다. 사람들은 흔히 훌륭한 글을 청사(靑史)에 빛날 글이라고 한다. 옳은 말을 한 글을 정론(正論)이라고 한다. 그리고 시대에 아부한 글을 곡학아세(曲學阿世)한 글이라고 욕하고 비웃는다. 청사에 빛날 정론을 춘추직필(春秋直筆)이라고 하고 시대에 아부한 글을 곡필이라고 욕한다. 그리고 정론은 언제나 건설적이며 곡필은 불건전하고 파괴적 글인 것으로 생각한다.

그러나 이러한 판단은 지극히 피상적 견해다. 정론은 반드시 건설적이고 긍정적이며 곡필은 반드시 파괴적이며 부정적이라고 단순히 생각해서는 안 된다. 오히려 대부분의 경우 정론은 표면상 부정적이며 따라서 그 시대에서 볼 때 파괴적인 듯 보이며 곡필이야말로 자신을 건설적이고 긍정적인 것처럼 자처한다. 그 이유를 따져보면 간단하다. 직필이니 곡필이니 하는 말이 나오는 것은 정치적으로 매우 어려운 상황이라는 것을 전제로 한다. 국민의 자유를 억압하는 어떤 권력의 존재를 전제로 한다. 옳은 말을 싫어하고 영합하는 언론만을 환영하는 상황임을 전제로 한다. 이런 경우 권력은 반드시 현상유지를 요구한다. 따라서 이들은 질서와 안녕을 내세우고 시대에 대한 부정이 아닌 긍정적 언론만을 건설적이라고 환영한다.

정론을 펴고자 하는 사람은 이렇게 부조리하고 부패한 정치를 반대하고 새 질서를 주장한다. 정론이 파괴·부정적이 될 수밖에 없는 이유가 바로 여기에 있다. 이러한 상황에서 그 시대를 긍정하고 현상을 유지하고자 하는 언론은 따라서 자연 부정적이기를 기피한다. 정론과 곡필의 관계는 이와 같이 일반적 생각과는 달리 오히려 정론이라 일컬어지는 언론일수록 부정적·파괴적인 듯이 보이며 곡필이라 일컬어지는 언론일수록 일견 긍정적·건설적 양상을 나타낸다. 따라서 정론은 항상 소수의견이고 곡필일수록 다수의견인 듯이 보인다.

정론은 외롭다. 누구 하나 정론이라고 공공연히 칭찬해주는 사람은 없고 오히려 곡필일수록 다수의견인 듯이 보이고 건전한 언론인 것처럼 표면적 지지를 받는다. 양식을 지키려는 기자의 자세가 얼마나 큰 용기를 필요로 하는가를 짐작할 수 있을 것이다.

글과 생활의 일치

남을 지도하는 사람이 따로 있는 것이 아니다. 사회에 여러 가지 의미로 큰 영향력을 가지는 사람은 모두 지도층에 속한다. 정치인·기업인은 물론 지식인도 일종의 지도층에 속한다. 지식인이란 권력도 돈도 없는 하찮은 사람들이지만 사회에 영향력을 가진 사람들이라는 점에서 지도층에 속한다.

지식인이 지도층으로서 사회적·민족적으로 큰 영향력이 있다는 것은 특히 일제시대의 춘원(春園)이나 육당(六堂)의 경우에서 두드러지게 나타난다. 춘원은 일제 말기 거의 모든 청년들에게서 신앙적인 존경을 받고 있었다. 그들의 존재로 수많은 청년들이 민족사상에 눈떴고 용기를 얻었다. 그만큼 그의 변절은 민족적으로 큰 충격을 주었다. 수많은 사람들이 그를 욕하고 매도했다.

그러나 어떤 층에서는 춘원을 동정하고 그에 대한 비난에 오히려 반론을 제기하는 사람도 있다. 누구고 춘원의 입장에 서보라는 것이다. 과연 그의 건강은 좋지 않았고 사랑하는 처자가 있었다. 일제에 저항을 안 했으니 안락한 생활을 보낼 수 있었을 것이다. 춘원은 '안락한 행복'에 미련을 갖고 민족의 양심을 저버렸기 때문에 그에 대한 후세의 비판이 가혹했다. 이 경우 지도

자의 자격이 있는 사람은 개인의 안락을 버리고 대의를 위해 자신을 희생시킬 수 있는 사람이다. 범인(凡人)은 개인의 행복을 위해 대의를 저버리는 사람이다. 그러므로 춘원을 욕하는 소리는 그를 민족의 지도자로 기대한 때문이다. 춘원을 동정한 사람은 그를 지도자로서보다 평범한 일개 시민으로 대하자는 것이다. 춘원에 지도자로서의 기대를 걸지 않을 때 그를 동정할 수 있다.

만약 춘원이 일개 평범한 시민에 지나지 않는다면 그에게 대의를 위해 개인적 행복을 희생시키라고 요구하는 것이 무리인지도 모른다. 춘원이 지도자가 아니라고 한다면 개인의 안락을 위해 대의를 저버린 그를 욕할 이유가 없다. 그러나 지도자의 자격 없이 한때나마 지도자를 자처하다 후일 변절, 많은 젊은 세대에 정신적 충격과 혼란을 일으키게 한 책임은 크다고 보아야 한다. 지도자가 되고자 하는 사람 또는 지도적 위치에 있는 사람은 언제나 개인의 처신에 신중해야 하고 자기의 행동·말·글이 어떤 영향을 미치는가를 신중히 생각해야 한다. 같은 말, 행동에서도 사회에 미치는 영향이 그의 지위에 따라 크게 다른 법이다. 따라서 범인으로서는 별로 추궁의 대상이 되지 않을 일도 지도적 위치에 있는 사람은 사회의 엄중한 비판을 받아야 하고 받게 마련이다. 지도층의 인사는 자기 자신에게 언제나 엄중해야 하고 고의든 과실이든 저지른 잘못에 대해서는 가차 없는 추궁을 감수해야 한다.

자기가 지도적 위치에 있는 것을 기화로 일신의 안락을 탐내 계속 그 자리에 머물기를 원하며 자리를 이용해 치부를 꾀하고 자기 잘못에 대해서는 이를 너그러이 눈감고 남의 잘못에 대해서는 이를 가혹하게 다스리는 일이 없어야 한다.

사회가 안정되려면 지도층 사람들이 스스로에 엄중할 줄 알아야 한다. 지도층 사람들이 스스로의 잘못에 엄중하면 여론은 그들을 지탄하지 않고 미워하지 않으며 사회는 조용해질 것이다. 지도층이 자기 잘못을 뉘우칠 줄 모르고 지탄받는 인사들을 감싸고 오히려 이를 문제시하는 여론을 괘씸하게 혹은 불온시하는 사고가 남아 있으면 사회는 절대로 안정되지 않을 것이다. 이러한 사고나 태도는 사회에 안정 대신 불안을 조장케 할 것이며 그러한 지도층과 여론 사이에 더욱 간격이 벌어지게 될 것이다. 글을 쓴다는 점에서 어울리지도 않게 지도층에 끼여 있다고 보이는 문필인도 이 점 크게 깨닫는 바 있어야 한다. 글이라는 것은 활자가 되어 오래오래 남는다. 남는 데 그치지 않고 어느 누구에게나 공개되어 있어 별의별 사람이 다 읽는다. 글을 쓰는 당사자는 그때그때 별생각 없이, 또 궁한 나머지 원고료 몇 푼 때문에 원고용지를 마지못해 메우는 경우도 있지만 일단 활자화가 되면 이미 그 글은 필자의 손에서 떠나 독자의 이데올로기 구실을 하고 만다.

글은 시골 방방곡곡 또 각계각층 사람에 읽히게 된다. 글 쓰는 사람은 따라서 절대로 기분에 따라 이렇게 혹은 저렇게 횡설수설해서는 안 된다. 그 글에는 논리가 일관되어 있어야 하고 전에 쓴 글과 다음에 쓴 글 사이에 모순이 없어야 한다. 어떤 때는 이런 소리를 하고 어떤 때는 또 저런 소리를 하는 식의 글을 써서는 안 된다. 글은 사람의 인격표현이라고 했다. 내용에 일관성이 있어야 한다. 글의 내용이 자기의 숨김없는 생각을 나타내지 않고 어떤 필요에 의해 자기 생각과 다른 말을 하는 일이 없어야 한다. 글 쓰는 사람은 독자에 의해 글에 따라 하나의 상(이미지)이 그려진다. 문필인들이 세속적으로는 허약하기 짝이 없는 위인들이지만 이른바 지도층에 속한다고 보이는 까닭은 그의 글이 가지는 영향력 때문이다. 한 줄의 글도 마음에 없는 글을 무책임하게 쓰는 일이 없어야 한다.

글 쓰는 사람은 글의 내용과 자기의 생활에 모순이 있어서는 안 된다. 글로는 부정부패를 증오하는 듯이 주장하면서도 실제 생활은 글 내용과 전혀 다른 생활을 하는 사람이 있다. 부패의 지탄을 받는 인사가 부패를 가장 증오하는 듯한 글을 쓰는 것은 사람을 웃긴다.

글과 사람과는 모순이 있어선 안 된다. 일제 때 아부하고 자유당 때 아부하며 바람 부는 대로 자신과 민족을 더럽힌 인사가 나라를 걱정하고 부정부패를 규탄하고 지조를 운위하는 것은 가소롭기 비할 바 없다. 그가 어떻게 눈 하나 까딱 않고 그런 글을 쓸 수 있는가가 의심된다.

글의 내용과 자기의 생활 사이에는 큰 모순이 없어야 한다. 평소 부정과 부패를 지탄하는 글을 쓰면서 자기 자신 남한테 지탄받을 생활을 한다면 큰 모순이다.

사회의 부정, 부패, 그 밖의 각종 악과 싸우는 언론인들은 우선 자신의 생활부터 모범적이 되어야겠다. 언론인은 떳떳해야 한다. 정치인이 국민에 이것저것 공약을 했으면 꼭 지켜야 하듯이 언론인도 독자 앞에 어떤 주장을 했을 때 그런 생각과 최소한 모순되는 생활을 하지 말아야 한다. 글, 생활을 한 인간의 인격을 통일시켜야 한다.

처세의 어려움

살기 어려운 세상이라는 것을 자주 느낀다.

8·15해방 후 우리 사회는 각종 혼란이 거듭되었다. 정치가 혼란되었고 경제가 불안했으며 도의는 땅에 떨어져 목적을 위해선 수단을 가리지 않는다는 사회로 타락되었다. 그래서 사람들은 제각기 살길을 찾아 혼란한 사회에 적응하는 처세술에 머리를 쓰게 되었다. 자기를 출세시키는 길은 성실이 아니고 근면도 아니며 학문도 무력하다는 것을 체험으로 느끼게 되었다.

사람들의 처세술은 날로 점점 교묘해졌다. 성실과 정직이 아니라 술수가 늘게 되었다. 이러한 사회풍조를 반영해서 일상용어에도 해방 전에는 전혀 몰랐거나 거의 사용되지 않은 용어들이 속출되었다. '사바사바' '교제' '운동' '단수' '술수' '정치' '아첨' '과잉충성'.

이러한 낱말들은 사람들의 처세술이 날로 교묘해지고 있음을 말해준다. 술수가 높은 사람일수록 시류를 타서 출세를 하고 축재를 하고 상사의 신임을 얻는다. 가장 무력해진 것은 학문과 성실성이다. 공부를 잘한 사람이란 기껏 학교선생이나 어떤 기업체의 말단사원이 되는 정도이고 돈을 벌거나 묵직한 감투를 쓰는 것하고는 거의 관계가 없어졌다. 그래서 학생들은 공부는 해서 무엇하나라는 생각을 갖게 됐고 성실하게 산다는 것이 어리석고 무능하다는 표본처럼 생각되었다. 이러한 사회풍조가 8·15해방 후 미군정, 자유당 치하, 4·19 후의 혼란, 5·16 이후로 더욱 짙어졌다.

그러나 최근에는 이러한 풍조가 약간씩 달라지는 기미가 보이기 시작했다. 술수에 의한 생활철학이 한계점에 도달한 느낌이 든 때문이다. 자기 보호를 위한 각종 술수가 점차 보급되어 거의 모든 사람들이 자기 보존을 위한 무엇인가 술수를 체득하게 되었다. 사회생활이 술수의 생활로 변한 것이다. 불신풍조가 이 땅에 생기게 된 큰 원인의 하나가 이 술수의 처세에서 생겼다고 보아도 잘못이 없다. 오늘날은 불신풍조가 얼마나 심하게 만연되고 있는지 사람들은 누구에 대해서도 일단 의심을 하고 대하는 경향이 있다.

동료를 믿지 않고 윗사람을 믿지 않고 아랫사람을 믿지 않으며 스승은 제자를, 제자는 스승을, 공무원은 시민을, 시민은 공무원을 믿지 못하는 좀 과장해 말하면 만인이 만인을 불신하는 이른바 '불신사회'로 변하고 말았다. 일찍이 우리 사회가 이렇게까지 서로 믿지 않고 산 전례가 없다. 이러한 상태로는 사회가 안정될 리 없고 건설이 추진될 리 없으며 불안이 가실 날이 없다.

이른바 술수철학의 한계가 여기에서 점점 두드러지게 나타나기 시작했다. 술수란 성실과는 결코 다르다. 술수에 의한 처세란 정상이 아닌 무엇인가 기교나 잔재주로 사람을 현혹시키고 판단을 흐리게 하는 것이다.

직설적으로 말하면 일종의 '속임수'에 속한다. 하지만 사람이란 똑똑한 사람이나 어리석은 사람이나 그 정도의 차이가 대단하지 않다. '술수' 즉 속임수에 의한 처세는 한 번은 성공할 수 있어도 두 번은 성공하기 어렵다. 두 번 속이기는 어렵다. 따라서 일단 술수에 능한 사람이란 평을 받으면 그것은 사회생활에서 거의 치명적 타격이다.

고(故) 진산(珍山)이 그러한 평을 받아 얼마나 많은 욕과 오해를 사고 얼마나 큰 정치적 타격을 겪었는가. 그의 정치역량이 탁월하다는 세평에도 불구하고 술수에 능한 정치인이란 비난으로 거의 그 힘을 발휘하지 못하고 비운 속에 세상을 뜬 것은 널리 알려진 바와 같다. 그가 가진 이른바 탁월한 그 '술수'가 그를 위해 도움이 되기보다 오히려 마이너스가 되고 말았다. 여기에서 사람들은 많은 것을 깨달아야 한다.

영국 속담에 "정직이 최선의 술책"이라는 말이 있다. 오랜 전통을 가진 영국인들이 체험에서 얻은 생활철학으로서 인생의 진실을 꿰뚫은 격언이라고 해야 하겠다.

그러나 진실·정직만 가지고 살 수는 없다. 솔직하다는 것은 인간에게 있어 한 미덕이다. 하지만 때와 장소를 가리지 않고 솔직하기만 할 수는 없다. 그렇지 못한 것이 인간사회다. 솔직주의·정직주의로만 나가면 가는 곳마다 충돌이 생길 것이다. 인간사회에는 양보가 있어야 하고 때로 인내가 있어야 한다. 양보와 인내 외에는 달리 길이 없는 경우도 있다. 그러니 살기가 힘들다는 것을 새삼 통감한다. 불안한 사회일수록 처세하기가 힘들다.

하지만 글을 쓰는 사람을 포함해 지도층에 속하는 사람의 처세는 이런 때일수록 더욱 중요하다. 그의 처세는 일반인처럼 한 개인에만 국한되지 않고 사회에 큰 영향을 미친다. 이런 점에서 지도층은 특히 성실성이 요청된다. 남 위에 앉은 사람은 절대로 거짓말을 해서는 안 된다. 그때그때의 필요성에 따라 무책임하게 말을 해놓고 훗날 그 말을 지키지 않으면 비단 거짓말한 지도층 개인의 인격문제에 그치지 않고 사회에 불신풍조가 번진다. 사회에 큰 영향을 미치는 정치인들은 특히 이 점 신중하지 않으면 안 된다. 이 나라의 불신풍조는 그 원인이 서민층에 있다고 하기보다 지도층의 사람들, 즉 사회에 영향력 있는 사람에 보다 큰 책임이 있다.

사회란 복잡하고 다양하며 인간은 이 어려움 속에 시달리는 가운데 참되게 살려는 의지가 간단없이 좌절된다. 파스칼은 사람을 '생각하는 갈대'라고 했다. 조금의 바람에도 흔들리는 것이 갈대다. 그만큼 갈대는 약하다. 그러나 인간은 생각하는 힘을 가지고 있는 갈대다. 약한 것 같으면서도 강할 수 있는 것이 인간갈대다. 사람은 약한 탓으로 참되게 살려고 하면서도 수없이 좌절된다. 하지만 좌절 속에서 또다시 일어나는 것이 인간갈대가 아닌가.

그래서 칸트는 이런 말을 했다. "선(善)이란 무엇인가. 그것은 선하게 되려는 의지(意志)다." 절대선(絕對善)이란 없다. 선을 위해, 진실을 위해 그리고 참된 사람이 되기 위해 좌절되면서도 다시 일어서 목적을 향해 걸음을 멈추지 않는 그 의지 속에 선이 있다고 볼 수밖에 없다.

－《송건호 전집》 제10권, 한길사, 2002년, 119~128쪽.
《민족지성의 탐구》, 창작과비평사, 1974년.
〈여성동아〉, 1974년

지성과 지조

지식인의 개념

일제시대에는 지식인이라면 사상가로서 또는 민족주의자로서 존경의 대상이 되었다. 지식인이 지금처럼 흔하지 않았다는 점에도 이유가 있었겠으나 한편 지식인의 자세가 그만큼 순수했다는 점에도 원인이 있었을 것이다. 그러나 오늘날은 지식인이라는 존재에 대해서 사회의 관심이 거의 없다. 있다면 멸시의 대상으로서 화젯거리가 되는 정도가 아닌가 한다. 지식인에게서 권위가 없어진 지 이미 오랜 것 같다.

우리가 흔히 지식인이라는 말을 잘 쓰나 어떠한 사람을 지식인이라고 불러야 할지 애매한 점이 없지 않아 먼저 지식인에 대한 개념부터 뚜렷이 해둘 필요가 있겠다. 지식인을 단지 지식을 가진 사람이라고 한다면 대학 졸업자치고 지식인 아닌 사람이 없겠고 오늘날과 같이 대학졸업자가 늘어나면 장래에는 지식인이 아닌 사람이 없을 시대가 오는지 모른다. 만약 사회의 모든 사람이 대학을 나오게 되고 따라서 지식인 아닌 사람이 없게 된다면 결국 이 사회에는 지식인이라는 명칭이 필요 없게 된다고밖에 볼 수 없다. 따라서 지식인이라고 할 땐 단순히 대학을 나오고 많은 것을 알고 있다고 해서 지식인이라고 부를 수 없다는 것을 깨닫게 된다. 지식인이라고 우리가 특히 구별해서 부르는 데에는 단순히 지식이 많다는 것하고는 다른 무슨 특징이 있지 않으면 안 된다. 우리는 이러한 점에서 지식인을 특히 이데올로기의 생산자라는 점에 한정시켜 생각해보고 싶다.

대학을 나온 후 사무원·공무원·사업·무역·기술 계통에서 활약하는 사람이 많다. 이러한 사람은 아무리 아는 것이 많아도 일종의 기능인은 될 수 있어도 지식인라고 부르기에는 좀 주저된다. 지식인이라고 하면 단지 지식이 많다는 점 외에 그 지식을 바탕으로 무엇인가의 이데올로기 생산자이지 않으면 안 된다. 이렇게 볼 때 지식인이라고 부를 수 있는 직업은 교사·문인·기자·변호사 등이다.

지식의 성격

그러면 지식이란 무엇인가라는 문제가 다음에 제기된다. 한말로 지식이라 해도 분야에 따라 여러 가지 지식으로 나뉜다. '정치적 지식' '문화적 지식' '경제적 지식' '사회적 지식' 또는 '역사적 지식' 등 여러 가지 지식으로 나뉠 것이다.

그러나 지식이 허무맹랑한 환상이 아니고 무엇인가 정리된 사고의 소산이라고 한다면 그것이 또한 무엇인가 인간생활을 대상으로 한 것이 아니면 안 된다. 인간생활을 대상으로 한 정리된 사고의 소산이 지식이라고 할 때 지식이란 곧 과학이라는 것을 깨닫는다. 지식을 독일인이 'Wissenschaft'라고 하지만 이것이 동시에 과학을 뜻하고 있다는 것은 결코 우연이 아니다. 따라서 지식이란 인간생활의 사회적 현실에 대한 과학적 인식이라는 결론이 나온다. 지식인이라는 사람들은 그러므로 사회적 현실에 대한 일정한 지식, 즉 인식을 하고 있는 사람들이라고 해야 할 것이다. 인식에는 일정한 논리가 있다. 사회를 어떻게 보느냐 하는 문제에 있어 지식인은 그가 가진 지식, 즉 논리에 따라 제각기 보는 각도가 다르다. 이 보는 각도에 따라 지식인마다 그가 가지는 사회상이 달라진다.

사회를 보는 눈, 거기에서 생기는 사회상이 제각기 다르다는 것은 지식에 따라 인생관·사회관이 또한 달라진다는 것을 뜻한다. 지식인으로서의 활동은 따라서 자기의 사회관에 입각한 논리에 따라 사회적 현실, 인생 현실에 대한 특히 이데올로기 생산활동이라고 말할 수 있다. 그런데 지식활동은 지식이 가지는 그 성격에 따라 본래 논리적 일관성이 요청된다. 오늘은 사회를 이렇게 보았다가 또 내일은 저렇게 본다는 식으로 이랬다저랬다 하는 것이 논리의 일관성이 아니다. 논리적 일관성이란 앞과 뒤에 모순이 없다는 것을 뜻한다.

말이나 행동에 누가 보아도 수긍이 가는 일관성이 필요하다는 것이다. 자기의 사상에 따라 생각하고 행동해야 한다는 것이다. 지식인의 지조란 바로 이것을 두고 하는 말이다. 지식인에게 이같이 지조가 요청되는 것은 지식이 가지는 고유한 논리에 속한다.

지식인의 지조

지식과 지식인을 이같이 볼 때 지식인이 멸시의 대상이 되고 있다면 그 까닭은 지식인이 사회활동에 있어 말이나 행동에 일관성이 없기 때문이다. 지식인이 가져야 할 이 같은 일관성은 바꾸어 말해 사상의 일관성이다. 비단 사상활동이 아니더라도 사람의 말이나 행동, 즉 사회활동에는 일관성이 있어야 하고 따라서 지조가 있지 않으면 안 된다.

우리 민족은 민족의식이 싹트면서 외세의 침략을 받게 되고 오늘날까지 형극의 길을 걸어왔다. 진리 속에 사는 것이 우리 민족과 같은 사회에서는 곧 수난을 의미했다. 지식사상은 그 성격상 본래 일관성을 요구한다고 했다. 그러나 이 일관성을 뚫고 나가려면 현실이 이것을 용납지 않든가 고난을 수반하게 마련이었다. 일제하에 수많은 우리 지식인이 영어(囹圄)의 몸이 되거나 또는 불우한 속에 생을 마친 것을 보았고 때로 정든 조국을 등지고 해외를 방황하지 않으면 안 되었다. 지식인이 이와 같이 한 시대의 진실과 양심을 대표하고 대중을 대신하여 수난의 길을 택할 때 지식인의 권위가 절로 높아지는 것은 말할 것도 없다.

후진국이나 개발도상국에서는 선진국과 달리 지식인은 대중에 혹은 그 시대에 대해 특히 정신적 리더십이 요청된다. 대중을 대변하며 시대의 양심을 부르짖고 대중을 대신해서 그 시대의 양심을 지키고자 고투를 한다. 그러나 지식인이 대중을 대신해 시대의 양심을 지킨다는 것은 어떤 권력에 봉사하는 것도 아니며 어느 당을 위해 헌신하는 것도 아니다.

지식인의 지조는 세속적 부귀하고는 관계가 없다. 지식인이 지조를 지킨다는 것은 어디까지나 자기의 사상에 변함없는 충실성을 지키는 것이다. 어디까지나 자기의 내부적 문제에 속한다. 정치인도 지조를 지킨다는 것은 어려운 일이지만 정치인의 궁극적 목적은 정권획득에 있으므로 그들이 지조를 지킨다는 것은 권력적 차원의 문제로서 후일 뜻을 이루면 정권을 잡는다는 야망도 있다.

그러나 지식인은 정치상황이 바뀐다고 정치적으로 어떠한 영예가 돌아오는 것은 아니며 이른바 부귀가 찾아오는 것도 아니다. 자기가 옳다고 신념하는 사상가치에 충실하다는 것은 어디까지나 자기 자신에 대한 충실이며 따라서 자신의 문제에 속한다. 지식인의 지조가 정치인의 지조보다도 어느 의미에서 더욱 어려운 면이 여기에 있다. 개화 이후 오늘날까지 100여 년이 흘렀다.

그간 수많은 지식인이 혹은 크게 혹은 작게 명멸했다. 그러나 생을 깨끗이 마친 지식인이 몇 명이나 될까. 춘원이나 육당이 그토록 한 시대의 양심을 지키는 듯이 보였으나 결국 일제에 지조를 팔았다. 그의 양심이 시대를 대표하는 비중이 크면 클수록 양심과 지조를 지키는 대가는 가혹한 법이다. 춘원과 육당이 지조를 판 것은 그들이 약했기 때문이기도 하겠으나 그들이 받아야 했던 시련이 남달리 가혹했다는 점은 동정의 여지가 있다.

하지만 8·15 후에 볼 수 있는 그 흔한 지식인의 변절은 춘원이나 육당과는 달리 거의 수난의 흔적이 없다. 일신의 '영화'를 위해 오히려 자진해 변절하는 인사들이 많았다. 3·15 전후의 이른바 '만송족 지식인(晚松族 知識人)'을 아마 그 대표로 보아야 할 것이다. 악에도 악 나름의 일관성이 있다. 일제나 나치 독일의 이데올로기들은 역사의 죄악에 가담하기는 했으나 그런대로 제각기 이데올로기에 충실했다. 그러나 이 땅의 일부 지식인들은 악의 이론에 충실했던 그들만도 못하다. 친일에서 만송족에서 다시 그 후의 정치상황의 변동에 따라 그때그때 궤변을 늘어놓은 것을 수없이 보았다. 이데올로기의 해바라기족들이라고 할 수 있을 것이다. 사상적인 변절자는 두 가지 점에서 타기해야 할 족속들이다.

첫째, 가치관의 변절이란 곧 자기 자신에 대한 변절이요, 배신이라는 점에서 먼저 인격적으로 쓸모가 없고 둘째, 지식으로 현실에 영합한다는 것은 정치적·경제적·문화적 악을 합리화해주는 기능을 가진다. 현실의 부조리를 비판하고 폭로하고 분석함으로써 시정의 방향으로 이끄는 것이 일반적 의미의 지식의 기능이라면 지식인의 변절은 그때그때의 주어진 상황을 언제나 합리화하는 구실을 한다.

A상황일 때에는 A상황에 긍정적 참여를 하고 B상황으로 변하면 또 B상황을 긍정하는 이론을 전개한다. 변절에는 논리가 없다. 논리의 중단, 논리의 부정이 있을 뿐이다. 어제 이런 주장을 한 지식인이 오늘날 이런 이론을 펼 때 대중이 그러한 지식인을 신뢰할 까닭이 없다. 만약 오늘날 지식인이 민중에 대한 권위가 문제돼야 한다면 그 이유와 원인이 어디에 있는가를 깊이 반성하지 않으면 안 된다. 조선 500년이 역사상 부정적으로 평가되는 경향이 많으나 이 시대의 선비들에게는 적어도 변절이라는 것이 없었다. 아무리 고난이 견디기 어려워도 노론이면 죽어도 노론으로서 굶어죽었지 소론이나 남인 앞에 절(節)을 굽히지는 않았다.

그러나 지금은 어떤가. 한때 신랄하게 현실을 비판하던 인사도 어쩌다 권력의 부름을 받기만 하면 어느새 180도 현실긍정론자가 되고 또 현실을 100퍼센트 긍정하던 인사도 어쩌다 권력에서 소외되면 어느새 격렬한 현실부정론자로 변하는 것을 본다. 이는 지식인으로서의 변절이라기보다 한 인간으로서 이미 용서할 수 없는 배신이다. 하지만 지식인의 지조는 세속의 영예로서보다 오히려 정치적 수난과 문화적 소외 그리고 때로 한 가족의 가혹한 경제적 시련을 의미하기도 한다는 점에서 지조를 지키는 일이 말처럼 그렇게 쉬운 일이 아니라는 것을 깨닫게 된다.

-《송건호 전집》, 제6권, 한길사, 2002년, 69~74쪽.
《민중과 민족》, 대방출판사, 1986년.
〈영대신문(嶺大新聞)〉, 1975년 8월

전환시대의 민족지성

전환의 시대

지금 우리는 지난 30년간 구조적으로 굳어진 냉전질서의 커다란 전환시대를 맞아 여기에 적응할 어려운 시련을 겪고 있다. 내외로 밀려오는 이러한 압력은 지식인에게도 새 시대를 맞을 새로운 지성을 요구하게 되었다. 한말로 우리는 그간 국제냉전의 전위로서 민족이나 나라의 주체성보다도 미국을 선두로 한 국제적 유대성을 강조한 입장에 있었고 지식인의 활동도 이의 영향 아래 외국 사조를 받아들이는 데 급급했으며 우리의 입장과 우리의 판단을 견지하는, 말하자면 주체성의 확립에는 오히려 이를 불온시하는 경향조차 없지 않았다. 그러나 미·중공 관계의 급격한 변화에서 동북아의 정세가 근본적으로 변화하여 이미 종전의 냉전질서 속에 안주할 수 없게 되고 이데올로기의 동맹국이라고 무조건 그들에 의존할 수 없는, 민족마다 나라마다 자기 위주의 내셔널리즘시대를 맞게 되었다.

오늘날 많은 신생국에서 민족주체의식이나 자주성이 강하게 대두하게 된 것도 이와 같은 국제적 조건의 변화가 큰 배경이 되어 있음을 알 수 있다. 하지만 30여 년간 굳어진 냉전체제나 냉전형 사고가 하루아침 사이에 새로운 상황에 적응하기는 어려운 것이고 더구나 새로운 상황변화를 어떻게 받아들이느냐 하는 정세평가나 자세 문제에선 더욱 혼선을 빚게 마련이고 게다가 기득권에의 집착과 그것에의 새 도전이라는 내부의 다분히 권력투쟁적 부작용마저 생겨 전환기를 맞은 신생국의 고심과 갈등은 심상찮은 바가 있다. 이러한 혼선 속의 전환기를 맞은 신생국 민족지성의 나아갈 바 방향은 무엇인가가 오늘날 우리들의 큰 관심사가 아닐 수 없다.

이념형 지성

냉전시대에는 민족의 주체성보다도 국제간의 유대관계가 보다 강조된 탓으로 신생국과 선진국 간의 관계에서도 선진국 학문의 신생국 학계에의 일방적 유입이나 무비판적 도입으로 나타났다. 지난 30여 년간 우리나라 인문사회과학계의 역사를 되돌아보아도 그것을 잘 이해할 수 있을 것이다. 우리나라 교육정책이나 교육행정의 조령모개식 시행착오가 바로 그것을 증명하고 정치학·경제학·사회학 등 사회과학계의 변천과정이 단적으로 그것을 증명해주고 있다. 구체적으로 말하면 신생국 학계는 미국적 학문의 도도한 유입과 미국에서 양성된 지성이 대량으로 후진국 학계를 지배하게 되었다는 사실로 나타나게 되었다. 미국적 학문은 미국의 사회적 현실을 바탕으로 한 보다 기능적 지식이라는 점이 특징이다. 신천지에 새 나라를 세운 미국 사회에서는 무엇이 효율적이냐가 문제였으며 이러한 사회적 요청에 의해 형성된 것이 일반적으로 실용주의, 행동주의, 실증주의 같은 학문이다. 이러한 성격의 학문이 미국사회에서 매우 필요하고 유익한 기여를 했음은 말할 것도 없다. 이 같은 학문이 가지는 이러한 실용성·실증성이 다분히 공리공론(空理空論)에 흐르기 쉬운 신생국의 후진국 학풍에 참신한 바람을 불러일으킨 공헌은 크게 평가해야 옳을 것이다.

한데 학문에 있어 이러한 기능성의 강조는 그때그때 당면한 문제를 다루는 데 효율적일지 모르나 선진국과는 달리 특히 신생국에서는 어떻게 발전할 것인가 하는 방향의식이 으레 정치인이나 지식인의 머리를 괴롭히며, 이러한 방향 지향적 모색에 있어 기능적 지성은 별 기여를 하지 못한다. 이러한 지성은 문제해결에 효율적이냐 어떠냐의 기능적인 면에서 가치가 논의되고 평가되며 문제해결의 효율성이 아닌 방향성에 관해서는 일반적으로 소홀하다는 평을 듣고 있다. 기능적 지성이 일반적으로 가치관이라는 어휘를 애용하고 이념이라는 어휘의 사용을 볼 수 없음은 그만큼 기능적 지성의 이념 지향성의 빈곤을 나타내는 것이다.

신생국의 지성은 당장의 효능도 물론 중요하지만 이같이 이념 지향성이 더욱 필요하다. 지성을 보다 더 기능적인 면에서만 본다면 배운 지식은 활용해야 한다는 생각에서 내 지식이 옳은 일을 위해서 옳게 사용되고 있는가 어떤가 하는 이념 지향성에 대해선 소홀하기가 쉽고 지식인이면 누구나 경험하는 자기의 이념을 실현하기 위한 변함없는 노력, 즉 일관성—지조(志操)라 불러 무방한 것이다—의 견지에 그다지 신경을 쓰지 않는 사람이 된다.

가끔 저 사람이 저럴 수가 있을까 하는 이른바 변절의 평을 듣는 사람이 있는데 이것은 지식을 기능적으로만 받아들이고 이념 지향성을 외면하는 데서 생기는 현상이다.

그러나 오늘날과 같이 새로운 전환기를 어떻게 받아들여야 할 것인가가 절실한 문제로 제기되고 있는 신생국적 상황에서도 오히려 이념적 방향형 지성이 절실해지고 있다.

이런 점에서 오늘의 지성은 단지 기능적인데 그치지 않고 보다 철학적이어야 한다.

그간의 대학교육은 너무나 OX식 교육에 치우쳤다는 평을 들어왔다. 대학교육의 대중화와 더불어 실사회에 나가 당장 써먹을 수 있는 기능적 지식인을 요구해왔다. 지식인의 과잉 속에서 오히려 이념적 사상의 빈곤을 개탄하는 소리가 들려온 것도 선진국의 기능적 지식의 무비판적 도입이 빚은 결과가 아닌가 한다. 신생국은 미래에 살아야 하고 발전 속에 생활해야 한다. 따라서 신생국의 지성은 우리의 향방이 옳은가 늘 날카로운 관심을 가져야 한다. 오늘날처럼 지식인에게 이념 지향적 지성이 필요한 때는 없을 것 같다.

지성의 주체화

지성(知性)이란 일반적으로 감각(感覺)으로 얻어진 것을 재료로 하여 사고로써 추상적 개념으로 지식을 정리하는 일종의 의식활동이다. 따라서 지성은 흔히 보편타당성을 가진 것으로 이해되고 있다. 그러나 알기 쉽게 말해 학문 특히 사회과학에 숱한 학설과 학파가 서로 대립하고 있음이 단적으로 설명해주고 있듯이 시대에 따라 민족이나 사회에 따라 지성은 이데올로기성을 갖고 있다.

어떠한 시대의 지성이 어느 시대에는 타당성을 상실하고 어떠한 역사적 조건의 나라에서는 어떠한 지성이 받아들여질 수 없다는 예가 그것이다. 이러한 관점에서 오늘날 우리에게 요청되는 지성은 미국의 지성도 일본의 지성도 아닌 바로 우리 자신의 지성이다. 지성이란 바꾸어 말해 사물을 보는 안목이다. 따라서 사물을 보는 안목은 어디까지나 자기의 입장에서 자기의 머리와 눈으로 보는 안목이어야 하며 바로 이것이 민족지성이라 할 수 있을 것이다. 우리는 그간 너무나 오랫동안 선진국의 눈과 머리로 세계를 보고 사회를 보아왔다. 앞서도 말했듯이 냉전사조가 오랫동안 우리를 지배하여 지성활동이 위축되고 스테레오타입화하며 지성의 이른바 불모시대(不毛時代)를 겪었다.

알기 쉬운 예로 세계를 보는 눈도 우리의 눈이 아니라 선진국의 눈(통신)이었으며 따라서 우리는 오랫동안 남의 눈과 머리로 세계를 보고 판단하여 왔다. 학문에서도 남의 나라 학설과 방법론을 무비판적으로 받아들여 우리의 학계는 마치 선진국 학회의 한 지회 같은 인상마저 주었다.

어느 면에서 보면 선진국으로부터 앞선 학문을 받아들여야 하는 후진국

학계로서는 한때의 불가피한 과정일지도 모르나 자립이 절실히 요구되는 오늘날에는 학문에서의 이러한 사대주의 경향은 이미 청산되어야 한다.

대국에 의지해 살던 많은 신생국들이 오늘날 저마다 자립을 향해 몸부림치고 있다. 그러나 자립을 위해서는 먼저 자기 문제는 자기에게 이롭도록 처리하고 해결할 수 있는 자주성을 확보하지 않으면 안 되며 이 자주성을 확보하는 데 있어 불가결한 조건은 주체성을 확립하는 문제다. 이리하여 지성의 주체화가 자주자립을 지향하는 많은 신생국에서 무엇보다도 중요한 과제로 제기된다.

선진국 학문을 대하는 데 우리가 알아두어야 할 점은 선진국 학문이 훌륭하다는 것은 자기 나라 또는 자기 시대가 제기한 역사적 문제와 대결, 그들을 훌륭하게 극복하는 데 결정적 기여를 했다는 점이다. 애덤 스미스의 경제이론이 산업자본주의 시대의 시민사회의 전개를 대변했고, 프리드리히 리스트가 선진국 영국에 대항하는 후진국 독일의 산업자본의 발전에 이론을 제공했고, 존 메이너드 케인스가 세계자본주의의 위기에 대한 극복책을 제시하여 미국 경제에 큰 공헌을 한 것은 주지하는 바와 같다.

한때 우리나라에서는 이 케인스이론이나 또는 로스토의 발전단계이론을 금과옥조처럼 받아들인 적이 있으나 선진국 학문에서 우리가 배워야 할 점은 그들 학문의 그 선진성에 있는 것이 아니라 그들이 제각기 당면한 역사적 과제에 학문적으로 어떻게 대처해왔는가 하는 점이다. 말하자면 학문에서의 시대성, 현실성을 똑바로 인식하는 일이다. 자기의 입장에 서서 자기에게 당면한 문제를 자기 눈과 머리로 보고 판단하는 자세가 바로 지성의 주체화라고 할 수 있을 것이다.

후진국에 있어 이러한 지성의 주체화가 바로 민족지성으로서 나타난다는 것은 긴 설명이 필요 없다. 그러나 이 경우 민족이라는 뜻은 어디까지나 민족 전체의 입장을 의미하며 민족 일부의 어떤 이익을 위한 방편으로서 자주니 주체니 하는 어휘가 함부로 남용되어서는 안 될 것이다.

참여 지향적 지성

지성은 일반적으로 시대와 현실을 보는 안목이라고 했다. 그리고 시대와 현실을 자기의 눈과 머리로 보고 판단해야 하며 바로 그것이 지성의 주체화라고 했다. 이같이 지성의 주체화를 요구하는 까닭은 민족마다 당면한 역사적 과제를 다루는 그 실천성에 있는 것이다. 역사적으로 이미 고전의 위치를 차지한 이론이나 지성일수록 실천성이 풍부하다는 사실을 간과해서는 안 된다. 애덤 스미스나 프리드리히 리스트나 케인스가 개인생활에서는 여하튼 그들의 학문이 훌륭한 의미에서 풍부한 실천성을 띠고 있었다는 사실은 바람직한 지성의 자세를 생각하는 데 있어 간과해서는 안 될 점이다.

참된 지성은 그 자체 참여 지향적이다. 지성의 현실 참여에는 두 가지 측면이 있다. 자기의 이념을 구현하기 위한 적극적 행동, 이런 행동은 흔히 정책집행으로 나타난다. 또 하나는 자기의 이념 내지 가치와 상극되는 이념이나 가치와의 대결이다. 지성이란 어느 의미에서 보면 현실을 바탕으로 삼는다. 현실적 근거를 가지지 않은 지성만의 자유로운 활동이란 있을 수 없다.

지성에도 현실을 은폐하고 합리화하는 사이비지성이 있는 한편 현실을 비판하고 저항하는 지성이 있다. 지성은 단순한 관념적 소산이 아니라 시대적·현실적 근거를 갖고 있다. 따라서 지성의 대립은 현실적인 어떤 대립의 가치관적 표현이다. 현실적 대립이 때로는 정치적인 것일 수도 있고 경제적인 것이 될 수도 있다. 지성의 이데올로기성이란 시대적 현실의 반영으로서의 소산이라는 점에 있다.

신생국의 지성에는 자립·자주를 지향하는 민족지성이 있고 예속과 사대적 현실의 부조리를 합리화하려는 사이비지성도 있다.

민족지성의 사명은 이러한 사이비지성과 대결하여 그들의 사이비성을 폭로하고 민족의 나아갈 바 방향을 밝히는 데 있다. 그리고 이 대결과정에서 민족지성이 부조리를 비판·분석·폭로하는 용기를 갖지 않으면 안 될 신생국에서 문제되는 부조리는 경제건설에서의 지나친 대외예속·매판성·부패로 나타난다. 문화에서는 상업주의의 온갖 저속성으로 나타나며 정치에서는 여론의 외면, 정치의 전단 등으로 나타나 민족의 창조적 에너지를 억압한다.

민족지성은 신생국이 빠지기 쉬운 이 같은 부조리한 현실을 분석하고 비판하여 바람직한 자주독립의 길을 제시하는 데 사명이 있다. 그러나 민족지성을 확립하는 문제는 그렇게 용이하지 않다. 사이비지성은 때로 그들의 부조리한 현실을 자주와 주체의 의상으로 감추고 예속과 건설의 분간을 혼란시킨다. 이러한 허위의식 속에서 민족의 주체성을 확립하는 문제는 결코 쉽지 않다. 부조리는 그것이 사회에 뿌리를 내릴수록 이를 위장하는 사이비지성도 집요하게 난무한다. 따라서 지성이 민족성에 투철하려면 할수록 부조리와 대결하는 속에서 현실적이며 참여 지향적이 되지 않을 수 없다. 현실의 부조리를 외면하고 자기 세계에 칩거하는 지성은 민족지성이라 할 수 없다.

그런데 지성이 참여 지향적이어야 한다는 것은 고유한 의미에서 행동적 차원으로서보다 일차적으로 인식적 차원에 속하는 문제다. 민족의 향방을 올바로 인식한다는 점에서 지식'인(人)'의 참여 이전에 지성 그 자체의 참여가 요청된다. 바로 여기에 지성의 실천성이 있다.

－《송건호 전집》 제6권, 한길사, 2002년, 55~62쪽.
《한국민족주의의 탐구》, 한길사, 1977년

어려운 세상살이

　이제 50대 후반에서 60을 바라보는 나이가 되었으니 평생을 통해서 볼 때 미래를 위해 사는 인생이 아니라 '여생'을 사는 인생이라는 것을 깨닫게 된다. 물론 아직 해야 할 일이 있고 하고 싶은 일이 있으니 미래가 전혀 없는 것은 아니나, 그것은 어디까지나 이미 뿌린 씨의 결실을 위한 미래이지 앞으로 씨를 뿌리고 결실을 바라는 그러한 창조적 미래는 아닌 것 같다. 남은 것은 이제 여생을 어떻게 하면 대과 없이 살 수 있나 하는 것이 나의 고민이다. 사람에 따라서는 50이 넘고 60이 되고서도 노욕(老慾)이라고 할까, 더욱 세속적인 욕심에 사람들을 괴롭히는 사람도 있지만, 돈도 못 벌고 이른바 출세도 못한 50의 인생이지만 그런 지나간 50여 년을 후회하는 마음은 없고, 만약 다시 이 세상에 태어나더라도 같은 길을 걷겠다는 생각이고 후회 없는 인생이라는 신념에는 변함이 없다.

　그러나 같은 길을 걸어도 어떤 걸음걸이로, 어떤 자세로 걷느냐는 사람에 따라 다를 수 있고 그런 점에선 지난날에 후회되는 일도 없지 않다. 본래 뜻을 세우고 산다는 것은 누구나 사람이면 당연한 일 같기도 하나, 그러나 이 세상에 뚜렷한 어떤 목적을 향해 의식적 생활을 하는 사람이란 의외로 많지 않다. 지난날을 되돌아보면서 반세기의 인생을 한번 정리해보고 여생이나마 보람 있게 살아보자는 생각을 다짐해본다. 이러한 개인적 다짐이 만약 젊은 이들에게 다소라도 도움이 된다면 필자로서 그 이상의 기쁨이 없겠다.

옛날에는 지금처럼 인생살이가 복잡하지 않았다. 그래서 뜻을 세우고 사는 생활이 아마 지금처럼 복잡하지도 않았고 어렵지도 않았던 것 같다. 그러나 지금의 사회는 우리 어린 시절보다 몇 배나 복잡하고 어떻게 보면 정치·경제 만능시대와 같은 상황이어서 뜻을 정하고 그 뜻에 따라 인생을 살아간다는 일이 지극히 어렵게 되었다. 자신의 주관적 조건도 어려워지고 객관적 여건도 어려워져 그래서 뜻을 세우고 산다는 생활이 점점 줄어들게 된지도 모르겠다.

물론 사람에 따라 또 직업에 따라 뜻을 세운다는 것은 제각기 다르다고 보아야 한다. 때문에 뜻을 세우는 데 있어 '뜻'이 무엇이냐에 대한 해석이나 이해도 구구할 수 있겠다. 여기에서는 신문기자이자 문필인으로서의 바람직한 인생자세 같은 것을 생각해보기로 한다.

필자가 단순한 문필인이라 하지 않고 특별히 '신문기자'라는 직업을 첨가한 것은 신문이란 고도의 정치적·경제적 이해와 민감한 관계가 있는 직업이기 때문이다. 따라서 같은 문필인이면서도 비정치적 문필활동을 할 수 있는 직업도 있지만, 적어도 신문사와 관계된 문필인은 비록 개인적으로는 전혀 정치에 흥미가 없고 야심이 없으면서도 직업 그 자체가 지극히 정치·경제적이라는 인정을 받는다.

오늘의 젊은 지성인은 첫째, 상업주의와 투쟁해야 할 것이다. 여기에서 상업주의라고 하는 것은 우선 정신생활 면에서의 상업주의를 뜻한다. 지식인은 누구나 정신생활, 좀 구체적으로 말하면 사상생활을 한다. 그리고 사상생활의 매개체 구실을 하는 것이 일반적으로 출판물이고 그중에서도 매스 미디어의 활동이다. 이 매스 미디어가 어떤 내용을 어떻게 제공하느냐, 즉 어떤 프로를 보내느냐에 따라 현대인은 지대한 영향을 받는다. 오늘의 매스 미디어는 철저하리만큼 상업주의에 물들어 있다. 그러면 상업주의에 물들어 있는 매스 미디어의 프로 내용은 어떠한 것인가.

최근 텔레비전에서 연속 방송한 프로 중에는「세 자매」「보통사람들」「산유화」등 청춘물이 많다. 이러한 여러 연속물의 주인공이 대부분 젊은이들인 것도 주지의 사실이다. 그런데 이들 텔레비전 프로의 특징 중 하나로 지적하고 싶은 것은 등장하는 젊은이들이 거의 하나같이 섹스 심벌로 나오고 있다는 점이다. 남녀 간의 사랑이 주제가 되어 있다는 것이다. 젊다는 것을 섹스의 심벌 이상으로 보지 않고 있다. 그들에게는 학문의 고민도 없고 더욱이 사회나 국가나 민족의 고민도 전혀 볼 수 없고 다만 섹스의 고민밖엔 없다.

섹스란 인간본능 중에서도 가장 강렬하며 거의 동물적이다. 이러한 고민은 사회나 국가나 민족에 대한 고민과는 질적으로 전혀 다르다. 사회나 국가나 민족이나 또는 이런 것과 관련이 있는 어떤 이념적인 문제의 고민과 섹스의 고민하고는 차원이 다른 고민이다.

텔레비전에 나오는 대학생들은 심지어 학문에 대한, 학원생활에 대한 고민조차 나오지 않고 있다. 오로지 섹스에 관계된 고민뿐이다. 나라와 민족이 어떤 상황에 있는데 이러한 본능적 고민을 하는 대학생만을 그려야 할까. 이상에 불타고 양심과 이념에 충실하려는 젊은 지성인은 젊은이를 섹스의 심벌처럼 다루는 매스 미디어의 상업주의와 싸워야 한다. 지성인의 정신은 논리적으로 사고해야 하고 역사적으로 관찰하여야 하며, 정치적·사회적 온갖 부조리를 날카로운 지성의 눈으로 비판하고 분석할 줄 알아야 한다. 오늘의 상업주의는 지식이 가지는 이 지성의 눈을 흐리게 하는 마력을 가지고 있다. 지식인은 상업주의에 물들어 오염되지 말고 오히려 지성의 눈으로 상업주의적인 문화풍토와 시대풍조를 분석·비판하고 그 이데올로기성을 폭로해야 한다.

사물을 역사적으로 본다는 것은 특히 정치·경제적 움직임을 옳게 이해하는 데 있어 매우 중요한 방법이다. 이 세상에 절대적 가치나 존재란 있지 않다. 아무리 한 시대를 지배하는 듯이 보이는 사조나 권력도 언젠가는 변질되고 쇠퇴한다. 따라서 사물을 근시안적으로 보지 말고 역사적으로 과거와 미래에 걸쳐 폭넓게 보아야 한다. 역사적으로 볼 줄 알면 한때의 권력이나 풍조에 결코 현혹되지 않을 것이다. 역사적 고찰은 단지 쇠퇴·발전만을 보게 하는 데 그치지 않고, 변한다는 것이 무엇이며 무엇을 가지고 발전이라 하고 퇴보라 하는가도 깨닫게 한다.

만약 종로나 명동의 번화가에 서서 오가는 인파를 바라볼 때 끝없이 밀려오고 밀려가는 사람 사태에 사람들은 아마 놀랄 것이다. 도대체 이 많은 사람들은 무엇을 위해 이렇게 바삐들 오가는 것일까. 물론 여러 가지 사연이 있을 것이다. 그러나 한마디로 "돈 벌고 출세하고 풍족한 생활"을 하기 위한 분망(奔忙)이 아닌가 생각해본다.

누구나 돈 벌고 출세하고 풍족한 생활을 마다할 사람은 없을 것이다. 그러나 이런 생활에도 절도가 있어야 한다. 목적을 위해서는 수단·방법을 가리지 않게 된 것이 지금 우리 사회의 한 풍조가 되었다. 옛날이라고 해서 '돈과 출세'를 싫다고 한 것은 아니고 그래서 '부귀영화'란 말조차 생겨난 것이다.

그러나 그 풍조가 지금 세태에는 아무리 보아도 지나쳐 있다. 출세와 돈을 위해서는 동료를 배반하고 모함하는 것은 물론 자신의 영화를 위해서는 살인도 서슴지 않는 그런 세태가 되었다. 오늘날 양심을 지키고 인간으로서의 도리를 지키는 사람이 존경받는 것을 못 보았고, 지조를 버리고 신조를 내던지고 출세와 치부를 위해 아침에는 여기에 붙고 저녁에는 저기에 붙고 때로는 민족을 배반하고 적에게 영합해도 이 세상은 이런 자들에게 언제나 관대했다. 프랑스가 나치 치하였을 때 독일에 협력한 자들을 가혹하게 단죄하고, 중국이 일제 치하에 일본에 아부, 친일한 이른바 '한간(漢奸)'에게 가혹한 처벌을 내린 것은 그들에 대한 감정에서가 아니라 민족정기를 지키기 위해서였다.

지금 사회풍조는 약게 처신하는 것이 장땡이다. 민족의 배반자가 일찍이 민족정기의 이름으로 처단되는 것을 보지 못했다. 일찍이 오늘날 우리 사회처럼 출세와 돈을 위해 수단·방법을 가리지 않는 개탄할 세태가 된 예를 보지 못했다. 그러니 누가 국민으로서, 민족의 일원으로서 또 지식인의 한 사람으로서 양심을 지키려 하는 사람이 생기겠는가.

'돈과 출세'가 인생의 전부가 아니라는 것을 젊은 세대는 깨달아야 한다. 사람은 돈 벌기도 힘든 일이지만 그렇다고 굶어죽기도 힘든 일이다. 돈 벌고자 악착같이 굴지 않아도 자기에게 어느 정도의 능력만 있으면 굶어죽지는 않는다. 사람이 안락한 생활을 하기 위한 돈 지출에는 한계가 있는 것이다. 아무리 흥청망청 써도 낭비에는 한계가 있다. 결국 번 돈을 다 가져가지 못하고 죽게 마련이다.

권력이 좋은 것인 줄 모를 사람이 없을 것이지만 그러나 권력의 자리에 지나치게 연연해하면 반드시 반발이 생긴다. 누르면 누를수록 반발은 심해질 것이다. 권력의 자리에 앉기 위해 민중을 억압하면 할수록 독재를 써야 하고 그럴수록 마음은 불안해진다.

서양 속담에 "총칼을 가지고 무엇이든지 할 수 있으나 그 위에 안좌(安坐)할 수는 없다"고 했다. 평생토록 부귀영화를 독차지하려다 비참한 최후를 마친 인간들이 역사상에는 얼마든지 있지 않은가. 사업을 하거나 정치를 하거나 행정관리 생활을 하거나 본분을 지키고 성의를 다하고 유유자적 마음과 몸이 편하도록 무리를 하지 않고 과욕을 부리지 말고 살 것을 권한다. 세상은 어수룩한 듯해도 언제나 이런 사람은 신임을 얻고 신뢰를 받을 것이다.

인생만사가 지나고 보면 부질없는 것이다. 지나치게 과욕을 부리다 비명에 죽은 인간들이 만약 영혼이 있어 말할 기회를 갖는다면, 생전 자기의 처신이 얼마나 잘못되었나를 백 번 천 번 후회한다고 고백할 것이다. 이러한 마음의 여유는 역사를 배우는 데서 깨닫게 될 것이다.

세상이 험하고 각박하다 보니 누구나 살아나가기가 어렵고 그러다 보니 말 한마디, 행동 하나하나에 신경을 쓰고 조심을 하게 된다. 이른바 보신술이 늘어난다. 세태가 이렇게 되어가고 보니 처세에 점점 술수가 높아져가고 있다. 한때 모씨가 술수의 일급 인물이라고 했다. 그러나 술수를 쓸 줄 모르는 사람이라도 아무개는 술수가 높다, 권모에 능하다는 것은 어렵지 않게 간파해낸다. 그가 무슨 말을 하고 무슨 행위를 하면 사람들은 그러한 그를 평범하게 보지 않고 경계의 눈초리로 본다. 생전 온갖 시비 속에 비난·공격을 받고 결국 그러한 비난 속에서 비운에 죽은 것은 세상이 다 아는 바와 같다.

불신풍조라는 말은 사람의 말이나 행동을 액면 그대로 믿지 않고 일단 의심하고 경계한다는 뜻이다. 눈 감으면 코 베어 먹는 세상, 아니 눈 뜨고도 코 베 먹히는 세상이라는 말은 우리 사회가 얼마나 철저한 불신풍조 속에 젖어 있는가를 말해준다. 사회가 이러고 보니 누구나 약간은 다소의 술수를 체득하고 있고 남의 술수를 간파할 수 있는 능력도 가지게 되었다.

해방 38년이 지난 지금 우리는 불신사회 속에서 살아왔다. 그러니 이러한 사회에서 최고의 술수는 오히려 정직과 성실이 되어가고 있다.

영국 속담에도 '정직이 최선의 술책'이라고 했다. 영국이라는 나라는 역사가 깊고 온갖 내란과 파쟁과 음모와 모함과 보복이 뒤얽힌 역사가 긴 나라다. 바로 이런 나라에서 이런 격언이 생겼다는 것은 깊이 새겨볼 만한 말이라 할 것이다.

정직과 성실을 생각하는 데 있어 특히 지식인으로서 새겨두어야 할 점은 '언문과 행동의 일치'라는 점이다. 사람은 말과 글과 행동이 일치해야 한다. 남 앞에서 말은 그럴듯하고 글은 그럴듯하게 쓰면서도 행동은 엉뚱한 짓을 하는 사람이 많다. 거짓말을 하는 사람이 많다는 것이다.

특히 우리 사회는 정치나 경제나 대중의 지도적 자리에 앉은 인사들이 태연히 거짓말을 하는 예가 종종 있다. 공적인 성격을 띤 일종의 공약도 헌신짝처럼 위약하는 예가 부지기수인 것이 우리 사회다. 그러니 누가 믿고 살 사람이 있는가. 정치·경제 할 것 없이 우리 사회에는 신뢰 대신 의심이, 지도 대신 지배가 있을 뿐이다. 지도자가 없고 지배자가 있는 곳이 오늘의 우리 사회라는 말도 있다. 지식인은 말과 글과 행동이 일치하여야 한다. 신뢰를 상실한 우리 사회에서 신뢰를 회복할 사람은 젊은 지식인들이다.

필자가 연전 파리에 갔을 때 길가에서 고등학생이 담배를 뻐끔뻐끔 피우고 있었다. 하도 신기해서 카메라를 들이대니까 손을 가로저으며 찍지 말라는 손짓을 한다. 그들도 고교생의 몸으로 담배 피우는 것이 옳지 않다는 것을 알고는 있는 모양이었다.

담배와 술은 인생에서 빼놓을 수 없는 반려자다. 그래서 학생으로서 응당 해야 할 공부는 태만히 하면서도 술·담배는 남에게 질세라 마시고 피우기를 좋아한다. 어느 대학 신입생 축하모임에서 한 학생이 과음한 나머지 절명했다는 기사를 읽은 적이 있다. 그냥 웃어넘기기에는 너무 한심한 일이다.

필자는 담배나 술을 하지 말라고는 말하지 않겠다. 마시고 싶으면 마시고 피우고 싶으면 피우면 된다. 아무도 말릴 권리가 없다. 다만 한 가지, 60을 바라보는 인생고개에서 되돌아볼 때, 주변의 동료들 중에서 과음과 흡연으로 50대 전후에서 쓰러져가는 예를 많이 보고 인생의 허무함을 수없이 느꼈기 때문에 한마디 할 뿐이다. 괴로운 세상 오래 살고 싶지 않다는 사람이라면 몰라도—그런 사람도 살고 있는 동안에는 건강하게 살아야 하지만—그렇지 않은 사람은 결코 술·담배를 멀리하라고 권하고 싶다.

며칠 전, 평소 존경하는 언론계의 한 동료가 암에 걸렸다는 소식을 듣고 마지막 얼굴이라도 볼 겸 문병을 간 일이 있다. 본인은 자기가 무서운 병에 걸려 있다는 사실을 가족들이 숨겨 모르고 있는 눈치였으나, 병색이 완연한, 한때 이름을 떨친 이 언론인을 물끄러미 쳐다보면서 속으로 인생의 허무함에 가슴이 아팠다. 그는 너무나도 유명한 애주가였다.

젊었을 때 절도 있는 생활을 해야 건강할 수 있고 50, 60대에 보람 있는 활동을 할 수 있다. 과음과 지나친 흡연으로 50대가 넘으면서 정신기능이 저하된다는 것도 간과해서는 안 된다. 30, 40대에 세상이 찬탄할 만한 활동을 한 사람도 과음이 지나치면 대개 50대가 넘으면서는 볼 만한 업적을 내놓지 못한다. 그것은 순전히 술 때문이다. 술로 인한 뇌기능의 저하 때문인지 시간 부족 때문인지 체력의 약화 때문인지, 하여간 젊어서 술을 지나치게 좋아한 사람은 말년은 별 볼 것이 없다는 예를 수없이 보아왔다. 젊은이들이 명심해야 할 점이다.

마지막으로 하고 싶은 말은 젊었을 때 시간을 절약하고 시간이 귀중하다는 것을 깨달아야 한다는 것이다. 젊었을 때의 하루는 늙은 뒤의 하루하고는 비교가 되지 않는다.

젊었을 때는 시간이 더디고 더디며, 늙은 후의 인생은 유수 같고 살대처럼 빠르게 흐른다. 40대 이후의 활동은 모두 20대에 배운 지식이 밑천이 된다. 20대에 노력하지 않은 사람은 평생을 후회 속에 살 수밖에 없다. 시간을 절약하라는 것은 근면하라는 뜻이다. 근면이란 학생이나 직장인이나 또는 가사를 돌보고 있거나 환경에 상관없이 자기의 주어진 여건 속에서 시간낭비를 말고 부지런히 살라는 부탁이다.

이 세상에 기왕 태어났다면 태어난 보람이 있는 생활, 자기의 민족, 자기가 살고 있는 사회에 공헌을 하는 것이 바람직스러운 삶이다. 언제 태어나 언제 죽어갔는지 모르는 인생이란 쓸모없는 인생이다. 우리가 그런 삶을 살다 간다면 너무 억울하지 않은가. 다 같이 반성하고 깨닫는 바 있어야겠다.

-《송건호 전집》제18권, 한길사, 2002년, 264~272쪽.
《살아가며 고생하며》, 시인사, 1985년

민족지성의 회고와 전망

우리 민족의 지성사

지성(知性)이라고 할 때 그 개념이 다소 모호한 점이 있으나 일반적으로 이해하기로는 감각으로 얻은 사물을 소재로 사고하고 그것을 추상적인 개념으로 정리하여 하나의 지식으로 체계화하는 의식의 기능 중 한 가지를 말한다. 하여간 인간의 지성은 역사적 영향을 받는 정신작용이므로 민족에 따라 또는 역사에 따라 제각기 특징이 있다는 것을 알 수 있다.

우리가 흔히 프랑스의 지성, 미국의 지성, 독일의 지성 또는 서구적 지성, 동양적 지성이라고 일컫는 이유도 이런 데 있다고 할 것이다. 이렇게 볼 때 8·15 민족광복이란 다름 아닌 민족의 지성활동의 자유를 얻은 것이라고 볼 수 있겠으며, 지난 40년간 우리 민족의 지성사는 바로 우리 민족의 사상사며 동시에 정치·경제사를 반영한 것이라 해도 과언이 아닐 것이다. 그 시대 그 나라 국민의 지적 상황을 살펴보면 바로 그 나라의 정치·경제적 상황을 이해할 수 있으며 따라서 지성활동이 매우 비판적이고 급진적이면 그만큼 그 시대의 정치·경제상황에 무엇인가 문제가 있다는 것을 말해준다. 일부 사람들이 생각하듯 단순히 몇몇 지식인이나 선동가들의 영향을 받아 젊은 세대의 사상이 극렬해지는 것이 아님을 깨달아야 할 것이다.

8·15 후 우리 사회는 일제의 식민통치로부터 해방되어 정치·경제생활의 자유와 더불어 정신활동에 있어서도 문자 그대로의 자유를 누리게 되었다. 이러한 자유로운 상황 속에서 한국의 정신상황은 크게 달라져 제각기 다른 조류의 지성활동이 나타나게 되었다.

첫째는 미군정과 더불어 따라 들어온 미국적 실용주의사상이고, 둘째는 해방과 더불어 불기 시작한 사회주의사상의 바람이며, 셋째는 8·15와 더불어 표면상 일단 잠적한 듯이 보이나 기실 뿌리 깊이 남아 있는 일본 식민주의의 잔재, 바꾸어 말하면 일본 군국주의사상의 잔재가 아직도 무의식중에 우리의 일상적인 생활의식을 지배하고 있는 것이다. 끝으로 8·15와 더불어 출현한 민족주의다. 이것은 지극히 당연한 사상적 출현이었다. 여하튼 이 네 가지의 이데올로기가 당시 해방된 한국 사회의 사조에 제각기 강력한 영향을 미치기 시작하였던 것이다.

그러면 이 네 가지 사상이 제각기 어떠한 특징을 갖고 우리에게 어떠한 영향을 미쳤는가를 비교·분석해보기로 하자.

미국의 실용주의적 사상은 일반적으로 사회생활적 측면에서 맹위를 떨치기 시작했다. 진주 미군과 더불어 그들의 생활양식이 우리의 생활과 의식 면에 영향을 미치기 시작한 것이다. 우선 미군을 통해 한국 시장·사회에 쏟아져 들어온 풍부한 물자는 한국인의 생활과 정신 면에 커다란 영향을 미쳤다. 미국의 사상은 특정한 이론체계를 갖고 나타났던 것이 아니라 미군 진주와 함께 접하기 시작했던 그 풍부한 물자와 생활양식의 영향으로 들어오기 시작했다. 뚜렷하게 어떠한 이념체계의 형태로 들어온 것이 아니라 일상적인 생활이나 생활양식을 통해 아는 듯 모르는 듯 스며들었다는 데에 미국적 이데올로기의 특징이 있다고 할까.

이것과 크게 대조적인 것이 사회주의사상이라고 할 수 있을 것이다. 사회주의사상은 뚜렷한 이념의 형태를 취하고 주로 젊은이들의 정신에 영향을 미쳤다는 데에 특징이 있다. 사회주의사상은 현실적인 생활과는 전혀 상관없이 오히려 현실의 사회생활을 신랄하게 비판하는 속에서, 따라서 다분히 이상주의적·이념적 형태를 취하는 가운데서 나타났다.

8·15와 더불어 한반도는 남북으로 분단되어 미군과 소련군이 각각 진주하고 있었기 때문에 미국적 이데올로기와 소련적 이데올로기가 제각기 강한 배경을 가졌으나 한편으론 전혀 상이한 방식으로 이데올로기의 작용을 하게 된 것이다. 미국 사조는 주로 일상적인 사회생활 속에서, 소련 사상은 논리정연한 하나의 이념으로 등장하였으므로 처음부터 이 두 이데올로기는 서로 갈등과 반목의 형태로 사회에 영향을 미치기 시작했다.

이같이 미국의 이데올로기는 보이지 않는 일상생활 속에 저마다 무의식적으로 침투해 들어왔던 데 반해 소련 이데올로기는 활발한 토론과 구체적인 사상체계로 들어온 것이다. 물과 불같이 서로 상극인 두 이데올로기는 정치운동과 밀접히 관련, 미·소 대립 및 냉전 이데올로기의 대립으로 구체화되기 시작했다.

소련의 사회주의사상은 따라서 강력한 정치세력을 형성케 했으며 특히 출판업계의 활발한 활동으로 나타났다. 많은 청년들이 급속히 사회주의 이데올로기를 신봉하게 된 배경은 그들의 활발한 선전(출판)활동과 무관하지 않다. 8·15 후의 출판계 경영은 보다 더 좌익 이데올로기의 출판물에 의존했다 해도 과언이 아닐 것이다. 사회주의사상은 특히 정치성이 농후해 정치투쟁적인 행동파 청년들 사이에 상당히 강력한 영향을 미쳤다. 한 시대의 사조는 그 시대의 출판성향에 직접적인 영향을 미치고, 역으로 출판성향이 그 시대의 사조에 영향을 미치기도 한다.

다음 '내선일체'라는 일제의 엄중한 동화정책으로 8·15 전에는 거의 민족적인 것을 찾아볼 수 없었으므로 해방을 맞은 문화계에는 민족적인 것의 연구·발굴 또는 그것의 발표의욕이 상당히 높았다. 다만 이때 사회에 나타난 민족적인 것—문화의 특징은 민족적인 특수성을 강조한 나머지 지금 생각하면 다분히 국수주의적인 성향이 강했던 것 같다. 우리 민족문화에 세계적으로 뛰어난 특징이 있다든지, 가령 신라의 화랑정신, 고려청자, 3·1정신 등으로 민족적인 것을 과도하게 내세우다 보니 보편성이나 객관성이 부족해 엄밀한 의미에서의 학문적 평가를 받지 못했다. 이와 같은 쇼비니즘적 경향은 일제 때의 민족문화 말살정책의 반동작용이라고도 볼 수 있다.

8·15 후 학계에서는 당연히 민족문화의 연구나 재평가 작업이 활발히 벌어져야 했으나 이 민족문화운동이 의외로 젊은 세대 간에 영향력이 강하지 못했던 데에는 위와 같은 이유가 있었던 것 같다. 외부조건으로는 미·소군 진주에서 영향 받은 그들의 이데올로기적 힘이 너무나 압도적이었다는 점과, 그 나라의 민족적인 특수성을 지나치게 강조하다 보니 엄격한 의미에서 학문적인 과학성·객관성이 부족해 해방민족에게, 특히 젊은 세대에게 있어 민족주의의 바탕으로서의 문화운동으로 비중을 높이지 못한 유감이 있다.

이 민족문화와 대조적인 정신문화로 일본군국주의의 잔재를 빼놓을 수 없다. 8·15해방 후 진주한 미군은 한국에서 일제의 군국주의의 잔재를 청산하는 데 지극히 소극적이었으므로 일제의 군국주의 정신—군국주의 정신에 과연 지성이라 일컬을 수 있는 정신문화가 있었느냐고 묻는다면 문제가 없지는 않겠으나— 하여간 일제의 잔재가 청산되지 않고 온존되어 그 후 이 나라 40년 지성사에 크나큰 영향을 미치게 되었다. 그나마 1949년 반민특위의 강제해산으로 일제잔재는 일단 공식적인 시민권을 얻다시피 했으며 반민특위에서조차 거의 거론되지 않은 교육계와 군 일부에 일제잔재가 온존케 되었다. 하여간 이런저런 이유로 해서 해방된 이 민족사회엔 민족지성다운 지성의 연구가 정착 또는 발전할 수 없었다.

해방 후 수년간, 특히 1940년대 후반기 수년간의 혼란은 비단 정치·경제의 혼란에 그치지 않았으며, 사회지성, 바꾸어 말하면 사회 사조·생활에서 일종의 무궤도 혼란의 양상을 보인 것은 위와 같은 여러 가지 복합적인 이유 때문이었다고 보아야 하겠다.

불행하게도 해방 후 이 민족을 이끌어갈 만한 일제시대 이래의 강력한 민족적 정치세력이 결여되어 있었고, 당연한 결과로 현대적인 새로운 민족문화의 확대를 못해 해방 사회는 지성의 무궤도 혼란 속에 갈피를 못 잡고 국토는 분단되어 오늘까지 수난이 계속되어왔다고 볼 수밖에 없다.

반공 이데올로기로서의 자유민주주의

6·25동란을 거친 후 우리 사회에는 이런저런 면에서 적지 않은 변화가 생겼다. 우선 지적해야 할 점은 정치·군사·경제·문화생활 전반에 걸쳐 압도적으로 미국의 영향이 깊어진 점이다. 8·15 후 한때 젊은이들 사이에 보였던 좌경사상은 씻은 듯이 사라지고 문화·학계 할 것 없이 미국 영향은 아직도 생활표면에 국한되었다. 미국에서 들어온 문화가 한국인 생활에 영향을 미치기는 했으나 그 영향은 아직도 피상적임을 면치 못했다. 한국에 들어온 미국 문화도 보다 더 미국식 생활방식에 치중되었으며 사상 면에서는 아직도 미국적인 것을 받아들이지 못했다. 교육계의 미국 문화 영향은 여전히 제도적인 것에 그치고 내용 면에서는 쇼비니즘적인 영향이 강했다. 그래서 정부수립 후 교육이념으로 한때 일민주의(一民主義), 홍익인간(弘益人間) 같은 것이 제창되었다. 일민주의나 홍익인간이 그때의 교육제도가 지향하던 실용주의적 교육정신하고는 맞지 않았으나 이런 점이 바로 당시의 우리나라 정신상황의 혼미상을 보여주는 것이었다. '홍익인간'이라는 교육이념은 일제의 '팔굉일우(八紘一宇)'와 닮은 점이 많았다. 이것은 바꾸어 말하면 교육계에 일제잔재가 그냥 남아 있었다는 것을 보여준다. 일제시대의 '팔굉일우' 교육에 충실했던 한국인 교육자들이 1948년 정부수립 후에도 그대로 문교행정의 요직에 앉아 모순에 찬 교육행정을 하고 있었다. 즉 제도는 미국식, 이념은 쇼비니즘, 풍토는 일제적, 이렇게 모순에 찬 교육행정을 하고 있었다.

1950년대의 문화계는 거의 볼 것이 없었다. 안으로는 일제잔재—인맥과 풍토—를 그냥 보존하면서 외면으로는 반일을 외치는 사이비 반일시대였다.

모든 문화활동이 반공 일변도였다. 반공을 외치면서 현실은 공산주의가 침투하기에 다시없이 좋은 여건을 조성한 것이 이승만 통치였다. 이승만 앞에는 헌법도 행정법도 없었다. 그는 법을 초월한 카리스마를 자처했다.

학문은 그 자체 자유이기를 바란다. 참된 것, 진리를 탐구하는 것이 학문이므로 학문에는 그 자체 자유가 불가피하다. 한데 이승만 통치 하의 1950년대에는 학문과 문화풍토에 이 자유가 결여되어 있었다. 4·19 때 학생들이 발표한 선언문은 역사적 의의가 있었지만 그 선언의 내용은 대학생 선언문으로서는 사상성이 너무나 빈약하고 공허했다. 학생들이 이토록 사상성이 빈곤했던 까닭은 그 원인이 학생들에게 있었다기보다 당시의 자유당 정권의 교육정책에 책임이 있었다. 훗날 공화당 국회의원으로서 입법활동에 많은 업적을 남긴 모 인사의 《헌법학》이 불온서적으로 판금처분 될 정도였으니 1950년대의 지적 풍토가 어떠했으리라는 것은 짐작하고도 남음이 있을 것이다. 1950년대의 시대적 과제는 '반공'과 '반일'에 있었다. 그러나 이승만 집권 당시의 이 두 구호도 구호에만 그치고 실이 없었다. 나라 안의 인맥과 풍토를 일제잔재 그대로 보존하면서 전후 일본에 대해 반일을 외친다는 것은 연목구어나 다를 것이 없었다.

경직된 문화풍토 속에서 학계에서는 자유의 편린도 구경할 수 없었고 냉전 이데올로기가 판치고 있었다. 아마 8·15 후 40년 지성사에 있어 어느 면에서 볼 때 가장 암담했던 시대가 이승만 통치 12년간이 아니었던가 한다. 냉전 이데올로기가 지배하는 지적 풍토 속에서 창조적인 문화활동, 학문적 연구와 업적이 나올 리 없다.

필자는 당시 모 조간지의 외신기자 생활을 하고 있었으나 신간서적 중에는 거의 읽을 것이 없어 책사에 들어간 일이 없었다. 지식인들은 신간서적을 외면하고 안국동 고서적, 청계천 고서가 또는 이곳저곳에 흩어져 있는 미군부대에서 흘러나온 고서들을 뒤적이는 것이 고작이었다. 책을 구할 수 없었고 읽어도 내용을 발표할 수 없었다. 1953년인가 조병옥 민주당 대표가 유엔 감시 하의 남북총선을 주장했다가 테러를 당한 사실만으로도 당시의 정치풍토를 짐작할 수 있을 것이다.

민족문화란 용어 자체가 사용되지 않았으며 자유민주주의가 반공의 명분으로 요란히 고창되었으나 이 시대의 자유민주주의는 이념으로서가 아니라 반공 이데올로기로 이용된 데 불과했다. 1950년대의 지적 풍토는 일종의 불모지대 또는 황무지대라고 해야 했을까. 하여간 본래의 뜻에서 말하는 지적 활동이란 거의 없었다. 이 무렵 대학에서는 '상아탑의 비애'라는 말이 유행되었다.

그러나 1950년대 후반부터 일본에서 각종 서적이 도입되어 독서인들의 관심을 끌었다. 이때의 지적 풍토에서 볼 때 일본이라는 나라, 특히 지식인사회는 거의 불그스레한 용공적 풍토로 우리나라 지적 풍토와는 거의 맞지 않는 나라로 받아들여졌다. 일본어로 된 사회과학 서적은 일단 불온시당했다. 보수우파 계통의 출판물도 때로는 불온시당했다.

1950년대에는 민족주의라는 어휘가 오히려 경원당했다. 공산당이 후진국에 침투하는 수단으로 이용하는 정치용어로 불신 받아 민족주의를 제창하는 지식인은 물론 정치인도 볼 수 없었다. 다만, 자유민주주의만이 소리 높이 강조되었는데, 위에서 말했듯이 자유당의 '자유민주주의'는 반공 이데올로기였으며 이념적으로 이것을 신봉할 생각은 거의 보이지 않았다.

냉전 이데올로기로부터의 탈피과정

4·19는 지식인의 입장에서 볼 때 단순히 자유당의 독재체제가 무너졌다는 데에 그치지 않고 동시에 냉전 이데올로기로부터의 하나의 탈피과정이었다고 볼 수도 있다. 세계 냉전의 첨단에서 전초병 구실을 하고 있던 이승만 정권이 쓰러졌다는 점에서 특히 그 의의가 컸다.

4·19 후 지식인들의 활동이 눈에 띄게 활발해진 것은 당연한 결과였다. 4·19 후 학원자유가 크게 신장된 것은 말할 것 없고 경직된 지성이 급속도로

자유를 되찾았다. 사상의 스테레오타이프화가 사라졌다. 냉전 이데올로기에서 벗어났다는 것이 다름 아닌 통일운동으로 이어져가는 것은 당연한 논리적 발전이었다. 통일 논의의 도가 어느 정도냐 하는 것은 자유의 폭이 어느 정도 넓은가를 의미했다. 처음에는 계몽운동, 국산품애용운동 등을 하더니 점차 통일문제로 관심을 돌리기 시작했다.

혁신계를 비롯해 특히 학생들이 적극적으로 남북교류를 주장하였고 교류의 가능성이 높아갔다. 4·19 후 냉전사조가 약화되고 민주주의의 소생이 높아지면서 학원 분위기도 많이 달라졌다. 이와 같은 변화를 보여주는 한 실례가 학생들의 성명서 내용의 변화라 할 수 있을 것이다. 1960년 아직 자유당 통치의 영향 하에 있을 때 발표한 각 대학 학생들의 성명내용을 한번 검토해보기로 한다. 4월 18일 제일 먼저 선언문을 발표한 고대생들은 이렇게 주장했다.

> 대학은 반항의 자유의 표상이다. 이제 질식할 듯한 기성 독재의 최종적 발악은 바야흐로 전 국민의 생명과 자유를 위협하고 있다. 역사의 생생한 발언자적 사명을 띤 우리들 청년학도는 이 이상 역류하는 피의 분노를 억제할 수 없다.
> 오늘은 진정한 민주이념의 쟁취를 위한 반항의 봉화를 높이 들어야 하겠다. 청년학도만이 진정한 민주역사 창조의 역군이 될 수 있음을 명심하여 총궐기하자!

그리고 몇 가지 구호를 내세웠는데 여기에는 "기성세대는 자성하라"는 구절이 나온다. 다음 날 서울대생들의 선언문이 발표되었다. 내용은 역시 민주주의와 자유를 주장하고 있는 것이 특징이다.

모든 민주주의의 정치사는 자유의 투쟁사다. 그것은 또한 여하한 형태의 전제도 민중 앞에 군림하는 '종이로 만든 호랑이'같이 어설픈 것임을 교시한다.

근대적 민주주의의 기간은 자유다. 우리에게서 자유는 상실되어가고 있다. 아니 송두리째 박탈되고 있다는 것을 우리는 이성의 혜안으로 직시한다. 이제 막 자유의 전쟁엔 불이 붙기 시작하였다. 정당히 가져야 할 권리를 탈환하기 위한 자유의 전역(戰域)은 바야흐로 풍성해가고 있는 것이다.

학생들의 선언문 내용에는 한국의 정치·경제적 현실 분석, 이승만 정권의 성격 분석 같은 것이 전혀 결여되어 있다. 다음의 연세대생의 선언문 내용도 위 두 대학 학생들 선언문 내용과 거의 비슷하다.

민주주의라는 것. 그것은 개인의 의사를 자유로이 표시할 수 있을 뿐만 아니라 집회·언론·결사의 자유가 엄연히 보장되어야 함은 물론 국민에 의해 선출된 정부와 입법부는 국민의 의사를 존중하여 전 국민을 위한 정부가 되어야 하는 것이다. […] 보다 나은 앞날의 발전을 위하여 헌법전문에 기록된바 사회적 폐습을 타파할 진정한 민주주의 대한민국을 건설해야 하는 것이다.

이 글 속에도 역시 교과서적인 내용이 지적되어 있을 뿐 우리의 현실에 대한 사회과학적 인상이 결여되어 있다. 그러나 이로부터 1년 지난 1961년 학생들이 발표한 성명서는 엄청난 변화를 보이고 있다.

우리는 3, 4월 항쟁을 계속 발전시켜 나가지 않으면 안 된다. 지금 이 나라의 역사적 현실을 점진적으로 변혁시키기 위해서는 반봉건·반외압세력, 반매판세력 위에 세워질 민족혁명을 달성하는 것 외에는 없다.

이 민주·민족혁명 수행의 전도에는 분단된 조국의 민족통일이라는 커다란 과제가 놓여 있다. […] 이러한 이론체계와 조직체제를 가지지 못했던 우리는 3, 4월의 드높은 항쟁을 공허한 결과로 끝맺고 말았다.

이 선언문은 4·19 1주년을 맞아 1961년 4월 19일 서울대생들이 발표한 4·19 제2선언문이다. 1차 선언문보다 얼마나 내용이 풍부해지고 있는가. 같은 해 5월 5일자 '민족통일전국학생연맹' 결성준비대회 공동성명의 내용을 일부 소개한다.

> 이조와 일본통치의 유산인 사회구조의 식민지적·반식민지적 반봉건성의 요소는 8·15해방과 정부수립 이후 오늘에 이르기까지 시정되어 있지 않다. 특히 이러한 사회상이 동서냉전의 격류 속에 휘말려 들어감에 따라 여기에 군사기지 예속성이 부가되어 비합리적 원조정책이 가중되어 더욱 매판성과 예속성을 띠게 되어 이들 하부구조를 대중수탈의 도구로 사용하면서 반민족적 사대주의자·매판관료들은 가부장적 전제정치를 연장해왔다.
>
> 후진국에 대한 경제원조는 고도의 자본주의의 변용된 자본수출에 의해 수원국의 민족산업 발전을 저해하고 소비성만 높여왔다. 잉여농산물의 대량 도입에 의해 곡가를 폭락시키고 대여자금의 사용도가 원조당국의 일방적 지시에 의해 군사비에만 지출되어 우리의 가격제도가 예속화되어 재정이 파탄케 되었다. 매판관료세력은 최근 일본의 독점자본과 결탁하여 미국의 비호 아래 또다시 산업을 외세의 지배하에 예속시키려 하고 있다.

4·19에서 다음 해 5월 5일까지의 학생들의 현실진단 안목을 비교·소개했는데 현실에 가장 민감한 학생들의 현실분석 수준은 곧 이 시대의 지적 상황을 반영해준다는 점에서 적지 않은 참고가 될 것으로 보인다. 우리의 지적 상황이 이같이 크게 변하게 된 배경에는 몇 가지 시대적 특징이 있었다.

첫째, 1950년대의 동서냉전이 덜레스 외교에 의해 절정에 달했다. 덜레스의 사망, 그리고 미국의 냉전전략이 서서히 바뀜에 따라 한국에서도 종전과 같이 미국의 원조만으로 나라살림을 꾸려나갈 수 없게 되었다. 1950년대에는 해마다 미국의 무상경제원조가 수억 달러에 달해 이 돈을 가지고 그해 그해 재정적 지출을 충당해갔으나 1960년대에 들어서면서 미국의 대한원조는 냉전정책이 바뀜에 따라 그 액수가 점점 줄어들어 한국 정부도 무엇인가 경제자립을 위한 계획을 세우지 않으면 안 되었다. 이러한 국제관계의 변화와 함께 4·19로 민중 특히 학생의 힘에 의해 자유당 독재가 쓰러지고 민중에 의한 대망의 민주주의가 실현됨에 따라 역사무대에 민중·학생의 등장이 클로즈업되었다. 이와 같은 시대적 배경 속에서 학생들의 의사 상황의 변화과정 아니 발전과정이 규명될 수 있을 것이다. 4·19는 한국에서의 민주주의의 토착화에 대한 가능성을 높여주었고 2차대전 후의 새로운 현대형 민족주의의 싹을 움트게 하는 계기가 되었다.

1960년대 한국지성의 풍토

미국의 무상원조가 점점 줄어들자 정부로서도 무엇인가 새로운 대책을 세우지 않으면 안 되게 되었다. 그래서 장면내각은 경제계획을 세워 자활의 길을 모색하기 시작했다. 그러나 정부수립 후 처음이라 할 민주선거에 의해 선출된 정부는 박정희 소장 등 군부의 쿠데타에 의해 쓰러지고 한국은 이때부터 군인의 정치개입이 시작되어 민주주의적 풍토 대신 유니폼이 지배하는, 즉 사고·생활양식이 일본군국주의적 냄새를 풍기는 제복통치시대가 개막되었다.

1961년 5월이라는 시점은 이런 점에서 한국의 정치사 아니 현대사에 매우 특기할 만한 시발점이 되었다. 1960년대의 한국 지성 풍토는 이리하여 새로운 장을 열게 되었다. 미국적 지성에다 점점 약화되어가는 구호만의 민족문화—쇼비니즘 냄새와 점강하는 군국적 일본문화가 점차 영향을 증가시켜갔다. 1960년대의 집권 군인집단은 일제 말기 일제의 군인교육을 받은 세대였으므로 단순한 일본 문화가 아닌 군국주의적 냄새를 짙게 풍겼다. 하여간 이 세력의 집권으로 한일 간에는 전에 볼 수 없었던 '유착시대가 전개되어 일본 경제·일본 문화의 한반도 상륙이 시작되었다. 이의 합법화 절차가 1965년의 한일국교 정상화였다.

일본의 한반도 재상륙은 한국 내에 새로운 민족주의 문화를 꽃피게 했다. 특히 한일회담 반대를 둘러싸고 대중 사이에는 점차 새로운 민족주의 세력이 등장했다. 한일회담을 반대하는 각계 지식인들의 성명을 간단히 소개해 본다. 먼저 1964년 3월 24일 서울대생들이 발표한 선언문을 보자.

> 지금 일본제국주의는 새로운 독점시장과 수탈의 광장을 찾아 또다시 흉악한 독이빨을 내밀고 있다. 반세기 전에 일본 관헌의 총검에 의한 협박과 위압 아래 을사조약을 체결한 일본군국주의 전쟁상인들은 지금 또 하나의 조약, 갑진년 대한민국 매매계약을 체결하려 하고 있다. [……] 이러한 경제·문화·사회의 전반적인 예속관계 하에서 정부는 과연 민족주체성을 약속할 수 있을 것인가.

일본의 재상륙에 대한 경계와 반발 속에서 새로운 민족의식이 싹트고 있다. 같은 날 고려대의 선언문을 보자.

> 일제의 악랄한 수탈과 착취가 이 국토를 폐허나 다름없이 유린했으나 현재 또다시 일제의 망령이 우리들의 심장을 파열시키고 있다. 공화당 정부가 내세운 민족주의는 어디로 사라지고 우리의 우방 미국이 뒤집어씌운 베일은 정부를 현혹시키고 있다.

이른바 '민족적 민주주의'의 장례식까지 치르면서 학생들은 한일회담의 반민족성을 공격했다. 6월 2일 고려대생들이 발표한 6·2선언문의 일부만 하나 더 소개하기로 하겠다.

> 조국의 주체성을 수호하려고 한 민족주의자도 미국의 철저한 간섭에 의해 거듭 좌절하지 않을 수 없었다. 지금 우리는 참된 민족주의를 이 유린된 폐허의 초토 위에서 재생시킬 수 있는 정권을 기대한다.

한일협정을 반대하고 민족자주성을 요구하는 각계의 주장은 더욱 높아졌다. 한일회담은 학생문제로서만 그치지 않고 각계각층의 민족적인 문제로 확대되었다. 1965년에 접어들면서 기독교인들의 성명서(1965. 7. 1), 문인들의 성명(1965. 7. 9), 역사학자들의 성명(1965. 7. 9), 교수들의 성명(1965. 7. 12), 심지어 예비역 장성들도 성명서를 발표(1965. 7. 14)하여 민족의 독립을 요구했다. 《사상계》사에서 한일회담의 매국성을 규탄하는 글·성명을 연이어 발표했다. 1964, 1965년 두 해에는 박정권에 대한 학생과 민중의 저항이 대단히 치열했다. 1964년 8월 정부가 발표한 신문윤리위법을 반대하는 언론투쟁도 대단했다. 한일회담 반대투쟁, 언론계의 언론윤리위 시행 반대투쟁, 1965년엔 월남 파병 찬반을 둘러싼 공방전 등 사회는 전반적으로 불안정하고 어수선했다.

그러나 1965년을 전후한 나라 사정은 박정권이 외채도입을 시작한 무렵이며 정부도 의욕과 희망에 차 있었다. 그토록 국민의 반대성토가 소연했는데도 박정권은 당초의 정책과 계획을 계속 밀고 나갔고 결국 소기의 목적을 달성하고야 말았다. 박정권 역시 상승무드를 타고 있었기 때문이다. 그러나 1965년부터 한국은 박정권 하에서 돌이킬 수 없는 잘못된 길로 빠져들어가기 시작했다. 물론 당장은 정권유지에 도움이 되는 듯이 보이기는 했으나 이후 한국은 또다시 일본의 경제·문화·사회·군사적 영향권 안에 들어가기 시작했고 월남파병 이후 오늘날 비동맹에 가입하지 못하고 있다.

1960년대에서 1970년대로 넘어서는 전후과정에 한국 사회에서는 서서히 그러나 장차 이 나라 문화 상황에 결정적 영향을 미칠 몇 가지 새로운 양상이 조성되기 시작했다.

1970년대 시대 상황의 변화

첫째는 국내 상황, 즉 경제구조의 변질과정이다. 한일국교정상화 후 일본은 경제협력이라는 합법적 명분 아래 한국에 대한 경제적 진출을 시작하여 한국은 이때부터 이른바 고도성장을 향해 치닫기 시작했고 급속도의 산업화로 노동계층의 새로운 형성, 재벌 위주의 성장정책으로 빈부차의 심화, 수출주도형

성장정책으로 외채의 점증, 여기에 전태일사건 등이 상징하듯 근로자들의 의식화와 노동운동, 일본 자본의 대량진출과 그들의 영향력의 증대로 젊은 층에의 민족주의의식의 보급 등 새로운 현상이 나타나기 시작했다. 여기에 '민중'이라는 새로운 사회계층, 의식화되는 기층이 형성되었다. 누구보다도 민감한 젊은 학생세대는 이러한 시대 상황의 변화에 민감한 반응을 보여 민족주의의식과 민주화의식이 싹트면서 학생운동의 중요한 투쟁 대상이 되었다.

1970년 11월 13일 평화시장에서 노동운동에 지친 전태일 청년이 분신자살하자 이 사건은 학생사회에 커다란 충격을 주었다. 학생들은 광주대단지 실태조사 보고서에서,

이제 민중은 과거의 체념과 좌절을 딛고 새로운 민중의 역사를 창조하기 시작하였다. 민중은 지금까지 강요된 반인간적 사회질서에 항거하고 인간적 질서를 요구하기에 이르렀다. 광주대단지의 민요는 민중에게 자각과 신념을 주었으며 그것은 방방곡곡에 씨를 뿌려 도처에서 '오적'의 횡포, 매판 대기업의 횡포, 조세의 횡포에 항거하기 시작하였다.

이제 민중의 투쟁이 정확히 방향을 제시받고 지도될 때 역사는 민중의 것이 될 것이다.

그리고 민중의 문제를 해결하는 기본적 주체는 민중 자신의 역량임을 원칙적으로 확인한 뒤에 그 방향을 제시하고 지도할 사람이 바로 '민중 속의 지식인'이며 학생운동의 갈 길도 여기에 있다고 결론지었다. 민중을 역사변혁의 주체로 파악하여 학생운동을 '민중의 역사창조에 기여할 지식인운동'으로 규정한 것은 학생운동이 새로운 문제인식을 갖기 시작했음을 의미하는 것이었다. 오늘날 학생운동이 노동운동에 대해 깊은 관심을 갖고 때로 참여를 주저하지 않는 이유가 여기에 있다 할 것이다.

현실의 한 소산으로서의 '민중지성'

1980년대의 지적 상황은 1970년대 후반부터 싹트기 시작한 민중문화가 저

변확대를 하면서 더욱 짙은 농도를 보여가고 있다. 최근 주로 일부 젊은 세대 간에 번지고 있는 이러한 민중사상은 일부 기성세대에 의해 사상의 불온화로 우려의 대상이 되고 있으나 당사자인 젊은이들은 오히려 신념이 더욱 굳어지는 듯 타협이나 양보가 없는 경직성을 보이고 이에 대해 권력당국은 더욱 단호한 태도로 나오고 있어 서로 양보나 타협이 없는 정면대결이 장차 어떻게 수습될 것인지 심히 우려된다 하지 않을 수 없다. 그러면 이러한 지적 상황이 어떻게 해서, 왜 조성되었으며 이러한 정신 상황을 극복하려면 어떻게 해야 할 것인지 한번 생각해보아야 할 것이다.

1980년대는 1970년대 유신체제를 극복한다는 점에서 '새 시대 새 질서'가 표방되었다. 그러나 간과해서 안 될 점은 1970년대 유신통치 당시에 비해 1980년대에 이르러서도 정치적·경제적 상황에는 아무런 질적 변화를 가져온 것이 없고 다만 1980년대는 1970년대의 단순한 연장에 불과하다는 결론밖에 나올 것이 없다는 점이다. 바꾸어 말하면 1970년대의 정치·경제적 문제점이 1980년대에 와서도 여전히 문제점으로 남고 있으며 오히려 그 심각성이 더해 갈 뿐이다.

10·26 당시 180억 달러에 불과하던 외채가 1985년 현재는 거의 500억 달러에 달했으며 빈부차는 더욱 심화되고 일부 재벌은 더욱 비대해졌으며 경제성장의 대외의존도는 더욱 깊어져 일부는 호화 사치스런 생활에 젖어 있고 다수 근로자들의 상대적 빈곤은 노사분쟁을 더욱 격화시켜 이에 대한 정부의 강경한 억압정책으로 인한 만성적인 사회불안이 그치지 않고 있다.

농촌 현실은 이보다 더욱 심각해지고 있다. 더욱이 최근에는 소 값마저 폭락해 농민들의 저항은 더욱 거세지고 청춘남녀는 거의 이농하여 도시로 몰리고 있어 농촌은 지금 젊은이들이 결혼상대가 없어 고민 중이며 인력부족으로 식량부족은 더욱 심각해지고 경작면적의 감소로 인한 농촌의 피폐는 오히려 10·26 전을 무색하게 하고 있다.

지식인 특히 젊은 지식인들이 이러한 사회·경제적 심각성에 무관심할 리 없다. 날카로운 비판의식을 갖고 있는 일부 청년들 사이에는 우리 사회의 이러한 현실에 대해 '해방신학' '종속이론'으로 이해하고 있으며 하루 속히 이러한 종속관계에서 벗어나 자주자립체제를 갖추어 통일을 실현해야 한다는 생각을 갖게 되었다. 통일만이 민족의 모든 불행을 극복할 수 있으며 분단이 오늘의 민족적 수난의 근원이라고 그들은 믿고 있다. '민족통일' '민주쟁취' '민중해방'이라는 일부 젊은이들의 주장의 밑바닥에는 이와 같은 민족 현실의 인식이 깔려 있다. 오늘날 이러한 인식. 즉 의식화 경향은 더욱 저변확대를 하고 있다.

그러나 오늘의 지성에게는 이러한 시대인식만이 전부가 아니다. 위와 같은 저항적·비판적 지성을 가령 민중적 지성이라 친다면, 또 한편엔 미국적인 지성이 그간 이 사회에 상당한 영향을 미쳐왔다는 사실을 간과해서는 안 될 것이다.

6·25 후 미군의 대부대가 주둔하고 미국의 재정지원이 막대한 정도에 이르면서 미국적인 생활양식이 번지기 시작했다고 이미 위에서 언급한 바 있지만 이때의 미국 영향은 생활양식 등 주로 표면적인 물질적 영향에 그쳤으나 1950년대 이후 해마다 1천여 명이 넘는 학생의 미국 유학이 계속되었고, 1970년대부터는 그들이 학업을 마치고 각각 학위를 따고 귀국함에 따라 1970년대부터 한국 지식인사회에는 어느덧 미국적 사고방식이 지배적이 되어 우선 학계를 지배하고 언론계를 지배하고 관료사회를 지배하게 되어 오늘날에는 한국에 현실적 영향을 미치는 거의 모든 분야를 이른바 미국 유학생들이 지배하게 되었다. 이들은 단순히 생활양식만 미국화된 것이 아니라 사고방식, 즉 미국적 지성을 몸에 지니는 정신적으로 온전히 미국식으로 훈련이 된 인사들이다. 이들은 미국적 지성을 가지고 한국의 정치·경제적 현실을 보고 분석하고 미래를 전망한다.

미국적 지성의 특징은 무엇인가. 미국은 세계에 영향력을 미치고 있는 대국이다. 미국으로서도 미국 영향권 안에 있는 나라들이 자주·자립을 강조하고 미국을 경계하고 배척하는 것은 바람직하지 않다. 미국적 지성, 즉 미국의 사회과학에는 종속이라는 개념이 거의 없다. 나라와 나라 관계에는 보편성, 상호 협조, 친선이 있을 뿐 지배와 종속, 자주와 독립, 외세 또는 민족주의라는 개념이 희박하다.

따라서 미국에서 면학하고 돌아온 유학생들은 거의 대부분 오늘의 한국 현실, 특히 경제 현실이 고도성장과 도약을 향한 희망에 찬 발전도상에 있다고 생각하며 종속이니 외세지배니 하는 개념이 거의 결여되어 있다. 대부분 미국유학생들이 오늘의 현실을 희망적으로 낙관하고 그곳에 어떠한 심각한 문제점이 있다고는 보지 않는다. 오늘의 경제 현실은 거의가 미국 유학 출신들이 이루어놓은 정책적 현실이며 그 공과에 대해서는 전적으로 그들이 책임져야 한다.

종속을 단순한 협조관계로 보고 지배를 단순한 원조로 낙관하는 것은 미국적 지성의 속성이다. 이러한 안목에서는 '외세' '종속' '민중해방' 같은 개념이 오늘의 우리 현실에 전혀 어울리지 않는 '불온한 의식'으로밖에 보이지 않는다. 이른바 '의식화'라는 현상이 불온을 뜻하는 까닭이 여기에 있다.

또 한편엔 1961년 5·16 후 우리 사회에는 군국문화가 꽃피게 되었다. 이 군국문화는 미국적 문화가 아니라 대일본제국적 군국정신이다. 획일성이 강조되고 다양성은 일사분란에 위배된다 하며 여론의 활기도 국론분열로 보여 명령과 복종과 획일적인 통치가 있을 뿐 대화나 비판이 허용되지 않는 풍토가 바로 군국적 정치문화라 할 것이다. 그런데 오늘날 한국의 파워엘리트들의 지성은 '협력'과 '보편성'이 강조되는 미국적 지성과 획일성이 강조되는 일제적 군국정신이 묘한 제휴관계를 맺은 것으로 오늘의 이 땅에서 지배적 엘리트 구실을 하고 있다. 한편엔 이른바 '민중적 지성'의 비판과 저항이 '위기'를 강조하는가 하면 한편에선 무한한 희망 속에 고도성장을 이룩한, 그래서 2천 년대를 향한 도약단계에 있는 '한국의 희망'이 펼쳐지고 있다. 현실을 앞에 두고 두 개의 지성이 불꽃 튀는 대결을 하고 있다.

지성은 무엇인가. 역사적 현실의 소산이라고 했다. 오늘날 한국의 대외관계를 '협조'와 '우호'와 '친선'관계로 보는 것도 현실이라면 오늘의 대외관계를 '종속과 지배' '통일과 분단'으로 보는 지성은 무엇인가. 현실의 한 단면을 반영하고 있다고 보아야 할 것이다. 그렇다면 현실의 한 소산인 민중지성이 만약 바람직하지 않고 억제해야 할 불온한 지성이라고 한다면 그러한 지성을 낳은 오늘의 현실에 대한 진단부터 착수하여 '종속'과 '계층 간의 위화'라는 개념—일종의 지성—의 분석을 해야 할 것이 아닌가. 지성의 시정을 논하기에 앞서 먼저 현실의 시정에 착수하는 것이 '불온한 의식화'를 바로잡는 것이 될 것이다.

한국 사회는 일본에 손색없는 높은 수준의 교육국가다. 게다가 나라는 분단되고 주변에서는 한반도의 움직임에 민감한 반응을 보이는 열강들이 우리를 주시하고 있다. 한국 안의 사태는 일파가 동하면 만파가 동한다는 국제적 민감성을 보이고 있다. 뿐만 아니라 우리나라는 개방사회. 어느 모로 보나 강권을 쓸 수 있는 상황이 아니다. 학원 안에 일부 나타난 '민중지성'은 이미 학원의 범위를 넘어선 정치적 문제로 발전되었다. 단순한 치안적 차원에서 수습될 문제도 아니다. 지성문제는 본래 지식인의 문제로서만, 교육적 문제로서만 그치지 않는다. 문제는 정치에 귀착된다. 오늘의 지적 상황을 이렇게 판단하지 않고서는 문제해결이 어려울 것이다.

—《송건호 전집》 제6권, 한길사, 2002년, 17~36쪽.
《민족통일을 위하여》, 한길사, 1986년

민족통일을 위하여

어떻게 해야 통일이 될까

'민족통일은 불가능한가'라는 논제로 글을 써달라는 부탁이나 솔직히 말해 표현이 마음에 들지 않는다. 이 문제는 우리 자신의 문제이므로 남의 문제처럼 '가능하냐 불가능하냐'라는 식으로 문제를 제기하기보다 '통일은 해야 하느냐' 아니면 '안 해도 무방하냐' 만약 꼭 해야 한다면 '지금까지 안 된 이유는 무엇인가' 그리고 '통일은 어떻게 해야만 가능한가'라는 네 개 물음으로 문제를 정리해야 한다. 여기에서는 첫째 물음인 '통일은 꼭 해야 하느냐'와 넷째 물음인 '통일은 어떻게 해야만 가능한가'라는 두 문제만을 다루어보기로 하겠다.

통일은 꼭 해야 한다는 것은 누구나 주장하는 지극히 당연한 말처럼 생각되지만 통일을 꼭 해야 할 필요가 있겠느냐고 회의적으로 생각하는 사람들도 우리 주변에 없지 않다는 것을 잊어서는 안 된다.

우선 우리나라와 경제·외교·문화적으로 점점 가까워지고 있는 일본은 일반적으로 한반도의 통일을 원치 않고 있다는 사실을 간과해서는 안 되겠다. 일본은 이웃에 5천만이 넘는 한민족이 통일되어 강력한 나라로 발전하는 것을 결코 바라지 않는다. 일본의 그러한 사고는 어느 나라에서나 당연한 생각이다.

개인적으로 생각하더라도 자기의 이웃에 공부도 잘하고 힘도 세고 돈도 많은 권력자가 생겨 자기가 그 이웃에 눌려 살거나 아니면 큰 위협적 존재로 된다면 그것을 좋다고 할 사람은 없을 것이다. 그보다는 자기보다 공부도 못하고 힘도 약하고 돈도 없는 가난뱅이로 자기의 상대가 되지 않는 이웃을 원하는 것이 당연하다. 만약 그러한 이웃집이 집안끼리 화목하지 못하고 서로 싸움질을 하고 있다면 더욱 바람직한 일이라고 생각할 것이다. 이것은 막연한 추측이 아니라 우리나라에 자주 오는 일본의 어느 정치학자의 솔직한 고백을 직접 들은 일이 있기 때문이다.

일본의 정치인은 그 대부분이 한반도가 통일되지 않고 서로 싸움질을 계속하고 있는 것을 가장 바람직한 상태로 생각하고 있다는 것을 잊어서는 안 된다.

그리고 한국 사람이라고 누구나 다 한마음 한뜻으로 통일을 원하고 있는 것이 아니라는 사실도 간과해서는 안 된다. 통일이 되었을 때 자기에게 유리하다고 생각할 때에 한해서만 통일을 바라는 것이며 오히려 통일이 되면 자기에게 불리하다고 볼 때 통일을 바랄 까닭이 없는 것이다. 이런 사람들은 명분상 반대할 수 없는 것이니까 마치 통일을 원하는 것처럼 말을 하지만 내심으로는 반드시 그렇지 않다는 것을 알아야 한다. 따라서 우리 주변에는 내외로 통일을 원하지 않는 반통일세력이 있다는 것을 우선 머리에 두고 통일문제를 생각하지 않으면 안 된다.

한국과 독일의 다른 점

우리나라처럼 국토가 분단되어 있는 나라로 독일이 있다. 그러나 독일과 한국은 역사적 배경이나 국제정치적 사정이 크게 다르다. 독일은 19세기 중엽까지 여러 나라로 분열되어 있었으나 우리나라는 천 년 이상 통일국가였으며, 분열되어 산 일이 없다. 우리 민족은 말이 단일어(單一語)에다 혈통이 같고 문화가 같고 역사가 같다. 말하자면 세계에서도 보기 드문 단일민족이다. 지금 우리 민족이 분열되어 있는 것은 우리가 원해서 그렇게 된 것이 아니고 미·소의 냉전과정에서 타의에 의해 그렇게 된 것이다. 우리 민족은 떨어져 살 필요도 이유도 없는 민족이다.

독일민족은 그렇지 않다. 게르만민족이 유럽 중부에 살아왔으나 통일국가를 형성한 것은 아니고 1815년 35군주국과 자유도시가 합쳐 연방을 성립했으나, 1871년 비스마르크가 이 연방을 해체하고 4왕국 6대공국 5공국 3후국(侯國) 자유도시로 된 연방제국을 건설했다. 이 제국은 1933년 나치정권이 들어서고 1945년 히틀러가 패망하자, 1949년 서쪽에 독일 연방공화국이, 동부에 독일 민주공화국이 각각 성립되어 독일은 통일보다도 여러 나라로 분열되어 있었던 것이 정상이고 통일은 독일민족에게는 극히 역사가 얕아 불과 150여 년밖에 되지 않는다. 따라서 게르만민족은 자기들이 꼭 통일되어야 한다고 심각하게 생각지 않는다.

이렇게 게르만민족 자신이 통일을 절실하게 바라고 있지 않을 뿐 아니라 유럽 주변국가에서도 독일통일을 그렇게 달갑게 생각지 않는다. 1차 세계대전, 2차 세계대전이 모두 게르만민족이 도발해서 일으킨 대전이었으므로 소련이나 미국이나 영국, 프랑스가 모두 동서독의 통일을 원치 않고 있다. 이같이 독일은 내외로 통일을 절실히 생각지 않고 있으나 우리나라는 남북이 떨어져 살 수 없는 것이 현실이다.

우리 민족이 통일된다고 해서 소련이나 미국이나 중국이나 또는 일본에 군사적 위협을 주지 않는다. 오히려 통일이 됨으로써 극동에 평화를 유지할 수가 있다. 한반도가 남북으로 분단되어 있으면 반대로 동북아의 평화가 위협을 받게 된다. 지금이 바로 그러한 불안과 위협이 존재하고 있는 상황이라고 할 수 있을 것이다. 한반도의 통일을 일본이 원치 않는 것은 한국이 통일됨으로써 일본이 군사적으로 위협을 받게 되기 때문이라기보다 통일이 됨으로써 한국에 대한 재침의 가능성이 크게 줄어들기 때문이다. 바꾸어 말하면 한반도가 통일되면 평화가 정착되고 일본이 다시 한반도에 진출하기가 그만큼 어렵게 된다고 보기 때문이다. 평화를 유지하기 위해서는 한반도의 통일이 더욱 절실하다는 것을 말해준다. 한반도의 통일을 위해 독일의 동서독 관계에서 무엇인가를 배울 수 있다고 보는 것은 두 나라 관계가 비슷하다고 보는 데서 생기는 잘못된 생각이다.

결론적으로 말해 한반도의 통일은 한민족 자신의 긴 역사적 전통으로 보나 주변정세, 즉 동북아의 평화를 정착시키기 위해서나 꼭 필요하다는 결론이 나온다. 그러면 우리는 통일을 위해서 구체적으로 무엇을 어떻게 해야 할 것인가.

민족통일의 조건들

통일은 통일을 하고자 요란스럽게 구호만 외친다고 되는 것이 아니다. 말로만 요란스럽게 통일을 떠드는 사람일수록 실제 통일사업엔 별로 의욕이 없다. 통일을 하기 위해서는 통일을 적극적으로 추진할 수 있는 사회적 여건, 좀 크게 말해 민족적 여건이 갖추어져 있어야 한다. 여건이 갖추어져 있어야 한다는 것은 자신을 가지고 통일사업에 임할 수 있을 만한 조건을 마련해야 한다는 뜻이다.

통일에 대비하는 첫째 태세는 민주정치체제를 갖추는 일이다. 정치가 민주적 태세를 갖추어야 한다는 것은 국민의 여론이 정치에 고루 반영되어야 한다는 뜻이다. 정치는 그 자체 막강한 권력을 행사하고 당연한 결과로 각종 이권이 따라다니게 마련이다. 권력과 이권은 불가분의 관계에 있다. 따라서 권력·이권을 가진 정치집단이 아무런 견제장치도 없이 마음대로 권한을 행사한다면 반드시 어마어마한 부정과 부패가 생기게 마련이다. 서양과 달리 동양에서는 정치가 본래 전제정치(專制政治)였고 국민을 무시하고 권력당국이 제멋대로 정치를 하기 때문에, 권력에 참여하는 것을 국민에 대한 봉사로 보지 않고 이른바 부귀영화를 누리는 것으로 착각하는 자들이 있다. 따라서 이러한 잘못된 생각과 그들의 부당한 부귀영화에의 집착을 견제하기 위해서는 권력의 횡포를 제도적으로 방지할 장치가 필요해진다.

왜 권력의 횡포를 견제해야 하느냐 하면, 만약 안하무인으로 권력이 행패를 부리고 국민이 그것에 불평을 하거나 항의를 하면 즉각 그를 탄압하게 되어 권력과 국민 간은 화목하지 못하고 점점 반목하고 적대관계가 생긴다.

현대는 정치·경제·문화 생활이 고도의 정치성을 띠고 있고 서로 밀접한 연관성을 갖고 있을 뿐 아니라 일파가 동하면 만파가 움직이는 민감한 반응을 보이기 때문에 권력의 횡포는 즉각적으로 사회 전반에 영향을 미쳐 사회 불안이 점차 높아진다. 사회가 이토록 불안을 거듭하면 국민 간에는 총화 대신 반목이, 안정 대신 불안정이 격화되어 국민이 단결하지 못하고 힘을 합치지 못한다. 이러한 불안정한 상태 하에서 평화통일을 위한 접촉이나 협상이 벌어질 까닭이 없다. 불안하다고 생각되는 입장에서 협상을 전개할 까닭이 없다. 자신이 없기 때문에 통일작업을 기피하는 것이다. 통일을 위해서는 민주정치가 존중되고 사회가 안정될 필요가 있다는 이유가 여기에 있다.

사회안정을 실현하는 방법으로 권력당국자는 간혹 사회불안의 원인을 국민이 지나치게 자유를 남용하기 때문이라 주장하고 자유를 규제하고 억제하는 것을 능사로 삼는 예가 있으나, 이것은 '권력의 부패'와 '국민의 자유'의 원인과 결과를 뒤바꾸어 말한 것이라고 보아야 한다. 권력이 부패하고 사회에 불평불만이 높아지는 것은 국민에게 자유가 없어 권력을 견제하지 못하는 때문이며, 국민이 자유를 지나치게 많이 누리기 때문에 권력이 부패하고 사회에 불평불만이 높아지는 것은 아니다.

민주사회에 언론자유가 꼭 필요한 이유가 여기에 있다. 만약 언론이 자유로운 사회라면 평소 권력의 남용을 공격하고 그들의 부정부패를 폭로하고 국민에게 억울한 일이 생기면 이것을 문제화하여 즉각 시정토록 당국에 촉구할 수 있다. 언론자유가 존중되는 사회에는 사회에 부조리라는 것이 남아날 수 없다.

부패한 권력일수록 언론자유를 두려워하고 언론에 무제한의 자유를 줄수 없다는 엉뚱한 말을 한다. 물론 이것은 부당한 주장이다. 왜냐하면 언론이 자유를 주장하는 것은 무제한의 자유를 주장하는 것이 아니다. 권력의 부당한 탄압과 억압으로부터의 자유, 즉 언론이 자기 판단과 자기 책임 하에 활동을 하여야 하며 언론 밖의 부당한 간섭과 탄압은 이것을 반대한다는 뜻이다. 언론자유는 따라서 결코 무제한의 자유가 아님은 말할 것도 없고 그들의 자유는 어디까지나 권력의 부당한 간섭을 반대한다는 뜻이다.

　정확히 말하자면 권력의 부당한 탄압과 간섭으로부터의 자유를 의미하는 것이다. 권력이 가장 두려워하는 것은 민중의 여론이다. 여론을 반영하는 것은 언론이다. 따라서 권력은 언제나 언론탄압을 첫째로 삼는다.

　만약 언론이 평소부터 권력의 부패나 부정을 폭로하여 그들로 하여금 스스로 자숙하고 부패부정을 하지 못하고 여론에 따라 정치를 하게 한다면 그 사회는 건전하고 안정되고 총화를 할 수 있게 될 것이다. 이렇게 되면 안심하고 자신을 갖고 평화적 통일사업을 적극 전개할 수 있을 것이다. 자신이 있을 때 비로소 적극적인 통일작업을 펴나갈 수 있는 것이다.

　통일에 대비하는 둘째 태세는 민족적 상호이해를 증진하는 일이다. 남북은 지금 서로 대립상태에 있지만 본래 한 민족이며 앞에서도 말했듯이 우리가 원해서라기보다 냉전과정에서 거의 타율적으로 분단되었다.

　그러나 지난 30여 년 간 서로 다른 체제와 이데올로기 하에서 일절 교류를 끊고 적대관계에서 살아왔으므로 어쩌면 상당히 이질적인 점도 없지 않게 되었다. 그러나 이 이질적 면이란 어디까지나 우리의 생활이나 사고의 한 부분이며 피가 달라진 것도, 다시 화합할 수 없을 만큼 적대관계가 심각해진 것도 아니다.

　지금 정부당국이 북한당국에 대해 대화를 하자고 요구하고 있는 것도 남북의 적대관계가 화합할 수 없을 정도가 아니라고 보기 때문이다. 그렇기 때문에 우리는 남북이 동족이며 피가 같고 언어가 같고 역사가 같은, 따라서 떨어져서 살 이유가 없는 형제라는 점을 강조해야 한다. 남북 간에 어느 정도의 이질 면이 생기지 않은 것은 아니나 이것의 일시성·부분성을 무시하고 마치 그 이질성이 본질적인 것처럼 강조하는 것은 잘못이다.

평화통일을 하자는 마당에서 남북 간의 이질성을 지나치게 강조하는 것은 통일을 추진하는 데 있어 도움이 되는 태도가 아니다. 동질적인 것이 본질적이고 이질적인 것은 일시적·피상적, 따라서 비본질적이라는 점을 간과해서는 안 될 것이다. 민족을 완전히 배반하고 일제의 충견이 됐던 사람도 8·15 후 용서하여 나라에 충성을 바칠 수가 있었는데 이데올로기 대립으로 일시적 적대를 한 것이 화합할 수 없는 본질적 대립이라 할 수는 없다.

통일을, 특히 평화적 통일을 해야 한다면 남북관계를 이질성보다도 동질성에서 더 강조하는 점이 있어야 할 것이다. 그리고 학생들은 학구적으로 이런 문제에 대한 연구에 주력해야 하겠다.

남북통일을 위한 셋째 태세는 자유경제체제를 확대해야 하겠다는 것이다. 통일에 경제가 무슨 필요냐는 말을 할지 모르나 경제가 자립적일 때에 한해서만 통일운동에 자주적일 수 있고 강력한 단결된 힘으로 운동을 전개할 수 있다.

자립경제란 국가의 경제건설을 자체의 자주적 계획과 힘으로 건설하는 것이다. 경제건설을 자기 힘으로 하지 않고 남에게 위탁한다는 것은 얼핏 있을 수 없는 일처럼 생각되지만 현실적으로는 반드시 그렇지도 않다. 경제건설은 조급히 서둘면 예외 없이 남의 나라 도움을, 그것도 불리한 조건으로 받게 된다. 경제건설은 어느 나라를 막론하고 서로 나라끼리 협조가 필요하다. 그러나 이것도 정도의 문제다. 건설과 생산에 필요한 기술을 외국에 지나치게 의존하고 외국자본을 그것도 상환할 능력도 생각 않고 마구 도입해서 엄청난 빚을 짊어지고 생산의 원자재를 대부분 외국에서 사들여 오고 그것을 수출하는 것도 특정 나라에 치우치면 제 나라의 생산과정이나 수입·수출이 너무 외국에 치우쳐 그러한 외국의 변함없는 협조 없이는 경제발전을 이룰 수가 없게 된다. 외국의 사소한 불경기도 즉각 국내경제에 심한 타격을 주어 갈팡질팡 당황하게 된다.

외국차관을 끝없이 도입하는 과정에서 온갖 부패와 부정이 싹트고 성급한 수출을 하다 보면 이른바 수출업자 등 기업들에 지나친 특혜를 주어 돈 있는 자일수록 더욱 가속도로 돈을 벌게 되고 대외경쟁력 유지라는 명목으로 저임금정책을 강행하고 당연한 결과로 저곡가정책과 병행하여 빈부차가 더욱 심해져 사회불안이 날로 심해간다.

이렇게 되면 일견 경제건설이 상당히 된 것 같지만 경제체질이 극히 약해 조금만 바람이 불어도 흔들거리게 되고 일부 기업인 중에는 불안을 느끼는 나머지 외화를 해외에 도피시키는 사례가 생기고 또 특혜의 연속 속에서 벼락부자가 된 일부층은 통일을 오히려 불안스럽게 생각하고 차라리 지금과 같은 상태가 바람직스럽다는 생각으로 기울어질 가능성도 생길 수 있다. 만약 일부에라도 이러한 생각을 가지는 층이 있다면 이것은 통일을 위해 실로 중대한 위험스런 존재라고 아니할 수 없다. 통일의 실현이 아니라 분단 상황의 지속에 자기의 이익이 있다고 생각하는 사람이 생길 수 있는 그러한 경제건설이 되어서는 안 되겠다.

당초부터 해외의존적인 경제건설은 그 규모가 커지면 커질수록 의존도가 더욱 커지게 마련이다. 자주적 경제건설이 아니면 오히려 반통일세력이 강해져 통일에 지장구실을 할 수도 있다는 점을 간과해서는 안 되겠다.

통일과 국제관계

한국의 분단은 본래가 국제적 관계의 소산이므로 그 통일작업도 역시 국제적 여건변화로 언제 어떻게 절박한 문제로 제기될지 모른다. 국민의 총화가 제대로 안된 상태에서 이러한 절박한 상황이 도래한다면 어떻게 될 것인가. 내심 당황할 것이 틀림없다. 원래 한반도의 분단은 미·소 냉전과정에서 분단 상태가 고정되고 지속되었다. 그러나 지금 미·소관계, 미·중공관계 즉 동북아의 냉전질서가 근본적으로 변해가고 있으므로 언제 어떠한 새로운 한반도정책이 그들 간에 제의될지 모른다. 통일정책은 본래 이미 정해져 있는 것이 아니고 무한히 다양한 방법이 있을 수 있다. 그러므로 장차 어떠한 통일방안이 제기되리라고 예상할 수는 없는 것이다. 가령 유엔 테두리에서 검토될 수도 있겠고 어떤 제3국의 중재로 통일협상이 있을지도 모르며 미국이나 소련·중공 등의 대한반도정책이 갑작스럽게 달라져 우리로서 본의 아닌 어떤 협상을 시작하지 않으면 안 될지도 모른다. 하여간 한반도를 둘러싼 앞으로의 상황변화는 우리에게 불리할 수도 있고 유리할 수도 있을 것이다.

통일문제가 반드시 우리에게 유리하게만 전개되리라는 보장은 없다. 국제 정치란 본래 냉혹하다는 현실을 간과해서는 안 된다. 그러므로 통일문제가 갑자기 절박한 문제로 제기되더라도 동요 없이 자신을 갖고 대화나 협상에 응할 수 있는 우리 자신의 민주체제의 공고화가 급선무인 것이다. 바꾸어 말하면 진정한 민주정치를 위한 국민적 노력, 자주경제체제 확립을 위한 노력, 남북 상호간의 이해증진을 위한 노력 등 우리 자신의 이것저것 문제들의 자주적 해결과 극복 없이는 통일이란 구호만의 실속 없는 정책이 될 것이고 현실적으로는 오히려 반통일세력에 의해 분단의 고정화가 추진되어나갈 위험성이 커져갈 것이다.

-《송건호 전집》제1권, 한길사, 2002년, 203~212쪽.
《살아가며 고생하며》, 시인사, 1985년

한국지식인론:
사회과학도로서의 한 반성

지식인의 풍토와 상황

외국에서 학문을 닦고 귀국한 박사·석사 등 학자들이 고국에 실망을 느끼고 대우 좋은 직장을 찾아 다시 외국으로 떠나간다는 이야기가 얼마 전 신문에 보도된 일이 있다. 〈중앙일보〉, 1967년 1월 28일

지난 한 해 동안만 해도 이러한 학자들이 50여 명이나 되었다고 하며 외국으로 떠나가는 학자들은 비단 귀국학자뿐 아니라 유학생 아닌 국내학자까지도 가령 K교수·Y교수 해서 서울대학이나 그밖의 사대(私大)에서 한둘씩 외국으로 떠나고 있다는 것이다. 한미재단(韓美財團) 집계에 의하면 1953년부터 1966년까지 유학생 총수가 7천여 명에 달하고 있으나 이 가운데 귀국자수는 그 10분의 1에 가까운 8백 명밖에 안되고 나머지는 외국(대부분이 미국)에 그냥 영주할 생각인 듯하다고 한다.

이렇게 많은 학자들이 귀국을 꺼려하거나 귀국한 학자까지도 기회만 있으면 다시 고국을 등지려고 하는 가장 큰 이유는 첫째, 외국에서는 학자를 우대하고 있으나 이곳은 그렇지 않고, 둘째 외국에서는 연구의 자유가 있으나 이곳은 많은 제약을 받고 있으며 게다가 신분보장조차 안돼 항상 불안을 느껴야 한다는 것이 가장 큰 이유라고 한다.

비단 한미재단의 집계에 의하지 않더라도 우리의 주변에서 유망한 학자들이 외국으로 떠나는 예는 얼마든지 볼 수 있고 국내에 머물러 있는 학자들도 그날그날 곤궁과 개탄 속에 살고 있는 것이 숨길 수 없는 사실이다.

분명 오늘 이 땅의 현실은 지식인에게 있어 고난의 시대라고 아니할 수 없다. 만나는 지식인마다 또 주고받는 이야기마다 생활고(生活苦)를 호소하지 않는 사람이 없고 밤낮을 가리지 않고 동분서주, 얼마 안되는 지식을 밑천으로 학문행상을 하지 않는 학자가 드물다. 그렇지 않으면 아예 학계를 버리고 권력의 어용(御用)이 돼버리거나 학원에 머물러 있다손치더라도 학문적 양심에 충실치 못하고 때와 곳에 따라 이렇게도 저렇게도 학설을 바꾸는 것을 능사로 하는 학자들이 적지 않다.

오늘날 지식인의 현실참여란 권력에 참여하여 그들의 비위를 맞추거나 기껏 그들의 행적을 합리화해주는 것이 고작이다. '지적 매소(賣笑)'라는 말이 일부 지식인의 입에서 자조적으로 나오게 된 것도 결코 무리가 아니며 과장도 아니다.

그러나 이 땅의 지식인이 오늘날 이렇게까지 처량하게 된 원인은 결코 한국의 지식인만이, 또 유독 오늘의 세대만이 무능하고 겁나 해서 그런 것이 아니다.

오늘날과 같은 여건 하에서 지식인이 지성에 충실하고 지성이 명하는 바에 따라 그 공적 생활에 논리적 일관성을 유지하기란 지난한 일이라는 것을 알아야 한다.

그 원인은 다음 두 가지 조건에서 생긴 것이라고 생각한다. 첫째는 지식인이 경제적으로 사회에서 소외되고 있다는 점이다. 한 사람의 지식인(특히 학자)을 양성하려면 오랜 시일과 돈과 노력이 투자되지 않으면 안된다. 그러나 그렇게 해서 양성된 지식인인데도 그 사회는 그들에게 응분의 대우를 해주지 않고 있다.

그를 양성하는 데 투자된 시일과 돈과 노력이 크면 클수록 그에 대한 사회의 대우도 커져야만 새로운 투자가 계속되고 그 투자에 보람도 느끼게 된다. 그러나 그토록 많이 투자된 자본이 거의 수익(收益)되지 않고 있다는 데에 상아탑세계의 비극이 있다. 단지 수익되지 않는다는 데에 그치지 않고 지식인으로서 가진 바 자본(학문)을 단순히 유지하며 인간으로서 생활(생존)해나가는 일조차 위협받고 있는 실정이다.

최근 '연구교수제' 등 일부 노력이 없는 것은 아니다. 그러나 제도가 있다는 것만 다행일 뿐 대부분 학자들은 여전히 사회적으로는 물론 경제적·정치적으로도 아카데믹한 학문생활이 거의 버림받고 있는 것이 현실이다. 사회·인문·과학은 물론 같은 음악이라도 그 연구가 보다 예술성을 띠는 것이면 사회의 인기를 얻지 못하고 유행가일수록 인기가 높아지며 예술인으로서의 수입도 많아진다. 통속가수일수록 생활이 유족하고 대중의 갈채를 받고 인기가 높다. 비단 음악만이 아니다. 문화도 그렇고 그밖의 학문도 그렇다. 심오하다든지 과학적이라든지 논리적인 학문이면 시대의 경원(敬遠)을 받아 무관심과 불우(不遇) 속을 헤매야 한다.

약간의 학문이라도 쌓아올렸으면 그는 벌써 학문행상으로서 분망해야만 생활이 되고 더 깊은 연구를 계속하기란 여간 어려운 일이 아니다. 여기에서 지식인(학자)은 몇 가지 비극을 맞지 않을 수 없게 된다.

첫째는 상아탑생활이 지극히 곤란하다는 사실이다. 학문을 연구하려면 돈이 있어야 한다. 가난 속에서도 각고면려(刻苦勉勵)하면 큰 연구가 된다는 것은 한문해독을 학문의 전부처럼 생각하던 옛이야기고 지금은 풍부한 연구비가 있지 않으면 안 된다. 우선 생활에 걱정이 없어야 하고 도서구입비를 비롯해 갖가지 연구비가 있어야만 한다. 연구비는 고사하고 먹고 사는 일조차 어려운 판국이라면 한문연구란 아예 기대조차 말아야 한다.

한둘의 학자가 다소 볼 만한 업적을 이룩했다면 그것은 그의 피눈물 나는 희생이 가져온 대가에 지나지 않는다. 오늘날 자연과학이고 사회과학이고 간에 학계에 적지 않은 학자들이 있으면서도 학문수준이 지지부진, 볼 만한 업적을 보기 힘듦은 그 원인이 그들의 능력부족에 있다기보다 '생활비'와 '연구비'가 매우 부족한 데 기인한다고 아니 볼 수 없다.

둘째는 지식인이 값싸게 현실과 타협하고 있다는 점이다. 아마 우리나라처럼 지식인(이데올로기 생산자)이 권력에 영합하여 속말로 스타일을 구기고 있는 나라도 드물 것 같다. 자기 소신에 따라 권력에 참여하는 것이 아니고, 보다 더 결정적 원인은 생활(경제) 때문에 권력에 접근하며 또 자기 소신이나 이념을 실현시키기 위해서가 아니라 권력 체제의 이데올로기 생산자로서, 즉 권력행위를 합리화시켜주는 것을 임무로 떠맡는다.

따라서 외국의 경우처럼 지식인의 권력참여가 하등 부끄러울 것 없는, 있을 수 있는 일로 생각되지 않고 일단 권력에 참여하자마자 이미 '버린 몸'이라는 평이 돌게 되어 지식인으로서도 값이 떨어지게 되는 것은 우리나라에서 지식인의 권력참여란 것이 일반적으로 어떤 것이며 따라서 어떻게 평가되고 있는가를 단적으로 설명해주는 것이다.

셋째로 지식인이 자기의 사상과 양심을 지키기 어렵다는 점이다. 헌법은 양심의 자유, 사상의 자유를 보장하게 돼 있지만 그것은 지식인에게 경제적 자립이 보장된 조건에서만 가능한 일이며 경제적 예속에서 벗어나지 못한 곳에서는 지성의 자주성이란 전혀 있을 수 없다.

가령 영국이나 미국의 지식인이 권력에 참여를 해도 그 참여는 어디까지나 지식인 자신의 자발적 행위이며 자기의 이념을 실현시켜보자는 데서 선택한 의식적 행위이다.

그러므로 사회는 이러한 지식인을 조금도 과소평가하지 않으며 지식인 자신 또한 조금도 수치로 생각하지 않는다. 이런 사회에서는 만약 권력의 탄압이 격해질 때도 지식인사회는 쉽사리 그들에 굴복하지 않으며 아무리 탄압이 심해도 지성의 교두보(橋頭堡)는 언제나 사수(死守)한다.

따라서 포악한 바람이 비록 세차게 불어도 지성의 소리는 죽지 않으며 폭풍이 세차면 세찰수록 지성의 저항도 치열해진다. 2차대전 때 나치의 탄압 속에서 프랑스나 이탈리아 지식인들이 민중의 선봉에 나서서 얼마나 용감히 레지스탕스를 벌여왔는가는 지성의 저력이 단순히 그들의 용기에서만 솟아나지 않고 오랜 전통과 경제적 배경이 크게 작용한다는 것을 말해준다.

한 지식인이 이데올로기 생산자로서 노작(勞作)이나 소견을 발표할 때 가령 고료(稿料)로서도 생활이 가능하다든지(선진국처럼) 인세(印稅)가 풍부하다든지 하면 거리낌없이 소신을 발표할 수가 있으나 학교나 그밖의 직장에 매여 있고 직장에서 얻는 이른바 봉급이 생활의 원천이 돼 있는 경우에는 자기의 생활원천을 우선 확보해두어야 한다는 관념부터 앞서고 양심의 자유가 이미 위협을 받는다.

이 땅의 지성이 권력 앞에 줄기찬 저항을 견뎌내지 못하는 근본원인이 바로 여기에 있다. 지성이 없는 것이 아니다. 지성이 위축되고 저항력을 상실하고 침묵 속에 잠겨 있기 때문이다. 권력의 폭풍이 한 번 불면 지식인사회는 온통 휩쓸려 그 마지막 보루조차 휘날려 간 곳조차 없어진다.

권력이 지식인을 비웃고 얕보는 까닭도 여기 있다. 국가도 그렇고 개인간에도 그렇지만 대등한 협조란 언제나 반드시 경제자립이란 바탕위에서만 가능하다. 권력과 지식인 관계도 그렇다. 지식인사회가 자립능력이 있고 그러한 기반이 마련되어 있는 사회에는 권력과 지식인과의 관계도 언제나 대등한 협조가 될 수 있다. 선진국의 경우에서 그 예를 많이 볼 수 있다.

그러나 지식인에 경제적 기반이 없고 무엇인가 외부에 의해 의지해서 생활을 유지해나갈 수밖에 없는 사회에서는 지식인의 권력참여는 반드시 권력에 대한 지식인의 예속(隷屬)으로 나타난다. 즉 지식인이 권력의 도움으로 생활을 해나간다는 결과가 된다. 선진국의 경우, 지식인이 권력에 참여했다가도 뜻에 맞지 않으면 언제든지 미련 없이 권력에서 물러서고도 담담할 수 있으나 자립의 바탕이 없는 지식인은 일단 권력에 참여하자 일찍이 맛보지 못한 경제적 '안락'에 눈이 멀어 그 맛을 알게 될수록 그는 더욱 비굴하게 권력에 붙어 있으려고 하며, 지성이고 양심이고 이미 헌신짝처럼 버릴 뿐 아니라 거꾸로 몸에 지닌 얼마간의 지식을 악용하여 권력에 늘어붙으려는 데 총동원 된다.

오늘날까지 이 땅에서 벌어진 권력의 가지가지 악들이 이와 같은 노예적 사이비지식인들의 머릿속에서 짜여 나왔다는 것은 조금도 우연이 아니다. 해방 후 많은 지식인들이 상아탑생활을 버리고 권력의 안락의자로 향했다.

지식인의 정치참여가 선진국의 경우 같지 못하고 권력의 단순한 지적 매소부(賣笑婦)로 떨어지지 않을 수 없는 가장 큰 조건이 바로 경제적 조건 속에 있다는 것은 중요한 점이다.

하여간 선진국의 경우와는 달리 이 땅에서 지식인의 정치참여가 흔히 비난과 비웃음과 가치폭락으로 귀착되는 이유는 그 참여가 대등한 것이 못 되고 예속적이며 물러섬에 담담하지 못하고 일단 권력에 참여하자마자 악착같이 그 '영화'를 놓치지 않으려고 발버둥치기 때문이며 이렇게 되는 원인은 전부 경제적 자립의 바탕이 없는 탓이다.

그러므로 오늘날 많은 지식인들이 지조를 지키지 못하며 이른바 스타일을 구기고 지성의 교두보도 이미 허물어지고 있다는 한숨까지 들려오는 것은 유독 이 땅의 지식인들이 겁 많고 무능하고 못난 탓이라고만 보아서는 안된 다. 오늘날 한국지식인의 상황을 판단하려면 대상을 그들의 '위인(爲人)'에만 두지 말고 그들이 처한 객관적 상황에 초점을 두지 않으면 안된다.

넷째, 이와 같이 지식인이 경제적으로 소외당하고 있을 때 문제 되는 것은 권력에 대한 그들의 태도다. 지식인은 생활이 안정되면 여유 있게 연구도 할 수 있으며 사상도 건전할 수 있으나 일단 그 생활에 위협을 받으면 점차 건전 성을 상하게 된다. 이미 지적한 바도 있듯이 대부분 지식인은 편승파(便乘派) 가 되고 만다. 권력이 정당성을 가진 것이냐 어떠냐를 가릴 것 없이 우선 권력을 시인하고 그 권력에 편승하여 '단 꿀'을 빨기에 여념이 없다.

지식인이 권력체계 안에서 가지는 기능은 우선 그 체제의 정당성·합리성을 이론적으로 형상화하는 사업이다. 동서고금을 막론하고 지식이 범하는 죄과란 이와 같이 악을 선으로 위장·합리화하는 데 있다. 한국의 경우를 보더라고 권력의 횡포를 정당화할 때 으레 동원된 것은 이와 같은 사이비지식인이었다.

지식의 과학성은 그것이 가지는 역사성과 논리성에 있다. 지식은 그자체 논리의 일관성을 요구한다. 그러므로 사이비논리(위장지성)란 체계성·전체성·일관성 내지는 역사성 같은 것을 기피하고 반드시 어떤 문제에 대한 사실성(事實性: 단편성)만을 클로즈업시킨다. 그러므로 사이비지식인이란 으레 그 행동에 모순이 있는 법이고 일관성을 볼 수 없다.

이정권·장정권·공화당정권─이렇게 상황이 바뀔 때마다 그들이 자신의 행동에 거의 아무런 모순도 느끼지 않고 대세(권력)에 편승하여 일신의 안락만을 꾀할 수 있는 심리는 이와 같이 지성의 분열증에 기인한다.

그러나 이 땅의 지식인은 편승파만이 전부가 아니다. 이른바 냉소파라는 것이 있다. 이들은 권력에 결코 편승하려고도 하지 않으나 적극적인 저항도 하지 않는다. 다만 그들은 권력의 부조리를 아웃사이더로서 비웃기만 할 뿐이다. 적극 편승하기에는 아직 양심이 살아 있으나 적극 저항하기에는 너무나 용기가 부족하다. 대체로 표면화되지 않고 있기 때문에 그 수효가 얼마 안 될 것도 같지만 편승파 이상이 되는지도 모른다.

편승파는 물위에 떠다니는 고기 같아서 많은 것 같으면서도 실수(實數)는 얼마 안 되고 오히려 이 냉소파가 더 많을 수도 있다. 어느 나라나 지식인의 냉소벽(冷笑癖)에는 공통성이 발견되지만 국토가 양단되고 그간 너무나 숱한 비극이 되풀이된 이 땅에서는 지식인의 냉소벽이 오히려 그 침묵성·보신성(保身性)에서 특징을 찾을 수 있을 것이다.

결코 어느 권력에 공공연히 지지를 표명하지 않으나 그렇다고 뚜렷이 반대도 표시하지 않는다. 그러나 이러한 방관성은 가치부정에서 오는 '니힐'이 아니라는 점에 서구적 냉소와 다른 점이 있다.

그들의 냉소는 단지 보신에 있을 뿐이며 내심으로는 자기대로의 평가와 가치체계를 지니고 있다. 따라서 그들은 정치상황이나 어떠한 이데올로기에 결코 무관심하지 않다. 그들의 여론은 현재화(顯在化)하지 않고 '유언비어' 같은 형식으로 잠재한다. 우리나라에서 유언비어(데마)라는 것이 표면상 부정되고 있으면서도 그 잠재력이 크고 민중생활 깊숙이 뿌리를 박고 있는 까닭은 한국의 이와 같은 독특한 지적 풍토에 기인할 것이다.

이러한 상황이 지식인사회(특히 언론계)에서는 이른바 꼬집는다거나 빈정거린다거나 하는 표현으로 나타날 수도 있다. 정면에서 비판과 반대를 하지 못하고 은근히 풍자하고 야유하고 허물고 비방하는 태도다. 한때 이러한 언론자세가 논란의 대상이 된 적도 있지만 이러한 경향 역시 언론인의 기질에서보다도 상황의 산물로 보아야 한다.

그리고 신문사나 잡지사에서 시사문제에 대한 평론을 요구했을 경우, 그 문제가 중대한 것이면 그럴수록 자기 의견표시를 기피하는 태도가 있다. 평범하고 무난한 글은 당장 써주겠다고 응하는 사람도 중대문제에 대해서는 이내 꼬리를 빼고 한 번만 봐달라는 듯이 머리를 좌우로 설레설레 흔든다.

지식인으로서 그 태도야말로 한없이 가증스럽다고 하지 않을 수 없으나 이것 역시 이 땅의 독특한 지적 상황이 만들어낸 지식인형이라고 보아야 한다.

그러나 이와는 반대로 일부 지식인은 "너무나 공리공론(空理空論)에 치우쳐 현실을 모른다"는 비난을 받고 있다. 특히 5·16후 군정에 협력한 일부 지식인 중에는 군정당국으로부터 그다지 좋은 평가를 받지 못했다고 들었는데 그 이유 중 하나가 현실에서 동떨어진 추상론만 떠들었기 때문이라고 한다. 현실을 어느 정도 무시하고 어느 정도 이상론을 주장했는지 모르나 만약 지식인사회의 일부에 지나칠 만큼 이상을 좇는 경향이 있다면 그러한 경향 역시 이 땅의 상황이 만들어낸 산물이라고 보아야 하지 않을까.

정치인이 정치를 하자면 아무래도 현실을 토대로 삼아야 하기 때문에 현실을 일단 시인하고 출발해야 한다. 그러나 지식인은 그들의 생활이 실천에 있지 않고 관념세계의 생산에 있는 만큼 현실에서 욕구불만이 크면 클수록 이상을 향하는 정열은 반대로 커진다.

이와 같이 오늘날 한국의 지식인상이 일그러질 대로 일그러지고 무력할 대로 무력해진 것은 그 가장 큰 원인이 지식인의 경제적 예속성·자립기반의 결여에 있다고 볼 수밖에 없다.

그러므로 지식인이 권위와 긍지와 자존심을 되찾고 지성의 순수성을 지키고자 한다면 지식인은 반드시 경제자립을 이룩해야 하며, 경제적 자립을 이룩하자면 그럴수록 정치적·경제적 의식을 높여 민족과 나라가 처한 여건의 과학적 인식부터 서둘러야 한다.

그러나 지식인의 무력과 빈곤은 단지 경제적 예속에만 기인한다고 보아서는 안된다. 지식인들을 불행케 한 결정적 원인은 오히려 이 나라를 휩쓴 냉전에도 원인이 있다. 지성의 불모성(不毛性)은 아마 이 냉전이 더 큰 원인이 되어 있는지도 모른다. 8·15해방과 동시에 이 땅은 국토가 남북으로 분단되고 국제냉전의 격화에 따라 그 대립상황은 더욱 참예화의 양상을 띠게 되었다.

그러나 그 분단이나 대립이 국제적 소산(所産)인데다가 그 분단과 대립을 해소하는 문제도 주로 국제적 차원에서 고찰되어야 했기 때문에 이 나라에 들어온 이데올로기는 그것이 국제적 조건과 역사적 풍토에 따라 주체적으로 소화되기 전에 우선 그것의 국제적 유대성(紐帶性)부터 먼저 강조되었다.

이러한 유대성의 강조는 자유민주주의가 아직껏 우리의 것으로 풍토화되지 못하고 또 간접·직접으로 정국불안의 한 요인을 이루고 있는 것하고도 관련이 있다.

그런데도 서구민주주의의 비판, 민주주의의 한국화가 불온시되고 불신과 경계의 눈으로 보여지는 것은 그 밑바닥에 자유민주주의 도입 자체가 타율적이었고 게다가 그것의 국제적 유대성이 강조되지 않으면 안된다는 상황 속에 놓여져 있기 때문이다.

이와 같이 자유민주주의 도입의 타율성과 그것의 국제적 유대성의 강조는 이 땅에 두 가지 바람직하지 않은 풍조를 일게 했다. 하나는 냉전의 과정에서 자유민주주의의 이데올로기성(反共)이 강조되는 나머지 지적 풍토로 '폴러라이제이션' 경향이 생겼다는 점이고, 둘째는 국제적 유대성의 강조로 말미암아 사상의 사대적(事大的) 자세가 싹텄다는 사실이다.

지식인사회에서, 특히 신생국 지식인의 이데올로기 생활에서 폴러라이제이션 현상이 나타나고 사대주의가 대두한다는 것은 실로 크나큰 비극이라고 아니할 수 없다. 사상의 창조성은 그 다양성 속에 있다. 사상의 폴러라이제이션 경향—통제가 심해지면 질수록 사상은 불모와 빈곤을 면치 못한다.

일반적으로 흔히 한국 지식인을 향해 지성의 빈곤을 개탄하는 사람이 많으나 지성의 빈곤은 그 원인이 지식인의 무능에 있기보다 이데올로기의 지나친 폴러라이제이션 경향—제약 속에 있음을 깨달아야 한다.

사상에 창조성이 빛나려면 사상생활이 무성해야 하고 사상생활이 무성하려면 사상의 다양성이 허용되지 않으면 안된다. 다양성이 허용되는 곳에서만 지식인의 무궁무진한 이매지네이션은 마음껏 날개를 펼 수 있을 것이다. 지성은 그 성격 자체가 다양한 이매지네이션 속에서만 창조성을 빛낼 수가 있다.

지식인이 생활의 곤궁 속에서도 삶의 보람을 느낄 수 있는 것은 지성인으로서 창조적 생활을 할 수 있는 때에 한한다. 그러므로 지식인은 누구나 풍부한 이매지네이션과 지성의 다양성을 갈구하며 폴러라이제이션을 기피하게 된다.

지식인이 회색적(灰色的)이라는 비난도 없지 않으나 그것은 그들에게 너무나 지나친 특정 이데올로기를 강요하는 데서 오는 것이다.

지성은 좋은 의미에서 객관적이고 또한 창조적이다. 이데올로기의 교조주의적 이해는 본질적으로 지성의 적이다. 지성인이 한결같이 학문의 자유, 연구의 자유, 사상의 자유를 주장하게 되는 까닭은 지성의 본래적 요구에 속한다. 지식인의 무력, 지성의 불모성은 이와 같이 지식인 자신의 문제로서보다도 상황의 소산이며 이것은 오히려 한국지식인이 가지는 정치과잉증의 원인이 되어 있는지도 모른다.

그러므로 오늘의 지식인이 시대의 방향제시자로서 무력한 까닭은 이 땅에 판치는 지식의 본질적 속성 때문인지도 모른다. 그 이유를 생각해보면 위에서 지적한 바와 같은 이데올로기의 분극화(分極化)·사대화와 아울러 지식의 성격이 점차 달라지고 있는 점을 또한 지적하지 않을 수 없다. 첫째, 지금 대학생들은 대체로 독서를 하지 않는다는 것이 하나의 공통경향이다. 공부방이라는 곳을 들여다보면 대부분 학생들의 독서 정도를 짐작할 수 있다.

노트 몇 권, 학과에 필요한 교과서·참고서 몇 권이 꽂혀 있고, 어쩌다 달묵은 잡지가 두어 권 아니면 요즘 베스트셀러라고 한창 화제가 돼 있는 묘한 이름의 책이 한두 권 꽂혀 있을 정도다. 대체로 이것이 요즘 학생들의 독서경향이다. 물론 이것은 학생들의 게으름 때문이라고도 볼 수 있고 생활난에서 오는 슬픈 현상이라고도 할 수 있을는지 모른다.

사실 그렇게 믿고 싶은 것이 솔직한 심정이다. 그러나 뮤직홀이라는 이상야릇한 다방이 언제나 젊은 남녀학생들로 와글와글 차 있는 것을 보면 단순히 생활난 때문에 책을 못 산다고만 보기도 어려울 듯하다.

미칠 듯이 시끄러운 재즈음악에 이것 또한 미칠 듯이 광란상을 보이는 젊은 세대의 생리는 기성관념만 가지고는 이해할 수 없는 정신상황이다.

옛날에는 지식인이라고 할 때 일반적으로 탐구적이거나 사색적이거나 사유적인 것을 지칭했다. 학문하는 학생을 흔히 철학하는 학도로 연상했던 것도 한 세대 전의 학문성격이 어떤 것이었나를 말해준다. 그래서였는지 옛날 학생들은 장서(藏書)가 많았다.

대학생쯤 되면 책이 하숙방 가득하게 쌓여 있고 중학생들도 좀 독서하는 축들은 제법 백여 권의 장서를 자랑하는 판이었다. 그러면 지금 학생들은 어째서 독서형·사색형이 아니게 되었을까. 지금은 교양을 쌓는 방법이 반드시 독서만이 전부가 아니다.

우선 영화가 있고 텔레비전이 있고 라디오가 있고 신문의 영향력도 크게 늘어났다. 활동사진 시대와는 달리 지금의 영화는 기술적 발달의 결과 질적·양적으로 엄청난 영향력을 가지게 됐다. 영화 가지고도 현대인은 훌륭한 교양과 견문을 넓힐 수 있다. 라디오는 트랜지스터가 등장된 후 가정용으로서보다도 개인용·휴대용으로 발달되어 사생활에 파고들게 되고 텔레비전은 수요가 늘고 프로가 개선되면서 점차 현대인 특히 젊은 세대에 영향을 미치게 됐다.

이와 같이 오늘날엔 이른바 매스미디어가 지식 내지 교양을 습득하는 유력한 매개체 구실을 하게 됐다.

그럼 이는 무엇을 의미하는 것일까. 첫째는 지금 세대가 지식을 사유적 소산으로 보지 않고 감각적 지식으로 본다는 점이다. 사변적인 것이 아니라 감각적 지식으로 변했다는 것이다. 지식을 사유하지 않고 감각하게 된 큰 원인은 시청각 미디어로서 라디오·텔레비전·영화가 그만큼 세력이 커졌다는 것을 의미한다.

영화·라디오·텔레비전이 인기가 좋고 독서도 베스트셀러 같은 다분히 감각적(이론적이 아닌) 냄새가 풍기는 책만을 환영하게 됐다. 지식의 감각화는 지식의 수동화(受動化)와 무관하지 않다. 사변적 지식은 무엇보다 독서를 통해서 습득된다. 그러나 독서란 우선 책을 읽고자 하는 의욕과 정신력의 집중과 적극성이 있지 않으면 안된다.

사변적 지식은 이와 같이 적극적 노력을 전제로 한다. 그러나 감각형 지식은 보다 더 수동적이며 적극성이 부족하다. 라디오는 일하며 들을 수도 있고 텔레비전은 누워서 볼 수도 있고 영화도 의자에 가만히 앉아 보고만 있으면 된다. 이는 그만큼 능동성이 결여된 지식이 되게 마련이다.

오늘날의 특히 젊은 지식인이 사물을 슬로건식으로 판단하기 좋아하고 추상적이거나 논란적인 지식을 경원하게 되는 까닭도 여기에 있다고 보아야 한다. 봄마다 각 신문사에서 모집하는 신춘현상문예물에도 가령 단편소설이나 시나 동요 같은 다분히 정서적 작품이 압도적이고 논리적 구상력을 필요로 하는 평론부분은 응모자도 몇 사람 안될뿐더러 그나마 이론전개나 내용이 형편없다는 사실에서도 이 땅의 지식이 어떤 성격을 가지고 있는 것인가를 알 수 있다.

지식(교양)의 습득방법이 점차 수동적·소극적 경향을 띠어갈수록 내용 있는 양서를 경원하게 됨은 물론, 기껏 독서한대도 오락성이 짙은 베스트셀러 따위에서 그치게 되는 것은 피하기 어려운 현상이라 하겠다. 이 땅의 지성의 위기는 이런 점에서도 발견된다고 할 수 있다.

게다가 현대문학은 분야별이나 기능별로 끝없이 분업화되어가는 경향이 있다.

세대를 거슬러 올라갈수록 옛날 학문은 인생이나 사회를 그 '전체'에서 파악하려 했으나 학문의 분업화가 심해질수록 어느덧 지식에도 기능적 변화를 일으키기 시작했다. 지난날의 방향지적(方向知的) 성격의 학문이 사실지(事實知)-기술지적(技術知的) 성격으로 그 기능을 달리하기 시작한 것이다.

하나의 문제, 하나의 대상, 이렇게 특정사물의 전문적 연구로 변하기 시작한 현대학문은 시대의 과학적 발달과 길을 같이하는 학문의 필연적 방향이겠지만 이와 같은 위치조차 판단하지 못하는 방향감각 상실증에 빠지게 되었다는 점도 간과할 수 없다.

이와 같은 방향감각 상실증은 해방 후 20년간의 학문이 한국의 현실과 거의 유리되어 있다시피 한 사실과 관련시켜 생각해보아야 한다.

학문의 분업화는 이와 같이 오히려 현실에서 지식을 유리시키는 결과를 가져왔는데 고도의 분업화는 또한 학문과 학문의 교류를 가로막고 지식과 지식과의 사이에 장벽을 쌓아올리는 결과를 가져왔다.

지식이 지나치게 세분화되어 전문적 깊이만을 파게 될 때 인간은 지적 편협증에 빠져 건전한 인격의 양성이 해를 입는다. 현대의 이른바 지식인이 그들 서로의 사이에 교류의 길도 막혀 있거니와 기술인 아니면 기형인간으로서 원만한 교양인으로서도 거리가 멀어진 까닭은 그 원인이 이같은 지식의 편협증에 있다.

이런 지식인에게 사상의 독창성을 기대할 수 없음은 물론, 사상의 빈곤과 불모현상의 원인이 바로 이런 데도 있다.

따라서 오늘날 이 땅의 지식인이 8·15 이후 이미 20여 년의 세월이 흘렀는데도 아직도 자랑할 만한 업적(특히 사회과학계)을 내놓지 못하고 전체적인 학문수준조차 별로 향상되지 못하고 있음은 조금도 이상한 현상이라고 볼 수 없다. 요즘의 학계를 보면 기껏 외국학설의 소개·해설 정도, 그것도 어느 정도 정확한지 확실치 않으며 외국학설로 우리의 현실을 해석하려고 고집하는 것이 고작이라 할까, 그 이상의 전진을 볼 수가 없다.

한 세대 전은 비록 구식을 면치 못했다 해도 하여간 그들 나름의 지식으로나마 우리의 현실을 그런대로 '전체적 파악'을 하려 했다. 지금의 학계는 이러한 시도도 능력도 없는 듯하다. 오히려 우리의 생생한 현실은 권위를 자부하는 아카데미즘보다 저널리즘에서 산만하게나마 분석이 시도되고 있는 것이 아닌가 생각된다.

그러나 한편 생각할 때 엄격한 의미에서 우리의 학계에는 이제껏 학문(wissenschaft=과학)이 없었다고도 볼 수 있을 것 같다. 학문은 'wissenschaft'가 의미하듯 본래 과학이어야 한다. 그러나 불행하게도 이 땅의 학계는 민족의 불행한 과거가 학문을 과학의 수준으로까지 올려놓지 못한 채 오늘날에 이르렀다고 볼 수 있다.

이 민족의 근대사에는 학문적으로 응당 근대사의 사조가 밀려들었어야 했으나 학계는 전체적으로 두 가지 편협된 길을 걷게 되었다. 첫째는 식민지 통치 하의 열등의식에서 외국학문을 사대적으로 도입했다는 점이고, 다른 하나는 이러한 사대적 도입과 맹신에 반발하는 쇼비니즘적 자기과대망상증이다. 쇼비니즘 경향은 주로 국문학·사학계에서 많이 볼 수 있었고 사대적 현상은 주로 인문과학에서 볼 수 있었다.

학문은 그 본래적 성격이 객관적이어야 하며 논리적이어야 한다. 과학은 단순한 사대주의로도 안되고 단순한 쇼비니즘 가지고도 안된다. 아마 이런 의미에서 우리나라에서는 이제까지 참된 의미에서 학문-과학정신이 결여되어 있었다고도 말할 수 있겠다. 역사적으로 볼 때 학문발전이란 언제나 안정된 시대나 사회에서만 가능했다는 이유도 여기에서 이해될 수 있을 것이다.

다행히 작금에 이르러서야 민족의 지난날과 오늘과 앞날 등 자신의 문제를 되돌아보게 되었으며 과학으로서의 학문정신도 이것과 때를 같이 해서 서서히 자각되고 있는 듯하다. 그러나 우리의 (국내외)상황은 아직도 안정된 여건 속에 있지 못하고 따라서 과학적인 학문정신도 아직은 이것저것 제약을 면치 못하고 있다.

기껏 외국학설을, 그것도 한국현실을 제대로 고려치 않고 맹목적으로 현실을 이론에 갖다 맞추려 하든가 아니면 아예 현실을 도외시하고 이른바 상아탑의 고고(孤苦) 속에 잠기기도 했다.

이 땅에 사회과학의 연구가 자유를 얻은 것은 8·15해방이 계기가 되었으나 학문연구를 위한 제도적 보장이 갖추어져 있지 않았고 그러한 의욕도 없었던지라 고등교육을 받은 유위(有爲)한 인재가 거의 관계나 정계로 진출하고 행방불명되는 등으로 학계는 연구 이전의 보급에도 어려운 상태였다.

6·25동란까지는 대체로 일제 때의 학풍을 계승하여 그때의 업적을 정리한 해설서나 입문서가 고작이었다. 정치학계를 보면 독일의 국가학, 영국의 다원론적 국가론 그리고 민주주의 도입과 더불어 민주주의 해설 정도가 나왔다.

경제학계에서는 외세의 침략을 받게 된 한국경제의 정체성과 그 정체성을 통해 들어온 외국자본주의의 침략과정 등이 분석되는 가운데서 거의 마르크스이론의 지배하에 있었다.

그러나 6·25발발과 더불어 군사경계가 대미의존체제로 굳어지면서 경제학계에는 미국의 근대경제이론이 들어오게 되고 그중에서도 케인스이론이 유일한 경제학설처럼 되었다. 1957년 미국경원(經援: 미국의 경제원조)이 절정에 달했을 때까지 케인스이론은 이 나라 경제학계의 유일한 공인(共認) 경제학설처럼 되었다. 대학의 교과과정에도 국민소득론 등이 판을 치고 한국경제사 같은 과정(課程)은 푸대접을 받았다. 케인스이론이 한국경제의 현실에 필요해서라기보다 거의 공백상태에 빠져 있다시피한 당시의 학계로서는 부득이한 일이기도 했다.

6·25동란은 정치학계에 국제정치학에 대한 관심을 자극하기 충분했고 정치기구의 편제(編制)와 더불어 행정학이라는 비교적 새 이론이 도입케 된 것은 주목을 요한다. 휴전 얼마 후 고려대 등에 행정학과가 독립되고 1959년에는 서울대학 안에 행정대학원 등이 개설되어 행정학에 대한 관심은 날로 높아졌다.

경제학계를 보면 1957년을 정점으로 미국의 경원이 점차 줄어드는 경향을 보이면서 이에 따라 경제자립론이나 경제발전 문제가 논의되기 시작했다. 산업개발위원회가 설치된 것도 이 무렵이었다. 그리고 학계에서는 경제성장이론과 후진국개발론 등에 관심을 보이게 되었다.

또 이 무렵 해롯·넉시·루이스 등이 소개 번역되었다. 미국 경원정책의 전환을 계기로 도입되기 시작한 경제성장론·후진국개발론·경제계획론은 자유당 말기의 '경제개발 3개년계획'과 4·19, 5·16 후의 경제개발계획의 성안(成案)을 계기로 더욱 관심을 끌게 됐다. 경제학에 대한 실천적 요구는 외국 경제학설에만 골몰하던 경제학계에 한국의 현실분석과 한국 현실이 요구하는 새로운 이론을 모색하게 했다.

이를 전후에서 한국경제론에 관한 많은 책이 나왔다. 그러나 정치학계는 미국학설의 수입이 그냥 계속되고 있었다. 자유당 말기 행위론적 정치이론인 이른바 행동과학(비헤이비어리즘)이 수입되었는데 이것은 종래의 제도기술적 방법론에서 권력·압력·단체정책 결정과정·여론 등 다분히 사회학적 문제의식에 대한 어프로치였다.

그런데 4·19, 5·16을 겪으면서 이 땅의 정치는 격동을 거듭하고 미시적(微

視的) 조사연구를 위주로 하는 비헤이비어리즘 같은 외국이론이 한국의 정치현실 분석에 부적당하게 생각되는 면도 지적되어 새로운 이론 내지 새로운 문제의식들이 자각되었다. 근대화이론이나 내셔널리즘론이 대두되었으며 북한연구에 대해서도 그 필요성이 인식되었다.

결국 이 나라의 학계를 주로 정치학과 경제학을 중심으로 고찰해보면 20여 년 동안 오랜 외국학설에 대한 맹신에서 점차 자신의 문제로 자각현상이 나타나고 있다는 것을 발견하게 된다. 특히 경제학에 있어서는 후진국 개발이론이 수입되고 소화되면서 그것이 선진국의 성장 모델을 모방한 것이거나 아니면 특정후진국 경제개발 경험에서 발견된 수입이론이라는 논의도 생겨 한국이 당면한 문제에 필요하고 적합한 새로운 이론을 모색케 되기도 했다.

그러나 이와 같은 자각에도 불구하고 한국학계 특히 사회학계는 아직도 미국학풍의 압도적 영향 아래 있으며 따라서 사회과학이론이 때론 우리의 정치·경제적 실정과 유리되는 경우가 있는데도 불구하고—가령 로스토 이론처럼— 그 이론이 그대로 우리의 경제성장이론으로서 지침이 되는 듯이 생각하는 학자도 있다.

따라서 한국 사회과학계는 이제 학문에서의 주체성이 강조되어야 할 단계가 되었다고 생각된다.

경제학에서는 자립경제론·경제개발론·매판재벌·네오콜로니얼리즘 등이 연구테마가 되어야 하겠으며, 정치학에서는 민주주의의 풍토성—서구민주주의 체제의 재검토·내셔널리즘 문제·신생국가론·리더십·공산주의 문제·근대화론 등 우리에게 당면했거나 관심의 대상이 되는 새로운 문제의식이 제기되어야 한다고 본다.

미국적 학풍은 우리 학계에 많은 기여를 했으나 역사적 관찰이 부족하고 사회분석에서도 너무 지나친 심리주의, 질을 무시한 양(量)으로의 환원, 인간관계론 등에 편중된 감이 없지 않다. 우리에게는 반성해야 할 점도 많은 반면 좀더 적극적으로 받아들여야 할 점도 있다.

여기에 새삼스러운 것 같기도 하나 지식인 특히 신생국지식인이 요구하고 또 필요로 하는 지성이란 대체 어떤 것이어야 하는가라는 점 등도 한 번 더 고찰해보아야 하겠다.

지식인과 지성

인간의 생활을 크게 나누어보면 하나는 생각하는 생활이고 또 하나는 실천하는 생활이다.

인간이 생각하는 생활을 해야 하는 것은 살아나가는 속에서 제기되는 여러 가지 과제를 해결하는 방법을 연구하지 않으면 안되기 때문이다. 즉 실천을 위해서 사고(思考)는 필요하며 그 의의가 있다. 인간의 생활에는 반드시 안정된 생활만 있지는 않다.

오히려 동요파란(動搖波亂)이 끊임없이 일어나 변화하는 속에서 인간은 자신의 생활을 적응시키고 그것을 이용해나가지 않으면 안된다. 인간은 단지 생활하는 데 그치지 않고 이와 같이 변화하는 환경에 적응하고 그것을 이용하면서 보다 잘살려고 노력한다. 잘살려고 노력하는 속에 발전이 있고 역사가 있다. 그러나 잘살기 위해서는 환경에 적응해야 하고 그것을 이용하려면 우선 환경부터 알아야 한다.

지식이란 이와 같이 보다 잘살기 위한 욕망 속에서 환경에 대한 정신적 노력의 축적이라고 보아야 하겠다. 지식은 체계를 이루어 과학이 되나 과학이 특히 자연을 대상으로 삼을 때는 자연과학이 되고 사회를 대상으로 삼을 때는 사회과학이 된다. 그런데 사회과학은 그 대상이 자연과학의 경우와는 달리 인간의 행동이 적극적으로 참가하고 그것에 의해 움직여가고 있는 우리의 현실사회다.

이와 같이 사회과학에서는 연구하는 주체와 연구의 대상이 같은 차원 안에 있다. 연구자 자신이 사회 속에 살고 있으면서 자신이 살고 있는 현실사회를 연구의 대상으로 객관화하지 않으면 안된다. 사회과학은 이처럼 대상이 현실의 밖에 있지 않고 바로 우리의 현실 안에 있기 때문에 자연과학과는 달리 한편 보편타당성이 있으면서도 역사성·풍토성이 농후하고 또한 계급성·민족성까지도 문제가 된다.

가령 영국 사회과학이 경험적·실증적이고, 독일 사회과학이 다분히 체계적·관념적이며, 미국 사회과학이 심리주의적이라는 평을 받게 되는 것도 그들이 처해 있는 역사적·풍토적 배경과 무관하다고 볼 수 없다. 이것은 사회과학이 그만큼 사회현실과 깊은 관계에 있으며 현실에 의해 규정받기도 하나 거꾸로 현실을 규정하기도 한다는 것을 의미한다.

이 경우 사회과학의 현실규정이란 정책적 실천을 지칭하고 현실은 이 정책적 실천을 통해 변혁된다. 따라서 사회과학은 단지 해석학(解釋學)에 그치지 않고 역사적 의미에서 실천과학이며 변혁과학이다. 그러나 사회과학에 있어서의 정책적 실천이란 결코 개인적이거나 주관적인 것이 될 수 없다. 정책이라는 것은 개인성을 넘어선 객관적인 것이다.

그런데 이 객관적 정책이 옳았다(진리)는 것이 판명되는 것은 그 정책이 사회적 욕구와 일치할 때에 한해서이다. 사회란 역사적이며 따라서 맹목적으로 움직이는 것이 아니고 이상가치에의 지향성을 내포하고 있다. 사회적 요구나 사회적 과제의 해결이라는 것도 원칙적으로 이 역사의 가치(이상)의 실현을 지향하고 있다.

그러므로 사회과학적 진리는 일면 객관성을 띠고 있으면서도 한편 그것은 가치관계적이라는 데 문제의 복잡성이 있다.

이와 같이 볼 때 학문—특히 사회과학—이란 일면 보편성을 가지고 있으면서도 그것은 각국의 역사적 현실의 소산이며 따라서 그 나라의 민족·풍토·계급관계 등에 크게 역할을 받고 있다는 것을 깨닫게 된다.

그러므로 한국의 학문—사회과학—도 단지 선진국의 학문을 도입하고 모방하는 데 그치지 않고 우리의 역사적 현실에 입각해서 지금·이곳의 현실이 필요로 하는 과제(올바른 문제의식에 따라)를 연구 개척하지 않으면 안된다.

선진국 아카데미즘에서 만약 우리가 배울 점이 있다면 그들의 선진된 학문적 축적에 그치지 않고 오히려 그보다도 그들의 학문—사회 과학이 얼마나 자신들의 역사적 현실의 요청에 문제의식이나 연구분야나 방법론 등이 대응하고 있는가에 있지 않으면 안될 것이다. 이와 같이 서구제국의 사회과학은 일면 보편성을 가지고 있으면서도 각기 제 나라의 역사적 현실에 따라 사회과학의 성격·풍토, 즉 전통을 달리하고 있다는 것을 발견하게 된다. 그러면 한국이 필요로 하는 사회과학적 사명이란 무엇일까. 그것은 우리가 선진국이 아닌 아직도 신생국에 속해 있다는 점을 인식하는 데서부터 시작돼야 할 것이다.

우선 정치적·경제적·문화적·군사적으로 완전 자주독립하는 것이 몽매간에도 잊을 수 없는 신생국의 염원이다. 신생국의 사상적 과제는 민족성의 강조에 있으며 학문분야에서도 민족주체성과 민족의식이 강렬하게 인식되어야 한다. 이것이 바로 학문에 있어서의 주체성이라고 할 것이다.

사회과학은 비단 과학이론 그 자체만이 아니라 사회과학도에게도 특정한 '입장' 내지 '자세' 같은 것이 요구된다. 이것을 바꾸어 말하면 사회과학도의 세계관이라고 할 수 있다. 물론 이와 같은 세계관은 사회과학적인 입장인 '민족의 주체성' 의식과 내적으로 불가분의 관계에 있다. 사회과학도의 일정한 입장은 사회과학의 문제의식이나 이론 구성에 불가피적으로 일정한 이론을 요구하게 된다.

즉 사회에 대한 문제의식·관심·인식방법 같은 것이 필연적인 규정을 받게 되어 이론이 내용·조직에까지 근본적 영향을 준다. 한 예로 역사적 단계의 상이(相異)에 따라 같은 경제학일 경우에도 제각기 문제의식이 다르고 방법론이 달랐으며 동시대라 해도 선진국과 신생국의 문제의식은 서로 다르다.

전체주의국가에서도 가령 나치즘처럼 학문의 민족성을 주장하기도 하며 오늘날 공산주의자들이 학문의 계급성을 강조하고 있음은 주지하는 바와 같다.

가령 애덤 스미스와 케인스의 경우는 학문의 역사성이 잘 나타나 있고 나치스의 로젠베르크나 마르크스의 이론에는 학문의 민족성·계급성이 잘 나타나 있다. 선진국과 후진국의 경우를 비교해보면 전자는 후진국 원조이론이니 유효수요론 또는 정치행태론 같은 것이 주요한 문제의식이 되겠으나 후진국의 경우는 경제개발·경제계획·민족주의·근대화 같은 것이 아직도 주요 문제의식이 되어 있다.

학문 특히 사회과학에 있어서는 막연한 보편타당성의 강조가 지극히 위험하다는 것을 깨달아야 한다. 이런 각도에서 우리도 신생국으로서 한국 사회과학이 요구하는 몇 가지 기본원칙 같은 것을 고찰해보아야겠다. 한국 사회과학이 지난 20년간 얼마나 자신의 현실을 무시 내지 등한히 하고 선진국학문만을 맹목적으로 도입·암기하고 있었는가는 앞서 지적한 바와 같다.

지난 20년간의 이 땅 사회과학은 철두철미 주체성을 망각하고 사대주의에 빠져 있었다고 볼 수밖에 없다. 그러므로 이 땅의 학계에서 무엇보다 먼저 강조되어야 할 점은 첫째, '우리의 입장'에 서야 하겠다는 점이라고 하겠다. 그러기 위해서 사회과학계는 현실인식을 하는 데 있어서 우선 '역사적' 관점을 강조할 필요가 있다. 선진국의 학문 특히 미국의 사회과학은 문제인식을 '역사적' 입장에서 세운다는 전통이 거의 없다. 그러나 이것은 미국사회의 연구가 역사적 연구를 해야 할 필요성이 없다는 데에 연유한다.

하지만 역사가 긴 사회는 동서를 막론하고 어느 나라나 사회가 역사적으로 발전·변화해왔으므로 오늘의 현실을 옳게 인식하려 할 때 무엇보다 역사적 고찰을 해야 한다는 것은 상식에 속하는 일이다.

특히 한국사회와 같이 '현재' 속에 전근대적 잔재가 많이 남아 있어 이런 것들이 아직도 여러 면에서 영향을 미치고 있는 복잡한 단계의 사회에서는 대상을 전체에서 인식하려 할 때 이 역사적 고찰이 절대 필요하다.

사회를 발전 변화하는 역사적 사회로 보지 않으며 사회과학은 역사과학으로서 성립될 수 없다. 가령 슈펭글러나 토인비의 역사관에 입각하거나 18

세기의 계몽사상이나 자연법사상처럼 '자연적 인간성'의 분석이나 그 같은 원리를 확대해서 사회를 보려는 비역사적 방법론에 의하면 역사과학은 도저히 성립될 수 없다. 사회생활 속에는 '자연적 인간성'이라는 요소가 생각될 수 있기는 하다.

그러나 그와 같은 요소조차 기실은 역사적 사회에서 형성된 것이며 그러한 요소가 새삼스럽게 사회적 관심을 끌게 된다는 것부터 역사적 사회의 조건에서 설명될 수 있다. 한국의 사회과학은 무엇보다도 먼저 역사의식이 밑바탕이 되지 않으면 안된다.

그러나 역사의식이란 결코 단지 과거에의 집착의식을 의미하지 않는다. 역사적이란 본래 과정적이라는 뜻이다. 단순히 지나간 것은 역사가 아니다. 우리의 주변에는 지나간 것에 집착하는 나머지 새로운 것을 불신·거부하고 지나간 것이 가치가 있고 따라서 과거를 숭상하는 것만이 참된 역사적 태도인 것처럼 착각하는 학자들이 없지 않다. 특히 역사학이나 국문학 분야에는 이러한 고루한 사고가 남아 있어 발전에 저해가 되고 있음은 크게 자각해야 할 경향이다.

역사의식이란 과거를 미래로 전환하는 현재의 의식이라고 할 수 있다. 역사란 과거 속에 매몰되어 있는 것이 아니라 미래를 내포한 현재 속에 살고 있다. 따라서 역사적이라는 뜻은 훌륭한 의미에서 주체적임을 말하며 그렇기 때문에 이것은 또한 비판적·실천적이라는 의미로도 해석된다.

그러므로 역사과학이라고 할 때 이것을 한국의 경우에 비추어 말하면 한국 현대사회의 역사적 특수성을 비판 분석하는 것이 되지 않으면 안된다. 복잡다양한 사회생활 현상이 이와 같은 역사적 특수성의 규정에 의해서만 비로소 그 참모습이 구체적으로 해명되기 때문이다.

그런데 한국사회의 역사적 특수성을 밝힌다는 것은 한국사회의 발전 법칙과 그 방향을 밝힌다는 것이 되기도 한다. 그러므로 역사상의 일정한 시대의 특수가치나 개성을 그것만을 떼어서 숭상하고 그것에 집착하는 태도는 일종의 상고(尙古)사상밖에 되지 않으며 그 자체 오히려 비역사적이다. '역사적'이 가지는 개념은 발전과 변화의 주체적 입장에서 과거를 오늘 속에서 살린다는 의미가 포함되어 있다. 그러므로 역사적이란 반드시 실천적이며 합리적이라는 것을 의미하기도 한다.

그런데 한국 사회과학이 특히 '역사적' 과학이 돼야 한다는 까닭은 사회과학계를 풍미하고 있는 이른바 심리주의에의 일변도를 경계하자는 데서도 그 의의를 찾아볼 수 있다. 지금 이 땅의 사회과학계를 휩쓸고 있는 가장 두드러진 경향에 심리주의를 지적할 수 있다. 심리주의는 역사적 어프로치를 거부하는 것이 특징이다. 심리주의의 문제영역은 크게 나누어 사회상황 속의 개인의 사회적 행동과 집단행동 두 가지로 나뉘나 개인이 분석의 단위가 되어 집단도 개인에 대한 수량적 차이로서만 다루어지고 있다는 데 특징이 있다.

심리주의에서 보는 개인은 역사에서 추상(抽象)된 동질적 인간이다. 심리주의는 사회현상을 개인의 행동이나 개인의 심리 속에 해소하며 따라서 사회관계에 대해서도 그것을 사회체제나 구성의 관계로서보다도 오히려 하나의 인간관계로서 다룬다. 이것은 미국사회가 역사가 긴 서구사회와는 달리 봉건적 신분제도에서 해방되어 있는 무역사의 사회라는 데에도 기인한다.

그런데 여기서 주목되는 점은 미국 사회과학의 심리주의가 단순한 학문으로서만 그치지 않고 현실의 사회적 제 문제를 해결하는 정치적·경제적·사회적 제 정책과도 아주 밀접하게 결부되어 있다는 점이다. 가령 중산의욕을 높인다거나 인종적 편견을 해소한다거나 노사관계의 긴장완화를 꾀한다는 등 대체로 인간의 소외현상, 사회적 긴장, 인간관계의 부조화, 사회적 병리현상 등을 해결하는 데 있어 심리주의는 적극적 역할을 한다.

미국의 심리주의적 사회과학이 1930년대의 경제공황을 거쳐 점차적으로 발전을 시작하고 2차대전을 계기로 비약적 발전을 이룩하게 됐다는 것을 생각하면 심리주의적 어프로치의 실용성·정책성을 엿볼 수 있다. 다만 심리주의의 정책적 성격이 비록 부분적으로는 개량(改良)에 기여가 된다 해도 그것이 너무나 기술적 지엽말단의 차원에서만 문제의 해결에 부심하는 나머지 전체를 보는 시야가 좁아져 어느덧 부분적 질환에 대한 한낱 기술학에 그치고 마는 폐단이 없지 않다.

하지만 이것은 무엇보다도 미국적 생활방식(way of life)을 옹호하려는 강렬한 미국적 보수주의사상에서 볼 때, 더구나 근대 속에서 건국하여 역사적 고찰이 그다지 필요하지 않은 미국사회로서는 오히려 당연한 학문적 방법이라고 할 수 있을지도 모른다.

그러나 한국사회와 같이 반만년 역사 속에서 정치·경제·사회·문화 할 것 없이 낡은 것과 새로운 것이 치열한 투쟁을 하고 있는 하나의 혁명과정─이것을 현 정권은 근대화운동이라 부르고 있다─에서는 역사적 입장을 거의 무시하는 심리주의에 대해선 상당한 경계와 반성이 따르지 않으면 안 될 것이다.

물론 심리주의적 사회과학에서도 전통사회나 근대화와 같은 개념이 있긴 하다. 하지만 주목되는 점은 비록 전통이니 근대화니 하는 어휘는 같다 하더라도 그것이 가지는 개념은 제각기 상이하다는 점이다. 가령 오코넬(James O'Connell)은 근대화의 개념을 단순히 기술 이전의 사회가 기계화되고 합리적·비종교적 태도와 고도의 분화를 이룩한 사회구조라고 평하고 있으며, 로스토(Walt W.Rostow)는 전통사회를 단지 과학기술의 미발달에서 구조적으로 제한된 생산함수 간에 머물러 있는 사회라고 규정하고 있다.

이들의 역사관은 한결같이 사회발전을 단지 평면적·양적 자체성장으로만 보고 대외관계나 대내 신구대립이나 질적 차이면은 거의 무시하고 있다는 점이다. 신생국의 발전관은 낡은 것과 새로운 것을 구분할 줄 알고 낡은 것의 극복에서만 발전과 근대화도 이룩된다는 것을 깨달아야 한다.

역사를 동질적 진보로서가 아닌 이질적 혁명과정으로 보아야 한다는 것이다. 심리주의적 사회과학은 사회를 한낱 진보과정으로만 보기 때문에 역사의식이 약하고 현실감각이 둔하다. 일례로 지금 우리나라 정치학계를 휩쓸고 있는 정치행태론이라는 것도 정치를 한낱 인간관계로 환원하여 정치인의 정치과정과 기능을 주로 그 심리적 차원에서 분석하는 것이 특징이다.

미국에서 사회과학이라고 하면 다름 아닌 행동과학(behavioral science)을 말하며 이에 관련되는 학문으로는 인류학·사회학·심리학·정치학·경제학 등이 있고 심지어는 정신분석학·생리학·동물학·수학까지도 이와 직접·간접의 관계가 있다. 따라서 우리나라 정치학자들도 정치문제를 논할 때에는 으레 메리엄(Charles E.Merriam)이 어떻고 라스웰(Harold D.Lasswell)이 어떻고 트루먼(David Truman)이 어쩌니 해야만 신진학자로서 장래가 촉망되는 판이다.

그러나 그들의 정치평론을 읽어보면 무엇인가 현실감각이나 역사의식이 결여되어 있는 듯한 공허감을 느끼게 된다. 사회학하면 심리주의 사회과학의 대표라고 일컬을 수 있겠으나 이의 발달도 '사회학'으로서보다도 사회 '심리'학으로서 더 특징이 드러나며 요즘은 경제학도 소비심리를 중심으로 하는 심리경제학—경제심리학이 아님—이나 소비경제학(George Katona)으로 기울어지고 있으며 최근 맹위를 떨치고 있는 매스 커뮤니케이션도 주로 심리적 각도에서 연구되고 있다. 그리고 요즘 주목을 받고 있는 뉴라스(Otto Neurath)나 포퍼(Karl Raimund Popper) 등의 사회공학도 역사적 방법을 전적으로 거부하고 있는 점이 특색이다.

사회공학은 도대체 역사적 발전법칙이라는 것을 반대한다. 그것은 역사적 필연성을 반대하는 대신 가언적(假言的) 필연성, 즉 '만약 무엇이 …되면 …무엇이 된다'는 비역사적 필연성을 주장하여 사회 발전은 이러한 무수한 가언적 필연성을 유익한 목적을 실시하는 방향으로 이용하게 될 때 가능하다고 보고 있다.

따라서 사회공학은 가언적 필연성을 이용하고 그에 따라 행동할 수 있도록 정치적 민주주의의 실현을 전제로 삼고 있다. 사회공학은 사회를 마치 기술자가 기계를 대하듯 보며 사회제도는 물리공학자가 기계를 설계하듯 재건할 수 있다고 생각한다.

그러나 사회공학의 특징은 사회 전체를 재건한다고는 보지 않고 마치 수리공이 하나의 큰 제품을 수리하듯 문제를 한 가지 한 가지 고침으로써 전체도 고치게 된다고 본다.

카를 포퍼가 이 같은 이론을 《역사주의의 빈곤》이라는 저작 속에서 전개하고 있다는 점은 매우 인상적이다. 그러나 사회공학적 사회과학이 현실적 정책으로 실천되기 위해서는 미국과 같이 역사(전시대적 잔재)가 없는 사회에서는 가능할는지 모르나 우리나라와 같이 전시대적 잔재가 사회적·문화적으로 아직도 큰 작용을 하고 있는 상황 안에서는 현실성이 매우 적은 사회과학이론이라고 아니 할 수 없다.

그러나 행동과학─심리주의 사회과학이 이 나라 사회과학계에 기여한 공헌은 결코 작게 평가할 수 없다. 우리의 학계에서 행동과학이론의 도입을 계기로 이 이론의 연구방법 내지 기술로 케이스 스터디, 통계적 기술, 진단법(정신분석·투사법) 같은 실증적 어프로치를 체득케 된 것은 관념적·사변적 방법에만 시종한 이 나라 사회과학계의 객관성·타당성·신뢰성을 부여한 것으로 그 의의는 매우 크다.

다만 이 심리주의가 사회적 모순을─정치적이건 경제적이건─ 사회의 체제적 내지 모순의 소산으로서가 아닌 한낱 인간관계의 모순으로 환원하여 결과적으로 사회개혁(근대화)운동을 외면하고 구체제를 시인·유지하는 바람직하지 않은 가능성도 충분히 있다는 점을 경계하고 또 한국사회와 미국사회의 구조적 특수성을 충분히 인식하여 행동과학의 플러스면을 살리도록 노력한다면 심리적 방법론이라고 우리에게 기여하는 바가 없다고는 말할 수 없다.

둘째, 지식인이 현실인식을 하는 데 있어 또 하나 반성해야 할 점은 전체적 인식을 해야 하겠다는 점이다. 근대사회가 발달함에 따라 사회생활은 날로 복잡다기해져서 제각기 기능을 달리하는 독립현상처럼 보이게 되었다.

따라서 사회현실의 인식도 점차 분화·전문적이 되어 가령 정치학을 연구하는 자는 경제학을 모르며 사회학을 하는 자는 철학의 중요성을 이해 못하며 같은 경제학에도 이론경제학이 있고 경제사가 있는가 하면 경제정책이나 상학·경영학 등으로 제각기 분화의 경향을 띠게 된 것은 현대사회가 날이 갈수록 전문화 과정이 심해져가는 데 가장 큰 이유가 있다. 계몽기의 학자들은 많은 것을 안다는 데 특색이 있었다. 가령 르네상스기의 레오나르도 다 빈치나 독일의 괴테나 프랑스혁명 전의 백과사전파 학자들은 모두 박식으로 이름을 날렸다.

학문도 철학이라는 명칭 아래 오늘의 인문·사회과학이 다 들어 있었고 사회학의 경우 형식사회학 속에 사회의 종합적 지식이 거의 포함되어 있었다. 그러던 것이 이와 같은 학문의 종합성이 현대에 이르러서는 전부 분리·고립되어 학자란 한낱 어느 분야나 문제에 대한 전문가에 불과하게 되었다.

학문에서의 이러한 분화과정은 비록 지식은 정밀화됐는지 몰라도 전체의 인식이라는 점에서 더욱 피차의 거리를 멀게 하였다. 옛날이야기에 소경 몇몇이 코끼리를 가지고 어느 친구는 넓은 벽 같다고 하고 어느 친구는 큰 통 같다고 하고 어느 친구는 큰 뱀 같다고도 하여 제각기 색다른 주장을 했다는 이야기가 있다. 분명 이들의 주장에는 코끼리의 어느 부분을 파악은 하고 있었으나 코끼리의 참된(전체적) 인식과는 거리가 먼 주장들을 했다고 아니 볼 수 없다.

오늘날 사회과학은 날이 갈수록 그 대상범위가 더욱 한정되어 전체적 파악이 어렵게 되고 이것을 비유하자면 마치 코끼리를 보는 소경처럼 되고 말았다. 저널리즘의 발달과정도 비슷하다. 근대신문 초기의 기자들은 고소대처(高所大處)에서 시대를 개탄하고 정치를 논하여 쟁쟁한 대기자(大記者)들이 많이 배출됐으나 신문이 발달될수록, 즉 대중에 더욱 보급되어갈수록 기자들은 경제기자·정치기자·사회부기자·외신기자 해서 각기 분야를 갖게 되었다. 기자의 전문화가 시작된 것이다.

지금은 옛날과 같이 막연히 국가대세를 논하는 기자는 자취를 감추고 제각기 자기 전문분야에서 독자에게 사건을 세밀히 알려주는 기자가 우수한 언론인으로서 평가를 받게 되었다.

그러나 사회과학이고 저널리즘이고 분화가 지나치면 지식이 정밀화된다는 장점은 있을지 모르나 사회를 전체적인 면에서 이해하는 '사회상'은 파악하지 못한다. 현대 사회과학이나 저널리즘은 고도의 정밀화된 지식 속에서 오히려 방향감각을 상실하고 코끼리를 대하는 소경처럼 사회의 참된 모습(현실)을 이해하지 못하게 되었다.

그러므로 지식인이 사회의 현실을 전체적인 면에서 파악하려면—이것이 참된 인식이지만— 계몽기의 지식인과는 다른 새로운 역사적, 보다 높은 차원에서 지식의 통합(integration)이 필요하다.

바로 이러한 견지에서 현대저널리즘은 근대신문 초기와는 다른 의미에서 대기자의 출현이 요청된다고 보아야 할 것 같다. 얼마 전 일선에서 물러선 월터 리프만은 바로 이와 같은 의미에서 현대의 대기자로서 존경받을 만한 인물이다.

지식의 통합은 사회과학에서나 저널리즘에서나 다같이 요청되는 시대적 과제라 하겠으나 그러나 지식의 통합성 내지 전체성이란 단지 지식의 집대성을 의미하지 않음은 말할 것도 없다. 법률이나 정치·경제 등의 사회생활을 단순히 기술하고 나열하고 정리하는 것만으로는 결코 사회의 전체적 인식이 가능하지 못하다. 어느 시대 어느 사회고 하나의 사회에는 반드시 본질적으로 일정한 원리적 질서가 지배하고 있다. 우리가 같은 사회일 때도 역사적 단계에 따라 자본주의 질서니 봉건제도니 혹은 사회주의체제라 하여 구분하는 것은 그 기준이 이러한 원리적 질서에 의한다.

얼핏 보기엔 사회현상이란 복잡다기해서 제각기 독립·이질적인 것처럼 보여도 사실은 하나의 통일적 원리나 질서 안에서 움직이고 있다. 앞서 말한 것처럼 이 통일적 지배질서가 바로 다른 사회체제와 구별되는 본질적 규정이 된다.

따라서 사회과학이라고 할 때 실제 존재하는 것은 경제학이나 법학이나 정치학으로 나누어져 있지만 사회현상이 서로 깊이 얽혀 있듯이 사회과학도 '사회제과학(社會諸科學)'인 동시에 또한 그 내부에서는 하나의 통합과학으로서 연관적으로 전개되고 체계화되어 있으며 또한 체계화되지 않으면 안된다. 가령 하나의 정치사건을 평가하는 데 있어서도 그것이 가지는 역사적 의미, 국제적 작용, 경제적 배경 등의 연관성이 고려되지 않으면 안된다.

그러나 오늘의 대부분 사회과학은 이러한 연관성의 전체적 파악이 결여되어 있다. 일례로 행동과학적 입장에 선다면 그 사건에 대한 한 정치과정으로서 심리적 측면이나 인간관계에서만 인식하려는 경향이 있다. 오늘의 사회과학이 '제 과학'에서 전체인식의 과학이 되어야 한다는 것은 이러한 부분적 인식으로부터 탈피해야 하기 때문이다.

그런데 사회과학에서 특히 전체성·상호관계성이 강조되는 까닭은 배후에 시대에 대한 전반적 위기의식이 싹튼 때문이라고 보아야 하겠다. 사회가 변혁이나 전환·불안 같은 상황 속에 놓여 있을 때는 분화와 기술학에 머물러 있는 사회과학이 그 유효성에 회의를 느끼게 되고 전체로서의 사회상을 파악하려는 의식이 싹트게 된다. 안정기에는 지식인의 사회참여가 문제되지 않는다. 전환사회일수록, 즉 위기상황일수록 사회과학은 그것의 분화와 기술화에서보다 전체과학으로서, 비전의 과학으로서 방향을 제시하는 지침이 돼야 하며 여기에 지식인의 사회참여가 요청된다.

사르트르는 학자와 지식인을 구분하여 학자는 연구를 생명으로 삼으나 지식인은 비판을 생명으로 삼는다고 말하여 단순히 연구만 하는 학자는 지식인일 수 없다는 독특한 주장을 한 바 있다. 따라서 현실참여를 하는 것은 지식인뿐이며, 만약 학자가 현실참여를 한다면 그는 이미 학자나 아닌 지식인이라는 주목할 만한 말을 한 바 있다.

그러나 이 경우 사르트르가 말하는 지식인이란 본래 지성인이라고 해야 옳을 것이며 연구만 하는 자가 학자라면 많이 알고 있는 자는 지식인이라 해야 하겠고, 단지 알고만 있지 않고 그 지식이 하나의 전체적 사회인식(과학)으로서 현실을 비판하고 민족에 방향을 제시하는 무기가 될 때 그는 단지 지식인이 아닌 지성인이 되는 것이다. 그러므로 지식인의 현실참여란 단순히 정치현실에 관여한다는 좁은 의미가 아니고 역사에 참여하는 보다 고차원의 참여가 되지 않으면 안된다.

그러나 사회과학적 인식은 단지 역사적이며 전체적 인식만이 전부가 아니다. 사회과학적 인식은 또한 경험적 인식이 되지 않으면 안된다. 한국 사회과학이 특히 학문의 '경험성'을 강조하지 않으면 안될 이유는 학문이 가지는 고도의 관념성·윤리성·사변성의 정체적인 제 전통들을 극복하기 위해서다.

최근 '한국적'인 것을 탐구하는 일부 학자들이 주체성을 강조하려는 나머지 한국에도 자체 내에 근대화될 수 있는 정신적 전통이 있다고 하여 가령 실학파를 소개하고 자랑도 하나 그 의도가 가(可)하고 그 주장이 정당하다 하더라도 이 땅의 정통적 학계가 유학의 일파인 성리학자들에 의해 거의 점령되어 있다시피 한 사실을 부인치는 못할 것이며, 때문에 오늘날까지 아직도 이 땅의 학계가 경험적·실증적이라기보다 사변적·윤리적·추상적 경향이 짙다는 사실을 인정치 않을 수 없을 것이다. 사회과학은 그 자체가 주관적 사변의 산물이 아니라 사회생활의 현실을 바탕으로 삼은 실증적·경험적 소산이 되지 않으면 안된다.

하여간 사회과학의 방법은 감상적·경험적 사실을 내재적으로 분석하는 것이어야 한다. 엄격한 의미에서 학문−'Wissenschaft'라고 할 수 없는 성리학은 말할 것도 없거니와 19세기 초엽에는 서구 사회과학에도 사변적 산물인 예가 결코 없지 않다. 가령 19세기 독일학계에서 딜타이(Dilthey)가 말하는 '정신과학'이나 리케르트(Rickert)의 '문화과학'은 사회과학이 사변적 구성물로 나타난 전형적 예라 할 것이다.

사회과학이 경험적 인식이어야 한다는 것은 이와 같은 사변적 구성을 막기 위한 것이나 경험과학이란 단순한 경험적 사실의 축적이 아님은 말할 것도 없다. 감성적 사실만을 있는 그대로 관찰하고 기술하고 나열하는 것만으로 사회과학이 되는 것은 아니다. 이것은 단순한 경험주의에 불과하다.

사회과학의 소재는 물론 감성적 경험에서 얻어지는 것이지만 그러한 경험적 사실에서 법칙적인 것, 본질의 것을 추상하여 일반적 이론으로서 체계화하고 그것이 거꾸로 개개의 사실을 해명할 수 있는 원리로서 성립되지 않으면 안된다.

그러나 이러한 추상적 원리—사회법칙은 다시금 현실의 경험적 사실 속에서 확인되어야 한다. 자연과학은 물론 사회과학도 그것이 과학이라는 칭호를 반복적 경험적 사실 속에서 법칙을 추출하고 이 법칙은 새로운 경험적 사실에 의해 검증되고 수정되어 무수한 반복—시행착오를 거쳐 비로소 체계로서 성립되지 않으면 안된다.

그러나 새로운 경험적 사실에 의한 검증—시행착오란 다름 아닌 사회과학에 있어서의 실천적 성격을 시사하는 것이다. 사회과학은 일정한 역사적 현실에서 생기는 사회문제에 당면해서 의식되고 그 문제의 해결을 위한 노력의 성과로서 발전하여왔다. 이것은 사회과학의 역사를 되돌아보면 명백하다.

8·15 후 20년간의 우리나라 사회과학사가 순전한 수입적 사회과학에서 점차 이 땅의 현실이 당면한 문제상황에 따라 발전하기 시작한 것은 앞에서 언급한 바 있지만 외국의 경우를 보더라도 가령 르네상스 시대의 정치학시조 마키아벨리를 비롯해서 그후의 애덤 스미스·리카도·존 스튜어트 밀·케인스 등의 자본주의 경제체제에 대응한 경제학이론이나 리스트·로셔를 거쳐 막스 베버나 그후의 나치즘체제 하의 고틀(Gottl)에 이르기까지의 뒤떨어진 독일경제의 발전에 대응하는 역사학파의 발자취를 더듬을 때 사회과학이 얼마나 시대적 과제해결과 밀접한 연관성을 갖고 새로운 문제의식에 따라 발전하여 왔는가를 알 수 있다.

그러나 사회과학은 그것이 하나의 사상으로서 체계를 갖추게 되면 그것의 발전의 모체라 할 역사적·사회적 현실에서 유리되어 상대적인 독립이 가능하게 된다. 그러나 이러한 상대적 독립가능성은 때때로 사회과학도로 하여금 이론에 도취되는 나머지 그들의 사회과학적 문제의식이 현실에서 유리되어 문제나 개념이 추상화·형식화·고정화 되어가는 잘못을 범하기 쉽다.

그러므로 문제인식과 개념의 형식화나 추상화를 막기 위해서도 그것이 사회의 어떠한 현실적 과제에서 생기게 되었는가를 검토하고 그것이 또한 이 땅의 현실에도 타당한가 어떤가를 우리의 현실적 과제에 따라 검토하지 않으면 안될 것이다.

그러나 이러한 검토가 가능하기 위해서는 사회과학의 이론과 경험적 사실이 끊임없이 실천적·정책적 입장에서 통일되지 않으면 안된다.

대체로 훌륭한 사회과학의 체계란 이처럼 실천적·정책적 관심과 실천에 의한 시행착오의 과정 속에서 성립됐다고 볼 수 있다. 이 경우 '실천'이란 단순히 주관적이 아니라든지 또는 실제적이라든지 하는 것만을 의미하지 않는다. '실천적'의 참된 의미는 시대의 문제에 해답한다는 것을 뜻한다.

이 점 사회과학에서는 자연과학과는 달리 특별한 주의가 있어야 한다. 실천적이란 단지 일상생활 속의 행동만이 아니다. 사회가 끊임없이 변하고 발전하는 존재이기 때문에 '실천이 진정 훌륭한 유효성을 가지려면 그것이 사회의 역사적 발전과 방향을 같이한 것이 아니면 안될 것이다.

한국의 지식인, 특히 사회과학도가 가져야 할 기본성격으로서 필자는 역사적·전체적·경험적이라는 세 가지 요소를 지적하였다. 역사적 인식, 전체적 인식, 경험적·실천적 인식이란 일견 서로 유리되고 무관한 것처럼 보이기도 쉬우나 기실은 이 세 가지 방법이 사회과학의 내재면에서 서로 깊이 관련되어 있다는 것을 알아야 한다.

그런데 비단 지식인뿐 아니라 한국인의 사유방법으로서 두드러지게 지적되어야 할 점은 대체로 사고가 논리적·객관적이 못 된다는 점이다. 앞서도 지적한 것처럼 신문사에서 신춘문예물을 현상모집해보면 모집에 응모하는 대부분이 소설이나 수필 아니면 희곡·동요·시 등이고 평론문 현상에 응모하는 독자는 손꼽을 정도밖에 안되며 그나마 이론전개와 논문구성이 유치하여 한국인의 논리적 사고력이 얼마나 빈약하다는 것을 통감하게 된다.

요즘 한창 잘 팔리고 있다는 시중 서점의 베스트셀러라는 책들을 보면 더욱 그것을 느끼게 된다. 책명부터가 괴상망측하고 내용은 도대체 무엇 때문에 이따위 책을 출판했는지 필자의 두뇌를 의심해야 하고 출판업자의 사회양식을 의심하지 않을 수 없는 책들이 장기(長期) 베스트셀러로 성황을 이루는 것을 보게 된다.

그러나 문제는 출판업자의 양식에 앞서 그러한 책을 독서라고 애독하는 젊은 세대의 정신상황에 있다고 보지 않을 수 없다. 베스트셀러라고 호평을 받는 책들의 대부분은 지극히 비논리적이라는 데에 특색이 있다. 이러한 책들은 젊은 독자로부터 논리적 사고력을 거세하는 대신 정서적이고 즉흥적이며 단편적 사고생활을 조장한다.

물론 정서생활 그 자체의 필요성을 부인해서는 안된다. 오히려 인간의 에너지는 이성(理性)에서 생기지 않고 정열—파토스—에서 생기는 것이므로 정서생활이란 없어서 안될 중요한 부분이기도 하다. 다만 인간이 그들을 둘러싸고 있는 자연이라는 거대한 환경 속에서 살고 그 환경에 적응−이용을 통해서만 생존이 가능하다고 볼 때 인간의 생활은 정신적·행동적 생활을 막론하고 환경을 떠난 자의(恣意)에 의해 살 수는 없다는 것을 알게 될 것이다.

그런데 우리의 환경−자연은 자연과학을 통해 알 수 있듯이 엄격한 합법칙적 운동을 통해서 전개되고 있다. 따라서 인간이 만약 환경에 적응하려 하거나 일보 나아가 그것을 이용하려 할 때는 자연의 이합법칙성에 자신의 생활—정신적인 것이든 행동적인 것이든—을 적용시키지 않으면 안 된다. 즉 인간의 생활도 합법칙적인 것이 되지 않으면 안된다는 것이다. 바로 여기에 인간의 생존이—그것이 자연적 생존이든 사회적 생존이든 간에 합리적·논리적인 것이 되지 않으면 안되는 이유가 있다.

물론 사람의 정신생활은 그 자체 독립되어 존재하는 것이기는 하다. 그러나 정신생활에 있어서 정서적인 것보다 논리적인 것이 인간의 보다 근원적 존재라는 것은 다시 말할 것도 없다. 따라서 정서적(비논리적) 정신생활에 치중되는 독서생활은 인간의 논리적 사고능력의 발달을 오히려 저해하는 작용을 한다.

우리나라는 서구사회에 비해 너무나 오랫동안 정체 속에서 헤매왔는데 그 이유가 다름 아닌 논리적 사고능력의 미발달에서 기인한다는 것을 아는 사람은 그리 많지 않은 듯하다. 자연이나 사회를 직관적으로 파악하는 외에 인식방법이란 가지지 못했던, 즉 논리적 사고를 할 줄 몰랐던 시대의 사람들은 우리의 감각기관이 본래 부정확한 것이기 때문에 인간을 둘러싸고 있는 직관세계를 아주 부정확하게밖에 이해하지 못했다.

따라서 인간역사의 발달이란 부정확한 이러한 인식능력이 점차 발전하여 가는 하나의 과정이라고도 말할 수 있다.

바로 여기에 인간생활에서 논리적 사고력의 개발이 사회적·역사적으로 얼마나 중요하고도 필요한 것인가를 깨닫게 한다. 오늘 우리의 주변에서 '조국근대화'의 소리가 요란히 들려오고 있다. 그러나 조국근대화를 위해 장차 이 나라를 이끌어갈 젊은 세대들이 베스트셀러라는 책자들에 의해 그들의 논리적 사고력이 얼마나 마비되어가고 있는가에 대해서 거의 무관심 상태인 것은 실로 이해하기 어려운 일이다. 사물을 논리적으로 생각한다는 것은 사물을 객관적으로 본다는 것과 직접적인 관계가 있다.

그런데 지난날 우리 조상들은 이 객관적 고찰이라는 것을 거의 알지 못했으며 또한 익숙하지도 못했다. 따라서 오늘날도 정치적·경험적·사회적 문제가 제각기 그 자체의 문제로서 해결방안이 모색되기보다도 인간의 윤리적 문제로서 가령 청소년 선도니 기업윤리헌장의 개정이니 해서 객관적으로 그 자체 안에 내재하고 있는 사회적 모순을 전적으로 인간적 차원의 문제로 다룸으로써 문제의 본질을 은폐하거나 엉뚱한 곳으로 관심을 이끄는 작용을 발견할 때가 있다. 이것은 우리 정신생활이 서구인에 비해 아직도 논리적이 못되며 또한 사물을 판단할 때 객관적으로 고찰해야 한다는 전통이 세워져 있지 않기 때문이라고 하지 않을 수 없다.

오늘날처럼 논리적 사고가 요청된 때는 없으면서도 오늘날처럼 논리적·객관적 사고가 인기 없는 시대는 없는 것 같다.

이 점 지식인 자신은 물론 교육자, 나아가서는 교육당국의 심각한 반성과 대책이 있지 않으면 안 될 것이다.

지식인의 현실참여

사르트르는 학자와 지식인을 구별해서 다음과 같이 말한 적이 있다.

핵분열을 연구하고 원수폭탄(原水爆彈)을 제조하는 사람들은 학자일 수는 있어도 지식인일 수는 없다. 그러나 같은 학자들이 원자무기에 공포감을 느끼고 이것을 반대하는 운동을 벌이면 이들은 벌써 지식인이 된다.

학자와 지식인을 이런 식으로 구분해서 보는 사르트르의 견해가 과연 옳은 것인지 어떤지는 별문제라 해도 그가 지식인의 본질을 비판에서 찾으려고 한 것은 옳은 태도라고 아니 볼 수 없다.

오늘날 이 비판적 태도를 둘러싸고 한국에서는 지식인 문제가 사회의 큰 논의의 대상이 되고 있다. 특히 한일 문제와 6·8총선에 대한 지식인의 태도나 학생들의 데모사태는 지식인의 현실참여 문제를 아주 심각하게 정계나 교육계 앞에 클로즈업시켰다.

한데 기이하게도 이처럼 중요한 문제가 정작 지식인사회에서는 거의 외면된 채 아무런 논의가 없으니 일부에서 주장하듯 과연 이것이 인톨러런스한 상황의 소산인 심한 위축 때문인지 아니면 그들의 무관심 때문인지는 몰라도 하여간 불행한 현상이라 아니할 수 없다. 지식인의 침묵을 바람직한 일이라고 생각할 정치인이 있을지 모르나 분명 이것은 비단 지식인의 비극일 뿐 아니라 국가와 민족을 위해서도 불행한 일이다.

또 지식인의 현실참여를 건전하게 인도해야겠다고 생각하는 경륜(經綸) 있는 정치인을 위해서도 불행한 일이다. 하여간 지금껏 이 문제가 진지하게 논의된 바 없으므로 필자는 부득이 정계나 교육계를 위해서 좀더 근본적 차원에서 이 문제를 고찰해보려고 한다. 그런데 지식인의 현실참여에 대하여 여·야 정치인이나 교육계는 그 견해가 너무나 현격한 차이를 보이고 있다. 즉 여당이나 교육계에서는 대체로 학생데모를 '본분에 어긋난다'라는 견해를 갖고 있는 데 대해 야당계는 일치하여 학생데모에 박수갈채를 보내는 태도다. 그러나 이렇게 상반된 견해를 가지면서도 그들이 학생데모를 가(可)니 불가(不可)니 하여 오로지 윤리적 차원에서만 평가하는 태도에 있어서는 공통점을 발견할 수 있다. 하지만 정계의 학생데모관이 단지 이같은 선악론에서만 맴돌아 전진이 없다면 그 어느 주장도 지식인으로서의 학생들을 설득시키지는 못할 것이다.

문제는 데모의 시비(是非)에 있는 것이 아니라 우선 학생들의 정치참여에 대한 객관적 분석 그리고 그들의 데모가 가지는 의미·형태 같은 것이 우선적으로 고찰되어야 할 것이다. 그리고 우리나라에선 왜 지식인의 현실참여가 거의 학생 중심이며 또 그 참여가 데모라는 '행동'적 차원(극한 수단)에서만 전개되는가 등의 문제가 고찰되지 않으면 안될 것이다. 그러나 이와 같은 의문을 풀기 위해서는 먼저 지식인의 현실참여란 무엇을 의미하는가, 또 지식인과 정치현실과의 관계는 어떤 것이냐 등의 문제가 해명되지 않으면 안될 것 같다. 여기에서 우선 생각해보아야 할 것이 지식인이라는 존재다. 본래 지식인이란 특정한 계층을 따로 형성하는 것이 아니고 사회에 지적 내지 정서적 노동을 제공하여 그것으로 생활을 영위하는 사회층이다. 그리고 그들의 구체적 존재형태는 교사·회사원·저술가·법률가·의사·예술인·기술자·관리 등 이른바 자유직업에 속하는 층이 많다. 이들을 정치현실과의 관계에서 분석해보면 세 가지 유형으로 나뉜다.

첫째는 자기 직업이나 기술에만 전념하는 전형적 소시민형이다. 대부분 지식인은 이런 형에 속한다. 물론 분석하면 고급관리, 기업체의 중역 일부, 대학교수 등 기성권력에 밀착한 층이 있기도 하고 서민층에 속하면서도 정치현실엔 무관심인 채 생활인으로서의 단순한 행복 추구나 출세형 같은 것도 있으나 하여간 이들이 현실에 저항하기보다 오히려 기성질서의 적응 속에서 자신을 살리려는 지식인형이라는 데 공통점이 있다. 개중에서는 권력악에 저항의식도 가지나 그렇다고 현실 속에 자신을 투신하여 부조리와 싸울 만한 용기나 정열을 가지는 것도 아니고 세상이야 어떻게 되든 나만 잘살면 그만이라는 이기적인 형이 대부분이다.

한국의 다수 지식인은 정도의 차이는 있어도 대체로 이런 형이 압도적이다. 그런데 이들의 공통점은 이른바 '현실참여'와는 아주 무관한 형이라는 점이다. 비참여형이라고도 할 수 있을 것이다.

둘째는 지식인으로서 정계나 관계에 투신하는 층이다. 얼핏 보기엔 이들이야말로 정치참여를 하고 있다고 생각되기도 한다. 그러나 이것은 옳게 본 참여가 아니다.

지식인의 현실참여란 어디까지나 지식인으로서의 신분을 가지고 현실에 투신하는 데서만 참여가 될 수 있다. 그가 관리가 되거나 정당인이 된다는 것은 우선 지식인으로서의 신분을 포기하는 것을 의미한다. 지식인이 지식인으로서 현실참여를 한다는 것은 첫째, 자기 지성이 명하는 바에 따라 자주성을 가져야 하며 자기의 판단과 양심에 따라 누구의 제약도 받음이 없이 자기의 주장을 내세울 수 있어야 한다. 때문에 지식인이 관리가 되거나 정당인이 된다는 것은 참여라기보다 관계나 정계에 대한 일종의 '전신(轉身)'이라고 보아야 할 것이다.

관리가 되고 정치인이 된다는 것은 지식인으로서의 자주성을 포기하고 커다란 메커니즘 속의 한 멤버로서의 기능만을 살리게 되기 때문에 주체성을 가진 자유스러운 비판기능을 발휘할 수가 없다.

지식인의 현실참여는 어디까지나 지식인으로서의 신분증을 계속 가져야 하며 자기 지성이 명하는 바에 따라 자유스러운 비판을 할 수 있는 주체성이 필요하다. 이것을 좀더 궤적으로 말하면 대학교수나 학생이나 언론인이나 문학인의 신분을 그대로 가진 채 현실문제에 참여해야만 비로서 '지식인의 현실참여'라고 말할 수 있다는 것이다.

지금 우리 사회에는 이 문제에 대해 개념상의 혼동을 일으키고 있다. 이 점에 대해선 좀더 명확하고도 엄격한 규정을 내려둘 필요가 있다. 이러한 관점에서 볼 때 지식인의 현실참여에는 두 가지 형태가 있다고 생각된다. 하나는 요즘 우려되고 있는 학생데모와 같이 집단적인 '행동'으로서 참여를 하는 방법이다. 행동으로서 참여를 한다는 것은, 즉 다각적이고도 강력한 반응을 불러일으킬 수 있다는 장점이 있다.

그러나 행동적 참여란 엄격히 따질 때 지식인으로서의 참여라기보다 일반 국민의 입장으로 환원하여 참여하는 것이라고 보아야 한다. 행동적 참여는 비단 지식인만 할 수 있는 방법이 아니고 근로자나 상공인이나 심지어는 부녀자들까지도 언제든지 이용할 수 있는 참여방식이다. 따라서 4·19 이후 오늘까지 수없이 되풀이된 학생데모도 지식인으로서의 참여라기보다 국민으로서 시민으로서 참여한 것이라고 보아야 한다. 이 점 역시 분명한 규정이 필요하다. 그런데 여기에는 두 가지 의문이 생긴다.

첫째는 왜 우리나라에서는 지식인으로서 참여하지 않고 오히려 일반인으로서 참여를 하게 되는가. 둘째, 왜 한국에서는 참여를 하는 이른바 지식인 중에서 학생들만이 적극적 참여를 하고 있는가 등의 의문이다. 행동적 참여란 참여방법치고는 비상수단에 속한다. 직접 자기들의 의사를 행동으로 표시하여 반응을 일으키는 매우 과격한 방법이다.

따라서 행동참여(데모)는 아무 때나 마음대로 할 수 있는 방법이 아니고 상황이 그와 같은 비상수단을 쓰지 않을 수 없는 절박한 상황에 직면해 있다는 것을 우선 전제로 하지 않으면 안된다. 사회는 일정한 질서 아래 움직이고 있다. 이 질서 속에서 시민들은 제각기 생업을 영위하고 있다. 따라서 이 질서가 파괴되었거나 파괴될 위기에 직면해 있다고 볼 때 다시 질서회복을 위해서, 즉 시민 각자가 자기 생활에 안정을 가져오기 위해서 비상수단을 쓰게 되는데 이 비상수단의 하나가 바로 데모라는 방법이다.

데모라는 비상수단은 비단 국내문제뿐 아니라 가령 반공이나 반전운동과 같은 국제질서가 위협을 받는다고 생각될 때에도 흔히 쓰여지는 방법의 하나다. 이런 경우 데모대들은 국제질서를 옹호하는 세계시민이라는 자각을 가지고 행동한다. 국내의 경우든 국제적인 경우든 데모를 하게 되는 것은 질서파괴의 위기가 절박했다고 볼 때라는 점이 하나의 공통점이다.

여기서 간과할 수 없는 점은 이런 경우 지식인의 입장으로 보아서 비록 그들이 주동인 경우라 해도 엄격한 의미에서 이것은 지식인의 참여라고는 볼수 없다는 것이다. 위기가 절박했다고 볼 때에는 지식인은 지식인으로서보다도 한 국민으로서, 시민의 한 사람으로서 자기의 권리와 질서유지를 염두에 두고 참여하는 것이므로 이때의 참여는 지식인이 일반인으로서의 자각을 가지고 참여하는 것이다.

그러므로 엄격한 의미에서 지식인의 '현실참여'란 지식인이 지식의 신분을 가지고 지식이라는 기능을 통해서 참여를 하는 경우에 한해서만 참여라고 말할 수 있는 것이다. 이때 지식인은 비로소 주체성과 비판정신을 가지고 자유스러운 입장에서 참여를 할 수 있게 된다. 그러나 이러한 참여에도 두 가지 형태가 있다. 하나는 요즘 한창인 저널리즘을 통한 참여요, 다른 하나는 아카데미즘을 통한 참여다.

한데 오늘날 이 땅의 지식인사회의 현실을 보면 고무적이라고 하기보다는 비판적이라고밖에 할 말이 없다. 첫째, 기성지식인의 입장에서보다 국민의 입장에서 행동적 참여에 열을 올리고 있기 때문이다. 기성층은 물론 지식층도 지식인으로서 대담 솔직하게 현실을 비판하는 전통이 이 땅에 거의 서 있지 못하다.

이 땅의 지식인사회는 7년 전의 4·19를 시점으로 해서 하나의 단층(斷層)

을 이루고 있다. 그전의 지식인은 기성층에 속하고 그후의 지식인은 신진층이라고 볼 수 있다. 기성층의 지난날은 8·15 후의 사상적 혼란, 6·25동란, 그후 자유당치하의 매카시즘적 통치 밑에서 좌우 할 것 없이 온갖 시달림을 겪어야 했다. 죽기도 하고 생사불명도 되고 납치당하기도 하고 무고한 피해를 받기도 하는 가운데서 이지러지고 위축되고 정신적 망명을 하기도 했다.

이런 시련 속에서 용공·중립파는 말할 것도 없고 반이박사노선(反李博士路線)이면 양심적 지식인까지도 수난을 당하여 오늘날엔 어느덧 현실적응적이며 무사안일주의적 분위기가 그들 사회를 지배하게 됐다. 게다가 이미 한 가장으로서 가족을 먹이고, 가르치고 하는 어려운 생활전선에서 허덕이는 생활인이 되어 있기 때문에 그들에게서 비판적이며 저항적인 현실참여의 의욕을 바라기는 가위 연목구어나 다름없이 되었다.

5·16 후 지식인의 값이 땅에 떨어진 것도 결코 우연이라고만 볼 수 없다. 게다가 지식인에 대한 아직도 없어지지 않는 인톨러런스한 정치 풍토는 그들을 더욱 무기력의 구렁으로 몰아 넣었다. 그러나 4·19 후의 지식인은 자유당치하의 질식할 듯한 오랜 수난이 없는 탓도 있지만 4·19라는 민권쟁취의 주체의식이 전통이 되어 지식인으로서의 자세가 기성층과는 역사적 차원을 달리하고 있다는 점이 첫째 특색이다.

그들은 새로운 상황에 처하여 가치창조의 이념을 재래의 리버럴 데모크라시가 아닌 내셔널리즘에서 찾는 한편 자유당의 전통을 거부하고 그 이전의 백범적(白凡的) 이념의 부활을 지향하는 경향이 있다. 물론 행동적 참여에 정열을 쏟고 있는 그들에게서 아직은 뚜렷한 이념형성을 찾을 수 없으나 리버럴 데모크라시라는 기성이념보다 내셔널리즘에 기울어지고 있는 그들에게서 우리는 일종의 '백범이즘'의 부활을 발견하게 되었다.

그들이 배격하는 가치가 다름 아닌 전통적 이데올로기로서의 '승만이즘'이라고 볼 때 오늘 그들이 전개하는 저항은 새로운 역사적 단계에서 '승만이즘'에 대한 '백범이즘'의 재대결이라고도 볼 수 있지 않을까 한다. '승만이즘'이란 냉전의 편승 속에서 활로를 찾으려 한 자세이며, '백범이즘'은 냉전보다 민족을 우위에 두는 곳에서 활로를 찾으려 한 노선이다. 바로 이곳에서 그들의 타협할 수 없는 대립점을 발견한다.

하여간 '승만이즘'은 리버럴 데모크라시를 이데올로기로 삼고 있으나 이에 대결하여 오늘날 '백범이즘'이 부활케 된 것은 바야흐로 이데올로기가 내셔널리즘시대로 전환하고 있는 국제적 대세의 한 반영이며 따라서 이것은 하나의 한국적 축소판이라고도 볼 수 있다. 그러므로 전통적 '승만이즘'에서 볼 때 젊은 지식인의 현실참여는 그것이 비단 행동적(극단적) 참여이기 때문만이 아니라 그들이 지향하는 이념 자체가 다분히 이단적인 것으로 경계의 대상이 되어 있다.

그러나 여기서 문제되는 것은 왜 오늘날 지식인의 참여가 아카데믹한 것이 못 되고 보다 저널리스틱한 것으로 기울어지게 되었는가. 그것도 특히 행동적 참여로 기울어지게 되었는가 하는 것이다. 저널리즘적 참여란 능동적 참여가 아니라 피동적 참여다. 즉 한 사건이 크게 문제될 때 이것을 찬성한다든지 반대한다든지 하는 속에서 비로소 하나의 참여를 하게 되는데 이러한 참여는 문제가 제기될 때에만 할 수 있는 참여요, 문제가 발생하지 않으면 있을 수 없는 참여다. 여기에 저널리즘적 참여의 피동성이 있다. 행동적 참여도 어느 사건이나 문제가 제기됐을 때에만 그것을 반대하거나 찬성하는 수단으로 행하는 참여이기 때문에 역시 피동적이며 따라서 일종의 저널리즘적 성격을 가진 참여다. 이에 대해 아카데미즘적 참여란 사건이나 정책 위주가 아니라 주어진 현실이 대상이기 때문에 이러한 참여는 피동적이 아니라 능동적 참여가 될 수 있다.

아카데미즘적 참여는 사건이나 문제의 제기와는 아무런 상관없이 우리 주변의 현실 자체가 참여의 대상이기 때문에 참여주체적인 지식인의 의욕 여하에 따라 언제든지 할 수 있는 지극히 주체적이며 능동적인 참여다. 그런데 오늘날 이 땅에서 볼 수 있는 지식인의 참여는 오히려 피동적(저널리스틱한) 참여가 지배적이 되고 있는 분위기 속에 있다.

이와 같은 경향의 직접원인은 물론 상황의 소산이라고 보아야 하겠으나 또 한편 그들의 사회참여 전통이 저널리즘에 의해 형성되어왔다는 역사적 배경도 무시할 수 없다. 아마 우리나라 지식인처럼 저널리즘과 밀접하게 호흡을 같이하면서 현실참여의 의욕을 행동화하는 나라도 드물 것이다. 우리나라 최초로 근대적 의미의 지식인의 사회참여라 할 1896년의 '독립협회'운동도 〈독립신문〉 창간과 더불어 전개되었지만 '을사조약' 전후 지식인의 정치참여(항일운동)도 언론활동과 더불어 활발했고, 3·1운동 후 지식인의 현실참여도 〈조선〉〈동아〉 등 민간지의 창간과 함께 시작되었다. 이것은 지식인의 현실참여가 언론을 중심으로 전개되었다는 것을 의미한다. 일제하의 언론은 곧 지식인을 위한 현실참여(항일운동)의 광장이었다. 일제하에서는 언론을 떠나서는 지식인의 현실참여란 사실상 생각할 수 없었다.

만약 1920년대의 신문을 펼쳐보면 그때의 신문이 얼마나 적극적으로 항일(현실참여)을 하고 있었으며 그때의 민중이 언론활동에 얼마나 큰 기대를 걸고 있었는가를 발견할 것이다. 3·1운동, 6·10 만세운동, 광주학생운동으로 일제의 탄압이 가혹해질수록 지식인을 포함한 온 민중은 신문을 통해서 정신적 단결을 더욱 굳게 하였고 용기를 얻었고 희망을 찾았다.

문학활동을 통한 현실참여(항일), 민중에 대한 계몽운동, 농촌운동, 민족문화연구 등 지식인의 갖가지 현실참여도 신문을 중심으로 벌어졌다. 50년간에 걸친 이 나라 민간언론의 전통은 그냥 그대로 지식인의 현실참여의 전통이었다. 신문이 지식인의 현실참여를 위한 거의 유일한 문호(門戶)였다는 점에서 한국언론의 전통은 아시아에서 찬란히 빛난다고 볼 수 있다.

그런데 여기서 간과할 수 없는 점은 지식인의 현실참여가 왜 한국에서는 다른 나라에 비해 그처럼 신문을 중심으로 전개되지 않으면 안되었는가 하는 의문이다. 이에 대한 대답은 일제가 이 민족의 정치적 활동을 거의 봉쇄하여 유능한 인재들이 정계진출을 못하고 언론계로 집중되지 않을 수 없었다는 사실을 지적하지 않을 수 없다. 인도나 필리핀 같은 서구식민지에서는 정치활동이 어느 정도 허용되어 있었기 때문에 그곳에서는 식민치하에서도 많은 정치인이 배출되었으나 한국에서는 오직 언론만이 압제받은 민족의 울분을 발산할 수 있는 유일한 문호였다. 오늘날 언론의 힘이 크다는 것도 전부 위와 같은 일제 이래의 전통 때문이며 신문의 정론적(政論的) 색채가 짙고 대부분 민중이 신문을 통해서 시대를 호흡하고 있다는 것도 신문의 힘이 그만큼 크기 때문이다. 또 지식인이 시사문제를 받아들이는 태도가 지극히 저널리스틱하고 그것에 대응하는 태도(현실참여) 역시 저널리스틱하다는 것도 신문의 영향이 그만큼 크기 때문이라고 보지 않을 수 없다. 문제를 저널리스틱하게 받아들인다는 것은 문제를 본질적으로 보지 않고 피상적 파악에 그친다는 뜻이며 참여도 사건 중심이거나 특정 정치인 중심이거나 하여 단편성이 농후하고 따라서 산만성을 면치 못하고 일관성을 가지지 못한다는 뜻이다.

저널리스틱한 현실참여란 문제의 본질적 인식에서 출발하는 것이 아니기 때문에 흔히 야당적(단순한 정권교체를 위한) 비판에 그치는 경우가 생긴다. 현실참여가 야당적 차원으로 떨어진다는 것은 동질적 차원의 저항으로 그치기 쉽다는 것을 의미한다.

여·야 대립이란 특히 우리나라의 경우 이것이 질적 대립이 못되고 동일한 차원에서의 싸움의 되풀이로 그치기 쉬운데 만약 지식인의 참여가 현상적 비판에 끝나 질적으로 동일한 차원에서 맴돌게 된다면 다람쥐가 쳇바퀴를 돌 듯 전혀 발전이 없는 제자리걸음밖에 될 것이 없을 것이다. 그러므로 지식인의 현실참여가 역사에 기여하는 참된 참여가 되기 위해서는 우선 학문적·사회과학적 인식을 바탕으로 한 본질적 참여가 되지 않으면 안된다.

특히 신생국에 있어서의 지식인의 참여는 식민치하의 단순한 저항으로 그치기에는 역사적으로 너무나 상황이 복잡하다. 식민치하에서는 민족해방이 목적이요, 투쟁의 대상도 뚜렷하기 때문에 저항의 성격이나 방법이 단순할 수 있으나 국내여건이 복잡한 신생국의 새로운 상황에서는 지식인의 임무가 단지 권력에 대한 저항이나 한 사건·한 정치인에 대한 반대에만 대상이 국한될 수 없다.

그러한 사건, 그러한 정치인의 전체적 상황과 또한 역사적 의미에서 '연관적(聯關的)'으로 파악되지 않으면 안된다. 지식인의 참여가 이와 같이 이론적-사회과학적 밑받침을 가지고 전개돼야 한다는 것은 그 참여가 방향감각을 상실하지 않고 올바른 역사적 방향으로 나가야 하기 때문이라는 자체의 이유도 있지만 또 한편에서는 권력악의 집요한 반격과 싸움에서 승리를 거두기 위해서도 필요한 이론무장이 되기 때문이다.

권력과 지식인이 보는 '현실'은 일반적으로 서로 상황판단이 다르다. 권력이 보는 현실은 언제나 정당하고 건전하며 따라서 건설적이나, 지식인이 보는 현실은 관념적이며 부정적인 현실이라는 통념이 있다. 그 같은 통념이 있다고 하기보다 권력이 온갖 선전시설을 동원하여 현실을 자기들에게 유리한 방향으로 위장하는 한편 지식인이 보는 현실을 관념적 현실이라고 몰아치우는 경우가 많다. 권력이 보는 현실이 언제나 반드시 위장된 현실이라고 단언하기 어려우나 과거의 예로 볼 때 그들의 현실은 너무 일방에 치우친 사이비 현실인 경우가 많다. 권력은 지식인의 현실관을 관념적이라 하고 불건전하다고 규탄하며 때론 선동이나 불법적이라는 딱지를 붙이고 탄압의 정당성을 찾으려고 한다.

신생국 지식인의 현실참여가 단순히 저널리스틱(시사적)한 것에 그치지 않고 주어진 현실이 어떠한 상황 아래 놓여져 있는가를 과학적 객관성으로서 분석해야 할 이유가 여기에 있는 것이다.

비단 지식인뿐 아니라 사회의 어떤 계층도 현실참여를 하는 데 있어서는 저널리스틱한 시사성과 아카데믹한 논리성을 겸유하지 않으면 안된다. 일반적으로 학자 중에는 자기의 학문세계에 충실한 나머지 현실에 등한하고 학문만의 논리와 세계가 따로 있는 것처럼 착각하는 인사가 많으나 이것은 지극히 불건전하며 옳지 못한 태도라고 아니할 수 없다. 저널리즘과 아카데미즘은 분리하려야 분리할 수 없는 불가분의 관계에 있다는 것을 알아야 한다.

논자 중에는 학생데모를 저지하려고 서두르는 나머지 학문이 가지는 현실성을 무시하고 학문을 현실에서 유리시키려고 애쓰는 인사들도 있으나 학문이 현실을 바탕으로 삼아야 한다는 것과 학생들의 데모를 정당화하는 주장과는 전혀 별개의 문제인데도 학문의 상아탑성(象牙塔性)을 애써 강조한다는 것은 어느 의미에서 보면 오히려 불건전하고 위험하기까지 하다고 보지 않을 수 없다.

왜냐하면 학문이 현실을 무시하고 초연하며 학문세계가 따로 있는 것처럼 생각하고 막연히 선진 외국학설을 소개 나열하는 것으로 자기의 권위를 찾고 기껏 현실분석이라고 해야 외국학설을 현실에 적용하여 외국이론으로 우리의 현실을 보는 것으로 그것이 유일한 현실인식의 것처럼 자만한다면 이 땅의 위기상황은 도저히 객관적 분석이 불가능하고 학생들도 이러한 학문에서는 큰 실망을 느끼게 될 것이기 때문이다. 외국이론으로 현실분석하는 것을 보면 도대체 위기의식이라는 것을 볼 수가 없다.

위기의식을 과장하는 것도 비과학적이지만 현실을 너무나 안이하게 보는 것도 위험하다. 만약 한국 아카데미즘이 너무나 현실감각이 부족하여 젊은 지식인이 직감적으로 느끼는 위기의식을 논리적 객관성으로, 즉 학문적으로 정당하게 해답을 못 준다면 그들의 사상은 더욱 회의적, 더욱 부정적으로 기울어져 그들의 현실참여 형태는 더욱 탐구적 참여의식으로부터 멀어져갈 위험성조차 큰 것이다. 오늘날 젊은 지식인이 자기들의 스승(교수)한테서 시대적·민족적 고민의 이론적 해답을 얻으려는 열의가 부족한 사실이야말로 위험한 경향이라고 보지 않으면 안된다.

아카데미즘은 결코 저널리즘을 무시해서는 안되며 더욱이 무관심해서도 안된다. 그간 한국 아카데미즘도 점차 시대적 과제에 이론적 해답을 주려는 현실감각이 높아진 것은 이미 지적한 바 있지만 이것은 아카데미즘의 저널리즘에의 타협이라기보다 이 양자가 더욱 접근해야할 내적 필연성의 소산임을 깨달아야 하겠다.

흔히 아카데미즘은 학문의 권위를 지키려 하며 사회에 대해 일종의 지적 귀족주의의식을 가지고 있다. 아카데미즘의 이와 같은 권위적이며 귀족주의적 자세는 저널리즘하고는 근본적으로 대립된다. 저널리즘은 그날그날에 일어나는 일―일상적 사건―이 원리가 되며 일상적인 것 속에 뿌리를 박고 일상적인 지식을 바탕으로 만들어진다. 따라서 저널리즘은 보다 광범한 대중의 환영을 받고자 보다 새로운 것을 좇는 나머지 한 문제를 깊이 파고들어가는 법이 없다.

대중에서 초연한 아카데미즘과 대중에 영합하려는 저널리즘이 대립하게 되는 것은 당연하다. 그러나 이와 같은 대립적인 아카데미즘과 저널리즘도 기실은 '사회'라는 공통의 바탕 위에서 존재하고 그들이 지향하는 바 목적이 규정을 받고 있다는 점을 주의해야 한다.

따라서 그들은 비록 서로 지향하는 바가 다르다 하더라도 사회(정치적)라는 공통 바탕 위에 서 있기 때문에 각각 추구하는 바 자유를 얻는 싸움에서는 공통전선을 펼 수 있다는 것을 발견하게 된다. 그뿐 아니라 저널리즘과 아카데미즘은 단지 공통 바탕 위에 서 있을 뿐 아니라 양자는 서로 접근해야 할 내적 논리성을 가지고 있다. 이 양자가 서로 접근하여 새로운 것으로 종합·지향해가고 있는 것이 오늘날의 새로운 지성이기도 하다.

그 필연적 논리를 분석하면 다음과 같다. 즉 저널리즘은 하루의 움직임에 너무나 집착하여 그날의 자기 존재를 원리적으로 지도하는 독립적 힘을 상실하고 말 가능성이 많다. 그런데 아카데미즘은 거꾸로 대학의 교단이라는 하나의 특수한 사회적 조건을 전제로 삼고 있기 때문에 그 내용이 비일상적인 것이 되고 대중성을 가지지 못하게 된다.

아카데미즘은 일상적 시사문제와는 아무런 관계없이 그 자신 근본적이며 순수한 문제를 가지고 있다고 한다. 그들이 다루는 문제도 그것이 정치적·사회적으로 무슨 의의가 있어 연구하는 것도 아니고 과학 그 자체가 가치를 가지고 있기 때문에 연구한다는 것이다. 학문의 순수성은 선진국 학계일수록 더욱 강하게 주장되고 있다.

이리하여 하루의 현실에 너무 집착하는 나머지 자신의 원리를 상실하기 쉬운 저널리즘과 자신의 원리를 고정하는 나머지 현실에 등한하기 쉬운 아카데미즘은 서로 내적 결합의 필연성을 느끼게 된다. 즉 아카데미즘은 '기본적 원리'라는 힘을 제공하고 저널리즘은 당면적이며 실제적인 소재(素材)를 제공한다. 저널리즘과 아카데미즘은 이상 본바와 같이 서로 배척할 것이 아니고 서로 접근, 유기적 연관을 맺어야 한다.

저널리즘이 역사적 사회에 언제나 올바른 방향을 제시하려면 이와 같이 아카데미즘의 소양(素養)이 있어야 한다. 이밖에도 양자는 서로 보완해야할 몇 가지 성격이 있다. 가령 저널리즘은 현실을 파악하려는 힘이 우위에 선다. 그러므로 현실에 대한 날카로운 감각과 함께 이론 정연한 논리를 점유하자면 역시 아카데미즘과 저널리즘의 종합적인 소양에 기대하지 않을 수 없다.

한편 저널리즘은 그 일상성으로 해서 근대 시민사회에 대한 비판능력에 한계가 있으므로 아카데미즘이 가지는 역사적 입장에 서지 않고는 그 이상의 진보성을 기대할 수 없다. 물리적 시간만을 알고 역사성이라는 것을 모르는 저널리즘은 자신의 역사적 위치를 자각하지 못한다. 저널리즘의 관심은 언제나 현실 속에 있다. 저널리즘이 현재 속에 산다는 것은 그날그날 무수하게 일어나는 여러 사실들을 단편적으로 파악하는 속에서 산다는 것을 의미한다.

저널리즘은 무수한 단편성의 연속이라고도 말할 수 있다. 이 단편성의 종합을 우리는 해설이라는 것에서 찾을 수 있다. 그러나 이것은 제 단편의 한낱 주워모으기만 가지고는 되지 않는다. 문제를 보는 각도가 있어야 하고 거기에서 하나의 통일적 해석도 나와야 한다. 이 통일성은 논리적 철저성을 갖추어야 한다. 그러나 이러한 통일성·논리성은 이미 저널리스틱한 사고의 힘을 넘어선 하나의 아카데믹한 사고에 속하고 있다.

여기에서 우리는 참되고 훌륭한 비판정신이란 단순히 아카데믹한 것과 단순히 저널리스틱한 것을 넘어선, 이 양자를 종합·지양한 자세에서만 생기는 것임을 발견한다. 필자가 저널리즘과 아카데미즘을 별도로 보지 않고 상호보완적으로 보는 까닭은 지식인의 현실참여가 그 어느 하나만으로 치우쳐서도 참된 참여가 되기 어렵다는 것을 강조하자는 데 있다.

바꾸어 말하면 언론활동도 이제는 충실한 아카데믹한 밑받침이 있어야 하고 아카데미즘도 시대의 추이에 예민한 저널리스틱한 감각이 필요해졌다는 것이다. 그러므로 상아탑세계를 강조하고 학문이 현실에서 초연해야 한다는 주장은 일종의 현실도피이거나 아니면 자기기만밖에 될 것이 없다.

그런데 공연히 상아탑을 내세우지는 않는다 해도 오늘날 한국의 학자들은 대체로 현실감각이 부족하다는 감을 준다. 엄연히 우리 문제를 분석하고 진단하고 논평하는 데도 그들 중에는 너무 외국의 것을 치켜들고 외국학설을 가지고 우리 현실을 분석하려는 경향이 있다. 옳고 그름은 별문제로 한다 하더라도 우리 문제를 다룰 때는 우리 입장에서 정면으로 이것을 다루겠다는 현실감각과 자세가 아쉽다.

위대한 사상가란 단지 방대한 학문적 체계를 세운다고 되는 것도 아니며 남달리 많은 것을 아는 박식에서 나오는 것도 아니다. 역사에 이름을 남긴 사상가·학자는 한 시대의 역사적 과제—고민—를 그것도 특히 자기가 살고 있는 '지금·이곳'의 사회가 당면한 문제를 이론적으로 해결하여 민족에 방향과 비전을 제시한 인물이었던 것이다.

경제학을 과학의 지위까지 올려놓은 케네의 '경제표'는 붕괴 직전에 있는 전근대적 경제사회체제의 구출 방법을 제시하려 했다는 데 고전적 의의가 있고, 애덤 스미스의 분업과 기계화의 이론은 자본주의의 무한한 발전에 논리적 근거를 제시하였다는 데 고전적 가치가 있고, 독일을 기반으로 리스트 경제학이 나타나 이것이 독일역사학파로 발전하여 같은 후진자본주의 나라이던 미국까지 리스트이론에 적극 공명하고 나서게 된 것은 당연한 일이라고 아니할 수 없다.

오스트리아학파·로잔학파·케임브리지학파 그리고 마르크스학파가 등장한 것도 바로 이 같은 시대를 배경으로 했다. 고전경제학이 자본주의의 성장기에 속하는 이론이라면 근대경제학은 자본주의경제의 난숙기에 속하는 이론이다.

케인스경제학의 등장이 각광을 받는 것도 난숙기에 허덕이는 자본주의의 고민에 하나의 해결책을 제시하려 했다는 데 있다. 그러나 케네·스미스 등 사상가들이 비록 새 문제의식을 개척했다고는 하나 그것은 어디까지나 프랑스사회의 발전과 영국국민의 부유에 목적을 두었다는 사실이다. 세계문제를 해결하고자 한 데서 문제의식을 개척한 것이 아니요, 반드시 제 나라의 역사적 과제를 자각하고 제 나라의 국가발전을 위해서 기여해왔다는 사실에 주목할 필요가 있다.

각국의 역사적 과제는 그들의 발전단계와 자연조건 또는 국제관계가 차지하는 위치에서 현실적으로 요청되는 시대적 과제가 제각기 특수한 형태로 나타난 것임을 알아야 한다. 따라서 한국지식인도 한국의 당면한 과제와 고민이 무엇인가를 모색하는 가운데서 비로소 참된 지성인으로서의 자격을 갖추게 될 것이다.

많은 것을 안다는 것이 지식인의 자랑이 될 수는 없고 외국의 최신 학설을 이것저것 인용하고 나열한다고 훌륭한 사상가가 되는 것도 아니다. 지식인이 단순한 박식에 그치지 않고 사상가로서의 자세를 갖추려면 이 땅이 요청하고 있는 과제에 정면으로 대결할 만한 용기와 투지를 가지지 않으면 안된다.

그러나 이 땅의 지식인은 일제식민통치 이래 오늘날까지 극한과 인톨러런스한 상황 속에서 풍부하고 다양한 이매지네이션, 냉철한 과학 정신을 발전시킬 풍토를 거의 조성하지 못하고 저항심리 속에서 자란 쇼비니즘과 사대주의가 오히려 지식인사회에 많은 해악을 남겨 놓았다. 지식인사회의 풍토가 이와 같으므로 지식인은 우선 지성이 자랄 토양을 가꾸기 위해 현실에 대한 지식인으로서의 참된 참여를 할 주체적 의무감을 느껴야 한다.

이와 같은 의무감은 대학사회의 학자나 학생을 막론하고 똑같이 짊어져야 한다. 후진국에서는 지식인의 현실참여가 특히 대학사회를 중심으로 하고 있음을 본다. 그 이유는 대학만큼 지식인이 집단적으로 조직적이고 정열적이요 행동적인 사회가 없기 때문이다. 한국 지식인사회는 그들의 앞길에 지식인으로서 장차 현실참여를 해야 할 가능성이 무한하게 뻗쳐 있다.

그 길은 결코 순탄치는 않을 줄 알지만 오히려 그렇기 때문에 지식인들은 현실참여에 보람과 용기를 느끼게 되는 것이 아닌가도 싶다. 그러나 지식인이 지식인으로서 현실참여를 하느냐 일반국민의 입장으로 되돌아가 행동적 참여를 하느냐는 그 관건이 지식인 자신에게 있다기보다는 정치적 현실의 상황에 달려 있다고 보지 않을 수 없다.

정치적 상황이 어떠한 극한적인 곳에까지 이르렀다고 볼 때 지식인은 자기들이 시민적 또는 국민적 질서가 위협을 받는다고 판단하고 행동적 참여, 데모의 당위성을 의식하게 된다. 그들은 다름 아닌 지식인들인 만큼 이러한 상황판단에는 남달리 예민하다. 물론 주어진 상황을 어떻게 보느냐, 즉 질서파괴의 절박한 위기로 보느냐 아니면 단순히 한때의 우발적 사태로 보느냐에 따라 지식인의 행동참여는 혹은 정당한 것이 될 수도 있고 혹은 난동으로 보여지기도 할 것이다.

그러나 이러한 경우 일반적으로 지식인과 권력 사이에는 상황판단이 다르기 때문에 학생데모가 정당하냐 어떠냐는 권력이 결정하는 것도 아니고 물론 학생이 결정하는 것도 아니다. 그것의 객관적 평가는 오직 여론만이 할 수 있다. 그러므로 학생들에게 덮어놓고 본분으로 돌아가 공부나 하라는 것은 설득력이 약하다. 덮어놓고 공부하라고 주장하는 것은 학생도 다른 모든 국민과 다름없이 한 사람의 국민이라는 점을 무시하는 태도다.

그러나 학생데모에 박수갈채를 보내는 것은 학생이 일반국민과는 달리

면학을 하는 특수한 존재라는 것을 등한시하는 때문이다. 학생은 일반국민의 한 사람이라는 점에서 볼 때는 일반적 존재요, 학생이라는 신분에서 볼 때는 특수한 존재다. 이와 같이 학생은 일반성과 특수성이 통합된 사회적 존재라고 말할 수 있다. 달리 말하면 학생은 학생이라는 특수한 신분을 통해서 국민의 한 사람이라는 일반적 존재로 참여하고 있는 것이다. 그러므로 학생이 충실한 국민이 되려면 공부를 열심히 해야 한다.

이러한 사회가 정당한 사회요, 행복한 사회이며 특수성과 일반성이 원만한 조화를 유지하는 사회다. 그러나 문제는 이 조화가 원만치 못할 때에 일어난다. 학생의 경우 특수성이 위협을 받을 때, 즉 학원의 평화가 위협을 받았다고 생각할 때에는 학생들은 학생으로서의 특수성보다 국민의 한 사람이라는 일반성의 자각이 클로즈업되고 그 위협에 저항하게 된다.

불의와 부정에 특히 예민한 학생들이 거리로 뛰어나오는 것도 이 때문이다. 그들은 특수성과 일반성이 조화된 행복한 학생으로서라보다도 이 논리가 파괴되어 국민의 한 사람으로 환원된 불행한 자신들을 발견하게 된다. 따라서 특히 학생의 경우 문제는 통합체로서의 논리(학생신분)가 위협을 받는다고 생각하는 인식이 과연 옳은 상황판단이냐 아니냐를 검토하는 데 있다.

이러한 그들에게 특수성인 학생신분만을 강조하여 공부만 하라고 강요하는 것은 지극히 설득력이 약한 방법이다. 여기에서 필요한 것은 통합체로서의 논리파양(위기의식)이 과연 옳은 판단이냐 아니냐를 가지고 토론의 광장을 가지는 일이다. 이런 점에서 교육당국이 졸렬하다는 것을 지적하지 않을 수 없다.

그러나 오늘날 행동적 참여에만 열을 올리고 그러한 열이 사회과학적 인식(지식인으로서의 참여)을 밑받침으로 삼지 못하고 있는 학생들의 너무나 저널리스틱한 자세에도 실망을 느끼지 않을 수 없다. 혈기 왕성한 학생들이 현실참여에 정열을 쏟고 있는 태도 자체를 나쁘다고 말하기는 어렵다.

다만 적어도 대학생이라면서 겉으로 드러난 사건들에만 분노하고 이 문제

저 사건의 밑바닥을 이루는 현실 그 자체에 분노할 줄 모른다는 것이 실망을 준다는 것이다. 대학생이라면 현실참여에 보다 올바른 방향을 제시하고 올바른 자세를 갖추게 하기 위해 사회과학적 연구를 통해 현실을 보다 깊이 보다 광범히 인식할 당위성을 느껴야 할 것이다.

그러나 학생들에게 그 같은 학문적 연구를 기대하자면 무엇보다도 먼저 공부할 수 있는 분위기부터 만들어주지 않으면 안될 것이다. 위정자(爲政者)들은 지성을 저버리지 않는 정치를 해야하며, 교수들은 보다 적극적 의욕으로 학생들과 더불어 학문을 통한 현실참여의 노력에 길잡이가 되어야 할 것이며, 자유 있는 학원에서 보다 보람 있는 연구를 할 수 있는 연구수당부터 증급받도록 노력하지 않으면 안될 것이다.

－《송건호전집》 제6권, 한길사, 2002년, 113～169쪽.
《민족지성의 탐구》, 1974년.
〈정경연구〉, 1967년

∼ 6부 ∼
현대사 연구의 개척자

해방의 민족사적 인식

민중이 주체가 되는 역사

'8·15'하면 으레 해방을 연상하고 또 어떤 시인처럼 이날의 감격을 잊지 않기 위해 「우리들의 8·15로 돌아가자」는 노래까지 부르기도 했으나, 근래에 와서는 8·15란 도대체 우리 민족에게 무엇을 가져다주었는가를 회의하는 경향이 생기게 되었다.

제국주의 일본의 식민통치에서 해방된 것은 틀림없었으나 해방의 날이라고 하는 바로 8월 15일을 계기로 국토가 분단되어 남에는 미군이, 북에는 소련군이 진주하여 국토와 민족의 분열이 시작되었고 이 분열로 말미암아 6·25라는 민족사상 일찍이 볼 수 없었던 동족상잔을 빚고 그 후 30년간 남북 간의 대립은 날로 심화되어 엄청난 파괴력을 가진 막강한 군사력이 상호 대립하여 언제 또 6·25보다 더 파괴적인 동족상잔이 빚어질지 모르는 불안하고 긴장된 상태가 지속되고 있다. 이 통에 민주주의는 시련을 겪고 민족의 에너지는 그 대부분이 동족상잔을 위한 새로운 군사력을 위해 소모되고 있는 가운데 지루하고 암담한 하루하루를 보내고 있는 것이 이른바 '해방된' 이 민족의 현실이다. 민족이 이토록 비극적이고 절박한 상황에 빠져 있는데도 일찍이 이 땅의 학계에는 오늘의 분단 상황을 민족사의 높은 차원에서 반성하여 민족의 살길이 무엇인가를 냉철하게 탐구하는 참된 의미의 민족적 고민의 흔적이 적고 고작 현실을 합리화하는, 이른바 정통성 논의 등이 지배적인 것을 볼 때, 민족이 자기 힘으로 쟁취한 해방이 아닌 주어진 해방일 때 그것이 얼마나 허망한 것인가를 새삼스럽게 느끼게 한다.

이 글은 8·15가 주어진 타율적 선물이었다는 점에서 우리 민족의 운명이 강대국에 의해 얼마나 일방적으로 요리되고 혹사당하고 수모 받았으며 이런 틈을 이용해 친일파 사대주의자들이 득세하여 애국자를 짓밟고 일신의 영달을 위해 분단의 영구화를 획책하여 민족의 비극을 가중시켰는가를 규명하려 한 것이다. 지난날이나 또 오늘날이나 자주적이 못 되는 민족은 반드시 사대주의자들의 득세를 가져와 민족윤리와 민족양심을 타락시키고 민족내분을 격화시키고 빈부차를 확대시키며 부패와 독재를 자행하여 민중을 고난의 구렁으로 몰아넣게 마련이다. 민족의 참된 자주성은 광범한 민중이 주체로서 역사에 참여할 때에만 실현되며 바로 이런 여건 하에서만 민주주의는 꽃피는 것이다.

이런 관점에서 이미 30여 년이 지난 8·15가 도대체 어떻게 민족의 정도에서 일탈해갔고 그로 말미암아 민중이 어떤 수난을 받게 되었는가를 냉철하게 구명해야 할 필요가 생기게 되었다. 이러한 구명은 결코 지난 역사의 구명이 아니라 바로 내일을 위한 산 교훈이 될 것이다. 8·15의 재조명은 이런 점에서 바로 오늘을 위한 연구라고 하지 않으면 안 될 것이다.

광복과 국내의 준비태세

1945년 8월 15일 침략자 일제는 마침내 연합국에 항복하여 한민족은 오랜 식민통치의 쇠사슬에서 해방되었다. 그러나 이 땅의 지도층은 이 날을 맞을 준비를 거의 하고 있지 않았다. 물론 민중적 차원에서의 항일투쟁은 산발적이긴 했으나 전국 도처에서 전개되어왔지만 지도층은 야수 같은 총독경찰의 탄압에 검거·투옥되거나 친일 전향하여 8·15 당시에는 여운형의 건국동맹

외에는 이렇다 할 통일조직이 없었다. 개개인 중에는 깊숙한 시골에서 두문불출하여 일제에의 협력을 일절 거부한 양심적 인사가 적지 않기는 했으나 일제의 엄중한 감시 밑에 지하에서조차 조직활동은 하지 못했다. 특히 우파라 지목된 인사들은 상당수가 부일협력하여 소극적으로나마 민족양심을 지키지 못하고 있었다.

8·15 직전, 일제총독당국이 한민족의 지도자로 지목한 인사는 여운형·안재홍·송진우 세 명 정도였으나 이들 중에서 여운형을 제외한 안재홍과 송진우는 이렇다 할 항일조직을 갖지 않고 있었다. 안재홍은 일제에의 협력을 끝내 거부하고 있었으나 여운형의 건국동맹에 가담하지 않아 외롭게 8·15를 맞았다.

당초 남한에는 다소나마 조직성을 띠고 있는 민족세력으로서 대체로 5개 파를 생각할 수 있다.

김성수·송진우 등을 중심으로 한 토착세력, 여운형을 중심으로 한 사회주의 경향의 세력, 재건파 박헌영을 중심으로 한 공산주의 그룹, 끝으로 기독교 인사를 중심으로 한 세력 등이 있었으며 기독교세력은 다시 미국에 있던 이승만계와 또 당시 중국에서 잡혀 복역 후 평양 근처에서 요양 중이던 안창호계의 두 파로 나뉘어 있었다.

이들 중 첫째, 토착세력으로서 김·송 세력은 1930년까지 동아일보를 중심으로 온건한 민족운동을 전개하고 있었으나 1940년에 신문을 폐간당해 그들의 근거지를 잃고 일제의 강제에 못 이겨 본의는 아니나 친일단체 등에 이름이 오르게 되고 부득이 부일협력을 하고 있었다. 그럴 수밖에 없는 것이 김·송 등은 일제하에서도 삼양사, 경성방직 등 대기업 등을 일제의 지원을 받아가며 경영하고 있었으므로 그들로서는 부일협력을 요구하는 일제의 부탁을 정면에서 거부할 입장이 못 되었다. 때문에 그들은 장덕수·이광수 등등 지난날 동아일보 출신의 친일파들의 보호벽 안에서 불안한 생활을 하고 있는 어려운 형편이었으므로 그들로서는 가능한 한 부일협력을 덜 하고서도 자신들이 누리고 있는 사회경제적 지위를 무사히 유지·보존할 수 있는 길을 찾는 것이 고작이었으므로 이들에게 해방을 앞둔 한민족을 위해 어떤 비합법적 조직이나 운동을 준비할 만한 희생적인 투지를 기대할 수는 없었다. 이같이 토착세력인 우파는 아무런 준비 없이 8·15를 맞았다.

둘째, 토착항일세력으로서 또 하나 간과할 수 없는 것이 좌파공산주의세력으로서 박헌영 일파였다. 당초 한국에는 1925년 처음으로 공산당이 조직되었으나 1·2·3·4차 연이어 일제 경찰망에 검거되자 한때 신간회 조직 속에서 합법운동을 꾀하기도 했고 신간회가 자치운동 쪽으로 기울어지자 이를 자진 해산시키고 1930년대부터는 일제히 지하로 잠입, 노동·농민·학생운동을 지도하는 한편 각지에서 당재건을 기도했으나 그때마다 검거되었다. 1940년 전후 당재건을 마지막 시도하다가 발각되자 해방 전 3, 4년간은 잔여세력이 겨우 서클운동 정도로 명맥을 유지해왔다. 투지는 강했지만 이들 역시 8·15를 맞을 준비를 갖추지 못했다. 이러한 우·좌 토착세력과는 다른 안창호계의 수양동우회, 이승만계의 흥업구락부 등이 있었으나 항일투쟁단체라기보다 민족의식이나 문화를 보존하자는 정도에 지나지 않았고 그나마 1938년 전후 총독경찰에 검거되자 부일협력을 서약, 이른바 전향했으므로 우파의 거물이라 할 이승만·안창호는 국내에 그들 자신의 조직기반을 거의 가지지 못했다. 뿐 아니라 1938년 안창호가 별세한 후로는 동우회 관계자들은 거의 맥을 못 쓰고 일제 말기의 추악한 부일협력의 오점을 남기게 되었다.

이승만계의 흥업구락부는 본래 부유한 실업인이 많았으므로 조직이 노출되자마자 전향하여 친일행위를 하게 되었으므로 8·15를 앞두고 이·안계는 사실상 뿌리가 뽑히고 만 셈이다.

해방을 앞두고 지도층이 이토록 한심한 상태에 있을 때 일제와 차원 높은 접촉을 하고 있던 여운형만이 해방의 준비를 서둘고 있었다. 이 점에 관해선 졸저 《한국현대사론》에 상세한 설명이 있으므로 약하기로 하겠으나, 8·15 직후 여운형 지도 밑에 재빨리 건국준비위원회가 결성되고 사회적·경제적·

정치적 혼란에 대처하게 된 것은 일제하의 지하활동에서 그만한 준비가 있었기 때문이었다. 만약 8·15 후 미군정의 압력이 없었다면 8·15 후의 정치는 아마도 건국준비위원회에서 '인민공화국'으로 밀려나가는 대세를 누구도 저지하지 못했을는지 모른다. 그만큼 우파는 해방을 맞을 준비가 없었고 국내 대세는 좌경화로 기울어지고 있었다. 우파의 국내지도자로서 송진우가 여운형과의 협력을 거부하고 오로지 해외의 망명 항일지도자들의 추대를 고대하는 한편 이면에선 우파세력의 규합에 혈안이 된 것은 8·15를 준비 없이 맞아 좌파에 대항하여 승산이 없다고 본 데서 나온 어쩔 수 없는 전술이었다.

해외지도자들의 정치활동

우파토착세력을 대표한 송진우는 여운형·박헌영의 건준세력과 맞서 싸울 수 있는 유일한 명분과 무기로서 해외망명지도자들의 추대를 내세웠으나 해외망명파는 국내에서 기대하고 있었던 것처럼 연합국의 평가를 받고 있는 것이 아니었다. 이승만이 미국에서 벌인 독립운동이란 주로 미국 조야에 대한 호소외교가 고작이었다. 그는 중국에 있는 임시정부로부터 주미외교위원부 위원장으로 임명된 1941년, 미국에 대해 임정의 승인을 요구하고 그들로부터 항일운동을 위한 지원을 얻고자 공작했으나 미국 정부는 극히 냉담한 반응을 보였다. 이승만이 자기의 미국 친구들로 구성된 한미우호협회로 하여금 루스벨트 미대통령에게 임정승인과 연합국 측에 가담시킬 것을 요구하는 운동을 벌이게 했으나 미국무성은 이승만이 한국 민중에게 별로 알려져 있지 않으며 중국의 임정이란 일부 망명객들의 자치클럽에 지나지 않는다는 지극히 모욕적인 반응을 얻었을 뿐이었다.

이승만은 자기가 직접 루스벨트에게 공한을 보내고 같은 내용의 호소를 했으나 이승만을 한국민족의 대표로서 받아들일 수 없다는 말만 들었다. 이승만이 미국 정부의 인정을 전혀 받지 못한 것은 미국 정부가 그의 항일운동이라는 것을 별로 인정하지 않은 때문이기도 했으나 한편 재미 한국인 사회의 끝없는 파쟁에 미국이 한국인들을 멸시한 데에도 원인의 일단이 있었다.

미국에 있는 한국인 각 단체는 1941년 6월 재미한족연합위원회를 결성하여 이승만을 대미외교위원으로 임명하고 한글과 영문으로 신문을 발행하여 재미교포와 미국 여론에 한국 문제에 대한 관심을 환기시키는 데 노력하는 한편 교포사회에서 돈을 모금해 이승만과 임정을 지원하고 있었다. 그러나 이승만은 연합위 측의 요구를 무시하고 모든 문제를 자기 독단으로 처리할 것을 고집하여 마침내 연합위와 이승만은 결별하고 말았다. 이리하여 연합위는 1944년 워싱턴에 따로 사무소를 설치하고 김원용·한시태·전경무 등으로 하여금 이승만과는 별도로 독립외교를 벌이게 했다.

이 무렵 루스벨트 미대통령은 중국의 외교부장 송자문(宋子文)에게 한국인들의 이용가치에 관한 의견을 물어왔으므로 송은 이승만에게 분열된 한국인들의 힘을 강화시키기 위해 당시 미국무성 일부에서 신임을 받고 있던 한길수(韓吉洙)와 손을 잡을 것을 권유했으나 이승만은 한과 합작하면 공산당을 이롭게 할 뿐이라는 엉뚱한 이유를 붙여 이를 거절했다. 당시 샌프란시스코에는 유엔총회의 창립 준비가 한창이었고 따라서 한국 민족운동의 각파 대표들이 많이 와 있었다. 이들 중엔 장차 한국이 독립하려면 공산주의자들과 합작연합정부를 세울 수밖에 없다는 의견이 대두하고 있었는데 이승만은 이러한 의견을 맹렬히 비난하고 공산주의자들과는 같이 일할 수 없다는 주장을 내세웠다. 한길수와의 합작을 거부한 것도 이와 같은 이유 때문이었던 것으로 짐작된다. 이러한 사실들이 외국인들에게는 모두 부질없는 파쟁으로 받아들여져 송자문은 마침내 루스벨트에게 "한국인은 너무 파쟁이 심해 효과적인 힘의 결속을 하지 못한다"고 부정적인 보고를 했던 것이다. 이러한 사정 때문인지 1943년 4월 루스벨트와 영국 외상 이든은 워싱턴에서 만난 자리에서 이미 한국의 신탁통치 실시에 의견을 같이했던 것이다.

중국에서의 독립운동에도 문제가 많았다. 3·1운동 직후엔 한때 상해에 독립운동가들이 구름처럼 많이 모여들었으나 시일이 지날수록 하나 둘 흩어지고 1920년대 말엽에는 수십 명도 못 되는 형편이 되고 극도의 재정난에 빠진 임시정부는 정부청사를 어느 초라한 개인집으로 옮겼으나 집세와 사환 봉급을 합친 50원도 지불하지 못해 가끔 소송을 당하기도 했다.

당시 주석이던 김구의 자서전 《백범일지》에는 이 무렵의 비참한 정경이 소상히 기록되어 있다. 임정요인들의 생활은 실로 눈물겨울 정도였고 전차표 검사원으로 근근이 지내는 교포집을 이리저리 찾아다니며 밥을 얻어먹고 있었다. 변절하지 않는 것만도 훌륭한 독립운동이 된다는 처참한 형편이었다.

궁지에 몰린 김구는 마침내 미국, 하와이, 멕시코 등의 교포들에게 임정의 어려운 사정을 알리고 지원을 호소했다. 당시의 국내는 이른바 총독 사이토의 '문화정책'이 조선인 지도층에 독약처럼 스며들어 독립을 가망 없는 것으로 보았으며 자치론이 대두하고 독립운동 자금을 대면 패가망신한다는 풍조가 퍼져 자금이 일절 걷히지 않아 할 수 없이 해외동포들에게 호소한 것이었다. 다행히 편지에 대한 호응이 의외로 커서 각지로부터 적지 않은 돈이 모였다. 김구는 동포들의 피맺힌 애족심이 담긴 이 돈을 가슴에 안고 눈물을 흘렸다. 그리고 이 돈으로 세상을 깜짝 놀라게 하고 국내동포들의 눈을 뜨게 하는 일을 해야겠다고 결심한 결과가 이봉창·윤봉길 의사의 장거였다. 두 의사의 장거로 한국 문제는 비로소 세계의 관심을 끌게 되고 특히 중국인들의 한국인들에 대한 대우가 크게 달라졌다.

1940년 5월 민족진영의 3당통합으로 한국독립당이 결성되었다. 당초 김구는 같은 민족끼리 나라를 되찾는 투쟁에서 통일을 못 이룰 리 없다고 김원봉·김두봉 등 좌파와 단일정당을 창설하려 했으나 우익에서 반대하고 특히 이승만이 반대했으며 좌파에서도 당내에서 불리한 입장에 설 수 없다는 주장을 고집하여 결국 3당통합으로 그치고 말았다. 임시정부는 1940년 9월 중경으로 옮겼다. 1941년 12월 미·일전쟁이 발발하고 조국의 해방이 현실문제로 제기되자 이번에는 임정 안에 좌우합작 문제가 계기가 되어 이승만의 맹렬한 반대를 무릅쓰고 좌우연립정부로 개편하고 좌파인 장건상이 국무위원이 되고 김원봉이 국무위원 겸 군무부장이 되었다. 임정은 1942년 7월 중국 정부와 군사협정을 체결하고 통일된 광복군 편성을 서둘렀다.

총사령관에 이청천, 참모장에 김홍일, 부사령관 겸 제1지대장에 김원봉, 제2지대장에 이범석, 제3지대장에 김학규가 임명되었다. 이때 김원봉이 중공 팔로군과 손을 잡았으나 광복군 창군준비는 지지부진했다.

그러나 일본군에서 탈출한 학병들이 중경의 임정 쪽으로 속속 모여들어 임정은 크게 활기를 띠었고 미국 OSS의 지원을 얻어 특수 게릴라부대의 훈련을 시작했다.

1945년 8월 9일 서안에서 김구·이청천이 참관한 가운데 학병을 중심으로 한 광복군의 특수훈련이 실시되었다. 미군 훈련관은 한국 청년들이 중국 청년들보다 지능·투지·체력이 월등 우수하다고 칭찬이 대단했다. 김구는 한없이 기뻤고 감격스러웠다. 김구는 드골이 파리를 자유프랑스군의 힘으로 해방시키기를 고집한 것처럼 또 실제로 자유프랑스군의 공격으로 파리를 해방시킨 것과 같이, 광복군의 힘으로 서울을 해방시키리라 굳게 마음먹었다. 이것은 장차 조선 문제 해결에 대한 조선 민족의 발언권을 강화시키는 데 절대 필요하다는 것을 알고 있었기 때문이다. 그러나 8월 15일 마침내 일본이 항복함으로써 김구의 꿈은 사라지고 말았다. 그는 땅을 치며 탄식했다. 새나라 건설에 한민족의 발언권이 인정되지 않을 것을 우려한 것이다.

이상에서 본 바와 같이 미 본토에서나 중국에서나 망명투사들의 항일전에의 기여는 연합국 측으로부터 별로 인정을 못 받고 역사가 증명하듯이 8·15 후 미·소 두 나라에 의해 일방적으로 분단 점령되어 한민족은 해방을 맞았다는 바로 8·15 그날부터 수난이 시작된 것이다.

미군정이 남긴 것

오키나와에서 한반도로 진주한 미 제24군단장 즉 주한미군사령관 하지는 무슨 까닭인지 한국민족을 해방민족으로 인정하지 않았다. 그가 1945년 9

월 2일자로 서울 상공에 뿌린 최초의 전단도 해방에 들끓고 있는 한국 민중에게 해방을 축하한다는 문구는 단 한 줄도 없고 다만 자기의 포고와 명령을 지켜야 하며 일본인과 미상륙군에 대한 반란행위, 재산과 각종시설의 파괴행위는 처벌될 것이라는 경고부터 했다. 해방민족에 대한 첫 포고문치고는 놀랍게 냉랭하고 적대적이기까지 했다. 9월 9일 제2포고문에서는 경솔 무분별한 행동, 즉 미상륙군에 항의를 하면 "인민을 잃고 아름다운 국토가 황폐화될 것"이라고까지 경고했다. 무자비한 공격으로 한국 민중을 죽이고 국토를 파괴하겠다는 무서운 경고다. 미군은 공군의 엄호 하에 완전무장, 마치 적진 상륙하듯 무시무시하게 인천에 상륙했으며 미리 일본 군경을 동원, 한국인들에게 일체 외출을 못하게 했다. 그러나 일부 시민들이 '해방군'인 미군을 반가움에 환영하고자 외출했다가 경비구역을 침범했다고 일경의 총격으로 많은 사상자를 내게 했으며 한국인들의 항의에 미군당국은 정당한 공무집행이라고 살인 일경을 오히려 두둔했다.

하지는 '조선총독통치'를 그냥 존속시키려고까지 했다가 한국인들의 맹렬한 반대에 부딪혀 그 계획을 수정했으나 그 자신이 기자회견에서 공언했듯이 미군정은 한국에 관한 모든 정보를 전적으로 일본인들에 의존하여 일을 처리해 나갔다. 9월 9일 하오 4시 30분 이른바 총독부 정문에 걸린 일장기는 강하되고 대신 성조기를 높이 게양하고 미태평양 방면 총사령부, 즉 맥아더 사령부는 「조선인민에게 고함」이라는 포고 제1호를 발포하고 "북위 38도 이남의 조선 영토와 조선 인민에 대한 통치의 전권한은 당분간 본관의 권한 하에 시행한다"고 하고 "주민은 본관 및 본관의 권한 하에서 발포한 명령에 즉각 복종하여야 하며 점령군에 대한 모든 반항행위 또는 공공안녕을 교란하는 행위를 감행하는 자는 용서 없이 엄벌에 처할 것이며 영어를 공용어로 한다"고 했고 포고 제2호에서는 조선인으로서 포고명령을 위반하는 자는 사형 등 처벌을 하겠다고 경고했다.

백범이 서안에서 일본의 항복소식을 듣고 무릎을 치며 개탄, 앞날을 염려

한 것은 바로 이런 사태가 올 것을 예견한 때문이었다. 프랑스의 경우 드골은 자유프랑스군을 이끌고 온갖 모욕을 당하면서도 마침내 자기들 손으로 조국의 수도 파리를 해방시켰으나 그런데도 드골은 루스벨트와 처칠의 모욕을 수없이 경험했고 그때마다 당장 권총을 빼어들고 결투라도 할 듯이 프랑스인으로서의 자존심을 지켰다는 사실은 너무나 유명한 이야기다. 하지는 기회 있을 때마다 한국은 미국인의 피로써 해방시켰다는 점을 내세워 자기들의 고자세를 밀고 나가려 했다.

미군정당국은 이승만은 물론 중국의 임시정부에 대해서도 정부행세로는 절대 입국시킬 수 없고 개인자격으로만 돌아올 수 있다고 하여 김구는 이 같은 수모를 참고 입국할 수밖에 없었다. 군정을 실시한 하지는 군정장관 아널드로 하여금 '인민공화국'을 부인하는 성명 속에서 "38도 이남의 조선 땅에는 미군정이 있을 뿐이고 그 외에는 다른 정부가 존재할 수 없다"고 못 박고 "고관대직을 참칭하는 자들은 흥행가치조차 의심할 괴뢰극을 하는 배우에 지나지 않으며 그 연극을 조종하는 사기꾼은 마땅히 그 괴뢰극을 폐막하여야 한다"고 냉소적인 비난을 퍼부었다.

아널드의 이 부인성명은 1945년 10월 10일 발표되었는데 이보다 며칠 전인 10월 5일 군정장관 아널드의 한국인 고문단이 취임하였으므로 인공부인 성명문 내용은 이 고문들의 영향이 있었던 것으로 보아 틀림이 없을 것이다. 하여간 미군정은 30년 법통을 자부하는 김구의 임시정부와 국내의 인공을 모두 부인하고 오직 군정 일변도로 밀고 나갔으며 이때 미군정에 적극 협조, 강력한 발언권을 행사한 것이 바로 한국민주당이었다.

주한미군사령관 하지는 서울에 진주하자 구 총독관리인 일인들을 '행정고문'이라는 명칭으로 그냥 영향력을 행사하게 하고 특히 당시 민중의 증오의 대상이 되고 있던 총독시대의 한국인 경찰관리들을 그대로 유임시킴으로써 민중의 원한을 샀다.

민주주의를 하는 나라라고 자처하면서 미군정은 민중의 여론을 전혀 돌보지 않고 친일파·민족반역자들을 그냥 등용했다. 이중에는 일제 하의 고등 경찰로서 민족운동가들을 검거·고문·학살한 반역자도 다수 포함되어 있었 다. 미군정은 조선에서 일본군국주의 잔재를 청산할 생각을 전혀 보이지 않 았을 뿐 아니라 오히려 부일반민족행위자들을 보호했다. 미군정 하의 입법 기관인 남조선과도입법의원이 1947년 7월에 '민족반역자·부일협력자·간상 배에 대한 특별법'을 제정, 통과시켰으나 이 특별법안은 미군정의 동의를 얻 지 못하고 끝내 공포되지 않아 법률로서 시행을 보지 못해 일제 잔재의 숙청 은 실현되지 않았다. 미군정은 이 나라에 형식적으로 민주주의를 도입시켰 을 뿐 일제 잔재를 보존함으로써 장차 이 나라 민주주의를 짓밟는 무서운 독 소들을 남겨놓았다.

미군정 하의 한국 사회의 실정을 직접 현지 취재한 바 있는 라우터바크는 10월폭동 후 한미공동조사단이 다음과 같은 5개 항목의 조사결과를 하지에 게 보고했다고 하면서 10월폭동의 주요한 원인으로서 첫째 경찰에 대한 증 오감, 둘째 부일협력자들이 미군정에서 여전히 등용되고 있는 점, 셋째 통역 정치의 폐단, 넷째 한국 관리들의 부패, 그리고 마지막으로 이러한 점을 비 난 공격하는 공산당의 선동을 원인으로 들었다. 라우터바크는 특히 하지가 한국인이 '해방민족'이라는 것을 인정하지 않은 것이 가장 큰 잘못이었다고 말했다.

이같이 한국 민중의 감정을 전혀 무시하고 친일파·민족반역자들을 등용 함으로써 이 땅의 민족정신을 혼탁·타락시킨 미군정은 적산처리에서 정상 배들을 날뛰게 하고 이 나라 경제윤리를 타락시켰다. 해방 당시 이 땅에는 전 국 기업체의 80% 이상이 일인소유재산으로서 이 재산이 36년간 이 민족을 수탈하여 축적한 결정임은 말할 것도 없다. 따라서 미군정당국의 일인소유 재산의 처리정책은 전민족의 지대한 관심을 끌었다.

미군정은 일인재산을 접수한 다음 이것을 미군정의 귀속재산으로 규정하 고 다시 특정인들에게 관리시켰다. 이 특정인들 중에는 전날의 친일매판기업인들이 많았다. 이 불하과정에 온갖 부패가 싹텄고 당연한 결과로 한민당과 이승만파가 이 이권에 깊이 개입하였다는 것은 널리 알려진 사실이다.

미군정은 이것과는 상관없이 1945년부터 1948년 12월까지 3년간 4억 3천만 달러에 달하는 원조를 했으며 그 내용을 보면 식료품, 의복, 일부 의약품, 심지어 과자류에 이르기까지 구호적 성격을 띤 물자가 대부분이었다. 이것은 일면 미국의 잉여상품 처리라는 뜻도 있었다. 하여간 해방과 더불어 시장에는 미국의 각종 상품이 넘쳐흘러 한국의 상업, 식료품공업, 섬유공업은 큰 타격을 입어 미군정 3년 동안을 1940년과 비교해 섬유공업은 35%로, 식료품 공업은 실로 9.7%로 격감했다.

미군정 3년이 한국의 자립경제체제 확립을 위해 결과적으로 어떠한 영향을 미쳤는가를 검토해볼 필요가 있다. 미군정 3년간의 결산은 인플레의 격화, 대중생활의 파탄, 부정·부패의 만연, 치안의 난맥뿐 아니라 정부재정의 막대한 적자, 사회불안은 손을 댈 수가 없을 정도였다. 군정 3년간의 인플레를 보면 통화발행고 지수가 1945년 8월을 100으로 할 때, 군정이 끝난 1948년 9월에는 500으로 5배가 팽창하고 물가지수는 같은 기간에 100에서 1,060으로 무려 10배 이상으로 치솟았다. 그리고 군정 3년간의 결과로 정부부채가 262억 2,400만 원에 달했는데 이것은 당시의 화폐발행고가 300억 3천만 원이었음을 생각할 때 실로 엄청난 액수가 아닐 수 없었다. 미군정 3년간 이 땅에 새로 유행된 말이 '사바사바'니 '모리배' 또는 '귀속재산불하' 같은 따위였는데, 이것은 미군정 3년간에 걸친 무원칙한 인사정책과 부정과 흑막에 싸인 귀속재산 불하 과정에서 비롯된 유행어였다. 〈조선일보〉를 포함해 당시의 신문들이 3년간의 업적을 부정적으로 본 것도 결코 무리라고만 할 수 없을 것이다.

일제 잔재의 계승이라는 점에서 공출제의 강행실시도 빼놓을 수 없다. 미군정은 1946년 봄 추곡수매령을 공포, 전해의 추곡부터 공출을 실시했는데 1946년, 1947년이 되면서 공출량은 늘어나고 수매가는 시장가의 5분의 1도 안 되는 헐값으로 강제로 거두어갔다. 더욱이 미군정은 일제시대에도 없던 하곡수매까지 강행하여 전국 여러 곳에서 농민들과의 충돌사건이 벌어지고 농민들의 이러한 불만은 1946년 10월폭동의 한 원인이 되기도 했다. 게다가 미군정이 농지개혁을 한다고 했으나 실제로는 개혁이 지연되어 이런 기간 동안 지주들은 소작지를 비싼 값으로 소작인들에게 강매하는 경향이 생겨 그 통에 돈이 없는 소작인들은 땅을 남의 손에 빼앗기는 예가 비일비재하였다.

일본에서는 미군사령부가 이미 1946년부터 농지개혁을 실시했는데도 한국에서는 무슨 까닭인지 이를 지연시켜 구일본인 소유농지조차도 1948년 3월 군정이 끝날 무렵에야 겨우 분배에 관한 법률을 공포했으나 그 땅마저도 유상분배라는 원칙에 따라 생산량 30%의 5년 상환이라는 농민들에게 과중한 부담을 요구하였던 것이다. 미군정은 남한만의 단독정부수립에 책임을 면할 수 없으며 일제 잔재를 사회각계에 그대로 보존한 채 새 나라를 세운 결과 1948년 8월의 신생정부 밑에서도 부정부패가 만연하고 참신한 기풍을 볼 수 없고 마치 노쇠국 같은 인상을 주게 되었다.

일제 잔재의 재등장

1945년 8월 15일 '해방'을 맞았을 때 한국사회에서는 하나의 이념 아래 민중을 단결시키고 그들을 독립의 길로 이끌어나갈 만한 국제적으로 인정된 혁명적 주체세력이 없었다. 물론 각종 형태의 항일투쟁이 민중 사이에 벌어지고 있었으나 이들을 조직화하고 이끌어나갈 만한 지도자가 없어 이들의 투쟁은 지극히 산발적이었다는 사실은 앞에서 살펴본 바와 같다.

이른바 지도층은 대부분 일제의 압력에 굴복, 그들에 협력하고 있었으며 다만 여운형을 중심으로 한 일부 지식인층이 지하운동을 시작하여 앞으로 닥쳐올 한국의 독립에 대비하고 있었으나 이 운동은 그 당시의 객관적 상황으로 보아 지하서클 활동의 범위를 크게 벗어나지 못했고 따라서 8·15 후 재빨리 사태수습에 나서 건국준비위원회에서 '인민공화국'으로 그들 나름의 독립노선을 개척해 나가려 하다가 미군정의 반대로 좌절되고 말았던 것이다. 만약 그들의 항일전통과 힘이 질량 면에서 찬란했다면 미군정에 어느 정도 저항해 싸웠겠으나 그러한 저항이 없었지는 것은 그만한 전통이나 힘이 부족했기 때문으로 보여진다.

8·15를 맞은 우리 민족에 민중을 이끌어나갈 만한 혁명적 주체세력이 없었다는 것은 일제의 식민통치와 탄압이 그만큼 철저하고 집요하고 악랄해서 지도에 의한 투쟁이 남아날 여지가 없었기 때문이다. 하여간 8·15 직후의 이 땅은 각계각파의 정치세력을 위해 일종의 기회균등적 상황에 놓여 있었다. 우파나 좌파나 그 당시엔 어느 쪽도 민중을 잡지 못하고 있었으며 이제부터 시작이라는 단계였다. 오히려 알려지기로는 여운형이나 박헌영보다 이승만 쪽이 유리했고 게다가 미군정이라는 배경이 있어 좌파보다 우파가 유리한 여건이었다.

그중에서도 귀국 당시 가장 유리한 여건 하에 있던 것이 이승만이었다. 만약 그가 그렇게 할 생각만 있었다면 무진장한 민중 속에서 진정한 민족의 주체세력을 형성해서 그 후의 민족의 진로에 확고한 민족자주국가를 세울 수도 있었을 것이다. 당시의 정치 여건은 좌파에 유리하고 우파에 불리한 것이 아니라 오히려 좌파에 불리하고 우파에 유리했다. 우파가 좌파와 싸우기 위해 친일파의 힘을 빌려야 할 논리는 설 수 없었다. 이승만이 자기의 정치기반으로 친일세력을 포섭해야 할 이유는 없었다. 이승만이 친일세력 쪽으로 기울어진 것은 그의 정치적 체질이 그것을 요구한 것이지 좌파에 대항할 힘이 부족한 때문이었다고 볼 수는 없다. 하여간 이승만이 자기의 정치기반으로서 친일세력을 감싸고 나선 것은 그 후의 민족운명과 대한민국의 성격과 진로와 통일문제 등에 결정적 영향을 미쳤다고 보아야 한다.

이승만은 중국의 김구가 장개석의 지원을 받아 자기보다 먼저 서울에 와서 정치기반을 닦는 것이 아닌가 하고 불안을 느낀 나머지 누구보다도 먼저 귀국했던 것이다. 이승만은 젊어서부터 남달리 권력을 좋아하고 남의 지배를 못 참는 성격이 있었다. 그는 젊어서 입신출세하려고 몇 년을 두고 과거를 보았으나 그때마다 낙방했다. 1894년 갑오경장으로 과거제도가 폐지되자 극도로 실망하고 분노한 이승만은 국정개혁을 부르짖고 개화파에 가담했다.

권력에 대한 집념은 망명 후에도 나타나 하와이 민족단체 안에서도 재정과 주도권을 잡자 동포끼리 싸움과 재판으로 세월을 보냈고 그를 하와이 교포사회에 소개한 옛 동지인 박용만(朴容萬)조차도 이승만은 겉으로는 도덕과 민주주의를 말하면서도 권력을 잡기 위해서는 폭력과 모함 등 수단 방법을 가리지 않는 무서운 사람이라고 개탄했다.

권력을 잡기 위해서는 수단과 방법을 가리지 않는 이승만이 민족정의에서 벗어난 부일협력자들을 자기의 정치기반으로 삼은 것은 조금도 놀라운 일이 아니다. 그는 귀국하자마자 하지 중장이나 아널드 군정장관을 배석시킨 가운데 3천만 동포는 우선 뭉쳐야 산다고 주장했다. 하지나 아널드를 배석시켜 마치 이 두 사람이 자기를 추대하고 있다는 인상을 주려고 한 점이나 우선 뭉치라고 함으로써 중국의 임정이고, 기정사실화하려는 '인공'의 존재고 모두 무시하고 자기를 중심으로 단결하라는 방향으로 이끌고 나가려고 한 것 같은 것은 과연 이승만다운 정략이라고 할 수 있겠다.

정치인이 권력을 장악하려고 투쟁하는 것을 나쁘다고 말할 수는 없으나 권력을 잡기 위해서는 하와이 시절부터 수단과 방법을 가리지 않는 무서운 사람으로 알려진 이승만이 귀국 후 그의 집권과정에서 어떠한 해악을 이 민족에 끼쳤는가는 오늘의 시점에서 충분히 연구의 대상이 된다고 믿는다.

첫째, 그는 입으로 민주주의를 말했으나 자신이 왕족이라는 관념에 집착하고 있었다. 로버트 올리버의 《이승만전》을 보더라도 이승만이 자기 가문에 대한 자랑이 대단했다는 것을 말해준다. 그는 본질적으로 귀족적, 따라서 반민중적 정치인이었다. 그가 귀국 후 부일협력자의 대변자라고 비난받던 한민당을 자기의 정치기반으로 삼은 것은 조금도 이상한 일이 아니었다.

해방 후 반민족 부일협력자를 숙청하라는 국민의 여론이 비등했으나 알다시피 미군정은 이 같은 여론을 무시했고 이승만이 미군정을 뒤따라 친일세력을 두둔·보호했다. 빗발치는 국민여론에 따라 제헌국회에서 반민족행위처벌법을 제정하였으나 친일파들이 '대지구락부'라는 단체를 조직하고 이승만의 지지를 받아 친일파 숙청을 주장하는 자는 '공산당의 주구'라고 위협했다. 이승만은 국회에서 회부한 반민족행위처벌법안—반민법—을 거부하기로 했다가 쌀 공출제 실시에 관한 법안이 거부될 것 같아 하는 수 없이 통과시켰으나 1949년 1월부터 친일반역자들의 일람표를 작성하는 등 반민특위의 활동이 시작되자 경찰 측에서 반민특위 관계자들의 암살음모가 꾸며지는가 하면 그간 애국지사를 고문·학살한 일제 고등계형사 노덕술(盧德述)을 체포하자 이승만은 특위조사위원을 불러 노덕술은 건국공로자니 석방하라고 요구했다. 특위가 항일애국자를 고문·학살한 자로 도저히 석방할 수 없다고 거절하자 이승만은 2월 15일(1949) 특위활동을 비난하는 담화를 발표하고 행정부 안의 반민자 조사 협조를 거부했다.

이승만의 이 같은 비난과 방해와 협박이 있음에도 특위는 애국지사들을 체포·고문·학살한 고등계 형사들을 비롯, 반민자들을 계속 잡아들였다. 특위가 마침내 그해(1949) 6월 6일 서울시경 사찰과장(지금의 정보과장) 최운하(崔雲霞)와 종로서 사찰주임 조응선(趙應善)을 연행하자 경찰은 정부의 양해 아래 반민특위를 포위하고 특경대(반민특위소속경찰)를 무장 해제하고 특위 직원을 마구 폭행하고 연행 구속했다. 이에 특위위원장 김상덕(金尙德)을 비롯한 특위조사위원과 특별재판관·특별검찰관 등이 사임하고 반민특위 활동을 반대한 바 있는 법무장관 이인(李仁)이 위원장이 되어 특위활동의 막을 닫았던 것이다.

국민의 절대적 여론에 따라 착수된 친일반역자에 대한 민족적 심판은 이렇게 이승만의 반대로 좌절되고 이로써 경찰을 비롯해 각계에 뿌리박고 있는 악질 친일반역자들은 마음 놓고 활개를 치게 되었고 그 후 이들은 이승만 정권을 유지하기 위해 이 나라 민권을 탄압하고 마침내 3·15부정선거까지 자행하다가 민중의 분노가 폭발하는 4월혁명에 의해 붕괴되고 말았던 것이다.

둘째, 친일파를 보호, 자기의 권력기반을 굳힌 이승만은 농지개혁을 지주들에게 유리하게 실시하여 지주층을 권력기반으로 삼는 데 성공했다.

당초 미군정 하에서부터 농지개혁문제가 제기되었으나 일부 관선(미군정추천)의원을 제외한 민선의원이 거의 한민당 소속이었으므로 이른바 입법의원에서는 농지개혁관계법안의 통과를 지연시켜오다가 결국 정부수립 후로 미루고 말았다.

1948년 8월 정부가 수립된 후에도 농지개혁법의 입법과 국회 통과가 지연을 거듭하여 이것이 통과된 것이 1949년 6월 21일이었고 이의 시행령이 공포된 것이 1950년 3월 25일로 그간 9개월의 세월이 흘렀다. 농지개혁법안은 당초 정부 내에서는 농림부, 기획부, 국회의 산업노동위원회에서 각각 성안했으나 국회에서 심의하는 과정에서 점점 농민들에게 불리하게 변했다. 그런데 이렇게 지연되고 있는 동안에 지주들의 강매가 급격히 늘어나 1945년 12월 현재 소작지 총면적이 논·밭 합쳐 144만 7,359헥타르였으나 그 사이에 87만 4천 헥타르가 강매되었다. 농지개혁법에 의해 실제로 분배된 농지는 논·밭 합쳐 33만여 헥타르, 즉 전경작농지의 16.5%에 지나지 않았다. 어느 모로 보나 지주에게 절대 유리하게 농지개혁이 이루어졌다는 것을 알 수 있다. 그나마 농지개혁 후의 사후대책 즉 농민들에 대한 보호대책이 전혀 없었고 이른바 경제건설·공업화가 농촌의 희생을 대가로 추진되었기 때문에 경자유전이라는 농지개혁의 당초의 목적이 모두 허물어져 또다시 부재지주·소작인이 늘기 시작하였다. 농지개혁에 있어 가장 소극적이고 기회 있을 때마다 법안의 심의·통과를 지연시키고 내용을 농민이 아닌 지주층에게 유리하도록 추진한 것이 한민당계였던 것이다.

이승만은 농지개혁을 이같이 지주층에게 유리하게 끝내 자신의 정치적 기반을 굳힌 다음 도시에서의 이른바 귀속재산처리에서도 일부 특정인에게 특혜 불하해주어 본래 같으면 국민 전체의 재산으로 민족경제건설에 유익하게 활용되어야 할 재산을 이승만 자신의 정치적 기반을 굳히는 데 유리하게 나누어주었다.

정부수립 후 이승만 정권은 정부의 재원확보와 민간자본축적이라는 기본방침 아래 귀속재산불하를 확인하였다. 그리고 1949년 예산편성의 과정에서 귀속재산불하를 위한 입법조치가 추진되었다. 1949년 2월 9일에는 귀속재산법안을 국무회의에서 통과시켰다. 재원확보와 민간자본축적이라는 것은 어디까지나 명분이고 불하과정에서 갖가지 부정이 개재하여 이승만 정권에게 막대한 이권을 안겨주었던 것이다. 때마침 농지개혁으로 구지주들이 산업자본가로 전환할 수 있는 절호의 기회가 되었는데 국회에서는 세칭 소장파의원들이 "귀속재산처리법이 정식으로 국회를 통과하기 전에는 일절 불하를 할 수 없다"고 주장했으나 행정부는 6월부터 불하를 시작할 뜻을 비쳤으므로 국회는 이를 견제할 목적으로 귀속재산 임시조치법을 정부의 반대를 무릅쓰고 국회에서 통과시켰다. 행정부와 국회 간의 이러한 대립과정에서 정부반대의 선봉에 선 것은 이들 소장파의원들이었다. 이 소장파의원 10여 명은 이승만의 '권위'에 정면으로 도전하여 그의 독선 및 독재와 싸우고 있었던 것이다.

이 소장파는 반민법 제정·심의과정에서는 이 법안의 내용을 약화시키려는 이승만과 한민당세력에 반대하여 좀 더 국민여론을 반영시켜야 한다고 주장했고, 미국에서 주는 최초의 이른바 '캔디차관'이나 서대문구 정동 부근의 토지매도에 반대하고, 국가보안법에 대해서는 일제시대의 치안유지법과 같다고 이의 철회를 주장했으며, 귀속재산처리법에 대해서는 당연히 국민에 돌아갈 재산을 일부 특권층의 사복을 채우는 것이라고 반대했고, 농지개혁법에 있어서는 지주이익을 대변하는 한민당과 정면충돌했다. 이승만과 한민당(한민당은 1949년 2월 10일 신익희를 위원장으로 하여 민주국민당으로 개편됐다)으로서는 이러한 소장파와는 도저히 화합할 수 없었다.

이때 소장파의원들에 대한 대검거가 시작되었던 것이다. 국가보안법 위반혐의(국회프락치사건)로 최초의 검거가 있었던 것이 5월 20일, 이때는 농지개혁법·귀속재산처리법 등이 국회에서 한창 심의 중에 있었으며 소장파의 반대가 치열해 이 법의 국회통과가 어려움에 처해 있었다. 때문인지 이승만의 총반격이 일제히 시작된 것 같은 정치양상이 벌어졌다. 즉 5월 20일 소장파의원의 일부가 검거된 후 6월 4일에는 시경서 반민특위를 포위하고 무기를 압수하는 한편 특경대를 해산시키는 일종의 쿠데타 같은 행동을 감행하였다. 반민특위 구성과 친일파 숙청에 대해서는 소장파에서 누구보다도 적극적이었으므로 반민특위 문제에서도 소장파의원들은 이승만이나 경찰과 대립할 수밖에 없었다.

6월 19일에는 소장파의원들에 대한 2차 검거가 있었고 6월 21일에는 번연한 속에서 농지개혁법이 공포되고 6월 26일에는 소장파의원들을 포함한 반이승만·반민국당 세력의 총본산처럼 증오의 표적이 된 백범 김구가 암살되고 7월 7일에는 드디어 반민특위조사위원들이 총사퇴하고 이인이 위원장으로 들어서면서 공소시효를 1년 단축하여 반민특위활동을 사실상 끝내고 말았다. 좀 지난 12월에는 귀속재산법이 국회에서 통과되었다. 이승만 체제는 이상과 같은 일련의 반격조치로 정치적·경제적 기반을 착착 굳혀갔던 것이다.

이승만의 권력 자체가 이같이 많은 반대를 무릅쓰고 기반을 닦는 과정에서 일제 잔재는 꼬리를 흔들며 롤백을 구가할 수 있게 되었다.

이즘이냐 민족이냐

해방에서 정부수립에 이르기까지의 만 3년간의 역사는 그 후의 30년사에 못지않은 중요한 민족사적 의의를 갖고 있다. 이 3년간이야말로 그 후 30년간의 민족사의 향방을 결정지은 역사적 순간이었다. 그리고 이 3년간의 민족사적 성격은 한마디로 이승만과 김구의 관계로 상징되며 그 후 30년사는 김구노선에 대한 이승만 노선의 승리의 소산이라고 보아 잘못이 없을 것이다. 해방사를 인맥의 계보에서 보면 4개의 노선으로 나누어 고찰할 수 있다.

첫째는 이승만 노선, 둘째는 김구·김규식 노선, 셋째는 여운형 노선, 넷째는 박헌영 노선이다.

이것을 압축시켜 보면 이승만 노선과 박헌영 노선의 대립으로 집약된다. 한반도가 38선에서 양분되고 남이 미국 세력권, 북이 소련 세력권이라고 볼 때, 이 두 세력을 배경으로 한 이·박 두 노선이 압도적으로 강력해질 수 있다는 것은 자연스러운 현상이다. 그러나 미군정은 박의 세력에 최후까지 합법성을 인정하면서도 정치적으로는 매우 단호한 태도로 임했다. 결국 박의 세력은 미군정에 의해 지하로 들어가게 되고 그 후 맥을 못 쓰게 되었다.

여운형 노선도 그 성격으로 보아 박과 크게 다를 것이 없었으나 다만 이승만 노선의 존재를 현실적 세력으로 받아들이고 있었다는 점에서 이념적으로 박의 노선과 달랐다. 그러나 여운형 노선은 점차 심화되어가는 미·소 냉전에서 설 땅이 점점 좁아져 여운형의 피격·서거를 계기로 마침내 사라지고 말았다. 국제냉전의 초점이 되다시피 한 한반도에서 그 어느 쪽을 막론하고 중간 노선이란 살아남을 여지가 없었던 것이다.

문제는 남쪽인 한국에서 다 같이 반공입장이면서도 이승만과 김구 간에 묘한 그러나 노선의 아주 결정적 대립이 생기게 되었다는 점이다. 즉 한쪽은 냉전에 편승함으로써 민족의 살길을 찾으려 하였고, 다른 한쪽은 냉전의 조류를 거부하는 속에 민족의 활로가 있다고 본 것이다.

이승만의 정치기반은 타협주의와 부일협력자들과 기회주의자들의 연합 세력이 주류를 형성하고 있었다. 물론 그들 사이에도 일제에 비타협적 항일 투사가 없었던 것은 아니나 주류는 역시 위에 열거한 바와 같은 타협적 추세 파들이 대부분이었다.

이승만을 중심으로 한 이들의 첫째 주장은 반공에 있었으며 따라서 공산당과 연립정부를 세우기로 되어 있는 모스크바 3상회의식의 한반도 문제 해결방식은 이들로서 도저히 받아들일 수 없는 조건이었다. 당시 미국은 세계 전략의 기조를 대소팽창 봉쇄로 전환하는 단계에 있었으므로 반공을 전제로 한 이승만 노선에는 이러한 국제냉전의 추세가 그들의 권력에의 접근에 더할 수 없이 다행스러운 정세변화였다. 한때 모스크바 3상회의에 의해 서울에서 열린 미·소공위는 3상회의에 따라 한반도문제의 해결을 과업으로 받아들이고 있던 하지와 이승만 사이에 대립을 가져왔으나 미국의 세계전략이 점차 냉전 방향으로 기울어지면서 이승만의 반공정책은 때로 미국조차 당혹시킬 정도의 강경일변도로 나갔다.

그리고 일제 하에 민족적으로 어떤 오점이 있는 사람일수록 히스테리컬하게 반공적이 되고 그 당연한 결과로 이들이 공산주의 위협으로부터 민족을 보호하는 민족주의의 담당세력처럼 되어버렸다. 바꾸어 말하면 본래 민족 주체세력이 될 수 없는 사람들이 마치 그 주체세력인 것처럼 행세하게 된 것이다. 민족의 '자주'니 '주체'니 하는 말이 우리 사회처럼 요란스런 나라가 없으나 현실적으로 우리 사회처럼 사대주의가 만연하고 어떤 자주적 행동도 볼 수 없는 나라가 없다. 이들에게 있어 민족주의 하면 '구호'의 민족주의이지 행동의 민주주의가 아니다. 이데올로기적으로 어떤 다른 목적을 위해 이용하는 경우가 많다.

수는 많지 않았으나 이 땅에 지난날 비타협적 민족주의자가 없었던 것은 아니다. 지난날 신간회 관계 인사들이 일제와 타협하지 않고 민족양심을 끝까지 지켰다는 점에서 우리나라의 진정한 민족주의를 대표할 만한 존재였으나 8·15를 맞은 이들에게는 몇 가지 약점이 있었다.

첫째는, 무엇보다도 조직기반이 약했다는 점이다. 이들은 일제 말의 암흑기에도 끝내 민족정신을 지켰다는 점에서 존경을 받을 애국자였으나 조직적 지하운동을 계속하지 못한 탓으로 8·15라는 갑작스러운 사태발전과 격변하는 상황변동에 조직적 투쟁으로 적응할 만한 힘이 부족했다. 안재홍이 8·15 후 자기 독자적 정치활동을 못하고 건준조직에서 부위원장으로 활동하다가 결국 탈락하고 만 것이 그 좋은 예가 될 것이다. 또한 이들은 일제에 대해 비타협적 양심을 고수하였으므로 타협주의자들처럼 일제의 보호와 지원 아래 기업활동을 할 수도 없었고 따라서 8·15 후의 정치활동에서 자금이 없었고 이런 점에서 한민당처럼 튼튼한 경제적 기반이 없었다.

둘째로, 이들은 신간회 당시처럼 공산당하고도 필요하면 손을 잡아야 한다고 주장하는 사람들이었으므로 공산당과 타협 없는 대결입장에 있던 이승만 및 한민당하고는 생리적으로 맞지 않았다. 제1차 미·소공위가 1946년 5월 8일 무기휴회로 들어가자 임정 부주석 김규식은 여운형과 기필코 통일을 달성하겠다는 일념으로 5월 25일 좌우합작운동을 벌였다.

그러나 이승만은 6월 3일 남한만이라도 우선 단독정부를 세워야 한다고 (정읍발언에서) 합작운동을 반대하고 민족통일총본부를 결성, 단정공작을 추진했다. 좌우합작파는 이에 굴하지 않고 협상에 협상을 거듭하며 좌우합작 7원칙에 합의하기에 이르렀으나 한민당은 지주의 이익을 대변하여 7원칙에 반대, 이 때문에 한민당에 속해 있던 일부 합작파 인사들이 대거 탈당하는 사태까지 빚었다. 그러나 합작파의 합의에도 불구하고 이승만 및 한민당계와 이미 지하로 들어간 남로당계의 호응을 얻지 못해 결국 좌절되고 게다가 2차공위까지 결렬되자 이들은 좌우의 편향을 지양하고 민족의 자주노선을 지향하는 18개 정당과 5개 단체를 규합하여 민족자주연맹을 결성하고 김구와 제휴하여 남북협상을 추진했다. 이 민족자주연맹에는 김규식, 원세훈, 안재홍, 김병로(金炳魯), 송남헌(宋南憲), 홍명희(洪命憙), 이극로(李克魯) 등 30여 명이 준비위원이 되어, 단정 아닌 통일을 자주적으로 추진해보겠다는 민족주의 인사들이 집결하였다.

그러나 이승만과 한민당은 공위 분열 후 이미 단정으로 정책전환을 한 미국의 도움으로 단정수립의 방향으로 준비를 서둘렀다. 남북협상파가 민족자주연맹 밑에 결속하고 김구와 제휴하여 협상을 추진했으나 김구는 정책상 큰 딜레마에 빠져 있었다. 당초 김구는 반탁에 앞장서서 반대하여 이를 결렬시키는 결정적 구실을 했다. 그러나 반탁운동과정에서 국내에서는 공산당하고는 통일정부를 세울 수 없다는 이승만에게 단정의 명분을 주어 1946년 6월 3일 이른바 정읍발언을 하게 하고 그 주변에 한민당을 비롯해, 엉뚱하게도 친일파들까지 단정추진세력을 형성시켜 통일의 기회를 점점 희박하게 만들었고 국제적으로는 반탁세력과 호응, 미군정과 국무성 안의 보수세력에 단정을 추진하는 데 큰 힘과 여건을 조성해주었다. 이런 점에서 1차공위가 결렬되자 6월 3일 기다리고 있었다는 듯이 단정추진의 뜻을 표명한 이승만은 정치인으로서 그 노선에 일관성을 보여주고 있다.

그러나 반탁을 주장해오던 한민당이 2차공위에서 모스크바 3상회의 결정에 순응, 일단 공위의 협의대상에 응하기로 한 것은 일관성을 잃는 것이며 바로 이로 말미암아 한독당의 격분을 일으켜 설산(雪山) 장덕수(張德秀)가 피살되는 사건이 벌어졌지만 이보다 더 비극적인 것은 백범 김구의 자기 모순적인 노선전환이었다. 8·15해방은 일찍이 김구가 개탄했듯이 한민족의 주체적 힘으로 달성한 것이 아니고 연합국의 힘이 결정적 계기가 되었으므로 한반도문제 해결은 한민족의 발언권에 의해서보다 연합국, 특히 미·소의 입김이 절대적으로 강하리라는 것은 2차대전 후의 극동정세를 어느 정도 통찰하는 정치인이라면 당시 누구나 간파할 수 있는 문제였다.

따라서 한반도의 통일에의 길은 모스크바 3상회의의 결정에 따르는 길이 가장 확실하고 만약 미·소공위가 결렬되는 경우 통일의 가능성이 쉽지 않다는 정도는 간파하고 있어야 했을 것이다. 이런 점에서 김구가 모스크바 3상회의 결정을 반대하여 통일여건을 크게 악화시켜놓고, 즉 스스로 묘혈을 파놓고서 그 위에서 남북협상으로 통일을 하겠다고 나선 것은 자기모순의 길을 걸었다고 보아야 하지 않을까 한다.

오히려 이승만의 노선이 일관성이 있고 이승만하고는 노선이 대립되어 있으면서도 미·소공위를 시종 추진하다 공위의 결렬 후 다시 남북협상의 길로 들어선 김규식의 길은 이승만과 더불어 일관성이 있었다고 볼 수 있겠다. 그런데 이승만의 단정의 길은 당시 이미 미·소 간에 냉전이 시작되어 이 물결에 편승한 탓으로 순풍에 돛을 단 듯 추진되어 나갔으나, 이미 냉전의 물결에 거역구실을 하게 된 김구·김규식 등 민족자주연맹의 길은 좌절의 길이 될 수밖에 없었다. 반탁운동을 시작할 때 김구는 이승만과 같은 노선을 걸었으나 같은 반탁이면서도 김구와 이승만의 투쟁목표는 처음부터 달랐다고 볼 수밖에 없다. 이승만은 아마 공산당과 같이 들어가는 통일정부—결국 연립정부가 되겠지만—는 도저히 받아들일 수 없다는 정치적 의식이 보다 더 강했으리라 짐작되지만 공산당과의 합작을 당초부터 굳이 반대 않는 김구의 반탁은 민족의 자존심상 도저히 받아들일 수 없다는 순수한 민족의식이 보다 더 강하게 작용했을 것으로 짐작된다.

이러한 심정이 구체적으로 나타난 것이 3·1운동정신의 구현이라 할 임시정부의 30년간에 걸친 법통을 지키려는 그의 강한 집념이다. 그가 귀국 후에도 기회 있을 때마다 임정의 법통을 살리려고 노력한 것을 보아도 그것을 알 수 있다. 하지만 김구의 남북협상은 임정의 법통을 지키려고 한 노력일까. 아니면 임정을 백지화한 단순한 '한핏줄'의 통일을 원한 것일까. 확실치는 않으나 남북협상에서 임정의 법통을 주장했다는 말이 없는 것을 보면 이때 김구는 민족이 영원히 분열될 중대한 위기를 당하여 임정의 법통은 둘째 문제고 우선 민족의 통일부터 실현해놓고 보자는, 평생을 조국의 광복에 바친 노혁명가로서 응당 있을 수 있는 숭고한 애국열정의 발로였다고 보는 것이 옳지 않을까 한다. 반탁이 옳았느냐 찬탁이 옳았느냐는 일종의 논쟁적 성격을 띠는 문제이지만 반탁이 통일의 기회를 흐리게 하고 보다 더 단정의 길로 접근시키는 방향이었다는 것은 그 후의 이승만 노선을 추적해보면 어렵지 않게 이해할 수 있다.

따라서 김구가 이승만보다 더 격렬하게 반탁의 선봉에 서서 미·소 협조에 의한 유일하고도 마지막일 통일에의 기회를 스스로 거부하고 이미 미·소 냉전이 격화된 새로운 국제적 상황 속에서 그러한 냉전 상황을 배제하고 민족 자결에 의한 통일을 달성하려고 한 것은 당시의 국제정세를 정확히 판단한 투쟁노선이 못 됐다. 그가 이승만과는 달리 진정 통일을 원했다면, 8·15 당시 민족문제 해결에 발언권이 약할 것을 예견한 김구로서는 모순되는 행동이었다고 볼 수밖에 없다. 김구가 8·15 때 예견한 대로 그의 협상에 의한 통일노력은 결국 미·소 간의 국제적 냉전 상황 속에서 좌절되고 말았다. 남북협상에 의한 자주적 통일노력이 좌절됐다는 것은 민족자주연맹의 좌절을 의미하고 이것은 바꾸어 말하면 냉전편승파의 승리를 의미하며 다시 일제 잔재의 재생을 의미하는 것이기도 했다. 결국 김구의 1946, 1947년도의 정치적 오판과 그리고 일관된 노선을 추구했으면서도 역량부족이었던 김규식의 비민중적 성격은 이 땅에서의 민족자주세력을 좌절시키고 말았던 것이다.

–《송건호 전집》 제1권, 한길사, 2002년, 213~240쪽.
《해방전후사의 인식》, 한길사, 1979년

《한국현대인물사론》머리말

　인물평을 쓴다는 것은 생각처럼 쉬운 일이 아니다. 우선 누구를 그 대상으로 선정해야 할 것인가라는 기준부터 문제가 되겠다. 일단 선정한 다음에는 그 인물을 어떻게 그려야 할 것인가 또한 문제가 된다.

　물론 인물평은 누구나 쓸 수 있을 것이다. 필자는 10여 년 전부터, 아니 그보다 훨씬 오래전부터, 이른바 인물론이라는 것을 시도해보았다. 그러나 오늘의 시점에서 볼 때 내가 어떤 기준에서 인물들을 평가했던가 싶어 그 시절이 궁금해진다.

　한 인물을 평가한다는 것은 한 인간을 가치판단하는 것이다. 인간을 가치판단한다는 것은 단지 이데올로기만 가지고 되는 것이 아니다. 삶의 경험만 가지고 되는 것도 아니다. 도덕교과서와 같은 윤리만을 가지고 되는 것도 아닐 것이다. 사람에 대한 평가는 그의 도덕적 생활, 인간관계, 이념적 관점, 민족적 입장 등 여러 시각에서 총체적으로 이루어져야 하며, 또한 그 시대 상황과도 관련시켜보아야 할 것이다. 같은 행위를 했을 경우에도 어떤 사람에 대해서는 가혹하게 평가해야 할 것이고 또는 관대하게 이해해주거나 문제 삼지 않을 경우도 있겠다. 왜 이렇게 되어야 하나?

　이 책에서 필자는 11명의 인물을 중심으로 필자 나름대로 평을 해보았다.

그 평가의 기준을 필자는 민족의 역사적 상황과 관련시켜 잡았다. 역사의 길을 간 인물과 현실의 길을 걸어간 인물로 대별시킨 것이다. 물론 역사의 길과 현실의 길을 왔다 갔다 한 경우도 다루어보았다.

역사의 길이란 무엇인가? 역사란 본래 발전의 개념이다. 역사의 길이란 인간 및 사회의 발전에 무엇인가 기여하는 삶을 걷는 것을 의미한다.

후진국에서 진정한 의미의 발전은 '민족'에 의해 비로소 근거가 잡힌다. 한 민족이 평화와 번영과 정의를 누리려면 민주주의를 확립해야 하고 자유를 위해 싸울 줄 아는 용기와 양심을 가지고 있어야 한다. 우리의 경우, 한 인물에 대한 평가의 기준 내지 근거는 '민주주의'뿐 아니라 '민족'이 되어야 한다. 이 민족의 통일, 이 사회의 민주주의, 그리고 민족의 자주와 자유를 기준으로 하여 문제 삼지 않으면 안 될 것이다.

이것이 바로 역사의 길이다. 역사의 길은 형극의 길이자 수난의 길이다. 사회의 온갖 세속적 가치로부터 소외되는 길이다. 그리하여 사람들은 역사의 길을 택하지 않고―그것이 옳다는 것을 알면서도― 현실의 길을 걷는다. 현실의 길은 안락의 길이자 세속적 영화의 길이다. 그러기에 수난의 일제 식민통치 하에서 얼마나 많은 유위한 인재들이 역사의 길을 버리고 현실의 길을 택했던가.

그러나 현실의 길을 걸으면서도 그것을 택한 사람들은 갖가지 명분을 내세운다. 그 길이 모두 민족을 위하는 길이고 독립을 향하는 길이며, 또 통일을 위하는 길이라고 강변한다. 민족을 배반하고 영구분단의 길을 걷는다고 사실대로 말하는 사람은 한 사람도 없었다. 이완용·송병준·이용구·이광수·최남선 같은 민족의 배신자도 자신들이 걷는 길이 역사의 길이라고 강변했던 것이다.

꼭 조국과 민족을 배반하는 변절은 아니라고 할 수 있으나 8·15 후 현실의 길을 택한 사람도 다루었다. 이승만이 이 경우에 속하고 안재홍이 어느 일면 현실의 길을 택했다고 하겠다. 이승만이 걸은 현실의 길이 국제적 단위 속에서 자기 생존의 길을 찾자는 것이었다면, 안재홍의 길은 국제적 질서에 의해 조성된 상황을 현실로 받아들이고 그 현실을 타개하자는 '명분'에서 택한 길이었다. 그러나 백범처럼 역사의 길과 현실의 길 사이에서 타협하지 않고 철저하게 역사의 길을 걷다가 역사 속에 생명을 바친 경우도 있었다. 이승만의 길, 안재홍의 길, 김구의 길 등 제각기 다른 세 가지 길은 두고두고 역사에 의해 평가될 것이다.

사람들은 이용구의 길, 송병준·이완용 등의 길을 매국의 길이라고 매도한다. 그러나 과연 이완용·이용구·송병준의 길을 매국의 길이라고 간단히 차치해버릴 수 있을까? 이러한 부류의 인간상은 시대와 장소가 다를 뿐 오늘에도 얼마든지 있지 않을까? 우리는 이용구의 논리와 삶을 오늘에도 만날 수 있지 않은가.

이광수와 최남선의 길도 간단하지 않다. 오늘날 사람들은 이들이 친일했다고 간단히 처리해버린다. 그러나 이들은 자신이 걸은 길이 당시의 상황에서는 가장 현실적인 민족의 길이었다고 되레 반격할 것이다. 우리는 이를 민족의 역사발전에 비추어 심각하게 논의해볼 필요를 절감하게 되는 것이다.

산다는 것은 어렵다. 어려운 역사적 상황에서, 역사적 삶을 살아간다는 것은 참으로 어렵다. 어떻게 사는 것이 참삶일까 하는 문제는 생각할수록 어려워진다. 누군가가 이런 말을 했다. 세상에는 옳은 길, 그른 길이 분명히 있다. 그것은 현실적인 판단이다. 그러나 영원의 시간, 영겁의 속에서 되돌아보면 무엇이 옳고 그른 것인지 가치판단하는 자체가 무의미하다고. 영원 속에서는 모든 것이 무의미하고 무가치하다는 뜻인가? 그래서 되는 대로 살자는 것인가? 영원 속에서는 옳고 그른 것을 따지는 것이 한낱 부질없는 일일까?

그러나 한 가지 분명한 것은 우리는 영원 속에 살지 않고 유한 속에 사는 인간이라는 사실이다. 우리가 택하는 가치도 따라서 유한의 인간사가 희구하는 가치이지, 영원 속의 그런 관념적이고 추상적인 것은 결코 아니다.

우리가 추구하는 가치는 오늘 이곳 이 민족이 요구하는 가치이자 살아갈 길이다. 그것은 이 민족을 주체로 하는 가치다. 이 분단된 국토와 이곳에 사는 민족의 현실을 떠난 가치가 아니다. 국제패권주의가 도도히 넘쳐흐르는 오늘의 이 시대 상황에서 민족을 주체로 하는 역사의 길을 의미한다. 민족이 걸어야 할 역사의 길은 그러나 수난의 길이다. 현실의 길로 치닫는 도도한 대세, 이 현실의 길을 가기 위해 수단과 방법을 가리지 않는 오늘에 타협을 거부하고 역사의 길을 가다가 수난 당한 수많은 선인들, 그리고 오늘도 살아 계시는 선배들을 그리는 일은 지나간 역사에 매달리기 위함은 물론 아니다. 역사의 길을 찾아 고민하는 오늘의 우리들, 오늘의 민족 현실 타개를 위한 자기 다짐이자 몸부림이라고 할 것이다.

수록된 11명의 인물론과 그것을 위한 일종의 서설은 잡지와 여기저기 단행본 등에 발표된 것도 있고 이 책을 엮어내면서 새로 쓴 것도 있다. 미숙한 것들이나마, 역사의 길 속에서 오늘도 우리들에게 여전히 살아 있는 인물들의 삶의 족적을 더듬으면서 무엇인가 느끼고 배우는 바가 있다면 저자로서 그 이상의 보람과 기쁨이 없을 것이다.

끝으로 민족지도자들 내지 민족지도노선에 대한 규명이 이 시대의 정신사 정립을 위해 필요하다면서 이 같은 책의 집필을 권유한 김언호 형께 사의를 표한다.

1984년 1월

송건호

─《송건호 전집》 제11권, 한길사, 2002년, 15〜18쪽.
《한국현대인물사론》, 한길사, 1984년

《의열단》머리말

'의열단'*이라는 독립운동단체가 일제시대에 있었다는 것을 아는 사람은 많다. 좀 더 사정을 아는 사람은 이 단체가 대단히 치열하게 무장투쟁을 했다는 것을 안다.

그러나 의열단이 어떻게 치열한 항일투쟁을 했는가를 아는 사람은 거의 없다. 거의 없는 것이 당연할 수밖에 없는 것이 의열단에 관한 연구서적이 거의 없기 때문이다. 단편적인 소개의 글은 한두 기회에 발표된 일이 있으나 거의가 전문적인 학술서적에 소개되었을 뿐 일반 독자들이 접할 수 있는 출판물은 거의 없다시피 하다.

다만 8·15가 지나고 얼마 뒤에 어느 문인이 쓴 《약산과 의열단》이라는 단행본이 나온 일이 있으나 이 책은 그 후 절판이 되어 지금은 그것의 입수가 거의 불가능해졌고, 그 후 1970년엔가 《의열단 부장 이종암전》(일명 《의열단 10년사》)이라는 책이 나오기도 했으나 이 책은 문필인도 아닌 필자가 형님인 이종암 의사의 항일투쟁 역사를 기록에 남겨 후손들에게 전할 마음으로 출판한 것으로, 그나마 비매품이어서 일반인에게는 거의 접근할 기회조차 없는 출판물이다. 이렇게 거의 입수가 불가능한 한두 출판물을 제외하고 필자가 아는 한 의열단에 관한 서적은 도대체 세상에 나온 것이 없다.

필자는 우연하게도 출판사로부터 의열단에 관한 글을 써볼 생각이 없느냐는 요청을 받고 이것저것 자료를 수집하고자 힘써보았으나 학계에서고 일반에서고 일제 치하에서 가장 치열하게 그리고 가장 위대하게 투쟁한 의열단에 관한 관심이 너무나 냉정한 데 놀라움과 함께 일종 의분마저 느낀 것이 솔직한 심정이다.

이 책은 8·15 직후 나온 《약산과 의열단》이라는 책과 《의열단 부장 이종암전》 두 권을 주로 해 필자 나름대로 정리한 것이며 특별히 새로 연구한 것이 없음을 부끄럽게 생각한다.

글을 써가는 중에 필자는 의열단 투쟁이야말로 만주·중국 또는 멀리 미주나 국내에서 투쟁한 수많은 항일투쟁 속에서도 가장 위대하고 또 가장 감동적인 투쟁이었다는 것을 발견했다.

우리들은 윤봉길 의사나 이봉창 의사의 의거를 잘 알고 있고 또 세상에도 이 두 분에 관해선 널리 알려져 있다. 그러나 의열단에서는 수많은 윤봉길 의사와 수많은 이봉창 의사를 발견할 수 있다. 아니 윤 의사나 이 의사도 의열단 의사들의 뒤를 따랐다는 것을 발견한다. 의열단 의사들 중에는 이들 못지않게 통쾌한 투쟁을 한 의사들이 적지 않다. 필자는 글을 써가는 도중에 감동한 나머지 여러 번 눈시울이 뜨거워졌음을 솔직히 고백한다. 의열단처럼 일제 치하에 위대한 애국투쟁을 한 단체가 오늘날 왜 이렇게도 무관심과 냉대를 받고 있는가? 그렇게 장렬하게 투쟁하다 8·15 후 귀국한 다음 그들은 모두 어디에서 무엇을 하고 있는가. 대부분 일흔이나 여든이 넘어 타계했거나 은둔생활을 하고 있지는 않은가.

부산 피난시절 독재자 이승만을 저격하려다 실패한 김시현 노인이 바로 의열단 출신이었고 그후 1960년까지 살아남은 김창숙 옹, 1930년대 하반기 일제 치하에 여순감옥에서 옥사한 단재 신채호 선생이 모두 의열단과 깊은 관계가 있는 분들이다. 아마 지금까지 살아계신 분으로는 유석현(劉錫鉉) 옹 정도가 아닌가 한다.

특히 옥사했거나 자결했거나 한 수많은 단원들의 자녀들은 도대체 어디에서 어떻게 살고 있을까? 다른 많은 항일애국자들의 후손이 다 그러하듯이 8·15 후에도 일제 때나 다름없이 소외된 속에서 가난한 생활을 하고 있는 것이 아닐까? 오히려 일제시대에 왜적들에게 적당히 타협해 살아온 부일협력자들의 후손이 제대로 교육 받고 사회적 지위와 재산을 유지하며 안락한 삶을 즐기고 있는 것이 아닐까.

제대로 바로잡힌 것이 거의 없는 8·15해방. 필자가 결코 사학자도 더욱이 의열단 연구가도 아니면서 이런 책을 정리하게 된 것은 이 책을 많은 젊은이들이 읽어주어 민족의 양심을 바로잡는 길이 무엇인가를 한번이라도 반성해주었으면 하는 심정에서다. 붓을 놓음에 있어 돌아가신 수많은 애국선열들께 머리를 숙여 절하고자 한다.

1985년 11월 6일

송건호

-《송건호 전집》 제15권, 한길사, 2002년, 15~17쪽.
《의열단》, 창작과비평사, 1985년

*일제하 가장 치열하게 항일운동을 했다고 평가 받는 의열단. 사회주의계라는 이유로, 약산 김원봉이 월북했다는 이유로 언급이 금기시된 의열단의 활동을 대중적으로 알린 저서이다.

현대사 연구의 문제점

근대에서 현대로 올수록 부족한 연구

근대사나 현대사의 서술방법에 관한 글을 써달라는 편집자의 부탁이지만 나는 본래 학자도 사학자도 아닌 터에 좀 과분한 청탁이라는 생각이 든다. 아마 필자가 현대사에 관한 약간의 글을 쓴 것이 인연이 되어 이런 과분한 원고청탁을 받게 된 것이 아닌가 싶다. 그러니 학문적인 방법론이라고 하기보다 여기에서는 그간 현대사를 서술하는 데 있어 어떠한 문제점이 있는가, 그간 왜 현대사 연구가 부진했는가, 현대사를 올바로 쓰려면 어떠한 인식이 필요한가 등 몇 가지 생각나는 점을 들어 그에 관한 필자 나름의 견해를 피력해 보기로 하겠다.

다른 나라와는 달리 우리나라 학계에서는 그래도 사학계가 일반의 관심이 많고 연구도 활발하다는 인상을 준다. 사학회만도 몇 개나 되고 학회지도 따라서 많다. 당연한 결과로 수많은 논문들이 쏟아져 나오고 있다. 양적으로 볼 때 우리의 사학계는 다른 어느 나라에 비해도 손색이 없어 보인다. 그러나 이렇게 활발한 사학계이면서도 근대나 현대사에 관한 연구는 볼 만한 업적 발표가 거의 없다. 대학에 국사학과가 있는 것은 당연한 일이나, 묘하게도 현대사강의가 없다. 물론 현대사강좌가 명목상 없는 것은 아니나 현대사라는 그 강좌가 1910년대에 머물고 1920년대 이후에 관한 강의는 거의 없다는 것이다. 1920년대 이후의 우리 민족생활에 관한 연구가 없고서 현대사강좌라고 하기는 좀 어렵지 않은가 한다.

국사편찬위원회의 《일제침략 하 한국 36년사》라는 13권의 일지체 간행물(日誌體 刊行物)이 있기는 하나 그러나 이것은 근·현대사의 연구를 위한 사료 구실은 될 수 있어도 이것 자체가 현대사 연구라고는 할 수 없다. 게다가 엄격히 따져 이것 자체도 문제가 없지 않으며 욕심을 말한다면 내용이 대폭 증보되어야 할 사료라고 본다.

더 절실한 문제는 건국 30년이 넘었는데도 우리에게 아직 밖에 내놓을 만한 건국사가 없다는 점이다. 정부가 서고 30년이 지나도록 학문적 의미의 건국사, 즉 정사(正史) 하나 없다는 것은 아마 세계에 유례를 찾아보기 힘들 것이다. 국사편찬위원회가 간행한 《자료 대한민국사》가 있기는 하나 이것은 이름 그대로 자료집에 불과하며, 이것 자체에 문제가 없지 않고, 그나마 정부수립 전의 일지에 지나지 않으며, 1948년 건국 후의 자료정리는 아직 없는 실정이다. 국사하면 근대사 이전의 '학자'들이 '도피'(?)하고 근대에서 현대로 내려올수록 연구가 없고 또 연구를 꺼리는 풍토는 신생국 중에서도 우리나라밖에는 없는 것 같다. 이 점에 관한 한 관(官)·야(野) 할 것 없이 같은 경향을 보이고 있어 국사학계에 중대한 문제점으로 제기돼야 할 것이다.

물론 분야별로 따지면 더러 아주 주목할 만한 업적이 없는 것은 아니다. 이러한 연구는 전공자 간에는 알려져도 일반 독서인에게는 입수할 기회가 적고 또 전문적 연구라 흥미도 적다. 결국 근대사나 현대사에 관해서는 연구도 적고 읽을 만한 책도 거의 없다는 결론이 나온다.

그러면 이러한 공백이 우리 사학계의 연구부족 때문일까, 사학자들이 태만해서 그럴까, 아니면 무능해서 그럴까. 대답은 물론 "그렇지 않다"고 말할 수밖에 없다.

이유는 간단하다. 우리나라 사학계는 일반적으로 국사인식의 자세에 근본적으로 문제가 있다는 생각이 든다. 이 방면에 다소의 관심을 가지고 그간 발표된 약간의 연구를 살펴볼 때 더욱 그러한 감을 가지게 된다. 좀 말하기 어려우나, 지금까지 우리 사학계는 민족의식이 투철한 학자들에 의한, 즉 일제 하에 독립운동의 한 방편으로 역사연구를 한 인사들이 주류가 되어 국사연구를 한 것이 아니고 일제 하에 총독부의 '조선사편수회'의 멤버로서 조선 민족의 열등성을 강조하고 저희들의 식민통치를 정당화시키는 데 주력한 일제 어용사학의 식민지사관 수립에 간접·직접으로 협조한 인사들이 중심이 되어 사학계가 형성되어왔으므로, 그 어느 분야보다도 가장 민족 주체적이어야 할 사학계가 현실적으로는 가장 민족적이 못 된다는 결과를 빚었다. 국사학계는 민족 양심상 학계에서 마땅히 은퇴했어야 할 인사들이 사학계의 주류를 형성하고 있었으니 제대로의 민족사관 확립을 기대할 수 있을 리 없다. 그런 까닭으로 해방 30여 년이 지난 오늘날까지도 식민지사관 청산 문제가 거론되고 있는 형편이다.

조선사편수회에 참여한 인사들이 사학계의 주류를 형성하게 되니, 편수회와 직접 관계가 없어도 다른 곳에서 다른 방식으로 친일한 인사들까지 큰소리치고 사학계에서 학자로서 행세하고, 은연중 큰 세력을 형성하게 되고, 가장 민족적이어야 하고 민족정기의 수호자 구실을 해야 할 사학계가 친일인사들의 무대처럼 전락되었으니 이러고서 제대로의 국사인식이 될 까닭이 없다. 사학계의 실정이 이렇게 되고 보니 8·15 이후 세대들도 어느덧 이런 인사들의 제자가 되어 그들의 학풍으로부터 아는 둥 모르는 둥 영향을 받아 국사학 자체를 흐리게 만들어버린 것이다.

민중의 등장과 부일협력

식민지사관에서 가장 기피하는 것은 '민중'이다. 역사에서 민중의 존재와 민중의 구실을 클로즈업시키고 그들의 주체적이며 창조적인 참여에 의해 역사발전이 이루어진다는 새로운 의미의 역사인식을 식민지사관에서는 크게 싫어한다.

우리 사학계의 풍토도 '역사와 민중' 문제를 거의 터부시하고 민중이라는 말을 거의 쓰지 않고 쓴다 해도 극히 조심해서 쓴다. 역사에서 민중의 등장과 구실을 기피하고 무시한다면 1920년대 이후의 우리 민족사는 다루기가 매우 어려워진다. 왜냐하면 1920년대부터는 항일민족사운동에서 이미 민중이 주역으로 등장하게 되기 때문이다. 민중이 역사의 주역이 된다는 사실을 사실대로 받아들이지 않고는 1920년대 후의 역사는 연구할 수가 없다.

우리 사학의 주된 조류는 근·현대사 연구에 있어서 민중의 구실을 무시하거나 또는 낮게 평가하는 것이 하나의 학풍처럼 되어 있다. 그러나 1920년대 이후의 우리 역사를 다루는 데 있어 민중의 항일투쟁을 정당히 평가하지 않고는 역사 연구는 불가능해진다. 하나의 실례를 들어 본다.

관학자(官學者)나 그렇지 않은 학자나 3·1운동을 높이 평가하는 데는 이론(異論)이 없다. 그러나 높이 평가하되 역점을 어디에나 두느냐 하는 시각의 문제에 가서는 다소의 차이점을 발견한다. 관학자들은 3·1운동에 있어 특히 이 운동이 거족적이었다는 점을 강조한다. 남녀노소, 상하귀천 할 것 없이 온 민족이 다 같이 항일투쟁 전선에 나섰다는 것이다. 거족적이었으니까 거족적이었다고 말하는 데 잘못은 없을 것이다. 그러나 단지 거족적이라는 사실만을 강조하면 그 후의 항일운동상황의 변화, 민중의 등장, 그리고 3·1운동 때 지도자 구실을 한 서울의 33인을 포함한 4명 등 상당수 지도자급 인사들의 급격한 투쟁전선에서의 탈락을 설명하기 힘들다.

역사는 도덕이 아니라 사실탐구이며 여기에는 정실이란 있을 수 없다. 3·1운동이 거족적이었다는 사실의 지적에 그칠 것이 아니라 제각기 어떻게 이 투쟁에 참여했는가를 밝히지 않으면 안 된다. 어떤 층은 치열하게 투쟁하고 어떤 층은 온건하고 소극적이었다는 점, 또는 어떤 층은 아예 투쟁대열에 끼지 않았다는 등의 사실들이 과학적으로 규명되어야 하고, 그들이 3·1운동에 왜 이렇게 서로 다른 반응을 보이게 되었는가도 구명되지 않으면 안 된다.

3·1운동이 거족적이었다는 점을 특히 강조하는 사학자들은 묘하게도 1920년대 후 민중의 등장, 항일운동에 있어서의 그들의 주역으로서의 등장에 대해서는 이를 인정하는 데 매우 인색하다. 1930년대 후 우리 민족사에서 민중의 등장을 인정하지 않고는 현대사의 저술은 불가능하다.

　식민지사학(植民地史學)에서 관학으로 사학의 주류가 이어진 학풍 속에서 역사에 있어서 민중의 주역을 인정할 것을 기대하기는 어렵다. 다행히 최근 일부 소장학자 사이에 현대사를 새로운 각도에서 탐구하려는 풍조가 엿보이는 것은 아주 고무적인 발전이라고 할 수 있을 것이다.

　지금까지의 현대사 인식은 3·1운동을 분수령으로 삼고 그 맥락에서 그 후의 민족사를 보려는 연구방식이었다. 일제 하 민족사의 주류를 민족해방을 위한 항일투쟁에 두고 또 3·1운동을 그 분수령으로 잡고 그 맥락에서 민족운동을 본다면 3·1운동 후에는 이렇다 할 항일운동이 없다는 인식에 도달할 수밖에 없다. 그러나 이러한 현대사 인식으로서는 현대사의 올바른 이해를 할 수 없다. 3·1운동 이후 특히 1929년부터는 전혀 새로운 사회상황과 또 전혀 새로운 계층이 3·1운동의 인적 맥락하고는 역사적 차원을 달리하는 새로운 계층이 항일전선의 주역으로 등장하게 된 것이다.

　이와 같은 역사적 변화를 정면에서 받아들일 줄 알아야 한다. 3·1운동 이후에는 3·1운동에서 지도자 구실을 한 계층은 이미 대부분 탈락하고 1920년대부터는 민중이 주역으로 역사무대 위에 등장했다. 이 같은 사실을 인정하지 않고는 현대사의 올바른 인식은 불가능하다.

　그러면 사학계에서 1920년대의 민중 등장을 정시하지 못하고 왜 터부시하는 듯한 태도를 지양하지 못했는가? 민중의 등장 자체에 문제가 있는 것도 아니고 이들의 활동상황을 사실(史實)로 받아들이는 데 문제가 있는 것도 아니다. 문제는 민중의 등장이라는 사실의 이면에는 또 다른 층의 부일협력이라는 사실과 표리관계에 있기 때문이다. 그러나 생각하기에 따라서는 일반적으로 식민지 통치상황에서 어떤 부류는 식민지 종주국에 협력을 하고 어떤 층은 그들에 저항하는 예가 있다는 것은 어느 민족에게나 있을 수 있는 일이며 유독 일제통치 하 우리 민족에만 볼 수 있는 현상은 아니었다. 그렇다면 이 문제 역시 별로 큰 문제가 될 것 없지 않느냐는 반문이 나올 수 있다. 대답은 '그렇다'고 말할 수 있다. 그렇다면 문제는 무엇인가?

일제 잔재의 청산이라는 과제

어느 민족이나 오랜 식민지생활에서 해방되어 신생국을 세울 때에는 모든 것이 식민통치시대와는 달라야 한다. 모든 것이 일신되어야 한다. 새 술은 새 부대에 담아야 한다는 말이 있듯이 민족이념이 새로워야 하고 권력구조가 달라져야 하고, 그 인적 구성이 일신되어야 하며 따라서 문화·경제·교육 면에 이르기까지 기풍이 일신되어야 한다. 일종의 혁명이 일어나지 않으면 안 된다. 치욕에 찬 식민지시대의 모든 잔재가 정신적인 것이든 물질적인 것이든 제도적인 것이든 또는 인적구성 면이든 모든 것이 새 나라답게 일신되지 않으면 안 된다. 이것은 새 나라를 세우는 데 불가결한 조건이다. 다른 모든 신생국에서 이와 같은 혁명이 일어났음은 말할 것도 없다. 한데 유독 우리나라에서만 이러한 신생국 건설에 필요한 식민지 잔재의 청산이 없이 새 나라를 세웠다. 물론 우리나라에서도 이 일제 잔재의 청산이라는 과제가 제기 안 된 것이 아니고 이미 미군정 때부터 여론이 비등하여 정부수립 후 이른바 반민족행위처벌법이라는 것이 제정되고 일제 잔재의 숙청작업이 착수되었다. 민족정기를 바로잡기 위해서는 당연하고 꼭 거치지 않으면 안 될 작업이었다. 이것은 또한 민중의 절대적인 여론이기도 했다. 그러나 이 민족적 지상과업인 반민족행위자들의 처벌이 미군정 때부터 거부되어왔다.

미군정시대에도 이른바 입법의원에 의해 '민족반역자, 부일협력자(附日協力者), 간상배(奸商輩)에 대한 특별법'이 제정되었으나 미군정이 이에 응하지 않았고, 정부수립 후에도 빗발치는 국민의 여론에 못 이겨 '반민족행위 처죄법(處罪法)'을 제정하였으나 이승만에 의해 거부당했다. 한 가지 예로 반민특위에서 일제 때 애국지사를 검거, 고문, 학살하기로 악명이 높았던 노덕술을 체포하자 이승만이 특위 조사위원 6명을 직접 불러 노는 건국공로자니 석방하라고 압력을 가하는 일까지 있었다.

대통령이라는 이승만 박사가 이런 판이었으니 친일파들의 기세는 기고만장이었다. 그들은 친일파를 숙청하려는 자들은 '민족분열자'이며 '공산당의 주구'라고 되레 큰소리를 치기에 이르렀다. 그러다가 마침내 경찰에 의해 반민특위는 강제해산당하고 특경대원을 비롯해 많은 반민특위인사들이 경찰의 집단폭력으로 중상을 입고 반민특위는 마침내 해산되고 말았다. 이것은 민족의 숙원인 꿈에도 잊을 수 없는 새 나라 건국이 주로 어떤 사람들에 의해 이루어졌는가를 잘 설명해주는 예라고 할 것이다.

우리의 건국과정에 이 같은 도저히 상상도 못할 일이 벌어진 것이다. 일제하에 항일 애국지사를 검거·고문·살인한 고등계 형사도 건국공로자요, 애국자로 행세할 수 있는 세상이고 보니 그 밖의 친일파쯤이야 문제조차 될 수 없었다. 이리하여 새 나라의 각계(各界)는 거의 부일협력자들에 의해 오히려 지도를 받게 되었다. 1945년은 해방의 해다. 그러므로 1944년의 전반기는 군국주의 일본이 광적으로 한민족을 탄압하고 통치하던 시대요, 그 후반기는 일제가 패망하고 새 독립국가를 선포한 매우 새로운 광복의 시대였다. 한데 묘하게도 1940년대 전반기의 일제의 주구들이 새 나라에서도 지도자로 둔갑을 하여 여전히 민중 위에 군림, 그들을 통치하게 되었으니 세계의 허다한 신생국치고 이러한 일이 또 어디서 벌어졌는지 모두들 기막혀 했다.

사학계라고 예외일 까닭은 없다. 그러나 물론 이러한 부일협력자들을 모조리 처단하라는 것은 아니다. 부일협력도 여러 가지 질이 다르고 정도가 다르다. 애국자를 고문·학살한 악질 역적이라면 몰라도 그렇지 않은 부일협력자라면 모두 전비(前非)를 뉘우치는 한 관대히 용서하고 새 나라의 대열에서 애국을 할 수 있는 기회를 주어야 한다. 그러나 현실은 그렇지 않았다.

애국자를 고문·학살한 역적도 건국의 공로자니 석방하라는 사람이 카리스마적 권위로서 대통령 자리에 앉아 있는 판이라 친일파니 부일협력자 처벌이니 섣불리 주장했다가 아닌 게 아니라 공산당 주구라는 역습을 당할 두려움마저도 없지 않아 반민특위가 강제 해산당한 후로는 누구 하나 반민자 처벌을 말하는 사람이 나타나지 않게 되고 이리하여 부일협력자들은 반성은 고사하고 인사로나마 '미안했다'는 말 한마디 없이 버젓이 또다시 지도층인사가 되어 민중에게 호령을 하게 된 것이다.

이러한 상황 속에서 일제 하의 민족사가 제대로 씌어질 까닭이 없고 공연히 무어니무어니 하며 민족정기 운운했다간 실로 봉변당하기 알맞게 될 것이다. 일제 말의 민족사의 연구가 없는 것이나, 해방 후 건국사조차 없는 것을 어찌 우연이라고 말할 수 있겠는가.

사학자들의 용기와 신념이 필요하다

그러나 이제 34년이라는 긴 세월이 흘렀다. 건국과정에 오히려 큰소리치던 친일파들도 이제는 대부분 타계하고, 생존하고 있다 해도 일선에서 은퇴하여 현실적인 영향력이 없다.

그러니 지난 수난에 찬 1930년대, 1940년대의 민족사를 연구할 때가 되었다고 본다. 즉 1930년부터 1948년까지의 민족의 수난사와 8·15 후의 혼란과 그리고 건국과정이 시간적으로 깊이 있게 연구되어야 할 단계가 되었다는 것이다. 이러한 연구는 특히 누구를 헐뜯기 위해서나 누구를 칭찬하기 위해 연구하는 것이 아님은 말할 것도 없다.

역사를 연구하는 데는 여러 가지 목적이 있을 것이다. 그러나 지나간 우리의 역사를 연구한다는 것은 결국 내일을 위한 무엇인가의 도움을 위해 바꾸어 말하면 교훈을 얻기 위해 연구하는 것이 아닐 수 없다. 교훈을 얻자는 것이 역사 연구의 가장 주된 목적인 것이다. 수난에 찬 30대, 40년대 우리 민족사를 신비의 베일 속에 언제까지나 가려두어야 할 이유란 없는 것이다.

필자가 뒤늦게 일제 하의 민족사를 연구하게 된 동기도 그 수난시대 속에서 무엇인가 교훈을 얻자는 생각에서였다. 이것은 민족이 어려움 속에 처한 현실로 보나 적게는 필자 자신의 시련으로 보나 꼭 교훈이 될 연구가 될 것만 같아 시작하였다.

현대사 연구가 없는 것은 위에서도 말한 것처럼 결코 우리 사학계에 인재가 없기 때문이 아니다. 학자들이 연구를 기피한 때문이다. 주변 상황에 불안을 느끼고 손을 대지 않은 것뿐이다. 그렇지 않다면 여러 학자들에 의해 이미 활발하고 기탄없는 연구가 되었을 것이다.

사학자는 일반 학자와는 달리 특히 민족정기를 밝히고 국민에게 그것을 널리 보급해야 할 의무가 있다. 사학자들이야말로 춘추필법(春秋筆法)에 의해 대의명분을 밝혀야 할 의무가 있다. 그러나 춘추필법은 으레 수난이 뒤따르게 마련이다. 때문에 용기와 신념이 필요하다.

사실 사학자들은 민족을 위하고 또 바른 정치를 위해 왕에게 직언하거나 또는 민족을 외침으로부터 지키기 위해 간신의 모함에도 불구하고 생명을 바쳐 싸우는 충신이나 애국열사들을 남달리 높이 평가하고 찬양하는 경향이 있다. 그러나 일단 문제가 자기 자신과 관계되면 사소한 위험에도 소심해져 충신·애국열사를 찬양하고 애국을 논하던 것이 언제였냐는 듯이 일신의 보신에 급급하는 것을 볼 때가 있다. 기이하게도 남달리 애국애족을 강조하고 찬양하는 학자일수록 자신의 처신은 비겁하고 지저분하고 변절의 연속인 이른바 노대가(老大家)를 본다. 역사에 있어 사실(事實)—사실(史實)은 엄정하며 그 누구도 이것을 함부로 건드리지 못한다. 필자는 사학자들이 다른 많은 신생국의 경우와 같이 좀 더 현대사 연구에 적극적이고 사실(史實)의 구명과 논평에 용기 있는 자세를 보여주었으면 한다.

만약 사학자들이 굳건한 용기와 신념을 가지고 현대사 구명에 힘을 기울인다면 1930, 1940년대의 우리 민족사의 공백기는 이내 메워질 것이다. 신생국은 이상에 불타 있어야 하며, 그 이상은 건국과정에 광복을 위해 그간 민족이 식민주의와 피맺힌 투쟁을 해온 빛나는 그 전통 속에서 찾아야 한다.

신생국의 이념은 먼 반만년 옛날의 신화—단군신화— 속에서 찾을 것이 아니라 식민주의를 반대해서 싸운 광복투쟁 속에서 찾는 것이 바람직스럽다. 그러기 위해서는 무엇보다도 시급한 것이 민족의 근대사·현대사의 연구라고 하지 않을 수 없다.

이런 관점에서 당장 필요한 몇 가지 과제를 열거하면 다음과 같다.

국사편찬위원회에서 《자료 대한민국사》를 계속 간행해주었으면 한다. 현재 7권까지 나와 있으나 이것은 정부수립, 즉 1948년 8월 15일까지의 일지(日誌)이며, 1974년 말에 이미 정리를 끝낸 것으로 그 후 30년간은 대한민국사 자료정리가 전혀 되어 있지 않다. 빨리 서둘러 정리해야 할 것이다. 하지만 첨언할 것은 일부 신문기사만을 편중 인용한 탓으로 불충분한 점이 많으므로 인용범위를 크게 넓혔으면 한다.

둘째는 일제시대의 민족사 연구에 필요한 총독부를 비롯한 각 일제기관의 자료를 광범위하게 수집하고 정리했으면 한다. 현재 국내보다 일본이나 미국에 더 많은 자료가 정리되어 있다. 그러므로 미국이나 일본에 연구원을 파견해서 마이크로필름으로라도 자료정리를 했으면 한다. 이제 8·15도 35년 전의 과거이므로 이들 자료를 비밀에 부쳐두어야 할 이유는 없다.

셋째는 국내에 있는 각 정부기관이나 대학의 학술연구기관에 보관되어 있는 일제시대의 각종 자료를 출판이나 그 밖의 방법을 통해 일반에 공개하는 것이 바람직스럽다.

연구하려는 학자도 별로 없고 자료를 소장하고 있는 연구기관에서도 그것의 공개를 꺼리는 경향이 있어 귀중한 자료가 이용 안 되고 사장되어 있는 형편이다.

자료공개로 우리 근대·현대민족사의 연구가 적극적으로 이루어졌으면 하는 생각이 절실하다.

–《송건호 전집》 제5권, 한길사, 2002년, 207~217쪽.
《민중과 민족》, 대방출판사, 1986년

한국보수주의의 병리

보수주의의 사회적 다양성

한국민에게는 보수주의(保守主義)라는 말이 퍽 낯설다. '근대화' '독립' '자유' '민주주의'라는 말은 귀가 아프도록 들어왔고 이제는 감각마비에 걸릴 정도가 되어 있지만 이 보수주의라는 말은 좀처럼 들어본 적이 없다. 그 까닭은 우리나라 정당정객이 지금까지 모두 위에서 열거한 여러 어휘가 말해주고 있듯이 지나간 것, 옛것을 지키자는 데 투쟁목표가 있었던 것이 아니고 진보적·혁신적·민주주의적이 되지 않을 수 없는 민족적 숙명, 다른 말로 표현해서 역사적 조건 속에 놓여 있었기 때문이다.

한국의 정당정객이 과연 그와 같이 진보적·혁신적이었느냐 어떠했느냐는 별문제로 하고 보더라도 지금까지 모든 정당정객들이 내건 이른바 정강·정책·정견 같은 것이 모두 과격할 정도로 진보적·혁신적 냄새를 풍기고 있었던 것은 그들의 취미가 그러했기 때문이라고만 보아서는 안 될 것이다.

그러나 4월혁명이 일어난 것을 보면 자유당이 노동자·농민의 정당을 표방하고 나오기는 했어도—진보와 혁신을 가장하고 나오기는 했어도—조금도 그렇지 못했다는 것을 알 수 있다. 또 4월혁명이 학생들의 피로, 정말 혁명적 방법으로 성공했음에도 불구하고 이것이 혁명은 고사하고 정변여부도 의문

시될 정도로 자꾸 후퇴의 길만 걸어가고 있는 것을 보면 분명히 반혁명적 세력이 있었다는 것을 알 수 있고 이것이 다름 아닌 일부 반동적(反動的) 보수세력의 책동 때문이라는 것도 알 수 있다.

한국 정치사회에 '보수주의'란 말이 비로소 저널리즘 입에 오르내리게 된 것이 4월혁명 뒤부터라는 사실도 결코 우연이 아닌 것이다. 그러나 혁명 전이나 후를 막론하고 한국의 민주주의가 엉망진창이 되고 있는 까닭이 다름 아닌 이 땅의 정치가 보수적인 기성인물에 독점되고 있기 때문이라고 말한다면 보수적 경향을 띠고 있는 사람 중에는 대뜸 항의할 사람이 있을 것이다.

자유진영의 대부분 국가에서 거의 보수정치를 하고 있는데 보수당을 반대한다면 누구를 지지하겠느냐고, 분명히 의문의 시선을 던질 줄 알고 있다. 그러나 여기서 한마디 하고자 하는 말은 한국의 보수당은 미국이나 서구의 보수적 정치가와 아무 관계도 없다는 점이다. 부르기는 같이 보수라고 부르지만 한국 보수주의는 서구의 보수주의와 전혀 역사적 차원을 달리하고 있다는 사실이다.

서구의 보수당은 '근대적' 보수당이고 한국의 보수당은 전근대적 바꾸어 말하면 조선적(朝鮮的) 보수당이다. 서구 보수당과의 이질성, 한국 보수당의 본래부터의 반민주적 생리가 여기에 있다.

이 글은 왜 한국 보수주의의 생리가 봉건왕조적이며 어떻게 민주주의를 망치게 되어 있는가를 분석해보자는 데 목적이 있다. 협의적으로 본 보수주의는 각국 보수당의 신조나 정치적 입장을 지칭할 수 있다고 보겠으나 일반적으로는 진보주의에 대한 의미에서 보수주의란 말을 쓰고 있다.

보수주의의 특징은 일관된 사상체계나 이론체계가 없다는 데 있다. 보수주의자는 자유주의 또는 민주주의의 반대조류로서 주어진 역사적 계급에 있어서 각국의 구체적인 정치적·사회적 상황에 당면해서 생기는 조류이며, 말하자면 대두한 적에 의해서 그 존재와 성격이 규정된다고 볼 수 있다. 대체로 보수주의는 변화를 싫어하고 현상을 유지하고자 하는 심리적 경향으로 전체적인 사회의 변화 또는 구조를 볼 수 있는 힘이 없고 따라서 그 사고방식이 구체적·직접적·사실적이며 전체를 연관적으로, 이론적·객관적으로 파악할 힘이 없다.

보수주의의 개개의 경험적 사실을 중요시하고 그들이 말하는 시정 내지 개혁이라는 것도 겨우 개개의 사실의 대체에 불과하다. 보수주의의 이와 같은 피규정성(被規定性), 역사적 사회성, 무체계성(無體系性)으로 말미암아 이것을 하나의 이론으로 파악하기는 사실상 불가능하나 보수주의에 두 가지 형태가 있는 것을 지적하지 않을 수 없다.

하나는 전근대적 보수주의, 구체적으로 말하자면 1789년 프랑스혁명에 이어 시민계급이 당시의 진보주의—자유주의 또는 민주주의를 의미함—를 내걸고 등장했는데 여기에 대한 귀족적 신분의 반대운동에서 보수주의라는 개념으로 총괄될 수 있는 특정한 사상적 조류가 생기게 되었다. 이것이 확고한 지위를 얻게 된 것은 19세기 초엽의 복고시대로, 이때 처음으로 정치적 의미의 보수주의란 말을 사용케 되었다.

보수주의라는 정치적 용어를 최초로 쓴 사람은 1818년 F. 샤토브리앙이 왕당주의운동(王黨主義運動)의 기관지에다 '보수당'이란 이름을 붙이게 된 때부터 시작하고 이것은 즉시 1789년의 이념—자유주의—을 반대하는 반혁명적 운동의 유럽대륙의 국제적 슬로건이 되었다. 이 당시 《프랑스혁명에 관한 반성》이란 책을 지은 영국의 에드먼드 버크, 독일 정치적 낭만주의의 사상가 아담 밀러와 할러는 대표적인 보수주의 사상가였다.

이같이 본래 의미의 정치적 보수주의는 19세기 초엽에 성립된 것이었으나 그 후 특히 1848년 이래 종래의 진보주의를 상징했던 민주주의 내지 자유주의가 사회주의의 대두에 따라 보수주의적 경향을 띠게 되고 시민계급을 주축으로 하는 이른바 시민적 보수주의—근대적 보수주의—가 나타나게 되었다. 서구에서 지금 정치를 하고 있는 보수당은 바로 이 시민적·근대적 보수당이라는 데 유의할 필요가 있다.

한국적 보수주의, 전근대적·정치적 의의와 그 역할을 분석하기 위해서 우리는 서구의 몇몇 주요국가에서 보수주의의 몇 가지 성격을 고찰해보지 않을 수 없다.

영국 보수주의의 신축성

보수주의는 앞서 말한 바와 같이 미지(未知)한 것, 새로운 것에 대한 불안과 불신을 갖고 논리적으로 따지면 어떻든 간에 새로운 것보다는 경험을 통해서 벌써 알려지고 있는 것을 믿고 의지하자는 인간 고유의 심리적 경향에서 나온 것이다.

그러나 영국의 보수주의는 진보와 수구의 어느 쪽도 고집하지 않는다는 데 그들의 독특한 밸런스가 잡혀 있다. 영국 보수주의의 진수(眞髓)는 아직도 에드먼드 버크의 명언, 즉 "나는 반드시 변화를 배척하지 않는다. 낡은 질서의 파괴보다는 차라리 그것이 교묘하게 운전돼 나가도록 노력하는 데 있다. 이것은 전통의 가치, 그 연속성을 깊이 존중하는 데서 나온다"라는 말 속에 유감없이 나타나고 있다. 따라서 이러한 보수주의는 영국 국민성의 일면을 잘 보여주고 있다.

영국 보수주의는 결코 현실을 무시한 고집쟁이거나 동맥경화증이 아니다. 버크의 말과 같이 비록 보수를 원칙으로 하고 있으면서도 현실 조건의 성숙을 발견했을 때 그들이 변화된 현실에 적응해나가는 기민성·과단성은 우리들 상상 이상으로 크며 때를 놓치지 않는 눈도 놀라울 정도라고 할 수 있다.

1688년의 무혈혁명은 1789년 프랑스혁명이 프랑스에서 성취해놓은 것을 세기 전 벌써 영국에서 성공시켰다는 것을 의미하며 무혈혁명을 성공시킨 휘그당이나 토리당은 결코 급진주의당은 아니었다. 그들은 둘 다 지주귀족의 이익을 대표하였지만 신흥상업시민층과 산업층의 뜻을 잘 받아들여 절대군주권의 제한에 성공한 것이다.

19세기 시민계급의 신흥기에 있어서 여러 번 실시된 선거법 개정 같은 것도 보수주의가 행한 새로운 사회적 변화에 대한 적응의 유연성을 말해주고 있다. 또 소련 같은 혁명은 없었으나 다른 어느 서구 국가보다도 먼저 사회주의화의 실험이 실시된 곳도 영국이다.

좁은 의미에서 영국보수당의 업적을 보더라도 곡물법 폐지 법안을 통과시키고 자유무역에 길을 터놓은 것도 다름 아닌 로버트 필의 보수당내각이었고 1867년 제2차 선거법 개정을 제안한 것도 보수당의 디즈데리였다.

이와 같이 영국 보수당은 보수주의자이기는 하면서도 현실에 결코 맹목적이 아니며, 현실에서 완전히 유리되고 마는 수구반동주의자가 아니다.

2차대전 후를 보아도 '철(鐵)의 커튼'이라는 명 문구가, 반공정치가로 유명한 처칠마저 항상 소련과의 거두회담을 제창했고, 덜레스의 완강한 태도를 견제하며 미소 간의 조정적 역할을 해온 것도 다름 아닌 영국 보수당 정부였다.

최근 노동당이 몇 차례에 걸친 선거에서 참패하고 당내에 심각한 자기비판의 소리가 일어나고 있는 것을 보아도 보수당이 오히려 사회주의적 노동당의 정책을 무색케 할 만큼 영국현실에 알맞은 훌륭한 사회복지정책을 쓰고 있기 때문임은 말할 것도 없다.

영국의 보수당을 가리켜 우리는 끊임없이 자기 발전을 해나가는 신보수주의정당이라고 말할 수 있을 것이다.

미국 보수주의의 반공성

미국의 보수주의는 미국의 역사적인 특수성으로 다른 나라의 경우와 상이한 전통을 지니고 있다. 미국은 봉건적인 귀족지주가 진보세력에 대한 커다란 위협이 되고 있는 서구제국의 경우와 달리 독립의 자유와 민주주의를 상징하고 있다.

1776년 '독립선언', 1787년의 헌법을 보더라도 미국의 건국은 자유와 민주주의를 이념으로 받들고 있다는 것을 알 수 있다.

미국이라는 나라의 형성은 서구 각국에서 자유를 그리워하는 사람들이 이민해서 사회를 만든 데서 시작하였다. 따라서 미국이나 미국 사회 또는 미국 정치는 다 같이 자유와 민주주의가 공동이념으로 돼 있다. 따라서 미국에서의 보수주의란 그들의 건국기념인 자유와 민주주의를 수호하는 속에 그 목적이 있다는 아주 패러독시컬한 양상을 나타내고 있다.

미국 보수주의를 대표하는 것은 미국 민주당이나 공화당이 다 같다. 다 같이 자유와 민주주의를 이념으로 삼고 있다. 따라서 그들의 정쟁 특히 대통령선거를 보면 해럴드 라스키의 말대로 "전국민이 굉장히 흥분하고 있지만 두 보수당 중에서 어느 쪽을 지지하느냐는 것밖에 되지 않는다." 라스키는 말하기를 미국대통령 선거에서 중요한 것은 어느 정당이 무슨 정강정책을 걸고 있느냐는 것이 아니고 어느 당이 어떠한 후보를 내세우고 있느냐가 더 중요한 문제라는 것이다.

두 정당 속에서 어떠한 이데올로기적 대립을 찾는다는 것은 어리석은 노릇이라는 것이다.

민주당·공화당은 대통령선거에서 표를 긁어모으기 위해서 여러 가지 색다른 소리와 의장을 갖추기도 하지만 한 가지로 콩이 푸르냐 노랗냐 하는 정도의 차이밖에는 없다.

따라서 미국의 양당정치라는 것은 서로 더 많은 지지표수를 얻음직한 슬로건을 내걸고 싸우는 선전전이다.

미국 정당—보수당—의 임무는 지역의 대립, 이익의 대립, 자기진영 내부의 적극파와 온건파의 대립을 능란하게 결합하고 타협시키는 데 있다. 따라서 민주당·공화당을 구분하는 것은 이데올로기적인 것이 아니고 조직적인 것이다.

대통령선거에서 정권을 획득하고 이것을 유지하기 위해서는 항상 시대의 변화에 적응하고 그 요청에 응할 수 있는 다이내믹한 조직을 갖지 않으면 안 된다. 이 조직이라는 것은 단순히 당의 기구라는 정지적(停止的)인 것에만 그치는 것이 아니고 대중의 요구를 받아들이고 이것을 정치적으로 해결하는 속에서 유력한 사회적 경제적 세력을 자기편으로 만들어간다는 기능적인 의미를 가지고 있다.

이러한 기능을 발휘하지 못하는 당은 언제나 소수당의 지위를 벗어나지 못할 것이다.

이렇게 생각할 때 미국의 보수주의도 이른바 수구주의가 아니라는 것을 알 수 있다. 뉴딜정책의 실시자로 유명한 루스벨트 대통령은 말하기를 "참된 보수주의자란 부정의 존재를 걱정하고 반성할 줄 아는 자인 것이다. 이성적인 보수주의자는, 훌륭한 제 제도는 시대의 요청에 적합할 줄 아는 데서만 그 유지가 가능하다는 것을 알고 있다. '보수하려면 개혁하라.' 나는 이러한 자유주의자기 때문에 동시에 보수주의자일 수 있다고 생각한다"고 하였다.

이렇게 볼 때 미국의 전통적인 보수주의도 영국의 경우와 같이 언제나 시대의 새로운 변화에 적응해나가는 속에서 그 정신을 지키고 있다는 것을 알 수 있다.

그러나 2차대전 후 미국의 보수주의—자유와 민주주의—는 대외적으로 중대한 위협을 받기 시작하였다. 그것은 소련을 비롯해 공산주의에 중대한 위협을 받기 시작하였다. 그것은 소련을 비롯해 공산주의가 국제적으로 커다란 힘으로 등장하여 미·소를 각각 중심으로 이른바 동서진영간의 치열한 냉전이 벌어지게 된 때문이다. 냉전시대에 미국의 책임은 서구열국을 대표해서 공산주의를 막고 '자유세계'를 지키는 일이었다. 이리하여 미국의 보수주의는 2차대전 후 냉전단계에 들어서 반공이라는 국제성을 띠고 나타나게 되었다. 그리고 반공의 명분은 미국적 생활양식을 지킨다는 사명감으로 나타났다. 미국의 국제적 대공전략도 이와 같은 사명감 속에서 추진되고 있다는 것은 긴 설명이 필요 없다.

미국인은 미국의 생활양식을 하나의 완성품으로 생각하고 있다. 역사적 단계에서 발전하고 변화하는 제도로서가 아니라 그 자체 하나의 완결된 이상제도로 보기 때문에 미국의 대공전략은 다른 나라에 비해 신축성이 부족하다. 그만큼 철저하다고 할까.

따라서 미국은 저들이 '미국적 생활양식(American Way of Life)'을 후진국에 강요하는 경향이 있고 많은 후진국에서 이 미국적 생활양식으로 말미암아 가지가지 분규와 혼란이 일어나고 있음은 다 아는 바와 같다. 미국은 지금 이 미국적 생활양식을 지키고자 하는 마음이 간절한 나머지 미국의 전통적 이념이라 할 자유와 민주주의보다도 반공에 중점을 두어 반공이기만 하면 자유와 민주주의쯤 다소 희생되어도 무관하다는 생각이 생겨 냉전양상을 더욱 복잡하게 만들고 있다. 미국 보수주의의 이 같은 변질·타락에 반기를 들고 도덕주의를 표방하고 나타난 것이 카터다. 따라서 카터의 등장은 어느 의미에서 보면 미국 보수주의의 전통적 민주주의에 대한 일종의 복귀운동이라 보아도 무방할 것이다.

프랑스 보수주의의 종교성

프랑스 보수주의의 정신적 지주는 가톨릭교 속에 있다. 프랑스 국민이 경박하고 유행과 혁명의 선봉에 서기 쉬운 민족이기 때문에 진보적이려니 생각하면 큰 잘못이다. 프랑스 국민을 따져보면 상당히 보수적이다. 공산당이 아니고, 가톨릭교회와 손을 잡지 않고는 유지하기가 곤란하다. 프랑스 정계에서 급진당이라는 것은 교회와 정치의 분리를 주장하기 때문에 '급진'이란 이름을 붙인 것이지 정치적 급진을 의미하는 것이 아니다.

프랑스에서는 사회당이니 급진사회당이니 해서 당명은 제법 좌익적이면서 사실은 조금도 좌익적이 아닌 당이 많다. 프랑스에서는 스페인이나 이탈리아에서와 같이 보수당의 배경이 되고 있는 것이 가톨릭교회다. 프랑스 우익의 상징적 인물인 드골 대통령이 독실한 가톨릭교 신자라는 것은 널리 알려져 있는 사실이다. 프랑스 국민의 정통—보수주의와 애국—내셔널리즘의 정신적 원천은 이 가톨릭교 속에 있다.

"나는 가톨릭 신자고 아무것도 아니다. 그러나 내가 가톨릭교 속에서 태어났고 양친과 조상이 가톨릭교 신자였다는 것을 생각지 않을 수 없다. 적어도 조상들의 정신생활에 경의를 표하는 것이 프랑스 애국심이 요구하는 것으로 나는 생각한다."

대부분 프랑스 국민들은 이렇게 말하고 있다고 한다. 프랑스에 있어서는 아직도 애국심과 애교심(愛敎心)이 불가분의 관계에 있다. 가톨릭교의 전통 속에 사는 프랑스국민들이 삼색기(三色旗)에 최고의 경의를 표하고 독일을 숙적으로 알고 프랑스의 '위대한 영광'을 잊지 못하고 있는 것은 그들 보수주의자들의 전통적 감정이며 애국심의 발로이기도 하다.

거의 상상도 못할 정도로 인도차이나에서 계속한 식민지전쟁, 튀니지 반란, 알제리 원주민의 독립운동에 20세기 후반기 국제감각으로서는 도저히 납득이 가지 않을 완고한 탄압정책을 쓰는 것도 모두 위대한 프랑스의 영광이라는 환상에 사로잡힌 보수주의자들의 반동성 때문이다.

2차대전 당시 나치의 치하에서 불굴의 레지스탕스운동을 전개한 것은 공산당과 '프랑스의 영광'을 꿈꾸는 보수파들이었다.

대전 후 한때 공산당의 세력이 득세했으나 그 후 급격히 세력이 약화되어 국민이 자꾸 우경화한 것은 프랑스국민이 본질적으로 가톨릭교적인 보수주의자라는 것을 말해주고 있다.

프랑스 정치는 다른 나라에서 볼 수 없는 묘한 현상이 하나 있다. 그것은 정당이 사회의 특정한 계층을 밑받침 하고 있지 않다는 것이다. 정치와 시민이 이해관계로 연결되어 있지 않고 정당이 흡사 지식인들의 집단에 그치고 있는 듯한 인상을 주고 있다.

선거민들이 투표하는 것은 영국처럼 이해관계로 좌우되고 있는 것이 아니라, 어느 사람은 조상이 대대로 좌익에 투표했으니까 또는 공산당에 했으니까 또는 친분관계·직장관계가 어떠니까라는 것이 투표심리를 좌우하는 소인(素因)이 되고 있다.

따라서 보수적인 소시민이 의외로 공산당에, 대신 교양 있는 인텔리가 보수당에 투표하는 것쯤 조금도 이상하지 않다.

　프랑스정치는 이같이 국민이나 정치가의 관념적인 정치태도에 좌우되는 경향이 많다. 프랑스 국내정치의 불안정, 군소정당의 난립, 좌우의 심한 대립 등이 이것을 증명해주고 있다.

　그러나 그들의 국민성이 가톨릭교의 전통 속에서 형성되었으며 따라서 흔히 알려지고 있는 이상으로 보수주의적이라는 것은 그들의 정치적 경향을 이해하는 데 매우 중요하다.

　2차대전 뒤 한때 공산당이 진출했으나 10년간의 군소정당의 난립—정치의 관념적 유희 때문에—을 거쳐 점점 우경화의 길을 걸어 극우의 상징적 인물인 드골 장군을 전국민이 환호 속에 다시 대통령으로 받들어 프랑스의 운명을 떠맡긴 것은 국민의 보수적 성격으로 보아 결코 우연이 아닌 것이다.

일본 보수주의의 침략성

　일본의 보수주의는 황도주의(皇道主義)를 의미하고 군국주의 또는 침략주의를 의미한다. 일본의 보수주의가 한국을 포함한 아시아 제국의 경우와 같이 전근대적 성격을 띠고 있다는 것은 주목을 요한다.

　일본의 근대화는 이른바 '왕정복고(王政復古)'라는 운동 밑에 전개된 것이기 때문에 기형성을 면할 수 없었다.

　일본 보수주의의 정신적 지주는 '천황'에 대한 전근대적 충성심, 사무라이 침략정신이 밑바탕이 되었다. 그리고 보수주의를 현실적으로 떠맡고 있었던 것은 군벌·지주·중신층(重臣層)·관료 등이었다. 그리고 초보수주의라도 할 수 있는 사무라이적인 '낭인(浪人)'단이었다.

　일본 보수주의는 따라서 지금까지 우리가 구명해본 서구에서의 보수주의와는 아주 성격이 다르며 철저한 비합리적인 황도정신이라는 괴물에 사로잡히고 있다. 비합리적 정신을 바탕으로 한 것이기 때문에 이론적 일관성도 없고 조직에 통일성도 없다. 잡다한 데마고그들이 저마다 일본 정신이라는 것을 내걸고 수다한 우익조직체를 가지고 있다.

그러나 이론 면에서 그 성격을 분별해보면 둘로 나누어 따질 수 있는데 하나는 순 일본적 봉건주의를 상징한 두산만(頭山滿) 등을 중심으로 한 현양사(玄洋社) 같은 것이 그 대표고, 다른 하나는 관념적 파시즘에 물든 대천주명(大川周明), 적송극마(赤松克麿) 같은 서구적 냄새를 풍기는 것이 있다. 그러나 그들에 공통된 몇 가지 특성을 분석해보면 다음과 같다고 할 수 있다.

철저한 무이론성이라는 점이다. 가장 이론적이라고 하는 고전소지(高畠素之), 북일휘(北一輝), 대천주명(大川周明) 등을 보아도 순전한 데마고그이며 과학적 비판의 대상조차 될 수 없다.

둘째는 과격한 행동성·폭력성을 들 수 있다. 무이론과 폭력성과는 불가분의 관계에 있는 것이다. 그들은 무조건 천황제를 지지하고 일본을 '신주(神州)'라고 자기 도취에 빠지고 있다. 이것은 그들이 바로 봉건적이라는 것을 의미하기도 한다. 그들에게 주체의식, 권력에 대한 반항성이 희박하다는 것도 이 때문이다.

셋째로 그들은 본질적으로 군국주의적·침략주의적이다. '대(大)아시아주의' '대동아공영권(大東亞共榮圈)' 같은 것이 좋은 표본이다.

넷째로 종교관계는 일본적 불교인 일련교(日蓮敎)가 많다. 프랑스에 있어서의 가톨릭교와 같은 역할을 하고 있다.

다섯째, 그들은 관료와 깊은 관계를 맺었을 뿐 서구에서처럼 대중적 바탕을 가지지 않고 있다.

이상에서 본 바와 같이 일본의 보수주의는 그 봉건적인 데마고그성, 대중에서 초연한 고립성, 지나치게 과격한 침략성이 특징으로 되고 있다.

'일본제국'이 이른바 만주사변에서부터 걷잡을 수 없는 힘으로 대륙에의 팽창·침략정책으로 나가고 전사회체제가 군사주의 일색을 띠게 된 것은 위와 같이 보수주의의 정신적·사회적 배경이 있었기 때문이다.

패전 후 일본 보수주의는 결정적 타격을 받았다. 그들의 지도자는 모두 추방당하고 220여 개 우익단체는 모두 해산당하였다.

천황주권의 부정은 그들로부터 관념적 거점을 빼앗아갔으며 재벌의 해체는 자금루트의 단절을 의미했다. 8·15는 일본 우익에게 사면초가가 되었다.

그러나 한국동란을 계기로 미국이 일본 재무장을 서둘게 되자 그들에게는 재생의 기회가 도래하였다. 정치적인 대량추방 해제를 계기로 보수주의는 재진출의 터전을 닦기 시작하였다. 현재 일본에는 약 300개에 가까운 수많은 우익단체가 속출하였다.

이 초보수주의단체들은 여전히 무조일(無組一), 무이론(無理論), 무조직(無組織)이라는 전전의 약점을 가지고 있고 학생층에 어필할 만한 이론체계를 지니지 못하고 있다.

그러나 그들의 대부분은 친미, 반소, 반공, 천황제 옹호, 재군비 촉진을 슬로건으로 내걸고 있다. 일본 자민당의 강령과 다른 점이 거의 없다.

문제는 바로 여기에 있다. 일본 민주주의—서구적 보수당—가 이들을 어떻게 대할 것이냐 하는 데 따라 일본의 운명은 결정될 것이다. 일본 민주주의가 만약 이들과 손을 잡는다면 그 결과는 일본 자신의 장래는 물론 국제사회에 또다시 커다란 문제를 제기할 것이다.

이런 점에서 서구적 보수당이라 할 자민당 내에 일부 경제적 대국주의가 싹터 이른바 이웃나라에 네오콜로니얼리즘의 야욕을 드러내고 뒤이어 군사적 대국주의의 경향조차 점차 나타내고 있음은 크게 주목할 움직임이라고 아니할 수 없다.

한국 보수주의의 형성

이글의 처음에서 말한 바와 같이 한국에 보수주의라는 정치용어가 저널리즘의 입에 오르내리게 된 것은 4월혁명이 있은 후부터였다. 한국에 근대화의 바람이 불기 시작한 이래 우리에게는 '독립'이라는 너무나 벅찬 투쟁목표가 있었기 때문에 사회적 조건이 보수고 혁신이고를 따질 처지가 못 되었다.

그러나 한국 보수주의의 형성과 그 성격이 뚜렷이 나타나게 된 것은 혁명을 계기로 해서가 아니요, 8·15해방 당시로 올라가지 않으면 안 된다.

8·15 해방의 성격은 벌써 이 땅의 정치적 보수주의에 커다란 영향을 미치게끔 되어 있었다.

첫째, 8·15해방은 우리의 주체적 역량으로 이루어진 것이 못 되었다. 대개 민족이 해방독립되는 경우, 이것을 위해 싸운 주체적인 세력의 전통이 곧 새 나라의 혁명적 전통을 이루는 것인데 해방을 맞이하기는 했으나 그것은 연합군의 덕분이요, 우리 사회는 국내대중과 아무 관련도 맺지 못하고 있던 해외망명세력과 국내의 일제군국주의에 젖은 일부 친일세력이 정계를 차지하는 도리밖에 없었다.

주체적 투쟁으로 이루지 못한 해방, 독립기상에 불타는 혁명적 전통을 지닌 레지스탕스단체가 없이 맞이한 해방은 처음부터 혼란할 수밖에 없었다. 무전통으로 맞이한 해방에 대두하는 것은 역시 30년간 몸에 밴 일제적인 것과 그 이전 이조적인 전통이 아닐 수 없었다.

근대화가 채 싹이 트기도 전에 일제에 먹히고 만 한국은 일본의 근대화 자체가 기형적일 뿐 아니라, 그들의 식민지정책이 봉건적 이데올리기의 지주(支柱)가 되는 지주를 보호하고 계획적인 우민정책(愚民政策)을 써오면서 서구 민주주의정신 계몽조차 자기들에 대한 적성태도로 탄압의 손을 늦추지 않았기 때문에 극소수의 기독교와 부동(浮動) 인텔리층을 제외하고는 36년간 그냥 봉건적 이데올로기가 한국 사회에 뿌리 깊이 박히게 되지 않을 수 없었다.

8·15해방과 동시 그렇게 밀물처럼 들어온 민주주의가 우리 민족에는 생활화되기에 너무나 이질적인 까닭이 여기에 있었다. 그러나 이와 같은 부자연하기 짝 없는 한국적 민주주의마저 체면상이나마, 이것을 걸치고 있을 필요성을 느끼지 않아도 좋은 객관적 조건이 조성되기 시작하였다.

그것은 38선과 공산당의 위협이었다. 보수당의 보수당으로서의 의의와 가치는 같은 주권 밑에 그와 반대되는 진보당이 있어 상호 비판하는 과정 속에서 자기 발전 정화가 가능한 것인데 공산당은 국권 그 자체를 위협하고 나섰기 때문에 자유당―이승만―은 유엔과 미국의 두터운 원조와 보호 밑에 공산당과 싸우게 되었다.

유엔과 미국의 원조와 보호는 주권국인 대한민국을 위한 것이었음은 삼척동자에게도 뻔한 사실이었으나 이승만이 먼저인지 대한민국이 먼저인지 분간조차 할 수 없던 당시의 유일한 자유당은 미국이 대한민국이 아니라 자기들을 위해서 원조하는 것으로 중대착각에 빠지게 되었다. 이리하여 이승만의 자유당을 반대하는 것은 반국가적·반미적·이공(利共)적이라는 실로 기묘한 논리가 서게 되었다. 이승만 자유당이 '반공'이라는 이름 밑에 모든 정적을 없애자는 방약무인한 사고방식을 갖게 된 바탕은 여기에 있었다.

12년간 그들의 유아독선적 꼴은 차마 눈 뜨고 볼 수 없는 일이었다. 근대적인 아무 전통도 없는 그들에게 멀리 우리 민족의 옛 전통인 이조 사색당쟁적인―파쟁·권모·부패·사대·무법 등― 온갖 더러운 정치적 생리가 아무 거리낌 없이 나타나게 된 것은 너무나 당연하지 않을 수 없었다. 이승만 12년간의 정치는 민주주의라는 이름 아래 이조의 정치적 전통이 재생하는 하나의 복고현상을 가져왔다.

4월혁명 전야의 자유당 정권이 극단적인 복고현상을 띠고 이 땅에 다시 한번 '대한제국(大韓帝國)'이 설 뻔한 것은 결코 우연이 아니었다.

혁명적 주체세력 없는 해방을 맞고 38선과 공산당의 위협 아래에서 이 나라의 보수주의는 자유당의 일당독재로 정말 가장 타기(唾棄)해야 할 더러운 성격―자칫 잘못하면 전통―이 12년간에 형성되어 있었던 것이다.

정당사적으로 본 보수주의

일제의 계획적인 식민지 정책으로 이 땅에는 봉건적 지주층과 그 이데올로기가 뿌리를 깊이 박고 있었기 때문에 8·15해방 후 수없이 나온 정당 중 지주·친일파를 배경으로 한 한민당이 가장 강력한 기반을 가지고 있었던 것은 당연할 수밖에 없었다. 따라서 해방과 더불어 조직되고 가장 지반이 튼튼하고 강력하고, 또 미군정에서 사실상의 정권을 장악하고 있던 한민당의 생리부터 분석하는 데서 이 땅의 보수당 성격이 구명될 것이다.

한민당이 당시 대중적 기반이 없었고 지주·친일파를 배경으로 삼고 있어 떳떳치 못한 때문에도 그러했지만 반공과 임정 지지를 표방하고 나서지 않을 수 없었다. 대의명분이 필요했던 것이다.

당시 여운형을 중심으로 한 건준파(建準派)의 약간의 지하운동도 있었던 때문이지만 전국적인 조직망을 펴고 있어서 한민당으로서는 친일파·민족반역자 숙청을 들고 나선 이 좌익세력이 공포의 대상이 아닐 수 없었다.

한민당이 내세운 '반공'은 이리하여 그들이 민족주의적이기 때문보다도 자신의 정치적 운명을 연장할 필요에서도 그 길밖에 없었다. 한민당에서부터 자유당에 이르기까지 '반공'이 끝내 진정한 반공이 되지 못했다는 사실은 건전한 보수주의의 육성을 위해서 애석한 일이었다.

'민족주의' '반공' '임정 지지'를 내건 한민당은 우선 건준세력을 배격하는 데 성공하고 그 다음 미국에서 돌아오는 이 박사를 등에 업고 임정을 거세하는 데 성공하였다. 그러나 기막히게 단수가 높은 이 노인이 한민당에 넘어갈 사람은 아니었다. 일보 일보 정권에 접근한 한민당은 정부수립 직전에 보기 좋게 거세당하고 이 박사는 하룻밤 사이에 대통령책임제로 개헌을 하고 정권을 독차지하였다. 이승만과 한민당의 정권쟁탈전은 여기에서부터 시작되었다.

한민당은 해공(海公)·이청천(李靑天) 등 임정파를 다시 포섭하여 민국당(民國黨)으로, 흥사단(興士團) 및 가톨릭세력을 포섭하여 민주당(民主黨)으로 이승만과 싸웠다. 그러나 근본적으로 말하면 해외에서 돌아온 탁월한 고단자 이승만과 토착지주세력과의 정권다툼이라는 기본성격을 벗어나는 것이 아니었다.

그 수많은 '민의' 발동, 부산발췌개헌, 사사오입개헌, 2·4파동이 모두 정권

장악을 위한 이승만 자유당의 발악이었다.

　자유당의 창당은 한민당 계열에서 싸우던 일부가 전신해서 조직된 같은 보수당이었다. 그러므로 자유당과 민주당은 기실 같은 생리를 가진 보수당으로 민주주의를 위해서 싸웠다고는 하나 본래 그들이 대립케 된 동기는 정권 때문이었지 정견 때문은 아니었다. 따라서 민주당이 일단 정권을 잡으면 본성이 드러나고 말 것이라는 것은 한낱 추측이 아니요 우리들이 눈앞에서 보고 있는 바와 같다. 그렇게 자유당의 독재와 싸운다고 하면서 뒤에서는 '촌지(寸志)'가 왔다 갔다 하고 신구파 싸움은 이승만 독재를 눈앞에 두고도 중단한 일이 없었으며 7·29선거에서 일단 승리하자 정권을 위해선 구자유당계도 아랑곳없다는 듯이 다수의 획득에만 혈안이 되어 권모를 쓰고 있는 꼴을 보면 앞날에 한숨만 나올 뿐이다. 지난 15년간 이합집산이 무상했던 보수당 계열의 기본성격을 몇 가지로 분석해보면 다음과 같이 나눌 수 있을 것이다.

　첫째, 어떤 강력한 퍼스낼리티를 중심으로 한 주종적 붕당(朋黨)관계의 형성. 이것은 특히 이승만·이기붕을 중심으로 한 여당과 해공·유석(維石)을 중심으로 한 구파, 장 박사를 중심으로 한 파가 현저하게 나타나고 있다. 퍼스낼리티를 중심으로 한 은의(恩義)관계는 관료·재계에도 거미줄처럼 뻗어 이것은 수지맞는 자리의 인사문제에서 취직·영전에 이르기까지 손이 미치지 않는 곳이 없다. 물론 은의관계를 위해서는 헌법까지도 무색하며 법이 이렇게도 저렇게도 바뀌는 것쯤은 다반사였다. 한국 정당이 전근대적 성격을 벗어나지 못한 까닭은 정책으로 모인 것이 아니고 이같이 퍼스낼리티 중심이었기 때문이다.

　둘째, 보수주의의 또 하나 특질은 특정한 퍼스낼리티에 대한 충성심이 과잉으로 나타나고 있다. 자유당 치하 12년 사라진 것은 애국심이요, 홀로 성한 것은 충성심이었다. 충성심이 지나쳐 아부가 성행하고 아부를 위한 이면적인 부패만이 성행하였다. 아부는 극도로 단수가 높아져서 민족의 순결성이 무너지기 시작하였다.

셋째, 정치를 무슨 이권운동과 같이 보는 풍습이 생긴 점이다. 으레 무슨 귀속기업체의 불하 아니면 원조불(援助弗)의 새치기가 따르지 않을 수밖에 없을 것이다. 12년간 '빨갱이'로 몰려 죽고 정적이기 때문에 부당하게 검거 투옥되고 살해된 사례가 얼마나 많은가. 거창양민학살사건을 전후한 수만 양민이 학살당한 것은 직접 하수자의 기분만으로 저질러진 것이 아니라는 점을 알아야 한다.

다섯째, 보수당들은 적대당(敵對黨)과의 전쟁을 마치 불구대천의 원수처럼 알며 가능하면 공산당으로 몰아 없애려는 권모를 사용한다. 이것은 사색당쟁적 전통에다 이론과 정책의 빈곤, 여기에 맹목적인 정권욕에만 혈안이 된 때문이다.

이와 같이 지난 12년간 이승만자유당을 중심으로 한 그 아상(亞象)들은 이 땅의 보수당—그 역사는 비록 짧았으나—의 전통을 완전히 망쳐놓고 말았다. 부패·권모·무법·독재 등이 극히 중요한 한국 보수주의의 성격이 되었다.

한국 관료제의 성격

한국보수주의의 생태를 잘 나타내고 있는 또 하나의 온상은 보수당과 더불어 이 땅의 거대한 관료계가 있다. 서구적인 합리주의와 한국 고유의 '벼슬'기질과 뒤범벅이 된 이 땅의 관료제는 기묘한 전통을 만들어놓았다.

제도 면에서 보면 근대적 관료제의 문서주의(文書主義)·규정주의(規程主義)가 인간관계를 소외하고 있고 내용적 면에서 볼 때에는 인간관계가 오히려 문서주의·규정주의를 소외하고 있다. 한국 관료제의 이 기묘한 이중성은 그때그때의 경우에 따라 신축자재의 묘를 발휘하고 있으니 실로 가관이라 하겠으나 한국 관료제의 병리는 바로 이 이중성 속에 있는 것이다.

관청에 무슨 민원서류를 가져가본 사람 같으면 누구나 알고 있는 사실이지만 같은 수속절차라도 어떤 사람은 말 한마디로 척척 진행되는 경우를 본다. 인간관계가 이중으로 엉킨 병리의 묘가 여기에 있다.

이것을 결과적으로 따지자면 한국 관료계에서는 근대적 문서주의가 본래의 신속성이 아니고 사무능률을 말할 수 없이 저하시키는 결과를 가져오고 있고 반면에 전근대적인 인간관계가 근대의 문서주의인 정확성을 소외시키고 있다. 정계의 보수당의 파쟁 이상으로 엉망진창인 한국 관료계의 병리는 그 핵심이 바로 여기에 있다.

한국 관료계의 문서주의는 세계에서도 유례가 없을 만큼 번문욕례(繁文縟禮)에 사로잡히고 있다. 무슨 사고가 일어나도 그것이 도대체 누구의 책임인지 한계가 흐릿하다. 수십 명 '나으리'들의 결재가 있어야 하니 잘못됐을 경우 책임전가가 나오는 것도 당연하다.

가령 가장 사고가 잘 나는 교통부의 경우를 들어보면 철도교량공사 하나 하는데도 꼭 결재가 백여 명의 손을 거치지 않을 수 없게 되어 있다. 사무의 순서상—큰 공사는 상부의 지시에 의하지만— 우선 현장계원이 공사신청서를 작성하고 이 서류는 점차 위로 올라간다. 현장 사무소의 계원—주임—소장—지방국 계약사원—주임—담임관공부과의 심사계원—주임—담임관—과장—경자와 현품계원—주임—조도계원—주임—담임관—경리계원—주임—담임관—과장—관리과장—계장 도합 21명의 손을 거친다. 이상의 경우는 공사가 적은 경우고 수백만 대를 넘으면—이것이 오히려 보통이지만— 교통본부까지 서류가 올라가야 한다. 즉 시설국계약담임관—서무담임관—계획담임관—보선담임관(保線擔任官)—기감국장(技監局長)—자재국 계획과장—이사관—국장—경리국 재정과장—회계과장—국장—차관—장관 이상 15명의 손을 거쳐야 한다. 합계하면 36명이다.

그러나 이것은 공사의 결재에 필요한 인원수이고 공사가 만약 노후 또는 풍수해로 파괴된 시설의 복구공사라면 파괴시설의 철거에도 또 20여 명의 결재가 필요하다. 또 공사청부업자가 공사비를 타먹자면 이상과 거의 같은 '도장'이 필요하다.

따라서 파괴된 시설의 철거부터 업자가 공사비를 타먹을 때까지 백여 명의 도장이 왔다 갔다 한다 해도 조금도 과장이 아니다. 한국의 관료제란 '도장'과 서류와의 숨바꼭질로 1, 2년을 허비하는 경우가 허다하다.

얼마나 문서의 형식주의가 굉장한가를 알 수 있을 것이다.

그러나 결코 잊어서는 안 될 한 가지 사실은 수십 명의 '나으리'가 절대 그 소중한 상아뼈 '도장'을 공짜로는 찍어주지 않는다는 점이다. 한국관료계의 세계 제일가는 그 부패는 바로 여기에서 나오고 있는 것이다. 그렇게 적은 봉급으로 그렇게 호화스러운 생활을 하는 관리들이 한국 이외에는 없다는 사실이다. 따라서 '업자'와 관계하려는 '자리'를 둘러싸고 동료 간에 벌어지는 이면에서의 사투(死鬪)는 제갈공명의 지혜를 가지고도 승리를 자신 못할 정도라는 것이다. 여기에서 '빽'이 생기고 낙하산식 '특명'도 내리고 관료와 정치와의 결탁도 생기게 된다. "안 되는 일도 없고 되는 일도 없다"는 무슨 변증법의 명제 같은 풍자가 이 땅의 관료계에 들리는 까닭도 여기에 있다. 한 가지 중요한 점은 바로 이러한 관료계가 정계의 보수당과 밀접한 관계에 있어왔다는 사실이다.

한국 보수당의 정치적 배경

보수당을 'Conservative Party'라고 하고 conservative의 conserve라는 동사가 '보존(保存)한다'는 뜻을 가지고 있다는 것은 누구나 다 알고 있는 바와 같다. 이 말이 처음 생긴 것은 앞에서 이야기한 바와 같이 프랑스혁명 후 그의 반동으로 왕당파가 앙시앵 레짐을 복고시키기 위하여 운동하기 시작했을 때부터 유행된 것이다. 왕당파가 보수주의자가 된 데에는 이유가 있었다. 근대시민 사회를 반대하고 왕정복고를 운동했던 것이다.

그리고 지금 서구제국에서의 보수당의 목적도 모두 뚜렷하다. 영국의 예를 들면 노동당이나 공산당에 대해서 군주체제를 보수하자는 것이 그 근본목적이고 프랑스에서는 공산당 또는 다른 급진당에 대해서 프랑스의 가톨릭적 사회체제의 전통과 생활양식을 보수하자는 것이 근본의도이고 미국의 경우는 건국이념이 되어 있는 자유민주주의적 전통을 수호하자는 데 목적이 있다 하겠다. 일본의 초보수주의제까지도 천황제도의 수호라는 뚜렷한 목적이 있다.

그러면 한국 보수당에는 무슨 이념이 있는가. 한국 보수당에는 대단히 안 된 일이지만 그들은 영국이나 미국 또는 일본처럼 무슨 보수주의로서 관념적 거점을 가지고 있지 못하다. 그들에게는 치명적인 약점이다.

'단기 4293년'이라는 것이 무엇을 과학적 근거로 삼은 것인지는 몰라도 숫자의 심벌을 통해 자기들의 전통을 자랑하고 '단군할아버지'라는 우상적 인물을 통해 삼천만민족을 가부장적 올가미 속에 집어넣으려고 해보고 또는 일민주의라는 데마고그를 가지고 보수주의의 이론적 바탕을 삼아보려고도 하였으나 모두 대중적 기반을 잡고 그 속에 뿌리를 박는 데 성공하지 못하였다. 실패할 수밖에 없는 원인은 그들의 기도가 역사적 전통을 배경으로 하지 못하였다는 데 있다.

보수주의적 전통을 찾을 수 없는 한국 보수당이 프랑스나 일본처럼 국수주의적 정강정책으로 국민을 기만하고 있는 까닭은 한국이 민주공화국이라는 점에만 있는 것이 아니고 전통이 없는 그들에게는 그렇게 할 수밖에 없기 때문이다. 한민당이 '노동자의 생활향상' '중소기업의 육성'을 참말처럼 정강정책에 내세우고 자유당이 '노동자·농민의 당'을 자처하고 민주당이 혁신정당과 별 차이 없는 정강정책을 내거는 까닭도 여기에 있다. 한국 보수당은 이와 같이 정강정책이 더욱 진보적·사회주의적 냄새를 풍기고 있으나 그 속에서는 더욱 생리적으로 복고화의 길을 걸어갔다. 즉 사색당쟁적인 파벌심(派閥心), 권모술수의 발달, 무능, 독재, 무법, 존대 등 이조의 궁정정치의 성격을 띠어왔고 국민과의 사이에는 엘리트의식이 농후해서 점점 관민 간의 갭이 심해졌다.

국민과의 사이에 거리가 생기고 고립감이 심해질수록 그들은 더욱 병적으로 정강정책이 과격할 만큼 진보적이 되고 그럴수록 더욱 권모술수를 써서 국민의 인기를 얻는 정적을 제거하려 하고 독재와 테러리즘은 심해가고 초조한 마음에서 이권운동과 부패만 더해간다. 최근 베스트셀러가 되고 있는 〈흑막(黑幕)〉인가 하는 잡지가 훌륭하게 말해주고 있듯이 보수당·자유당 12년간의 정치는 '흑막'이라는 두 글자로 표현될 뿐이다. 12년간에 헤아릴 수 없이 많이 일어난 그 가지가지 사건들, 이것이 이 땅의 보수당 정치의 성격을 말해주고 있으며 가공스럽게도 이 사이에서 한국 보수주의의 성격과 전통은 점점 형성되어가고 있었던 것이다. 한국 보수주의의 병리를 분석하는 데 있어 서구 제국 보수주의의 성격을 굳이 따져본 것은 바로 한국 보수주의가 그들과 이름만 같을 뿐 이조 봉건적 전통이 되살아난 복고주의며 그것이 어느 정도 지독하게 병들고 부패한 것인가를 밝히기 위해서였다.

보수당의 혁신문제―신보수주의

이와 같이 한국 보수주의의 성격은 그 정치적인 전통이 아무것도 없다는 데 특징이 있다. 한국은 건국이념이 바로 자유민주주의에 있으며 이것은 당면과업이기도 하고 궁극적인 목표이기도 하다. 따라서 한국은 서구에서와 같이 보수주의의 전통을 운위할 역사적·정치적 조건이 없다.

한국 보수당이 처음부터 혁신적이며 진보적인 민주주의를 목표로 삼아야 하고 또 삼을 수밖에 없는 정치적 조건도 여기에 있다. 기성보수당(旣成保守黨)의 정강정책이 상당히 진보적 강령을 내걸고 있었던 것을 보면 그들도 이것을 이론적으로 깨닫고 있기는 했던 모양이다.

그러나 혁신세력이 민주주의를 위해 싸우겠다고 떠들고 있는 까닭은 자유당이나 민주당 같은 보수당이 결코 민주주의를 위해 싸울 사람들이 아니라고 생각하고 있기 때문이다. 이 점은 과거 12년간의 한국 민주주의를 돌이켜볼 때 수긍할 만한 점이 없는 것도 아니다. 물론 우리는 보수당을 비판하고 있는 혁신세력 자신들이 비록 이론은 혁신적이면서도 자신의 생리는 여전히 전근대적 섹트주의를 지니고 있어 혁신이 아직도 관념성을 벗어나지 못하고 있다는 데 대해서도 주목하지 않을 수 없다. 혁신세력 자신의 혁신부터 필요하겠다는 것이다.

한국 보수주의가 진정한 자유주의의 힘이 되자면—과거처럼 정강정책만이 아니고— 우선 자신의 내부에서 혁신이 있어야 할 것 같다. 보수진영—민주당— 내부에 있어서의 일대혁신, 이것이 꼭 있어야 하겠다는 것이다. 한국 보수당이 과거 자유당 꼴이 되지 않고 참된 자유 민주주의를 위한—따라서 진취적인— 정당이 되기 위해선 첫째 혁신세력이 성장해서 보수당에 긴장감을 주어야 한다. 지난 12년간에 자유당이 부패의 극에 달한 원인도 건전한 혁신 야당이 없고 반공의 기치 아래 미국의 보호만을 받고 자랐기 때문에 안심하고 부패한 것이다.

―《송건호 전집》, 한길사, 2002년, 147~170쪽.
《한국 민족주의의 탐구》, 한길사, 1979년

*이 글을 발표한 매체는 확인할 수 없으나, 1960년 4월 이후 쓴 글이다.

지식인 134인 시국선언문

우리들 뜻을 같이하는 134명 일동은 민주발전에 대한 과도정부의 모호한 태도, 더욱 심화되어가는 경제위기, 그리고 민주화와 생존의 권리를 외치며 전국적으로 격화되고 있는 학생과 근로자들의 항의시위에 다만 강압적으로 맞서고 있는 당국의 무능무책을 더 이상 좌시할 수 없다.

오늘의 난국은 기본적으로 지난 19년간 독재정권의 반민중적인 경제시책과 강권정치의 소산이다. 이는 민주발전을 저해하는 비상계엄령의 장기화로 빚어진 필연적인 사태 악화이다. 만약 국민이 납득할 만한 발전적 조치를 과정 (과도정부) 당국이 하루빨리 취하지 않는다면 정국불안에 경제적 위기까지 점차 회복할 수 없는 파국이 초래되지 않을까 염려된다.

이에 우리는 오늘의 시국을 근본적으로 타개할 몇 가지 당면책을 제시코자 한다.

1. 비상계엄령은 즉각 해제되어야 한다. 비상계엄령 10·26, 12·12 사태 등 전적으로 집권층의 내부 사정에서 선포된 것으로서 이는 분명히 위법일 뿐 아니라 정치발전을 저해하는 가장 큰 요인이다.

1. 최규하 과도정권은 평화적 정권이양의 시기를 금년 안으로 단축시켜야 하며, 그 일정을 구체적으로 밝혀야 한다. 현 과정은 의당 폐기될 유신헌법의 절차에 의한 시한적 정권으로서, 명분 면에서 보나 체질 면에서 보나 허약하여 난국의 극복을 기대할 수 없다. 우리는 현 과정이 개헌에 관여하는 것을 명분 없는 개입으로 이를 반대한다. 국회의 개헌 심의는 정권야욕에 사로잡힌 작태를 청산하고 민중의 의사를 올바로 반영하여야 한다.

1. 학원은 병영적 성격을 일제 청산하고 학문의 연구와 발표의 자유는 보장되어야 하며, 이 같은 자유를 위한 대학인들의 자율적 민주화운동은 존중되어야 한다. 사학에 뿌리박은 족벌재단, 교수재임용제 등 학원의 민주화 발전을 가로막는 모든 독소적 운영 방식과 제도는 폐기되어야 한다.

1. 언론의 독립과 자유는 민주발전에 가장 불가결한 요소로서 절대 보장되어야 한다. 언론인들은 그간의 잘못을 반성하고 특히 동아·조선 등 신문사는 부당하게 해직시킨 자유언론 기자들을 전원 지체없이 복직시켜야 한다. 그들의 복직 없는 자유언론 표방은 국민에 대한 기만이다. 우리는 필요한 경우 성토, 집필거부, 불매운동 등 가능한 모든 방법을 써서 그들의 원상회복을 위한 운동을 벌일 것이다.

1. 일터를 잃고 거리에서 방황하거나 기아 임금으로 신음하는 수많은 근로자들을 위한 시급한 생활대책을 강구하여야 하며 근로자들의 양보할 수 없는 권리, 단체행동권을 포함한 노동기본권은 보장되어야 한다. 대기업 편중의 지원 정책으로 희생을 강요당하고 있는 중소기업은 시급히 구제·육성되어야 한다. 저곡가정책으로 영농 의욕을 잃은 농민들에 대한 정책적 전환이 있어야 한다.

1. 일인독재의 영구화로 억울하게 희생당하고 있는 많은 민주인사에 대한 석방·복권·복직조치는 지체없이 이루어져야 한다.

1. 국토방위의 신성한 임무를 수행하고 있는 우리 국군은 정치적으로 엄정 중립을 지켜야 한다. 그런데 한 사람이 국군보안사령관직과 중앙정보부장직을 겸직하고 있다는 사실은 명백한 불법이므로 마땅히 시정되어야 한다.

오늘의 난국은 국민의 자발적 합의와 민주적 절차에 의해서만 극복될 것이라고 확신한다. 우리의 이 정당한 요구가 외면되고 강권정치가 계속 자행된다면 과도정권은 국가를 파국으로 몰아넣는 역사적 책임을 면치 못할 것이다.

1980. 5. 15

---

*1980년 봄, 시대적 과제를 제시하기 위하여 지식인들이 시국선언을 준비했다. 시국선언문의 기초위원으로 서남동, 유인호, 송건호, 이호철, 장을병이 참여했고, 논설에 능한 송건호가 선언문의 초안을 작성했다. 5월 15일 오전 준비위원 9명(서남동, 유인호, 송건호, 이효재, 김병걸, 홍성우, 이돈명, 임재경, 장을병)이 법원기자실에서 시국선언문을 발표했다. 하지만 5월 17일 비상계엄령이 전국으로 확대되면서 성과를 거두지 못했다. 그래도 학계, 언론계, 법조계, 종교계, 문단 등 범지식인 명의로 발표된 선언이며 혼란한 시대에 나라가 나가야 할 방향을 제시했다는 점에서 의의가 크다. 하지만 이 선언은 신군부세력이 지식인을 탄압하는 빌미가 되고 말았다.

~ 7부 ~

송건호에게 묻다

형극으로 지켜온 언론자유와 현대사 개척__송건호, 서중석 대담

새 신문을 내고야 말겠다__조영래, 송건호, 정태기 좌담

형극으로 지켜온
언론자유와 현대사 개척

서중석 성균관대 교수·한국 근현대사

조선인이라고 차별받고부터 일본말 안 썼다

서중석(이하 서) '나의 학문, 나의 인생'은 우리 학계의 원로 선생님을 모셔서 한 평생 학문의 길을 걸어오신 여정을 들어보는 난입니다. 선생님은 언론인으로서 우리에게 알려져 있습니다만, 우리 현대사와 관련하여 많은 저서를 펴내기도 하셔서 학자라고 해도 크게 잘못된 말은 아니기에 이번에 모셔서 현대사를 연구하시게 된 동기랄까, 그에 얽힌 이야기를 들어보겠습니다.

선생님은 1927년 충북 옥천에서 태어나셨고 이제 66세이십니다만, 선생님을 뵈면 민족·민족주의란 말이 저절로 떠오르는데, 먼저 선생님이 민족의식을 갖게 된 계기를 들어보는 것으로 이야기를 시작하지요. 선생님이 중학교에 해당되는 한성사립상업학교에 다니실 때는 한국인 학생들 상당수가 일본화되어서 아마 더 갔다면 우리 민족이 아예 없어지는 것이 아니냐 할 정도까지 됐다고 들었는데요.

송건호(이하 송) 그때는 천지가 일본 일색이어서 해방이란 생각도 못했어요. 당시 지식인들은 이광수·최남선을 대단한 인물로 알고 있었기에, 일제가 이광수와 최남선을 집중 공작해서 거역을 못하게 한 겁니다. 나도 중학교 2학년 때까지는 일본이 우리나라고 대동아전쟁에서 이겨야 한다고 생각했어요. 그런데 대학에 들어가려고 하니까 '반도인'—그 때는 그렇게 불렀어요—이라고 차별을 해요. 그때서야 "우리는 일본 사람이 아니고 일본은 우리를 무시한다"는 것을 알았고 그때부터 내심 반항하기 시작했죠. 일본말도 안 썼고, 그때는 한 반에서 6, 7명 정도가 민족의식이 좀 있었을 뿐 대부분 침묵을 지켰고 적극적인 친일행위자는 7, 8명 정도 되었죠. 침묵하는 사람들은 복종을 잘하지요.

서 그 당시 교육받은 사람들이 대개 우리나라의 '지도자'가 됐잖아요.

송 그렇죠. 그러니까 자유당 때 이승만에게 충성을 바친 사람이 박정희에게 충성하고 다시 전두환한테 충성을 바치고…… 다 그렇게 됐지요. 그들은 누가 권력을 쥐고 있건 복종하는 것이 체질적으로 몸에 밴 사람들입니다. 일제 때부터 습관적으로 그렇게 된 사람들이죠. 일제 때 친일한 사람들이 미국이나 이승만에게도 충성을 했죠. 만약 남한에 소련군이 들어왔어도 받아만 주었다면 소련한테도 그렇게 했을 거예요.

서 해방이 되었을 때 선생님은 경성법과전문학교에 입학하셨고 그 다음 해에 서울대 법과대에 들어가셨는데 그때 얘기를 해주시죠.

송 남로당이 상당히 침투했겠지만 그때는 대부분의 학생들이 국대안에 반대했어요. 나도 반대를 했는데, 미국놈들이 잘못하기 때문에 반대해야 한다는 생각이었지 특별한 이유는 없었어요. 제정신을 가진 사람들은 거의 다 국대안을 반대했고 일부가 적극적으로 지지했죠. 초등학교 학생들도 국대안 반대데모에 나섰을 정도로 굉장했습니다.

서 선생님은 노선 차이로 국대안을 반대했습니까? 아니면……

송 나는 적극적으로 앞장서지는 않았고 따라만 다닌 정도예요.

서 선생님은 현대역사의 목격자시자 기록자가 되신 것이네요. 그러면 먼저 학문 얘기를 하고 뒤에 언론계 얘기를 해주시지요. 선생님은 우리나라 근현대사의 개척자이신데 어떤 계기로 근현대사를 연구하시게 됐습니까?

송 1969년일 겁니다. 〈경향신문〉에 있다가 중앙정보부와 싸워서 〈동아일보〉로 옮기게 됐어요. 〈동아일보〉에 간 지 며칠 뒤에 어느 출판사에서 학생운동사를 써달라고 해요. 그런데 보니까 일제 강점기 때 자료는 꽤 괜찮은데 해방후의 것은 없어요. 자료를 구하려고 교수들한테도 찾아가고 대학도서관에도 가봤는데 없어요. 이상하다 생각하고 알아봤더니 근현대역사는 사학자들이 연구하기를 기피한다고 합디다. 다시 알아보니까 이승만이 친일파를 감싼 것과 관련이 있더군요. 이승만은 친일파를 감싸는 대변자였지 민족주의자가 아니었고 민족주의자라고 부를 수도 없어요. 항일투쟁을 하지 않았거나 친일을 했어야만 재산가가 되지 항일투쟁을 하면 3대가 망한다는 말이 있잖아요. 그러니까 일제 때 잘살던 사람들이 전부 고관이 됐고 돈이 많았기 때문에 사학자들이 눈치만 보고 안 쓰더란 말입니다. 역사학을 해도 고대 아니면 근세를 했지 3·1운동 전후도 잘 안 쓰려고 그래요. 그런 중에 서강대에 이기백 씨도 찾아가고 여러 가지 자료도 구해서 훑었지요. 그렇게 해서 나온 책이 『한국현대사』예요. 내가 역사학을 특별히 하려고 한 것이 아니고 또 내 독창적인 것도 없는데 단지 사학자들이 해야 할 것을 안 했기 때문에 내가 한 겁니다.

서 선생님 혼자 연구하시게 되어 외로우셨겠어요?

송 그랬죠. 그런데 1975년 〈동아일보〉를 그만두고 15년 동안 쉰 것이 도움이 됐어요. 그전부터도 고서점을 자주 다녔는데 특히 그 15년 동안 많이 다녔어요. 그때는 형사가 따라다니니까 친한 친구들도 나하고 차 한 잔 마시는 것조차 바쁘다며 다 피해버렸어요. 그래서 고서점이나 찾아다니며 혼자 세월을 보냈지요. 종로5가 기독교회관에는 빨갱이 목사들이 많이 있으니 가지 말라고 협박도 많이 받았고요.

서 고서점 중에서도 어디를 다니셨습니까?

송 그때 고서점이 서대문, 아현동, 충무로4가 그리고 성북동 등 여기저기 떨어져 있었고, 조금 몰려 있다는 데가 충무로4, 5가였어요. 나는 고서점이 어디 있다는 것을 잘 알고 있어서 구석구석 혼자 많이 다녔습니다. 그렇게 뒤져서 박영철의 전기 《50년의 회고》라는 책도 구했지요. 그렇게 모은 책이 1만5천 권이나 되는데 지난번에 한겨레신문사에 다 줬습니다. 한 권 한 권 일일이 다 그렇게 구한 것이지 전집은 없습니다. 나는 이제 나이가 들어서 공부하는 것도 젊은 사람들이 낫겠다 싶어 기증했는데, 요즘 젊은 사람들은 책을 잘 안 읽습디다.

서 동아일보사를 나오신 이후로는 궁핍하셨던 것으로 아는데 그 많은 자료를 어떻게 구했습니까?

송 지금도 내 처가 가끔 불평을 하지만 40년 동안 살면서 한 번도 같이 나가서 식사를 한 적이 없어요. 나가서 식사 한 번 한 적이 없고, 술·담배도 안 하니 월급 타면 그냥 책 사고 교통비 하고 그랬지요. 나중에 이 책들을 서점에서 자꾸 달라고 했지만 그러면 흩어질 것 같고, 그래서 며칠 고민을 하다가 그냥 한겨레신문사에 다 주었어요.

서 선생님이 현대사에 관해 쓰신 책만 해도 제가 알기로 10권 이상이 될 것 같은데 주로 어느 방면에 관심을 많이 두고 연구를 하셨습니까?

송 일제 말기의 암흑시대죠. 얼마나 괴로운 시대가 있었는가를 알기 위해서는 일제 말기를 공부해야 합니다. 내가 하찮은 양심을 지키면서 사는 데도 이렇게 힘이 드는데 일제 때 양심을 지켰던 사람들은 얼마나 어려웠겠는가를 느꼈어요. 그런 생각에서 역사를 공부했습니다. 그런데 요새 젊은 사람들은 일제 말기를 연구하지 않아요. 그 다음에 혼동기였던 해방 직후에서 6·25 때까지의 3, 4년간을 많이 연구했지요. 해방 후 40, 50년의 운명을 결정한 이 3년간의 역사의 진실이 무엇인가를 알고 싶어서였죠.

자기 민족을 사랑하는 것이 민족주의

서 선생님은 특히 민족주의에 대해서 많은 관심을 보이셨는데, 선생님이 현대사를 연구하시는 기본 관점이랄까, 사관을 민족주의 사관이라고 불러도 좋을까요?

송 1950년대에는 반공만 있었지 민족주의라는 말은 없었어요. 민족주의란 말이 이승만 때는 금지당했습니다. 민족주의라는 말은 4·19 이후 1960년대에 나왔어요. 지금 고백하지만 사실 내가 초창기에는 민족적이라고 해서 박정희를 지지했습니다. 내가 여당을 지지한 것은 그때 딱 한 번이에요.

그런데 민족주의에는 이론이 없습니다. 그냥 심정적으로 자기 민족을 사랑하면 그게 민족주의예요. 사회주의적 민족주의도 있고 자본주의적 민족주의도 있고 여러 가지가 있을 수 있죠. 굳이 나누자면 나는 진보적 민족주의라고 볼 수 있죠.

서 역시 민족주의라고 생각하시는군요. 해방 직후에는 피가 물보다 진하다든가 민족이 이념보다 앞선다는 얘기도 했는데……

송 그때는 좌우가 대립할 때지 민족이란 말이 없었어요. 극단과 극단의 대립이었어요. 여운형도 진보적 중간파라고 무시당했습니다. 그래서 몽양 여운형이 죽었을 때도 기회주의자라고 해서 잘 죽었다고들 했어요. 나도 그랬지요. 그런데 지금 생각하니까 역시 여운형이 옳았어요.

서 통일의 정신적 기반이 민족주의가 될 수 있을까요?

송 민족주의사상이 기반이 돼야겠지요. 남북이 다 통일을 원하지만 자기가 누리는 기득권을 빼앗기지 않는 선에서 통일을 원하니 통일이 되겠어요? 민족주의라면 기득권을 버리는 것이 진짜 필요한데.

서 통일에 관한 논문·저서도 많이 쓰셨는데, 1980년대도 그랬지만 1970년대에는 객관적으로 쓰시려고 할 경우 위협도 많이 받으셨을 텐데요. 선생님이 통일문제에 관해서 글을 많이 쓰시게 된 동기는 어디에 있습니까?

송 그런 글 쓴다고 위협도 많이 받았어요. 《민족지성의 탐구》라는 책도, 사실 요새 사람들은 잘 안 읽지만, 그 책도 몇 군데 출판사에서 거부를 당했습니다. 내가 〈동아일보〉를 그만두기 직전이었는데, 그때는 그만한 책도 불온시당했어요. 통일문제에 관해 글을 많이 쓰게 된 동기는, 통일을 해야 한다는 것 때문이었지요. 일제 때는 함경도·평안도 친구들이 많았는데 지금은 한 명도 없어요. 지금 우리 사회의 모든 불화의 원인은 분단에 있습니다. 통일이 되어야만 우리 민족의 민족성이 정말로 실현되는 참된 독립이 되지요.

서 통일문제에 관해 논문을 쓰실 때 어려움이 많지 않았나요?

송 나는 이제까지 진심을 털어놓고 얘기한 적이 없어요. 내 글에는 울분에 찬 내용이 많은데, 억압 속에서 글을 쓰기 때문에 실제로 그런 심정으로 글을 썼어요. 내 글을 보고서 울었다고 하는 사람들도 있는데 가끔 글을 쓸 때 울기도 합니다.

서 선생님이 1950년대 언론계에 계실 때는 북진통일 외에는 기사를 쓸 수 없었잖아요?

송 그랬죠. 이승만은 민족주의든 통일이든 필요 없이 그저 북진통일뿐이었지요.

분단체제에서는 관계(官界)에 들어가지 않기로 결심

서 1950년대에는 통일이 어떻게 이루어졌으면 좋겠다고 생각을 하셨나요? 통일논의 자체는 1960년대까지도 억압당했잖아요?

송 나는 분단조국에서는 관리를 안 하기로 결심했어요. 그래서 법과대를 나왔지만 절대로 관리를 하지 않고 신문사로 들어갔지요. 그 때는 '내가 지금 서른이 됐으니까 육십이 되면 통일이 되겠지.' 하고 생각했어요. 그런데 칠십이 다 되도록 통일이 안 되고……

사실 그때나 지금이나 남북총선은 불가능하다고 생각해요. 남쪽에서는 여당이 정권을 독점하여 한 번도 정권이 야당에 넘어간 일이 없고, 더군다나 어떻게 지킨 정권인데 남북이 공정선거를 해서 통일을 할 수가 있겠어요? 공정선거를 해도 절대로 정권은 내놓지 않습니다. 북진통일이든 남진통일이든 흡수통일이 아니면 통일은 되기 힘들죠. 남쪽은 공산주의에 대해서 거의 본능적인 두려움을 갖고 있어요. 왜냐하면 남쪽에는 친일파·민족반역자가 많기 때문에 약점이 있습니다. 공산주의가 아닌 사람들도 많이 월북을 했는데, 그 사람들은 대개 공산주의를 지지해서 간 것이 아니라 남한에서 민족반역자만 감싸고도니까 이놈들 밑에 있을 수 없다 해서 간 것이지요. 홍명희나 이태준이 월북한 이유도 모두 거기에 있어요.

서 1972년 남북적자회담이 열릴 때는 그 일원으로 평양에도 다녀오셨는데……

송 그때 이북사람들이 "남의 얘기는 그만둡시다." 합디다. 남의 얘기는 필요 없으니 우리는 우리 얘기나 하자고 그러더라고요. 그 사람들은 본능적으로 남쪽을 얕보는 경향이 있었어요.

서 선생님은 기독교에 관해서도 논문을 자주 쓰시는데 그건 이해가 잘 안 가거든요.

송 WCC에서 한국 기독교를 소개할 때 내 글을 소개해줬어요. 그렇게 기독교에 대해서는 연구를 많이 했지만 나는 교회에는 나가지 않습니다. 물론 기독교인이나 목사들은 많이 알고 있어요. 기독교에 관심을 갖게 된 것은 1970년인가 YMCA에서 기독교를 비판하는 입장에서 말 좀 해달라는 요청이 왔어요. 그래서 기독교에서는 왼쪽 뺨을 때리면 오른쪽 뺨을 내놓는다고 하는데 이렇게 무저항을 하면 어떻게 하느냐, 상대가 뺨을 때리면 자기도 받아서 한 대 때릴 줄 알아야지 뭐 이런 얘기를 했더니 한 아주머니가 구원해주겠다고 내 앞에 와서 기도를 하더군요.

그 외에 기독교에 대해서는 관심이 별반 없었고 또 싫어하기도 했는데, 1975년 〈동아일보〉에 있을 때 언론사태로 싸우는데 기독교인들이 제일 많이 찾아와서 떡도 사주고 밥도 사주고 노래도 하고 그래요. 그래서 기독교가 이런 면도 있구나 하는 것을 그때부터 느꼈습니다. 내가 정보과 형사들의 협박을 무릅쓰고 종로5가에 갔던 것도 그 때문이에요. 기독교 자체보다는 인권운동 때문에 간 것이지만, 기독교 인권운동을 하는 사람들 중에는 좋은 사람들이 많습니다. 그런데 기독교에는 약점이 있어요. 뭐냐 하면 고난받을 때는 십자가를 위해 용기를 내는데 승리했을 때는 멍해져서 어떻게 해야 할 줄을 몰라요. 그래서 1979년에 박정희가 죽고 1980년 5월 봄이 왔는데도 기독교에서는 아무것도 못하고 있었죠. 그러다가 전두환에게 뺏긴 다음에 고난은 또 오고.

서 우리나라를 분단시키는 데 월남 기독교인들이 상당히 큰 역할을 했는데, 지금 또 통일운동에 기독교인들이 앞장서거든요.

송 1950년대에는 기독교가 이승만 독재의 앞잡이였어요. 그러다가 1965년 한일회담 반대 때부터 조금씩 민족운동을 했는데, 김재준 목사의 영향이 컸지요. 그래서 기독교장로회가 중심이 되어 민족운동이 시작되었죠. 지금은 그 전통을 이어받아 가톨릭이니 감리교니 예수교 장로회니 그쪽 사람들도 많이 하지만.

서 선생님의 글을 보면 일제 때 기독교가 문제가 많았던 것 같아요.

송 그렇죠. 김재준 목사에게 물어보니까 미국 선교사들 중에서도 아주 질이 나쁜 근본주의자들이 왔대요. 미국사람들이 한국을 무시해서 그렇다고 합니다. 이들이 와서 나라는 망해도 예수만 잘 믿으면 천당 간다고 떠들어대니까 일본놈들이 대부흥회도 열도록 가만히 두었지만 민족 현실을 타개하려는 기독교 교역자는 잡아 가두었어요.

반탁투쟁의 문제를 지적하다

서 1970년대 후반에는 〈마당〉이라는 잡지에 인물평전을 많이 쓰시고, 이외에도 한국 현대사, 근대사의 유명한 인물들에 관해서 쓰신 글이 많은데……

송 그때는 사상적인 고민을 할 필요가 없는 사람들인 김구·김창숙 등에 대해서 많이 썼죠. 특히 이승만에 대해서는 내가 잘 알기 때문에 많이 썼어요. 나는 우리나라를 망친 사람이 바로 이승만이라고 생각해요. 지금도 잊히지 않아요. 내가 1946년 학교에 막 들어갔을 즈음인데, 신신백화점 앞을 지날 때 택시가 휙 지나가는데 보니까 고귀한 사람이 타고 있어요. 바로 이승만이에요. 이승만은 인물이 참 귀족적으로 잘생겼어요. 그래서 임영신도 좋아하고 모윤숙도 좋아했다는 것 아니에요? 김구도 강연할 때 직접 봤지만, 그는 시골 면장처럼 생겼어요. 이승만은 철저히 미국을 대변합니다. 미국이 아무 준비 없이 들어왔다는 것은 거짓말입니다. 소련과 대항하려면 역시 일본놈에게 붙어서 잘살고 교육도 받고 재산도 있는 그 사람들을 쓸 수밖에 없었죠. 미군이 들어오면서 조선총독부에서 일하던 사람들에게 조금도 두려움 없이 종전과 같이 나와서 일하라고 말했어요. 이제는 죽었다고 생각하던 사람들이 그때부터 미국을 추앙하기 시작했지요. 이승만은 미국을 철저하게 따랐고 또 친일파들이 돈도 많고 하니까 거두어서 정치자금으로 쓰고 그랬죠.

서 해방 직후에는 김구를 지지하셨습니까, 좌익을 지지하셨습니까?

송 어느 쪽을 지지했다기보다 국대안 반대에 동조했어요. 김구가 죽었을 때는 천지가 눈물바다였습니다. 김구는 양심이 있다고 생각해서 그렇게 울었을 겁니다. 그때 내가 그렇게 봐서 그런지 몰라도, 김구의 죽음은 이승만이 지휘하고 지시했던 것 같아요.

서 김구의 죽음으로 친일파 민족반역자의 세상이 된 것이 더욱 확연해져 그것이 서러워 본능적으로 울었는지도 모르겠는데⋯⋯ 박정희에 대해서는 어떻게 생각하세요?

송 박정희와는 개인적으로 친했어요. 이승만보다 낫다고 생각하지만 그도 역시 친일파죠. 일본인의 지시를 받아서 그런 것이 아니라 일본에서 교육을 받았기 때문에 생각하고 판단하는 것이 일본식이죠. 그렇게 일본의 영향권에서 벗어나지 못하는 약점이 있었지만 미국에 대해서는 분명 반감을 갖고 있었어요. 그런데 일본에 가서 들으니 '박정희를 죽인 것은 미국놈'이라고 해요.

서 선생님은 주로 1970년대에 현대사를 집중적으로 연구하셨고 1980년대에 오면서는 소장학자들이 현대사를 많이 연구하게 됐는데, 젊은 사람들의 연구서를 자주 보십니까?

송 책은 많이 삽니다만 요즘은 피곤해서 저녁에도 일찍 자곤 해서 다 볼 수가 없어요. 그런데 일반적으로 젊은 사람에게서는 교조주의에 흐르는 것 같은 인상을 받아요. 그렇지만 젊은 사람들을 보고 놀라는 것은, 역시 공부는 젊어서 해야 한다는 거예요. 30, 40대까지만 해도 눈을 감아도 무슨 책이 어느 책꽂이 어느 부분에 있다는 것까지 다 알았는데 지금은 같은 책을 두 번, 세 번도 삽니다.

서 현대사에 대해 선생님은 대개 비판적이고 부정적인 면을 많이 쓰셨는데 긍정적인 면이 없을까요?

송 역사란 기본 줄거리 하나가 잘못되면 대체로 다른 것도 그렇게 되지요. 우리나라는 일본놈들이 철저하게 식민통치를 했고, 대부분의 한국 사람들이 일본놈에게 복종했어요. 뿌리가 잘못되면 다른 것은 볼 필요도 없어요. 그러니까 우리 역사는 대체로 잘못됐다고 봐야죠.

서 친일파와 반공에 대해서는 어떻게 생각하세요?

송 우리나라 반공은 가짭니다. 친일파들은 대세를 좇는 거예요. 원래 친일파와 반공은 다른 개념이지만, 실제로 이들은 똑같은 사람들이에요. 친일파들이 반공을 한 겁니다. 친일파 중 간혹 좌익에 가담한 사람도 있어요. 대체로 일제 강점기 친일파는 친미국, 친이승만으로 반공투사가 되었죠. 지나친 말인지는 몰라도 한국의 반공은 진짜 반공이 아니에요.

서 선생님은 반탁투쟁에 대해서도 새로운 시야를 열어주셨습니다. 반탁투쟁은 남한정권의 정통성을 주장하는 중요한 무기였고, 남한 반공 이데올로기의 거점이었는데, 이 반탁투쟁에 문제가 있다고 지적하셨거든요.

송 과거를 돌아보고서 분석한 거지 그 당시는 나도 몰랐어요. 나중에 연구를 해보니 김구나 이승만이 반탁한 데는 저의가 따로 있었고, 무조건 반탁은 옳지 않았다는 것을 알았지요. 1962년인가 1963년에 주요한 씨도 그럽니다. "반탁만 안 했으면 통일이 됐지"라고. 그 얘기를 듣고 깜짝 놀랐어요. 그 사람도 친일파였는데 그런 말을 하더군요.

서 선생님은 논문 쓰실 때 주를 별로 달지 않으시던데요.

송 나는 여러 책을 구해서 주로 베낍니다. 여기서 조금 인용하고 저기서 조금 인용하고 그러지만 주는 달지 않았어요. 그런데 누가 주를 달아야 한다고 해서 나중에 주를 위한 주를 단 일도 있었지요.

서 저널리스틱하다는 말을 듣겠군요.

송 그건 사실입니다.

'민족지성'이라 칭할 만한 인물은 많지 않다

서 선생님은 직접 정치를 하실 생각은 하지 않으셨습니까?

송 애초에 생각이 없었어요. 성격이 정치에 맞지 않는다고 생각했기 때문에 그럴 기회는 있었지만 사양했어요.

서 누가 선생님께 출마하라고 했습니까?

송 출마가 아니라 박정희 때에 청와대에 들어오라는 말이 있었어요.

서 박정희가요? 박정희도 독특한 사람이네요. 자기한테 반대하고 언론자유를 위해서 싸우는 사람을…… 그래 무슨 자리를 교섭 받으셨어요?

송 〈동아일보〉를 그만두고 들어앉아 있는데, 청와대 공보비서 자리를 맡으라고 제의가 들어왔어요. 그때는 김영삼이 박정희 정권에 맞서 싸우고 있을 때인데, 그 자리에서 거절을 했습니다. 아마 개인적으로 나를 잘 알기 때문에 자기 개인을 반대하는 것으로는 보지 않았던 모양이죠. 하여간 사람을 보내서 나를 오라고 했지만 그 즉석에서 거절했어요. 그때 청하러 왔던 사람이 지금도 나를 굉장히 좋아합니다. 왜냐하면 박정희를 욕하다가도 "선생님을 모시겠습니다." 하면 금방 받아들였는데 나만이 그 자리를 거절하더라는 거예요.

서 관계(官界)에 들어가실 기회가 있었던 것은 또 언제였습니까?

송 장관도 있었고 유정회에서도 얘기가 있었지만 다 거절했어요. 박정희뿐 아니라 전두환도 그랬어요. 전두환 때도 열 번 정도는 됩니다. 서울시 시장 고문인가 하고 민족통일중앙협의회 등 여러 가지가 있었는데 다 거절했지요.

서 그렇게 고생을 많이 하셨고 생활도 여유가 없으셨을 텐데 유혹당한 때는 없으셨어요?

송 내심으로는 그런 욕심도 있었지만 차라리 죽는 게 낫겠다 싶었어요. 그런데 1984년에 교수들은 복직했습니다. 그때 평소 우리 집에 자주 오던 사람 말고 낯선 기관원이 왔어요. 와서는 "선생님은 절대로 복직 안 된다"고 그래요. "떡 해놓고 빌어봐라. 나도 복직은 안 한다"고 말했어요. 그게 마지막입니다. 절대로 안 돌아간다고 결심하고는 죽을 때까지 그렇게 살 각오를 하고 있었어요. 그런데 〈한겨레신문〉이 생겨서 이리로 왔지요.

서 그래서 선생님은 강직하다는 인상을 주는 것 같아요(웃음).

송 재미있는 얘기 하나 할게요. 내가 남산 지하실에 끌려갔을 때 송 아무개가 어떻게 생긴 놈이기에 그렇게 악명이 높으냐고 해서 일부러 찾아와서 보는 사람이 있었어요. "아, 나는 악질이라고 해서 굉장히 험악하게 생긴 줄 알았더니 선비 같고 호인으로 생겼다"고 말합디다. 나를 볼 것 같으면 누구든지 호인으로 생겼다고 하지 악질로는 보지 않아요. 그런데 독한 놈, 악질이라고 소문이 났으니……

서 선생님은 《민족지성의 탐구》라는 책을 내셨는데, 언론계에 계셨으니까 많은 사람과 교류를 하셨지요. 그런데 우리나라에도 지성이라고 할 만한 사람이 좀 있습니까? 그리고 선생님이 생각하시는 지성의 자격은 어떻습니까?

송 지성이라 부를 만한 사람은 많지 않은 것 같아요. 열길 물속은 알아도 한길 사람 마음은 알 수 없다고, 친한 친구라고 생각했던 사람들이 나중에는 현실에 타협해버린 경우가 있어서 결국 사이가 서먹서먹해지고 그러는데, 죽은 사람이지만 천관우 씨가 그런 사람입니다. 나중에 변절해서 민족통일중앙협의회에 들어갔어요. 〈동아일보〉에 있을 때 야당 당수였던 박순천 씨를 만나 대담한 것이 〈신동아〉에 나왔는데, 그때 보니 박순천 씨가 말하는게 좀 이상해요. 보니까 박정희한테 붙었어요. 곽상훈도 그렇고.

서 일제 때 친일파와 1950~1970년대에 높은 지위를 가진 사람들과 비교해볼 때 어떻습니까?

송 일제 때가 더 어려웠다고 봅니다. 일제 때는 우리 민족은 영원히 독립할 가능성이 없을 거라고 봤어요. 태어나서부터 식민지에서 자랐기 때문에 그런지는 몰라도 우리는 하여간 일본에 운명적으로 종속되어서 살아야 하는 줄 알았어요. 일제가 영원히 지배할 것으로 생각한 것이지요. 그래서 일제 강점기 때 양심을 지키고 사는 것이 더 어려웠다고 봅니다. 아마 일본이 망한다는 것을 3, 4년 전에만 알았더라도 친일파로 변신한 사람이 많이 줄었을 거라고 생각해요. 그러나 일제 때와 달리 박정희는 언젠가는 죽을 것이고, 전두환 정권도 오래 못 간다는 것을 알 수 있었죠. 몇 년 만 참으면 되는 현대보다 일제 때가 더 어려웠다고 봅니다. 따라서 일제 때 친일파보다 지금의 변절자가 더 문제라고 생각합니다.

〈동아일보〉 편집국장 사표 내고 15년 동안 궁핍하게 살다

서 대학 졸업하시기 전부터 언론계에 몸담아 평생을 언론인으로 사시는데……

송 '내 나이 육십이 되면 통일이 되겠지. 통일된 후에나 관리를 하지 분단 하에서는 절대로 관리 노릇 안 한다. 통일이 되기 전까지는 민간단체인 언론계에 들어가서 일하자'라고 생각했고 그때부터 언론계를 좋아했어요. 언론계에 들어와서 평생을 사는데 지금 나이가 칠십이 다 됐는데도 통일은 점점 요원한 것 같아요. 지금 통일붐이 상당히 일어났지만 현실적으로는 어렵다고 봅니다.

서 언론계에서 중요한 직책을 많이 맡으셨고 특히 편집국장도 두 번이나 하셨지요. 1965년 〈경향신문〉편집국장을 하셨을 때나 1974년 〈동아일보〉편집국장을 하셨을 때 정치적인 사건을 맞았는데 그 얘기를 해주시지요.

송 지금 얘기지만 나는 편집국장을 하고 싶은 마음이 없었어요. 다만 내가 돈

이 없었기 때문에 직장에 들어갔고, 그냥 논설위원이나 하면서 글 쓰고 책 읽
으려고 했는데 신문사가 어렵게 되니까 나를 부른 겁니다. 〈동아일보〉나 〈경
향신문〉이 다 그랬어요. 정치적으로 어려운 때여서 할 사람도 없고 다들 안
하려고 하니까 나를 시킨 겁니다. 편집국 기자들도 나를 환영한다고 해서 가
게 된 거지요. 〈경향신문〉에서는 정보부와 싸우고 〈동아일보〉에서도 내내
정보부와 싸우다가 나왔지요.

서 〈경향신문〉에 계실 때는 권력 쪽에서 〈경향신문〉을 먹으려고 했지요?

송 왜 먹으려고 했냐면 이준구라는 사람이 사장으로 있었는데, 이 사람이 가
톨릭에서 정부에 협조한다고 약속하고 도움을 받은 모양이에요. 그런데 인수
한 다음에 휙 돌아섰으니 정부로서는 괘씸했겠죠. 배신자니까 빼앗아야 한
다고 빼앗아갔어요. 그러고 나서 정통성 때문에 그랬겠지만 계속 남아 있으
라고 했는데도 그만두고 조선일보로 갔어요. 그때 중앙정보부장 김형욱한테
붙들려가서 대통령과 적당히 타협하면 되지 않겠냐는 말도 들었어요.

조선일보에 있다가 다시 동아일보로 간 이유는 그때가 국회에서 김두한이
똥물을 퍼부었을 때예요. 그것 때문에 최석채 씨하고 싸웠어요. 최석채 씨가
정부와 가까웠을 때입니다. 나는 물론 오물을 던진 김가도 나쁘지만 정부도
잘못하지 않았느냐, 그러니 둘 다 쳐야 한다고 했는데, 최석채 씨는 정부는 잘
못이 없으니 김두한을 쳐야 한다고 해서 내가 그것을 못하겠다고 하고 동아
일보에 갔죠. 그때 동아일보에서는 기자들이 권력과 어려운 싸움을 하고 있
을 때예요. 신문 제작은 신문사에 맡겨야 한다면서 정보부의 간섭을 거절했
는데 정보부 쪽에서 자꾸 출입하잖아요. 그래서 자유언론실천결의를 하고
제작거부를 했지요. 그런데 신문사 측에서는 청와대와 싸우는 것이 무서우
니까 기자들을 대량 해고하려고 해서 내가 항의하고 편집국장을 그만뒀죠.

서 그 당시 심정이 어땠어요?

송 두 번이나 울었어요. 기자들 앞에서 울고 또 이제 그만두면 다시는 언론계
에 들어올 수 없을 것 같아서 울고. 그만둘 것인가 말 것인가를 며칠을 두고

고민했습니다. 있으려면 그냥 있을 수도 있었는데…… 하여간 사주에게 백여 명은 복직시키라고 요구했는데 복직시켜주겠어요? 송 아무개 저 자식 회사 간부가 회사 편을 들어야지 기자 편든다고 욕을 하지. 그래서 사이가 나빠졌어요. 지금도 동아일보 역사를 쓸 때는 광고사태를 조금 이상하게 씁디다.

동아일보를 나와서는 생활고에 몹시 시달렸어요. 그때는 내일은 또 어떻게 먹고 사느냐가 제일 고민이었습니다. 아주 고민했어요. 심지어 자식들 대학공부도 못 가르치고……

서 돈이 없어서 못 가르치신 거군요.

송 생활이 어려워서 못 가르쳤지요. 그래서 최석채 씨한테 가서 상의를 했더니 내 딸을 자기가 데리고 있겠다고 하대요. 그때는 누구를 만나도 바쁘다면서 나하고 다방에서 차 한 잔 마시는 것도 꺼렸는데, 내 딸을 취직시킨다는 것은 보통 용기가 아니었습니다. 그래서 다른 것을 떠나서라도 최석채 씨에게는 인간적으로 의리를 느낍니다.

서 그 당시 자식들한테도 원망 많이 받으셨겠네요.

송 내가 언제 그만둘지 몰랐기 때문에 둘째아이는 초급대학에 가라고 했고, 셋째는 고등학교만 다니고 말았어요. 그때는 매일같이 고민을 했는데 1, 2년 지나니까 2, 3일 동안 잊게 돼요. 그러다가 어느 날 갑자기 '내일 또 식량이 떨어지면 어떡하나, 굶어죽으면 어떡하나.' 하는 고민이 왈칵 몰려와요. 이것이 3, 4년 후에는 일주일 정도 가고 나중에는 한 달도 가고 그랬어요. 그러다가 나중에는 1년에 한두 번은 미칠 것 같았어요. 초창기에는 절망에도 빠졌는데, 사람이 절망에 빠지면 현기증이 돕니다. 현기증이 나고 구토가 나고 그래요. 에피소드도 참 많습니다. 그러다가 1977년 천관우 씨가 민주화운동을 같이하자고 제의해서 그때부터 재야세력과 관련되기 시작했어요.

서 신문사 편집국장은 대단한 자리고 다른 부장 자리에도 많이 계셨는데 왜 돈을 못 버셨어요?

송 편집국장 차량기사가, "〈동아일보〉 편집국장 자리가 보통 자리인 줄 아느냐, 눈 딱 감고 계시면 돈을 아주 많이 버는 뎁니다." 하고 충고를 해주더라고 요. 그런데 나는 주로 내근만 했기 때문에 돈을 주는 사람도 없었고 또 받지도 않았어요. 친구가 와도 찻값이 없어서 다방에도 못 갈 정도로 가난하게 살았어요. 또 지금은 신문사 월급이 많지만 그때는 일간지 기자 월급이 얼마 안 되었잖아요. 그때 〈동아일보〉 기자가 6만 원인가 7만 원 받았어요. 내 봉급은 20만 원이고. 그땐 생활고 때문에 고생 많이 했죠. 심지어 언제나 형편이 피겠느냐고 내 처가 점쟁이한테 물어보러 가기까지 했다는 거예요.

한번은 농림부장관을 지낸 사람한테 가서 취직을 부탁했더니 모 신문사에 얘기해준다고 합디다. 굶어죽으면 죽었지 거기는 안 간다고 했어요. 동아일보사에서 나온 후 신문사는 안 간다고 결심하고는 학교 쪽으로 가려고. 그 뒤에 한양대에서 시간강사를 했는데 그 다음 학기에는 오지 말라고 해요. 정보부에서 절대 송 아무개는 쓰지 말라고 해서 못 쓴다고 하더군요. 그래서 학교로 가는 것도 그때 그만뒀죠. 그때 강사료를 5만 원인가 받았는데 아주 열심히 다녔어요. 또 한 번은 서강대에서 새 학기에 나오라고 전화가 왔어요. 그래서 가겠다고 했는데 금방 또 오지 말래요. 나중에 알아보니까 정보부에서 전화를 도청하고 있다가 바로 압력을 넣은 거예요. 원고 쓰기도 힘들었어요. 정보부에서 압력이 들어오면 몇 달 동안은 원고 청탁이 딱 끊어졌어요. 출판사도 살아야지 어떡합니까? 그러다가 3, 4개월이 지나 다시 원고 청탁이 들어오기 시작하면 또 정보부 압력이 들어와 끊어지고.

서 지금도 월급은 얼마 안 되잖아요.

송 아마 다른 신문사의 평사원 정도일 거예요.

고문 후유증으로 죽은피를 두 사발이나 빼냈다

서 민주인사로서 1977년부터 활동을 많이 하셨지만 정치지향성은 없었을 텐데 1980년 5·17이 나고 포고령 위반으로 들어가시게 됐잖아요.

송 나를 언론계 괴수로 본 겁니다. 5·17쿠데타 얼마 전에 '지식인 134인 시국선언'을 발표했는데, 그 일 때문에 주동자 20명이 광화문 지하실에 잡혀갔어요. 허가 없이 정치집회를 했다는 이유였어요. 그런데 갑자기 김대중 씨한테 돈 받아서 한 것이 아니냐며 고문을 해대는 거예요. 버티고 버티다가 결국 더 이상 버티다간 죽겠구나 싶어 허위자백을 했어요. 그때 맞은 데가 새카맣게 멍이 들었는데도 그때는 아픈 줄을 몰랐어요.

조작하기 위해서는 마구 때리지요. 막 두들기다가 자기네들도 걱정되는지 '벗어' 하더니 팬티까지 까내리더라고요. 보니까 새카맣게 멍이 들었어요. 내가 그걸 보고 그냥 기절을 했지요. 그런데도 맞을 때는 아픈지도 몰랐어요. 불에 데면 화끈하잖아요? 그것처럼 화끈화끈하지 통 아프지는 않았어요. 공포에 떨고 독이 오르니까 도대체가 아픈 줄도 몰랐던 게지요. 서대문형무소에 있을 때는 도저히 아파서 못 견디겠어서 의사한테 얘기했더니 진통제를 주더군요.

그런데 십 년이 지나니까 날씨가 궂을 것 같으면 아파서 견딜 수가 없어요. 한의사한테 갔더니 피를 빼내는데 새카맣게 죽은피가 나와요. 죽은피가 있었기 때문에 그런 모양이에요. 죽은피를 두 사발이나 뺐더니 그 다음부터는 통 아프지는 않습니다만 다리에 마비증상이 생기더라고요. 지금은 침 맞고 목우 스님한테 치료받아요. 그런 식으로 두들겨 패면 지나가는 젊은 청년도 며칠 지나 허위자백을 하게 됩니다.

서 5·17쿠데타로 6개월 고생하다가 나온 후에는요?

송 그 후 두 번 더 유치장에 들어갔죠. 마포서에 한 번, 중부서에 한 번. 한 번은 〈말〉지 사건으로 갔고, 또 한 번은 민통련을 강제해산시키는데 반대하는 농성을 하다가 붙들려 갔죠. 다 놔두고 나만 잡아갑디다.

서 1970년대 이전에는 순전히 언론 관계로만 몇 번이나 정보부에 끌려갔나요? 무섭지 않으셨어요?

송 아마 네 번인가 그랬죠. 무섭다기보다 수사기관은 기분이 나빠요. 신문사에서는 "선생님, 잠깐만 참고적으로" 하면서 신사적으로 데리고 나가지만 차를 타면서부터는 "야, 이 새끼야, 타." 이렇게 말이 달라지고, 정보부에 가서부터는 "이놈아, 빨리 올라가." 뭐 이런 식으로 말이 달라져요. 그때 담당 수사관이 홍 모 씨라고 일제 강점기 때 고등계 형사였던 좀 유명한 사람인데 그 자에게 당했죠. 수사기관에 가면 이렇게 때립니다. 동아일보 편집국장 할 때인데 "야, 이 새끼야, 뭣 때문에 들어왔어?" 하고는 한 대 때리고 나갑니다. 말로 하라고 하면, 너 같은 놈은 말로는 안 된다면서 때려요. 막상 수사를 담당하는 사람은 안 때리고 엉뚱한 사람이 때립니다. 계획적으로 그래요. 그러다가 한 30, 40분쯤 지나면 또 다른 놈이 들어와서 "이 새끼 뭣 때문에 들어왔어?" 하면서 때리고는 말로 하라고 하면 또 나가요. 그런 식으로 때려요. 그 사람들은 "선생님, 선생님" 하다가 "야, 이 새끼야." 하고 말이 자유자재예요. 1초 동안에도 그렇게 변해요. 그래서 수사기관에 가면 기분이 굉장히 나빠요.

3공·5공·6공 하에서 언론계 무엇이 어떻게 달라졌나

서 지금 언론계의 보도태도라든가 언론계 상황이 1960, 1970, 1980년대에 비해서 어느 정도 나아진 것이라고 봐야 하나요?

송 미군정 때는 우리 신문이 자유롭게 발행되었고, 또 좌우익으로 갈렸지만 사상적 자유가 있었으니까 서로 욕도 했어요. 물론 미군정만은 비판하지 못했습니다. 미군정을 비판하면 신문이 폐간되거나 기자가 끌려갔어요. 자유당 때는 탄압도 심했지만 저항도 심했습니다. 대항의 시대였죠. 그 뒤 1970년까지는 대항도 하고 탄압도 하고 그렇게 싸웠는데 탄압이 더 심했죠. 그러다가 유신 때부터 완전히 죽었어요. 사주가 국가권력과 결탁했고 1980년대에 들어와서는 월급이 무척 올랐어요. 실제로는 1967년에 이미 ××일보가 달라졌고 그 후 △△일보도 그랬고, 1974~1975년 광고사태와 동아투위가 마지막입니다. 1972년부터 무슨 일이 있었느냐 하면, 사주들이 근대화라고 해서 정부로부터 특혜융자를 받아 시설을 늘리면서 넘어갔죠. 기자들은 많이 기용

(?)되기 때문에 넘어갔고 간부들은 촌지에 끌려서 넘어갔고 그래서 주로 젊은 기자들만 싸웠습니다. 1973년 유신 때부터는 철저히 탄압했죠. 1980년대에 와서는 철저하게 탄압했는데 전두환 정권은 단순히 탄압만 한 것이 아니라 회사에서 특히 월급을 많이 줬어요. 그때부터 △△일보, ××일보 같은 경우는 기자들도 정부 편이 됐어요. 옛날처럼 두들겨 패지 않아도 기자들이 자진협조를 하지요. 그래서 우리 신문사에서는 편집국장을 기자들이 뽑으며 촌지도 안 받고 간섭하지도 않습니다.

서 기자들이 기득권자가 된 것이군요. 그렇다면 언론계의 상황은 지금이 더 나쁘다고 볼 수 있겠네요.

송 그렇지요. 그러니까 자진해서 협조하죠. 한마디만 떨어지면 협조를 합니다. 어떤 것은 부탁 안 해도 알아서 협조하고, 지금은 탄압도 의식을 못할 정도로 조직화되어 있어요. 그리고 신문사를 만들려고 해도 시설기준이 정해져 있어서 돈 없는 사람은 신문을 못 만들게 되어 있어요. 며칠 전에 일본 기자가 와서 자기도 〈한겨레신문〉같이 국민주를 모아 신문사를 만든다기에 돈이 많이 든다고 했더니 자기네는 돈이 안 든다고 해요. 시설비가 없기 때문에 20억 원만 가지면 충분하대요. 우리는 200억 원을 가지고도 죽을 지경인데.

서 〈한겨레신문〉 창간 때 제일 큰 어려움은 무엇이었습니까?

송 복잡해요. 건물임대조차 거절해서 할 수 없이 영등포로 간 겁니다. 영등포에서 50억 원 들여 전세를 얻었는데 도저히 안 되겠어요. 그래서 2차 모금을 했는데 그때는 논설위원 일부가 공안정국이라고 붙들려갔을 때예요. 오히려 공안정국이어서 우리는 덕을 봤습니다. 왜냐하면 그때부터 절대로 외부에서 간섭 안 받게 되고 논설위원들이 붙들려가서 국민들로부터 많은 관심과 동정을 받았어요. 처음에는 50억 원도 겨우 모였는데 2차 모금에서는 120억 원이 들어왔어요.

서 지금 〈한겨레신문〉은 언론의 공도랄까 제 길을 가는 겁니까?

송 그전보다 논조가 약해졌다는 얘기를 많이 듣습니다. 노동문제를 많이 다루어야 하는데 요새는 덜하다고요. 그런 말에 굳이 반대하고 싶은 마음은 없지만, 신문사는 구독료가 아니라 광고로 유지되는 거 아시죠? 신문의 톤이 강해지면 기업에서 광고를 안줘요. 그래서 광고를 얻으려고 신문을 적당히 만들면 〈한겨레신문〉요새 뭐 하느냐고 독자들에게서 전화가 걸려옵니다. 지역신문이다, 뭐다 별소리를 다 듣는데, 하여간 아무런 냄새를 풍기지 않고 지역적 색채도 띠지 않고 열심히 하려고 합니다.

서 선생님이 다시 젊어지신다면 대학교수와 언론인 중 어떤 일을 택하실 것 같아요?

송 나는 병이 뭐냐면 정치를 안 하면서도 현실정치에는 관심이 많다는 거예요. 나는 언론계로 늘 가고 싶습니다. 나는 언론인입니다.

서 선생님은 민주인사라는 말을 들으실 때는······

송 자기주장을 내세울 수 있는 분위기만 되면 나는 굳이 민주인사가 될 필요는 없다고 봅니다. 신문사에서 내쫓고 직장을 구하려고 해도 방해를 하기 때문에 민주인사가 된 것이지 내가 민주인사가 되고 싶어서 된 것은 아니에요. 정상적인 직장을 가지려고 해도 자꾸 방해를 하고 그쪽으로 가게끔 몰아붙였죠. 그래서 재판받을 때도 당신들이 나를 이런 자리에 놓았지 내가 하고 싶어서 했느냐고 말했어요.

서 마지막으로 젊은 연구자들에게 부탁할 말씀은?

송 나는 젊은 사람들한테 놀라고 상당히 만족하는 사람이에요. 늙으면 정신력과 체력이 약해지고 의욕도 없어집니다. 젊었을 때 열심히 공부해야지요.

서 선생님, 오랜 시간 고맙습니다.

―《송건호 전집》 제20권, 한길사, 2002년, 291~312쪽.
〈역사비평〉, 1992년 겨울호, 역사비평사

새 신문을 내고야 말겠다

조영래 · 송건호 · 정태기 좌담

이 좌담은 1975년에 해직된 〈동아일보〉와 〈조선일보〉의 해직 기자들이 주축이 되어 창간하려는 새 신문에 대해 그 신문 창간 발기 추진위원회의 위원장인 송건호 씨와 사무국장인 정태기 씨가 변호사 조영래 씨를 사회자로 하여 한 것이다. 국민들의 폭넓은 궁금증에도 불구하고 기존하는 언론매체에서는 이 소식을 아직 자상하게 다룬 적이 없는 만큼 이 좌담은 새 신문에 대한 가장 새롭고 정확한 정보가 될 것이다.

조영래(이하 조) 장안에 새 신문이 창간된다는 소식이 나돈 지 벌써 몇 달 되었습니다. 기존 신문들에 이 소식이 안 나오다시피 했으니 〈샘이 깊은 물〉이 마련한 이 자리에서 그 소식을 모두 털어놓아 보시지요.

송건호(이하 송) 우선 그간의 경위를 설명 드리죠. 새로운 신문을 만들어 보겠다는 말은 젊은 해직기자들 사이에 이삼년 전부터 있었습니다. 그러나 나는 돈이 몇십 억 들어야 하는 일이라 그런 소리 들어도 엄두도 못 내고 한 귀로 듣고 한 귀로 흘리고 반응을 안 보였어요. 올바른 신문을 만든다는 건 좋은 일이지만 돈 한 푼도 없이 어떻게 그 일을 하나 싶었거든요. 그러나 이제 현실로 나타나고 있습니다.

정태기(이하 정) 그 말씀대로입니다. 1985년 6월 30일에 동아일보와 조선일보에서 해직된 기자들이 해직 10주년 기념 회합에 모여 악화 일변도로 치닫고 있는 기존 언론을 비판하고 새 신문을 창간해야 할 이유를 선언했습니다. 그리고 지난 유월사태 뒤인 7월 8일에 이제 우리도 많은 부분에서 민주화의 사명을 다하고자 모여 새 신문 창간에 대해 구체적으로 논의를 시작했습니다.

피가 끓는 일이지만

조 누구나 마음속으로는 짐작은 있겠으나 새 신문을 창간해야 할 필요성을 구체적으로 말씀하신다면 뭐가 있을까요?

송 적어도 자유당 때는 신문을 하는 사람이 다른 사업을 안 했습니다. 오로지 신문만 했지요. 좋은 신문 만들어서 독자의 신임도 얻고 사회적으로 존경받고 그랬어요. 4.19가 학생과 언론의 힘으로 일어났으니까요. 그러다가 5.16 나고 나서, 군인들이 권력을 잡고는 처음에는 교수들을 많이 등용했습니다. 그 다음으로 기자들을 기용하기 시작했는데, 기자는 머리 회전이 빠르고 적응을 잘합니다. 정부가 뭘 원하는지 이해력이 좋아서 잘하니까 점점 많은 기자들을 썼어요. 신문사의 약점, 장점 다 아는 이 사람들이 들어간 뒤로 신문에 대한 언론정책이 능란해지고 달라지기 시작했습니다. 그리고 1965년에 한일 국교 정상화가 되자, 일본 자금이 들어오고, 근대화 정책을 표방하면서 공화당 정권에서 각 산업 시설에 외자금 도입을 부추기고 기술혁신을 추진했지요. 언론계도 그것과 때를 같이해서 시설 개선을 많이 하고 융자도 얻고 해서 규모가 점점 커졌습니다. 소위 언론기업이 성장을 해 갔습니다. 그 과정에서 정부의 신세를 졌지요. 또 정치인의 의도적인 권유 또는 개방 정책에 따라서 다른 사업, 다른 장사에 자꾸 손을 대기 시작했습니다. 그래서 자금은 어떻게 됐느냐 하면, 모든 언론 기업주들이 딴 장사를 하고 있습니다. 장사하는 사람들은 절대로 정부 비판 못하고, 속된 말로 야당을 못합니다. 구조가 이렇게 돼서는 오늘날 언론기업이 아무리 발달한다 해도 도저히 정론을 펼수가 없습니다.

조 언론업체가 본업에만 충실하다면 가장 좋아 보이겠지요. 그러나 주식회사인 신문사가 기업으로 봐선 송사리들이랄 수 있는 잡지사들과 경쟁하는 일을 하거나 다른 일들에 손댔다는 것은 보기야 싫지만 이론적으로 그르다고는 할 수 없겠죠. 그러나 그들이 벌이는 딴 사업들이 "켕기는 데가" 많다거나 하여 정부의 은혜에 매달려 있어서 신문 언론의 사명을 못 펼친다면 큰일이고 또 신문이 독점 잡지 발간으로 여러 잡지사들의 원성을 사고 있는 것도 사실이지만 그것은 신문사 탓보다는 몇몇 신문사에 그런 잡지 독점시킨 정부의 탓 아닐까요?

정 아무튼 새 신문의 필요성은 국민들이 더 잘 아실 줄로 믿습니다. 저희들은 신문을 제작하던 사람들로서 그 기대를 현실화하려는 것이지요. 그 동안의 경위를 좀 더 말씀 드린다면, 7월 초에 우선 강남에 작은 사무실을 얻어 놓고 날마다 저녁때에 모여 토론을 했습니다. 동아투위, 조선투위 회원이 모두 백몇 명인데, 해직된 지 십년이 넘었으니 대부분이 사십대가 넘어 각 분야에서 자리를 잡은 사람들이라 저녁 시간 밖에 없었습니다. 어떤 날은 여남은 명, 어떤 날은 스무 명 남짓이 모여 저녁은 샌드위치로 때우며 토론에 토론을 거듭했습니다. 실제로 새 신문을 만드는 일은 "피가 끓는"일이지만 처음에는 실감이 안 났어요. 상정할 수 있는 온갖 난점들을 놓고 그 타개책을 논의 했지요.

조 거기서 이야기된 난관이 어떤 것들이었습니까? 새 신문 주주가 되려는 분들께 안심하고 투자하게 잘 말씀하십시오.

정 첫째로 돈 문제였지요. 일반적으로 일간지를 하려면 200억 원이 든다고들 합니다. 그러나 우리가 판단하기에 신문사의 본질적인 기능인 인력과 시설을 최소로 하면 100억 원이면 되겠다는 판단이 섰습니다. 지금 중앙의 일간지는 너무나 비대해져서 한해 외형이 천억 원쯤 되고, 종업원이 천 명이나 됩니다. 신문사가 이렇게 커지면 여러 가지 여건 때문에 상품의 본질에 소홀해지기 쉽고, 실제로 그게 현실입니다. 그러니 쓸데없는 군살을 빼면 100억 원이면 되겠더란 말입니다. 100억 원은 간단히 말해 우선 50억은 주식을 팔아서 만들고, 50억은 금융을 쓸 생각입니다.

조 어디서거나 훼방을 받지 않으셔야죠?

정 그렇습니다. 그러나 별 문제 없을 걸로 봅니다. 그 다음에 정부가 등록을 받아 줄 것이냐의 문제가 있었습니다. 거기에 대해서는 조 변호사께서 더 잘 아시는 일이겠습니다.

조 신문을 하건 잡지를 하건 법대로 해서 서류를 문공부에 등록하기만 하면 끝나는 거지요. 과거에야 등록 신청을 해도 이런저런 곡절로 접수를 해 주지 않은 일이 많았지만, 앞으로야 그럴라구요. 시설기준 같은 거 법대로 맞춰서 하고 접수를 했다가 안 받아 주면 극단적인 방법으로는 내용증명 같은 걸로 우송해 버리면 됩니다. 그럴 턱이 있겠습니까마는, 그래도 접수를 거부하면 법적인 투쟁을 하면 되지요.

윤전기와 종이와 잉크

정 신문사 설립에 필요한 시설기준이란 건 별 거 아닙니다. 한 시간에 2만 부를 찍을 수 있는 윤전기하고 제판시설을 갖추면 돼요. 2만 부 찍는 윤전기는 1922년 사월에 〈동아일보〉가 창간하고 그해 칠월에 최신이라고 사들인 윤전기가 그거였어요. 요새는 한 시간에 6~7만 부씩 찍는 것들이니까 그건 형편 없는 구식이죠.

송 듣자 하니 정부 관계자 한 사람도 그것을 막기는 어려울 거라는 얘기를 했다고 그러더군요.

조 지금 새 신문은 온 국민의 뜻을 모아 자유언론을 하겠다는 거니까 법대로 하면 될 겁니다.

정 신문을 찍을 종이도 문제입니다. 기존의 신문들에 용지를 대는 제지회사들이 카르텔을 형성하고 독점하고 있습니다. 신문사와 장기계약을 하고 생산하죠. 그러나 시설 용량이 남아서 수출도 합니다. 그러니까 종이를 주문하면 못 만들 형편은 아니나, 최악의 경우에 외부압력으로 공급을 못 하겠다고 할 수는 있겠죠. 그러나 거절 못 할 겁니다. 거절하면 다른 조달 방법이 있습니다. 신문 찍는 잉크만 해도 신문사들이 공동출자해서 주식회사를 만들어 놓았는데, 그거 아니라도 잉크는 구할 수 있습니다. 또 케이비에스가 대주주인 연합통신이 통신기사를 주느냐의 문제도 있습니다. 의사를 타진해 보고 안 된다면 외국 통신사와 직거래하는 방법을 강구해야지요. 어떤 경우에도 저희들은 편법 안 쓰고, 법대로, 정공법으로 합니다. 타협 안 합니다.

조 의지가 굳으십니다. 새 신문이 정말 약점이 전혀 없는 상태에서 출발한다면, 아닌 말로 세무사찰 같은 거 겁낼 것 없이 소신대로 할 수 있겠습니다. 편집국 기자들의 편성에 대해서는 계획이 어떠십니까?

송 언기법이 폐지되면 신문을 내려는 데가 지금 서너 개 된다고들 합니다. 대한일보 같은 경우에 시설도 다 있고 해서 더 쉽겠죠. 그렇게 되면 기존 언론사에서 움직이는 기자들이 많을 겁니다. 우리는 지금 발의인들이 사십이 넘어서 사실 평기자로 일하기는 어려울 겁니다. 데스크에 앉을 사람은 있겠죠. 그 나머지는 새 사람들이 들어와야 합니다. 새 신문이라고 젊고 팔팔한 친구들이 많이 올 겁니다.

정 좀 비현실적으로 들릴지 모르지만 사실 발의인 중에도 평기자로 뛸 결의가 된 분들도 있습니다. 대략 편집국 기자를 100명으로 잡으면 삼분의 일은 발의인으로, 삼분의 일은 현재 언론사에 있는 분 중에서 채용해야 될 듯합니다. 그 분들은 새 신문에 맞도록 얼마쯤 훈련이 필요할 줄로 압니다. 그리고 나머지 삼분의 일은 새 세대에서 양성해야지요. 여기 덧붙여 말씀드리면 우리 편집국 기자들은 노자의 "공성이불거" 곧 뭘 이루고 그 안에 머물지 말라는 말을 명심하도록 애쓸 겁니다. 기자가 현실에 안주하려 하면 안 되지 않겠습니까?

여의도 광장의 주주총회?

조 새 신문이 사람들의 관심을 가장 많이 끄는 부분이 주식모집 아닙니까?

정 선생 말씀대로라면 50억을 모아야지요. 큰돈입니다. 거의 국민개주라고 할까 해서 국민에게서 십시일반 격으로 출연을 받아가지고 신문을 창간한다는데, 그게 쉬운 일은 아니겠지요.

송 그렇지요. 그럼에도 불구하고 기업인이나 정치인의 참여는 사양합니다. 꼭 한마디 하고 싶은 것은 국민에게 주식을 팔아 신문을 만들려고 한 일은 세계언론역사에 없는 일이라는 겁니다. 스페인에서 프랑코 독재가 끝난 다음에 지식인들 일부가 모여서 신문을 만든 일이 있다고 해서 우리가 그 자료를 보내 달라고 요청해 놨어요. 또 옛날에 민립 대학을 이런 방법으로 세우려 추진했는데 일본 사람들이 막고 경성제국대학을 관립으로 세웠습니다. 신문을 이렇게 수많은 국민을 주주로 삼아 만든 일은 없습니다.

정 우리 해직기자―현직기자도 일부 참여했습니다.― 196명이 9월 23일에 새 신문 발의 취지문을 만들어 서둘러 발표한 것은 팔월부터 항간에 온갖 루머가 떠돌았기 때문입니다. 어떤 정부재단이 뒤를 봐준다느니, 재벌이 뒤에 있다느니 하는 소문이 증권시장에, 재벌기업들 사이에 떠돌았습니다. 또 폭로 위주의 굉장히 센 신문이 나온다는 소리도 있었습니다. 그래서 우리가 만들 신문은 "민주주의적 모든 가치들의 온전한 실현, 민중의 생존권 확보와 그 생활수준 향상, 분단의식의 극복과 민족통일의 지향을 주요 방향"으로 삼는다고 밝혀 버렸습니다. 그러려면 "권력과 자본으로부터 독립하기 위하여, 민주적 경영과 편집을 실현키 위하여 반드시 '주식의 공모'를 통한 전 국민의 참여로 창설될 수밖에 없다"고 못 박았지요. 그리고 먼저 발의자들이 50만 원에서 100만 원까지를 출자해서 1억 원쯤을 만들었습니다. 그 돈으로 사무실도 얻고 직원들도 썼습니다. 그 다음에 창간 발기인을 모집하여 10월 30일에 발기인 대회를 열었습니다. 발기인 한 사람은 출자금이 10만 원 이상이고, 이 돈은 주식을 공모할 때에 주식으로 전환됩니다. 당초에 발기인을 천 명만 모으려고 했으나 2천 명 가까이 되었어요. 송 선생님 말씀대로 대기업 소유자, 정치인은 배제하고 유신 잔당, 본당 빼고 각계가 망라되지 않았나 싶습니다. 이를테면 저희들이 대학교수는 전국에서 300명쯤만 하려고 했는데, 서울에서만 400명이 넘었습니다. 발기인 출자가 4억 원쯤 될 듯합니다. 감사한 일이지요.

조 한 주를 얼마짜리로 할 예정입니까?

정 5천 원으로 생각하고 있습니다.

송 사실 그게 좀 고민입니다. 우리가 자본금을 50억으로 잡고 한 사람 출자상한액을 그 1퍼센트(5천만 원) 이내로 제한할 예정이거든요. 대주주가 나서면 편집권의 독립을 보장받기 어려우니까요. 또 특정 분야의 직업을 가진 사람이나 특정 지역에 편중되지 않도록 한다는 원칙도 세워 놓았습니다. 그런데 사실 5천 원짜리 하나, 둘 사는 주주들이 많으면 주주가 몇만 명, 몇십만 명 될지 모른단 말입니다. 주주 총회 한번 하자면 여의도 광장을 빌려야 할지도 모른다고 하는 소리도 있어요. 그러니 모이는 건 나중 문제고, 모이자고 편지 보내려면 그 일이 예삿일입니까? 비용도 엄청날 거구요. 그래서 고민이에요. 5천 원짜리 주식 가진 이들은 10명을 묶어서 주식소유조합 같은 걸 만들어서 그 대표가 참여하게 하면 된다지만, 그것도 주주의 자유로운 참여를 막는 듯해 이럴 수도 저럴 수도 없어요.

조 제 생각에는 이런 방법도 괜찮을 것 같습니다. 주식 청약을 받으실 때 이를테면 아예 백주를 한 단위로 묶어 그 중에 주주권을 행사할 사람 하나를 새 신문 쪽에서 지적하겠다고 취지를 설명하면 어떨까요?

송 그 점은 더 논의해서 길을 찾아야겠어요.

정 사실 장기적으로는 주주 간 협약을 통해서 양수우선권을 새 신문 사원—

종업원—단체가 가져야겠죠. 주식의 삼분의 일쯤을 기자들이 가지면 신문의 중요한 결정은 기자들이 할 수 있게 되지 않겠습니까?

새 신문의 새 역할

송 우선 발기인 모집에서부터 호응이 좋아서 우리도 놀랐습니다. 사무실로 찾아오는 분들도 많았어요. 제가 듣기로는 어떤 해직 교수 한 분이, 아주 생활이 어려운 분인데 사무실에 돈을 마련해 찾아와서 우리 사무실 직원이 선생님 돈은 안 받겠다고 그랬는데 그 분이 그럴 수 있냐고, 이건 꼭 해야 된다고 굳이 내고 가셨답니다.

조 과점주주, 대주주는 배제하겠다는 취지는 잘 알겠습니다. 지금까지 말씀하신 대로라면 호응이 좋다는 건데, 그건 국민들이 새 언론의 필요성을 절감하고 있다는 뜻이고 바꿔 말하면 현재의 언론을 불만스럽게 생각하고 있다는 말이군요.

송 지난 10월 12일에 각계 원로 지식인 스물네 분이 새 신문에 대한 지지성명을 냈습니다. 우리가 그분들을 찾아뵙고 새 언론 사업에 협조 좀 해 주십사고 했는데, 어떤 분은 그냥 듣기만 하시고, 검토해서 나중에 전화로 연락하겠다는 분도 있었는데, 제 기억에 남는 분이 김수환 추기경하고 이희승 선생님이에요. 이 선생님은 노환으로 누워 계시는 구십 노인인데 제가 새 신문 이야기를 했더니 "자네들 제대로 할 텐가?" 그러고 믿기지 않는 눈치였어요. 그래서 필담을 통해서 취지와 참여하는 사람의 면면을 알려 드렸더니 "틀림없이 투쟁할 각오가 있으면 협조해야지." 하시면서 그때야 비로소 서명해주시더군요. 추기경은 찾아갔다가 못 뵙고 왔는데 사무실로 전화를 해서 적극적으로 협조하겠다고 하셨어요.

조 어깨가 무거우시겠습니다. 나중에 주주들한테, 또 독자들한테 "이럴 테면 뭐 하러 새 신문했느냐"는 소리 안 들으려면 신문의 내용이나 제작에 확실한 방향 같은 게 있어야 할 텐데 어떻습니까?

송 그 전에 말씀 드릴 게 지금 언론의 세 가지 문제점입니다. 첫째로, 국민들한테 알릴 것을 알리지 않고, 나쁘게 말하면 은폐하기 일쑤입니다. 특히 권력 내부의 문제는 절대로 언급하지 않고 있습니다.

조 그건 취재원에 접근하지 못해서 그런 겁니까, 알면서 보도하지 못하는 겁니까?

송 알면서도 그러죠. 둘째는 흔히 지나치게 많이 보도합니다. 예를 들면 지금 양 김씨에 대해서 날마다 콩이야, 팥이야 하고 난도질하지요. 야당의 분열된 모습을 심어줘 환멸을 느끼게 하죠.

조 그것도 사실이 아닙니까?

송 편파지요. 권력내부의 갈등은 한 마디도 안 쓰면서 특정한 한쪽만 지나치게 시시콜콜 보도하면 국민이 옳은 판단을 할 수 없습니다. 셋째는 원인과 결과를 단절시키기 예삽니다. 가령 요새 노사쟁의를 보도할 때에 그 원인은 자세히 보도하지 않아요. 그들이 얼마를 벌어 어떻게 사는지, 작업 환경이 어떤지는 거의 안 쓰고, 노사분규 때문에 수출이 얼마나 타격을 입게 되었는가를 크게 보도함으로써 국민에게 불안감을 조성해요. 말하자면 사실을 가지고도 충분히 국민들을 오도할 수 있다는 거예요.

조 신문사도 놀라서 그랬을 수가 있겠으나 사후에 시정 보도가 안 되었죠. 그런 점에서 새 신문이 자유언론을 표방하고 헌법상의 민주적 기본질서에 따라 추진된다는 것은 반가운 일입니다.

송 새 신문은 앞에 말씀 드린 그 세 가지 문제를 불식시키기 위해 노력할 것입니다.

기자의 항변권과 시장의 의무

조 새 신문에서는 편집권의 독립을 보장하기 위해서 무슨 특별한 생각을 가지고 계십니까?

송 신문 제작은 제작에 참여하는 사람들이 책임감을 갖고, 또 주인의식을 가지고 제작하는 게 당연합니다.

조 이 새 언론을 추진하는 분들이 편집권의 독립을 위해 싸운 분들이니까 당연히 새 신문의 편집권 문제는 원만히 해결될 것이라고 낙관하는 겁니까?

송 대주주가 없으면 경영층에서 편집권에 간여할 수 없지요.

정 편집권 문제가 아직 심각히 논의되지는 않았습니다. 다만 생각하고 있습니다. 이를테면 취재 기자에게 항변권을 주고 데스크, 주필, 사장들에게 응답의 의무를 지우는 일들도 거기 들 수 있겠지요.

조 항변권을 주고 위계를 밟아 항변하라는 겁니까? 주필실에까지 마음대로 뛰어들게 하는 겁니까?

정 글쎄 그건 좀……

송 편집권의 개념은 세계 이차 대전 뒤에 일본에서 처음으로 생겼습니다. 대전 끝나고 일본에도 민주화의 바람이 불었습니다. 그러니까 일본 각 신문사 안에서 이제까지 침략전쟁을 일으킨 군부 통치자에게 협조한 사람은 다 나가고 신문이 민주적으로 제작되어야 한다는 주장이 나왔어요. 그러자 경영자가 이건 내 신문인데 너희들이 뭐냐고 해서 싸움이 벌어졌는데, 맥아더 사령부에서 와 가지고 신문 제작의 최종 결재권 곧 편집권은 경영자 쪽에 있다고 딱 결정을 했습니다. 그때에 편집권이 이야기되었어요. 기존의 우리 신문도 그런 형편입니다. 지금 세계적으로 보면 미국도 편집권이 경영자에게 있습니다. 그러나 미국의 신문 경영자는 대개 신문만 하니까 기본적인 입장이 기자와 크게 다르지 않습니다. 그래서 기자와 경영자의 대립이 별로 없지요. 구라파는 〈르몽드〉를 예를 들면 그 신문 사장은 돈 낸 사람이 아니고, 회사사원 중에서 선거로 뽑힌 사람입니다. 그러니 편집권이 독립되어 있죠.

조 편집권의 독립이라는 개념이 일본식이라는 말씀에 유념이 됩니다. 사실, 자본주의사회에서 신문사도 주식회사인데, 주식회사는 근본적으로 그 회사의 실적을 돈벌이로 바라보는 주주총회 독재체제 아닙니까? 미국에서 편집권이 있다는 경영자도 그 주주총회가 뽑은 경영자들이고, 〈르몽드〉에서

회사사원 중에서 경영자를 뽑았다 했지만, 그리 하라고 주주들이 승인했기 때문이겠지요. 서구사회에서는 주주총회도, 그 심부름을 한다고 할 수 있는 경영진이나 편집진이 다 어른스러워 편집권이 사실상 독립되는 셈이지, 회사의 주인들인 주주들의 뜻을 편집진이나 경영진이 배반하면, 교체나 파면으로 주주들의 독재권이 보장될 수 있습니다. 이론적인 얘기입니다만, 새 신문의 편집진도 주머닛돈 턴 이들이 주인들임을 알아야죠.

정 아까 말씀드린, 새 신문 주식은 양수우선권을 신문 종업원 단체가 갖는 것이 좋겠다는 것도 바로 그런 배경에서 나온 생각입니다.

송 또 구라파 신문은 노조가 결성돼 있어서 중대한 문제는 노조 대표와 경영진이 합의해서 결정해요. 일본은 좀 특수한데, 대개 자기 신문의 제작 방침을 정당의 정강 정책처럼 소상히 밝혀요. 가령 우리는 정치는 진보적이다, 보수적이다, 경제정책, 문화정책에 대한 태도는 어떻고 편집강령으로 밝혀놔서 그걸 보면 신문의 성격을 알 수 있습니다. 그런데 우리나라는 시시비비다, 불편부당이다, 엄정중립이다, 이렇게 애매하게 독자를 속이고 사실은 편파적이지요. 새 신문은 정 선생 말처럼 꼭 『르몽드』같이 되기는 어렵더라도 적어도 편집강령은 밝힐 수 있지 않은가 합니다.

이런 광고는 안 싣는다

조 편집국의 구성은 기존 신문과 비슷해질까요?

정 각 부서의 편성은 개략을 말씀드리면 이렇게 할 생각입니다. 정치, 경제, 사회, 문화로 면 배정을 하지 않으려고 합니다. 기자들도 국회 출입, 청와대 출입 들로 나누지 않으려고 해요. 그런 구조에 근본적인 문제가 제기되어 검토하고 있습니다. 한 가지 분명한 것은 프로야구, 프로축구 같은 걸 보도하는 스포츠면은 안 만듭니다. 국민체육의 중요성은 알지만, 기존 언론의 스포츠면은 국민을 우민화하는 구실밖에 못하니까요. 체육면을 두면 전혀 새로운 내용이 되어야겠다고 생각합니다. 또 교육면을 만들어야 할 필요성이 저희들 사이에 강조되고 있습니다. 교육의 문제가 지금 다른 어떤 문제에도 뒤지지 않게 심각하니까요. 그래서 편집국을 교육팀, 노동팀, 농촌팀 식으로 전문팀을 3명에서 5명 단위로 짤 구상을 하고 있습니다.

조 지금 신문들도 스포츠면은 가로쓰기에 한글 전용을 하고 있지요? 새 신문은 전면 가로쓰기를 한다고 하는데 그 부분에 대해 구체적인 계획이 있으십니까?

정 한글 전용의 문제는 좀더 검토되어야 할 듯하나 가로쓰기는 합니다. 그리고 누구나 읽고 이해할 수 있도록 쉬운 표현을 쓸 것입니다. 현재 신문들은 일본 신문의 지면 배열을 본뜨고 있는데, 저희들은 거기서 벗어나려고 해요. 또 저희들 계획으로는 주식 모집을 해서 만든 50억에서 10억쯤은 사옥을 빌리는 데에 쓰고, 사십억은 전액 운영자금으로 쓸 생각입니다. 그리고 아까 말씀 드렸듯이 자본금 50억이면 50억을 금융 기관에서 융자받을 수 있으니까 그것으로 컴퓨터 제반 시설을 팩토링으로 도입할 수 있을 것 같습니다. 팩토링이라는 건 금융 회사에서 물건을 사서 다시 월부로 소비자에게 파는 것을 말합니다.

조 너무 조급한 질문이겠습니다만, 특히 요새 취직도 잘 안 되고 해서 새 신문사에 들어가기를 꿈꾸는 젊은이들이 많은 거 아닙니까? 임금에 대해 정하신 기준이 있으시면 좀 일러주시지요.

송 많이 못 줄 겁니다.

정 한마디로 말씀드려서 편집국 임금체계가 대기업 수준 같아질 수는 없고 특히 기존 신문사보다는 확실히 떨어질 겁니다. 지금 신문사가 어떤 대기업보다 임금이 좋은데, 그게 또 신문의 문제점과 연계되는 문제입니다. 신문기자들이 그 사회의 평균 생활수준 이상으로 살아서는 곤란할 듯해요. 기자란 직업이 숙명적으로 그런 게 아닌가 싶습니다.

조 대주주를 경계하신 뜻과 같은 맥락에서 대광고주는 어떻습니까?

송 경영 면에서 신문은 광고주가 절대적인 영향력이 있습니다. 과거에 내가 신문사에 있을 때 무슨 사설을 쓰면 광고부에서 전화가 와요. 그 사설은 우리 어느 광고주, 어느 기업체와 관계되니 "봐 주쇼." 그럽니다. 그러면 꼼짝 못하고 빼 버려요. 광고를 받으면서 그렇게 안 할 수 없어요. 새 신문은 원칙적으로 대광고주를 받아들이지 않고 군소 광고를 받아들이려는 방침인데 그것이 과연 수입 면에서 신문사 유지에 얼마나 도움이 될지 아직 짐작이 잘 안 됩니다.

정 작은 의견광고를 많이 실을 수 있도록 홍보할 작정입니다. 가만 보면 지금 큰 신문에 내는 의견광고들은 거의 대기업의 해명광고나, 전경련, 무역협회, 반공연맹, 재향군인회 같은 데 아닙니까? 돈이 많은 데거나, 돈을 어디서 대 줄 만한 단체들이 크게 의견광고를 내지요. 사실 그런 의견 광고를 싣는 일이 또 국민을 오도하는 수가 많습니다. 새 신문은 아마 광고가격이 대언론보다 낮을 것이므로 광범위한 계층의 의견광고가 실릴 수 있을 줄로 압니다.

조 신문을 조간으로 합니까, 석간으로 합니까? 장사에는 조간이 유리하다고 알려졌더군요.

한겨레신문과 새 신문

정 우선 12면짜리 석간으로 시작할 예정입니다. 저희들은 창간을 내년 3월로 잡고 있고 가판 위주로 판매할 생각인데, 조간은 가판하기에 좋지 않으니까 석간으로 시작해서 꿈은 조간, 석간 두 번 내는 겁니다. 물론 가판에서 인기가 좋다는 스포츠신문들도 가판율이 50 퍼센트 안팎밖에 안 된다는 것은 가판의 한계를 나타내는 것인지도 모르죠. 그러나 저희들 신문 같은 거 가판에 나오면 잘 사 보지 않을까요?

조 많이 사 보겠지요. 그래도 장기적으로 보면 보급소를 통한 배달판매에 신경을 많이 써야 할 겁니다.

정 신문이 다 자기들 사업 때문에 덮어두기도 하고 조장하기도 하는데, 신문 보급소가 그 지역 사회에 여러 가지 폐를 많이 끼치고 있어요. 그리고 사실

신문의 중간 마진이 아주 높습니다. 오죽하면 벌써부터 얼마 출자할 테니까 보급소 하나 내 달라는 사람이 있을라구요. 저희가 생각하기로는 부수가 20만에서 30만만 되면 자립할 수 있고 여론을 이끌 수 있다고 봅니다. 자연 증가는 그냥 두지만 그 이상 부수를 올리려고 불필요한 경쟁을 할 생각 없고, 다만 완전히 가판으로만 제한하느냐, 배달판매도 하느냐를 논의 중입니다.

조 지금까지 이 자리에서 계속해서 새 신문이라고 불러오고 있습니다만 아직 제호가 확정되지는 않았다고 해야겠지요? 시중에는 무슨 신문이다, 무슨 일보다 하고 소문이 여러 갈래 있었는데 발기인 대회에서 그 문제가 어떻게 됐습니까?

정 10월 22일에 창간 발기 추진위원회에서 전체회의를 열고 제호를 한겨레신문으로 결정했습니다. 그동안 의견이 백출했으나 대개 한겨레신문, 민주신문, 자주민보, 독립신문 같은 이름들로 의견이 압축되었지요. 그 네 가지를 놓고 발기인들과 청년층을 대상으로 여론조사를 해 보았더니 '한겨레신문'이 압도적인 지지를 얻었습니다.

송 나도 그랬지만 나이 든 사람들은 독립신문을 주장했는데, 젊은이들이 싫어해요.

조 저도 한겨레신문이라는 제호는 별로 마음에 안 드는데요. 오히려 지금까지 불러온 대로 새 신문이 낫지 않습니까? 이름에 벌써 기성 신문들을 부인하는 의미가 들어 있고, 부르기도 좋고 괜찮은 것 같은데, 재고의 여지가 있으면 다시 여론을 모아 보시지요. 제호가 새 신문인 줄 알고 그 이름이 좋다고 하는 분들을 많이 보았습니다. 한겨레신문은 우선 듣기에 한글 전용하자—그것이 무슨 잘못이겠습니까마는 아무튼 그리 부르짖으려고 내는 것은 아니잖아요?—어쩌자 하는 신문 같기도 하고, 국수주의적인 냄새를 풍기기도 해서 별로 좋은 줄 모르겠습니다. 정말 당부드리는데 제호는 더 널리 여론을 알아보고 최종 결정을 하시기 바랍니다. 마지막으로 새 신문의 장래를 불투명하게 보는 사람 중에는 이 신문이 어떤 색채를 띠게 될까를 걱정하기도

하는데, 송 선생님께서 이 부분에 대해 말씀 좀 하시지요.

내년 3월을 기다리며

송 우리가 새 신문을 만든다니까 4.19 뒤의 〈민족일보〉를 생각하는 분들이 더러 있어 가지고 걱정을 하기도 하고 그런 건 사실입니다. 그러나 〈민족일보〉는 혁신계 사람들이 만든 거지만 우리는 신문기자 출신들이고, 나이가 40이 넘은 사람들입니다. 〈민족일보〉와는 비교할 수가 없습니다. 하기야 젊은 신입기자들이 기사 쓰면 데스크 보는 쪽하고 문제가 좀 생길지도 모르겠으나 어디까지나 민주적 기본질서를 벗어나지 않는 신문을 제작할 겁니다. 참고로 말하면 제가 민언협에서 〈말〉을 만들면서 몇 가지 원칙을 정해서 젊은 친구들한테 제시했어요. 첫째로, 운동권에서 쓰는 원색적이고 자극적인 말을 쓰지 말고 보통 시민의 말을 쓰자고 했어요. 운동권에서 통용되는 말을 쓰면 시민들이 거부감을 일으켜 대중성을 잃게 되니까요. 그리고 출처가 분명하지 않은 뜬소문은 절대로 기사로 쓰지 말라는 것입니다. 나머지 한 가지가 대공관계 기사는 신중히 써야 한다는 겁니다. 말 그대로 대공문제이기 때문에 신중하게 다뤄야 한다는 것입니다.

조 창간일자는 내년 3월로 잡고 계신다고 했는데, 그 안에 대통령선거, 국회의원선거를 다 치르게 됩니다. 신문의 창간이 순조로우려면 선거 또한 공명하게 치러지고, 우리가 바라는 쪽으로 결과가 거두어져야 할 것입니다. 새 신문은 다른 무엇보다도 이 정권이 선거에서 승리하여 그대로 유지될 때에도 창간이 가능할 것으로 내다보십니까?

송 가능하다고 봅니다. 노태우 씨도 대세는 막을 수 없을 거고, 어차피 못 막을 일이라면 정치적인 제스츄어로라도 잘해 보라고 할지 모르죠. 그러나 정말 민주적인 민간인 정부가 들어서야 새 신문이 순탄할 텐데 우선 대통령 선거부터 근심됩니다. 그럼에도 불구하고 새 신문을 내고야 말겁니다.

조 아무튼 새 신문의 창간을 통해 많은 국민이 우리나라에 진정한 자유 언론이 소생할 수 있느냐, 진정한 민주질서가 확립될 수 있느냐를 가늠할 것입니다. 바로 그런 점에서 어려움이 많겠지만 꼭 성취하시기를 빕니다.

-〈샘이 깊은 물〉, 1987년 11월호

~ 8부 ~
부록1: 청암 자료

언론인의 사표가 떠나다

오랜 세월 병마로 고통 받던 송건호 선생이 2001년 12월 21일 오전 타계했다. 파킨슨씨 병이 빠르게 진행되어 나중에는 의사소통이 불가능했고 전신이 마비되어 목을 뚫어 가래를 뽑아내는 고초를 수년간 겪어야 했다.

그의 동지, 지인, 후배, 한겨레신문사 그리고 시민사회는 장례위원회를 구성하였고, 정부는 사회장을 하기로 결정했다. 정부는 청암에게 민간인이 받을 수 있는 가장 높은 훈격인 국민훈장 무궁화장이 추서했다. 장례위원장은 강만길 교수, 한승헌 변호사가 맡았다.

타계 소식은 방송한국기자협회, 전국언론노동조합, 민주언론운동시민연합 등은 깊은 애도의 성명을 발표했으며, 대부분의 언론사는 이 소식을 비중 있게 보도하며 언론민주화에 기여한 지사형 지식인으로 그를 평가하고 애도했다.

빈소가 마련된 서울중앙병원 장례식장에는 우리 사회 각계각층의 사람들이 문상을 와서 고인의 업적을 기리며 마지막 인사를 했다.

영결식은 12월 24일 오전 8시 서울중앙병원 영결식장에서 열렸고, 유족과 한승헌 전 감사원장, 최학래 한겨레신문사 사장, 박권상 한국방송 사장, 김중배 문화방송 사장, 박형규 목사, 노무현 민주당 상임고문 등 각계 인사 400여 명이 참석했다.

박형규 목사는 "동아일보사에서 후배기자들이 해직될 때 편집국장 자리를 내던지고 자유언론 수호의 기수가 된 당신은 참된 언론인의 진면목을 보여주었다. 겨레의 양심으로 살아 영원히 우리의 곁에 머물기를 바란다."며 추도사를 바쳤다.

이상기 기자협회장은 추모사에서 "허위와 진실의 경계가 무너진 언론의 자화상 속에서 선생은 거부와 저항의 삶으로 한평생 한국언론의 빛줄기였다"며 "선생의 몸은 보내지만 뜻과 정신은 결코 떠나보낼 수 없다"고 밝혔다.

고은 시인이 추도시를 낭독했다.

서울을 빠져나갈 때까지 경찰 선도차의 안내를 받으며 운구행렬은 오전 10시경 광주로 출발했다.

광주 국립5·18민주묘지 민중항쟁추모탑 앞에서 안장식이 열렸다. 이 자리에는 조비오 신부, 이종수 광주대 교수, 윤한봉 민족미래연구소장, 이광우 5·18기념재단 이사장 등 참석했다. 오후 2시 30분께 200여 명의 각계 인사와 광주시민들이 지켜보는 가운데 안장됐다.

송건호 선생을 애도함

한국 언론계의 큰 기둥이었던 한겨레신문사 초대 사장 청암 송건호 선생이 어제 별세했다. 평생을 올곧은 기개로 청렴하게 살아온 송건호 선생은 1980년 전두환씨의 신군부가 조작한 '김대중 내란음모 사건'에 연루되어 혹독한 고문을 당한 뒤 투옥됐으며, 그 후유증으로 고생하다 끝내 온몸이 마비되는 파킨슨병을 얻어 지난 5년 동안 호된 병고에 시달려 왔다.

53년 언론계에 첫발을 디딘 고인은 75년 3월 〈동아일보〉 편집국장 재직 때 동아일보사 경영진이 자유언론 투쟁에 앞장선 젊은 기자들을 대량 해고하자 이에 항의하며 편집국장직을 내놓았다. 그 뒤 그는 재야 언론인으로 '해직기자들의 대부'가 되었으며, 글과 행동으로 군부독재 권력에 치열하게 맞섰다. 고인은 투철한 비판정신을 가진 언론인이었을 뿐 아니라, 암울했던 군부독재 시절 온몸으로 이에 맞서 싸운 행동하는 지식인이었다. 그리고 많은 역사학자들이 외면했던 현대사 연구에서도 큰 족적을 남긴 역사학자였다. 〈해방 전후사의 인식〉 등 10여 권에 이르는 저서에서 고인은 균형된 시각으로 민족 문제와 현대사를 조명하려 애썼다.

고인은 특히 지식인과 지조에 대한 관심이 높았다. 그가 쓴 글 가운데는 지식인의 역사적 책무와 지조를 지키지 못한 거짓 지식인들에 대한 비판의 글이 유달리 많다. 권력에 아부하고 굴종했던 지식인들은 우리 사회에서 오로지 멸시의 대상일 뿐이라고 통렬하게 비판했던 것이다. 그처럼 당당하고 거침없이 비판할 수 있었던 것은 그 자신 평생토록 곧은 선비처럼 지조와 절개를 굽히지 않고 청렴결백한 생활을 했기 때문이었다.

돈과 힘을 가진 권력집단에 아부하는 거짓 지식인들과 사이비 '언론자유 투사들'이 목소리를 한껏 높이고 있는 요즘 세상에 송 선생의 삶은 새삼스러운 의미로 우리에게 다가선다. 그리고 그가 다 이루지 못한 '참 언론'과 '바른 지식인'의 책무는 이제 남아있는 후배들이 이뤄내야 할 몫일 수밖에 없다.

−〈한겨레〉 2001년 12월 22일자 사설

우리들의 참 스승, 송건호 선생 가시는 길에

신사년 세밑, 모진 찬바람이 잦아들던 새벽 청암 송건호 선생이 영면했다. 전국의 2만 언론노동자들은 우리들의 스승이며, 민족의 지성인 선생을 피안으로 떠나보내면서 옷깃을 여미고 삼가 조의를 표한다.

선생은 암울했던 한국 현대사의 한줄기 빛이었고, 오욕의 반세기를 몸소 헤쳐온 저항의 상징이었다. 그는 참 스승이었으며, 참 지성이었기에, 그가 떠난 빈자리는 크고도 넓다. 선생은 '현실의 길'이 아닌 '역사의 길'을 먼저 걸으시면서, 지금 우리들이 추구하고 나아가려 하는 지고지순한 가치를 실천했다.

그는 1975년 동아일보 기자 150여 명이 군부독재의 칼날에 잘려 나갈 때 홀연히 편집국장 자리를 내던짐으로써 22년 제도권 언론인의 생활을 마감하고, 스스로 거친 들판에 섰다. 선생은 그 무렵, '해방전후사의 인식'을 비롯해 왕성한 저술활동에 몰입하면서 일그러진 현대사의 시각을 바로 잡았으며 민족의 지성과 청년을 일깨웠다. 곧바로 재야운동에 투신해 84년 해직 언론인을 규합한 민주언론운동협의회를 결성했으며, 월간 '말'을 창간, 빼앗긴 말의 뿌리를 세웠다. '말'이 폭로한 보도지침은 87년 6월항쟁의 불씨를 지폈다.

그 해, 세계언론사상 유례가 드문 국민주 형태의 한겨레신문 창간을 주도했으며, 88년 초대 사장을 맡아 한국사회에 양심과 진보의 소리를 웅변했다. 선생은 강직했다. 그 혹독했던 군부독재 시절, 옳고 그름을 분명히 했다. 옳고 그름을 흐리며 살아온, 그리고 여전히 활동하고 있는 동시대 '언론인'들이야말로 시비를 명확히 가리며 행동하고 실천했던 선생의 길이 얼마나 모질고 힘든 길이었는가 너무 잘 알고도 남음이 있을 것이다.

결국 선생은 신군부의 모진 고문의 후유증으로, 조국통일과 민주언론의 실현을 끝내 지켜보지 못한 채 마지막 10년을 병상에서 누워 계시다가 먼 길을 떠나고 말았다. 선생이 우리에게 남긴 과제는 여전히 크다.

미소짓는 선생의 영정 앞에서, 지금 권력화하고, 사유화하며, 진실과 여론을 호도하는 저 족벌 언론을 개혁하는 그 날까지, 끝까지 투쟁의 대오를 간직할 것이며,

한 치의 흐트러짐 없는 초발심으로 선생이 남기신 과제와 시대적 사명을 다할 것임을 엄숙히 다짐한다. 선생 가시는 길이 평안하시기를 다시 옷깃을 여미며 머리 숙여 애도한다.

-2001년 12월 21일 전국언론노동조합, 〈언론노보〉 319호(2001.12.28) 2면

청암 선생을 회상하며 – 삶을 통해 '언론' 가르친 내 인생의 큰 스승

내 인생에서 가장 '큰 스승'이셨던 송건호 선생님이 끝내 우리 곁을 영영 떠나시다니 가슴이 터질 것 같다. 이 비통한 마음에 과묵하셨던 선생님이 언젠가 나에게 털어놓으셨던 비화 한 토막이 떠오른다.

선생님께서는 저 1980년 전두환 신군부의 5.17군사쿠데타 때 이른바 '김대중 내란음모 사건'에 연루되어 영어의 몸이 되셨다. 이때 전두환 정권은 당시 거의 모든 민주화운동을 현 김대중 대통령이 주도한 내란 모의 사건으로 조작하고자 했다. 그 각본에 따라 김대중씨와 언론계 연결고리로 동아투위를 설정했다. 그러나 그들에게는 불행하게도, 동아투위는 1980년 5월16일에 서울 수유리 수도원에서 세미나를 하고 있다가 새벽 1시에 쿠데타가 일어난 걸 알고 몸을 숨겨 버렸다. 그들은 어쩔 수 없이 송건호 선생님을 김대중씨와 동아투위를 다리 놓은 인사로 만들려고 했다.

당시 합동수사본부 수사관들은 선생님이 김대중씨의 돈을 동아투위에 전달했다는 시나리오를 만들었다. 송건호 선생님을 접해본 사람이면 누구나 알 수 있듯이 선생님은 거짓말을 하고 싶어도 못하는 분이셨다. 이런 분에게 터무니없는 자백이 강요되었으니 어떠했겠는가? 선생님은 "이 때문에 참 많이 맞았다"고 짤막하게 말씀하셨다. 차마 "고문당했다"고 표현하지 않으셨지만, 나는 무지막지한 고문이 있었을 것으로 직감했다. 선생님께서 "끝내는 돈을 받았다고 허위 자백할 수밖에 없었다"고 말씀하셨으니까.

그 다음 고백은 더욱 송건호 선생님다우시다. "안 받은 돈을 받았다고 했으니, 도대체 얼마를 받았다고 해야 할지가 고민이었다. 할 수 없어서 수사관에게 '얼마를 받았다고 (자술서에) 쓸까요?'라고 했더니, 그 수사관이 '야, 이 XX야, 돈 받은 X이 알지, 내가 어떻게 알아?' 하면서 또 때리더라"는 것이다.

옛말에 혼돈의 시대에는 '크게 어진 사람은 마치 어리석은 자 같아 보인다(大賢若愚)'는 말이 있다. 이 말처럼 송 선생님께 어울리는 말은 없어 보인다.

송건호 선생님은 참으로 한 평생을 한결같이 크게 어질고 크게 의롭게 살려고 하신 분이다. 75년 동아일보 기자, 아나운서, 프로듀서들이었던 우리 동아투위 위원들이 동아일보사에서 강제로 쫓겨났을 때, 선생님께서는 "언론자유를 위해 헌신하고자 하는 사람들이 쫓겨나는 회사에 더이상 머물 수는 없다"면서 편집국장직을 미련 없이 던져 버렸고, 그 이후 선생님은 우리 해직 언론인들의 정신적 대부가 됐다.

술, 담배도 못하고 '촌지 봉투'나 '공짜 술 대접받기'도 몰랐던 고지식하고 가정적인 선생님이셨지만, 민주주의를 위해서나 바른 언론을 위해서라면 자신의 안위도, 그토록 사랑하는 가족도 대의를 위해 접을 수 있는 분이었다. 84년 12월 동아투위, 조선투위, 80년해직기자협의회와 젊은 출판인들이 중심이 되어 '민주언론운동협의회'(언협. 현 민주언론시민연합의 전신)를 결성했을 때 송 선생님은 의장직을 기꺼이 수락하셨다.

이 '언협'이 85년 6월 〈말〉(현 월간 〈말〉)이란 불법(?) 잡지를 출판하자 전두환 정권은 편집인 명의로 기록되어 있는 나를 잡아가서 29일 구류 처분을 내렸다. 유치장으로 면회 오신 선생님께서는 "왜 발행인인 나는 놔두고 편집인만 잡아가느냐"고 호통치셨던 기억이 난다.

오늘날 한국의 언론인들이 송건호 선생님이 사셨던 '언론인의 혼'을 반의반만 지키고자 한다고 해도 한국 언론은 진정한 의미의 '사회적 목탁'으로 자리잡고도 남을 것이다.

송건호 선생님!

이제 저희를 넘어 더 젊은 새로운 세대들이 이 땅의 참 언론과 참 언론자유 그리고 민주주의를 위해 새로운 도전을 시작하고 있습니다. 머지않아 새로운 지평이 열릴 희망이 보입니다. 속세에서의 모든 한과 고뇌, 저희들에게 물려주시고 고이 영면하소서!

　　　　　　　　　　　　　－성유보(동아투위 위원장, 민언련 이사장), 〈한겨레〉 2001년 12월 22일자 5면

한국현대사와 송건호 선생

'민족주의 구현' 외길 냉전 독재사회에 경종

청암 송건호 선생 서거로 역사학계는 원로 한 분을 잃었다. 선생은 언론인으로서 워낙 비중이 컸기 때문에 역사학자로서의 면모는 상대적으로 가려져 있었다. 그러나 불모상태의 현대사 연구에 개척자로서 귀중한 소임을 다한 잊을 수 없는 분이다.

선생은 식민상태에서 벗어난 국가가 진정 자주의식에 불타 있다면 다른 신생국에서처럼 현대사연구에 각별히 노력을 기울여 새 사회 건설의 원동력이 되게 하여야 함에도, 그러지 못한 것은 그만한 정치적, 사회적 조건이 있기 때문이라고 판단하였다. 그는 식민주의 잔재가 왜 그토록 오래 존속하였고 민족주의가 왜곡되었는가, 그런 것들과 싸우는 길은 무엇인가를 탐구하는 데 학문적 정열을 바쳤다.

선생의 현대사를 꿰뚫어 보는 혜안은 이미 1960년대에 마련되어 있었다. 선생은 이 시기에 특히 지식인 문제에 관심이 많았다. 어째서 이 땅의 사회과학은 철두철미 주체성을 망각하고 사대주의에 사로잡혀 있으며 자신의 역사와 문화를 천시하는가가 최대의 고민이었다. 선생은 현대사를 냉전에 편승하여 활로를 찾으려 하는 '이승만 노선'과 냉전논리를 거부하고 민족 중심으로 우리 역사를 만들어가려는 '김구 노선'의 대결로 규정하면서, 60년대에 간절히 백범의 부활을 기대해 마지않았다.

선생이 현대사 연구에 몰두한 것은 70년대 후반 이후였다. 75년 〈동아일보〉 편집국장 재직 중에 폭압에 굴복하여 134명의 기자들을 '거리의 언론인'로 내몰자 사주에게 역사의 심판을 받을 것이라고 직언하고 사표를 냈다. 그 뒤 탄압으로 시간강사도 어려웠고, '기피인물'이어서 친구들도 만나기를 꺼릴 때, 선생은 빈궁 속에서도 수년간 헌책 가게를 뒤져 1만5천권이나 모았다.

현대사에 대한 선생의 연구는 다방면에 걸쳐 있다. 일제 강점기에 관해서도 두툼한 저서가 있고, 통일 관련 저서도 여럿 있다. 근현대 언론사 연구도 풍부하다. 선생은 특히 해방 3년사를 중시하였다. 그 시기에 민족의 운명이 판가름 났던 것이다. 통일 연구가 많은 것은 한국사회 모든 불화의 원인이 그 문제와 관련되어 있으며, 권력이 분단을 극단적으로 악용하여 민족이 너무나도 비극적인 상황에 빠져 있기 때문이었다.

선생은 인물사를 많이 썼다. 김구·김창숙 등도 썼지만 이승만에 관한 글이 유난히 많다. 친일파를 키워 독재를 하고 극단적인 반공이데올로기를 강요하여 한국사회를 잘못된 길로 가게 한 것에 춘추필법으로 경종을 울리기 위해서였다.

선생은 자신을 진보적 민족주의자로 규정하였다. 그러면서 민족주의자가 되기 위해서는 기득권을 버리는 용기가 절실히 요구된다고 강조하였다. 선생의 삶과 역사정신은 그와 같은 민족주의의 구현에 있었다.

선생은 가끔 글을 쓰면서 울었다고 고백한다. 무엇보다도 친일파들이 해방후 단죄를 받기는커녕 경제·정치·문화·교육계 등 모든 분야에서 새 나라의 지도적 자리를 차지하고 있는 것에 울분을 금할 수 없었다.

선생의 글은 공정하고 객관적이며 날카로움과 강직함이 살아 숨쉬고 있다. 사심이 없기 때문일 것이다. 그 자신 반탁을 지지한 바 있었고 김구를 적극적으로 평가했으면서도, 반탁투쟁이 단정 수립으로 귀결되게끔 되어 있었다는 지적은 선생이 얼마나 맑은 마음의 소유자인지를 읽게 해준다. 선생은 분단상황에 매몰되지 않고 마음의 눈을 부릅떠 민족사의 높은 차원에서 현대사를 보고자 하였다. 또 민중을 한가운데에 놓고 현대사를 응시하였다.

선생이 서거한 오늘도 '이승만 노선' 신봉자들은 6·15 남북공동선언 정신 헐뜯기에 혈안이 되어 있다. 최근 영어 열풍 속에서 현대사 열기가 사라지고 민족문화에 무관심한 상태에서 너도나도 이민 가려 하기에 서거가 더욱 안타깝고 사필이 한층 그립다.

청암 선생이여, 영면하시라.

—서중석(성균관대 사학과 교수), 〈한겨레〉 2001년 12월 24일자 5면

청빈과 직필의 선비와 고별하며

지금은 청암 송건호 선생님과 이승에서 마지막 작별을 나누는 시간입니다. 고인께서 일흔 다섯 해의 고난에 찬 한 생을 접으시고 영원히 안식하실 유택을 향하여 떠나시는 이 시간, 우리의 마음은 슬프고 허전합니다. 이 애절한 고별의 자리에 함께 해주신 각계의 여러분께 장의위원회를 대표하여 감사를 드립니다. 몇 해 동안이나 고인의 병상을 지켜 오시면서 성심을 다하여 간병을 하신 사모님과 유족 여러분께 삼가 애도와 위로의 말씀을 드립니다.

청암 선생의 고결한 생애에 대해서는 우리 모두가 익히 아는 바이거니와, 고인께서는 우리에게 참으로 많은 깨달음과 가르침을 주고 가셨습니다. 청빈의 어려움, 직필의 어려움, 박해·수난의 어려움 등 이 세상의 온갖 고난 풍파를 이겨내시고, 선비의 길, 지사의 길, 언론인의 길, 의인의 길을 걸어오셨습니다.

불의한 시대의 어둠 속에서 우리의 갈 길을 밝혀주신 스승이요, 양심의 기둥이셨던 선생께서 이렇게 떠나시다니, 남기신 그 빈자리가 너무 넓고 크게 느껴집니다. 선생님 같은 분을 이제 어디서 만나볼 수 있겠습니까. 그처럼 담백하시고, 소탈하시고, 기교를 모르시고, 그러면서 양심과 신념, 겸손과 무욕의 경지를 일관되게 지켜오신 그 삶이 한없이 그리워집니다.

고인에게 국민훈장 무궁화장을 추서하고 사회장으로 영결할 수 있도록 도와주신 우리 정부에 대해서 감사드립니다. 연말에 바쁘신 중에도 빈소에 조문을 와주신 각계 인사 여러분, 그리고 조화와 조전을 보내주신 여러분께도 고맙다는 말씀을 드립니다. 또한, 고인의 영면의 세계로 보내드리는 치상을 위하여 노고를 다해주신 장의위원회 집행위원 여러분, 한겨레신문사 여러분, 동아투위 여러분 그리고 오늘 이 식전의 순서를 맡아주신 여러분께 두루 감사의 말씀을 드립니다.

삼가, 선생님의 명복을 빕니다. 선생님, 부디 편안히 쉬시옵소서.

청암 송건호 선생 사회장 장례위원회 위원장 한승헌

−장례위원장 한승헌 변호사의 영결식 추도사, 2001년 12월 24일

시대의 눈 귀 입 되어

청암선생!

어제 당신께서 먼 길 가십니다그려
무정하기는
이승이 저승보다 더하니
그런 이승 두고 가십니다그려

청암!
당신 젊은나 젊은 날
1940년대말
김구선생 국민장 그날
서울 태평로 거리 인산인해 속에서
비로소 겨레의운명 알았다고 하셨지요

오늘 당신 가시는 길 가녘에서
어느 앳된 사람의 얼 있어
남몰래
한 시대의 눈 귀 입의 엄연한 진실을
새삼 깨달아 아플지 모르겠습니다

저 1970년대 이전에도
이미 당신은
옷매무시 단정한 인테리겐차였고
조국의 고된 날들의 논객이었습니다.
저 1970년대 이후에는
당신의 곧은 절개 가슴에도

조심조심
진 데 디딜세라
그런 걸음걸이에도
불 질러
뿜어대는 피 같은 뜨거운 노여움 솟아
자유 그것
민주 그것
언제까지나 하고 많은 기만들이
숨꺼진 정의 아닌
숫된 정의 그것 탱탱하였습니다

청암!
당신의 한국현대사론은 역저였습니다
그것은 시대의 필독목록에 새겨
책장 낱낱이 닳았습니다

당신은 동지들 후배들
벅찬 울혈 와자지껄한 한 구석에서
일어서며 말하셨습니다
우리가 가는 길에는 두 길이 있다고
하나는 현실의 길이고
하나는 역사의 길이라고

청암!
당신께서는 어쩔 수 없이
역사의 길 걸어가는 동안
갖은 고초
갖은 난관 다 누리며

종로5가 헌 책방 앞을 서성거렸습니다

1980년 5월
그 극한상황 가운데서
당신은 제 옆방으로 잡혀왔습니다
잠옷바람이었습니다
제가 당신 당하는 것 알았고
당신께서 저 당하는 것 알아야 했습니다

그 뒤로도 당신의 길은
다친 몸 세워 쉬지 않는 길이었습니다
'말'의 사람이었고
'한겨레'의 사람이었습니다
그러다가 끝내 쓰러져
긴 긴 밤 지나
이제 먼 길 가십니다그려

슬픔이 아직껏
가장 청정한 인간의 예의일진대
당신께서
남은 우리에게
그 슬픔
높다라히 쌓아올리고 가십니다그려
가소서
가소서

더 하염없는 역사의 길 가소서

−고은 시인의 조시, 〈한겨레〉 2001년 12월 24일자 1면

약력

1926년   음력 9월 27일(호적상으로는 1927년 9월 27일), 충북 옥천군 군북면 증약리 비야마
          을에서 아버지 송재찬과 어머니 박재호의 3남 5녀 중 2남으로 출생
1944년   12월 경성 한성상업학교 제2본과 졸업(현 서울 한성고등학교)
1946년   2월 경성법학전문학교 입학
1953년   서울대학교 법과대학 행정학과로 복교, 대한통신사 외신부 기자
1954년   조선일보 외신부 기자
1955년   고려대학교 50주년 기념 전국학생현상논문 모집에서 '민족문화 전통탐구의 현대적
          의의'로 1등 당선
1956년   서울대 법대 졸업
1958년   한국일보 외신부 차장
1959년   자유신문 외신부 부장
1960년   세계일보 조사부 근무, 6월 한국일보 논설위원
1961년   민국일보 논설위원, 한국일보 논설위원
1962년   경향신문 논설위원, 국학대학 출강
1964년   한국신문연구소가 창간한 〈신문평론〉 편집위원(67년 24권까지)
1965년   4월 한국신문편집인협회 보도자유위원/ 근역학회(槿域學會)에 간사
          12월 경향신문 20대 편집국장
1966년   4월 한국신문편집인협회 보도자유위원
          5월 조선일보 논설위원/ 국민대학 출강
1967년   외국어대학 출강
1968년   2~6월 서베를린 신생국언론연구원(서베를린 신문연구소) 초청 연수
1969년   2월 한국신문편집인협회 보도자유위원
          3월 동아일보 논설위원
1971년   2월 한국신문편집인협회 보도자유위원
          2월 동아일보사 부설 '안보 및 통일문제 조사연구소장'도 겸임
1972년   남한적십자대표단 자문위원으로 위촉되어 판문점을 거쳐 평양을 2회 방문(9, 10월)
1973년   2월 한국신문편집인협회 보도자유위원장

4월 한국신문윤리위원회 위원

8월 동아일보 수석논설위원

1974년 9월 동아일보 편집국장/ 국제언론인협회 (IPI) 한국위원회 위원

1975년 3월 동아일보 광고사태 및 기자해임에 항의하여 동아일보 편집국장직 사임

9월 한양대학 출강

1978년 〈씨올의 소리〉 편집위원. 한국인권운동협의회 부회장

1980년 5월 '지식인 134인 시국선언'을 주도하여 선언문 기초를 작성하고 5월 15일 발표

5월 '김대중내란음모사건'에 연루되어 조사 중 혹독한 고문을 받음

8~11월 계엄법 위반 혐의로 군사재판. 1심에서 징역 3년 6월, 2심에서 징역 2년 형으로 감형

11월 육군형무소에서 형집행정지로 석방. 11월 12일 정치활동 규제자 811명에 포함됨

1984년 2월 정치활동 규제에서 해제

12월19일 민주언론운동협의회(약칭 언협, 현 민주언론시민연합) 창립총회. 초대 의장으로 선출

1985년 6월 언협 기관지 〈말〉 창간. 〈말〉 초대 발행인

1986년 3월 민주통일민중운동연합(민통련) 부의장으로 '개헌을 위한 범국민 서명운동선언' 발표

9월9일 언협 의장으로서 천주교 정의구현사제단과 명동성당에서 공동기자회견을 열어 정권의 언론통제 수단인 '보도지침'을 폭로

1987년 5월27일 '호헌철폐 및 민주헌법쟁취 국민운동본부' 상임공동대표

9월23일 '새 신문 창간 발의자 총회'에서 창간위원회 위원장으로 선출

12월14일 한겨레신문주식회사 창립총회에서 초대 대표이사 및 발행인에 선임

1987년 12월~1991년 4월 한겨레신문사 대표이사 사장

1991년 4월~1993년 6월 한겨레신문사 대표이사 회장

1993년 6월 한겨레신문사 비상임 고문

1996년 9월3일 도서 1만5천여권을 한겨레신문사에 기증하여 '청암문고' 개설

1999년 12월20일 기자협회보에서 전국 신문·방송·통신사 편집 및 보도국장과 언론학교수를 상대로 한 설문조사 결과 20세기 최고언론인으로 위암 장지연 선생과 함께 선정

1993~2001년 1980년 신군부가 자행한 고문의 후유증에 시달리던 중, 파킨슨증후군으로 8년간 투병생활

2001년 12월21일 오전 8시 영면

12월24일 오전 9시 사회장으로 영결식 거행

12월24일 오후 2시 광주광역시 국립5·18민주묘지에 안장

사후 약력

2001년   11월6일 재단법인 청암언론문화재단 설립 (문화관광부), 1대 강만길 이사장 취임

2002년   1월25일 청암언론문화재단 창립 기념모임 (프레스센터 20층)

3월 송건호 선생 수집 자료 (성명서, 스크랩, 기타 희귀자료) 민주화운동기념사업회에 기증
도서 1,000여 권 (한겨레신문사 청암문고에 기증) 유품 일부 (제니스라디오, 망원경,
가방 등 10여 점) MBC에 기증

5월15일 송건호 선생 흉상 제막식(한겨레신문사)

12월6일 제1회 송건호언론상 시상식 및 송건호전집 출판기념회(20권, 한길사)

2003년   1월1일 가장 존경하는 국내 언론인 1위 선정(미디어오늘, 한길리서치연구소에서 전국
기자 307명 대상)

2005년   6월20일 청암언론문화재단 제 2대 이상희 이사장 취임

2008년   12월11일 제 7회 송건호언론상 시상식 및 《송건호 평전》 출판기념회 ('나는 역사의
길을 걷고 싶다', 정지아, 한길사)

2009년   6월23일 국회도서관 '송건호 문고' 개소식(한겨레신문사 '청암문고' 이관)

12월9일 한겨레신문사에 '청암홀' 개관. 사내 임직원 설문조사로 명명

2010년   4월20일 청암언론문화재단 제 3대 이해동 이사장 취임

2011년   12월7일 제 10회 송건호언론상 시상식 및 《송건호 평전》 출판기념회('시대가 투사로
만든 언론 선비', 김삼웅, 책보세)

12월19일 청암 송건호 선생 10주기 추모음악회(밀레니엄 오케스트라, 이화여고 음악당)

2014년~2018년 제 1~5회 송건호 대학사진전 전시회

2016년   11월11일 충북 옥천(송건호 선생 고향) '청암 송건호선생 기념사업회' 창립식

12월21일 충북 옥천군 군북면 비야대정로 '송건호선생 생가터 표지석' 제막식

2017년   7월4일 송건호 선생 부인 이정순 여사 별세. 광주 국립5.18민주묘지에 합장

2018년   9월7일~8일 옥천에서 청암 송건호 언론문화제 개최

12월21일 옥천 비야마을에서 송건호 선생 생가터 공원 조성 기념식 및 흉상 제막식

수상내역

1979년   제2회 독서대상 저작상. 월간 독서사

1986년   6월19일 제1회 심산상 수상. 수상작은 《한국현대인물사론》. 주최는 심산사상연구회

1988년   자랑스런 한성인상 수상

1991년   4월10일 제7회 언론상(언론인 한길상 부문)수상. 서울언론인클럽

1992년   5월28일 제2회 한국언론학회 언론상 신문부문 본상 수상. 한국언론학회

1994년   3월22일 제4회 호암언론상 수상. 삼성복지재단

1998년   5월15일 한겨레대상 수상. 한겨레신문사

1999년   11월15일 금관문화훈장 수여

2000년   5월9일 제4회 정일형자유민주상 수상. 재단법인 금연 정일형박사 기념사업회

2001년   12월 21일 국민훈장 무궁화장 수여

2010년   10월16일 미디어발전공헌상(저널리즘 부문). 한국언론학회

저서

단독저서

1960년대

《드골—프랑스의 영광》—탐구신서30, 탐구당, 1965. *드골의 생전에 쓴 연구서

《간디》—소년소녀 세계위인 자전 전집 제6권, 계몽사, 1968. *몇 차례 출판사가 변경됨.

《한국현대사 제4권—암흑의 시대》, 신구문화사, 1969

 1970년대

《송재 서재필》—근대한국인물전집 제2권, 태극출판사, 1970

《동양의 고사》, 아카데미, 1975

《민족지성의 탐구》—송건호 평론집, 창작과비평사, 1975

《단절시대의 가교》, 물결, 1976

《한국민족주의의 탐구》, 한길사, 1977

《아쉬움 속의 계절》, 진문출판사, 1977

《파도야, 어쩌란 말이냐》—컬럼집, 전예원, 1977

《새 역사의 모색》—송건호 컬럼집, 인물연구사, 1978

《프랑스의 영광—드골 평전》—사상전기선서8, 태양문화사, 1978 *드골 사후에 쓴 평전

《현실과 이상》—송건호 수상 평론집, 정우사, 1979

《무지개라도 있어야 하는 세상》—송건호 컬럼, 전망사, 1979

《소크라테스의 행복》—송건호 컬럼, 동광출판사, 1979

《한국현대사론》, 한국신학연구소 출판부, 1979

《민중과 민족》—송건호 평론집, 명진사, 1979. 《단절시대의 가교》(1976)에 글 추가 재출간

1980년대

《서재필과 이승만》, 정우사, 1980

《한국 현대인물사론》, 한길사, 1984

《간디》—어린이 그림 위인전기 32(홍성찬 그림), 계몽사, 1984

《의열단》—창비교양문고3, 창작과 비평사, 1985

《살아가며 고생하며》—송건호 수상집, 시인사, 1985

《분단과 민족—민족운동사의 시각으로 본 분단사회》, 지식산업사, 1986

《민족통일을 위하여》–한길산문정신16, 한길사, 1986

《민중과 민족》–송건호 평론집, 대방출판사, 1986. 《민중과 민족》(1979) 재출간

《한국현대사》, 두레, 1986. 《한국현대사론》(1979) 재출간

《민주언론·민족언론》, 두레, 1987

《한나라 한겨레를 위하여》–송건호 평론집, 풀빛, 1989

《한국 현대언론사》, 삼민사, 1990. 1983년에 나온 무크지 〈역사와 기독교〉 제7집에 실린 '한국
　　　현대언론사론'을 단행본으로 출간

《역사에 민족의 길을 묻다–송건호의 인물론》, 한길사, 2009. 《한국 현대인물사론》(1983)에서
　　　이광수, 최남선, 이용구 3명의 인물론을 빼고 재출간

공동저서

1960년대

송건호, '아시아 내셔널리즘의 휴머니즘적 자세', 한국휴머니스트회 편, 《휴머니즘과 현대사상》,
　　　범조사, 1961

송건호, '유형학으로 본 사월혁명', 박수만 편, 《사월혁명》, 사월혁명동지회출판부, 1965

송건호 외, 《스튜던트 파우어–한·미·불·독·일·공산권 정신적 배경》, 배영사, 1969

1970년대

송건호 외, 《현대인에게 보내는 편지》, 현대사상사, 1971

송건호 외, 《세계 고사 사전》, 동민문화사, 1971

송건호 외, 《젊은 날의 인생노우트》, 태극출판사, 1971

송건호, '네루', 윤석중 외 《(소년소녀) 세계위인전집15–디즈니, 네루, 케네디, 막사이사이, 드골,
　　　킹》, 계몽사, 1975

송건호, 지명관 외, 《한국독립운동의 성좌 10인》, 신구문화사, 1975

송건호, 리영희, 김동길 외, 《70년대의 우수》, 청람문화사, 1977

송건호, '마음의 고향, 울음 철학, 소비의 미덕, 글·사람·신문, 일본인과 한국, 8·15세대와 오늘
　　　의 세대', 천관우 외, 《파도야, 어쩌란 말이냐–저널리스트 11인선》, 전예원, 1977

송건호, 김수환, 김관석, 법정 외, 《어떻게 살 것인가》, 1978

송건호, '왜 황금 만능주의가 되었는가', 송건호 외, 《돈 그리고 지혜》, 사방, 1979

송건호, '일본인의 한국관', 한배호 외, 《현대 일본의 해부》, 한길사, 1978

송건호, '못난 사람과 잘난 사람', 성래운 외, 《바보와 등신》, 태창문화사, 1979

송건호, '이승만 박사의 정치사상', 신용하 외, 《변혁시대의 한국사–개항부터 4·19까지》, 동평
　　　사, 1979

송건호, '해방의 민족사적 인식', 송건호 외, 《해방 전후사의 인식 I》, 한길사, 1979 *판본에 따라
　　　서 '8·15의 민족사적 인식'라는 제목으로도 수록됨.

1980년대

송건호, '문학과 인간과 사회', 송건호 외, 〈실천문학〉 1980년 제1권, 전예원

송건호, '일제하 민족과 기독교', 송건호 외, 〈역사와 기독교〉 제1집 민족주의와 기독교, 한국기
　　독교사회문제연구소, 민중사, 1981

송건호, '3·1운동과 기독교', 민경배 외, 《한국기독교와 제3세계》, 풀빛. 1981

송건호, '저널리즘과 휴머니즘', 송건호 외, 《범하 이돈명선생 화갑기념문집》, 두레, 1982. 이 문
　　집은 단행본 《역사와 인간》(두레, 1982)으로 재출간

송건호, '일제하 문화와 통치', 송건호 외, 무크지 〈역사와 기독교〉 제2집 문화와 통치, 민중사,
　　1982

송건호, '8·15 후의 한국민족주의', 송건호·강만길 편, 《한국민족주의론 I》, 창작과비평사, 1982

송건호, '60·70년대의 통일 논의', 송건호·강만길 편, 《한국민족주의론 II》, 창작과비평사, 1983

송건호, '현대사 연구와 민족사학의 과제', 무크지 〈한국사회연구1〉 1983년 6월, 한길사

송건호, '4·19 혁명과 학생의 현실인식', 한완상 외, 《4·19 혁명론 I》, 일월서각, 1983

송건호, '한국민족주의와 기독교', 송건호 외, 〈기독교 사상〉, 1983년, 대한기독교서회

송건호, '한국 현대 언론사론', 송건호 외, 〈역사와 기독교〉 제7집 언론과 사회, 민중사, 1983

송건호, '미군정 시대 언론과 그 이데올로기', 송건호 외, 무크지 〈한국사회연구2〉 1984년 2월,
　　한길사

송건호, '언론인으로서의 단재', 문익환 외, 《민족, 통일, 해방의 논리》, 형성사, 1984

송건호, '한국언론의 방향', 송건호 외, 《민중과 자유언론》, 아침, 1984

송건호, 안병무, 한승헌 외, 《이 땅의 젊은이들에게》, 삼민사, 1984

송건호, 안병직, 한완상 외, 《민중》, 문학과 지성사, 1984

송건호, '한국 민족통일 운동사론', 송건호 외, 〈역사와 기독교〉 제8집 분단 현실과 통일운동, 민
　　중사, 1984

송건호, '통일을 위한 민족주의의 르네상스', 무크지 〈오늘의 책〉 1984년 겨울호 통권 4권, 한길사

송건호, '전기에 선 한일관계', 송건호 외, 《민중》─시대적 이성의 회복을 추구하는 부정기 사회
　　비평지 제2권 1985년 2월, 청사

송건호, '분단·민족사회·학생운동', 송건호 외, 무크지 〈한국사회연구3〉 1985년 3월, 한길사

송건호, '통일을 위한 민족주의의 르네상스', 신용하 편, 《민족이론》, 문학과 지성사, 1985

송건호, '탁치안의 제의와 찬반탁 논쟁', 변형윤 외, 《분단시대과 한국사회》, 까치, 1985

송건호, '분단하의 한국민족주의', 장을병 외, 《한국민족주의의 이상과 현실》, 대영문화사, 1985

송건호, '민족 통일국가 수립의 실패와 분단시대의 개막', 송건호 외, 《해방 40년의 재인식 I》, 돌
　　베개, 1985

송건호, '인간백범론', 백범김구선생기념사업회 편, 〈백범연구〉 제1집, 교문사, 1985

송건호, '민족지성의 회고와 전망', 《해방 40년: 민족 지성의 회고와 전망》, 문학과 지성사, 1985

송건호, '해방직후 사회운동의 분출과 그 양상', 송건호 외, 무크지 〈한국사회연구4〉 1986년 7
　　월, 한길사

송건호, '고행 12년, 이런 일 저런 일', 청암화갑기념문집편집위원회 편, 《청암 송건호선생 화갑
    기념문집》, 두레, 1986

송건호, '민족통일운동을 위하여', 박현채 외, 《한국민족운동의 이념과 역사》-한길 역사강좌1,
    한길사, 1986

송건호,'한국정당의 통일정책', 양호민 외, 《민족통일론의 전개》, 형성사, 1986

송건호, '분단정치 40년', 송건호 외, 《변혁과 통일의 논리》, 사계절, 1987

송건호, '분단하의 한국 민족주의', 성균관대학교사회과학연구소 편, 《한국 민족주의의 이상과
    현실》, 대영문화사, 1989

1990년대

송건호, '눈물로 맹세해 온 사나이 결심', 송건호 외, 《아버지-아직도 꿈에 보이는 그 얼굴》, 산
    하, 1990

김관석 목사 고희기념문집 출판위원회, 《이 땅에 평화를: 70년대의 인권운동》, 김관석 목사 고
    희기념문집 출판위원회, 1991

송건호, '한승헌의 개인적인 면모', 《한 변호사의 초상-한승헌선생 화갑기념논문집》, 한승헌선
    생 화갑기념문집간행위원회, 범우사, 1994

송건호, '미군정하의 언론·이승만 정권하의 언론·박정희 정권하의 언론', 송건호 외, 《한국언론
    바로보기》, 다섯수레, 2000(2002년 개정증보판)

송건호, '진정한 언론인 함석헌', 함석헌 기념사업회 편, 《민족의 큰 사상가 함석헌 선생》, 한길
    사, 2001

송건호, '추모', 함석헌기념사업회 편, 《다시 그리워지는 함석헌 선생님》, 한길사, 2001

글이 실린 책

송건호, '네루', 김광주 외, 《손문·네루》 소년소녀 세계위인 자전 전집 제10권, 계몽사, 1968

송건호, '독립문의 초석-서재필', 《한국의 인간상6-근대 선각자 편》, 신구문화사, 1969

송건호, '권모술수', 송건호 외, 《현대를 사는 지혜》, 샘터사, 1972

송건호, '서재필의 자주적 근대화 사상', 《삼성판 세계사상전집31-한국의 근대사상》

송건호 외, 《70년대의 우수》-우리시대의 명칼럼 시리즈 제2권, 청람문화사, 1977

송건호 외, 《사회란 무엇인가》, 참한, 1984 (증보판 1988)

송건호, '해방의 민족사적 인식', 리영희 외, 《현실 인식의 논리》, 사계절, 1984

송건호 외, 《나라꼴이 이래서야》, 청년사, 1986

송건호 외, 《우리는 어디로 가고 있는가》, 삼민사, 1987

송건호, '분단 42년과 나의 독서편력', 송건호 외, 무크지 〈역사비평〉 1집, 역사문제연구소, 1987

송건호, '고서점을 들락거리던 소년', 송건호 외, 《날자, 깃을 펴지 못한 새들이여》, 사계절, 1989

송건호 외, 《한겨레논단1》-1988.5.19~1989.6.14, 한겨레신문사, 1989

송건호, '13년 세월의 회상', 송건호 외, 《정녕 내마음 우러나는 소리로 살고 싶었네》, 일송정, 1990

송건호, '한때의 언론계 등불 원경수선생', 《언론인 동계 원경수》, 동계원경수선생추모문집간행
　　위원회, 1991

송건호, '해방의 민족사적 인식', 김재용 외 3인 편, 《역사와 지성》, 한길사, 1996

송건호, '일제시대의 투철한 실천유학자 김창숙', 김재용 외 3인 편, 《사람과 사상》, 한길사,
　　1996

송건호, '형극으로 지켜온 언론자유와 현대사 개척', 역사문제연구소 편, 《학문의 길 인생의 길》,
　　역사비평사, 2000

송건호 외, 《현대 사회와 언론》-우리시대 실전논술56, 학원출판공사, 1997

송건호, '자술서 아닌 자술서', 김대중 외, 《김대중 내란음모의 진실》, 문이당, 2000

송건호, '신문과 진실', 한국교원대학교·고려대학교 국정도서 편찬위원회, 《중학교 국어 3-2》,
　　교육과학기술부, 2003

편저와 편집 참여

송건호 편, 《김구》, 한길사, 1980. 《백범일지》 등 김구의 글에 송건호의 글 '김구의 민족사상과
　　통일운동' 추가

송건호, '인재의 배양이 아쉽다', 송건호 편저, 《인재를 위한 42장》, 휘문출판사, 1986

《신생국 강좌1-신생국의 이데올로기》, 세계사, 1966. 편집위원으로 참여

《신생국 강좌2-신생국의 비젼》, 세계사, 1966. 편집위원으로 참여

《신생국 강좌3-신생국의 리더쉽》, 세계사, 1966. 편집위원으로 참여

역서

보우만(H. A. BOWMAN) 저, 송건호·홍명선 공역, 《현대인을 위한 결혼과 행복(Marriage for
　　Moderns)》, 삼중당, 1962

쓰루미 유스케(鶴見祐輔) 저, 송건호 역, 《세계의 인간상 6권-아브라함 링컨, 디즈레일리, 비스
　　마르크, 처어칠》, 신구문화사, 1963. '처어칠' 편 번역

샤를 드골 저, 송건호 역, 《드골 회고록》-현대위인전기선집3, 신태양사 출판국, 1964

송건호 역, 《세계의 대사상8 벤담/ 밀》, 휘문출판사, 1972. 도덕 및 입법의 제 원리 서설(벤담),
　　자유론(밀), 자서전(벤담. 밀)을 일어판에서 중역함. 여기에 역자가 해제로서 벤담의 생애,
　　벤담의 사상, 밀의 생애, 밀의 사상, 벤담과 밀의 사상과 현대사회 등 4편의 글을 추가함.

야나기 무네요시(유종열, 柳宗悅) 저, 송건호 역, 《한민족과 그 예술》-탐구신서92, 탐구당,
　　1976

해외출간서

日本支配下の韓國現代史, 風濤社, 1984. 《한국현대사론》(1979)의 일어 번역판

자전적인 글

어머니, 아쉬움 속의 계절, 1977(《송건호 전집》 제19권, 350~353쪽)

50대와 10대-두 세대가 걸어온 시대적 배경, 〈여성동아〉 1974, 《민중과 민족》 1986(《송건호 전집》 제19권, 37~53쪽)

나의 청소년 시절, 〈건강의 벗〉 1983년 5월호(《송건호 전집》 제18권, 192~193쪽)

어려운 세상살이, 《살아가며 고생하며》 1985

나의 젊은 시절, 〈샘이 깊은 물〉 1986년 11월호(《한나라 한겨레를 향하여》와 《송건호 전집》 제18권에 재수록)

고행 12년, 이런 일 저런 일, 《청암 송건호선생 회갑기념문집》, 두레, 1986(《한국현대언론사》, 《송건호 전집》 제9권에 '이 땅의 신문기자, 고행의 12년'이란 제목으로 재수록)

눈물로 맹세해 온 사나이 결심, 《아버지-아직도 꿈에 보이는 그 얼굴》, 산하, 1990

분단 42년과 나의 독서편력, 〈역사비평〉 제1집, 역사문제연구소, 1987

상식의 길-한 언론인의 비망록, 《민주언론 민족언론》 1987(《송건호 전집》 제8권, 247~258쪽)

나의 학문 나의 인생: 송건호- 형극으로 지켜온 언론자유와 현대사 개척/ 대담 서중석, 〈역사비평〉 1992년 겨울호, 역사문제연구소(역사문제연구소 엮음, 〈학문의 길 인생의 길〉, 역사비평사, 2000)

언론계를 떠나면서, 〈한겨레전국독자주주모임〉 특보 1993년 7월 22일자(〈한겨레전국독자주주모임〉 제5호 1994년 1월 12일자, 《다시 태어나야 할 겨레의 신문1》에 재수록)

나의 인생 나의 길1~3, 〈한겨레가족〉 1991년 18~20호

자술서 아닌 자술서, 《김대중 내란음모의 진실》, 문이당, 2000

고서점을 들락거리던 소년, 《날자 깃을 펴지 못한 새들이여》, 사계절, 1989

13년 세월의 회상, 《정녕 내 마음 우러나는 소리로 살고 싶었네》, 일송정, 1990

칼럼과 신문기사

조선일보 시기(1954~1958)

대중가요와 사회, 「매스·커뮤니케이션」 대하여, 〈조선일보〉 1955년 3월 22일자 조간 4면

원자전과 민간방공 상, 〈조선일보〉 1957년 5월 23일자 조간 1면

원자전과 민간방공 하, 〈조선일보〉 1957년 5월 24일자 조간 1면

변화하는 전쟁개념-핵무기가 던진 몇 가지 문제점(1), 〈조선일보〉 1957년 7월 6일자 석간 2면

변화하는 전쟁개념-핵무기가 던진 몇 가지 문제점(2), 〈조선일보〉 1957년 7월 7일자 석간 2면

변화하는 전쟁개념-핵무기가 던진 몇 가지 문제점(3), 〈조선일보〉 1957년 7월 8일자 석간 2면

변화하는 전쟁개념-핵무기가 던진 몇 가지 문제점(4), 〈조선일보〉 1957년 7월 9일자 석간 2면

변화하는 전쟁개념-핵무기가 던진 몇 가지 문제점(5), 〈조선일보〉 1957년 7월 10일자 석간 2면

변화하는 전쟁개념-핵무기가 던진 몇 가지 문제점(6), 〈조선일보〉 1957년 7월 11일자 석간 2면

변화하는 전쟁개념-핵무기가 던진 몇 가지 문제점(7), 〈조선일보〉 1957년 7월 12일자 석간 2면

변화하는 전쟁개념-핵무기가 던진 몇 가지 문제점(8), 〈조선일보〉 1957년 7월 13일자 석간 2면

애국심의 한국적 과제(1)-다시 「8·15」를 보내면서…, 〈조선일보〉 1957년 8월 20일자 석간 2면

애국심의 한국적 과제(2)-다시 「8·15」를 보내면서…, 〈조선일보〉 1957년 8월 21일자 석간 2면

애국심의 한국적 과제(3)-다시 「8·15」를 보내면서…, 〈조선일보〉 1957년 8월 22일자 석간 2면

애국심의 한국적 과제(4)-다시 「8·15」를 보내면서…, 〈조선일보〉 1957년 8월 23일자 석간 2면

현대정치와 데마고기①-민주주의의 옹호를 위하여, 〈조선일보〉 1957년 10월 15일자 조간 1면

현대정치와 데마고기②-민주주의의 옹호를 위하여, 〈조선일보〉 1957년 10월 16일자 조간 1면

현대정치와 데마고기③-민주주의의 옹호를 위하여, 〈조선일보〉 1957년 10월 16일자 조간 1면

경향신문 시기(1962~1966. 4)

독후감-강소천 엮음, 《어린이세계문학독본》(전6권), 〈경향신문〉 1962년 7월 20일자 4면

개정헌법의 문제점②-언론조항에 대하여, 〈경향신문〉 1962년 11월 8일자 1면

서평-안병욱 저, 《사색인의 향연》, 〈경향신문〉 1962년 12월 8일자 3면

정치활동과 파벌, 〈경향신문〉 1963년 1월 25일자 3면

서평-M. F. 밀리칸, D. L. M. 불래크머 저, 유형익 역편, 《신생국가론》 〈경향신문〉 1963년 2월
9일자 5면

광복 전야 일제의 발악-8·15에 생각나는 말들, 〈경향신문〉 1964년 6월 17일자 3면

후손: 역사의 혈맥을 찾아-종두의 창시자 지석영 선생의 3대손개정헌법의 문제점②-언론조항
에 대하여, 〈경향신문〉 1962년 11월 8일자 1면

서평-조지훈 저, 《한국문화사서설》, 〈경향신문〉 1964년 10월 12일자 5면

서평-김용구 편, 《전통과 현대성》, 〈경향신문〉 1965년 4월 28일자 5면

근대화의 문제점, 〈경향신문〉 1966년 1월 22일자 1면

조선일보 시기(1966. 5~1969)

서백림(서 베를린)에서-한국인 간호부의 생활과 고민, 〈조선일보〉 1968년 4월 21일자 조간 6면

서백림(서 베를린)에서-학생데모 규탄대상 슈프링거지를 중심으로 본 서독의 언론, 〈조선일보〉
1968년 4월 30일자 조간 3면

미국-월맹 예비회담은 13일에. 어제 절차회담에서 합의. 미국-월맹 차석대표 오늘 2차 회합,
〈조선일보〉 1968년 5월 11일자 조간 1면

절차문제 완전합의. 어제 미국-월맹 차석대표 2차 회합. 베트콩-참전국 불참도. 일정은 없이
회담 진행, 〈조선일보〉 1968년 5월 12일자 조간 1면

마주 앉아 봐도 어렵고 먼 길이… 파리서 본 파리회담의 전망. 주제는 군사행동 축소, , 〈조선일
보〉 1968년 5월 12일자 조간 3면

회담장 안팎. "다시 만나 기쁘오" 구면 대좌-해리먼과 투이. 월맹대표단 처음엔 미소 나중엔 시
무룩, 〈조선일보〉 1968년 5월 14일자 조간 1면

미국-월맹 수석대표 정책연설. 파리회담 어제 3시간 동안 첫 본회의. 해리먼-"DMZ 기능회복
을" 투이-"전면 단폭 선행해야", 〈조선일보〉 1968년 5월 14일자 조간 1면

원칙 싸고 논쟁. 미국-월맹 2차 본회의서도 정책연설. 해리먼-5개항 제시 회담 촉구. 투이-전
쟁행위 중지를 주장, 〈조선일보〉 1968년 5월 16일자 조간 1면

지루하고 먼 협상의 여로. 파리회담 현지에서 본 기상도. 관심은 비밀장막 속에, 〈조선일보〉
1968년 5월 17일자 조간 1면

발단은 「기숙사와 여학생」. 「드골 10년」을 뒤흔드는 프랑스학생 데모. 이젠 조직화. 혁명을 주장,
〈조선일보〉 1968년 5월 19일자 조간 3면

월맹, 미국 5개 원칙 거부. 파리협상 3차 회담 축전 싸고 격론 4시간 10분, 〈조선일보〉 1968년
5월 19일자 조간 1면

드골 국민투표 고려. 24일 특별성명 데모 학생에 사면령, 〈조선일보〉 1968년 5월 22일자 조간 1면

월남협상의 손님은 불러놓고 파리는 폐시처럼…본사 宋建鎬 특파원이 본 파업 그뒤. 서민생활
을 위협, 〈조선일보〉 1968년 5월 23일자 조간 3면

프랑스 내각 불신안 부결. 파리 학생데모는 재연, 〈조선일보〉 1968년 5월 23일자 조간 1면

파리회담 결렬 위기. 투이 미국에 「부진」 책임 돌려, 〈조선일보〉 1968년 5월 23일자 조간 1면

파리협상 5차회담서도 무진전. 비난-응수 되풀이, 〈조선일보〉 1968년 5월 28일자 1면

유럽대학가의 사조. 본사 송건호 특파원의 소르본느대학 방문기, 〈조선일보〉 1968년 5월 30일
    자 조간 4면
특파원수첩-본사 특파원들이 본 프랑스, 캐나다, 일본의 선거전-프랑스, 텔리비전서만 열전,
    〈조선일보〉 1968년 6월 23일자 조간 3면
특파원수첩-마르쿠제의 이론, 구주학생사회에 격랑 몰고 온 저술, 〈조선일보〉 1968년 6월 27
    일자 조간 3면
런던의 서가, 거의 백년 넘는 책집, 〈조선일보〉 1968년 6월 30일자 조간 5면

동아일보 시기(1969~1975. 3)
신문의 날 표어를 통해 본 언론의 발자취, 〈동아일보〉 1969년 4월 7일자 5면
독서, 〈동아일보〉 1969년 7월 1일자 5면
농촌, 〈동아일보〉 1969년 8월 5일자 5면
한국적 멜로디, 〈동아일보〉 1969년 9월 2일자 5면
퇴계와 일본, 〈동아일보〉 1969년 8월 16일자 5면
서가 순례, 〈동아일보〉 1969년 9월 13일자 6면
이달의 잡지-겉핥기 식의 개헌 특집, 〈동아일보〉 1969년 10월 9일자 5면
이달의 잡지-개헌파동의 고민 소개, 〈동아일보〉 1969년 11월 20일자 5면
이달의 잡지-60년대 결산한 특집, 〈동아일보〉 1969년 12월 25일자 5면
이달의 잡지-각지 70년대 특집, 〈동아일보〉 1970년 1월 27일자 5면
문화적 애국, 〈동아일보〉 1970년 3월 24일자 3면
동남아 자각의 70년대1-경제발전과 안보, 〈동아일보〉 1970년 8월 31일자 5면
동남아 자각의 70년대2-버마의 외세 경계, 〈동아일보〉 1970년 9월 1일자 4면
동남아 자각의 70년대3-비동맹 인도, 〈동아일보〉 1970년 9월 2일자 4면
동남아 속의 한국, 〈동아일보〉 1970년 9월 4일자 4면
선량과 선거법 협상, 〈동아일보〉 1970년 9월 14일자 3면
신민당과 신문, 〈동아일보〉 1970년 9월 28일자 3면
선거풍토, 〈동아일보〉 1970년 10월 27일자 3면
70년 송년 에세이-우리를 실망시킨 것들, 〈동아일보〉 1970년 12월 30일자 5면
이달의 잡지-각지 70년대 특집, 〈동아일보〉 1970년 1월 27일자 5면
땅 짚고 헤엄치자는 친구들, 〈동아일보〉 1971년 1월 5일자 3면
'철새' 정치인, 〈동아일보〉 1971년 3월 8일자 3면
8대 국회의원들에게, 〈동아일보〉 1971년 7월 26일자 3면
여름... 비경을 가다-화양동 계곡, 〈동아일보〉 1971년 7월 26일자 5면
대내외정책 난제를 풀어본 좌담-전환기의 시련 '비적대국 수교', 〈동아일보〉 1971년 8월 9일자
    3면

신민당의 이념과 현실, 〈동아일보〉 1972년 10월 3일자 3면

도의적 권위의 확립-부조리 74억 이래서야 되겠는가…, 〈동아일보〉 1974년 4월 30일자 1면

한겨레신문 시기(1988. 5~   )

편집국에서-그날의 민족정신 내일을 비출 것, 〈한겨레신문〉 1988년 6월 10일자 4면

시론-해외동포의 '모국 공부' 운동, 〈한겨레신문〉 1988년 8월 28일자 1면

노태우 대통령에게 보내는 공개서한, 〈한겨레신문〉 1988년 9월 21일자 3면

공정하고 정직한 신문을 위해-발행인의 편지, 〈한겨레신문〉 1989년 2월 21일자 1면

세상 바로 살펴가며 큰꿈 펴기를-한겨레신문의 언제나 젊은 독자에게, 〈한겨레신문〉 1989년 1
　　　월 1일자 26면

'행동하는 지성'의 영전에-고 함석헌 옹의 명복을 빕니다, 〈한겨레신문〉 1989년 2월 5일자 7면

공정하고 정직한 신문을 위해-발행인의 편지, 〈한겨레신문〉 1989년 2월 21일자 1면

한 겨레 한 나라를 위하여-한겨레 창간 한돌 기념사, 〈한겨레신문〉 1989년 5월 16일자 1면

*청암이 집필한 사설은 수록하지 않음

《송건호 전집》에 실리지 않은 글

1950년대
노래는 살아있다−대중가요와 시대감정, 〈현대〉 1954년 제4호
「컴뮤니케이슌」의 자유와 유언비어−언론활동의 정상·비정상의 두 측면, 〈동아일보〉 1955년
    5월 13일자 4면
민족문화 탐구의 현대적 의의, 〈고대신문〉 1955년 86~92호. 이 논문은 '고려대학교 개교 50주
    년 기념 현상논문 모집' 대학생부 1위
대륙간 유도탄과 국제정세, 〈교통〉 1957년 12월 통권 36호, 교통교양조성회
4292년의 죄와 벌−사회심리에서 본 범죄현상, 〈여원〉 1959년 12월호, 여원사

1960년대
4·19혁명 심포지움−민주혁명의 정치심리적 분석, 〈세계〉 1960년 6월호 통권 6호, 국제문화연구소
지성의 방향, 〈세계〉 1960년 7월호 통권 7호, 국제문화연구소
한국 민주주의와 세대론−제2공화국은 정당정치를 할 수 있을까, 〈인물계〉 1960년 9월, 정론사
경자년의 회고−자유당과 민주당의 비교, 〈인물계〉 1960년 12월, 정론사
한국적인 빈부, 〈여원〉 1960년 10월호, 여원사
서평−한국신문사 (최준 저), 〈신문연구〉 1961년 봄호 통권2호, 관훈클럽
자유당만도 못하다는 민주당, 〈여원〉, 1961년 3월호 통권 85호, 여원사
왜 박태선교는 말썽인가?, 〈인물계〉, 1961년 5월, 정론사
신문사설론, 〈신문연구〉 1962년 봄호 통권3호, 관훈클럽
먼곳·가까운 곳−서뉴기니아를 둘러싼 분규, 〈여원〉 1962년 3월호 통권 79호, 여원사
신문과 여성의 관심, 〈여원〉 1962년 9월호 통권 85호, 여원사
여성의 사회생활과 도시사회의 병리, 〈여원〉 1962년 12월호 통권 88호, 여원사
취직난 시대를 사는 지혜−꼭 취직을 하여야 하는가, 〈여원〉, 1963년 4월호 통권 92호, 여원사
민족의 새로운 의미−구세대와 신세대의 민족관, 〈세대〉 1963년 6월호
새로운 지도세력의 대망, 〈사상계〉 1963년 10월호
민정과 언론의 자세, 〈신문연구〉 1964년 봄호 통권 7호, 관훈클럽
서평−매스콤론, 〈신문평론〉 1964년 4월 통권 1호, 한국신문연구소

구한말의 신문사 풍경, 〈신문평론〉 1964년 4월 통권 1호, 한국신문연구소

아시아의 밤과 동트는 새벽, 〈세대〉 1964년 2월호

신임을 상실한 대일외교, 〈사상계〉 1964년 134호

특집 일본을 직시한다-군화 자욱에서 잡초가, 〈세대〉 1964년 5월호

오늘의 시사-국외의 동향, 〈농원〉 1964년 6월

한국과 미국, 〈한양〉 1964년 10월호 (일본 내 출판물)

위장반동의 곡필, 〈신문평론〉 1964년 10월 통권 7호, 한국신문연구소

젊은 세대는 사색형에서 감각형으로 흐르고 있다-견습기자 채용시험에 관여하고, 〈신문평론〉
      1965년 2월 통권 10호, 한국신문연구소

유형학으로 본 사월혁명, 《사월혁명》, 박수만 편, 사월혁명동지회출판부, 1965

교통사고 방지, 〈여원〉 1965년 7월호, 여원사

이 박사와 민주주의, 〈정경연구〉 1965년 9월호

한일수교를 위한 일본의 진통, 〈여원〉 1965년 12월호, 여원사

동남아 여성의 이모저모, 〈여원〉 1966년 3월호, 여원사

세계문화자유회의 한국본부 주최 탁상토론 주요 요지-우리 문화와 우리 정책, 〈마산일보〉
      1966년 7월 17일자 4면

우리 문화와 우리 정책-창조의 자유와 문화인의 지위 향상, 〈마산일보〉 1966년 9월 1일자 4면

화려한 외교활동, 〈지방행정〉15, 대한지방행정공제회, 1966

태국의 이모조모, 〈지방행정〉15, 대한지방행정공제회, 1966

신문은 국민의 이익을 대변하고 있는가, 〈신문평론〉 1966년 여름호 통권 18호, 한국신문연구소

신생국의 미래상, 《신생국 강좌2- 신생국의 비전》, 세계사, 1966

후조적 정치인군-국민의 공복이기 전에 자기 개인의 이해득실을 위해 집산하는 것은 우리나라
      만의 특이한 현상인가?, 《동서춘추》 1967년 5월 창간호

이 만각(晩覺)의 아쉬움을-나의 스포츠 생활, 〈체육〉 통권 23호, 1967

여성이 바라는 정치인상-관기정치에서 요정정치까지, 〈여원〉 1967년 6월호, 여원사

한국 지식인 재론-어느 독자의 물음에 답하다, 〈정경연구〉 1967년 11월호

기고: 창간 22돌-경향 출신 知名人士들의 소리, 〈경향신문〉 1968년 10월 5일자

남편심리학, 〈신상〉,1969년 2월

신문과 사설과 사회, 〈저널리즘〉 1969년 창간호, 한국기자협회

곡필의 사회적 책임, 〈신문평론〉 1969년 여름호 통권 30호, 한국신문연구소

세계 상가의 이모조모, 〈貿協誌〉, 1969년 10월호 통권 38호, 한국무역협회

월남평화회담의 전망-베트콩 몰아내야 할 월남정부, 〈우리들〉, 1969

일본의 맹성을 촉구-이중 외교 꾀하는 검은 속셈, 〈우리들〉, 1969

독립문의 초석-서재필, 《한국의 인간상6-근대 선각자 편》, 신구문화사, 1969

1970년대

복간-특별기고, 〈월간 다리〉 1970년 9월호

모자보건법의 문제점, 〈사법행정〉, 한국사법행정학회, 1970

외유와 선물, 〈貿協誌〉, 1970년 3월호 통권 43호, 한국무역협회

스포오츠와 애국, 〈월간 스포오츠〉, 1970년 통권 15호, 한국체육문화사

국민적 통합을 위한 언론의 역할-신문과 근대화 운동, 〈가톨릭청년〉 1971년 7월

불량상품 전시회, 〈貿協誌〉, 1970년 9월호 통권 49호, 한국무역협회

효도, 〈貿協誌〉, 1970년 12월호 통권 52호, 한국무역협회

부정불량 식의약품, 〈貿協誌〉, 1971년 4월호 통권 56호, 한국무역협회

수출유감, 〈貿協誌〉, 1971년 8월호 통권 60호, 한국무역협회

등산의 즐거움, 〈貿協誌〉, 1971년 12월호 통권 64호, 한국무역협회

문화교류와 정치대화의 가능성, 〈월간 사월〉, 1971년 5월호

선거와 보도-보도중립의 문제, 〈신문평론〉 1971년 봄호 통권 36호, 한국신문연구소

통일 논의의 한계와 반공법, 〈신동아〉 1971년 10월호, 동아일보사

유언비어와 여론, 〈신문평론〉 1972년 봄호 통권 40호, 한국신문연구소

권모술수, 《현대를 사는 지혜》, 샘터사, 1972

새 남북관계의 전망, 〈신동아〉 1972년 8월호, 동아일보사

한국언론의 고민, 〈고대신문〉 1974년 지령 700호

서가-민족지성의 탐구, 〈신문평론〉 1975년 3월호 통권 53호, 한국신문연구소

젊은 세대에 대한 우려, 〈씨올의 소리〉 1975년 9월호

문제의 사설을 찾아서1, 〈신문평론〉 1975년 8월호 통권 57호, 한국신문연구소

문제의 사설을 찾아서2, 사설로 본 언론 투쟁사, 〈신문평론〉 1975년 9월호 통권 58호, 한국신
        문연구소

문제의 사설을 찾아서3, 〈신문평론〉 1975년 10월호 통권 59호, 한국신문연구소

네루, 《〈소년소녀〉 세계위인전집15-디즈니, 네루, 케네디, 막사이사이, 드골, 킹》, 계몽사, 1975

서평- 진리와 현실(백철 저), 〈책소식〉 1976년 통권 24호

언론30년에 나타난 한국사상, 〈한국사상 제14집〉- 열암 박종홍박사 추모특집호: 한국사상의
        과제, 한국사상연구회, 1976

매스컴과 대학생의 의식, 〈신문평론〉 1976년 3월호 통권 64호, 한국신문연구소

잡지저널리즘의 문제와 전망, 〈신문평론〉 1976년 7월호 통권 68호, 한국신문연구소

오늘의 양심이 되라, 〈기독교사상〉 1976년 9월호

민족의 역사, 그 반성과 전망, 〈창작과비평〉 1976년 가을호, 창작과비평사

서재필, 〈씨올의 소리〉 1976년 10월호

서평-일제하 한국언론투쟁사(정진석 저), 〈신문연구〉 1976년 겨울호 통권 23호, 관훈클럽

독자로서 읽는 신문, 〈씨올의 소리〉 1977년 3월호

3·1절에 생각된 일, 〈씨올의 소리〉 1977년 3~4월 합본호

지양돼야 할 호기심 위주 편집—한국 주간지의 문제점, 〈신문평론〉 1977년 5월호 통권 78호, 한
    국신문연구소

언론비평의 제도화를 제의한다, 〈신문평론〉 1977년 10월호 통권 83호, 한국신문연구소

글·사람·신문, 천관우 외, 《파도야, 어쩌란 말이냐—저널리스트 11인선》, 전예원, 1977

한국민중의 희망과 그 좌절의 역사, 〈기독교 사상〉 1978년 1월호 통권 235호, 대한기독교서회

언론과 인권, 〈기독교사상〉 1978년 3월호 통권 237호, 대한기독교서회

법과 음악사이, 〈사법행정〉, 한국사법행정학회, 1978

현대사회에 이데올로기적 아포리즘, 〈운현〉, 덕성여자대학, 1978

좌절과 모욕의 세대, 숙대학보, 숙명여자대학교 학생위원회, 1978

정치적 진실에의 탐구, 〈창작과 비평〉 1978년 겨울호, 창작과 비평사

독도문제와 한일관계, 〈기독교 사상〉 1978년 12월호, 대한기독교서회

언론인이 쓴 한국불교, 〈씨올의 소리〉 1978년 12월호

자유언론의 중요성 재인식, 〈씨올의 소리〉 1979년 1월호

3·1운동과 기독교, 〈기독교사상〉 1979년 3월호, 대한기독교서회

기미년 3·1운동의 전모, 〈씨올의 소리〉 1979년 3월호

서평—〈일제하 한국농민운동상〉, 〈기독교 사상〉 1979년 6월호, 대한기독교서회

4·19의 현대사적 의의, 〈씨올의 소리〉 1979년 6월호

역사와 민중, 〈씨올의 소리〉 1979년 8월호

참된 삶과 사상의 소재, 〈창작과 비평〉 1979년 가을호, 창작과 비평사

1980년대

새 시대의 언론, 〈씨올의 소리〉 1980년 1~2월 합본호

과도정부의 의의와 과제, 〈씨올의 소리〉 1980년 3월호

특집—새 시대를 맞는 자세, 〈기독교 사상〉 1980년 3월호, 대한기독교서회

김구의 민족사상과 통일운동, 〈김구〉 한국근대사상가선집 3, 한길사, 1980

서평: 단재사상에의 재조명—최홍규 저 「단재 신채호」 안병직 편 「신채호」를 읽고, 〈경향신문〉
    1980년 1월 29일자 5면

일제하 민족과 기독교, 《역사와 기독교》 제1집 민족주의와 기독교, 한국기독교사회문제연구소,
    민중사, 1981년 9월. 《민족주의와 기독교》, 기독교사회문제연구원 편, 민중사, 1981에 재
    수록

3·1운동과 기독교, 《한국기독교와 제3세계》(송건호, 민경배 외), 풀빛. 1981

대일관의 반성, 〈기독교 사상〉 1982년 9월호, 대한기독교서회

언론인 함석헌, 〈씨올 인간 역사—함석헌 선생 팔순기념문집〉, 한길사, 1982

한국민족주의와 기독교, 〈기독교 사상〉 1983년 5월호, 대한기독교서회

《간디》어린이 그림 위인전기32, 홍성찬 그림, 계몽사, 1984

삼일 정신과 통일 정신, 〈기독교 사상〉 1984년 3월호, 대한기독교서회

한반도 분단의 민족사적 인식, 〈기독교 사상〉 1985년 8월호 통권 326호, 대한기독교서회

언론인으로서의 단재, 《단재 신채호선생 순국50주년 추모논총》, 형설출판사, 1986

추천사, 《한국전쟁의 기원》, 브루스 커밍스 지음, 김자동 옮김, 일월서각, 1986

인재의 배양이 아쉽다, 《인재를 위한 42장》, 송건호 편저, 휘문출판사, 1986

80년대 민주화운동의 기본시각, 〈실천문학〉 통권 8권, 실천문학사, 1987

12대 임시국회를 보는 눈(1), 김수환 외, 《나라꼴이 이래서야》, 청년사, 1986

12대 임시국회를 보는 눈(2), 김수환 외, 《나라꼴이 이래서야》, 청년사, 1986

바람직한 국회의원상, 김수환 외, 《나라꼴이 이래서야》, 청년사, 1986

오늘날의 언론현실, 김수환 외, 《나라꼴이 이래서야》, 청년사, 1986

학원문제와 그 해결, 김수환 외, 《나라꼴이 이래서야》, 청년사, 1986

한국교회의 어제와 오늘, 김수환 외, 《나라꼴이 이래서야》, 청년사, 1986

분단 42년과 나의 독서편력, 〈역사비평〉 제1집, 역사문제연구소, 1987

권두시론, 〈말〉 제12호, 민주언론운동협의회, 1987

인권옹호와 민주화운동에 커다란 기여가 될 것을 기대하며, 《고문 성고문 자료집 I: 우리들의 딸 권양》, 한국기독교교회협의회 인권위원회 편, 민중사, 1987

머리말, 《보도지침》, 민주언론운동협의회 편, 두레, 1988

8·15 특별기고-아직도 청산 못한 일제의 잔재, 〈기독교 사상〉 1988년 8월호, 대한기독교서회

창간 축하글-3만여 가족 뜻 담는 '광장'되라, 〈한겨레가족〉 1988년 10월 18일 창간호

창간 축하글-젊은이여, 양식과 용기를!, 〈한겨레기평회보〉 1988년 11월 5일 창간호

씨올의 소리 복간에 부친다-들사람 정신을 잃지 말기를, 〈씨올의 소리〉 1988년 12월 복간호

'행동하는 지성'의 영전에-함석헌 추도사

언론인으로서의 함석헌, 〈씨올의 소리〉 1989년 4월호

해방 44주년과 오늘의 한국, 〈씨올의 소리〉 1989년 48호

이승만은 과연 애국자인가, 〈역사비평〉 1989년 겨울호, 역사비평사

1990년대

새해인사-많은 의견 주십시오, 한겨레가족 1990년 1월 20일 제12호

복간 1주년 기념 강연-한국 언론의 어제와 오늘과 내일, 〈씨올의 소리〉 1990년 2월호

신년사-민주주의를 위해 통일을 위해 한겨레가족1991년 2월 1일 제14호

13년 세월의 회상, 《정녕 내 마음 우러나는 소리로 살고 싶었네》, 일송정, 1990

민족 통일의 실마리를 푼다, 〈씨올의 소리〉 1990년 6월호

90년대 한국 교육에 바란다, 〈초등우리교육〉 1990년 3월호

민주언론과 6공화국의 언론현실, 《진리편에 선 사람은》, 천주교정의구현전국연합 編, 타임기획,

1990

눈물로 맹세해 온 사나이 결심, 《아버지-아직도 꿈에 보이는 그 얼굴》, 산하, 1990

성숙에 대한 이해-오늘의 미성숙 분야와 그 개선책, 〈사목〉 1991년 2월호

항일독립운동기의 인물 연구-김규식의 일생, 〈국사관논총〉 18집, 국사편찬위원회, 1990

홍사익 중장의 평전, 〈국사관논총〉 28집, 국사편찬위원회, 1991

통일운동의 문제점: 사적고찰, 〈계간 사상〉 통권 8권, 사회과학원, 1991

한때의 언론계 등불 원경수선생, 〈언론인 동계 원경수〉, 동계원경수선생추모문집간행위원회, 1991

선비 인생론, 《현대적 선비 그 참 삶을 위하여》, 대정진, 1991

백범 김구와 장준하, 《현대적 선비 그 참 삶을 위하여》, 대정진, 1991

유령 논설위원과 '가라마와리' 정보원, 《몽향 최석채선생 추모문집》, 한국신문편집위원회, 1992

한겨레언론연구회의 발족을 축하한다, 〈한겨레정론〉 1992년 3월 25일자. 《다시 태어나야 할 겨레의 신문2》에 재수록

젊은이여 호기심을 키워라, 〈사회평론〉 1992년 7월호, 사회평론사

한 번도 민족주의를 말하지 않은 박준영 선생님, 〈사회평론〉, 사회평론사, 1992

지성의 창: 근대적 인간과 현대적 인간, 〈사회평론〉, 사회평론사, 1992

축사, 《실록 친일파》 일어판, 코리아연구소, 1992

언론계를 떠나면서, 〈한겨레전국독자주주모임〉 특보 1993년 7월 22일자

추천사, 《적과 동지》, 강준식, 한길사, 1993

만해 한용운의 민족운동, 〈한용운 사상연구〉, 만해사상연구회, 1994

한승헌의 개인적인 면모, 《한 변호사의 초상-한승헌선생 화갑기념논문집》, 한승헌선생 화갑기념문집간행위원회, 범우사, 1994

선언문·창간사

지식인 134인 시국선언문 1980년 5월 15일 발표

창간사, 〈말〉 창간호, 민주언론운동협의회, 1986

한겨레신문 창간사, 〈한겨레신문〉 1988년 5월 15일 창간호 1면

좌담

신문연구좌담회-신문사설의 기능과 방향 (사회 홍종인/ 송건호, 김규환, 박동운, 박운해 외 4명), 〈신문평론〉 1965년 1월 통권 9호

어디로 가나? 난국 월남, 〈경향신문〉 1966년 4월 13일자 3면

5·3의 「한 표」 진단, 6·8의 「한 표」 전망-대통령선거와 국회의원선거 (송건호, 김대중, 신동준, 윤근식), 〈조선일보〉 1967년 5월 7일자 조간 8면

한국을 찾는 대화(6)-한국인의 정치의식-근대적 정치문화 토착화를 모색한다 (송건호, 이항녕,

함병춘 외), 〈아세아〉 1969년, 월간 아세아사

신문기자의 기질론 (사회 송건호/ 김광섭, 유건호, 조세형, 황병선), 〈신문평론〉 1975년 10월 통권 59호

헌법을 말한다 (사회 송건호/ 관상훈, 윤치영 등), 〈신동아〉 1969년 7월호

5·15 열돌 '양지와 그늘'을 평가하는 좌담회–'근대화' 10년의 변이, 〈동아일보〉 1971년 5월 15일자 5면

좌담회–전환기의 시련 「비적대국 수교」, 〈동아일보〉 1971년 8월 9일자 3면

남북협상의 분석평가 좌담회 상 중 하, 〈동아일보〉 1971년 11월 6, 9, 11일자 4면

8대 의회에의 기대 펼친 좌담회–의정에 새 바람을, 〈동아일보〉 1971년 5월 28일자 3면

언론자유와 민주주의(송건호, 리영희 장을병, 유재천), 〈신동아〉 1975년 3월호

우리는 과연 해방되었는가, 〈기독교사상〉 1978년 8월호, 대한기독교서회

평화세계의 이상과 그 현실을 위한 문제–함석헌, 송건호, 김용준, 김동길, 〈씨올의 소리〉 1979년 7월호

민족의 역사, 그 반성과 전망/ 이우성, 강만길, 정창렬, 송건호, 박태순, 백낙청/ 이 좌담은 1976년 7월 15일 열렸고, 〈창작과비평〉 1976년 가을호에 수록됨. 2007년에 나온 〈백낙청 회화록1–1968~1980〉에 재수록.

민중의 개념과 그 실체(송건호, 안병직, 한완상), 〈월간 대화〉 1976년 11월호, 크리스챤아카데미

1980년대를 맞이하며–서남동, 송건호, 강만길, 백낙청/ 이 좌담은 〈창작과비평〉 1980년 봄호(제55호)에 특집 '80년대를 위한 점검'의 첫 꼭지로 수록될 예정이었으나 당시 비상계엄 하에서 군 검열로 삭제됨. 2007년에 나온 〈백낙청 회화록 1–1968~1980〉에 실림.

민족 통일을 위한 교육의 과제(송건호, 백낙청, 성내운, 안병무), 〈역사와 기독교〉 제6집 교육과 사회, 민중사, 1983

좌담–분단국가의 민족통일운동(송건호, 박현채, 안병영, 유세희, 이삼열), 〈오늘의 책〉 1985년 여름호 통권 6호, 한길사

좌담–우리 시대의 민족운동과 출판운동(송건호, 강만길, 박현채, 김진균, 진덕규, 임헌영, 김언호), 《우리시대 출판운동과 오늘의 사상신서 101권》, 한길사, 1986

특별좌담–오늘의 현실, 지식인의 사명(송건호, 고은, 김우창, 장을병), 무크지 〈민의〉 1986년 통권 4집

특별좌담–새 신문을 내고야 말겠다(송건호, 정태기, 조영래), 〈샘이 깊은 물〉 1987년 11월호, 뿌리깊은 나무

창간 기념 특집 대담(송건호, 고광성, 유재천), 〈주간 홍성〉 1988년 12월 창간호

새해 정담–새해 정국을 내다본다(송건호, 조요한, 김동길), 〈씨올의 소리〉 1989년 1월호

연말 좌담회–민주화의 전진이냐? 후퇴냐?(송건호, 김찬국, 권호경, 한승헌), 〈씨올의 소리〉 1989년 1월호

주주간담회 결산 좌담–회사에 대한 주주의 사랑 확인한 자리, 〈한겨레가족〉 1992년 1월 31일

제27호

특집 오늘을 찾는 캠페인-정담: 지식인·현실·고민(송욱, 한배호, 송건호), 〈주간 조선〉 1968년
    10월 창간호 4~5면

대담·인터뷰

송건호 사장 인터뷰(송건호, 김태홍), 월간 〈말〉 1988년

「한겨레신문」 잘 돼 갑니까-송건호 사장 인터뷰, 월간 〈말〉 1989년 3월호

언론은 모든 것으로부터 독립되어야 한다-한겨레신문의 창간주역 송건호 선생과 나눈 이야기,
    월간 〈사회와 사상〉 1989년 11월호 통권 제15호. 《책의 탄생》(한길사, 1997), 《책의 공화
    국에서》(한길사, 2009)에 재수록

나의 학문 나의 인생: 송건호-형극으로 지켜온 언론자유와 현대사 개척/ 대담 서중석, 〈역사비
    평〉 1992년 겨울호, 역사문제연구소. 역사문제연구소 엮음, 언론계의 살아있는 양심, 〈학
    문의 길 인생의 길〉, 역사비평사, 2000에 재수록

증언·진술

'다리'誌 필화 사건 결심 공판 증언, 〈동아일보〉 1971년 6월 15일자 7면

송건호 의장 증인 신문(보도지침 사건 3차 공판), 《보도지침》, 민주언론운동협의회 편, 두레,
    1988

송건호 참고인 진술 요지-사주증언 없이는 진실 못 밝혀, 언기법은 광무신문지법 이래 최대 악
    법, 〈한겨레〉 1988년 11월 23일자 24일자 4면

80년 언론사 통폐합 관련 국회청문회 참고인 진술(1988년 11월 22일 출석), 〈한겨레〉 1988년
    11월 23일자 24일자 4면

송건호 증인의 법정증언 내용, 《다시 태어나야 할 겨레의 신문1》, 박해전 편저, 울도서적, 1994

송건호 선생 관련 자료

평전

정지아, 《나는 역사의 길을 걷고 싶다-참언론인 송건호의 생각과 실천》, 한길사, 2008

김삼웅, 《송건호 평전-시대가 '투사'로 만든 언론선비》, 시대의 창, 2011

언론사상

박근애, '청암 송건호의 직필 40년', 〈저널리즘〉 1994년 겨울호, 한국기자협회

조맹기, '송건호의 직필론', 《한국언론인물사상사》, 나남출판, 2006

박용규, '송건호의 언론활동과 언론사상', 〈한국언론정보학보〉 통권 59호, 2012

김수정, 이진로, '언론 민주화의 위기와 송건호의 언론사상', 〈한국언론정보학보〉 통권 60호,
　　　2012

박용규, 《한국의 언론인 정체성을 묻다-지사에서 샐러리맨으로》, 논형, 2015

인물론

김언호, '오늘 이 땅의 역사를 기록하는 통일지향의 언론인', 〈오늘의 책〉 창간호, 한길사, 1984

이호철, '청암 송건호론', 《청암 송건호 선생 화갑 기념 논문집》, 두레, 1986

임경민, '푸른바위 송건호의 고행', 〈월간 경향〉 1988년 1월호

이호철, '교황도 두번 악수 청한 사람-송건호', 《요철과 지그재그론》, 푸른숲, 1990 *이호철의
　　　'청암 송건호론'(1986)을 재수록

김언호, '역사의 삶과 현실의 삶-저자 송건호론', 《출판운동의 상황과 논리》, 한길사, 1987

김태진, '온 몸으로 시대를 떠받친 영원한 기자', 〈기자협회보〉 1998년 8월 17일 3면

정종주, '변절과 오욕의 언론사에 굴종 않은 언론인의 사표,' 〈바른언론〉, 1996년 1월 6일자 5면

김태홍, '의인 송건호', 《작은 만족이 아름답다》, 인동, 1999

인물과 사상 편집부, '송건호', 《시사인물사전 1》, 인물과 사상사, 1999년 12월

윤동수, '시대의 불꽃-참 언론인 송건호 1~2', 〈희망세상〉 2005년 9~10월호, 민주화운동기념
　　　사업회

송준용, '아버지 송건호', 〈시민과 언론〉 2000년 5·6월호, (사)민주언론운동시민연합. 장남이
　　　2000년 3월 송건호 선생을 간병하며 쓴 글

윤무한, '역사의 길 걸은 언론인 송건호, 현대사 연구에도 개척의 삽질', 〈내일을 여는 역사〉
　　2006년 통권 26호, 내일을 여는 역사

옥천신문사, 《옥천플러스 10인-옥천 근현대 인물사 》, 옥천신문사, 2007

김언호, '나는 역사의 길을 걷고 싶다', 《책의 공화국에서》, 한길사, 2009

박용규, '현대 언론인 열전 10. 청암 송건호-역사의 길 걸은 언론인의 사표', 〈신문과 방송〉
　　2007년 11월호 통권 443호. 김영희 박용규, 《한국현대언론인열전》, 커뮤니케이션북스
　　2011에 재수록

원준희, 명리학으로 본 한국 언론인 연구 : 송건호·선우 휘 비교를 중심으로 (박사학위논문), 성
　　균관대학교, 2011

조만희, '언론인의 사표 청암 송건호', 《옥천의 역사 문화 인물》, 옥천군&(사)옥천향토사연구회,
　　2011

윤무한, '역사의 길, 고행의 길 꼿꼿하게 살단 간 한국 언론의 푸른 바위 송건호', 《14인의 책-
　　한국현대사를 말한다》, 서해문집, 2012

김삼웅, '민주 언론의 기수 송건호', 《10대와 통하는 민주화운동가 이야기》, 철수와 영희, 2015

특별좌담 송건호 의장을 말한다-김삼웅, 김태진, 서중석, 정상모, 〈날자꾸나, 민언련〉 2017년 6
　　월호, 민주언론시민연합. 민주언론시민연합, 〈보도지침을 폭로한 사람들〉, 민주언론시민
　　연합, 2018에 재수록

추억담

유종필, '한국 언론계의 거목 송건호 선생', 《9남매 막내 젖 먹던 힘까지》, 상상미디어, 2003

남재희, '미니 회고-기복 많고 팽팽한 압축 20년', 〈관훈저널〉 2004년 가을호 통권 92호, 관훈
　　클럽

문명호, '묻혀두기 아까운 얘기들', 〈관훈저널〉 2004년 가을호 통권 92호, 관훈클럽

남재희, '박정희 대통령과 언론인 송건호', 《언론·정치 풍속사》, 민음사, 2004

김영희, '미니 회고-엉덩이가 어지간히 무거운 사람', 〈관훈저널〉 2007년 3월호 통권 102호, 관
　　훈클럽

문명호, '일민 김상만과 동아 논객들', 〈관훈저널〉 2009년 겨울호 통권 113호, 관훈클럽

남재희, '한겨레 창간 이룩한 송건호 선생의 민낯-항상 당위를 강조한 아주 소심한 선비', 프레
　　시안 2015년 12월 1일. 남재희, 《진보열전》, 메디치미디어, 2016에 재수록

인터뷰 : 김종신 전 청와대 비서관 "박정희가 살아 있었다면 지금 감방에 있을 것", 〈주간 동아〉
　　2017년 11월 1114호

헌시

신경림, '길 동무'-송건호 선생 회갑에 부쳐, 《청암 송건호 선생 화갑기념문집》, 두레, 1986

고은, '송건호', 《만인보 11》, 창작과비평사, 1996

경향신문 시기

건설적인 「앙가쥬망」을─중견 지성인들 모여 「근역학회」 창립, 〈경향신문〉 1965년 4월 12일자 5면

송건호 부주필 향발─동남아 친선 사절로, 〈경향신문〉 1965년 10월 23일자 1면

동남아 시찰단 귀국─본사 송 부주필도, 〈경향신문〉 1965년 11월 22일자 1면

한홍구의 유신과 오늘─⑥박정희의 언론장악(2─상) 경향신문 강제매각, 〈한겨레〉 2012년 4월 7일자

한홍구의 유신과 오늘─⑥박정희의 언론장악(2─하) 경향신문 강제매각, 〈한겨레〉 2012년 4월 21일자

이어령, 창간 70주년 기획─경향사람들(1) 28세 때 논설위원 입사, 〈경향신문〉 2016년 1월 1일자 신문

창간 70주년 기획─경향사람들(10) 군사정권의 불의에 맞서 매서운 죽비를 날린 '대쪽 언론인', 〈경향신문〉, 2016년 2월 27일자

조선일보 시기

한국 지식인의 반성(1967)─송건호, 안해균, 《한국논쟁사4─사회·교육 편》, 손세일 편, 청람문화사, 1978

조선일보사 사료연구실, 화를 내도 아이같이 순진한 '투사', 《조선일보 사람들─광복 이후 편》, 랜덤하우스코리아, 2004

《조선일보 90년사》 1~4권, 조선일보 90년 사사 편찬실, 조선일보사, 2010

《신문 그 이상의 미디어, 조선일보─간추린 조선일보 90년사》, 조선일보 90년 사사 편찬실, 조선일보사, 2010

동아일보 시기

'여성문제연구회 주최 심포지움─우리의 가정을 비판한다' 주제강연 관련 기사, 〈동아일보〉 1969년 5월 15일자 6면

'인공 임신중절과 모자보건법안 세미나─사회적 입장에서 본 모자보건법' 주제 발표 관련 기사, 〈동아일보〉 1970년 6월 12일자 6면

'인구문제와 경제발전 세미나' 토론 관련 기사, 〈동아일보〉 1970년 7월 13일자 2면

'한국통일문제 국제학술회의─한국정당의 통일정책' 주제 발표 관련 기사, 〈동아일보〉 1970년 8월 17일자 5면

'인류의 일치를 증진시키는 홍보 수단─국민적 통합을 위한 한국언론의 역할' 주제 발표 관련 기사, 〈동아일보〉 1971년 5월 19일자 5면

'격변하는 국제정세와 국가보안법 및 반공법 강연회' 관련 기사, 〈동아일보〉 1971년 8월 10일자 3면

'대학의 자율성 세미나' 토론 관련 기사, 〈동아일보〉 1971년 10월 16일자 5면

'격동하는 세계… 내일에의 기대─허만 칸 박사에게 들어본다' 인터뷰 기사, 〈동아일보〉 1972년 8월 11일자 4면

본사 송건호 논설위원·진철수 부국장, 자문위원·동행기자로 함께 입북, 〈동아일보〉 1972년 8월 29일자 1면
큰 짐과 설레임 풀고 다시 내집의 평온속에, 〈동아일보〉 1972년 9월 4일자 7면
한적대표단 평양도착 오늘 오후 2시, 〈동아일보〉 1972년 10월 23일자 1면
송건호 자문위원 귀사, 〈동아일보〉 1972년 10월 27일자 1면
부드러운 담소-서울의 대좌, 〈매일경제〉 1972년 11월 23일자 7면
화기·정담 활짝 만찬회, 〈동아일보〉 1972년 11월 23일자 7면
'유네스코 학생지도자 교육-사회발전을 위한 올바른 학생참여 방법론' 주제 강연 관련 기사.
    '당의 통일정책' 주제 발표 관련 기사, 〈동아일보〉 1974년 1월 25일자 5면
'주간지 윤리성에 관한 공청회' 토론 관련 기사, 〈동아일보〉 1974년 5월 8일자 5면
'현대 매스컴과 교회언론-신문제작의 이론과 실제' 주제 강연 관련 기사, 〈동아일보〉 1974년 9월 2일자 5면
일본 아사히 신문의 송건호 편집국장 인터뷰 관련 기사, 〈동아일보〉 1975년 1월 20일자 1면
본사 편집국장 등 정보부서 조사, 〈동아일보〉 1974년 10월 24일자 1면
동아광고 해약은 잔혹한 언론탄압-기협 성명, 〈동아일보〉 1975년 1월 11일자 1면
언론자유 투쟁 지원-日 저널리스트 협회서 성명, 〈동아일보〉 1975년 1월 22일자 7면
언론인 20년의 「현장증언」, 〈동아일보〉 1975년 1월 24일자 5면
신동아 3월호 특집 '한국언론의 현실과 제문제' 관련 기사, 〈동아일보〉 1975년 2월 21일자 5면
자유언론은 민주의 거울, 〈동아일보〉 1975년 2월 21일자 5면
한홍구의 유신과 오늘-⑥박정희의 언론장악(3) '신동아' 필화 사건, 〈한겨레〉 2012년 5월 5일자
한홍구의 유신과 오늘-⑲동아일보 백지광고 사건, 〈한겨레〉 2012년 11월 24일자
동아자유언론수호투쟁위원회, 《자유언론 40년》, 다섯수레, 2014

1975년 4월~1979년
단절시대의 가교, 〈경향신문〉 1976년 5월 1일자 5면
고대 학술강연회-민족지성 탐구 주제, 〈매일경제〉 1976년 11월 15일자 8면
얼어 붙은 정국, 회의만 부산, 〈동아일보〉 1979년 8월 15일자 3면
고은 자전소설-나의 산하 나의 삶 189, 〈경향신문〉 1996년 2월 11일자 11면
고은 자전소설-나의 산하 나의 삶 190, 〈경향신문〉 1996년 2월 25일자 11면
〈동아투위 소식〉, 동아자유언론수호투쟁위원회
〈민권일지〉, 동아자유언론수호투쟁위원회

1980년~1988년 5월
언론과 사회, 〈경향신문〉 1980년 3월 18일자 5면
신문의 날 기념강연-권력·기업으로부터 언론독립을, 〈경향신문〉 1980년 4월 10일자 5면

창간 30주년 맞아 동대신문 세미나, 〈경향신문〉 1980년 4월 11일자 5면

4.18의거 20주, 고대 기념식 등 행사, 〈매일경제〉 1980년 4월 18일자 7면

'새 헌법 표현문제 협의회-민주정치와 법의 대중화' 주제 발표 관련 기사, 〈동아일보〉 1980년 5월 19일자 5면

김대중 내란음모사건 수사결과 전문, 〈동아일보〉 1980년 7월 4일 3면

김대중 기소-내란음모 관련자 23명도, 〈동아일보〉 1980년 8월 1일자 1면

김대중 등 24명 내란음모 등 사건 공소사실, 〈동아일보〉 1980년 8월 14일 2~3면

김대중 사건, 변론요지 논고요지, 〈동아일보〉 1980년 9월 12일자 5면

항소심-김대중 사형선고, 〈동아일보〉 1980년 11월 3일자 1면

정치활동 규제자 811명 1차 공고, 〈동아일보〉 1980년 11월 12일자 1~3면

대사면 5,221명-정승화, 송건호, 박종태씨 특사, 〈경향신문〉 1981년 3월 2일자 1면

서울 YMCA 시민서당 개최, 〈매일경제〉 1981년 5월 15일자 11면

〈일제의 한국침략정책사 토론회〉 강연 관련 기사, 〈동아일보〉 1981년 6월 19일자 10면

'민족과 교회' 주제로 크리스찬 '대화 모임', 〈경향신문〉 1981년 12월 3일자 7면

민족 위한 수련회-흥사단 서울 지부, 〈매일경제〉 1982년 9월 3일자 5면

향린교회 창립 30돌 강연, 〈경향신문〉 1983년 5월 12일자 11면

광복절 특사·복권 1,944명, 〈경향신문〉 1983년 8월 11일자 1면

202명 추가 해금, 〈동아일보〉 1984년 2월 25일자 1면

언론인 송건호씨 '한국현대인물사론' 출판기념회, 〈경향신문〉 1984년 4월 21일자 2면

재야인사와 면담, 〈동아일보〉 1984년 5월 7일자 1면

양심범 사면하라 재야 16 단체 요구, 〈동아일보〉 1985년 4월 15일자 11면

제1기 민족학교 22일 개강, 〈매일경제〉 1985년 5월 16일자 9면

민중언론협 발행 〈말〉 창간호 압수, 〈동아일보〉 1985년 6월 29일자 7면

〈말〉 창간호 관련 민언협 간부 연행, 〈동아일보〉 1985년 7월 2일자 11면

출판자유수호 서명운동 각계 인사 430명 참가, 〈동아일보〉 1985년 8월 12일자 11면

학원법 반대 투위 15명 3일째 농성, 〈동아일보〉 1985년 8월 14일자 7면

송건호씨 가택연금, 〈동아일보〉 1985년 9월 27일자 11면

연행 송건호씨 귀가, 〈경향신문〉 1985년 10월 17일자 7면

재야인사 60여명 고문대책위 구성, 〈동아일보〉 1985년 10월 18일자 11면

'민언협' 사무실 수색 〈말〉 3호 2권 압수, 〈동아일보〉 1985년 10월 31일자 11면

김대중 문익환 씨 가택 연금 등 조치, 〈동아일보〉 1985년 11월 8일자 11면

고문 등 즉각 중단 촉구, 〈동아일보〉 1985년 11월 11일자 1면

서울대 외부인 차단, 시국토론 저지 일환, 〈동아일보〉 1985년 11월 21일자 7면

〈창비〉 등록취소 철회요구 농성 재야 3개 단체 30여명, 〈동아일보〉 1985년 12월 12일자 6면

재야·종교계 인사 등 '서명운동선언' 발표, 〈동아일보〉 1986년 3월 6일자 7면

'민주화를 위한 국민연락기구' 본격 가동, 실무위도 곧 구성, 〈동아일보〉 1986년 4월 25일자 1면

송건호 전 동아일보 편집국장 제1회 심산상 수상자로, 〈경향신문〉 1986년 6월 14일자 5면

민주 바탕은 민의수렴-재야인사 성명, 〈경향신문〉 1986년 6월 24일자 7면

전 언론인 송건호씨 화갑기념문집 헌정 받아, 〈경향신문〉 1986년 10월 30일자 3면

'민통련'에 해산 명령, 〈동아일보〉 1986년 11월 8일자 7면

해산 명령에 민통련 성명, 〈경향신문〉 1986년 11월 10일자 11면

송건호씨 연행 조사, 민통련 농성 관련, 〈동아일보〉 1986년 11월 22일자 7면

박군 추모 발기 모임, 경찰 강력 저지 방침, 〈동아일보〉 1987년 1월 26일자 15면

민언협 수색, 〈동아일보〉 1987년 1월 31일자 11면

재야단체 압수 수색, 〈동아일보〉 1987년 2월 3일자 1면

20여 명 가택 연금, 〈동아일보〉 1987년 2월 7일자 7면

경찰, 민언협 수색, 〈동아일보〉 1987년 2월 20일자 15면

두 김씨, 계훈제 씨 등 38명 가택연금, 〈동아일보〉 1987년 3월 3일자 1면

민언협 의장에 송건호씨 재선, 〈동아일보〉 1987년 4월 3일자 11면

재야 '개헌 관철' 성명, 〈동아일보〉 1987년 4월 23일자 7면

'조작 규탄' 6월 10일 국민대회, 〈동아일보〉 1987년 5월 23일자 7면

민주당·재야 연합 결성, 〈동아일보〉 1987년 5월 27일자 1면

민언협서도 규탄 성명, 〈동아일보〉 1987년 5월 27일자 11면

민언협 사무실 등 수색, 〈말〉지 등 3백여 점 압수, 〈동아일보〉 1987년 6월 4일자 11면

6·10 규탄대회 전국 20곳 실시, 〈동아일보〉 1987년 6월 8일자 1면

'민헌운' 간부 석방요구 집행위원 30여 명 농성, 〈동아일보〉 1987년 6월 15일자 11면

해직기자 복직 등 요구, 민언협 성명 발표, 〈동아일보〉 1987년 7월 4일자 6면

언론 억제 요소 제거돼야, 〈경향신문〉 1987년 8월 6일자 3면

일부 세력 방해 불구, 선거 혁명 꼭 이룩할 것, 〈동아일보〉 1987년 9월 5일자 3면

새신문 창간발의 총회 추진위원장에 송건호씨, 〈동아일보〉 1987년 9월 24일자 6면

거국 내각 수립 등 요구, 내일 26개 도시서 대회, 〈동아일보〉 1987년 10월 30일자 11면

한겨레신문 발기대회 기금 청약고 6억 돌파, 〈동아일보〉 1987년 10월 31일자 7면

서울 5천명 참석, 〈동아일보〉 1987년 10월 31일자 7면

한겨레신문 설립등기, 대표이사에 송건호씨, 〈경향신문〉 1987년 12월 16일자 2면

한겨레신문 등록신청, 〈경향신문〉 1988년 1월 25일자 10면

남북 당국자에 협상 재개 촉구, 〈동아일보〉 1988년 5월 11일자 3면

장을병, 80년 「지식인 134인 시국선언」 전말, 〈신동아〉 1997년 6월호

한겨레신문 시기

조성만 군 영결식, 〈경향신문〉 5월 19일자 15면

인권문제등 기조발제-NCC 인권위 세미나, 〈한겨레〉 1988년 5월 29일자 5면

남북학생회담 관련 재야원로 긴급 성명, 〈한겨레〉 1988년 6월 8일자 2면

본사 송건호 대표 미국 방문, 뉴욕 한인기독교청년회 초청, 1988년 8월 10일자 2면

80년 언론 통폐합 진상 규명을, 〈한겨레〉 1988년 9월 1일자 11면

본사 지령 100호 기념 리셉션, 〈한겨레〉 1988년 9월 13일자 11면

정관 따라 사원신임투표 거쳐 제2대 대표이사에 송건호 현 대표 취임, 〈한겨레〉 1988년 9월 18일자 1면

송건호 참고인 진술요지-사주 증언 없이는 진실 못 밝혀, 〈한겨레〉 1988년 11월 23일자 5면

민주·민족 언론과 한겨레신문-11월 5일 전주, 11월 13일 인천에서 한겨레 열린 대강연회 관련 기사, 〈한겨레신문〉 1988년 12월 17일자 5면

기치 올린 '해직 언론인 원상 회복', 〈한겨레〉 1989년 2월 23일자 10면

리영희·백낙청 교수 석방 촉구, 송건호 본사 대표 검찰총장 방문, 〈한겨레〉 1989년 4월 14일자 1면

본사 결연히 대응키로, 〈한겨레〉 1989년 4월 15일자 11면

'선구자' 합창하면 전 사원 배웅, 〈한겨레〉 1989년 4월 21일자 11면

'국민의 신문' 소명 다짐, 〈한겨레〉 1989년 5월 16일자 11면

안기부, 본사 편집국 강제수색, 〈한겨레〉 1989년 7월 13일자 1면

국회특위 통일방안 공청회 (하)-민주적 절차·평화적 방법엔 일치, 〈한겨레〉 1989년 9월 2일자 5면

한겨레신문 새사옥 기공식, 〈한겨레〉 1990년 2월 8일자 1면

북한 기자단 본사 방문, 〈한겨레〉 1990년 9월 7일자 1면, 15면

보안사 민간인 사찰 1천3백3명 명단, 〈한겨레〉 1990년 10월 6일자 14면

'반민족문제연구소' 문 연다. 〈동아일보〉 1991년 2월 26일자 8면

사회민주주의 우리의 대안인가, 〈한겨레〉 1991년 4월 16일 9면

송건호 본지 발행인 등 서울언론인클럽상 수상, 〈한겨레〉 1991년 4월 7일자 12면

보안법 철폐 요구, 교회협 20명 단식, 〈동아일보〉 1991년 4월 23일자 23면

송건호 대표이사 회장으로, 김명걸 대표이사 사장 취임, 〈한겨레〉 1991년 4월 30일자 1면

본지 창간3돌 축하연 성황, 〈한겨레〉 1991년 5월 16일 13면

새 민족공동체 모색, 기독교 큰잔치 뉴욕 남북기독자 통일학술대회, 〈한겨레〉 1991년 6월 1일자 9면

장준하 선생 숨진 곳서 추도식, 〈한겨레〉 1991년 8월 18일자 15면

책이야기 44. 한국논쟁사, 〈한겨레〉 1991년 10월 24일 9면

본사 새 사옥 완공 축하연 성황, 〈한겨레〉 1991년 11월 29일자 1면

'정부 선거 개입 중지를' 재야원로 34명 성명, 〈한겨레〉 1992년 3월 1일자 15면

문익환 목사 석방요청, 〈한겨레〉 1992년 3월 19일자 16면

본지 창간 4돌 축하연 성황, 〈한겨레〉 1992년 5월 16일자 13면

한국언론학회 언론상 시상식, 송건호 본사 회장 등 수상, 〈한겨레〉 1992년 5월 29일 14면

한·일 식견 교류 심포지엄, 〈한겨레〉 1992년 9월 16일 3면
본사 5기 주총, 임원진 유임 정관 일부 개정, 〈한겨레〉 1993년 3월 21일 14면
탄압 서슬 '군정 32년' 저항 필봉 '동아 32년', 〈동아일보〉 1993년 4월 1일자 35면
송건호 회장·김명걸 사장 선임 7대 편집위원장 김중배씨 선출, 〈한겨레〉 1993년 4월 11일자 1면
해고 노동자 복직 촉구, 〈한겨레〉 1993년 4월 18일자 14면

1993년 6월~2001년 12월

한겨레신문 주총결의 취소 소, 〈동아일보〉 1993년 8월 6일자 23면
'한겨레신문 주총' 고발 관련, 고발인–송건호 전 회장 조사, 〈동아일보〉 1993년 8월 28일자 23면
'한겨레 송사' 발단부터 지금까지 〈한겨레가족〉 제44호 1993년 11월 30일
'한겨레 소송' 결심공판 주요 내용 〈한겨레가족〉 제45호 1994년 1월 26일
민주언론운동협 창립10돌, 〈한겨레신문〉, 1994년 12월 20일자 11면
각계 399명 '3·1 민족자주선언' 분단극복·일제잔재 청산·민족정통성 확립 촉구,〈한겨레신문〉,
    1995년 2월 28일자 23면
《다시 태어나야 할 겨레의 신문》 1~3권, 박해전 편저, 울도서적, 1994
송건호 선생 '청암문고' 본사서 개소식 '민주언론운동의 뜻 계속 이어지길', 〈한겨레〉 1996년 9
    월 4일자 3면
'한국언론운동 산증인' 송건호 선생, 한겨레 기증 장서 '문고'로 선봬, 〈미디어오늘〉 1996년 9월
    11일 13면
송건호씨 한달 넘게 입원 투병중, 〈한겨레〉 1997년 8월 29일자 26면
나의 젊음, 나의 사랑–출판인 윤형두③, '다리' 필화로 '103일간의 독방', 〈경향신문〉 1997년 9
    월 4일자 29면
김동원, 한겨레 송건호 전 사장 치료비 돕기 모금, 〈미디어오늘〉 1997년 9월 17일자 8면
굴곡진 신문50년 결론처럼 솟은 '한겨레', 〈한겨레〉 1998년 4월 15일자 17면
병마, 궁핍한 생계–재야로 힘겨운 '노년', 〈동아일보〉 1998년 9월 18일자 17면
곧은 삶과 사회적 대우, 〈한겨레〉 1999년 3월 16일자 5면
송건호 전 사장 금관문화훈장, 〈한겨레〉 1999년 11월 12일자 1면
금관훈장 받는 송건호 '한겨레' 전 사장–독재맞서 언론민주화 외길, 〈한겨레〉 1999년 11월 12일
    자 3면
화보–8년째 투병 중인 언론계의 거목 청암 송건호, 〈월간 말〉 2001년 11월호

관련 문헌

김진홍, 《언론통제의 정치학》, 홍성사, 1983
김언호 편저, 《우리시대 출판운동과 오늘의 사상신서 101권》, 한길사, 1986
강만길, '송건호의 한국민족주의론', 《청암 송건호선생 화갑기념문집》, 두레, 1986

경향신문사사편찬위원회, 《경향신문 사십년사》, 경향신문사, 1986

김삼웅, 《서울의 봄 민주선언》, 일월서각, 1987

민주언론운동협의회 편, 《보도지침》, 두레, 1988

동아일보사 노동조합, 《동아자유언론실천운동백서》, 동아일보사 노동조합, 1989

동아일보사, 《동아일보사사 제4-1970년~1980년》, 동아일보사, 1990

김왕석 외, 《한국언론의 정치경제학》, 아침, 1990

김병걸, 《실패한 인생 실패한 문학》, 창비, 1994

김언호, 《책의 탄생Ⅰ》, 한길사, 1997, 87~88쪽, 477쪽

한국기자협회 · 80년 해직언론인 협의회 공편, 《80년 5월의 민주언론-80년 언론인 해직 백
　　　서》, 나남출판, 1997

이인우, 심산, 《세상을 바꾸고 싶은 사람들-한겨레신문 10년의 이야기》, 한겨레신문사, 1998

오경환, 《100인의 민족정신-민족역사의 바른지표를 위하여》 제1권, 드림북스, 1999

문학진, 《백범 김구처럼》, 풀빛, 1999

한동섭, 《한겨레신문과 미디어 정치경제학》, 커뮤니케이션스 북스, 2000

동아일보사, 《민족과 더불어 80년-동아일보 1920~2000》, 동아일보사, 2000

성유보 외 6인, 《너마저 배신하면 이민 갈 거야!》, 월간 말, 2002

고승우, 한겨레신문의 창간과정에 대한 사회학적 연구: 언론민주화 운동의 관점에서, 고려대학
　　　교 박사학위 논문, 고려대학교, 2002

제임스 시노트, 《현장증언-1975년 4월 9일》, 빛두레, 2004

고승우, 《한겨레 창간과 언론민주화》, 나남출판, 2004

채백, 《한국 언론 수용자 운동사》, 한나래, 2005

경향신문사, 《경향신문사사-창간 60주년》, 경향신문사, 2006 (CD-ROM)

한홍구, 《대한민국사4》, 한겨레출판, 2006

최규철, 《우리 순영이 힘내라: 기항 최규철 동아일보 35년》, 나남출판, 2006

국정원 과거사건 진실규명을 통한 발전위원회, 《과거와 대화, 미래의 성찰-국정원 「진실위」 보
　　　고서》-1권 총론, 2권 주요 의혹사건 편 상권, 5권 언론·노동 편, 국가정보원, 2007

강준만, 《한국대중매체사》, 인물과 사상사, 2007

이문영, 《겁 많은 자의 용기》, 삼인, 2008

한겨레신문사, 《희망으로 가는 길-한겨레 20년의 역사》, 한겨레신문사, 2008

경향신문 공매와 동아일보 필화사건, 《혁명과 우상: 김형욱 회고록3》, 김경재, 인물과 사상사,
　　　2009

한승헌, 《한 변호사의 고백과 증언》, 한겨레출판, 2009

《한국민주화운동사1~3》, 민주화운동기념사업회 한국민주주의연구소, 돌베개, 2008~2010

장을병, 《옹이 많은 나무》, 나무와 숲, 2010

한홍구, 《지금 이 순간의 역사》, 한겨레출판, 2010

정연주, 《정연주의 기록》, 유리창, 2011

윤활식·장윤환 외 23명, 《1975-유신 독재에 도전한 언론인들 이야기》, 인카운터, 2013

한홍구, 《유신-오직 한 사람을 위한 시대》, 한겨레출판, 2014

이해동·이종옥, 《둘이 걸은 한 길1~2》, 대한기독교서회, 2014

조성숙, 《한겨레와 나》, 개인출판물, 2014

동아자유언론수호투쟁위원회, 《자유언론 40년-실록 동아투위 1974~2014》, 다섯수레, 2014

임재경, 《펜으로 길을 찾다》, 창비, 2015

고승우, 김동선, 《5·18 민주화운동과 언론투쟁》, 5·18기념재단, 2015

성유보, 《미완의 꿈》, 한겨레출판, 2015

장윤환, 《글로 남은 한 평생》, 한겨레시니어, 2016

민주언론시민연합, 《민주언론시민연합 30년사 I-민주언론, 새로운 도전》, 검둥소, 2017

민주언론시민연합, 《보도지침-1986 그리고 2016》, 두레, 2017

민주언론시민연합, 《보도지침을 폭로한 사람들》, 민주언론시민연합, 2018

한겨레신문사, 《진실의 창, 평화의 벗-서른 살 한겨레의 기록》, 한겨레신문사, 2018

추모글

최일남, 고독과 형극의 길에서 신념을 지켜낸 시대의 거목을 추모하며, 〈한겨레21〉 2001년 12월
제390호

정연주, 겨레의 양심으로 영원히 머무소서-'대쪽 선비 언론인' 송건호, 〈신문과 방송〉 2002년 2
월호 통권 374호

방송

〈잊을 수 없는 사람〉-한겨레신문 대표이사 송건호 씨. 문화방송, 1990년 5월 10일 밤 10시 55
분. 중국 본토와 대만 정부간의 분쟁 상황을 취재 중 순직한 최병우 기자의 인물, 인생관
등을 회고

〈삶의 발자취〉-송건호 편. 교육방송 1991년. 송건호 선생 출연, 권력으로부터 억압 받는 개인이
얼마나 고통스런 삶을 살아야하는가 회고

〈다큐멘터리 대한민국〉-언론 50년 제2부-누구를 위한 언론자유인가. KBS 1TV, 1998년 4월
16일

〈인물 현대사〉-송건호, 역사 앞에 거짓된 글을 쓸 수 없다. KBS 1TV, 2003년 11월 28일 제21회

관련 사이트

네이버 뉴스 라이브러리, newslibrary.naver.com

국립중앙도서관, www.nl.go.kr

국회도서관, www.nanet.go.kr

한국학술정보, kiss.kstudy.com
한국교육학술정보원, www.keris.or.kr
국가자료종합목록, www.nl.go.kr/kolisnet
한국역사정보통합시스템, www.koreanhistory.or.kr
국사편찬위원회, www.history.go.kr
민주화운동사업회 오픈아카이브, archives.kdemo.or.kr
한국잡지정보관, museum.magazine.or.kr
누리미디어, www.dbpia.co.kr
신문과 방송, www.kpf.or.kr
한국기자협회보, www.journalist.or.kr
한국신문방송편집인협회, www.editor.or.kr
한국학진흥사업 성과포털, waks.aks.ac.kr
CNC 학술정보, yescnc.com
관훈클럽 관훈저널, www.kwanhun.com
조선일보 지면보기&기사검색, www.chosun.com
청암언론문화재단, www.songkunho.or.kr

재단법인 청암언론문화재단

2001년 11월 출범한 이 재단은 언론인의 정도를 지켰던 청암 송건호 선생의 뜻을 기려, 민주언론 구현을 위한 활동을 통해 민주적 언론문화를 창달하고 민주시민 사회를 정착시켜 국가사회 발전에 기여함을 목적으로 한다. 초대 이사장은 강만길 고려대 명예교수, 2대는 고 이상희 서울대 명예교수, 3대 현 이사장은 이해동 선생이다.

재단 임원 (2018년 기준)

이사장	이해동
이사	한승헌, 임재경, 김태진, 최학래, 김삼웅, 방정배, 김언호, 김양래, 최민희, 양상우, 송준용, 송제용
감사	박문식
역대 이사장	강만길, 이상희
역대 이사	이문영, 정태기, 성유보, 이명순, 고희범, 서형수, 이범수, 고광헌, 박우정, 고승우, 정영무
역대 감사	김택수
사무국장	이병호

재단의 목적사업

1. 민주언론창달에 공헌하거나 해당사업에 큰 업적을 쌓은 이를 대상으로 한 '송건호언론상' 제정 및 시상
2. 우리사회 언론 및 역사, 그리고 제문화에 관한 조사·연구·출판 사업
3. 시민참여 확대를 위한 시민 언론·미디어 교육 사업
4. 민주주의 구현을 위한 언론관련 토론회·심포지엄 개최 등

사업 실적

2002년 《송건호전집》 발간을 위한 자료수집 및 재정 지원

2002년부터 한겨레신문사와 공동주최로 〈송건호언론상〉을 매년 시상

2008년 평전 《나는 역사의 길을 걷고 싶다》를 발간. 작가 정지아를 재정 지원

2011년 청암 송건호 선생 10주기 추모음악회 주최
2014년부터 〈송건호 대학사진상〉을 한겨레신문사와 공동 제정하여 매년 주최
송건호 선생 생가 정비 및 복원 사업 지원
옥천군 청암 송건호기념사업회와 연대하여 각종 기념사업 추진
매년 묘소에서 추도식 거행

청암 송건호기념업회와 생가 복원

충북 옥천은 네 명의 걸출한 언론인을 배출했다. 독립운동가 김규흥 선생, 항일 언론인 조동호 선생, 경향신문 초대 논설주간 정지용 시인 그리고 청암 송건호 선생이다. 그래서 옥천인들은 이곳을 언론의 성지라고 자부하기 때문에 언론에 대한 관심이 남다르다. 네 언론인의 정신을 기리고 언론문화의 창달과 언론의 혁신을 바라며 2003년 옥천언론문화제를 시작하여 9회까지 개최하기도 했다. 그리고 풀뿌리 언론인 〈옥천신문〉이 지역사회에 단단히 정착하여 다른 지역 언론의 모범이 되고 있다.

2004년 8월 14일 옥천의 뜻있는 주민들이 '송건호기념사업회'를 조직하여 청암의 기념사업에 나섰다. 하지만 재원과 조직이 부족하여 활발한 활동을 벌이지 못해서 아쉬움을 남겼다.

2016년 '청암 송건호기념사업회'가 옥천에서 다시 발족했다. 이번에는 지역 원로 등 지역민과 옥천군수가 참여하여 민관이 함께 기념사업을 시작한 점이 특징이다.

2016년 12월 21일 청암의 15주기를 맞이하여 '참 언론인 송건호 선생 생가터'라는 표지석을 세웠다. 이 자리에는 이인석 청암 송건호기념사업회장과 김영만 옥천군수, 김승룡 옥천문화원장, 유재목 옥천군의장, 청암의 장남 송준용 청암언론문화재단 상임이사가 참석했다.

이 사업회는 특히 청암의 생가터 복원에 집중하고 있는데, 터 1,021제곱미터는 준용씨가 기부했고, 건물은 옥천군이 사들였다. 2018년 하반기에는 생가터에 있는 노후 주택을 철거한 다음 잔디공원을 조성하게 된다.

사업회는 현재 청암 송건호 언론문화제를 개최하고 있고 만화로 보는 송건호 선생 일대기를 제작했으며, 앞으로 주민, 옥천군청, 지역 단체 등과 함께 생가를 복원하고 청암 송건호언론기념관 건립 등 송건호 선생 기념사업을 이어나갈 예정이다.

《송건호 전집》

송건호 선생이 타계한 후 1주기를 앞둔 2002년 11월 《송건호 전집》이 도서출판 한길사에서 나왔다. 모두 20권으로 나온 이 전집은 선생이 남긴 글은 주제별로 나눠서 편집하였다. 500세트 한정판으로 제작하였다.

같은 해 12월 6일 한국언론회관 20층 국제회의장에서 출판기념회와 같이 제1회 송건호언론상 시상식이 열렸다. 수상자는 언론인 정경희였다.

송건호전집 간행위원회 위원은 강만길, 김언호, 김태진, 리영희, 방정배, 백낙청, 성유보, 이문영, 이상희, 이해동, 정연주, 한승헌이다.

간행사

오늘 이 나라의 언론은 과연 자기 역할을 제대로 해내고 있는가에 대한 근원적인 질문을 제기하지 않을 수 없는 상황에 우리는 서 있다. 언론기관들이 국가와 민족의 편에 서서 그 권익과 존엄을 위하여 존재하는가?

송건호 선생의 서거 1주년을 맞아 선생의 전집을 펴내면서, 선생이 생애를 통해 온몸으로 구현해내고자 했던 언론문제를 다시 생각하게 된다. 민주언론·민족언론·독립언론의 정신과 지향은 여전히 우리의 실천강령이 되고 있다. 오늘 이 나라의 세력 있는 언론기관들이 보여주고 있는 한심한 작태란 목불인견이다.

반민주적이고 반민족적인 엄혹한 상황에서, 그 상황을 극복하면서 개진해낸 선생의 치열한 정신과 사상과 논리는 오늘 새롭게 진전되고 있는 국가사회적 상황과 통일지향적 민족공동체운동의 역사적 전개와 더불어 한층 새롭게 우리들 가슴에 다가온다. 송건호전집의 간행은 곧 선생이 남긴 수다한 저술을 통해, 민주언론인, 민족언론인, 독립언론인 송건호의 참모습을 새롭게 인식하게 된다.

우리는 선생이 남긴 저술을 통해 언론인으로서뿐 아니라 시대정신을 구현하는 지식인으로서의 송건호를 새롭게 발견하게 된다. 선생은 현실과 결코 타협하지 않는 지식인의 진정한 정신과 행동을 스스로 보여주었다. 한 시대에 지식인이란 무엇이어야 하는가를, 특히 분단된 조국의 현실 속에서 진정한 민족지성이란 무엇인가를, 선생이 남긴 저술들을 통해 우리는 가슴 벅차게 체험하게 된다.

지식과 정보의 시대에 진정한 지식과 정보가 참으로 요구된다면, 언론인 송건호와 지식인 송건호가 보여준 정신과 사상, 논리와 행동은 참으로 값진 것일 터이고, 선생의 저술들을 종합하는 이 전집의 기획의도도 바로 여기에 있을 것이다. 이 분단시대에 민족지성적 독립언론인으로서 선생이 남긴 저술과 그 저술정신을 뒷받침하는 실천과 행동이 새 세기의 문명적 전환기에 한층 아름답고 빛나는 가치로 다가온다.

선생은 민족의 당대적 현실을 온몸으로 성찰하고 고뇌하는 언론인·지식인으로뿐 아니라 민족의 현재적 역사를 끊임없이 탐구하는 역사가로서의 자세를 견지했다. 선생이 남긴 수많은 역사 저술들은 통상의 실증주의적 역사탐구가 아니라, 당대의 현실을 개혁하려는 실천적 지성의 성과라 할 것이다. 당대의 현실을 개혁하고자 한 그의 역사정신은 실천적 민족지성이 실종되고 있는 이 시대를 준엄하게 경고하고 있는 듯하다. 모든 것을 물량화 하고 현실과 타협하는 기능적인 지식인들이 득세하는 작금에 선생의 지성과 역사정신이 다시 그리워진다.

선생은 역사를 산 인물들에 대한 숱한 저술들을 남겼다. 이는 국가와 사회, 민족과 역사를 위해 지식인과 지도자란 무엇이며, 또 무엇을 해야 할 것인가를 끊임없이 성찰한 결과일 것이다. 현실과 타협하지 않고 역사와 더불어 산 지도자와 지식인을 높이 평가하는 것도 선생의 언론정신·역사정신을 말해준다 할 것이다.

민족의 자주독립정신이 실종되고 국가이익이 외면되는 반이성적 언론이 난무하는 오늘에 간행되는 선생의 전집은 그리하여 더욱 큰 의미를 갖는다. 수난과 고초 속에서도 이 나라의 민주주의와 민족통일을 역설했고, 고단한 삶을 마다하지 않고 한 시대의 언론정신과 역사정신을 일으켜 세우기 위해 정진한 선생의 정신과 사상, 지혜와 용기를 다시 읽게 된다.

이번의 전집은 이 땅의 민주·민족언론운동사에 저술과 행동으로 헌신한 선생을 새롭게 인식하고 자리매김하는 첫출발이 되었으면 한다.

1주기를 맞아 제1회 송건호언론상을 시상하는 것도 선생의 민주언론정신·민족언론정신·독립언론정신을 기리고 이 땅의 민주주의와 민족통일을 구현하고자 하는 우리 모두의 뜻을 한데 모으는 일일 것이다. 당초에는 송건호 선생의 사상과 이론, 정신과 실천적 삶을 총체적으로 살펴보는 연구논집을 진행시킬 예정이었으나 여의치 않아 뒷날로 미루었음을 알려드린다. 끝으로 이 전집을 간행하는 데 뜻깊은 도움을 준 선생의 유족과 한국언론재단을 비롯해 여러분에게 감사드린다. 전집작업을 구체적으로 맡아준 한길사에도 아울러 감사드린다.

2002년 11월
송건호 전집 간행위원회

전집 목차

*상세한 목차는 청암언론문화재단 홈페이지에서 내려 받을 수 있다.

송건호 선생 가슴상

이 가슴상은 2002년 5월 15일 한겨레신문사 2층 현관에 세웠다. 이후 출입구가 변경되자 2016년 신문사 3층 청암홀 옆으로 옮겼다. 배삼식 전 동국대 교수가 제작을 하였다.

한겨레신문사 초대 사장
청암 송건호 선생 상

청암 송건호 선생은 1926년 9월 27일에 충북 옥천에서 태어나 2001년 12월 21일에 타계했다.

선생은 1953년부터 조선, 한국, 경향 등 여러 신문사를 거치며 언론인의 정도를 걸었고, 1975년 동아일보 편집국장 시절 자유언론 수호투쟁 끝에 사직했다.

이후 1984년 민주언론운동협의회를 창설해 〈말〉지를 발행하고 1988년 국민이 주인인 한겨레신문 창간사업을 이루었다.

이에 뒷사람들이 우러러 본본기로 삼고자 여기 선생의 얼굴상을 세운다.

2002년 5월 15일
한겨레신문사

청암상 제정과 청암홀

송건호 선생은 한겨레신문사의 설립과 운영에 참여한 구성원들이 겪는 생활고를 늘 안타까워하며, 미안함과 고마움을 자주 언급했다. 그리고 회사의 여러 부문에서 묵묵히 자신의 일에 충실한 직원들의 노고를 기억해야 한다고 가족들에게 늘 말했다.

송 선생이 타계한 후, 선생의 유족들은 한겨레신문사의 발전을 기원하며 사재를 모아 회사에 1억 원을 기탁했다. 신문사는 이 재원을 바탕으로 청암의 공적을 기리고 사원들의 복리증진에 도움이 되는 일을 하고자 2005년 '청암상'을 제정했다.

이러한 선생의 뜻을 받들어 소리 없이 헌신하는 직원들에게 시상하는 것이 이 상의 특징이다. 매년 5월 창간 기념식에서 시상하고 있다.

한겨레신문사를 건물 3층에 있는 다목적홀의 이름을 짓기 위하여 사내공모를 시행했다. 그 결과 송 선생의 공적과 정신을 기리고자 '청암홀'로 명명하기로 결정한 다음, 2009년 12월 9일 선생의 가족을 초청하여 개관식을 열었다. 이 홀에서는 회의, 강의, 세미나, 공연연습 등이 열리고 있다.

송건호 문고[*]

평생 독서와 도서 수집에 열중했던 송건호 선생은 늘 기자는 책을 많이 읽어야 한다고 강조했다. 한겨레신문사 회장에서 물러난 후 병세가 나빠지자 소장 도서를 의미 있게 활용할 길을 찾다가 신문사 후배들의 발전을 기원하며 1만2천여 권을 기증했다.

한겨레신문사는 선생의 고마운 뜻을 기리기 위해 '청암문고'를 설치하고 1996년 9월 3일 개소식을 거행했다. 이 자리에서 선생은 문서 기증서에 서명하고, 권근술 대표이사가 감사의 뜻을 전했다. 이 자리에는 선생의 가족과 이효재 선생, 이문영 고려대 명예교수, 이해동 목사, 김태홍 선생 등이 참석하여 개소를 축하했다.

도서를 효과적으로 보존관리하고 대중이 보다 쉽게 이용할 수 있도록 한겨레신문사는 국회도서관과 협의하여 2009년 1월 문고를 국회도서관으로 옮겼다. 2009년 6월 23일 오전 11시 국회도서관 개인문고실에서 '송건호 문고' 개실 행사가 열렸다. 이 자리에는 송 선생의 유족, 한겨레신문사 고광헌 사장, 곽병찬 편집인, 송우달 상무 그리고 청암언론문화재단 김태진, 김양래 이사 등이 참석하여 행사를 축하하고 선생의 뜻을 기렸다. 국회도서관은 선생의 애장도서 총 7,291책을 기증 받아 '송건호 문고'를 설치했다. 기증자료에는 춘원 이광수의 '단종애사' '꿈' '흙', 벽초 홍명희의 '임거정'등 국내 초판본과 '민족과 인민'(박극채 저), '학생과 신문'(홍종인 저) 등 희소자료가 다수 포함돼 있다. 이날 행사에서 국회는 언론 발전과 민주화 운동에 기여한 선생의 헌신과 귀중한 자료를 기증한 점에 감사를 표시하며, 고인이 된 선생에게 국회의장 명의의 공로패를 증정했고, 유종필 도서관장은 선생의 부인 이정순 여사에게 감사패를 전달했다.

국회도서관 개인문고는 소중한 국가문화유산을 보존 전승한다는 목적으로 운영하고 있는 제도로, 전·현직 국회의원이나 의회 및 기타 사회과학분야에 공헌한 개인 법인 단체가 2,000권 이상의 자료를 기증한 경우 '국회도서관자료 관리위원회'의 심의를 거쳐 설치 운영하고 있다. 현재 윤치영 문고, 김동길 문고, 조영환 문고, 김진배 문고, 손세일 문고, 김윤환 문고, 양성철 문고가 설치되어 있으며, 송건호 문고는 국회도서관에 여덟 번째 설치된 개인문고로서 그 중 자료가 가장 많다.

유종필 도서관장은 '민족주의자, 한국언론사가, 민주화운동 유공자 그리고 참된 지성인이었던 고 송건호 선생은 한국 언론인의 사표로 길이 기억될 것'이라며 '고인의 귀중한 자료가 국회도서관에 영원토록 보존되어 많은 국회의원과 국민들에게 활용되길 기대한다.'고 말했다.

이제 선생의 귀한 장서와 자료는 민의를 대표하는 국회에서 국민의 소중한 자산으로 남게 되었다.

*옛 청암문고

KBS 〈인물현대사〉[*]

2003년 6월부터 2005년 4월까지 매주 일요일 KBS 1TV에서 방영된 〈인물현대사〉는 현대사의 인물들은 재조명한 교양프로그램이다. 2003년 11월 28일 제21회에 방영된 '송건호 편'은 지상파 방송으로서는 최초로 청암의 생애를 상세하게 다룬 프로그램이었다.

기획의도

"크게는 민족 앞에, 작게는 자식들 앞에 더러운 이름을 남길 수 없다"

언론인 송건호, 역사 앞에 거짓된 글을 쓸 수 없다던 그는 역사 앞에 정직하고자 했던 사람이다. 그의 기자정신은 돈과 권력으로부터 독립되어 있었기에 자유로울 수 있었고, 평생 떳떳하고 당당했던 삶이었기에 그 누구 앞에서도 날카로운 비판을 할 수 있었으며, 그래서 그의 비판은 늘 사회와 나라가 위기에 처했을 때 큰 힘을 발휘했다.

40년 언론 외길을 걷다

지난 20세기 가장 존경받는 언론인으로 추앙받았으나 일반인에게 송건호는 아직 낯설다. 청암 송건호는 1980년 '김대중 내란음모 사건'에 연루되어 옥고를 치렀고, 당시 고문의 후유증으로 파킨슨씨병이 발병하여 8년 동안 투병 중 지난 2001년 12월 타계했다. 1953년 대한통신 기자로 언론계에 첫 발을 들여놓은 후, 88년 한겨레신문 창간을 주도하고, 초대사장에 취임해 93년 물러날 때까지 40년 동안 그는 '언론 외길'을 걸었다.

지조를 지킨 참 언론인

75년 동아일보 편집국장 시절, 언론자유를 외치는 젊은 기자들의 뜻에 동참하여 사표를 던지고 나온 청암은, 권력의 유혹엔 한 치의 타협도 없이 지조를 지켰다. 84년 해직언론인들을 규합해 민주언론운동협의회를 결성하고, 기관지 '말'지의 '보도지침 폭로사건'을 통해 정권의 언론탄압 실상을 만천하에 알렸다. '행동하는 지성인'의 대명사였던 그는 일찍이 학계의 '금기구역'이던 현대사연구에 뛰어들어 한국민족주의의 방향을 모색하며 역사학계에 새바람을 일으키기도 했다. 그는 투사가 아니다. 다만 언론인이고자 했다. 그를 통해 참 언론인의 길을 엿본다.

*한국방송 홈페이지에 게재된 글이다.
*이 영상 자료는 KBS미디어에서 2003년 제작했다.

송건호 선생 10주기 추모음악회

언론의 자유와 독립을 위하여 헌신한 '언론인의 사표' 청암 송건호 선생의 10주기(12월21일)를 맞아 추모행사가 열렸다.

2011년 12월 19일 저녁 7시 30분 서울 중구 정동 이화여고100주년기념관에서 열린 10주기 기념음악회를 주최하는 청암언론문화재단은 2001년부터 송건호전집과 평전 발행, 선생의 얼굴상 제작, 송건호언론상 제정 등 선생의 기념사업을 펼쳐 왔다.

선생의 장남이기도 한 재단 송준용 이사는 '이 음악회는 선생을 추모하는 행사를 넘어서 선생의 뜻이 후배 언론인과 우리 사회에 널리 퍼지기를 희망하는 기쁜 자리이며, 한겨레신문사 설립과 발전에 동참한 주주, 독자, 임직원에 대해 선생이 평소 품었던 깊은 감사의 정을 확인하는 공연이 될 것이다. 이를 위해 엄숙한 분위기를 벗어나 감동과 재미를 더한 음악회가 될 수 있도록 준비했다.'고 밝혔다.

이 공연을 주관하는 밀레니엄심포니오케스트라(단장 이재환)는 2003년 창단되어, 2008년 클래식 열풍을 몰고 왔던 화제의 드라마 〈베토벤바이러스〉 속의 연주를 실제 담당했고, 2009년에는 피겨여왕 김연아 선수가 출연한 〈아이스 올 스타즈〉 현장에서 라이브 연주를 선보여 그 실력과 대중성을 널리 알렸다.

이 공연에서 음악감독 서희태씨가 지휘를 맡아서 베르디의 오페라 '나부코' 서곡과 '운명의 힘' 서곡, 베토벤의 '운명교향곡' 4악장, 아리랑 등을 들려줬다. 또 바리톤 정효식과 얌모얌모 앙상블이 스프라그의 '우정의 노래'와 가곡 '그리운 금강산'을, 새로운 기대주로 떠오른 뮤지컬 배우 차지연이 뮤지컬 〈서편제〉 중 '살다 보면', 박은태가 뮤지컬 〈지킬 앤 하이드〉의 '지금 이 순간'을, 소프라노 고진영이 드라마 〈명성왕후〉의 '나 가거든'을 불렀다. 그리고 첼리스트 최정주가 브루흐의 '콜 니드라이'를 연주하는 등 다양한 공연을 선보였다.

송건호 대학사진상

2014년 청암언론문화재단과 한겨레신문사는 '송건호 대학사진상'을 제정하였다. 제정 당시에는 대학언론의 활성화와 예비 언론인을 격려하는 것을 목표로 했고, 이후 보다 많은 참여를 위해 자유 주제로 변경했다. 2014년 1회부터 2회까지는 보도부문과 생활부문으로 나눠서 공모했고, 3회부터는 대상, 최우수상, 우수상으로 변경했다. 대상은 상패와 상금 300만 원, 최우수상은 상패와 상금 200만 원, 우수상은 상장과 부상을 수여한다.

2014년 송건호 대학사진상을 제정하면서

한 장의 사진이 시대를 기록하고, 사람을 움직이고, 세상을 바꿉니다.

대학언론은 대학사회를 반영하는 거울입니다. 우리 사회의 한 부문을 담당하는 언론으로서 그 자체가 대학의 어제와 오늘 그리고 청년문화를 담아내는 역사기록입니다.

대학언론은 지성의 길잡이입니다. 대학인들의 참신하고 도전적인 생각과 주장 그리고 학계의 흐름이 펼쳐지는 장입니다.

대학언론은 언론인을 기르는 요람입니다. 많은 언론인들이 대학언론사를 통해서 훈련받고 경험을 쌓으며 언론인의 소명의식을 키워왔습니다.

한때 대학신문은 대학사회의 의사소통의 주요한 수단이었고, 기자는 경쟁을 거쳐야 할 정도로 선망의 대상이었지만 매체환경과 사회의 변화로 인하여 대학신문이 위축되고 있습니다.

대학신문의 쇠퇴는 대학 공동체 정신과 지성의 퇴보로 이어질 수 있습니다. 대학생의 무뎌진 비판정신은 사회의 병폐를 낳습니다.

대학신문에 활기를 불어넣고 예비언론인들에게 치열한 기자정신을 불어넣고자 청암언론문화재단과 한겨레신문사는 언론인의 사표로 존경받는 고 청암 송건호 선생의 이름으로 사진상을 제정하였습니다.

청암 선생은 한국 근대언론이 출발한 이래 기자들의 사표로 손꼽히고 있습니다. 제도권 언론인에서 저항언론인으로, 청년지성에서 민족지성으로, 평범한 독서인에서 지사로 거듭나며 평생을 양심과 지조를 지키며 정진한 선생의 삶이 대학생 기자들의 본보기가 되기를 희망하며 이 사진상을 제정합니다.

수상작

1회 (2014년)

보도부문 최우수상 ― 학생사회는 아직도 겨울입니까/ 전수만(서울대학교)

보도부문 우수상 ― 왜 죄 없는 주민들을 쓰러뜨리나/ 정민진(부산대학교)

보도부문 우수상 ― 흑석동의 빛과 그림자/ 최아라(중앙대학교)

생활부문 최우수상 ― 양보 없던 농구대결 "우리가 최강이다"/ 양현우(KAIST)

생활부문 우수상 ― 어깨에 쌓인 씁쓸한 기대감/ 이혜란(서울여자대학교)

2회 (2015년)

보도부문 최우수상 ― 세월호, 함께 울다/ 박민석(중앙대학교)

보도부문 우수상 ― 오늘 나는 대학을 그만둔다/ 조선희(중앙대학교)

생활부문 최우수상 ― 아파트 공화국/ 주용성(상명대학교)

생활부문 우수상 ― '나'와 마주하기/ 김세환(한림대학교)

생활부문 우수상 ― 옥천 나들목 광고탑 고공농성장/ 권민호(상명대학교)

3회 (2016년)

대상 ― 메르스의 공포/ 조태형(상명대학교)

최우수상 ― 청춘, 색(色)을 잃어가다/ 정상희(건국대학교)

우수상 ― 꺼지지 않는 철탑밑의 촛불/ 김민호(상명대학교)

우수상 ― 양극화의 그늘/ 박형기(중앙대학교)

우수상 ― 등돌려진 빛나는 '한글'/ 정규인(한국기술교육대학교)

4회 (2017년)

대상 ― 어둠은 빛을 이길 수 없다/ 정병혁(중부대학교 사진영상학과 4학년)

최우수상 ― 뭉크의 절규/ 홍윤기(상명대학교 사진영상미디어학과 2학년)

우수상 ― 태극기를 든 아이/ 김현준(중앙대학교 사진학과 2학년)

우수상 ― 닮다/ 한지현(한동대학교 시각디자인학과 3학년)

우수상 ― 멈출 때 비로소 보이는 것/ 김용환(한국외국어대학교 언론정보학과 3학년)

5회 (2018년)

대상 ― Don't forget our heroes/ 정주하(국립 순천대학교 사진예술학과 4학년)

최우수상 ― 빛의 길/ 센 동리(沈東一, 고려대학교 국어국문학과 3학년, 중국인)

우수상 ― homeless/ 남오일(서울예술대학교 사진학과 3학년)

우수상 ― 아파트 장벽/ 이재현(서울예술대학교 사진학과 3학년)

우수상 ― 말로: 구속을 향한 발걸음/ 김정준(중앙대학교 물리학과 3학년)

송건호언론상

2002년 제정된 송건호언론상은 신문·방송·통신 등 각 분야에서 언론 본연의 역할을 충실히 하여 사회에 대한 공헌을 했거나, 언론민주화에 기여하여 故 청암 송건호 선생의 언론정신을 이어받았다고 판단되는 개인 또는 단체에게 수여된다.

이 상은 청암언론문화재단과 한겨레신문사가 공동주최 한다. 재단은 심사위원회 구성, 수상자 선정, 시상식 개최를 맡고, 신문사는 홍보를 담당한다.

시상식은 매년 12월에 연다. 상패와 상금 1천만 원이 수여되며, 부상은 《송건호 전집》 1질 (전20권), 정지아의 《나는 역사의 길을 걷고 싶다―참언론인 송건호의 생각과 실천》 그리고 김삼웅의 《송건호 평전》이다.

4회까지는 미술가 임옥상이 제작한 기념조각품을, 5회부터는 상패를 수여하고 있다.

1회(2002년) 정경희(1932~2015. 12. 25)

1932년생. 〈한국일보〉 외신부장, 문화부장, 논설위원 등을 지낸 수상자는 언론이 제 목소리를 내기 힘들었던 시절에 진실보도와 공명정대한 논평을 통해 언론인의 정도를 걸었다. 현직에서 물러난 뒤에도 〈한겨레〉와 〈미디어오늘〉에 칼럼을 연재하면서 특히 한국 정치와 언론의 문제점을 날카롭게 비판했다. 또 《한국고대사회문화연구》라는 저서를 펴내는 등 연구하는 언론인으로서도 존경받았다. 항상 노력하고 성찰하던 그의 자세는 우리 시대 뭇 언론인의 귀감으로 남았다.

2회(2003년) 위르겐 힌츠페터(1937~2016. 1. 25)

'송건호언론상' 심사위원회는 진실 보도를 추구했던 위르겐 힌츠페터(Jürgen Hinzpeter)님을 제2회 송건호언론상 수상자로 결정합니다. 힌츠페터님은 1980년 5월 광주민주화운동을 취재한 후 이를 세계에 알리는 데 결정적인 기여를 했습니다.

1937년 독일에서 태어나 의학을 전공했던 힌츠페터님은 독일의 공영방송인 ARD-NDR에서 근무하면서 캄보디아와 베트남 지역을 담당했으며, 일본특파원 시절에는 70, 80년대 한국의 정치 상황에 지속적인 관심을 기울였습니다.

1980년 5월 광주민주화운동이 일어나자 힌츠페터님은 일본에서 한국으로 입국한 후 위험을 무릅쓰고 광주로 들어가 현장의 생생한 모습을 촬영했으며, 이 비극적인 사건을 세계에 알렸습니다. 힌츠페터님이 촬영한 영상 자료는 광주민주화운동의 객관적인 사실을 증언하여 국민의 양심을 깨웠고 소중한 불씨가 되어 이 땅의 민주화를 앞당겼습니다. 이제 그 자료들은 현대사의 귀중한 기록물로 우리 곁에 남았습니다.

'송건호언론상' 심사위원회는 불의에 맞서 진실을 알리고 죽음의 공포 속에서도 현장을 지켰던 힌츠페터님의 치열한 기자정신이 고 송건호 선생께서 남기신 뜻과 맞다고 판단하여 기쁜 마음으로 이 상의 수여를 결정합니다.

우리는 이 상이 고난 속에서도 진실을 추구하는 것이 언론의 사명임을 일깨우는 동시에 언론 자유를 위해 싸우는 전세계 언론인들의 용기를 북돋아 줄 수 있기를 희망합니다.

3회(2004년) 사단법인 민주언론운동시민연합

'송건호언론상' 심사위원회는 사단법인 민주언론운동시민연합을 제3회 송건호언론상 수상자로 선정합니다.

민주언론운동시민연합(이하 민언련)은 민주사회에서 시민들이 언론의 진정한 주인이라는 인식 아래 언론민주화와 민족의 공동체적 삶의 가치 구현에 앞장 서 사회발전에 이바지하고자 설립된 언론운동 단체입니다. 민언련은 1984년 해직언론인과 진보적 출판인 등이 주축이 된 민주언론운동협의회로 출발하였고 1998년 사단법인 민주언론운동시민연합으로 거듭났습니다.

민언련은 1986년 9월 기관지 〈말〉을 통해 당시 언론통제의 도구였던 〈보도지침〉을 폭로하는 등 언론자유의 신장에 기여를 했습니다. 나아가 건전한 언론문화를 조성하기 위한 교육사업을 지속적으로 벌여 언론의 중요성과 더불어 수용자주권 의식을 확산시키는데 한 몫을 하고 있으며, 언론의 올바른 위상을 세우기 위하여 언론감시 활동을 전개하고 있습니다.

〈송건호언론상〉 심사위원회는 언론민주화·언론자유신장·언론문화 발달을 위해 노력하는 민언련의 활동이 고 송건호 선생께서 남기신 뜻에 맞다고 판단하여 이 상의 수여를 결정합니다.

심사위원회는 이 상이 금년 12월 창립 20주년을 맞이하는 민언련의 활동가와 회원들의 기쁨과 보람을 더해줄 수 있기를 바라며, 공동체 구성원들의 관심과 참여가 있을 때 언론이 바른 길로 간다는 사실을 일깨울 수 있기를 희망합니다.

4회(2005년) 강준만

'송건호언론상' 심사위원회는 강준만님을 제4회 '송건호언론상' 수상자로 선정합니다.

강준만님은 전북대학교 신문방송학과 교수로서 70여 권의 저서와 40여 권의 편저와 공저를 펴내며 저술활동을 활발히 벌여 온 언론학자이며 끊임없이 우리 사회에 문제의식을 던져 온 비판적 지식인입니다.

그동안 강준만님은 《대중매체 이론과 사상》《세계의 대중매체1~3》《대중문화의 겉과 속1~2》등의 저서에서 매체와 문화를 꿰뚫어 보는 안목을 제공했고, 《권력변환: 한국언론 117년사》《한국현대사산책 1940년~1980년대》 등의 책을 통해 한국언론사와 현대사를 정리 기록하여 대중이 쉽게 접근할 수 있도록 했습니다. 대중매체·대중문화·역사 등 다방면에 걸친 이러한 시도는 사회·역사적 맥락을 고려할 때 언론을 비판적으로 바라볼 수 있다는 소신에서 비롯된 것입니다. 그 결과 언론연구의 지평을 넓혔고 학문의 대중화에도 이바지했습니다.

강준만님은 1997년 〈인물과 사상〉을 창간하여 '언론비평'의 새로운 장을 열며 권력화 되던 언론을 견제했고 우리사회에 존재하는 '부당한 차별'과 '성역과 금기'에 도전하며 상식이 통용되는 사회를 희망했습니다. 수상자 개인의 열정과 헌신에 힘입어 시작된 작은 움직임은 우리사회에 큰 울림이 되었고, 실명비판의 문화 속에서 생산적인 논쟁과 토론이 성숙할 수 있는 전기를 마련했습니다

심사위원회는 성실한 저술 활동을 통하여 언론연구의 발전에 기여하고, 예리한 시각으로 현실의 문제를 제기하며, 지식인의 양심과 책무를 일깨운 강준만님의 활동이고 송건호 선생께서 남기신 민족·민주·자유·비판정신에 맞다고 판단하여 이상을 드리도록 결정합니다.

심사위원회는 이 상이 지난 수년간 찬성과 반대, 비판과 비난 속에서도 현실에 대한 고민을 늦추지 않은 수상자에게 격려가 되리라 믿으며 동시에 강준만님의 앞길에 무거운 책임감을 더하는 계기이기를 희망합니다.

5회 동아자유언론수호투쟁위원회

'송건호언론상' 심사위원회는 '동아자유언론수호투쟁위원회'를 '제5회 송건호언론상' 수상자로 선정합니다.

'동아투위'는 동아일보사에서 해직된 편집국·방송국·출판국의 기자·프로듀서·아나운서들이 1975년 3월 결성한 이래 '동아자유언론실천선언'의 정신을 계승하며 그 실천에 앞장선 단체이며 113인의 위원과 7인의 명예위원으로 구성되어 있습니다.

1960년대 들어 군사정권은 언론에 대한 통제를 강화하며 신문과 방송의 제작에 개입했고 정보기관원들은 수시로 언론사를 출입하며 감시했습니다. 이러한 억압적인 분위기 아래서 진실을 외면하고 현실에 순응한 언론인들은 지탄의 대상이 되었습니다.

동아일보사 기자들은 그 동안의 무기력함을 반성하고 언론자유를 회복하고자 1971년 4월, 1973년 11월, 1973년 12월 3차에 걸쳐 '언론자유선언'을 하게 됩니다. 그러나 이러한 선언에도 불구하고 언론사 안팎의 높은 벽에 막혀 전반적인 언론상황을 바꿀 수는 없었습니다.

중요한 것은 선언이 아니라 이를 실천할 용기와 실행할 조직이라는 것을 절감한 기자들은 1974년 3월 노동조합을 결성한 이후, 10월 24일 '동아자유언론실천선언'을 발표하였고 뜻을 같이하는 다수의 기자·프로듀서·아나운서들이 여기에 참여하게 됩니다. 그리고 10월 26일에는 '자유언론실천 특별위원회'를 구성하여 신문과 방송에 실천결의가 얼마나 반영되었는지를 검토하며 언론인의 자율과 양심에 따라 진실하고 공정한 보도를 추구했습니다. 이러한 활동에 국민들의 성원과 격려광고가 끊이지 않아 참언론에 대한 목마름이 얼마나 컸는지를 알 수 있습니다.

하루하루 정권의 탄압에 맞서는 동시에 경영진과 마찰을 겪던 기자·방송인들은, 자유언론운동에 깊이 참여한 동료들이 갑자기 해임되는 중대한 고비를 맞게 되자 '실천선언수호'를 위하여 제작거부에 들어갔습니다. 이에 동아일보사는 1975년 3월 17일 사내에서 농성중이던 사원들을

강제해산 하고 해임하였습니다. 이 즉시 기자들은 3월 18일 '동아자유언론수호투쟁위원회'를 결성하고 6개월간 동아일보사 앞에서 시위를 벌이며 이에 항의했으며 언론자유가 침해되는 현실을 국민에게 널리 알렸습니다.

1977년 4월에는 유신헌법과 긴급조치 철폐를 촉구하는 '민주구국헌장'에 위원 54명이 서명한 후 중앙정보부에 연행돼 조사를 받기도 하면서 '동아투위'의 활동은 반독재·민주화운동으로 발전해 나갑니다. 1978년 10월에는 '보도되지 않은 민주·인권사건 일지'를 '동아투위소식'에 실었다는 이유로 '동아투위' 위원들이 구속되었으나 법정에서 자유언론의 당위성을 주장하며 소신을 꺾지 않았습니다.

이후 1984년에는 '민주언론운동협의회'에 12인의 위원이 발기인으로 참여하여 새언론창간·제도언론 개혁·민주화운동세력과의 연대투쟁을 목표로 활동을 벌여 나갔습니다. 그 결과 1980년대 제도언론이 금기시 하던 사실을 보도하고, '보도지침'과 같은 언론통제 실상을 폭로하면서 언론운동에 앞장 서게 됩니다.

이후 자유언론의 이상을 실현하기 위하여 새언론 '한겨레신문'의 창간에 참여했고, '안종필자유언론상'을 제정하여 1987년부터 매년 권력과 자본으로부터 독립하여 자유언론의 신장과 진실보도에 탁월한 업적을 보인 이들에게 수여하고 있습니다. 또한 지금까지 주요한 사회 및 언론계 현안에 대하여 '자유언론실천' 정신이 담긴 메시지를 보내고 있습니다.

심사위원회는 엄격한 언론통제 아래서 언론인의 책무를 자각하고 자유언론 실천에 앞장섰고, 해직 이후에도 사회 각층에서 언론자유 신장·사회민주화·문화발전에 기여하며 지난 30여 년 동안 자유언론수호의 기치를 내리지 않은 '동아투위'의 활동이 고 송건호 선생께서 남기신 민족·민주·자유·비판정신에 맞다고 판단하여 이 상을 드리도록 결정합니다. '동아투위'가 기나긴 시대의 어둠 속에서 지켜온 자유언론의 불씨는 세상을 밝히는 빛으로 남고, 고난 속에서 내디딘 한걸음 한걸음은 언론이 가야 할 방향을 제시하는 길잡이가 될 것입니다.

심사위원회는 이 상이 이미 고인이 되신 위원들과 그 유족들에게 위로가 되기를 바라며, 자유언론실천은 영원한 현재진행형의 과제임을 언론인들이 자각할 수 있는 계기이기를 희망합니다.

6회 조용수 민족일보사 사장

'송건호언론상' 심사위원회는 '조용수 민족일보사 사장'을 '제6회 송건호언론상' 수상자로 선정합니다.

수상자는 1930년 경남 진양에서 태어나 50년 연희대 정경학부에 입학하였고, 51년 일본으로 건너가 거류민단에서 일하며 민단 기관지인 '민주신문' 제작에 참여하여 언론인의 자질을 연마했습니다.

1960년 4·19혁명이 일어나자 귀국한 수상자는 7·29총선에서 혁신계 정치세력의 의회진출이 거의 좌절되자 이들을 대변할 신문 창간의 필요성을 깨닫습니다. 재일교포를 상대로 자금을 마련한 수상자는 '민족의 진로를 가리키고, 부정과 부패를 고발하고, 노동대중의 권익을 옹호하고, 양단된 조국의 비애를 호소한다'는 사시를 내세우며 1961년 2월 민족일보를 창간하였고, 창간사를 통해 소수의 이익이 아닌 다수의 이익을 위해 봉사하겠다고 다짐합니다.

민족일보는 파격적인 의제 선정과 논설을 통하여 남북문제, 한·미 경제원조협정을 비롯한 한·미문제, 민주당 정부가 추진한 이른바 2대 악법인 반공법·데모규제법 문제, 용공조작 문제, 4·19혁명을 통해 제시된 혁명과제 등에 대하여 진보적인 주장을 했고, 혁신계 정당과 단체의 활동을 비중 있게 다루고 집중적으로 보도합니다. 또한 다양한 통일논의의 장을 마련하여 분단 상황 극복에 기여하고자 합니다. 이 결과 민족일보는 창간 즉시 대중의 큰 호응을 얻어 단기간에 영향력 있는 주요 신문으로 성장하게 됩니다.

같은 해 5·16 군사 쿠데타로 들어선 군사정권은 반공을 제일의 국시로 삼겠다는 발표 후 용공분자를 색출한다는 명분을 내세워 대대적으로 혁신계 인사들과 언론인을 체포합니다. 수상자는 다른 신문사 동료들과 5월18일 체포되었고, 5월 19일 92호를 마지막으로 민족일보 발행은 중단되고 5월 27일 폐간 통보를 받습니다. 혁명재판소는 6월 22일 제정된 '특수범죄 처벌에 관한 특별법'을 수상자에게 소급적용 하였고 반국가단체인 북한의 활동을 고무·동조하였다는 이유로 사형을 선고했습니다. 군사정권은 국내외의 구명운동에도 불구하고 12월 21일 사형을 집행했고, 국내 언론이 침묵하는 가운데 62년 국제저널리스트협회는 '국제기자상'을 추서하고 그의 죽음을 애도합니다.

한국언론사에서 가장 큰 비극이라고 손꼽히는 이 사건으로 인해 민주사회의 기반인 언론의 자유가 크게 위축되고, 진보적인 매체의 성장이 저해됐으며, 언론인에 대한 감시와 탄압이 강화됩니다.

이 사건은 권위주의적인 정권 아래서 금기시 되었지만, 그 진상을 규명하려던 눈물겨운 노력은 마침내 결실을 맺어 '진실·화해를 위한 과거사정리위원회'는 이 사건의 처리를 '반인권적·반민주적 인권유린 행위'로 보고 2006년 11월 진실규명 결정을 내렸고 현재 사법부에서 재심이 진행 중입니다.

심사위원회는 냉철한 통찰력을 지닌 언론인이었고, 민족을 생각하는 뜨거운 가슴을 가진 통일운동가였던 조용수 사장의 뜻이고 송건호 선생께서 남기신 민족·민주·자유·비판정신에 맞다고 판단하여 이 상을 드리도록 결정합니다.

심사위원회는 이 상이 높은 뜻을 제대로 펼치지 못한 채 젊은 나이에 꺾인 조용수 사장의 넋을 달래고, 그 동안 갖은 어려움을 딛고 묵묵히 진상규명을 위해 노력하신 유족들에게 깊은 위로가 되기를 바랍니다. 나아가 수상자와 유가족의 피해와 명예가 회복되고 나아가 올바르게 평가받고 역사에 기록되는 데 이 상이 보탬이 될 것이라고 믿습니다. 그리고 '민족일보 조용수 사건'을 편견 없이 공정하게 바라볼 만큼 이제는 우리사회가 성숙하고 열려 있다고 생각합니다.

한때 언론수난의 상징이었던 조용수 사장은 이제는 투철한 언론정신의 상징으로 역사에 남을 것입니다.

언론을 일시적으로 누를 수는 있어도 역사는 영원히 기억한다는 엄중한 교훈 앞에서 지금도 언론을 향해 펼친 억압의 손길이 있다면 거두기를 희망합니다.

고인의 명복을 빕니다. 조용수 선생이시여 부디 편히 영면하소서.

7회 문화방송 PD수첩·전국언론노동조합 YTN 지부

'송건호언론상' 심사위원회는 '문화방송 PD수첩'과 '전국언론노동조합 YTN 지부'를 '제7회 송건호언론상'의 공동수상자로 선정합니다.

PD수첩은 1990년 5월 방송을 시작한 이래 대표적인 시사고발 다큐멘터리로 자리잡은 공신력 있는 프로그램입니다. 지난 18년 동안 권력×자본×종교×언론이라는 금기와 성역에 도전하며 넘나들며 진실을 추구했고, 사회 전반에 걸친 부조리와 병폐를 고발하며 억눌린 사회적 약자를 대변해 왔습니다. 특히 2006년에는 황우석 교수의 줄기세포 개발 의혹을 파헤쳐 본연의 사명을 다했고, 금년도에는 한미 쇠고기 협상과 미국소의 광우병 위험 가능성에 대한 문제를 제기하여 국민의 알 권리를 충족 시켰으며 그 여파는 사회적 공론화와 국민의 적극적인 참여로 이어졌습니다.

끈질긴 탐사 보도를 통해 'PD 저널리즘'이라는 영역을 개척하면서 PD수첩은 객관적인 사실보도의 차원을 넘어 시청자 스스로가 우리 사회가 지향해야 할 바를 고민하게 만드는 심층보도의 본보기로 그 위상을 지켰습니다. 그 동안 위협 앞에 굴하지 않는 제작진의 용기와 진실을 위해 기꺼이 받아들인 희생이 PD수첩의 보이지 않는 원동력이었습니다.

2007년 대통령선거 당시 이명박 후보 선거대책위원회 방송총괄본부장이던 구본홍씨가 2008년 5월 이사회에서 사장으로 내정되자, YTN노조는 사원들의 지지를 받지 못하고 또한 현 정권과 가까운 정치적 인사가 뉴스 전문 채널의 대표가 되는 것은 부적절하다고 판단하고 그의 사장 선임에 반대하게 됩니다. 노조원의 해고와 대규모 징계를 겪으면서도 지금까지 이어지고 있는 YTN노조의 활동은 '언론의 독립'이라는 민주사회 운영원리의 가치를 새삼 되돌아 보는 계기가 되었으며, 이를 지키기 위해서는 언론인의 주체적인 자각과 실천이 필요하며 거기에 사회구성원의 관심과 지지가 뒷받침 되어야 한다는 사실을 일깨우고 있습니다.

올해는 여섯 후보자를 놓고 심사위원회가 전에 없던 긴 토론을 거쳤습니다. 심사과정에서 PD수첩의 보도에 대하여 우리 사회 일각에서 존재하는 논쟁과 우려도 고려했습니다. 그리고 YTN 사태는 현재 진행중이므로 시간을 두고 더 지켜 보는 게 바람직하다는 신중론도 있었습니다. 하지만 언론의 정도를 세우는데 일생을 바쳤던 송건호 선생이라면 국민의 알 권리와 언론독립을 위하여 의연하게 고난을 감수하는 후배들을 격려했을 것이라 믿고, 동시에 어렵게 이어 오는 언론자유의 불씨를 살리는 데 보탬이 되는 것이 이 상의 제정 취지임을 떠올리며 시상을 결정했습니다.

진실을 향한 PD수첩의 노력과 공정방송을 지키려는 YTN 노조의 저항은 한국언론사에 기록되어 다음 세대의 길잡이가 될 것입니다. 언론의 사명감이 퇴색되고 언론인이 하나의 샐러리맨으로 변질되는 세태 앞에 이 상이 공동 수상자의 자세를 다잡는 데 도움이 되기를 기대합니다. 또한 개인의 이득과 영달을 위해 언론인이란 지위를 징검다리로 삼지 말아야 한다던 송건호 선생의 고귀한 뜻이 언론인 한 명 한 명의 가슴 속에서 이어지기를 바랍니다.

끝으로 언론과 권력이 건강한 긴장관계를 유지할 때 민주사회가 성장할 수 있다는 상식이 통용되는 데 '송건호언론상'이 일조하기를 희망합니다.

8회 최문순·최상재

'송건호언론상' 심사위원회는 '최문순' 국회의원과 '최상재' 전국언론노동조합 위원장을 '제8회 송건호언론상'의 공동수상자로 선정합니다.

수상자 최문순 의원은 1984년 '문화방송'에 기자로 입사하여 〈카메라 출동〉을 통해 사회문제와 부조리를 고발하면서 시청자의 호응과 지지를 받았습니다. 방송사 노조위원장으로서 공영방송의 위상을 높이기 위하여 파업을 주도했다가 96년 해직된 후 97년 복직하기도 했습니다.

98년 9월 '전국언론노동조합연맹' 제6대 위원장이 된 후, 대화와 설득의 과정을 어렵게 거쳐서 '개별노조'의 동의를 얻으며 치밀한 준비와 과감한 추진력으로 '산별노조'의 설립을 주도하였고 2000년 11월 '산별노조'인 '전국언론노동조합'이 출범하자 초대 위원장을 맡았습니다. '산별노조'는 언론운동을 뒷받침하는 인적·물적 토대를 마련하여 언론운동이 질적으로 성장하는 계기가 되었습니다.

수상자는 99년 2월 '언론개혁시민연대'의 공동대표를 맡아 시민단체와 함께 '통합방송법 제정'과 '신문개혁 운동'에도 기여하였습니다.

2005년 2월 문화방송 사장으로 취임하여 정치로부터 '방송의 독립'을 이루고, 언론 스스로가 '권력화' 되는 것을 막기 위하여 노력했습니다.

2008년 정권 교체 후 여당은 "새로운 미디어 환경 변화에 부응하고 방송산업의 경쟁력을 강화하며 미디어산업 발전에 적합한 환경을 조성하기 위하여 현행법 상 '1인 지분 소유제한'과 '대기업, 신문·뉴스통신, 외국자본의 〈종합편성 또는 보도전문편성 콘텐츠 사업에 대한 겸영〉 또는 〈주식·지분 소유금지〉' 등의 규제를 완화하려는 목적"으로 미디어 관련법 (이하 '미디어법')을 개정하려 했습니다.

이에 제18대 국회의원인 수상자는 현행법 아래서도 신문사·대기업·외국자본은 방송의 거의 모든 분야에 진출할 수 있으며, 법안 개정의 핵심은 '보도 관련 규제의 완화'라는 점을 지적하며, 법령 개정에 종합적·입체적·순차적으로 접근하자고 강조합니다.

그러나 올해 7월 22일 여당 주도로 '미디어법' 개정안이 통과되자 이에 항의하며 의원직 사퇴서를 제출한 후 국회 밖에서 개정의 '절차적 정당성'에 이의를 제기했고, 민주사회의 중요한 요소인 언론에 관한 정책과 관련 산업을 재편하기 전에 '사회적 합의'를 이루자고 호소하고 있습니다.

최상재 전국언론노동조합 위원장은 96년부터 'SBS'의 프로듀서로서 〈그것이 알고 싶다〉〈세븐데이즈〉 등의 프로그램을 제작했습니다. 2004년 12월 노조위원장으로 선출된 후 노조를 '산별노조'로 전환했고, 민영방송의 공익성과 독립성을 향상시키고자 했습니다.

수상자는 전국언론노조 활동을 통해 언론개혁 활동에 참여했고, 2007년 9월 위원장으로 선출되어 어려움에 처한 노조를 수습하며 정부·여당의 언론정책에 적극적으로 대응하고 나섭니다.

"거대 기업이 미디어그룹을 소유하면 공익보다는 사익을 추구하기 시작해 뉴스가 보수화되고 공공성이 약해지며, 지역언론은 위축되고 언론노동자들의 근로조건도 크게 후퇴할 수 있으며, '신문·방송 겸영'으로 인해 '여론 다양성'이 약화되는 한편 보수적인 여론의 지배력이 높아지고 '정치와 언론'이 유착되는 폐해가 우려된다"는 소신을 가진 수상자는 '언론의 공공성'을 앞세우며 정책의 수정을 요구합니다.

수상자는 적극적으로 행동에 나서서 작년 7월에는 개정안의 직권상정을 막기 위하여 삼보일배를 했고, 08년 12월 26일부터 09년 1월 7일까지 언론노조의 대규모 총파업을 주도하여 개정을 중단시켰습니다. 올해 7월 '미디어법'이 통과되자 수상자는 '투표가 원천무효'라고 주장하며 언론·시민단체·야당과 함께 '미디어법'의 문제점을 알리며 시민의 지지를 부탁했습니다.

7월 27일 '업무방해와 집시법 위반'을 이유로 체포된 후 법원의 구속영장 기각 결정으로 석방되었고, 10월 29일에는 '미디어법' 개정과 관련하여 '효력정지 가처분신청과 권한쟁의 심판청구'의 결과를 앞두고 헌법재판소 앞에서 1만배를 했으며, 판결 이후 11월 4일부터 단식농성에 돌입하기도 했습니다. 수상자는 언론이 사회구성원의 삶에 직접적인 영향을 미치는 '공적 영역'이며, 대중의 무관심은 '자신의 권리와 의무'를 방치하는 행위임을 호소하고 있습니다.

수상자의 활동은 언론노조 위원장의 책무이기도 하지만 '언론의 자유와 독립'을 위한 수상자의 굳은 신념과 값진 헌신이 없이는 불가능합니다.

두 수상자는 미디어의 본질은 '언론자유와 민주주의'라는 믿음을 지키기 위해 사회적 합의를 이루지 못한 '미디어법'을 반대하며 개인에게 닥치는 고난을 감수하고 있습니다. 이들의 노력과 자세가 민주언론과 독립언론을 위해 평생을 바친 송건호 선생의 정신과 맞다고 판단하여 이 상을 드립니다

두 수상자는 자유언론 수호는 자신의 사명이라는 '주체적 자각'과 스스로를 희생하는 '실천'이 언론의 자유와 공공성을 지키는 원동력이라는 평범하지만 어려운 진리를 말해 주고 있습니다.

9회 최승호·옥천신문

'송건호언론상' 심사위원회는 '제9회 송건호언론상'의 수상자로 '최승호 문화방송 프로듀서'와 '옥천신문'을 선정했습니다.

최승호 피디는 시사프로그램을 통해 권력·자본·종교·과학 등 사회 전반에 걸친 금기와 성역에 도전하며, 심층 탐사보도 전문 언론인의 길을 걷고 있습니다.

1986년 '문화방송'에 입사한 수상자는 95년부터 〈PD수첩〉에서 여러 차례 일하며, 6·25전쟁 당시 고양 금정굴 민간인학살 사건·대형교회의 세습 문제·재벌의 상속·여성 장애인 성폭행·돈세탁·안락사·검찰의 정치 중립 등 대중이 외면하지만 직시해야 할 불편한 진실을 보도했습니다. 2003년 '전국언론노동조합 문화방송 본부' 위원장을 맡은 후, 2005년 〈PD수첩〉에 돌아와서는 책임 프로듀서로서 방송제작을 맡아, 대기업과 검찰의 유착 의혹, 국적포기자의 대다수가 지도층의 자제들이라는 사실 등의 병폐와 부조리를 고발했고, 특히 황우석 박사 의혹을 보도한 후, 여론의 비난 속에서도 관련 취재를 멈추지 않고 사실관계를 밝히고자 노력한 공로로 다음해 '올해의 프로듀서상', '한국방송대상 우수작품상'을 받았습니다.

2008년 하반기부터 미국 미주리대 저널리즘스쿨 산하 '탐사보도협회(IRE)'에서 10개월의 심층 탐사보도 교육 과정을 거쳐 2009년에는 취재 프로듀서로 복귀한 후, '4대강 사업'에 대하여 세 차례 심층보도를 하였고, 이 중 논란 끝에 금년 8월에 방송된 '4대강, 수심 6미터의 비밀'에서는 4대강 사업이 대운하사업의 연장선에 있다는 정황을 밝혀내 큰 반향을 불러왔습니다. '나는 고 발한다–한 해군장교의 양심선언'에서는 군납비리를 알린 제보자를 도와 군의 투명성을 높이는 데 기여했고, '1당 독주, 견제 없는 지방자치'에서는 비리로 얼룩진 지방자치와 견제기능을 상실 한 지방의회의 현실을 진단하고 대안을 모색했습니다.

올해 4월 '검사와 스폰서'편에서 검사들이 금품·향응·성접대를 받았다는 사실을 폭로하여 검 찰 자체 진상규명과 특검 수사를 가능케 했지만, 이어진 보도에서 검찰이 이 사건의 실체를 규 명하는 데 소극적이었다는 사례를 발굴하였고, 검찰에 대한 견제장치로서 특별검사제가 갖고 있는 한계를 대중에게 알렸습니다.

1989년 9월 창간된 〈주간 옥천신문〉은 보도와 경영면에서 지역 언론의 모범으로 손꼽히고 있 습니다. 서울 중심의 중앙집권화와 지역 언론의 미흡한 대응으로 인해 현재 우리나라의 지역신 문은 신뢰도와 경영면에서 위기를 맞고 있습니다. 심지어 일부 신문은 특정세력의 이익을 위해 파행적으로 운영되기도 합니다.

옥천신문은 특정 개인이나 단체가 소유하는 것을 막기 위해 군민주 신문을 목표로 출범하여 지 금까지 편집권의 독립 보장, 편집국장 선출제 등을 통해 언론자유를 확립했고, 지면평가위원회 를 운영하여 객관성과 공정성을 높이려 노력했습니다.

촌지와 향응으로 불리는 관행을 거부하는 건전한 윤리의식을 바탕으로 지방권력과 언론이 결 탁하는 구조적인 문제점을 막았고, 옥천의 자치단체·의회·권력기관·유력인사를 감시하고 견 제하여 주민이 중심이 되는 지역자치가 뿌리내리는 데 기여해 왔습니다. 지면에서도 지역현안 과 소식 그리고 주민의견을 성실하게 반영하고, 실질적인 생활정보를 제공하여 튼튼한 독자기 반을 쌓을 수 있었습니다.

경영면에서도 초기에는 어려움을 겪었지만 유가독자율 제고, 지역 생활광고 유치, 비용절감 등 을 통해 적자 없이 운영하여 언론인의 양심과 자율에 따라 보도할 수 있는 자립기반을 마련했 습니다.

또한, 옥천신문은 언론개혁운동에도 적극적으로 참여하여 판매시장 왜곡이 초래한 언론독과점 의 문제점을 알렸고, 2003년부터 '옥천언론문화제'를 주관하는 기관으로서 언론과 언론산업을 객관적이며 비판적으로 볼 수 있는 교육의 장을 만들었습니다.

이러한 노력을 인정 받아, 전국의 우수 지역신문을 대상으로 경영과 취재보도를 지원하는 법률 인 '지역신문발전지원법'이 제정된 2005년부터 2010년 현재까지 매해 옥천신문은 우수 지역신 문으로 선정되었습니다.

제9회 심사위원들은 송건호 선생이 남긴 유산 중에서 올해는 언론의 '비판정신'을 심사기준으 로 세웠습니다. 해야 할 대상을, 해야 할 시기에 비판하는 것은 언론 본연의 책무이며 존재 이유 입니다. 언론기관과 언론인은 많지만 힘과 돈 앞에 당당히 맞서서 스스로를 희생하고 고난을 감수하는 이는 찾기 어려워져만 갑니다.

이러한 시대 상황에서 두 수상자의 꺾이지 않는 신념과 용기가, 제도권 언론인에서 저항언론인으로 그리고 신문사 발행인으로서 언론의 독립과 편집권의 보장, 국민의 알 권리를 위해 외길을 걸은 송건호 선생의 꼿꼿한 비판 정신과 맞닿는다고 판단하여 수상자로 선정합니다.

앞으로도 시대의 정직한 목격자와 기록자로서 최승호 피디가 오래도록 현장에 남아 '피디저널리즘'의 길잡이가 되기를 기원하며, 함께 어려움을 감내하는 동료와 가족들에게 이 상이 위로와 격려가 되기를 희망합니다. 그리고 이제 풀뿌리언론의 본보기로서 지역민들이 더욱 믿고 지지하는 신문사로 발전할 것을 믿으며, 이 상이 창간 스물한 돌을 보낸 옥천신문을 축하하는 선물이 되리라 기대합니다.

10회 서중석

'송건호언론상' 심사위원회는 '서중석 성균관대학교 사학과 교수'를 '제10회 송건호언론상'의 수상자로 선정했습니다.

수상자는 1967년 서울대학교 문리대 사학과에 입학하여, 권위주의적 정권 아래서 학내시위와 반체제운동에 참여했다는 이유로 세 차례의 제적과 복교 과정을 거치고 나서 1984년 8월 졸업했습니다.

79년부터 88년까지 동아일보사 신동아부의 기자로 일하며 양심수와 민주화운동, 노동운동과 노동자 생활, 도시빈민·농업농촌 문제를 보도하는 등 정치적·사회적으로 민감한 사안에 끊임없는 관심을 기울였고 소외계층의 실태를 고발하였습니다. 당시의 취재 결과는 《80년대 민중의 삶과 투쟁》(1988)이란 책으로 출판되었습니다.

언론계에 재직 중이던 82년 《한국민족주의론 I》에 '민족사학과 민족주의'란 글을 발표하면서부터 본격적으로 연구가의 길에 접어들었고, 88년에 서울대 박사과정에 입학하여 현대사 분야를 기피하는 사학계의 분위기에도 불구하고 연구를 단행한 결과, 1990년 '해방후 좌우합작에 의한 민족국가건설운동 연구'라는 논문으로 한국현대사를 전공한 국내 최초의 박사가 되었습니다. 그의 학위취득은 학계 내에서 현대사 연구의 물꼬를 터게 했다는 점에서 의미가 있으며, 전문인력의 배출과 연구성과의 축적을 불러 왔습니다.

그 후, 연구에 매진하여 논문과 저서를 연이어 발표하면서 대표적인 현대사학자로서 우리사회에 이름을 알리기 시작합니다. 91년 박사학위 논문을 보완하여 펴낸 《한국현대민족운동연구》에서는, 한반도 분단의 원인과 과정을 국제정치학적 시각에서 분석하던 종래의 연구방법을 벗어나, 해방 직후 우리 민족이 분단체제로 나아가는 과정에서 어떻게 대응하였는가를 연구함으로써 통일된 민족국가건설운동이 실패한 이유를 밝히고자 했습니다.

《조봉암과 1950년대》(1999)에서는 1959년 간첩으로 몰려 사형당한 정치가 조봉암과 진보당이 내세웠던 '사회민주주의와 평화통일론'의 내용과 그 형성 배경을, 그리고 6·25전쟁 중에 양민들이 겪었던 '주민집단학살, 부역, 피난'이라는 고통이 극우반공체제의 탄생과 어떤 관련이 있는지를 고찰하였습니다. 이 연구의 학문적 업적을 인정받아 신채호 선생을 기리기 위해 제정된 단재상의 제16회(2002) 수상자로 선정되기도 했습니다. 그리고 수상자는 《이승만의 정치이데올로기》(2005), 《이승만과 제1공화국》(2007)을 통해, 상대적으로 연구실적이 부족한 1950년대의 시대상을 복원하고 통찰하고자 노력했습니다.

또한 독립운동사에도 깊은 관심을 기울여, 《신흥무관학교와 망명자들》(2001)에서는 서간도 지방에 설립된 신흥무관학교의 역사를 중심으로 독립운동의 방향, 정치이념과 민족의식, 망명자 사회에 대해 기술하여 이 지역의 독립운동을 심도 있게 연구했습니다. 특히 독립운동이라는 대의 앞에서 이중으로 희생해야 했던 가족들과 여성의 삶을 밝힌 점은 이 저술이 가진 독창성입니다.

이외에도 《남·북 협상—김규식의 길, 김구의 길》(2000)에서는 분단을 막기 위해 좌우합작과 남북협상을 주도했던 임시정부 부주석 김규식선생의 역정을 정리했고, 《비극의 현대지도자》(2002)를 지어 일곱 명의 주요 지도자가 걸었던 길을 재조명했습니다.

수상자는 현대사에 대한 대중의 관심을 높이기 위해 《사진과 그림으로 보는 한국현대사》(2005), 《한국현대사 60년》(2007), 《대한민국 선거이야기》(2008), 《6월 항쟁》(2011)이라는 다양한 저서를 발표하여, 현대사 교육을 외면하는 풍토에 경종을 울리기도 했습니다.

그리고 민간연구단체인 '사단법인 역사문제연구소'의 운영위원으로 1986년부터 참여하여, 연구소 소장과 기관지 〈역사비평〉의 주간을 거쳐 현재는 이사장으로 재직하면서 전문가와 대중을 위한 학술지와 학술서를 기획 발간하였고, 다양한 강좌 ·토론회· 답사기행을 진행했으며, 일본·중국·독일 등의 해외 학자들과도 학술교류를 추진했습니다. 이러한 활동은 사회 전반에 걸쳐 역사에 대한 이해도를 높이고 역사학이 발전하는 데 기여했다고 평가됩니다.

학문적 업적 이외도 역사가로서 수상자가 보여온 사회참여 활동에도 주목해야 합니다. 2000년부터 '제주4·3사건 진상규명 및 피해자 명예회복 위원회 위원'으로, 2004년에는 '일제강점하 강제동원피해 진상규명위원회 위원'을 맡아 과거사의 진실을 밝히는 과정에 동참했습니다. 이는 '장기간에 걸친 권위주의적 통치는 필연적으로 사회의 경직과 병리현상을 초래하기 때문에 정상적인 사회가 되기 위해서는 수술과 신선한 활력으로 사회를 재조정해 통합하지 않으면 안 되며, 일제강점기부터 극우 반공 독재 정권기에 있었던 수많은 비인간적·반문명적 행위를 반성하고, 각종 의혹사건을 털어버리고 새출발하는 것이 사회발전에 전제조건'이라는 수상자가 가진 굳은 신념의 소산이기도 합니다.

또한 2001년부터 지금까지 '아시아 평화와 역사교육 연대'(옛, 일본교과서바로잡기운동본부)의 상임공동대표로서 역사왜곡에 대응하는 한편 아시아의 평화를 모색하는 역사교육 방안을 고민했고, 2007년경부터 '남북역사학자협의회' 남측 위원장을 맡아서 분단체제 아래서 민족사를 회복하는 데 앞장서 왔습니다.

수상자는 1997년 〈현대사 사료의 문제〉라는 논문에서 현대사 자료가 부족하며, 접근이 어렵고, 왜곡이 심하고, 증언을 얻기 어렵고, 사건의 날짜와 장소 등 기초사실 조차 부정확하다고 어려움을 토로한 바 있습니다. 그럼에도 불구하고 수상자는 한국현대사 연구를 기피하는 학계의 분위기 속에서 소명의식을 가지고 연구에 매진하여, 실증적 방법으로 학술적 가치가 높은 저술을 통해 현대사연구의 지평을 넓혔고, 성실한 자세로 수많은 논문과 저서를 발표하여 이 시대를 기록하는 언론인의 역할을 다하고 있습니다.

서중석 교수가 그려온 삶의 궤적이, 언론인이면서도 한국현대사 연구를 개척했고, 냉전체제 아래서 한 차원 높은 민족주의를 탐구하여 민족분단을 극복하고자 노력했던 민족지성 청암선생의 삶과 뜻과 부합하다고 판단하여 이 상을 드립니다.

11회 한홍구·뉴스타파

'송건호언론상' 심사위원회는 '한홍구 성공회대 교양학부 교수'와 독립언론 '뉴스타파'를 '제11회 송건호언론상'의 수상자로 선정했습니다.

수상자 한홍구 교수는 서울대학교 국사학과와 동 대학원 그리고 미국 워싱턴대학교에서 한국현대사를 전공했고 2000년부터 성공회대 교양학부 교수로 재직 중입니다.

2001년 1월부터 5년에 걸쳐 주간지 〈한겨레21〉에 연재한 '한홍구의 역사이야기'가 호평을 받으며 역사학자로서는 드물게 높은 인지도와 인기를 얻게 된 수상자는 이 연재물을 《대한민국사 1~4》로 묶어 펴냈고, 이어 《한홍구의 현대사 특강1~2》 등 다양한 출판물과 강연 활동을 통해 현대사 지식의 대중화에 앞장서고 있습니다.

수상자는 '모든 역사는 과거에 일어난 일 자체라기보다는 현재의 관점에서 불러내고 해석한 과거'라는 신념으로 사회 전방위에 걸쳐 여러 현안의 역사적 연원을 파헤치고, 사회문제와 병리현상을 심도 있게 분석했습니다.

그 동안 수상자는 왜곡된 민족주의, 친일파 청산, 고문, 도청, 감시, 민간인 사찰, 한국전 당시 민간인 학살, 연좌제, 한미행정협정, 미군범죄, 사학문제, 간첩조작 사건, 토건국가, 공기업 민영화, 사교육, 군대 내 인권 등 우리 사회의 민감한 이슈와 금기사항을 공론의 장으로 이끌어 냈고, '우리가 직면하는 문제는 다 얽히고 설킨 역사적 뿌리를 갖고 있기에 현대사의 맥락 속에서 이해하고 해결책을 찾아야 한다'고 사회구성원들을 일깨워 왔습니다.

또, 수상자는 현실문제에도 적극적으로 의견을 내고 행동하는 '참여형 지식인'이기도 합니다.

'베트남전 민간인 학살 진실위원회' 집행위원으로서 한국과 베트남 간에 진정으로 화해하고 새로운 협력관계를 만들어 나가는 길을 모색했고, '평화박물관' 건립을 추진하면서 '고통·기억·연대'를 지향하며, 우리 사회에 '평화감수성과 평화문화' 확산을 위한 활동을 벌여 왔습니다.

'양심에 따른 병역거부권 실현과 대체복무제도 개선을 위한 연대회의' 공동집행위원장을 맡아 병역거부자를 처벌하기보다는 대체복무 시키는 것이 실용적이며 군대의 인권수준을 향상시키는 길이라고 호소했습니다.

'국가정보원 과거사건 진실규명을 통한 발전위원회' 민간위원으로 참여하여 '5·16 군사반란 직후 부일장학회, 부산일보, 부산문화방송, 한국문화방송 등의 헌납과 경향신문 매각에 따른 의혹 사건'을 조사한 뒤, 군사정권이 언론통제에 적극 개입했다는 것을 객관적인 증거를 바탕으로 확인했습니다. 수상자는 이러한 강압적 언론정책이 언론의 독립성을 해쳐 민주주의의 후퇴를 가져 왔다는 사실 또한 강조했습니다.

공동 수상자 '뉴스타파'는 '뉴스답지 않은 낡은 뉴스를 타파하고, 성역 없는 탐사 보도를 추구하며 이를 통해 죽어가는 저널리즘을 복원한다'는 목표 아래, 이명박 정권 시기에 해직된 언론인들과 전국언론노동조합이 함께 만드는 인터넷 기반의 대안매체입니다.

2012년 1월 27일 첫 방송을 시작한 '뉴스타파'는 7월 1일 21회 방송을 끝으로 '시즌1'을 마친 후, 8월 17일부터 '시즌2'를 재개하여 현재까지 이어오고 있습니다. 이 방송은 큰 호응을 받으며 8월 중순 즈음에 '유튜브' 기준으로 누적 조회수가 540여 만 건, '팟캐스트' 기준 내려받기가 590여 만 건을 기록했습니다.

부족한 인력, 빈약한 장비, 자금난에도 불구하고 언론노조 사무실을 스튜디오 삼아 제작된 뉴스는 주류 언론에서 외면하고 회피한 4대강 사업 부실 의혹, 선관위 투표소 변경, 제주도 강정 해군기지 문제, 홍익대 청소노동자 투쟁, 콜트·콜텍 사태, 쌍용차 문제, 재능교육 노동자 해고, 삼성 반도체 직업병, 원전문제, 민간인 불법 사찰 등을 보도하여 권력과 자본에 대항하여 진실을 파헤치고 사회적 약자와 소수자를 보호했습니다.

7월부터 1만명을 목표로 후원회원을 모집 중인 '뉴스타파'는 미국의 비영리 온라인 언론사인 '프로 퍼블리카'를 모델로 삼아 탐사전문 독립언론으로 거듭나기 위해 노력하고 있습니다.

올해의 심사위원들은 수상자 선정을 위해 청암 선생이 남기신 뜻을 다시 한 번 돌이켜 봤습니다. 오늘날, 언론사와 언론인은 차고 넘치지만 치열한 보도정신으로 진실을 파헤치고 냉철한 이성으로 본질을 파악하고 불굴의 용기로 보도하는 매체와 기자를 찾기 힘들어 아쉬움이 큽니다. 심사위원회는 고난을 겪으면서도 역사 앞에 부끄럽지 않은 언론인이자 역사가가 되고자 했던 청암 선생의 올곧은 비판정신과 저항정신을, 한홍구 교수와 뉴스타파에서 발견하고 이 상을 드립니다.

심사위원들은 '송건호언론상'이 두 수상자의 헌신과 실천에 대한 보답이 되리라 기대하며, 한홍구 교수가 이 시대의 지성으로 그리고 '뉴스타파'가 지속가능한 대안언론으로 발전해 나가는 길에 이 상이 따뜻한 격려가 되기를 희망합니다.

12회 경남도민일보·프레시안

'송건호언론상' 심사위원회는 '제12회 송건호언론상'의 수상자로 '경남도민일보'와 '언론협동조합 프레시안'을 선정했습니다.

개혁언론의 기치를 들고 1999년 5월 11일 경남지방 종합일간지로 창간된 경남도민일보는 지역 언론의 모범으로 손꼽힙니다.

심사위원회는 경남도민일보의 성장을 뒷받침하는 그 배경에 주목했습니다.

우선, 6천여 도민이 주주로 참여한 소유구조는 특정세력의 사유화를 원천적으로 방지하여, 일부 '토호언론'에서 보이는 병폐를 예방할 수 있었고, 권력과 자본, 억압과 회유에 맞서 보도의 자유를 지킬 수 있는 원동력이 되었습니다.

편집권은 기자들이 공유하되 편집국장이 최종권한과 책임을 가지며 회사는 편집권을 침해할 수 없다는 '경영과 편집의 분리' 원칙을 편집규약에 명문화 했으며, 편집국원 인사에 대하여 편집국장의 재량권을 존중하고 있습니다. 또한 경영진 중간평가제, 편집국장 임명동의제, 노사 동수의 노사공동위원회를 통해 수평적 의사소통과 민주적인 운영방식을 지향했습니다.

그리고 2000년부터 지면평가위원회를 설치하여 독자들의 비판과 의견이 지면제작에 반영될 수 있도록 했고, 독자권익위원회(고충처리인)제도를 운영하여 독자와 이해관계자의 권익을 보호하고, 객원기자제도를 현실화하여 지면을 도민들에게 개방하였습니다. 이는 언론이 지역에서 권력으로 군림하는 폐단을 견제하는 길을 제도적으로 보장한 것입니다.

구성원들의 노력 또한 돋보입니다. 임직원은 1999년 5월 사원윤리강령, 2002년 2월에는 기자 실천요강을 제정하여 신문사의 지위를 이용하여 금품, 향응, 부당한 이익을 취하는 일을 스스로 규제했고, 이에 따라 신문사는 언론자유 수호와 품위유지, 부적절한 외부활동 금지를 강력하게 요청하였습니다. 나아가 윤리위원회를 통해 윤리강령 준수 여부를 점검하고 때로는 조직 내 비리를 외부에 공개하고 반성하여 투명성과 신뢰도를 높였습니다.

지역신문발전특별법에 따라 전국 106개 지역신문사에 대한 종합평가 결과 2005년 최우수 신문사로 선정되었고 이후 9년 연속 높은 평가를 받았다는 사실은 경남도민일보의 공신력을 객관적으로 입증합니다.

지역에 밀착하여 지역민을 대변하고 약한 자를 보호하는 것이 지역언론의 바른 길이며 살 길이라는 신념은 밀양 송전탑 건설과 도립 진주의료원 폐업 관련 보도에서 잘 드러납니다.

2005년부터 송전탑 문제를 600여 건 이상, 금년에는 진주의료원 논란을 700여 건 이상 지속적으로 보도하여 지역문제를 현장에서 다각도로 깊이 있게 분석했고 소수자의 의견도 충실히 반영하였습니다. 특히 2013년 10월 11일자에 '특집 송전탑 프로젝트'를 4면에 걸쳐 집중 보도하여 이 문제의 핵심은 집단이기주의나 폭력사태가 아닌 원자력발전을 확대하려는 국가 에너지정책과 그 강제추진 방안임을 상기시키며 여론과 정책의 변화를 촉구하였습니다. 이는 지역언론의 지평을 넓히고 존재의의를 증명하는 시도이기도 합니다.

2001년 9월 24일 고급정론지를 지향하며 출범한 이래 오늘날 대표적인 인터넷매체로 자리잡은 '프레시안'은 2013년 6월 1일 언론협동조합으로 전환하며 제2창간을 단행했습니다.

단편적이고 선정적인 정보가 범람하는 온라인 공간에서 '관점이 있는 뉴스' 제공을 위하여 프레시안은 지난 십여 년간 심층보도와 기획기사를 통해 차별화된 양질의 콘텐츠를 선보였습니다. 동시에 황우석 사태, 한미FTA, 삼성 반도체공장 백혈병 문제 등을 지속적으로 파헤쳐 과학권력, 정치권력, 기업권력에 맞서며 우리사회의 부조리를 감시하고 진실을 수호하기 위하여 분투했습니다.

하지만 이러한 기여와 호평에도 불구하고 콘텐츠 매출이 저조한 온라인매체 시장의 구조적인 한계로 인하여 프레시안은 만성적인 경영 불안정을 겪습니다. 경영난를 극복하고자 독자, 후원자와 유대를 강화하고 오프라인 사업을 벌이는 등 자구책을 찾았지만 문제를 근본적으로 해결할 수는 없었습니다.

한때 자본과의 제휴를 통한 생존 방식을 고민하기도 했지만, 언론의 자유가 본질적으로 침해 받을 수 있다는 문제의식 속에서 자본을 택하지 않고 언론사로서는 국내 최초로 협동조합 체제로 전환하였습니다. 세계적으로 협동조합 언론매체가 없는 것은 아니지만, 기성 언론이 주식회사에서 협동조합으로 전환한 예는 유례를 찾기 힘들다는 점에서 그 의의는 큽니다.

이제 프레시안은 생명·평화·평등·협동이라는 가치를 추구하며 광고에 의존하지 않는 건강한 대안언론으로 나아가기 위한 새로운 도전에 나섰고, 생존과 언론자유 사이에서 고민하는 한국 언론계는 이들의 미래에 관심과 응원을 보내고 있습니다.

제12회 심사위원회는 송건호 선생이 강조한 정신 중에서 올해는 '언론의 독립'이라는 관점에서 후보자들을 심사했습니다. 자유언론을 위해서는 언론인 개인의 신념만으로는 부족합니다. 언론사의 제도적 장치가 확립되고 구성원의 의식이 투철할 때 '언론독립'은 이상적으로 실현될 수 있다고 판단하여 수상자를 뽑았습니다.

심사위원회는 두 수상자가 언론의 독립을 이룰 수 있는 구조와 제도를 도입하고 운영하는 동시에 그 실천을 위하여 구성원들이 고민하고 노력한 점을 높이 평가하여 이 상을 드립니다.

심사위원회는 이 상이 수많은 어려움 속에서도 좋은 언론을 만들고 지키고자 격려와 지지를 보내고 헌신한 두 언론사의 주주, 조합원, 독자, 필진, 임직원들에게 기쁨과 격려가 되기를 희망합니다.

13회 손석희

'송건호언론상' 심사위원회는 '방송인 손석희씨'를 '제13회 송건호언론상'의 수상자로 선정했습니다.

수상자는 아나운서, 기자, 뉴스앵커, 시사프로그램 진행자, 대학교수를 거쳐 현재 JTBC 보도담당사장으로 재직하며 〈JTBC 뉴스룸〉을 진행하고 있는 우리사회의 대표적인 언론인입니다.

1983년 문화방송에 아나운서로 입사하여 방송의 최종전달자로서 뉴스·교양·대중문화 부문의 여러 프로그램을 진행했으며, 미국 유학 후 1999년부터는 뉴스와 시사프로그램에 전념하고 있습니다.

2000년부터 2013년까지 〈손석희의 시선집중〉을 맡아, 뉴스를 정리하여 전달하던 아침 라디오 방송을 심도 있는 시사프로그램으로 차별화하여 높은 청취율을 기록했으며, 이 공로를 인정받아 2012년에는 '제39회 한국방송대상 라디오진행자상'을 수상했습니다.

2002년부터 8년간 진행한 〈100분토론〉에서는 예리한 질문, 논리적인 진행, 정제된 언어로 시사프로그램의 새로운 모델을 제시하며 토론문화의 발전과 성숙에 기여했습니다.

2013년 9월부터 앵커로 복귀하여 JTBC 뉴스를 진행하며 사실·공정·균형·품위라는 목표 아래 심층취재 보도와 인터뷰를 바탕으로 시청률과 신뢰도 상승을 이끌고 있습니다.

방송이 수많은 종사자들의 협업의 산물이기는 하나 '방송인 손석희'가 프로그램의 위상과 품격을 높이는데 기여한 바가 크다는 것은 부정할 수 없는 사실입니다. 수상자는 강한 영향력을 발휘하고 대중적 인기를 누리는 동시에 신뢰할 수 있는 언론인으로 손꼽히고 있습니다. 이는 지난 30년의 세월 동안 대중과 미디어에 노출되는 삶 속에서도 엄격한 자기관리와 신중한 처신으로 정진한 결과입니다.

올해의 심사위원회는 미디어 시장의 급격한 변화와 혼란 속에서도 '언론인은 소명의식을 가지고 소신을 지켜야 한다'고 강조했던 청암선생의 뜻을 되새깁니다. 권위주의 정부 시대와는 다른 방식으로 21세기 다매체 다채널 시대에 언론인이 자연적 의미에서 저널리즘의 정체성을 확립하고, 주위환경을 끊임없이 감시하며, 언론산업의 수준을 높이고, 나아가 저널리즘의 품격을 유지하기가 더욱 어려워지고 있습니다. 이러한 지구촌 미디어 환경의 세기적 전환기에 한평생 언론인의 정도를 벗어나지 않았던 송건호 선생의 자세를 수상자에게서 발견했습니다.

심사위원 한 분 한 분이 방송인으로 30년 이상 한길을 걸어온 수상자의 업적과 사회적 영향력을 포함하여 그동안의 활동을 두고 여러 각도에서 신중하게 토론을 벌인 후, '송건호언론상'을 받기에 적합하다는 의견의 일치를 보게 됐습니다. 수상자가 믿는 '본래적 의미의 저널리즘'을 의지대로 지키며 실천해 나가는 길에 이 상이 격려가 되기를 희망합니다

14회 변상욱

'송건호언론상' 심사위원회는 'CBS 변상욱 대기자'를 '제14회 송건호언론상'의 수상자로 선정했습니다.

변기자는 기자, 프로듀서, 앵커를 거쳐 33년째 방송 현장을 지키고 있는 현역 언론인입니다.

1980년 11월 '언론통폐합'을 강행하던 신군부는 CBS가 뉴스방송과 광고를 할 수 없도록 막았습니다. 이는 정권에 비판적인 방송사에 재갈을 물리고 경영을 압박하려는 시도였습니다. 뉴스를 내보내지 못하는 불리한 여건 아래서 CBS는 83년 프로듀서로 입사한 그를 '프레스카드'가 없는 상태에서 기자의 길을 걷도록 했습니다. 기자 아닌 기자였던 그는 취재원과 현장에 공식적으로 접근하기 힘든 어려움을 겪으면서도 사회의 불의와 모순을 파헤치고 소외계층을 대변했습니다.

특집방송이라는 명분으로 매주 편성된 프로그램 '월요특집'의 취재를 담당하던 변피디는 인권침해·공해·도시빈민·농촌위기 등 공중파와 신문이 외면하던 사회의 부조리를 고발하여 진실에 목마른 사람들을 라디오 앞으로 불러 모았습니다. 특히 87년 1월 '박종철군 고문치사 사건'이 일어나자 동료들과 방송국 주조정실을 막고 '고문 없는 세상에 살고 싶다'라는 특집을 생방송으로 진행하여 시민의 분노와 저항을 불러 일으켜 민주화를 앞당기는 데 일조했습니다.

87년 10월 CBS의 보도기능이 부활한 뒤, 96년 시사문제에 대한 객관적인 보도와 해설을 통해 균형 있는 여론을 형성한 공로를 인정받아 '시사자키'의 제작진으로서 '제6회 민주언론상'을 받았고, 앵커로서 진행한 '뉴스레이다'는 2005년 라디오 보도부문에서 '제32회 한국방송대상'을 수상했습니다. CBS가 종교방송이라는 정체성에도 불구하고 뉴스·시사 부문에서 호평을 받는 데는 변기자의 사명감과 헌신이 녹아 있습니다.

2006년부터 현재까지 기명칼럼 '변상욱의 기자수첩' 코너를 맡아, 폭넓은 지식을 바탕으로 차분한 어조로 시사문제를 깊이 있게 해설하고 문제점을 넌지시 풍자하여 청취자들의 지지를 받고 있습니다. 그리고 2014년 10월부터는 'CBS 노컷뉴스'에서 매주 1회 제작하는 팟캐스트 방송인 〈변상욱-김갑수의 스타까토〉에서 주로 정치이슈를 다루며 현재 권력에 대한 쓴 소리를 아끼

지 않는 동시에, 새로운 방식으로 언론 수용자들과 적극적으로 소통하려는 도전에 나섰습니다. 변상욱 대기자는 공정방송의 실현과 언론계의 연대 활동에도 적극적입니다.

방송사 중 CBS 구성원들이 88년 최초로 노조를 설립하자 '공정방송위' 간사를 맡았고, 4대 노조위원장 재임시에는 'CBS 선거방송지침'의 제정을 주도하여 국내 최초로 언론계에 선거분야 공정방송 지침이 보급될 수 있도록 했습니다. 2000년 CBS 당시 사장이 정치적 편향성을 보이자 부장단 12명은 '현 CBS사태에 대한 우리의 호소'라는 성명을 발표했습니다. 이 중 한 명이던 변부장은 징계를 받았고, 그 해 10월 5일부터 267일간 장기 파업에 들어가자 다음 해 2월에는 부장 보직을 사퇴한 후 동참하여 파업에 힘을 보탰습니다. 이를 통해 노조는 최고 경영진이 방송의 정치적 중립성과 독립된 지위를 해치는 것을 견제했고, CBS 재단 정관 변경을 통해 사장 선출에 사원들이 참여할 수 있도록 보장하여 방송의 공정성을 지키는 제도를 마련했습니다.

88년 4월 '전국언론사노동조합협의회' 단계부터 참여했던 그는 그 해 11월 '전국언론노동조합연맹'이 생기자 교육훈련국장, 법무국장, 감사를 맡아 언론사 노조간 연대할 수 있는 기구를 수립하는데 기여했습니다. 또한 2012년 '뉴스타파'가 문을 열자 약 5개월간 '변상욱 칼럼'을 맡아서 독립 탐사보도전문 매체가 자리 잡을 수 있도록 지원했습니다.

지난 세월 동안, 대기자가 저널리즘의 정도와 책무에 대하여 깊은 고민을 했다는 점에도 주목해야 합니다.

10여 년의 경력을 가진 소장 언론인으로서 96년 《언론 가면 벗기기》라는 책을 출판하여 권력에 예속되고, 자본에 종속되어 가는 언론의 어두운 면을 알렸습니다. 이는 사회의 파수꾼임을 자처하지만, 정작 스스로를 비판하고 서로를 경책하지 못하는 언론계의 행태에 경종을 울렸다는 점에서 그 의의가 큽니다. 또한 그는 언론인 자정운동에도 참여하여 취재원이 비용을 대는 해외여행과 취재, 촌지를 거부하는 것을 실천하고 있을 뿐만 아니라, 언론계 후배들에게 저널리스트의 윤리를 가르치고 있습니다.

언론을 '제4의 권력, 선출되지 않은 권력'이라고도 합니다. 언론권력의 건전성과 자정력을 유지하기 위해서는 언론인 스스로 성찰하는 자세와 높은 윤리성이 필요합니다. 올해의 심사위원회는 '급여생활자로 현실추종자로 안주하여 지조 없이 살기에는 언론의 영향력이 크기에, 기자는 그 누구보다도 정의감과 주체의식이 뚜렷해야 한다'고 역설했던 송건호 선생의 정신을 되새기며, 신중한 토론과 심사를 거쳐 선생의 고귀한 뜻이 기자 변상욱에게 이어진다고 판단하여 이상을 드립니다.

수상자가 후배 언론인들에게 모범으로 남을 수 있기를 기대합니다.

15회 김동춘

'송건호언론상' 심사위원회는 제15회 수상자로 '김동춘 성공회대 사회과학부 교수'를 선정했습니다.

열한 권의 단독저서 외 다양한 글쓰기로 동시대인을 지적으로 일깨우는 김교수는 이 시대를 대표하는 진보적 지식인으로서 '참여연대'의 설립·운영과 과거사 정리 법안의 제정·집행에 동참

했고, 올해부터는 진보적 가치와 담론은 생산하는 '다른백년 연구원장'으로 활동하는 등 사회참
여에도 적극적입니다.

그는 1980년대 중반부터 '진보적 지식인론'을 제시하면서 '한국사회의 사회·경제적 토대에 대
한 구체적 분석, 사회적 제모순과 갈등관계에 대한 이해, 이들 모순의 경향적 발전에 대한 예측,
사회의 바람직한 발전방향에 대한 비전의 제시'를 지식인의 책무로 설정하고, 학술운동의 성과
가 사회변혁에 기여해야 한다는 신념을 실천하고 있습니다.

서구의 이론과 연구결과를 한국사회에 이식하고 그 관점으로 시대를 해석하려는 학계 풍토에
맞서, '지금의 시점에서 지금의 특정한 국면 속에서, 이론보다는 경험적 현실과 역사를 중시'하
는 김교수는 사회학자로서 역사적인 문제의식을 견지하며 사회과학의 주체성을 세우는데 앞장
서고 있습니다. 일찍이 '한국에서는 사회과학이 존재한 적이 없으며, 아직은 사회과학을 세워야
하는 단계'라고 주장했던 김교수를 이해하기 위해서는 그의 연구활동을 되돌아 봐야 합니다.

'왜 한국의 노동자는 시민도 계급도 아닌가?'하는 물음에서 나온 박사학위 논문 「한국 노동자
의 사회적 고립」에서는, 노동자를 사회적으로 차별하고 희생자로 만들고 정치적으로 무력화 시
키는 위로부터의 '정치적 배제'와, 과잉교육열과 가족이기주의로 나타나는 '민중의 복종'이 1987
년 이후 한국 노동자를 위축시켰고, 이는 노동조합활동과 노동운동의 저하로 이어진다는 결론
을 얻습니다.

이 과정에서 사회과학적 접근만으로는 사회현상을 설명할 수 없다는 한계를 깨닫고 한국현대
사 연구에 매진하게 됩니다. 그는 노동운동을 연구하면서 지배 질서와 계급 관계, 특히 사회적
약자들이 지배질서를 받아들이는 방식에 특별히 관심을 갖게 되었고, 그것은 국가폭력에 대한
관심으로 확장됩니다. 그리하여 그 뿌리에는 한국전쟁이 있고 그 영향력이 지금의 한국사회를
규정하고 있다는 사실을 발견합니다.

김교수가 천착한 한국전쟁, 민간인학살, 반공이데올로기라는 주제는 우리시대 지식인들이 기피
하는 분야이기도 합니다. 그는 이를 직시하지 않고서는 사회문제를 제대로 이해할 수 없으며,
공동체의 성숙과 발전도 불가능하다는 통찰력을 발휘합니다. 군사적인 것과 사회경제적 현상
을 분리해서 사고하는 기존 사회과학의 패러다임을 극복하고, 한국전쟁을 거치면서 구축된 군
사주의 질서가 오늘의 경제질서와 사회 기본 논리에 여전히 침투되어 있다는 사실을 밝힌 것은
그의 주요한 성과이자 독창성입니다.

2000년 김교수는 오랜 연구와 조사 끝에 《전쟁과 사회》라는 역작을 출간했습니다. 전쟁기에
발생한 국가 범죄에 대한 은폐와 부인, 그리고 반공주의의 잣대로 모든 것을 해석하고 기억을
조작하고 역사서술을 왜곡한 일이 현대 한국 정치와 사회를 뒤틀리게 만들었기에, 이를 그냥
두고 갈 경우 정치가 바로잡히지 않고, 시민사회 활성화도 기대하기 어렵고, 약자들의 인권실현
과 남북화해에도 큰 걸림돌이 된다는 주장을 제기합니다.

또한 경제적으로 '냉전 자본주의'라는 틀로 한국사회를 진단한 이 책에 따르면, 한국전쟁의 영
향으로 '소유권 절대주의'와 '신가족주의'가 한국사회의 지배원리가 되었다고 합니다. '소유권 절
대주의'는 사회가 기업의 자본축적과 생산활동을 신성시하는 경향으로서, 기업에 대한 통제는

약화되는 반면 사회적 약자는 점차 무너지는 병폐를 낳습니다. '신가족주의'는 전쟁 뒤 국가영역의 확대로 시민사회가 극도로 축소되면서 '믿을 것은 가족밖에 없다'는 인식이 만연하는 현상입니다. 비정상적인 과잉 교육열 등 많은 문제가 여기서 비롯됐다는 게 김교수의 분석입니다.

과거에 한국전쟁의 기원과 전개과정에 집중했던 정치학적 접근과는 다르게, 이 연구는 남북한 민중의 체험을 바탕으로 바라본 전쟁의 실상을 기록하고 전후 사회변동을 추적했습니다. 영어, 독일어, 일본어로 번역 출판된 이 책은 한국 사회과학계의 성취이기도 합니다.

김교수는 이 책을 집필한 것을 계기로 피학살자 명예회복 운동에 투신하여 유족과 시민사회와 함께 '진실·화해를 위한 과거사 정리기본법' 제정에 기여했고, 2005년 12월부터 정부기구인 '진실·화해를 위한 과거사 정리위원회' 상임위원으로 4년간 활동하였습니다. 그 후, 2013년 《이것은 기억과의 전쟁이다》를 저술하여 활동의 시작, 전개, 쟁점, 성과와 한계를 정리하여 충실하게 기록으로 남기는 모범을 보였습니다.

2013년 펴낸 《전쟁정치-한국정치의 매커니즘과 국가폭력》에서는 한국전쟁 그리고 휴전 이후의 한국정치를 '전쟁정치'라 부르며, 이는 외부의 적뿐만 아니라 '내부의 적'을 거의 전투 현장에서 섬멸하듯이 색출, 감시, 진압하고 법과 절차를 무시하면서 체제를 유지해왔다는 점을 논함으로써, 사회의 폭력성에 둔감한 대중들에게 경종을 울렸습니다.

그는 한국이 겪은 반공주의를 외국의 사례와 비교연구하기 위하여 2015년 《반공의 시대》라는 책을 기획·편집하면서, 한국과 독일의 반공주의가 사회정치적 발전에 미친 영향을 분석하여 이 분야 연구의 지평을 넓혔습니다.

또한 동북아에 큰 영향력을 미치는 미국을 이해하기 위하여, 2004년 발간한 《미국의 엔진, 전쟁과 시장》을 통해, '시장과 전쟁'이란 두 열쇳말을 중심으로 현대 미국 사회가 작동하는 원리를 규명하고자 시도했는데, 이는 국제사회라는 변수는 고려하지 않는 한, 한국사회학은 불완전하다는 문제의식에서 나온 것입니다. 김교수는 이 책으로 2006년 단재상을 수상하는 영광을 얻었습니다.

2006년 〈1997년 이후 한국사회의 성찰-기업사회로의 변환과 과제〉라는 논문집을 통해서, 기업이 단순히 사회의 일부인 것이 아니라 오히려 사회가 기업의 모델과 논리에 따라 재조직 되는 오늘날의 사회를 '기업사회'라 불렀고, 지금의 시대는 대자본의 막강한 지배력으로 대표되는 '경제적 보수주의'와 기독교 등 '사회적 보수주의'가 뿌리를 내리는 시대라고 한국사회의 변동을 예리하게 진단하기도 했습니다.

이와 같이 지식인론, 사회과학 방법론, 노동운동, 교육문제, 한국전쟁, 민간인 학살, 지배이데올로기와 대항이데올로기, 남북한사회 이질화, 국가 폭력성, 전쟁과 자본주의, 기업사회론 등 다양한 주제를 망라하는 김교수의 연구는 한국현대사의 질곡과 모순을 파헤치고, 이를 통해 현재 한국인의 삶을 성찰하고 미래의 대전환을 모색하는 시도입니다.

올해의 심사위원회는 권력이 사유화 되고 공공성이 실종되며 민주공화국의 근본 원리가 훼손되는 참담한 시대상을 보면서, 일찍이 '지식인론'을 펼쳤던 송건호 선생의 말씀을 되돌아 보았습니다.

선생은 '지성이 확고한 주체성을 견지하고 있으면 어떠한 권력의 횡포가 작용해도 지식인 사회엔 양식을 끝내 지키는 지성의 교두보가 남는 법이며, 사회과학은 역사적 맥락 속에서 지금 현실의 문제를 우리의 입장에서 연구해야 한다'고 말씀하셨습니다. 심사위원회는 '지식사회의 황폐화는 정신적 삶을 이끌 수 있는 원칙과 철학의 부재에 기인하는 것'이라는 김교수의 탁견에 공감하며, 지식인과 사회과학도의 참된 자세를 역설했던 선생의 정신을 김동춘 교수에서 발견할 수 있었습니다.

김동춘 교수는 이론과 연구실에 매몰되기보다는 현대사 연구에 기반하여 한국사회의 현실을 분석하고 병폐의 근원과 그 해결책을 찾기 위해 노력했습니다. 그 동안 집필한 많은 양의 논문과 저서는 학자로서 성실성을 입증하며, 시민운동과 민간인 학살 문제 해결에 적극적이던 활동을 보면 '행동하는 지식인'이라고 부르기에 충분합니다. 이에 심사위원회는 김교수가 '민족지성'이라고 불렸던 송건호 선생의 뜻을 잇는 주체성 있는 지식인이라고 판단하여 '제15회 송건호언론상'을 드립니다.

이 상이 김교수의 고된 지적 여정을 위로하고 격려하는 계기가 되리라 믿으며, 성역과 금기에 도전하는 지식인의 외로운 길에 송건호 선생이 따뜻한 동반자가 되기를 희망합니다.

16회 제이티비씨 뉴스룸

'송건호언론상' 심사위원회는 제16회 수상자로 〈제이티비씨 뉴스룸〉을 선정했습니다.

2011년 12월 1일 개국한 제이티비씨는 종합편성 방송채널사용사업자이며, 2014년 9월 22일 시작한 〈뉴스룸〉은 제이티비씨의 대표적인 뉴스 프로그램입니다. 출범 3년 만에 〈뉴스룸〉은 가장 신뢰하는 방송 프로그램으로 손꼽히는 동시에, 높은 시청률을 유지하고 있습니다.

개국 초기 예능 프로그램이 강세였던 제이티비씨는 2013년 9월부터 시사·보도 프로그램을 양적·질적으로 향상시키며, 편성에 있어서 보도 기능을 강화했습니다. 〈뉴스룸〉의 전신인 〈뉴스9〉은 2014년 4월 세월호 참사가 발생하자, 관련 뉴스를 100일 가까이 첫 소식으로 보도하여, 사고수습과 원인 및 의혹 규명에 앞장섰습니다. 그 결과, 제이티비씨 특별취재팀은 '세월호 침몰사고 관련 연속보도'로 제46회 한국기자상 대상을 수상했습니다. 그 이후에도, 제이티비씨는 성완종 게이트, 국정원 여론조작 사건, 국정원 해킹 의혹, 4대강 사업 의혹 등을 지속적으로 보도하여 권력의 감시자로서의 역할을 다했습니다.

그 결과, 개국 6돌을 맞이하는 제이티비씨는 보도 부문에서 주목할 만한 성과를 내고 있습니다. 방송통신위원회가 실시하는 '방송사별 채널 평가지수 조사'에서 2014년부터 연속으로 신뢰성, 유익성, 공익성 등 7개 항목에서 1위에 올랐습니다. 올해 8월 〈시사저널〉이 각 분야별 전문가 1천명을 대상으로 실시한 조사에서는 가장 신뢰하고 열독하는 언론매체로 선정되었고, 9월 〈시사인〉은 제이티비씨가 신뢰하는 언론 매체와 방송 매체 부문에서 1위라는 조사 결과를 밝혔습니다. 올해 한국기자협회 조사결과 기자들은 가장 영향력 있고 신뢰하는 언론사로 제이티비씨를 뽑았습니다.

올해의 심사위원회는 후보 중에서 제이티비씨의 시사 보도 프로그램 중 〈뉴스룸〉에 주목했습니다. 〈시사인〉 조사 결과 〈뉴스룸〉은 2014년부터 가장 신뢰하는 방송 프로그램 항목에서 1위를 기록했습니다.

제이티비씨 보도의 신뢰도와 영향력이 비약적으로 높아진 것은 〈뉴스룸〉이 2016년 10월 '최순실 국정개입사건'을 보도한 시점입니다. 그 시기부터 제이티비씨가 가장 선호하는 뉴스채널 1위를 기록했다고 밝힌 2016년 12월 한국갤럽의 조사 결과는 이를 뒷받침합니다.

18대 박근혜 대통령의 측근 인사가 국정에 개입했다는 보도는 시민의 공분을 불러 대규모 시위로 이어졌고, 대통령의 대국민사과담화와 국회의 대통령 탄핵 소추안 통과를 불러 왔습니다. 〈뉴스룸〉의 보도는 최고 권력자와 관련된 의혹을 보도하는 것을 주저하던 언론들이 동참할 수 있도록 그 물꼬를 터는 데 결정적으로 기여했습니다. 관련 보도로 제이티비씨는 2016년 12월에 7개의 상을 받았고, 올해 특별취재팀은 제48회 한국기자상 대상을 공동수상 했습니다.

보도 이후, 특별검사의 수사가 이어졌고, 헌법재판소는 대통령의 위법·위헌 행위가 대의민주제 원리와 법치주의 정신을 훼손하고 국민의 신임을 배반했기에, 헌법 수호 관점에서 용납할 수 없다고 판단하여 현직 대통령을 파면했습니다. 〈뉴스룸〉의 보도는 역사의 흐름을 바꾸는 중요한 역할을 했습니다.

〈뉴스룸〉은 방송 보도의 새 시대를 열었다는 평가를 받고 있습니다. 선택과 집중이라는 전략을 바탕으로 나열식 보도 대신 한 가지 이슈에 집중하여 깊이 있는 보도를 하는 새로운 방식을 선구적으로 도입하여, 사회적 의제를 형성하고 여론을 주도하고 있습니다. 그리고 손석희 앵커가 구축한 사회적 공신력이 〈뉴스룸〉의 신뢰도와 영향력을 높이는 데 기여한 사실도 언급해야 할 것입니다.

심사위원들은 〈뉴스룸〉이 지상파 방송과 보도전문 채널과의 경쟁 속에서 단기간에 신뢰와 영향력을 구축했다는 점을 높이 평가했습니다. 또한 심사과정에서 '말다운 말의 회복'은 어느 시대에나 변하지 않는 시민의 염원이자 언론의 소명이라는 사실을 확인했습니다. 어느 시대나 권력, 금력, 위력에 맞서 '참다운 말'을 하는 언론은 대중의 지지를 받을 수밖에 없습니다.

올해의 심사위원회는 1980년대 민주언론운동협의회 의장으로서, 협의회 기관지 〈말〉을 창간하여, 사회정의를 위한 진실 보도를 통해 참된 언론의 길을 걷고자 했던 송건호 선생의 의지와 실천을 〈뉴스룸〉에서 발견할 수 있었습니다. 이에 제16회 송건호언론상을 드리며, 〈뉴스룸〉에 보내는 시민들의 신뢰와 기대에 부응하여, 균형·공정·품위·사실이라는 가치를 지켜나가기를 희망합니다. 심사위원회는 앵커, 기자, 기술진 등 〈뉴스룸〉을 위해 헌신하는 모든 제작자들에게 송건호 선생의 격려와 응원이 전해지기를 희망합니다.

17회 김주언

'송건호언론상' 심사위원회는 '언론인 김주언'을 제17회 수상자로 선정했습니다. 수상자는 1986년 '보도지침'을 폭로하는 데 주역이었으며, 이후 언론개혁 운동에 기여했습니다. 1980년 한국일보사에 입사한 김 기자는 정권의 언론통제 실상이 담긴 '보도지침'을 외부로 전달하여 민주언론운동협의회가 이를 폭로하는 데 결정적인 기여를 했습니다. 고난을 각오한 그의 용기 있는 행동은 국민적 공분과 저항을 일으켜 이 땅의 민주화를 앞당겼습니다. 이 사건으로 인하여 옥고를 겪었던 그는 1999년 언론개혁시민연대 초대 사무국장을 맡아 언론 관련 법·제도 개선 운동, 미디어수용자 운동 등을 벌였습니다. 수상자가 2008년에 출간한 《한국의 언론통제》는 언론통제에 관한 획기적인 이론서이며 한국 언론사의 기록이자 충실한 사료입니다. 언론 민주화와 개혁에 헌신한 수상자가 송건호 선생의 뜻을 이어나간다고 판단하여 이 상을 드립니다.

《송건호 평전》

《나는 역사의 길을 걷고 싶다−참언론인 송건호의 생각과 실천》, 한길사, 2008

저자 정지아

1965년 전남 구례에서 태어나 중앙대학교 대학원 문예창작학과 박사과정을 수료했다. 1990년 장편소설 《빨치산의 딸》을 펴내며 작품 활동을 시작했으며, 1996년 조선일보 신춘문예에 단편소설 〈고욤나무〉가 당선되었다. 소설집 《행복》 《봄빛》, 장편소설 《고구려 국선랑 을지소》(전 2권)을 펴냈으며, 단편 〈풍경〉으로 2006년 제7회 이효석문학상을 받았다. 이외 한무숙문학상, 오늘의 소설상, 노근리 평화문학상을 수상했다.

저자의 말

맑은 물은 가릴 것도 감출 것도 없어 제 속을 투명하게 드러내 보입니다. 투명한 물은 좀처럼 그 깊이를 알 수 없습니다. 청암 송건호 선생이 꼭 그런 분입니다. 무소불위의 권력이 판을 치던 시절, 누구나 거침없이 권력을 즐기고, 그 권력을 얻기 위해 양심조차 기꺼이 내던질 때 송건호 선생은 설렁탕집의 사이다 서비스조차 특권이라며 누리길 거부했고, 정권의 부름을 단호히 거절했습니다. 그만큼 곧고 담대하였으나, 잘 모르는 이의 주례 부탁조차 거절하지 못할 만큼 여리기도 하였습니다. 고관대작의 유혹을 뿌리칠 때의 패기와 달리 끼니 걱정에 밤잠을 설치는 성실한 생활인이기도 하였습니다.

세상에 홑겹의 사람은 없습니다. 누구나 몇 가지의 얼굴을 갖고 있기 마련입니다. 그러나 청암 송건호 선생은 홑겹인 듯 맑고 투명하면서도 다양한 결을 지닌 분입니다. 성실한 생활인인가 하면 많은 이가 변절할 수밖에 없던 힘든 시절에도 마지막까지 자유언론의 기치를 내리지 않은 올곧은 투사이며, 소심한가 싶으면 어지간한 사람도 해내지 못할 일을 기어이 해내고 마는 배짱의 사나이였습니다. 여린 듯 강한 듯, 송건호 선생은 단 한 번도 휘어지지 않고 양심을 지키며 역사의 길을 고수했습니다.

선생이 살았던 시대에도 그러긴 했으나 오늘날에는 더욱이나 양심의 값을 알아주지 않습니다. 그러나 출세와 명예가 따르지 않아도, 누가 알아주지 않아도, 묵묵히 양심을 지키며 제 갈 길 가는 사람은 아직도 얼마든지 있고, 그런 자들이 정수기처럼 세상의 오물을 정화시키고 있기에 여전히 세상은 살 만한 것이 아닌가 싶습니다.

저는 송건호 선생님을 뵌 적이 없습니다. 세상살이가 답답할 때 뵌 적도 없는 선생이 그립습니다. 글을 쓰면서 그이를 닮고 싶다는 생각을 처음으로 했습니다. 선생님이 살아계셨다면 그 유명한 설렁탕 한 그릇 얻어먹을 수 있었을 텐데요. 살면서 자주 선생님이 그리울 것 같습니다.

《송건호 평전》, 책보세, 2011

저자 김삼웅

독립운동사 및 친일·반민족사 연구가이다. 전 대한매일(현 서울신문) 주필, 제7대 독립기념관장, 성균관대학 겸임교수, 민주화 명예회복과 보상심의위원회 위원, 제주 4·3진상규명과 명예회복위원회 위원, 친일반민족행위진상조사위원회 위원 등을 역임하고, 신흥무관학교 100주년 기념사업회 공동대표(현)를 맡고 있다. 독립운동가와 민주화운동에 헌신한 인물의 평전을 집필해 왔다. 역사바로잡기와 민주화·통일운동에 관심이 많으며 이 분야에서 많은 저서를 집필했다. 저서로는 《친일정치 100년사》《곡필로 본 해방 50년》《한국필화사》《한국현대사 바로잡기》《을사늑약 1905년, 그 끝나지 않는 백년》《통일론수난사》《일제는 조선을 얼마나 망쳤나》《종교, 근대의 길을 묻다》《서대문형무소 근현대사》《단재 신채호 평전》《백범 김구 평전》《심산 김창숙 평전》《녹두 전봉준 평전》《안중근 평전》《약산 김원봉 평전》《장준하 평전》《죽산 조봉암 평전》《만해 한용운 평전》《김대중 평전》《리영희 평전》《김상덕 평전》《이회영 평전》《노무현 평전》《'독부' 이승만 평전》《장준하 평전》《몽양 여운형 평전》《김영삼 평전》《조소앙 평전》《나는 박열이다》《백암 백은식 평전》《김준엽 평전》《박정희 평전》《신영복 평전》《현민 유진오 평전》《외솔 최현배 평전》 등이 있다.

저자의 말

송건호 선생이 2001년에 돌아가셨을 때 언론·사회단체와 저명인사들의 성명이나 추도사를 보면 '시대의 의인'이란 표현이 많았습니다. 불의의 시대에 의인은 흔하지 않지만 귀한 존재입니다. 패도(覇道)에 눈이 먼 자들의 광란이 이 땅을 어지럽힐 때 그리고 많은 사람들이 침묵하거나 패도와 패론, 억설을 추종·생산하면서 제 나름의 변명을 창작하고 있을 때 청암 선생은 언론·지식인의 정도를 힘겹게 걸었습니다.

모든 선각자들이 그렇듯이 당연히 핍박이 따랐고 옥고와 생활고에 시달려야 했습니다. 양심을 묶어두면 평탄하고 안일한 현실의 길이 있었지만, 그는 고난의 길 역사의 길을 걸었지요. 언론인과 지식인으로서의 책임감 때문입니다.

중국 혁명의 선구자 양계초(梁啓超)의 〈방관자를 꾸짖는다〉는 글이 생각납니다.

"인간이 세상에 태어나면 각자 그 책임이 있다. 대장부가 책임을 안다는 것은 인간 구실의 시작이며, 책임을 진다는 것은 인간 구실의 마지막이다."

청암 선생은 이승만의 친일파 비호와 독재정치, 박정희의 쿠데타와 권력남용, 유신체제의 사생아 전두환의 폭압, 그리고 반언론적 제도언론과 싸우면서 방관자들을 꾸짖고 언론인·지식인의 책임을 다하고자 노력했습니다.

청암 선생은 '지식(인)'의 사회참여가 아니라 '지성' 그 자체의 사회참여를 주창하였습니다. 독재정권과 사이비 문민정부에 참여하여 권력자의 하수인 노릇을 해온 지식인들을 비판한 것입니다. 그리고 '지성'이란 역사적 자각의식 또는 역사의식과 그 표현능력을 가진 자라고 할 수 있다고 했습니다. 오늘 지식인들에게 들려주고 싶은 말입니다.

청암 선생은 언론인·지식인의 구실을 다하셨지요. 청암 선생의 평전을 쓰면서 그의 치열했던 글쓰기 정신에 놀라움을 금하기 어려웠습니다. 민족·민주주의·독립언론·통일 등 열쇳말은 그의 필생의 가치관이고 실천논리가 되었습니다. 청암 선생이 가신 지 10년이 지난 지금, 현대사는 다시 반동의 시대가 되었습니다. 청암 선생이 그토록 질타하셨던 족벌신문과 공영방송의 행태는 당시와 달라진 것이 거의 없는 것 같습니다. 지식인들의 행태 역시 변하지 않았습니다.

사론(邪論)과 곡설(曲說)이 정론(正論)과 공도(公道)를 해치고 있습니다. 우리 역사(현대사)의 진행이 비코의 나선형사관인지, 볼테르의 굴곡의 사관인지, 헤르더의 순환사관인지 갈피를 잡을 수 없지만, 이명박 집권 이후 민주주의, 남북관계, 서민 대중의 생계에서 역류하고 있는 것만은 분명합니다. 족벌신문과 수구 지식인의 타락상도 마찬가지입니다.

평온한 시대였으면 언론인으로 시종하고 싶었다는 것이 청암 선생의 소망이었습니다. 그는 결코 거리의 투사도, 역사상의 지사도 되기 어려운 평범한 인간이었는데 시대가 그를 거리로, 역사의 현장으로 불러냈습니다. 청암 선생은 역사의 소명을 받아들여 꺼져가는 민주주의의 횃불을 들고, 타락한 언론에 경종을 울리는 재야언론인이 되었고, 아무도 덤비지 않는 현대사연구에 물꼬를 텄습니다. 그리고 현대사연구의 큰 업적을 남겼습니다.

청암 선생을 한마디로 규정하기는 어렵지만 단순 논법이 허용된다면 '상식적인 지식인'이라 부르겠습니다. 상식이 통하지 않고 비상식과 몰상식이 지배하는 사회에서 상식을 지키는 것도 쉬운 일이 아닙니다. 그는 대단히 상식적이었고 글쓰기와 사회활동의 준거를 상식에 두었습니다. 권력이 상식을 넘어설 때, 신문사가 상식을 벗어날 때, 지식인들이 상식을 지키지 않을 때, 그는 세상의 상식을 지키고자 글을 쓰고 행동하였습니다. 그리고 언론인·지식인의 책임을 다하였습니다.

사회적 불의와 몰상식을 날카롭게 투사했던 청암의 시선은 항상 역사에 머물렀고, 글쓰기 정신은 최소한 한 세대(30년)를 내다보고 필을 들었습니다. 당시나 오늘이나 어용곡필을 난발하는 언론인·지식인들이 역사의 쓰레기통으로 사라져가도 청암 선생은 푸른 바위처럼 청정함을 보여주고 있습니다. 현실의 길과 역사의 길은 한 세대가 가기 전에 판정됨을 알게 됩니다. 역사는 "심판과 감계(鑑戒)"라는 말이 무섭습니다.

조선조의 진짜 선비, 칼을 차고 유학경전을 공부하고 의(義)와 경(敬)을 실천했던 남명 조식이 사망했을 때 후학 노진(盧禛)이 올린 제문이 있습니다. 앞부분을 떼어서 송건호 선생의 영전에 바칠까 합니다.

생각건대 공은,

하늘의 바른 기운 받았습니다.

깨끗함과 정성스러움이 안으로 득실하였고,

곧고 반듯한 것은 바깥으로 나타난 절조(節操)였습니다.

옛날 훌륭한 분들처럼 뜻을 고상하게 가지고,

용감하게 나아가기를 게을리 하지 않았습니다.

높은 벼슬을 흙탕처럼 여겼고,

자신이 더럽혀질까 곱지 않은 눈으로 보았습니다.

확고하게 스스로를 지켜,

돌처럼 단단하였습니다.

말씀하시면 재주가 번뜩여서,

우레가 사나운 듯 바람이 매서운 듯 했습니다.

시대를 걱정하고 풍속을 근심하여,

그것이 얼굴빛에 나타났습니다.

착한 것을 좋아하고 사악한 것을 미워하는 마음이

가슴 속 진실한 데서 나왔습니다.

기미(幾微)를 꿰뚫어 살펴,

근본적인 것을 해결하려고 했습니다.

일을 만나면 강직하고 과감하여,

머뭇거리거나 막힘이 없었습니다.

9부

부록2:
사진으로 보는 송건호

형과 함께. 청암은 3남 5녀 중 차남이었다.

한성상업학교 시절 친구와 함께

중매로 만난 중학교 교사 이정순과 1953년 1월 28일 청주 향교에서 혼례를 올렸다.

밝고 쾌활하던 부인 이정순은 평생의 동지였고, 청암이 소신껏 살도록 격려했다.

1956년 5월 원효로 사진관에서 부모님과 함께. 아버지 송재찬은 1970년 1월, 어머니 박재호는 76년 12월 별세했다. 청암은 어질고 남과 다툴 줄 모르던 아버지를 다정한 벗으로 여겼다. 원고를 쓰느라 모친이 세상을 떠날 때 임종하지 못한 걸 늘 죄스럽게 생각했다.

조선일보 논설위원 시절. 서베를린 신문연구소의 초청을 받아 1968년 2월부터 약 4개월 동안 유럽에 머물면서 특파원 자격으로 미국과 월맹의 파리회담 그리고 68혁명의 현장을 취재했다.

흑석동에 살던 시절. 가정적이던 청암은 아이들을 데리고 동작동 국립묘지로 나들이 가는 걸 좋아했다.

1972년 가족사진. 그의 생애에서 비교적 평온하던 시절이다.

1972년 남북적십자회담이 열리자 남한적십자대표단 자문위원으로 두 차례 북한을 방문했다. 판문점 내
북측 지역인 판문각 앞에서

1972년 남북적십자회담 당시 북한 대표단 관계자들과 함께

1973년 동아일보 논설위원이던 시절, 정계를 은퇴한 박순천 여사와 인터뷰하고 있다.

1975년 1월 동아일보 편집국장 시기, '동아일보 광고사태'가 발생하자 청암을 응원하기 위해 언론계 선배
홍종인 씨가 편집국을 방문했다.

〈창작과비평〉에 실릴 '1980년대를 맞이하며' 좌담회 중. 이 좌담은 비상계엄 아래서 삭제된다. 강만길, 백낙청, 서남동과 함께했다.

1981년 여름 원자력병원 이장규 박사의 진료실에서. 해직기자와 재야 인사들에게 호의적이던 이 박사는 고문과 구속으로 몸이 상한 청암을 성심껏 치료했다.

1983년 미국과 서독의 YMCA 초청을 받아 7월 중순부터 10월초까지 외국에 머물렀다. 교포들을 위해 통일 관련 강연을 하고 있다.

대외활동에 제약을 받으며 감시와 생활고로 암울하던 80년대 초반, 청암은 '거시기산악회'에서 재야인사들과 산행을 하며 위로를 얻었다. 이돈명, 리영희, 백낙청, 이호철, 변형윤 등과 산에 올랐다.

청암은 산에 자주 올라 생각을 가다듬고
집필을 구상했다.

1984년 4월 25일 《한국현대인물사론》 출판기념회에서. 김언호 한길사 대표, 해직기자 성유보 등과 함께

민주언론운동협의회창립총회에서 의장으로 추대 받은 청암이 실무진을 소개하고 있다. 1984년 12월 19일, 서울 장충동 '성 베네딕도 왜관 수도원 피정의 집'. 박용수 사진/ 민주화운동기념사업회 제공

1985년 2월 1일 민주언론운동협의회 사무실에 입주하며 현판을 내걸었다.

민주언론운동협의회 회원을 체포하고 활동을 탄압하는 정권에 맞서 항의농성을 하고 있다.

85년 10월 17일 고문 및 용공조작저지 공동대책위 결성 및 대책회의에 참석했다. 박용수 사진/ 민주화운
동기념사업회 제공

계훈제, 김대중, 송건호 등 재야인사들의 학원안정법 철회 요구 성명 발표. 1985년 8월 13일 기독교회관. 정태원 사진/ 민주화운동기념사업회 제공

1987년 6월 3일 언협 사무실로 돌아온 김태홍 사무국장과 신홍범 실행위원에게 그간의 노고를 위로하고 있다. 박용수 사진/ 민주화운동기념사업회 제공

1983년 6월 19일 제1회 심산상을 수상했다. 심산상은 유림계 독립운동가 심산 김창숙 선생을 기리기 위해 제정된 상이다.

1986년 11월 1일 서울변호사회관에서 화갑기념문집을 헌정 받았다. 답사를 하는 청암

문경새재에서 부인과 함께

동아투위 13주년 기념식에서 축사를 하고 있다. '해직기자의 대부'로 불리며 저항언론의 구심점이었다.

청암은 서점에 가면 시간 가는 줄 몰랐다.

1987년 9월 23일 새 신문 발의자 총회에서 창간을 결의하며 서명했다.

1987년 10월 30일 한겨레신문 창간 발기 선언대회, 서울 YWCA 대강당

1987년 10월 30일 한겨레신문 창간 발기 선언대회에서 각계각층의 참석자들에게 창간을 선언하며 지지를 호소하는 송건호 새 신문 창간위원회 위원장

1987년 10월 30일 한겨레신문 창간 발기 선언대회에서 문재인 변호사와 함께. 문 변호사는 한겨레 창간위원과 4기 자문위원장을 역임했다.

서울역 앞에서 한겨레 창간 소식지를 시민들에 배포하고 있다.

1987년 10월 3일 개천절 기념 시국대강연회에서 계훈제, 송건호. 박용수 사진/ 민주화운동기념사업회 제공

1987년 11월 1일 김대중 김영삼 대통령선거 단일후보 요구집회 연설하고 있다. 박용수 사진/ 민주화운동
기념사업회 제공

창간을 앞두고 시험 인쇄를 하고 있다. 낡은 중고 윤전기가 돌아가자 임직원들이 박수를 치고 있다.

1988년 5월 14일 오후, 창간호 발행을 앞두고 편집권 독립을 다시 확인하며 기자들을 격려하고 있다.

한겨레신문사 대표이사 집무실에서

한겨레신문 100호를 내고서야 안도의 웃음을 짓고 있다. 유인호, 계훈제, 변형윤, 송건호

1990년 9월 6일, 남북고위급 회담 취재를 위해 서울에 온 북한 기자단 단장 김천일 〈로동신문〉 보도부장과 만났다.

정권의 탄압을 규탄하며 편집국에서 항의농성을 벌이고 있다.

89년 4월 리영희 논설고문이 구속되고 임재경 부사장이 연행되자 사태해결을 촉구하며 내외신 기자들 앞에서 기자회견을 하고 있다.

공덕동 사옥 신축 현장에서. 사옥을 마련하여 경영안정화를 이룰 수 있었다.

1991년 12월 14일 공덕동 사옥 신축 축하연.

한겨레신문 지국에서 배달원을 격려하고 있다. 청암도 20대 초반 고학을 하며 신문을 배달했다.

역촌동 자택 지하실에서. 두 번 침수되면서 책이 상해서 청암의 상심이 컸다.

1996년 6월 3일 11시 한겨레신문사 청암문고 개소식에서. 청암이 평생 모은 책을 기증하자 그를 기념하는 '청암문고'를 개소했다. 몸이 불편해서 바퀴의자에 앉아 참석했다.

청암 문고

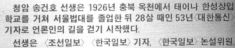

CHEONG-AM LIBRARY

청암 송건호 선생은 1926년 충북 옥천에서 태어나 한성상업 학교를 거쳐 서울법대를 졸업한 뒤 28살 때인 53년〈대한통신〉 기자로 언론인의 길을 걷기 시작했다.

선생은 〈조선일보〉 〈한국일보〉 기자, 〈한국일보〉 논설위원, 〈경향신문〉 편집국장을 지냈다. 〈동아일보〉 편집국장으로 있던 75년에 박정희 정권의 언론탄압과 기자해직에 항의해 사표를 던졌다.

70, 80년대를 통해 민주화운동에 헌신해오다 87년 가칭 '새 신문'창간 발기 준비위원장을 맡아 〈한겨레신문〉 창간을 주도하 고, 93년까지 한겨레신문사 대표이사 사장 · 회장을 역임했다.

선생은 94년 호암상 언론부문 수상자로 뽑혔으며, 〈민족지성 의 탐구〉〈한국 현대사론〉등 20여권의 한국현대사와 언론분야 저서를 펴냈다.

그리고 선생은 평생 모아 온 책 1만 5천여권을 한겨레신문사 에 기증해, 96년 9월 이 자리에 〈청암문고〉가 개설되었다.

청암문고 명판

2009년 6월 23일 국회도서관 '송건호 문고' 개소식, 유종필 국회도서관장이 소중한 자료를 기증한 점에 감사하며, 청암의 부인과 가족에게 감사패를 전달했다.

1999년 11월 언론문화 창달과 언론민주화에 기여한 공로로 금관문화훈장을 병석에서 받았다. 〈한겨레〉
이정용 기자 사진

2001년 12월 21일 별세하자 각계각층의 수많은 사람들이 조문하며 애도했다. 〈한겨레〉 김봉규 기자 사진

정부는 고인에게 국민훈장무궁화장을 추서했다. 〈한겨레〉 서정민 기자 사진

2001년 12월 24일 광주 국립5·18 민주묘지로 장례행렬이 들어오고 있다. 〈한겨레〉 김봉규 기자 사진

청암의 가슴상과 유품이 있는 한겨레신문사 3층 로비

2002년 5월 15일 선생의 가슴상 제막식. 한겨레신문사 2층 현관 입구에 세웠다. 〈한겨레〉 서경신 기자 사진

고향 옥천군 군북면에 있는 보륜사에 위패를 모셨다.

옥천군 군북면 보륜사. 청암은 종교생활을 않았지만 집안은 불교와 가까웠다.

송건호언론상 수장자. 1회 정경희(《한겨레》 김정효 기자 사진), 2회 독일 방송기자 위르겐 힌츠페터(《한겨레》 임종진 기자 사진), 10회 서중석 성균관대 사학과 교수, 13회 손석희 JTBC 사장(위 왼쪽부터 시계 방향으로). 4회까지는 미술가 임옥상의 기념조각품을, 5회부터는 상패를 수여하고 있다.

9회에는 최승호 문화방송 PD와 옥천신문(대표 이안재)이 송건호언론상을 공동수상했다. 〈한겨레〉 김봉규 기자 사진

12회 송건호언론상 시상식. 앞줄 왼쪽부터 양상우 한겨레신문사 대표이사, 한승헌 재단 이사, 김주완 경남 도민일보 편집국장, 박인규 프레시안협동조합 이사장, 이해동 재단 이사장, 임재경 재단 이사, 김자동 대한 민국임시정부기념사업회장. 〈한겨레〉 김정효 기자 사진

생가터. 청암이 살던 집은 아니다. 2018년 연말까지 철거하고 빈터에 조경공사를 하게 된다.

2016년 12월 21일 생가터 표지석 제막식. 왼쪽부터 장남 송준용, 김영만 옥천군수, 이인석 청암 송건호 선생 기념사업회장, 유재목 옥천군의장, 김승룡 옥천문화원장

제4회 송건호 대학사진상 시상식. 〈한겨레〉 김성광 기자 사진

2017년 7월 부인이 별세하자 합장했다. 광주 국립5·18 민주묘지 묘역번호 4-68

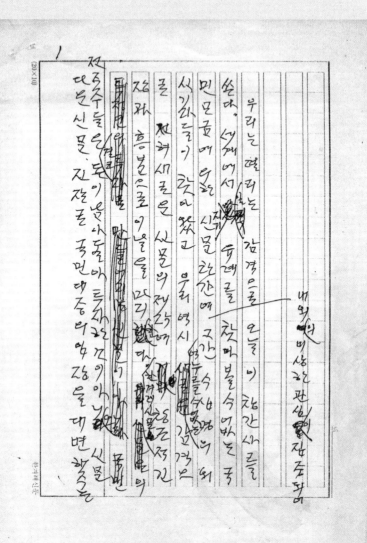

한겨레 창간사 친필 원고. 청암은 꾹꾹 눌러서 원고를 쓰는 습관이 있었다.

창간호

창간사

6천만의 그리움 끝이자 희망의 시작 백두산 천지

민 대변하는 참된 신문 다짐

송건호 〈본사 발행인〉

창간호 36면 내용

〈국내 처음 CTS 방식〉

1988년 5월 15일자 〈한겨레신문〉 창간호 1면에 실린 창간사

'컴뮤니케이슌'의 자유와 유언비어, 〈동아일보〉 1955년 5월 13일자 4면

선거와 보도, 〈신문평론〉 1971년 봄호

《민족지성의 탐구》, 창작과 비평사, 1975년

《한국현대사론》, 한국신학연구소, 1979년

《해방전후사의 인식》, 한길사, 1979년

《한국현대인물사론》, 한길사, 1984년

《말》 특집호-보도지침, 민주언론운동협의회, 1986년

광복전야 일제의 발악, 〈경향신문〉 1963년 8월 14일자

미국과 월맹의 파리회담, 〈조선일보〉 1968년 5월 14일자. 청암은 유럽에 머물던 시기 조선일보 특파원 역할을 했다.

도의적 권위의 확립, 〈동아일보〉 1974년 4월 30일자. 74년 봄 '박영복 금융사기사건'이 발생하자 국민들은 그 규모에 경악했다. 송건호 수석논설위원은 이 사건이 권력형 부정이라고 규정했지만 조사는 졸속으로 끝났다.

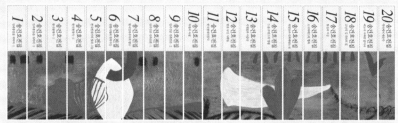

《송건호 전집》(20권). 2002년 한길사에서 출간했다.

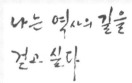

작가 정지아가 쓴 《송건호 평전》. 한길사, 2008년

언론인이자 평전 전문작가인 김삼웅이 쓴 《송건호 평전》. 책보세, 2011년

박재동 화백의 캐리커처

만화가 김윤 그림

청암 초상화. 동국대 오원배 교수의 유화 작품. 2001년

동국대 오원배 교수 작품. 2003년

거시기 산악회 회원 김영덕작품. 1985년

2018년 12월 21일 생가터에 세울 제작 중인 흉상. 한
남대 김성용 교수 작품

추천사 ⌒

언론인, 역사학자, 그리고 민주화운동가 송건호 선생

청암 송건호 선생은 동아자유언론수호투쟁위원회(동아투위) 사람들에게는 영원한 '편집국장'이자 스승이시다. 자유언론실천운동에 앞장섰던 동아일보사 기자와 동아방송 피디·아나운서 등 113명은 1975년 3월 17일 새벽, 그 회사 사주와 박정희 정권이 동원한 폭력배들에 밀려 회사 밖으로 쫓겨났다. 바로 그날 오후 그들이 결성한 모임이 동아투위이다. 1974년 10월 24일 동아일보사 기자들이 '자유언론실천선언'을 발표하던 때 동아일보 편집국장으로서 기자들과 한 몸이 되어 박 정권의 광고탄압에 맞서 굳건히 싸우신 송건호 선생은 추방된 113명을 복귀시키지 않으면 편집국장직을 떠나겠다며 결연히 사표를 내고 회사를 나서셨다. 그 이후로 그분은 단 한 번도 동아일보사를 찾아가지 않으셨다.

우리 동아투위 사람들은 송건호 선생에게서 참으로 많은 것을 배웠다. 그분이 부인, 자녀 6남매와 함께 궁핍한 생활을 하시면서도 진보적 문필가들의 논문집인 《해방전후사의 인식》에 쓰신 '해방의 민족사적 인식'이라는 서문은 우리가 한국 현대사를 새로운 눈으로 볼 수 있게 만들었다. 1984년 12월에 민주언론운동협의회(언협)가 결성되었을 때 송 선생은 의장을 맡으셨고 동아투위 위원 여러 명이 조선투위, 80년해직언론인협의회 사람들과 함께 실행위원이 되었다. 언협이 창간한 〈말〉지가 전두환 정권의 '보도지침'을 폭로함으로써 나라 안팎을 뒤흔든 사건은 너무나 유명하다.

1985년 3월 28일, 해방공간 이래 최대의 전국적 단체인 민주통일민중운동 연합(민통련)이 창립되자 송 선생은 의장단의 일원이 되셨다. 이미 그보다 5년 전에 그분은 전두환 일파가 조작한 '김대중 내란음모 사건'에 연루되어 이루 말할 수 없는 옥고를 치르셨다. 온화한 인품의 언론인이자 진취적인 역사학 자가 본격적으로 민주화운동의 최전선에 서시게 되었던 것이다.

송 선생은 1988년 5월에 창간된 한겨레신문의 초대 사장으로 한국 언론사 에 새로운 지평을 열었다는 평가를 받으셨다. 나중에는 회장으로 일하시다 가 옥살이의 후유증이 분명한 파킨슨씨병 때문에 여러 해 동안 병상에 누워 계시다가 세상을 떠나셨다.

송건호 선생의 삶과 사상을 바로 이해하려면 2002년 11월에 나온《송건호 전집》(전20권)을 정독해야겠지만, 그럴 수가 없는 분들에게는 이 책《청암 송 건호》(부제: 민주·민족·독립언론人)가 큰 도움이 되리라고 믿는다.

−김종철(동아자유언론수호투쟁위원회 위원장)

청암 송건호 선생이 우리 곁을 떠나신 지 17년 만에 알짬의 글과 새로 찾은 많은 자료, 사후 평가를 모은 선집이다. 가짜뉴스와 곡필이 난무하는 시대, 이 책에 담긴 참 언론인 청암의 업적을 정리해 본다.

첫째, 언론인의 정도를 한눈팔지 않고 당당하게 걸은 정통 언론인이다. 둘째, 권력의 유혹과 사주의 방침에 흔들리지 않고 고고지절을 지킨 지식인이다. 셋째, 1964년 '곡필언론사'를 집필하여 친일·배족 언론의 치부를 처음으로 밝혀냈다. 이는 임종국의 《친일문학론》보다 2년 앞선 선구적인 글이다. 넷째, 신문사의 논지가 바뀌면 거침없이 언론사를 떠나는 강기와 용단을 보인 언론인이다. 다섯째, 신문사의 핵심 간부로서 사주보다 일선기자들과 행동을 같이한 최초의 언론 간부이다. 여섯째, 전두환 정권의 폭압기에 금기시되었던 책 《의열단》을 저술했다. 일곱째, 민주주의가 짓밟힐 때 거리에 나선 '행동하는 지식인'이다. 여덟째, 한국현대사 연구의 첫 장을 연 개척자이다. 아홉째, 제도언론이 타락하자 대안언론을 창간했다. 열째, 궁핍과 곤경에도 온후함을 잃지 않은 선비였다.

―김삼웅(《송건호 평전》 저자, 전 독립기념관장)

양심과 지성이 한 시대를 어떻게 관통해왔는지를 생생하게 보여주는 책이다. 깊은 사색과 통찰이 담긴 글과 그것을 실천한 지성사의 기록이다. 불의와 거짓에 맞선 선생의 용기와 진정성은 깜깜한 어둠 속에서도 새로운 길을 열었다. 얼핏 무모해 보이기도 한 꿈을 현실로 바꾸었다. 서슬 퍼런 군사정권 시절에 탄압과 감시를 뚫고 언론운동의 터전을 마련했고 국민과 함께 진보적인 매체를 만들어냈다. 언론자유와 민주주의를 위해서라면 어떠한 가시밭길도 마다지 않은 선생의 삶은 우리들을 일깨우는 청량한 죽비다. 언론인들이 조롱 받고 언론이 불신 받는 시대일수록 이 책이 갖는 의미는 더욱 묵직하다. 권력과 자본 앞에 날로 작아지는 지식인들에게는 성찰적 화두를 던진다. 여전히 우리 사회를 가로막고 있는 숱한 어려움을 넘어서 민주적 공동체를 어떻게 만들어갈 수 있을지 단초와 영감을 줄 것이다.

—정연우(민주언론시민연합 상임공동대표)

청암 송건호(靑巖 宋建鎬)

1926년 음력 9월 27일(호적상 양력 27년 9월 27일) 충북 옥천에서 3남 5녀 중 차남으로 태어났다. 44년 한성상업학교(지금 서울 한성고)와 56년 서울대 법과대학 행정학과를 졸업했다.

1953년 언론계에 입문하여 대한통신사를 시작으로 한국일보, 조선일보 논설위원과 경향신문, 동아일보 편집국장을 역임했다.

1984년 12월 민주언론운동협의회 초대 의장이 되고, 언협 기관지 <말>을 창간하여 86년 9월 '보도지침'을 폭로했다. '호헌철폐 및 민주헌법쟁취 국민운동본부' 상임공동대표를 맡아 군부독재 종식과 헌법 개정을 통해 대통령직선제 도입에 기여했다.

한겨레신문 창간을 주도하여 1987년 12월 초대 대표이사 사장에 취임하고, 1993년 퇴임했다.

1996년 도서 1만5천여 권을 한겨레신문사에 기증하여 '청암문고'를 개설했다.

1999년 기자협회보에서 전국 신문·방송·통신사 편집 및 보도국장과 언론학 교수를 상대로 한 설문조사 결과 20세기 최고 언론인으로 위암 장지연 선생과 함께 선정되었다.

고문 후유증으로 투병하다 2001년 12월 21일 별세, 사회장을 거쳐 광주 국립5·18민주묘지에 안장되었다.

저서에 《민족지성의 탐구》《단절시대의 가교》《한국민족주의의 탐구》《한국현대사론》《한국 현대인물사론》《의열단》《민주언론 민족언론》《한나라 한겨레를 위하여》《한국 현대언론사》 등이 있으며 공저에 《해방전후사의 인식 I》《한국민족주의론 I·Ⅱ》 등이 있다.

1986년 제1회 심산상을, 1999년 금관문화훈장을 받았다. 2001년 정부는 국민훈장 무궁화장 추서했다.

청암언론문화재단(www.songkunho.or.kr)

송건호 선생을 기리기 위해 2001년 11월 설립된 공익법인이다.